CATALOGUE

DES

LIVRES ET MANUSCRITS

COMPOSANT L'ANCIENNE ET BELLE BIBLIOTHÈQUE

DU CHATEAU DE SAINT-YLIE (DANS LE JURA)

FONDÉE

PAR JEAN ANTOINE DE T***, ÉVÊQUE DE BELLEY ET DE NEVERS
(1745—1782)

(Rédigé par M. WEISS, bibliothécaire de Besançon)

**La vente aura lieu le mercredi 3 novembre 1869
et les dix-neuf jours suivants**

Rue des Bons-Enfants, 28, Maison Silvestre, salle n° 4

Par le ministère de **Me DELBERGUE-CORMONT,**
commissaire-priseur, rue de Provence, 8

Le libraire chargé de la vente remplira les commissions
des personnes qui ne pourraient y assister

❦

PARIS

ADOLPHE LABITTE, LIBRAIRE

4, RUE DE LILLE

1869

CATALOGUE

DES

LIVRES ET MANUSCRITS

COMPOSANT L'ANCIENNE ET BELLE BIBLIOTHÈQUE

DU CHATEAU DE SAINT-YLIE (DANS LE JURA)

FONDÉE

PAR JEAN ANTOINE DE T***, ÉVÊQUE DE BELLEY ET DE NEVERS
(1745—1782)

(Rédigé par **M. WEISS**, bibliothécaire de Besançon)

**La vente aura lieu le mercredi 3 novembre 1869
et les dix-neuf jours suivants**

Rue des Bons-Enfants, 28, Maison Silvestre, salle n° 1

Par le ministère de **Me DELBERGUE-CORMONT**,
commissaire-priseur, rue de Provence, 8

Le libraire chargé de la vente remplira les commissions
des personnes qui ne pourraient y assister

PARIS

ADOLPHE LABITTE, LIBRAIRE

4, RUE DE LILLE

1869

CATALOGUE

DES LIVRES

COMPOSANT L'ANCIENNE BIBLIOTHÈQUE

DU

CHATEAU DE SAINT-YLIE

LA VENTE AURA LIEU

Le mercredi 3 novembre 1869, et les 19 jours suivants,
à 7 heures du soir

Maison Silvestre, rue des Bons-Enfants, 28

Salle n° 1

Par le ministère de M° DELBERGUE-CORMONT, commissaire-priseur,
rue de Provence, 8

Assisté de M. ADOLPHE LABITTE, libraire, 4, rue de Lille.

CONDITIONS DE LA VENTE.

Les acquéreurs payeront 5 p. % en sus des enchères, applicables aux frais.

Il y aura, chaque jour, de DEUX heures à QUATRE, exposition des livres qui seront vendus le soir.

Les livres vendus devront être collationnés sur place dans les vingt-quatre heures de l'adjudication. Passé ce délai, ou une fois sortis de la salle, ils ne seront repris pour aucune cause.

Paris. — Imprimerie Adolphe Lainé, rue des Saints-Pères, 19.

CATALOGUE

DES LIVRES

COMPOSANT LA BIBLIOTHÈQUE

DU

CHATEAU DE SAINT-YLIE

(DANS LE JURA)

Tinseau

FONDÉE PAR JEAN-ANTOINE DE T***, ÉVÊQUE DE BELLEY ET DE NEVERS

1745-1782

(Rédigé par M. **WEISS**, ancien bibliothécaire de Besançon)

PARIS

ADOLPHE LABITTE, LIBRAIRE

4, RUE DE LILLE, 4

—

1869

PRÉFACE.

Le Catalogue de la Bibliothèque du château de Saint-Ylie a été rédigé par M. Weiss. On a conservé dans son intégrité l'œuvre du savant bibliothécaire de Besançon.

Livres d'heures, imprimés et manuscrits, sur vélin, volumes ayant appartenu à Grolier, au cardinal de Granvelle, aux rois et aux reines de France, ouvrages de théologie, grandes collections, anciennes poésies françaises, romans de chevalerie, collection remarquable d'ouvrages sur l'histoire de France, sur la noblesse, réunion très-intéressante sur l'histoire de la Franche-Comté. Tel est l'abrégé de cette Bibliothèque.

Elle remonte aux Bereur, seigneurs de Saint-Ylie en 1659; mais celui qui l'a refondue, agrandie et complétée est Jean-Antoine de T***, évêque de Belley et de Nevers, de 1745 à 1782.

Loin de nous étendre sur ces richesses que le Catalogue fera apprécier, nous ne voulons nous arrêter que sur six volumes, d'une rareté, d'une condition et d'une conservation admirables : les numéros 193, Heures de Jehan Pychore, — 1745, Anthologie des Alde, exemplaire de Grolier; — 2153, Théseus de Coulongne, roman de chevalerie, 2 vol. in-folio, gothique ; — 4262, Boccace, Genealogia degli Dei, aux armes de Henri III; — 4565, Éloges des reines, princesses, etc., aux armes de Marie de Médicis; — 1946, Poésies de Doublet, pet. in-4.

Les Heures de Jehan Pychore sont certainement les plus belles Heures imprimées sur vélin que puisse posséder une bibliothèque; cet exemplaire, le seul que nous connaissions tiré sur vélin, est orné de figures sur bois, d'une grande beauté de dessin et de gravure. La reliure, du XVIIe siècle, est très-riche, ornée de rinceaux et très-bien conservée. Sur le premier feuillet sont peintes les armes *d'Adrian de la Rivière, chevalier de l'ordre du roy, S. de Chépy.*

L'Anthologie d'Alde, de l'édition la plus rare et la plus recherchée, est l'exemplaire de Grolier, dont les armes, le nom et les titres sont peints sur le premier feuillet; l'exemplaire est très-grand de marges, et d'une conservation parfaite. Sa taille est de 168 millimètres.

Théseus de Coulongne, in-folio, est l'un des plus rares volumes de la collection des romans de chevalerie; cet exemplaire est très-grand de marges, avec témoins. — Le Boccace, Genealogia degli Dei, relié en maroquin rouge, aux armes de Henri III, roi de France et de Pologne, avec cette devise : *Manet ultima cœlo,* est un des plus beaux échantillons de la bibliothèque de ce monarque; les ornements répandus sur les plats et sur le dos de la reliure de ce volume sont argentés, et depuis trois siècles l'argent ne s'est pas encore oxydé. Ce volume a été acheté à Paris en 1595, ainsi que le prouve une note écrite sur la garde. Les livres de Henri III ont été dispersés peu de temps après sa mort.

Les Éloges des reines, princesses, etc., exemplaire en maroquin rouge, au chiffre et aux armes de Marie de Médicis, est digne par sa fraîcheur et sa beauté de figurer en première ligne dans les plus riches collections.

L'un des volumes les plus modestes pour sa condition extérieure et l'un des plus rares, des plus précieux, est l'œuvre poétique de Jan Doublet, 1559. Ce volume de 55 feuillets vient de mériter les honneurs d'une réimpression donnée par M. Prosper Blanchemain, au nom de la Société des Bibliophiles normands. Les Élégies de Jan Doublet, Dieppoys, 1559, in-4, sont extrêmement rares; c'est le cinquième exemplaire que l'on puisse citer; il est sans défauts, et sa taille est de 214 millim. de hauteur et de 146 millim. de largeur. Ces six volumes seront vivement disputés.

Nous ne nous arrêterons pas sur les autres richesses de ce catalogue; nous signalerons seulement à l'attention des amateurs ces beaux volumes, derniers débris de la riche bibliothèque du cardinal de Granvelle, ministre de Charles-Quint et de Philippe II. Les reliures dorées ou argentées ont conservé toute leur fraîcheur ; elles ornent l'Arioste de 1546, le Vasari de l'édition originale, *magnifique exemplaire*, et d'autres ouvrages précieux : les plus beaux cabinets vendus dans ces derniers temps n'en possédaient point.

Outre les 4,600 numéros que renferme ce catalogue, il existe soixante-sept volumes de recueils composés en partie de pièces gothiques ou autres sur l'histoire des règnes de François Ier à Henri III ; ces pièces formeront une seconde vente qui offrira beaucoup d'intérêt.

(Extrait d'un article de la *Chronique des Arts.*)

COLLECTION DES ESTIENNE.

2 — 22 *bis* — 36 — 42 — 254 — 265 — 269 — 273 — 713 — 732 — 1042 — 1058 — 1074 — 1170 *bis* — 1286 — 1294 — 1295 — 1340 — 1345 — 1435 — 1578 — 1579 — 1584 — 1599 — 1616 — 1625 — 1632 — 1686 — 1688 — 1712 — 1742 — 1746 — 1747 — 1767 — 1770 — 1771 — 1774 — 1782 — 1859 — 1906 — 1932 — 1950 — 1953 — 2038 — 2041 — 2047 — 2048 — 2063 — 2371 — 2407 — 2507 — 2509 — 2665 — 2757 — 3017 — 3117 — 3133 — 3134 — 3165 — 3186 — 3187 — 3189 — 3657 — 3890 — 4521 — 4523 — 4596.

BIBLIOTHÈQUE FRANC-COMTOISE.

149 — 199 — 200 — 201 — 222 — 223 — 224 — 225 — 226 — 234 — 235 — 241 — 297 — 312 — 361 — 414 — 465 — 478 — 495 — 508 — 509 — 510 — 511 — 542 — 513 — 585 — 589 — 686 — 694 — 747 — 764 — 794 — 795 — 805 — 806 — 807 — 808 — 809 — 810 — 811 — 812 — 825 — 826 — 827 — 835 — 836 — 837 — 839 — 855 — 859 — 860 — 870 — 871 — 872 — 873 — 893 — 895 — 903 — 923 — 942 — 1105 — 1276 — 1292 — 1300 — 1304 — 1343 — 1359 — 1367 — 1408 — 1425 — 1474 — 1492 — 1577 — 1621 — 1650 — 1873 — 1891 — 1891 *bis* — 1898 — 1903 — 1908 — 1951 — 1960 — 1975 — 2173 — 2186 —

2809 — 2837 — 2848 à 2851 — 2945 — 2962 *bis* — 2981 —
3054 — 3060 — 3118 — 3124 — 3334 — 3500 — 3561 —
3562 — 3563 — 3576 à 3613 — 3815 — 3842 — 3914 —
4146 — 4202 — 4206 — 4207 — 4210 — 4410 — 4413 —
4414 — 4556 *bis* — 4611.

RECTIFICATIONS AU CATALOGUE.

Le Catalogue était imprimé, lorsqu'en voyant les livres
nous avons relevé quelques erreurs que nous nous empres-
sons de rectifier.

198. Ce n'est pas l'exemplaire de madame de Maintenon.

223. Ce volume est orné d'une jolie reliure à compartiments
en or et en couleurs.

267. Bel exemplaire aux armes et à la devise du cardinal de
Bourbon (Charles X, roi de la Ligue).

1514. Édition gothique avec grandes figures sur bois.

1781. Exemplaire orné d'une jolie reliure aux armes et au
nom de J. Brinon, poëte français, à qui La Croix Du Maine
attribue un poëme intitulé : *Les Amours de Sydire*.

2026. Aux armes du chevalier Digby.

2249. Le livre est imprimé par Ch. L'Angelier. La reliure
en veau porte sur les plats les insignes et le nom des An-
geliers. Cette reliure rappelle celles de G. Tory.

3215. Aux armes de la comtesse de Verrue.

4029. Ce recueil d'historiens polonais est aux armes du comte
d'Hoym, ambassadeur de Pologne en France et illustre bi-
bliophile.

ORDRE DES VACATIONS.

PREMIÈRE VACATION. — *Mercredi 3 novembre* 1869.

Théologie....................................	1 à 153
Biographie. Mélanges.........................	4566 à 4627
Vasari, édition originale. Exemplaire du cardinal de Granvelle............................	4608

DEUXIÈME VACATION. — *Jeudi 4 novembre.*

Saints-Pères.................................	202 à 319
Bibliographie. Biographie....................	4476 à 4564
Éloges des roynes, etc. Exempl. de Marie de Médicis................................	4565

TROISIÈME VACATION. — *Vendredi 5 novembre.*

Théologie....................................	320 à 450
Histoire littéraire. Bibliographie..........	4391 à 4475
Dom Cellier............................	4466

QUATRIÈME VACATION. — *Samedi 6 novembre.*

Théologie....................................	451 à 597
Archéologie. Numismatique. Inscriptions........	4300 à 4390

CINQUIÈME VACATION. — *Lundi 8 novembre.*

Théologie. Jurisprudence.....................	598 à 730
Noblesse. Archéologie........................	4202 à 4299
Boccacio. Genealogia, aux armes de Henri III..	4262

SIXIÈME VACATION. — *Mardi 9 novembre.*

Jurisprudence................................	731 à 877
Histoire d'Amérique. Noblesse................	4120 à 4201
Le Père Anselme............................	4190

SEPTIÈME VACATION. — *Mercredi* 10 *novembre.*

Jurisprudence...................................... 878 à 1021
Histoire étrangère. Histoire d'Asie............... 4030 à 4119
   Estat de l'empire de Russie.................. 4045

HUITIÈME VACATION. — *Jeudi* 11 *novembre.*

Sciences et arts................................... 1022 à 1162
Histoire étrangère................................. 3930 à 4028
Bavaria sancta. 3 vol. in-fol., mar................ 3946
   Res Polonicæ. Exempl. du comte d'Hoym..... 4029

NEUVIÈME VACATION. — *Vendredi* 12 *novembre.*

Sciences et arts................................... 1163 à 1285
Histoire d'Espagne. Histoire d'Allemagne......... 3829 à 3929
   Ufficio del Marito. Ex. du card. de Granvelle... 1166

DIXIÈME VACATION. — *Samedi* 13 *novembre.*

Sciences et arts................................... 1286 à 1415
Histoire étrangère................................. 3738 à 3828
   Le Herbe. Exempl. du cardinal de Granvelle... 1319

ONZIÈME VACATION. — *Lundi* 15 *novembre.*

Sciences et arts................................... 1416 à 1540
Histoire de France et Histoire étrangère.......... 3642 à 3736
   Muratori. Rerum Italicarum Scriptores...... 3720
   Istorie Venetiane. Exempl. du card. de Granvelle 3737

DOUZIÈME VACATION. — *Mardi* 16 *novembre.*

Belles-Lettres.................................... 1557 à 1699
Histoire de France................................ 3559 à 3640
   Histoire de Languedoc. 5 vol. in-fol.......... 3641

TREIZIÈME VACATION. — *Mercredi* 17 *novembre.*

Belles-Lettres.................................... 1700 à 1850
Histoire de France................................ 3453 à 3558
   Duchesne. Historia Normannorum.......... 3535

QUATORZIÈME VACATION. — *Jeudi* 18 *novembre.*

Belles-Lettres.................................... 1851 à 1937
Histoire de France................................ 3344 à 3452
Belles-Lettres.................................... 1963 à 2009
   Ariosto. Exempl. du card. de Granvelle....... 2006

QUINZIÈME VACATION. — *Vendredi 19 novembre.*

Belles-Lettres....................................	2010 à 2151
Histoire.......................................	3171 à 3206
Procope. Exempl. du card. de Granvelle........	3223

SEIZIÈME VACATION. — *Samedi 20 novembre.*

Histoire de l'Église. Histoire ancienne...........	3060 à 3170
Belles-lettres.....	2162 à 2300
Don Quichotte d'Ibarra, broché..............	2209
Paulegraphie..........................	2252

DIX-SEPTIÈME VACATION. — *Lundi 22 novembre.*

Belles-Lettres................................	2301 à 2446
Histoire de l'Église..........................	2958 à 3059
Mabillon. Ordo Sancti-Benedicti.............	2957

DIX-HUITIÈME VACATION. — *Mardi 23 novembre.*

Belles-Lettres................................	2447 à 2597
Histoire de l'Église........	2858 à 2956
Oriens Christianus........................	2893

DIX-NEUVIÈME VACATION. — *Mercredi 24 novembre.*

Belles-Lettres................................	2598 à 2640
Histoire.......................................	2641 à 2857
Les Sainctes Pérégrinations de Jérusalem, gothique...............................	2745

VINGTIÈME VACATION. — *Jeudi 25 novembre.*

Histoire de France............................	3286 à 3343
Poëtes français..............................	1938 à 1962
Chasse........	1541 à 1556
Livres d'heures............................	154 à 200
	moins 193
Romans de chevalerie.........................	2152 à 2161
Anthologie d'Alde. Exempl. de Grolier........	1745
Livre d'heures sur vélin....................	193

FIN DE L'ORDRE DES VACATIONS.

CATALOGUE
DES LIVRES

COMPOSANT L'ANCIENNE BIBLIOTHÈQUE

DU

CHATEAU DE SAINT-YLIE
(DANS LE JURA).

———※———

THÉOLOGIE.
———

I. ÉCRITURE SAINTE.

1. *Textes et Versions.*

1. Divinæ Scripturæ Veteris ac Novi Testamenti omnia, gr. *Basileæ, per Joan. Hervagium,* 1545, in-fol. v. br. fil. (*Aux armes.*)

   Réimpression de l'édition aldine de 1518, avec des variantes plus nombreuses. Exempl. aux armes de Gabr. de Glatigny.

2. BIBLIA (ad fidem vetustiss. codic.... emendata studio et opera R. Stephani, juvante Gul. Fabricio). *Parisiis, ex off. R. Stephani,* 1540, 4 part. en 1 vol. in-fol. maroquin bleu. (*Anc. rel.*)

   Bel exempl. Édition remarquable et rare.

3. Biblia, interpr. Sebast. Castalione, cum ejusdem annotationibus. *Basileæ,* 1554, in-fol. v. f. fil. tr. dor.

4. Biblia sacra cum duplici translatione Fr. Vatabli. *Salmanticæ, apud Gasp. a Portonariis suis et Gul. Rouillii Benedictique Boierii impensis,* 1584, 2 vol. in-fol., v. br.

5. Biblia sacra vulgatæ editionis Sixti V jussu recognita. *Lutetiæ-Paris.*, *sumptibus Rob. Fouët, Nic.
Buon, Sebast. Cramoisy*, 1618, in-fol., front. gr.

6. Biblia sacra vulgatæ editionis Sixti V jussu recognita atque edita. *Antverpiæ, ex officina Plantiniana*, 1628, 2 vol. in-8, tit. gr. v. br. fil.
Bel exemplaire.

8. La Sainte Bible françoise selon la vulgaire latine,
par P. Frizon. *Paris*, 1621, in-fol., v. m. *Fig. de
Breuguel de Velours, édition originale.*

9. La Sainte Bible en latin et en françois, par Le
Maistre de Sacy. *Paris*, 1742, 23 vol. in-12, v. m.

10. The holy Bible. *London*, *Robert Barker*, 1641,
in-8, mar. n. gauf. tr. dor. lav. régl.
Cette édition a été faite sous l'autorité royale et est dédiée à Jacques Ier.
L'exempl. est défectueux du f. du titre.

11. Veteris Testamenti libri Regum IV, Paralipomenon II, Esdræ IV, liber Tobiæ, liber Judith, liber
Esther, liber Job. *Parisiis, ex offic. Sim. Colinæi*,
1529, 2 vol. in-18, v. m.
Jolie édition, rare.

12. Mosis prophetæ libri quatuor, ex translatione
Joan. Clerici. *Amstelædami*, 1696, in-fol. v. m.

13. Veteris Testamenti libri historici, ex translatione Joan. Clerici, cum ejusd. commentariis.
Amstelædami, 1708, in-fol. v. f.

14. Genesis ex translatione J. Clerici, cum ejusdem
paraphrasi perpetua et commentariis. *Amstel.*,
1693, in-fol. v. m.

15. Psalmi Davidis, Proverbia Salomonis, Ecclesias-
tes et Canticum canticorum, hebr., cum interli-
neari versione Santis Pagnini. *Parisiis, Seb. Cramoisy*, 1632, in-8, vél.

16. Libri Psalmorum Davidis regis et prophetæ, sy-
riacè, cum latina translatione Gabr. Sionitæ. *Parisiis*, 1625, in-4, v. br. fil. tr. dor.

17. Psalmi Davidis regis et prophetæ, lingua syriaca nunc primum editi a Th. Erpenio, qui et versionem latinam adjecit. *Lugduni Batav., typogr. Erpeniana, prostant apud S. Maire et Elzevirios,* 1625, in 4, v. f. fil.

18. Psalterium Davidis. *Parisiis, apud Sim. Colinæum,* 1524, in-12, v. m.

19. Psalmi Davidis, cum calendario hebræo, syro, etc., argumentis et comment. hebraismos breviter aperientibus, a Gil. Genebrardo. *Parisiis, l'Huillier,* 1581, in-8, v. br. fil. tr. dor. lav. réglé. (*Aux armes.*)

Commentaire très-estimé et le meilleur, dit Dom Calmet, que l'on ait sur les psaumes.

20. Liber Psalmorum cum argumentis, paraphrasi et annotationibus (Lud. Ferrandi). *Parisiis,* 1683, in-4, v. br.

21. Liber Psalmorum cum notis Jacobi Benigni Bossueti. *Lugduni,* 1690, in-8, v. br.

22. Liber Psalmorum cum selectis annotat. ad loca difficiliora J. B. du Hamel. *Parisiis,* 1750, v. br.

22 *bis*. Psalmorum Davidis Paraphrasis poetica, nunc primum edita, authore Georgio Buchanano, Scoto. Ejusdem Davidis Psalmi aliquot (VI) a Th. B. V. (Theodoro Beza Vezelio) versi. Psalmi aliquot (XX) in versus item Græcos nuper a diversis translati. *Apud Henricum Stephanum, et ejus fratrem Robertum Stephanum, typogr. Regium. S. l. n. d.,* in-8, vél.

Ce volume, sans date, a dû être imprimé de 1565 à 1566 pendant un des fréquents voyages de H. Estienne à Paris.

23. Psalmorum Davidis et aliorum prophetarum libri quinque vario carminum genere expressi, auct. Theod. Beza Vezelio. *Genevæ,* 1579, pet. in-12, vél.

24. Les Cent cinquante Psaumes de David mis en vers françois, avec quelques cantiques de la Bible

et autres prières chrétiennes, par Ph. Des Portes,
abbé de Tiron. *Abel l'Angelier*, 1603, in-12 litr.
gr. v. f. fil.

25. Les Psaumes de David mis en rimes françoises
par Clément Marot et Th. de Bèze; avec la forme
d'administrer le baptême et le mariage, le Catéchisme et la Confession de Foi, etc. *Se vendent à
Charenton, par Ant. Cellier*, 1651, pet. in-12, mar.
n. tr. dor. lavé, réglé.

26. Les Psaumes en vers françois, retouchés sur l'ancienne version de Cl. Marot et de Th. de Bèze par
J. Conrart. *Se vendent à Charenton, Ant. Cellier*,
1679, in-12, avec la mus. v. br.

27. Le Livre des Psaumes, avec de courtes notes pour
faciliter l'intelligence du texte par M° L. Ellies
Dupin. *Paris, André Pralart*, 1691, in-12, v. br.

28. Psalmorum Versio nova, ex hebræo fonte, ab
auct. operis cui titulus : *Principes discutés*, etc.
Parisiis, 1762, in-12. — Nouvelle Version des
Psaumes, faite sur le texte hébreu, par les auteurs
des Principes discutés (les RR. PP. Louis de Poix,
Jérôme d'Arras et Séraphin de Paris, capucins).
Paris, Hérissant, 1762, 2 vol. in-12, v. f. fil. tr.
dor.

29. Canticum canticorum Salomonis versibus illustratum, G. Genebrardo auctore, adversus tro-
chaicam Theodori Bezæ paraphrasim. *Parisiis*,
1585, in-8, v. br. fil.

30. Le Cantique des cantiques, idylle prophétique,
le Psaume XLIV et la célèbre prophétie d'Emma-
nuel, fils de la Vierge, aux chapitres 7, 8 et 9 d'I-
saïe, interprétés sur l'hébreu dans le sens littéral
(par Armand de Gérard). *La Rochelle*, 1747, in-8.
— Dissertation sur l'honoraire des messes (par
Dom Guiard). *S. l.*, 1748, in-8.

31. Principes discutés, pour faciliter l'intelligence
des livres prophétiques... relativement à la langue

originale (par les RR. PP. Louis de Poix, Jérôme d'Arras, Jean-Baptiste de Bouillon, Hugues de Paris, Sixte de Vesoul, Jean-Marie de Paris, Séraphin de Paris). *Paris,* 1755-64, 15 vol. in-12, v. f. fil.

32. Les Prophéties de Jérémie et de Baruch, traduites de l'hébreu et du grec en latin et en françois, par les auteurs des *Principes discutés,* etc. *Paris,* 1780, 6 vol. in-12, br.

33. Prophetia Ezechielis cum commentario J. Cocceii. *Amstelodami,* 1669, in-fol., fig. — Prophetia et Threni Jeremiæ, cum comment. J. Cocceii. *Amstelodami,* 1669, in-fol., portr. v. f. encadr. dor. (*Aux armes des comtes de Bourgogne.*)

34. Jacques Deschamps. Traduction nouvelle du prophète Isaïe. *Paris,* 1760, in-12, v. m.

35. Novum Testamentum, gr. *Basileæ, apud Joan. Bebelium,* 1524, pet. in-8, v. f. fil.

Le f. du titre manque.

37. Novum Testamentum, gr. *Per Joan. Crispinum,* 1564, in-16, v. m.

38. Novum Testamentum, syriace, græce et latine. Emm. Tremellius lat. vertit. *Lugduni,* 1571, in-fol.

39. Novum Testamentum, gr., ex regiis aliisque optimis editionibus cum cura expressum. *Lugd. Batav., ex officina Elzevir.,* 1624, pet. in-12, v. br.

Cette édition est la plus correcte de celles données par les Elsevier.

40. Testamenti Novi libri omnes (gr.) : access. parallela Scripturæ loca (a Jo. Fell.). *Oxonii, e theatr. Sheldon.,* 1675, pet. in-8, v. br.

Édition correcte et curieuse par ses variantes.

41. Novum Testamentum sacrorum doctorum scholiis Joan. Benedicti cura concinnatis illustratum. *Parisiis, apud Sim. Colinæum et Galeotum a Prato,* 1543, in-8, lavé réglé, curieuse rel. à petits fers, tr. dor.

42. Novum Testamentum. *Parisiis, ex officinâ Rob. Stephani*, 1543, in-16, v. f.

43. Novum Testamentum haud pœnitendis SS. Doctorum scholiis Joan. Benedicti cura concinnatis illustratum. *Parisiis*, 1551, in-16, lavé, réglé, anc. rel. fil. tr. dor.

44. Novum Testamentum ex versione vúlgata, cum paraphrasi et annotationibus illustravit, castigavit et auxit J. Clericus. *Francofurti*, 1714, 2 vol. in-fol. br. non rog.

46. Le Nouveau Testament, traduit en françois selon l'édition vulgate, avec les différences du grec. *Mons, Gaspard Migeot* (*Bruxelles, Henry Fricx*), 1688, 2 tom. en 1 vol. in-12, fig., belle reliure janséniste, m. r. tr. dor.

Quatrième édition, belle et recherchée.

47. Le Nouveau Testament en françois, avec des réflexions morales sur chaque verset, etc. (par le P. Quesnel, de l'Oratoire). *Paris*, 1705, 4 vol. in-8, fig. v. br.

48. Quatuor Evangeliorum Versiones perantiquæ duæ, gothica scilicet et anglo-saxonica, edidit Fr. Junius; accedit Glossarium gothicum, etc. *Amstelædami*, 1684, 2 vol. in-4, front. gr. v. f.

Deuxième édition des fragments d'Ulphilas.

49. Jean Taffin. Claire Exposition de l'Apocalipse de saint Jan (*sic*). *Flessingue*, 1609, in-8, vél.

50. Monotessaron des Evangiles, ou Briefue Exposition de certains passaiges, et les sommaires sus chacun chapitre, traduit en langaige françois par F. Benjamin Beausport. — *Ce present liure, intitulé Monotessaron des Evangiles, fut achevé d'imprimer le quinziesme iour de mars mil cinq centz cinquante et ung, par Maurice Mesnier, pour la veufue Maurice de la Porte et Estienne Petit, libraires*, in-16, v. br.

Le f. du titre manque.

51. Georg. Calixti quatuor evangelicorum scriptorum concordiæ. *Goslariæ*, 1638, in-4. — Ejusd. de conjugio clericorum tractatus. *Francofurti*, 1653, in-4, — Ejusd. Historia magorum die epiphanion, 1628, in Academia Julia publice exposita. *Helmæstadii*, 1641, in-4.— Ejusd. exercitatio de missis solitariis contra pontificios instituta. *Francofurti*, 1650, in-4, v. br.

52. Corn. Jansenii commentariorum in suam concordiam ac totam Historiam Evangelicam partes IV. *Lugduni*, 1684, in-fol., v. br.

53. Méditation sur la concorde de l'Évangile, avec le texte de la concorde des quatre Évangélistes (par l'abbé Le Gros). *Paris*, 1733, 3 vol. in-12, v. br.

54. J. Eusebii Nieurembergii de origine sacræ Scripturæ libri XII. *Lugduni*, 1841, in-fol., v. br. fil.

55. J. Conr. Dieterici Antiquitates biblicæ, a J.-J. Pistorio publicatæ. *Gessæ-Hassorum*, 1671, in-fol., portr. v. br. fil. (*Armes.*)

56. J. Jac. Crameri de ara exteriore templi secundi exercitationes philologicæ. *Lugd. Bat.*, 1697, in-4, fig. vél.

Dissertation très-curieuse.

57. Abrégé de l'histoire et de la morale de l'Ancien Testament (par l'abbé Mésenguy). *Paris*, 1737, in-12, v. br.

59. De Vita et morte Mosis (Rabbini anonymi) libri III, hebr. et lat., ex versione et cum notis Gilb. Gaulmyni. *Parisiis*, 1629, in-8, vél.

60. Jean Le Pelletier. Dissertation sur l'arche de Noé et sur l'hémine (de vin) et la livre (de pain) de S. Benoist. *Rouen, J.-B. Besogne*, 1700, in-12, v. br., avec la fig. de l'Arche.

Le Pelletier prétend réfuter le livre de Cl. Lancelot, selon lequel l'hémine de S. Benoît n'était que le demi-setier et la livre de douze onces seulement,

et montrer que les Bénédictins sont dans l'erreur sur ce point de leur
règle.

61. Sam. Bochart. Hierozoïcon, sive de animalibus
     sacræ Scripturæ. *Londini*, 1663, 2 vol. in-fol.
     G. P. portr. v. br.

> Beau portrait de Sam. Bochart, Rouennais, avec ses armoiries. Index hé-
> breu, grec et latin.

62. Joan. Bustamantii de la Camara de Reptilibus
     vere animantibus sacræ Scripturæ libri VI. *Lug-*
     duni, Ant. Pillehotte, 1620, 2 tom. en 1 vol. in-8,
     vél.

63. Fr. Vallesii de iis quæ scripta sunt physice in
     libris sacris, sive de sacra philosophia. *Lug-*
     duni, 1595, in-8. — Lewini Lemnii similitudi-
     num ac parabolarum quæ in Bibliis ex herbis et
     arboribus desumuntur dilucida explicatio. *Lug-*
     duni, 1594, in-8, vél.

64. Alph. Paleoti Historia admiranda de Jesu Christi
     stigmatibus. Access. de incarnati Verbi mysteriis
     atque instrumentis dominicæ passionis M. Vige-
     rii. *Antverpiæ*, 1653, in-4, v. f. fil.

65. Jac. Gretseri de Cruce Christi. *Ingolstadii*,
     1600, in-4, vél.

66. A.-G.-D. Bassinet. Histoire sacrée de l'Ancien et
     du Nouveau Testament, représentée par figures
     au nombre de 614, avec des explications tirées
     des SS. Pères. *Paris, Detray*, 1804-6, 8 vol. gr.
     in-8, fig.

> L'abbé Lecuy fut l'auteur du huitième volume de cet ouvrage, que ne put
> continuer Bassinet par suite de sa détention au Temple. Les estampes sont
> faites d'après les chefs-d'œuvre des plus grands maîtres.

2. *Interprètes de l'Écriture sainte.*

67. Joan. Arnulphi veterum Rabbinorum in ex-
     ponendo Pentateucho modi tredecim, opera Phi-
     lippi Aquini. *Lutetiæ Parisiorum*, 1620, in-4,
     vél.

68. Fr. Lucæ Notationes in sacra Biblia. *Antver-piæ*, 1580, in-4, vél.

Rien de plus judicieux et de plus exact que ces notes, dit le docteur Mill.

69. Joan. Albæ selectæ annotationes et expositiones in varia utriusque Testamenti difficillima loca. *Valentiæ*, 1613, in-4, v. f. fil.

Ouvrage posthume.

70. J. Steph. Menochii Commentarii totius Scriptu-ræ, studio Ren. Jos. de Tournemine. *Parisiis*, 1719, 2 vol. in-fol. v. br.

Bonne édition dont les exemplaires ne sont pas communs. Le P. Tourne-mine, qui l'a publiée, y a joint une bonne préface, où se trouve une courte notice sur Ménochius.

71. Dom Calmet. Commentaire littéral sur tous les livres de l'Ancien et du Nouveau Testament. *Pa-ris*, 1715-16, 23 vol. in-4, v. br. (*Armes.*)

72. Dom Calmet. Nouvelles Dissertations impor-tantes et curieuses sur plusieurs questions qui n'ont point été traitées dans le commentaire lit-téral sur tous les livres de l'Ancien et du Nouveau Testament. *Paris*, 1720, in-4, v. br.

73. Eustathius archiepiscopus Antiochenus in Exa-hemeron ; ejusd. dissertatio adversus Origenem ; gr. et lat. (Leo Allatius in lucem protulit, lat. ver-tit et notis illustr.). *Lugduni*, 1629, in-4, v. br.

74. Joan. Merceri in Genesim Commentarius. (*Genevæ*), *ex typogr. Marc. Berjon*, 1598, in-fol., v. br. fil.

Avec une préface de Théodore de Bèze.

75. Bened. Parerii Commentarii ac disputationes in Genesim. *Moguntiæ*, 1612, in-fol., v. br.

76. Nic. Serarii Josue. *Lutetiæ-Paris.*, 1610, in-fol. — Nic. Serarii Commentarii in Bibliorum li-bros Judicum et Ruth. *Parisiis*, 1611, in-fol., v. br. fil.

77. J. Steph.   hii de Republica Hebræorum
libri VIII. *Parisiis, Ant. Bertier*, 1648, in-fol.,
v. br.

78. Nic. Serarii in libros Regum et Paralipomenon
Commentaria posthuma. *Lugduni*, 1618, in-fol.,
v. br. fil.

79. Gasp. Sanetii in quatuor libros Regum et duos
Paralipomenon Commentarii. *Lugduni*, 1623, in-
fol., front. gr. veau f. fil.

79 *bis*. Euthimii monachi Zigabeni Commentarii in
omnes psalmos, ex gr. in lat. conversi per R. D.
Philippum Saulum. *Parisiis*, 1547, in-8, v. f.
fil.

80. Sim. Marotte de Muis Opera omnia, scilicet :
Commentarius in Psalmos, etc. *Parisiis*, 1650,
2 tom. en 1 vol. in-fol., vél.

81. Reynerii Snoi Goudani Psalterium paraphrasi-
bus illustratum : access. Magni Athanasii in Psalmos opusculum Ang. Politiano interpr. *Parisiis*,
1540, in-8, anc. rel.

82. Paraphrase des Psaumes de David, par Ant. Godeau. *Paris*, 1648, in-4, v. m. fil.
Première édition.

83. Paraphrase du Miserere en forme de méditations, par le P. Seigneri, trad. de l'italien (par
l'abbé Laugier). *Paris*, 1754, in-12, v. br.

84. Theod. Peltani in Proverbia Salomonis Paraphrasis et Scholia. *Antwerpiæ*, 1606, in-4, vél.

85. Joan. Merceri Commentarii in librum Job. *Genevæ*, 1573, in-fol., vél.

86. Joan. de Pineda Commentariorum in Job
libri XIII. *Coloniæ-Agripp.*, 1600, in-fol., front.
gravé.

87. Nicetas Heracleæ metrop. Catena Græcorum Patrum in Job, gr., nunc primum edita et lat. versa

opera et studio Patricii Junii. *Londini, typis re-giis*, 1637, in-fol., v. m. fil.

88. Joan. de Pineda in Ecclesiasten commentario-rum liber unus. *Antverpiæ*, 1620, in-fol., v. br.

89. Paul Pezron. Essay d'un commentaire général sur les Prophètes. *Paris*, 1693, in-12, v. br. tr. dor.

90. Mich. Ghislerii (S. Pii V) in Jeremiam proph. commentarii. *Lugduni*, 1623, 3 vol. in-fol., front. gr. v. f. fil.

91. Will. Lowth. A Commentary upon the prophet Isaiah. *London*, 1714, in-4, vél.

92. Will. Lowth. A Commentary upon the Pro-phecy and Lamentation of Jeremiah. *London*, 1718, in-4, vél.

93. H. PRADI et J. Bapt. Villalpandi Explanationes in Ezechielem. Explanationes et apparatus Urbis ac Templi Hierosolimitani comment. et imagini-bus illustr. *Romæ*, 1596-1604, 3 vol. in-fol., fig. v. f. fil.
Ouvrage savant et enrichi de belles planches.

94. Riberæ in librum duodecim Prophetarum Com-mentarii. *Lutetiæ-Paris., ex offic. D. Langlæi*, 1611, in-fol., v. f. fil.

95. Joan. Maldonati Commentarii in Quatuor Evan-gelistas : access. appendix in Matthæum. *Mogun-tiæ*, 1624, 2 tom. en 1 vol. in-fol., v. br.

96. Lud. de Dieu. Animadversiones sive commen-tarius in Quatuor Evangelia. *Lugd. Bat., ex of-ficina Ben. et Abr. Elsevir.*, 1631, in-4, v. br.

97. Franc. Toleti in sacrosanctum Joannis Evan-gelium Commentarii. *Lugduni*, 1615, in-fol., v. br. fil.

98. Dan. Heinsii Aristarchus sacer. *Lugd. Bat., ex offic. Bon. et Abr. Elzevir.*, 1627, 2 part. en 1 vol. in-8, vél.
Exempl. du président J. Bouhier.

99. Dan. Heinsii sacrarum exercitationum ad Novum Testamentum libri XX. *Cantabrigiæ*, 1640,
in-4, vél.

100. Joan. Gatakeri de Novi Instrumenti stylo dissertatio. *Londini*, 1648, in-4, v. br.

Contre la dissertation de Pfochen qui avait prétendu que le style grec du
Nouveau Testament était entièrement conforme à celui des meilleurs auteurs
qui ont écrit en cette langue.

101. Gasp. Sanctii Commentarii in Actus Apostolorum. *Coloniæ-Agripp.*, 1617, in-4, vél.

Excellent commentaire.

102. Corn. a Lapide in omnes D. Pauli Epistolas
Commentarii. *Parisiis*, 1618, in-fol., v. br. fil.

103. Guil. Estii Commentaria in S. Pauli et aliorum
apostolorum Epistolas. *Parisiis*, 1679, 2 vol. in-
fol., v. br.

Commentaires pleins d'érudition et très-estimés.

104. Joan. Bence. Manuale in omnes D. Pauli
Epistolas. *Lugduni*, 1682, 2 vol. in-12, v. br.

105. Ant. Godeau. Paraphrase sur les Épîtres de
S. Paul et sur les Épîtres canoniques. *Paris*, 1650,
in-4, v. f. fil.

106. Lud. de Tena. Commentaria et disputationes in
Epistolam S. Pauli ad Hebræos. *Londini*, 1661,
in-fol., v. m. fil. (*Armes.*)

Cet ouvrage est dédié à Philippe II.

107. J. Fr. Feu-Ardentii D. Jacobi Epistola christianorum justos ac integros mores exprimens oratione, commentariis explicata, etc. *Parisiis*, 1599,
in-8, br.

108. Jo. Christ. Wolfii Curæ philologicæ in Novum Testamentum. *Basileæ*, 1741, 5 vol. in-4, br.
non rog.

109. Lud. ab Alcazar vestigatio arcani sensus in
Apocalypsi, cum opusculo de sacris ponderibus et mensuris. *Antverpiæ*, 1619, 2 part. in-fol.,
fig.

Ce volume est orné de vingt-deux belles gravures en taille-douce, au bas desquelles on lit : *Don Juan de Fauréguy inventor.* Ce personnage ne peut être que Jean de Fauréguy y Avilar, poëte célèbre et peintre d'un grand talent.

3. *Philologie sacrée.*

110. D. Mart. Geieri Opuscula philologica. *Franco-furti*, 1691, in-8, portr. vél.

Savant théologien luthérien. Son traité sur le deuil des Hébreux est curieux.

111. Nic. Abrami Pharus Veteris Testamenti, sive sacrarum quæstionum libri XX. *Parisiis, J. Jost*, 1648, in-fol., v. br.

112. Bern. Lamy Apparatus Biblicus, sive manu-ductio ad sacram Scripturam. *Lugduni*, 1696, in-8, fig. v. br.

113. Nic. Serarii Prolegomena Bibliaca et commen-taria in omnes Epistolas canonicas. *Parisiis*, 1704, in-fol., v. br.

114. Lettre de M. l'abbé de *** à ses élèves, pour ser-vir d'introduction à l'intelligence des divines Écri-tures (par l'abbé de Villefroy). *Paris, Collombat*, 1751-54, 2 vol. in-12, v. f. fil.

115. De la Lecture de l'Écriture sainte, contre M. Mallet (par Ant. Arnauld). *Anvers*, 1681, in-8, v. br.

116. Du Contant de la Mollette. Essai sur l'Écriture sainte, ou tableau historique des avantages que l'on peut retirer des langues orientales pour la parfaite intelligence des livres saints. *Paris*, 1775, in-12, br.

117. Petri Sutoris de translatione Bibliæ, et nova-rum reprobatione interpretationum. *Venundat. Parisiis, apud Joann. Parvum, anno* 1525, in-fol., front. gr. en bois, anc. rel.

Dans cet ouvrage, Dom Cousturier a surtout en vue la *Traduction du Nou-veau Testament* par Érasme. Ce livre donna lieu à l'Apologie qui fait le sujet de l'art. suivant.

118. Adversus Petri Sutoris debacchationem Apologia Des. Erasmi. *Basileæ, Froben,* 1525, in-8. — **Spongia Erasmi adversus Aspergines Hutteni.** *Basileæ, per Joan. Frobenium,* 1523, in-8. — **Catalogus novus Lucubrationum Erasmi Roterodami cum censuris.** *Basileæ, apud J. Frobenium,* 1524, in-8, cart.

La seconde pièce de ce recueil est la réponse d'Érasme au livre d'Ulric de Hutten, intitulé: *Ulr .ab Hutten cum Erasmo Roterod. expostulatio.* Hutten, fâché du refus que fit Erasme de le recevoir à Bâle, à cause de l'attachement de Hutten au luthéranisme, conçut à l'égard d'Érasme une aversion qui lui fit composer cet ouvrage qui chagrina beaucoup ce dernier.

119. Disquisitiones criticæ de variis per diversa loca et tempora Bibliorum editionibus, quibus accedunt castigationes unius Theologi parisiensis ad opusculum Vossii de Sibyllinis oraculis (auct. R. Simon). *Londini,* 1684, in-4, v. br. *Aux armes de B.-H. de Fourcy.*

120. Christ. Kortholti de variis Scripturæ editionibus Tractatus theologico-historico-philologicus. *Kiloni, Seb. Richelius,* 1686, in-4, v. br.

121. Discours historiques sur les principales éditions de Bibles polyglottes (par le P. Lelong, de l'Oratoire). *Paris, Pralard,* 1713, in-12, br.

122. Joan. Morini Exercitationes biblicæ de hebræi græcique textus sinceritate, pars prior. *Lutetiæ,* 1633, in-4, vél.

La suite de l'ouvrage n'a pas paru dans cette édition. Exemplaire de Colbert.

123. Sixtini Amama Anti-barbarus Biblicus, libro quinto auctior, etc. *Franequeræ,* 1656, in-4, v. (*Armes.*)

Édition rare qui ne parut qu'après la mort de son auteur. C'est une critique aussi grossière que mal fondée de *la Vulgate.*

124. Histoire critique du Vieux Testament, par Rich. Simon. *Rotterdam, Reiner,* 1685, in-4, v. br.

C'est à cet ouvrage que Rich. Simon doit sa grande célébrité : il fut supprimé par arrêt du conseil comme plein de principes dangereux, mais réimprimé à Rotterdam sur un exemplaire soustrait à l'exécution de l'arrêt. Edition plus exacte que les précédentes et contenant des augmentations.

125. Sentiments de quelques théologiens de Hollande sur l'*Histoire critique du Vieux Testament* (de R. Simon, par J. Le Clerc). *Amsterdam, Desbordes,* 1685, in-8, vél.

126. Réponse au livre intitulé : *Sentiments de quelques théologiens* (par J. Le Clerc), par le prieur de Belleville (R. Simon). *Rotterdam,* 1686, in-4, v. br.

127. Histoire critique du texte du Nouveau Testament, par Rich. Simon, où l'on établit la vérité des actes sur lesquels la vérité de la religion chrétienne est fondée. *Rotterdam, Reiner,* 1689, in-4, v. br.

128. Histoire critique des versions du Nouveau Testament, par R. Simon. *Rotterdam,* 1690, in-4, v. br.

129. Nouvelles Observations sur le texte et les versions du Nouveau Testament, par R. Simon. *Paris,* 1695, in-4, v. br.

130. Défense du texte hébreu et de la version vulgate, servant de réponse au livre intitulé : *l'Antiquité des tems,* etc. (par P. Pezron), par Mich. Lequien. *Paris,* 1690, in-12, v. br.

Critique d'un traité de chronologie qui suscita un grand nombre de réfutations. V. Brunet, t. VI, col. 1125.

131. Jos. Blanchini ,Vindiciæ canonicarum scripturarum vulgatæ latinæ editionis. *Romæ,* 1740, in-fol., v. m.

132. Remarques sur la version italique de l'Évangile de S. Matthieu. *Paris, Ant. Lambin,* 1695, in-12, v. br.

L'auteur fait voir la parfaite conformité de cette version avec celle dont se servaient les Pères des quatre premiers siècles.

133. Nouvelle Défense de la traduction du Nouveau Testament, imprimée à Mons contre le livre de M. Mallet (par Ant. Arnauld). *Cologne,* 1680, 2 vol. in-8, v. br.

134. Observations sur la Nouvelle Défense de la version françoise du Nouveau Testament imprimé à Mons (par le P. Le Tellier). *Paris*, 1685, in-8, v. br.

135. Bibliotheca criticæ sacræ circa omnes fere difficultates librorum sacrorum (auct. P. Cherubino a S. Joseph). *Lovanii*, 1704, 3 vol. in-fol., front. gr. v. br.

136. CRITICI SACRI, sive annotata doctiss. virorum in V. et N. Testamentum. *Amstelod.*, 1698-9, 9 vol. in-fol. en 10 tom. v. br. — Thesaurus theologico-philologicus. *Amstelod.*, 1701, 2 vol. in-fol., v. br. — Thesaurus novus theologico-philologicus... ex musæo Th. Hasæi et C. Ikenii. *Lugdun.-Batav.*, 1732, 2 vol. in-fol., v. br.: en tout 13 vol. en 14 tom.

Collection rarement complète.

137. And. Riveti critici sacri libri IV. *Genevæ*, 1660, in-12, vél.

138. Mat. Poli synopsis criticorum aliorumque S. Scripturæ interpretum in Vetus et Novum Testamentum. *Londini*, 1669-76, 5 tom. en 10 vol. gr. in-fol., v. f. fil.

139. Joan. Vorstii Philologia sacra. *Lugd. Batav.*, *Baron*, 1658, 2 part. in-4, vél.

140. Herm. Witsii Miscellanearum sacrarum libri IV. *Lugd. Batav.*, 1736, 2 vol. in-4, portr. vél.

141. Conr. Ikeni Dissertationes theologico-philolog. in diversa utriusque Testamenti loca. *Lugd. Bat.*, 1749, in-4, vél.

142. Lud. Ballester Onomàtographia, sive descriptio nominum varii et peregrini idiomatis quæ alicubi in latina Vulgata editione occurrunt; accedit ejusdem Hierologia. *Lugduni*, 1617, 2 part. in-4, vél.

II. LITURGIE.

1. *Traités sur les rites et cérémonies de l'Église.*

143. Fr. Bernardini Ferrarii de ritu sacrarum Ecclesiæ catholicæ concionum libri III. *Parisiis, Billaine*, 1664, in-8, vél.

Cet ouvrage est rempli de recherches curieuses et savantes sur tout ce qui appartient à la manière de prêcher dans les différents siècles et chez les différentes nations. Le cardinal Borromée, qui en avait composé un sur le même sujet, voyant que Ferrari avait traité beaucoup mieux que lui cette matière, ne voulut pas que son livre fût imprimé de son vivant.

144. Gul. Durandus. Rationale divinorum officiorum. *Lugduni*, 1592, in-8, vél.

145. Traité de l'office divin pour les ecclésiastiques et les laïques, par le P. Louis Thomassin. *Paris*, 1686, in-8, v. br.

146. Joan. Bonæ de divina Psalmodia. *Parisiis, Billaine*, 1663, in-4, v. br.

147. Joan. Vicecomitis de antiquis Confirmationis ritibus; de ritibus Missæ. *Mediolani*, 1618, in-4. — S. Romanæ Ecclesiæ bibliothecariorum catalogus juxta chronologicum ordinem. *S. l., s. d.*, in-4, v. m.

148. Joan. Vicecomitis Observationes ecclesiasticæ de Baptismo, etc. *Parisiis*, 1618, in-8, v. br. fil.

149. RECUEIL. 1° Joan. Chifletii concilium de sacramento Eucharistiæ ultimo supplicio afficiendis non denegando. *Bruxellæ*, 1644, in-8, tit. gr. — 2° Steph. Pigii Themis Dea, sive de lege divina; item Mythologia ejusdem in quatuor anni partes. *Antverpiæ, ex offic. Christ. Plantini*, 1568, in-8, fig. — 3° Petri Pomponatii Tractatus de immortalitate animæ. *S. l.* (1534), in-8. — 4° Petri Louvet Nomenclatura et chronologia rerum ecclesiasticarum diœcesis Belvacencis. *Parisiis*, 1613, in-8, v. m.

Vol. rare. La première pièce de ce recueil est dédiée à Claude d'Achey, ar-

chevêque de Besançon. La seconde est l'explication des bas-reliefs d'un vase
d'argent découvert près d'Arras et que le card. de Granvelle, auquel le livre
est dédié, avait acquis pour son musée.

150. Du Secret des mystères, ou l'apologie de la
rubrique des Missels qui ordonne de dire secrète-
ment le canon de la Messe, par de Valmont. *Paris*, 1715, 2 part. en 2 tom. in-12. — Troisième
partie, ou Examen des réflexions de l'abbé du Pin
sur les deux premières. *Paris*, 1715, in-12, en
tout 3 vol. in-12, v. br.

151. Apologie des cérémonies de l'Église, contre un
livre qui a pour titre : *Dissertation du secret des
Mystères* (par de Valmont), par dom Claude de
Vert. *Bruxelles*, 1712, in-12, v. br.

152. La Franche Acception du deffy faict à Frère Martin Le Noir par certain calomniateur anonyme,
où est contredit un sermon prétendu excellent par
Gerson par lui-même approuvant le pouvoir qu'ont
les Religieux Mendiants de confesser, etc. *Paris*,
1622, in-8, tit. gr. — Apologie contre la résolu-
tion de la sanctification du sainct Dimanche et
aultres fêtes, mis en lumière l'an 1605 par Frère
Martin Le Noir. *Rouen*, in-8, vél.

153. Ang. Roccha de Campanis Commentarius. *Romæ*, *G. Faciotius*, 1612, in-4, fig. tit. et front.
gr. — Phil. Ferrarii Nova Topographia in Martyrologium Romanum. *Venetiis, Bern. Juntæ et Socii*,
1609, in-4, v. m.

La première pièce est rare et très-curieuse. L'auteur y fait remonter l'usage
des cloches à S. Paulin, év. de Nole.

2. *Liturgies des différentes églises et liturgies particulières.*

154. Muratori Liturgia Romana vetus tria sacramentaria complectens. *Venetiis*, 1748, 2 tom. en 1 vol.
in-fol. v. m.

Volume recherché.

156. Bréviaire romain noté selon un nouveau sys-

tème de chant approuvé par l'Académie des sciences, etc., par M*** (Demotz). *Paris*, 1727, in-12, v. br. tr. dor.

Volume peu commun et dont la notation est fort curieuse. Il est orné du portrait de Languet, curé de S. Sulpice, auquel le livre est dédié. Signature de l'auteur au premier et dernier feuillet.

157. Bréviaire romain à l'usage des Frères Mineurs de S. François. *Paris*, 1773, 2 vol. in-4, v. br. tr. dor.

158. Breviarium romanum ad usum Fratrum Minorum S. Francisci conventualium. *Romæ, apud P. Junchi*, 1777, in-8, front. gr. fig. mar. n. fil. tr. dor.

159. Diurnal du Bréviaire romain à l'usage des Religieux et Religieuses des Trois Ordres du séraphique P. S. François. *Paris*, 1721, in-8, v. m. fil. (*Armoiries*.)

160. Horæ diurnæ Breviarii romani ad usum Fratrum Minorum S. Francisci conventualium. *Venetiis, ex typogr. Pallioniana*, 1773, in-12, fig. mar. r. fil. tr. dor.

161. Plan de la Bible latine distribuée en forme de Bréviaire (par dom Remy Carré). *Paris*, 1780, in-12, br.

162. Défense des versions de l'Écriture sainte, des Offices de l'Église et des ouvrages des Pères, et en particulier de la nouvelle Traduction du Bréviaire romain (faite par N. Le Tourneux), contre la Sentence de l'Official de Paris (par Ant. Arnauld). *Cologne, Schouten*, 1688, in-12, v. br.

163. Réponse aux Remarques sur le Nouveau Bréviaire de Paris (par Chastelain). *Paris*, 1680, in-8, v. br.

164. Evangelia quæ Dominicis et aliis festis in ecclesia leguntur heroico carmine reddita a M. Georgio Æmilio. *Col. Agripp.*, 1570, in-8. Fig. en bois d'une belle exécution, anc. rel.

165. Les Hymnes et les Proses de l'office divin trad. en vers sur le chant de l'église et autres airs, par l'abbé Chassain. *Paris*, 1705, in-12, v. br.

166. Theoph. Raynaudi O Parascevasticum septiduanis Antiphonis majoribus natale Christi antecurrentibus præfixum. Ejusdem Minutalia sacra, Litteræ, Syllabæ, Puncta, Aspices interrogandi ac pronuntiandi notæ, Parentheses, Divisiones librorum ac capitum, quanti sint ad Scripturæ intelligentiam et dogmatum catholicorum indemnitatem. *Lugduni*, 1661, 2 part. in-4, vél.

Le P. Raynaud, ayant à prêcher sur les sept Antiennes solennelles qui commencent par un O, ne prit que cette seule lettre pour sujet de ses sermons, dont le précis compose le premier traité de cet article.

169. Graduale romanum. *Lugduni*, 1720, in-4, v. br.

177. L'Office du Saint Sacrement pour le jour de la fète et toute l'octave, avec 312 nouvelles leçons tirées des SS. Pères et auteurs ecclésiastiques des douze premiers siècles, etc.; le tout en latin et en françois et une table historique et chronologique des auteurs rapportés dans cet ouvrage. *Paris*, *Le Petit*, 1659, 2 vol. in-8. v. br. fil. (*Armes.*)

La préface, la distribution de l'office et la table chronol. sont d'Arnauld; la *Tradition de l'Eglise* qui en forme la seconde partie est de Nicole. Ce fut celui-ci qui engagea le duc de Luynes, alors retiré à Port-Royal, à traduire en français l'*Office* et la *Tradition*. Il fut aidé par Le Maître. Tout l'ouvrage ne parut qu'après avoir été revu et corrigé par la Société des théologiens de Port-Royal.

178. OFFICIUM B. MARIÆ VIRGINIS nuper reformatum et Pii V jussu editum. *Antverpiæ, ex offic. Christ. Plantini*, 1575, in-8, fig. de B. Bernard, riche rel. à pet. fers, tr. dor.

180. L'Office de l'Église et de la Vierge, en latin et en françois, avec les hymnes traduites en vers (par le sieur Dumont). *Paris*, *Pierre Le Petit*, 1681, in-8, fig. v. br.

181. L'Office de l'Église et de la Vierge, en latin et en françois, avec les hymnes traduites en vers (par le sieur Dumont). *Paris, Pierre Le Petit,* 1686, in-8, fig. front. gr. mar. r. fil. tr. dor.

182. L'Office de la Sainte Vierge suivant la réformation du concile de Trente et du Pape Urbain VIII, disposé à l'usage des Religieuses de la Visitation de Sainte-Marie. *Paris,* 1774, in-8, m. n. gauf.

187. HEURES GOTHIQUES du xiiie siècle. Mss. sur vélin avec lettres tourneures et quelques figures grotesques. In-8.

Il y a quelques lacunes.

188. HEURES GOTHIQUES du xve siècle. Mss. sur vélin de 214 feuillets in-8, avec de nombreuses arabesques, lettres tourneures, rehaussées d'or, et onze grandes enluminures, tr. dor.

Au folio 29 il se trouve une lacune.

189. HEURES GOTHIQUES. Mss. sur vélin du xve siècle, gr. in-8 avec 15 grandes enluminures, de nombreuses arabesques, et plusieurs lettres tourneures. Reliure en vél. gaufré et vernissé, tr. dor.

191. HEURES à l'usage de Rome (à la marque de Phil. Pigouchet). *Les présentes heures à l'usaige de Rome furent acheuéez le 27° jour de may de l'an mil cinq cens pour Simon Vostre libraire demeurant à Paris à la rue neuue N. Dame à l'enseigne S. Jehan l'Evangeliste.* In-8, encadrements et fig. en bois, anc. rel.

Cette édition a 18 grandes planches et des bordures dans lesquelles on remarque l'histoire de Joseph et les fig. des douze sibylles, avec des explications en français. On y remarque aussi 78 sujets à la danse des morts.

192. HEURES à l'usage de Sens. *Ces présentes heures à l'usage de ..... (on a rempli la lacune en y ajoutant le mot Sens) furent acheuées le neufuième jour de feuurier mil cinq cês pour Ant. Verard, libraire, demeurant à Paris près le carrefour Saint-Seuerin à l'image Saint Jehan l'évangeliste,* etc. Gr. in-8, plusieurs lettres tourneures ornées de fig. délicatement enluminées et 18 gr. enluminures, mar. n.

193. HEURES A L'USAGE DE ROME. *Les présentes heures à l'usage de Rome ont esté imprimées et acheuées A paris le cīquiesme jour dauril Lan mil cinq cēs et trois. Par Jehan Pychore et Remy de Laistre : demourant au croissant en la grant rue des carmes dēss la place Maubert.* In-4, goth. *sur peau de vélin,* avec de superbes fig. et encadrements en bois; rel. précieuse en maroquin vert, couverte de dorures à petits fers, ornée de rinceaux sur le dos et sur les plats.

Édition très-rare. Exemplaire de la plus grande magnificence.

195. Heures nouvelles dédiées à Madame la Dauphine. *Paris, J. Legras,* 1690, in-8, fig. mar. r. fil. tr. dor.

196. Heures nouvelles tirées de la Sainte Écriture, écrites et gravées par L. Sénault. *Paris, l'Auteur, s. d.,* in-8, portr. et encadr. mar. vert, riche dentelle, fil. tr. dor.

Beau volume entièrement gravé et rempli de fleurons, lettres, titres ornés, têtes de pages, etc.

197. Horstius. Heures chrétiennes tirées de l'Écriture sainte et des SS. Pères. *Paris,* 1700, 2 vol. in-12, v. br.

Traduction française, ou plutôt paraphrase par Nicolas Fontaine du livre mystique intitulé: *Paradisus animæ christianæ,* d'Horstius. Ces heures, que la Bibliothèque janséniste accuse d'être calquées sur celles de Port-Royal, furent interdites dans quelques diocèses de France.

198. RÉFLEXIONS sur quelques paroles de Jésus-Christ, particulièrement sur les sept dernières qu'il a prononcées sur la croix. *Paris, s. d.* in-12, mar. r. fil. tr. dor. (*Au chiffre de Mme de Maintenon.*)

Volume entièrement gravé, texte et vignettes par N. Bonnard et dédié à Mme de Maintenon.

200. ORDINARIUS ad usum Bisuntinensem, cum antiquis et novis regulis. *Ordinarius metropolitane bisūtenēn ecclē parisiē impressus Anno dñi millesimo quadringentesimo nonagesimo quinto die vero mensis octobris duodecimo finit feliciter.* —

Statuta Sinodalia ad usum Bisuntinensem (*edita jussu Caroli a Novæastro*). *Sinodalia Bisŭtinĕn ecclesie statuta parisiis ĩpressa Anno dnĩ millesimo quadringentesimo nonagesimo quinto die vero mensis Augusti vicesimo sexto finit feliciter.* Pet. in-4, anc. rel.

Ces deux ouvrages sont très-rares,

202. Rituel du diocèse de Périgueux, dressé sur le rituel romain de Paul V, par Guillaume Le Roux, évêque de Périgueux. *Périgueux*, 1680, in-4, v. br.

203. Instructions sur le Rituel de Toulon. *Toulon*, 1749, 2 vol. in-4, v. m.

204. Réflexions de plusieurs curés du diocèse de Soissons, sur le Rituel de Monseigneur le duc de Fitz-James, évêque de ce diocèse. *Amsterdam*, 1758, in-12, br. — Mémoire instructif sur la doctrine du catéchisme de Monseigneur l'évêque de Soissons. *Amsterdam*, 1758, in-12, br.

205. La Liturgie selon l'usage de l'Église anglicane (trad. en français par Durel). *Londres*, 1677, in-12, v. f.

206. Liturgia Suecanæ Ecclesiæ catholicæ et orthodoxæ conformis, suecice et latine, cum præfatione et notis (Laurentii Goth. archiep. Upsaliensis). *Stockolmiæ, Torbernus Tedemannus*, 1576, in-fol. anc. rel.

Ouvrage très-rare.

207. Livre de prières à l'usage de Messieurs les chevaliers de l'Ordre de Saint-Michel et des personnes qui ont de la dévotion pour le premier de tous les anges. *Paris*, 1782, pet. in-12, v. jasp. fil. tr. dor.

208. L'Office des chevaliers de l'Ordre du Saint-Esprit. *Paris, Impr. roy.*, 1740, in-12, vignettes de Séb. Le Clerc, mar. r. tr. dor. La croix de l'Ordre sur les plats.

209. Offices propres à l'église de Saint-Jean-en-Grève. *Paris*, 1745, 2 part. in-12, mar. r. large dent. tr. dor. fig. port.

Seul ouvrage où se trouve l'historique de Saint-Jean-en-Grève.

210. L'Office de saint Louis, roi de France, à l'usage de MM. les marchands merciers, grossiers et joailliers de la ville de Paris. 1749, in-12, jolie fig. de saint Louis, v. br. janséniste, tr. dor. G. P.

III. CONCILES ET SYNODES.

211. Gul. Durandi Tractatus de modo generalis concili celebrandi. *Parisiis*, 1545, in-8, v. br.

212. Franc. Christ. Lupi Synodorum generalium e provincialium decreta et canones, cum notis et historicis dissertationibus. *Lovanii*, 1665, 5 vol. in-4, v. br.

Ouvrage plein d'érudition : son ultramontanisme prononcé a été réfuté par Bossuet dans son livre intitulé : *Défense de la déclaration du clergé de France.*

213. Canones SS. Apostolorum et SS. Conciliorum. Gr. in-4, vél.

Le feuillet du titre manque. Cette édition est très-recherchée comme étant la première en grec.

214. Joan. Zonaræ in Canones SS. Apostolorum et SS. Conciliorum commentarii. *Lutetiæ-Paris.*, 1618, in-fol. v. f. fil.

Commentaires très-propres à faire connaître la discipline de l'Église grecque.

215. Christ. Lupi ad Ephesinum Concilium variorum Patrum epistolæ : Tituli decretorum Hilarii Papæ : Neapolitanum Concilium : Epistolæ Anacleti anti-papæ. *Lovanii*, 1682, in-4, v. br.

Recueil posthume qui renferme des pièces et des notes intéressantes.

216. Emman. a Schelstrate Sacrum Antiochenum concilium pro Arianorum conciliabulo passim habitum, nunc vero primum ex omni antiquitate auctoritati suæ restitutum. *Antverpiæ, J.-B. Ver-dussen*, 1681, in-4, v. br.

217. Orthuini Gratii fasciculus rerum expetenda-rum et fugiendarum, prout ab Orthuino Gratio... editus est Coloniæ... in Concilii tunc indicendi usum et admonitionem ; ab innumeris mendis purgatum... una cum appendice scriptorum ve-terum qui Ecclesiæ romanæ errores et abusus de-tegunt et damnant, necessitatemque reformatio-nis urgent... opera et studio Edwardi Brown. *Londini, R. Chiswel*, 1690, 2 vol. in fol. v. br.

Recueil intéressant de pièces concernant le concile de Bâle. Cette édition est recherchée surtout à cause de l'appendice contenant 77 pièces presque toutes publiées d'après des manuscrits.

218. Acta primi concilii Pisani anno 1409 et con-cilii Senensis anno 1423. *Lutetiæ·Paris.*, 1612, in-4, v. br.

219. Concilii Tridentini canones et decreta. *Pari-siis, Nic. Pépingué*, 1667, in-12, v. f.

Quétif, éditeur de ce livre, y a joint une table des personnages qui ont figuré au concile de Trente, et un index des livres défendus.

220. Concilii Tridentini canones et decreta, cum Ph. Chiffletii præfatione et notis et indice libro-rum prohibitorum. *Lugduni*, 1685, in-12. Portr. de Paul III.

Les notes de Phil. Chifflet, sur le concile de Trente, sont fort es-timées.

221. Jos. Saënz de Aguirre Notitia conciliorum Hispaniæ et novi orbis. *Salmanticæ*, in-12, v. br.

222. Statuta synodalia insignis curiæ Archiepiscopalis Bisuntii. *Manuscrit* in-4 sur peau de vélin, à longues lignes, du xvi⁰ siècle. La copie de ces statuts, qui ont été publiés le 7 octobre 1522, est signée *Bourgeois*.

223. Statuta synodalia Ecclesiæ Bisuntinæ (promul-

gata a Claudio a Bauma). *Lugduni, G. Rouillius,*
1560, in-4, v. jasp, fil.

Ces statuts ont été recueillis par Ant. Lulle, professeur à l'université
de Dôle, vicaire général de A. de la Baume, et publiés par lui avec un commentaire.

224. Statuta synodalia Bisuntinæ ecclesiæ metropolis (promulgata a Claudio a Bauma). *Lugduni,*
1575, in-4, v. m.

Cette seconde édition est augmentée.

225. Statuta synodalia diœcesis Belliensis, edita et
promulgata in synodis diœcesanis annorum
1746, 47, 48, 49 (ab Ant. Tinseau). *Lugduni,*
1749, in-12, v. m.

226. Avis synodaux de Mgr l'évêque de Nevers (J.-
Ant. Tinseau), pour le synode de 1760. *Nevers,*
1760, in-12, bas. fil.

227. Ordonnances synodales du diocèse de Grenoble, par le card. Le Camus. *Paris,* 1690, in-12,
v. br.

228. Ordonnances synodales du diocèse de Dijon
(par Cl. Bouhier, deuxième évêque de Dijon). *Dijon, Desaint,* 1744, in-12, v. br.

229. Ordonnances synodales du diocèse de Saint-
Paul-Trois-Châteaux. *Avignon,* 1751, in-12,
v. m.

230. Synodicum diœcesanum S. Beneventanæ Ec-
clesiæ ab anno 1686 ad annum 1722, per Fr.
Vincentium Mariam episc. Portuensem et Cardin.
Beneventi, 1723, 2 vol. in-fol. v. m.

231. Canones Concilii provincialis Coloniensis anno celebrati 1536 (auct. Joan Groppero). *Parisiis,
Desloix,* 1538, in-8, v. f. fil. tr. dor.

232. Georg. Bartholdi Pontani a Breitenberg statuta provincialia Ernesti archiep. I Pragensis ante
annos ducentos et octoginta novem publicata.
Ejusd. orationes synodales, sacræ, bellicæ, fune-
bres. *Pragæ,* 1606, 2 part. in-4, vél. *Aux armes
de Sarragoz.*

233. Constitutiones et decreta synodi diœcesanæ Constantiensis edita die 20 octobris 1609. *Constantiæ*, 1730, in-4, v. br.

IV. SAINTS PÈRES.

1. Collections, extraits et fragments d'ouvrages des Saints Pères.

234. Bibliothèque portative des Pères de l'Église, qui renferme l'histoire abrégée de leur vie, l'analyse de leurs principaux écrits, etc., avec leurs plus belles sentences (par l'abbé Tricalet). *Paris*, 1758, 5 vol. in-8, v. m.

235. Les Philosophes des trois premiers siècles de l'Eglise, par l'abbé Claude-Franç. Nonnotte. *Paris*, 1789, in-12, br.

236. WILLIAM CAVE Apostolici : the History of the lives, acts, death and martyrdoms, etc. — History of the most eminent Fathers of the fourth Century, etc. *London*, 1687, 2 part. in-fol. fig. v. br. rel. angl.

La première partie donne la vie des hommes éminents dans l'Église, depuis S. Etienne, protomartyr, jusqu'à S. Denis d'Alexandrie, mort en 275. La seconde contient la vie des plus éminents Pères de l'Église pendant le ive siècle. Tables chronologiques de l'hist. de l'Église pendant les trois premiers siècles. Ouvrage rare.

237. MARGUERINI DE LA BIGNE Magna Bibliotheca veterum Patrum et antiquorum scriptorum ecclesiasticorum. *Coloniæ-Agripp.*, 1618, 14 vol. in-fol. front. gr. v, br. fil. (*Armes.*)

Collegii parisiensis societatis Jesu. Voy. n° 268.

238. Nic. Le Nourry Apparatus ad bibliothecam veterum Patrum. *Parisiis*, 1703-15, 2 vol. in-fol. v. br.

Ouvrage peu commun.

239. Veterum quorumdam brevium theologorum, qui aut Apostolorum tempore vixerunt aut non

multo post, elenchus. *Basileæ, apud Henr. Petri,*
1550, in-fol. — And. Frecii Commentariorum de
republica emendanda libri quinque. *Basileæ, J.
Oporinus,* 1554, in-fol. anc. rel.

240. J.-Jac. Grynæi Monumenta SS. Patrum ortho-
doxographa, gr. et lat. *Basileæ,* 1569, in-fol. vél.

241. P.-Franc. Chiffletii Scriptorum veterum de
fide catholica quinque opuscula, cum notis. *Divione, Chavanec,* 1656, in-4, v. br. (*Aux armes
de Colbert.*)

> Ouvrage rempli de recherches. Les pièces originales et les chartes que le
> P. Chifflet y a fait imprimer à la fin, et qui ne se trouvent pas ailleurs, ren-
> dent ce livre précieux pour les personnes qui étudient l'histoire de France du
> moyen âge.

242. Jo.-Casp. Suiceri Thesaurus ecclesiasticus e
Patribus Græcis, ordine alphabetico concinna-
tus, etc., gr. et lat. *Amstelædami,* 1682, 2 tom.
en 1 vol. in-fol., front. gr., peau de tr.

243. Lucæ d'Achery Spicilegium veterum aliquot
Scriptorum qui in Galliæ bibliothecis latuerant.
Parisiis, 1655-77, 13 vol. in-4, v. br.

> Cet ouvrage contient un grand nombre de pièces du moyen âge rares et cu-
> rieuses, et, quoique l'auteur ne lui ait donné que le titre de *Spicilége,* on peut
> le regarder comme une moisson précieuse et abondante. Cette édition
> est l'originale et la meilleure. Mabillon a eu part aux sept derniers vol.

244. Vetera Analecta, ex editione et cum notis
J. Mabillonii. *Lutetiæ-Paris.,* 1675, 4 vol. in-8,
v. m.

> Ouvrage recherché des savants. Le 4e vol. contient la relation du voyage
> de Mabillon en Allemagne, et une partie des pièces qu'il y avait recueillies.

245. Steph. Baluzii Miscellanea. *Parisiis,* 1678-
1715, 4 vol. in-8 v. br. (Tomes 1 à 4.)

246. Varia sacra, seu sylloge veterum opusculorum græcorum ad rem ecclesiast. spectantium,
gr. et lat., notis illustrata à Steph. Le Moyne.
Lugd.-Batav., 1685, 2 vol. in-4, vél.

247. Edm. Martene et Ursini Durand Thesaurus
novus Anecdotorum complectens Epistolas, Di-

plomata, etc. *Lutetiæ-Paris.*, *Delaulne*, 1717, 5 vol. in-fol. v. m.

Collection très-recherchée.

248. EDM. MARTENE ET URSINI DURAND Collectio amplissima veterum Scriptorum, etc. *Parisiis,* 1724-33, 9 vol. in-fol. v. br.

Ouvrage précieux et recherché. Chaque vol. est enrichi d'une bonne préface qui fait voir le fruit qu'on peut tirer des pièces qui y sont renfermées.

249. BERN. PEZII Thesaurus Anecdotorum novissimus, sive veterum monument., præcipue ecclesiastic., ex germanicis potissimum, adornata collectio novissima. *Ausgust. Vindelic.,* 1721-29, 14 tom. en 5 vol. in-fol. front. gr. v. br.

250. HENR. CANISII Antiquæ Lectiones circa monumenta historiæ mediæ ætatis. *Ingolstadii,* 1601-4, 9 vol. in-4, v. br.

Ouvrage recherché. V. Brunet, 5ᵉ édit., t. Iᵉʳ, col. 1543.

251. Joan. Mabillon et Mich. Germain. Musæum Italicum, seu collectio veterum scriptorum ex biblioth. italicis eruta. *Parisiis,* 1687-89, 2 vol. in-4, v. br.

252. OEuvres posthumes de J. Mabillon et de T. Ruinart, publiées par Vincent Thuillier. *Paris,* 3 vol. in-4, v. m.

Recueil curieux où sont reproduits plusieurs opuscules de Mabillon qui avaient paru séparément.

2. *Ouvrages des Saints Pères grecs.*

253. Philonis Judæi Opera, gr. et lat., ex Sigismundi Gelenii et aliorum interpretatione. *Lutetiæ-Paris.,* 1640, in-fol., v. br.

254. Athenagoræ Apologia pro Christianis, et de resurrectione mortuorum : ex antiquis exemplar. libellus ille nunc primum profertur, hic autem castigatior quam antea, gr. et lat. *Ex officinâ Henr. Stephani,* 1557, in-8, cart.

255. T. Fl. Clementis Alexandrini Opera omnia, gr., ex editione P. Victorii. *Excudebat Florentiæ L. Torrentinus*, 1550, in-fol., front. gr. sur bois, anc. rel.

Première édition, bien exécutée et peu commune.

256. T. Flavii Clementis Alexandrini Opera omnia, gr., cum lat. vers. Gentiani Kerveti, opera Fred. Sylburgii. *Ex typogr. Commelini*, 1592, in-fol., p. v.

257. Clementis Alexandrini operum Supplementum, gr. et lat., collegit et cum præfatione edidit D. Th. Ittigius. *Lipsiæ*, 1700, in-8.

258. Origenis Adamanti Opera quæ quidem proferri potuerunt omnia, lat., ex edit. Gilb. Genebrardi. *Parisiis*, 1604, 3 part. in-fol., v. br. fil.

De la biblioth. de Colbert.

259. Origenis Philocalia, gr., cum J. Tarini interpret. lat. et notis. *Parisiis*, 1619, in-4, vél.

260. Origenis Hexaplorum quæ supersunt (hebr., gr. et lat.), ex Mss. et ex libris edidit, eruit et notis illustr. Bern. de Montfaucon. Acced. opuscula quædam anecdota. *Parisiis*, 1713, 2 vol. in-fol., beau portrait du card. d'Estrées, v. br.

Belle édition.

261. Origenis Commentaria in sacras Scripturas quæcumque græce reperiri potuerunt, P. D. Huetius græca primus maxima ex parte edidit, varias edit. contulit, lat. interpret. adjunxit, notis et observat. illustravit. *Lutetiæ-Paris.*, 1679, 2 vol. in-fol., v. br. *Aux armes de J.-Ch. Lallemand, évêque de Séez.*

Bonne édition.

262. Origenis contra Celsum libri VIII; ejusd. Philocalia, gr. et lat. Gul. Spencerus utriusque operis versionem recognovit et adnotationes adjecit. *Cantabrigiæ*, 1658, in-4, v. br.

Édition correcte et bien exécutée.

263. Origenis Dialogus contra Marcionitas : ejusd.
exhortatio ad martyrium et responsum ad Africani
epistolam de historia Suzannæ, gr. et lat., opera
M. J. Rod. Welstenii. *Basileæ*, 1674, in-4,
v. br.

264. S. Gregorii Neocæsariensis thaumaturgi Opera
omnia, gr. et lat. Adjec. miscellanea SS. græcorum
Patrum et latinorum, cura Ger. Vossii. *Mogun-*
tiæ, 1604, in-4, vél.

Édition originale.

265. S. Athanasii Dialogi V. S. Basilii libri IV adversus impium Eunomium. Athanasii et Cyrilli com-
pendiaria orthodoxæ fidei Explicatio, gr. et lat.
Excud. Henr. Stephanus, 1570, in-8, vél.

266. S. BASILII Opera omnia, gr. et lat., studio
monach. ordinis S. Benedicti congregationis
S. Mauri (Jul. Garnier et Prud. Maran). *Pari-*
siis, 1721-30, 3 vol. in-fol., front. gr. v. f. fil.

Collegii parisiensis societ. Jesu. — Bonne édition.

267. D. GREGORII NAZIANZENI Opera omnia, gr. et
lat., ex interpret. Jac. Billei Prunæi. *Parisiis,*
1583, 2 vol. in-fol., m. bl. fil. tr. dor. *Aux armes*
du duc de Verneuil, évêque de Metz.

268. FRANC. COMBEFIS Bibliothecæ græcorum Patrum
auctuarium novissimum, gr. et lat. *Parisiis,*
1672, 2 part. in-fol., v. br. fil. *(Armes.)*

V. art. 237.

269. S. Gregorii Nyssæni ad Eustathiam, Ambrosiam
et Basilissam epistolæ, gr. et lat., ex versione et
cum notis Is. Casauboni. *Lutetiæ, ex typogr. Rob.*
Stephani, 1606, in-8. — Hieremiæ Constantinopolitani Patriarch. Censura Orientalis Ecclesiæ de
præcipuis nostri sæculi hæreticorum dogmatibus,
ex versione et cum notis Stan. Socolovii. *Dilin-*
gæ, 1582, in-8.— Dion. Petavii Appendix ad epi-
phanianas animadversiones, sive elenchus dis-
punctiuncularum Mathurini Simonii de Pœnitentiæ

ritu in Ecclesia. *Parisiis, Sebast. Cramoisy*, 1624, in-8, v m.

270. S. JOANNIS CHRYSOSTOMI Opera omnia, gr. et lat.,cura et studio Bern. de Montfaucon. *Parisiis*, 1718-38, 13 vol. in-fol., portr. v. m.

Bonne édition, rare et très-recherchée.

271. Synesii episc. Cyrenensis Opera omnia, gr. et lat., interprete Dion. Petavio et cum ejus notis. *Lutetiæ*, 1612, in-fol., v. f. fil.

Collegii parisiensis societ. Jesu. — Bonne édition.

272. S. Procli archiep. Constant. Analecta, inter quæ orationes XXI, epistolæ, etc., primum gr. et lat. editæ, reddita commentariisque illustr. studio Vinc. Riccardi. *Romæ, H. B. Zannetti*, 1630, in-4, portr. vél.

Volume peu commun.

273. Theodoreti Cyrenensis episc. de curatione græcarum affectionum libri duodecim, Zenobio Acciaiolo interpr. *Parisiis in offic. Rob. Stephani*, 1519, in-fol.

274. Theodoreti de Providentia sermones duo, gr., cum lat. interpr. junctim nunc primum editi. *Parisiis, Seb. Cramoisy*, 1633, in-8, vél.

C'est le meilleur ouvrage que les anciens nous aient laissé sur ce sujet.

275. S. Cyrillus patriarcha Alexandrinus in XII prophetas, a Jac. Pontano gr. et lat. nunc primum editus. *Ingolstadii*, 1607, in-fol., front. gr. v. br. fil.

276. OEcumenii Commentaria in Actus Apostolorum, in omnes Pauli Epistolas, in Epistolas catholicas. Acced. Arethæ Expositiones in Apocalypsim, gr. *Veronæ, apud Steph. et fratres Sabios*, 1532, in-fol., mar. r. tr. dor.

Bel exemplaire de l'édition originale du texte grec.

277. Theophylacti, archiep. Bulgariæ, Commentarii in S. Pauli Epistolas, gr. et lat., cura Aug. Lindselli.

Ph. Montanus latine vertit. *Londini*, 1636, in-fol.,
v. br. fil.

Bonne édition, recherchée.

3. *Ouvrages des Saints Pères latins et de quelques*
autres écrivains ecclésiastiques.

278. M. Minucii Felicis Octavius, cum integris omnium notis, ac Jac. Ouzelii. *Lugd. Batav.*, *ex of-*
ficina Joan. Maire, 1652, in-4, v. br.

279. Q. Septimi Florentis Tertulliani Opera, cum
Beati Rhenani annotationibus. *Parisiis*, *apud*
Andr. Vechelum, 1566, 2 vol. in-8, v. f. fil.

280. Q. Septimi Florentis Tertulliani liber de Pallio;
Cl. Salmasius recensuit, explicavit, notis illustr.
Lutetiæ-Paris., 1622, in-8, vél.

281. S. Cæcilii Cypriani Opera ad fidem vetust.
exemplar. sedulo emendata, studio et opera Nic.
Rigaltii, cum ejusdem et Th. Priorii annotat. integris. *Parisiis, sumptibus J. du Puis*, 1665, in-fol.,
v. br.

Bonne édition.

282. S. Arnobii Afri disputationum adversus
gentes libri VII, cum integris omnium comment., ex recensione Ant. Thysii. *Lugd. Batav.*,
1651, in-4, frontispice de *Corneille van Dalen*,
v. br.

Bonne édition que plusieurs auteurs attribuent à Cl. Saumaise : c'est l'opinion de l'abbé Papillon et de Brunet. V. t. Ier, col. 491.

283. Lactantii Opera per J. Parrhasium ; ejusd. Epitome, et Tertulliani Apologeticus adversus gentes.
Venetiis, 1509, in-fol. v. br.

284. S. Hilarii Pictaviensis Opera, studio et labore
monachor. S. Benedicti castigata, aucta atque illustrata, nunc vero libris de Trinitate et commentariis in psalmos ad binos capituli Veron. codd.
exactis et octo tractatuum adjectione locupletatis

(cura Scip. Maffei). *Veronæ*, 1730, 2 vol. in-fol.
en un, front. gr. v. m.

Bonne édition avec d'importantes addit.

285. S. Optati Opera, cum notis G. Albaspinæi. *Parisiis*, 1679, in-fol., v. br.

286. S. Ambrosii Mediolanensis Opera, ex editione
romana...., *Parisiis*, 1632, 5 tom. en 2 vol in-fol.,
portr. v. br. fil.

287. S. Eusebii Hieronimi Opera. *Romæ*, 1565, et
Lugduni, 1530, 10 tom. en 7 vol. in-fol.; les 1, 2
et 3, *Romæ*, *P. Manucius*, 1565, en 1 vol.; les 4,
5, 6 et 7, y compris le vol. de l'index, *Lugduni*,
Gryvhius, 1530, v. br.

288. Les Lettres de S. Jérôme, traduction nouvelle (par Petit). *Paris*, 1702, in-8, portr.
v. br.

289. S. AURELII AUGUSTINI Opera, emendata studio
monach. S. Benedicti (DD. Franc. Delfau, Th.
Blampin, P. Constant et P. Guesnié). *Parisiis*,
1679-1700, 11 tom. en 8 vol. in-fol.

Bonne édition. — V. Brunet, t. Ier, col. 557.

290. S. Aurelii Augustini et veterum ejusdem disci-
pulorum Opuscula insigniora adversus Pelagianos
et eorum reliquias. *Lovanii*, 1647, 3 vol. in-4,
v. br.

De la biblioth. de Colbert.

291. S. Aurelii Augustini de Civitate, Dei cum comment. Leon. Coquæi. *Parisiis*, 1636, in-fol., v.
br. fil.

292. Traduction, par Ant. Arnauld, des livres de
S. Augustin ; les Mœurs de l'Eglise catholique ;
de la Correction et de la Grâce ; de la véritable
Religion, de la foi, de l'espérance et de la charité,
avec le latin. *Paris*, 1647-48, 4 part. in-8,
v. br.

293. SS. Patrum de gratiâ et libero arbitrio dimi-
cantium trias Augustini Hippon., Prosperi Aqui-

tan., Fulgentii Rupensis, adversus Pelagium, Cassianum, Faustum, collectore Paulo Erinacho (Sinnigh). *S. l.*, 1648, in-4, v. br. fil.

294. Les Lettres de S. Augustin, trad. en françois (par Dubois), avec des notes sur des points d'histoire, de chronologie, etc. (par Tillemont). *Paris, Coignard,* 1684, 6 vol. in-8, v. br.

295. Marii Mercatoris Opera nunc primum edita a Joan Garnerio. *Parisiis,* 1673, 2 vol. in-fol., G. P. v. br. (*Aux armes de Colbert.*)

Les notes et les dissertations du P. Garnier recommandent cette édition dont malheureusement le texte a été altéré à dessein.

296. SS. Salviani Massiliensis et Vincentii Lirinensis Opera. Steph. Baluzius ad fidem codd. mss. emendavit et illustravit. *Parisiis,* 1663, in-8, v. br.

Édition originale,

297. Victoris Vitensis et Vigilii Tapsensis, provinciæ Bisacenæ episcopor., Opera, edente, cum notis, P. Franc. Chiffletio. *Divione,* 1664, in-4, v. br.

298. Alcimi Aviti Carmina de origine mundi, de peccato originali, de sententia Dei, de diluvio, de transitu maris Rubri, cum comment. Meuradi Moltheri. *Basileæ,* 1545, in-8, vél.

299. L. Fulgentii et Maxentii Joannis Opera, antea nunquam impressa (studio Bilibaldi Pirkheymeri). *Expliciunt Opera B. Fulgentii episcopi, et Maxentii servi Dei, impressa ex Haguenau impensis Kobergerorum Norimbergensium, in offic. Thomæ Anselmi. Anno* 20 (1520), in-fol., v. br.

Première édition.

300. Magni Aurelii Cassiodori Opera, Jordani (Jornandès) de rebus Gothicis. Edictum Theodorici, Sidonii Apollinaris de Theodorico rege Epistola. Ennodii Panegyricus Theodorico dictus. *Parisiis,* 1589, in-fol., v. br.

Exempl. de Fr. Camusat.

301. S. Gregorii Turonensis Opera omnia, necnon Fredegarii Scholastici epitome et chronicon, ex editione Th. Ruinart. *Lutetiæ-Paris.*, 1699, in-fol., v. br.

Édition fort recherchée.

302. S. Gregorii Magni Opera omnia, editio secunda romana, *Romæ*, 1613, 3 tom. en 4 vol. in-8, v. br.

303. S. Isidori Hispaliensis episc. Opera emendata per Fr. Jacobum du Breul. *Coloniæ-Agripp.*, 1617, in-fol., p. v.

304. B. Flacci Albini seu Alcuini Opera, studio And. Quercetani. *Parisiis*, 1617, in-fol., portr. v. br. fil.

305. Hincmari Opera duos in tomos digesta cura et studio Jac. Sirmundi. *Lutetiæ*, 1645, 2 vol. in-fol., v. f. tr. dor.

. C'est la meilleure édition. V. Brunet, t. III, col. 168.

306. Hincmari Epistolæ, cum notis J. Busæi. *Moguntiæ*, 1602, in-4, vél.

307. S. Agobardi Opera, access. binæ epistolæ Leidradi. *Parisiis*, 1605, in-8, vél.

308. Reginonis, abbatis Pruniensis, libri II de ecclesiasticis disciplinis et religione christiana, cum Stephani Baluzii notis. *Parisiis*, 1671, in-8, v. br.

La savante préface de cet ouvrage est aussi de Baluze; le premier livre traite des devoirs des ecclésiastiques ; le second des obligations des laïcs. Réginon florissait au commencement du xv⁰ siècle.

309. Ivonis, episc. Carnotensis, Epistolæ. Ejusdem Chronicon de Regibus Francorum. *Parisiis*, 1585, in-4. — Phil. Berterii Pethanon diatribæ duæ. *Tolosæ*, 1608, in-4, v. br.

Exempl. de Den. Camusat.

310. Hildeberti Turonensis Opera tam edita quam inedita ; acced. Marbodi opuscula, quæ ad mss. codd. recensita notis passim illustrantur labore et

studio Antonii Beaugendre. *Parisiis*, 1708, in-fol.,
v. m.

Beaugendre avait quatre-vingts ans quand il publia ce volume : les notes
ont été revues et retouchées par Dom René Massuet. Beaugendre y a inséré
une traduction en vers français du poëme de Marbode intitulé : *De gemma-*
rum lapidumque pretiosorum formis, etc., tiré d'un manuscrit de la biblioth.
de S. Victor, et qu'il attribue à un poëte contemporain de Marbode.

311. S. Bernardi Opera omnia.... post V. C. Merlo-
nem Horslium ad varios mss. codd. collecta,
emendata et aucta, studio et opera D. Joan. Mabillon. *Parisiis*, 1667, in-8, 6 vol. v. br.

312. P. Fr. Chiffletii : S. Bernardi, Clarevallensis abbatis, genus illustre assertum. *Divione*, *Chavance*,
1660, in-4, v. f.

313. Petri Blesensis Opera, ope et studio J. Busæi.
Moguntiæ, 1600, in-4, v. f.

314. Petri Cellensis Opera omnia, cura et studio
unius e S. Mauri congregationis monach. Bene-
dict. (Ambr. Janvier, cum præfatione J. Mabillon).
Parisiis, 1671, in-4, v. m.

315. S. Francisci Assisiatis necnon S. Antonii Pa-
duani Opera omnia, ope et labore J. de la Haye.
Lugduni, *Rigault*, 1653, in-fol., v. br.

316. S. Bonaventuræ Opuscula. *Lugduni*, 1647,
2 tom. en 1 vol. in-fol., v. m. fil.

317. Gennadii Massiliensis liber de ecclesiasticis
dogmatibus : Martialis, Lemoviensis episc., epistolæ ; G. Helmenhorstius notas addidit. *Hamburgi*,
1614, in-4, vél.

Exempl. de J. J. Wetstein.

318. Epistolæ S. Bonifacii martyris, primi Mogunt.
archiepisc., per Nic. Serarium. *Moguntiæ*, 1605,
in-4, front. gr. vél.

Bonne édition.

319. Fr. Christ. Lupi Scholia et notæ ad varior. Pa-
trume pistolas concernentes acta Ephesini et Chal-
cedoniensis concilii. *Lovanii*, 1682, in-4, v. br.

V. THÉOLOGIENS.

1. *Théologie dogmatique et scolastique.*

A. Introduction.

320. Aug. Steuckii Eugubini de prima philosophia libri X. Item de mundi exitio et de Eugubii urbis suæ nomine. *Seb. Gryphius excudebat Lugduni anno* 1540, in-fol., anc. rel.

Ouvrage plein d'érudition. Le but de l'auteur est de montrer que les philosophes païens ont eu des idées saines sur l'existence de Dieu et la morale.

321. Joh. Owini de natura, ortu progressu et studio veræ Theologiæ libri sex. *Oxoniæ*, 1661, in-4, vél.

322. Joan. Maccovii Distinctiones et Regulæ Theologicæ ac Philosophicæ, editæ opera et studio Nic. Arnoldi. *Amstelod., apud Lud. Elsevirium*, 1656, pet. in-12, vél.

323. Altération du dogme théologique par la philosophie d'Aristote, ou fausses idées des scolastiques sur toutes les matières de la religion (par l'abbé Faydit). *S. l.*, 3 *août* 1696, in-12, v. br.

324. Ruewardi Tapperi Explicationes articulor. facultatis Lovaniensis. *Lovanii*, 1565, 2 tom. en 1 vol. in-fol., v. m.

Ouvrage dédié à Philippe II.

325. Franc. Georgii Promptuarium rerum et theologicarum et philosophicarum. *Lutetiæ*, 1564, in-fol., v. f. fil.

326. Joan. Molani (Ver Meulen) Bibliotheca materiarum theologicæ quæ à quibus auctoribus, cum antiquis, tum recensioribus, sint pertractatæ. *Colonn. Agripp.*, 1618, in-4, vél.

Exempl. de Sainte-Marthe. Cette première partie est la seule qui ait été publiée.

B. Théologiens dogmat. et scolastiques.

327. S. Antonini, archiep. Florentini, Summa theologiæ. *Veronæ*, 1740, 4 vol. in-fol., v. m.
Bonne édition.

328. Dion. Petavii thelogica Dogmata, cum notulis
Theophili Alethini (J. Clerici). *Antverpiæ*, 1700,
6 tom. en 3 vol. in-fol., portr. v. br.
Bonne édition de cet ouvrage estimé.

329. Guilielmi Alverni episc. Parisiensis Opera,
ex codd. mss. emendata et aucta (curante Bl.
Ferronio). *Aureliæ, Fr. Hotot*, 1672, 2 vol. in-
fol., v. br.
Bonne édition. Consult. sur cet art. Brunet, t. Ier, col. 1820, et l'art.
Guill. d'Auvergne, Hist. litt. de la France, 18e vol.

330. Institutiones theologicæ quas contraxit Petrus
C*** (Collet); theologiæ Tournelyanæ continuatio.
Parisiis, 1744, 2 vol. in-12, v. br.

331. P. Collet Institutiones theologicæ. *Parisiis*,
1775, 7 vol. in-12, v. m.

332. Religionis naturalis et revelatæ principia
(auct. Kooke). *Parisiis*, 1754, 3 vol. in-8, v.
br.

333. Rob. Pulli sententiarum libri octo : item Petri
Pictaviensis sententiarum libri V, opera et studio
Hug. Mathoud. *Parisiis*, 1655, in-fol., v. br. fil.
(*Armes.*)

334. Petri Lombardi sententiarum libri IV. *Lugduni*, 1593, in-8, v. br.

335. Innocentii V in IV libros sententiarum Commentaria. *Tolosæ*, 1652, 4 tom. en 2 vol. in-fol.,
v. br.

336. Guill. Estii (Will. Hessels van Est) in IV libros
sententiarum Petri Lombardi Commentaria. *Parisiis*, 1606, 2 vol. in-fol., v. br.
Ouvrage regardé comme un cours excellent et complet de théologie.

337. S. Thomæ Aquinatis Summa theologiæ. *Parisiis*, 1617, 3 part. in-fol., portr.

338. S. Thomæ Aquinatis Summa theologiæ. *Duaci*, 1623, 5 part. in-fol., v. br.

339. S. Thomæ Aquinatis Summa theologiæ recognita, emendata per J. Nicolaï. *Parisiis*, 1663, 5 part. in-fol., portr. v. br.

Bonne édition.

340. Franc. Sylvii Commentarii in S. Thomam. *Antverpiæ*, 1567, 4 vol. in-fol., v. br.

341. J. Duns Scoti quæstiones super quatuor libros sententiarum ; item quæstiones quotlibetales per Fr. Hugonem Cavallum. *Colon-Agripp.*, 1635, in-fol., front. gr. v. br.

342. Melch. Cani Opera theologica. *Lugduni*, 1704, in-4, v. br.

Exempl. de Den. Camusat.

343. Theoph. Raynaudi Pontificia, Miscellanea philologica et polemica. *Lugduni*, 1565, 3 vol. in-fol., v. br.

344. P. Pecherelli Opuscula theologica quæ reperiri potuerunt (per Andr. Rivetum). *Lugd. Batav., ex offic. Elseviriana (non solus)*, 1629, pet. in-12, vél. fil. *Aux armes de Mgr B.-A. de Fourcy*.

Bel exempl. de Balesdens.

345. P. de Marca. Dissertationes postumæ sacræ et ecclesiasticæ. *Editio nova non mutilata juxta primam editionem Parisiensem*, 1669, in-12, v. br.

Volume rare, véritable Elsevier. Les différents traités qu'il renferme ont été mis au jour par P. de Faget, parent de l'auteur; ils ont occasionné une dispute très-vive entre Baluze et l'éditeur.

346. Mich. Baii Opera. *Coloniæ Agripp.*, 1696, in-4, v. br.

347. S. Raymundi de Pennafort Summa. *Veronæ*, 1744, in-fol. v. m.

348. Ægidii (Columnæ) Romani quotlibeta, operâ et studio M. Petri Damasi de Coninck. *Lovanii*, 1646, pet. in-fol. vél.

349. Mart. Becani Summa theologiæ scholasticæ. *Parisiis*, 1658, in-fol., v. br.

350. Institution catholique du P. Pierre Coton. *Paris, Cl. Chappelet,* 1612, in-4, front. gr. vél.

351. La Somme théologique des vérités capitales de la religion chrétienne, par Franç. Garasse. *Paris, Séb. Chappelet*, 1625, in-fol., v. br. fil.

Singulier ouvrage censuré par la Sorbonne en septembre 1626.

352. J. Opstraet. Theologia dogmatica, moralis, practica et scholastica, pars prima. *Lovanii*, 1726, 3 vol. in-12, v. m.

La suite n'a pas paru.

353. Theodulphi Aurelianensis Opera, curâ et studio J. Sirmondi. *Parisiis*, 1646, in-8, vél.

Théodulphe vivait sous Charlemagne. C'est un des plus grands prélats qu'ait eus jusque-là l'Église de France.

354. Petri Aurelii (Joan. Duvergier de Hauranne) Opera, impensis cleri gallicani in lucem edita. *Parisiis, Vitré*, 1642, 3 part. in-fol., portr. v. m. fil.

354 *bis*. Magistri Stephani (Estienne de Tournay) Epistolæ, cura et studio Cl. du Molinet. *Parisiis*, 1679, in-8, v. br.

355. Mart. Bonacinæ Opera omnia in tres tomos distributa. *Lugduni*, 1646, 3 tom. en 2 vol. in-fol. v. br. fil.

356. Guil. Estii orationes theologicæ XIX. *Duaci*, 1614, pet. in-8, portr. vél.

Bon livre de philologie ecclésiastique. On y remarque surtout le discours V : *Contra avaritiam scientiæ*, et un joli portrait de l'auteur.

C. Traités particuliers de théologie scolastique.

357. Petri Fabri Dodecameron, sive de Dei nomine et attributis. *Parisiis*, 1588, in-8, vél.

358. Leonardi Lessii de providentia numinis et animi immortalitate libri duo. *Antverpiæ, ex offic. Plantiniana,* 1617, in-8, vel.

359. De la Providence, traité historique, dogmatique et moral, avec un discours préliminaire contre l'irréligion et l'impiété, par le P. Touron. *Paris,* 1752, in-12, v. m.

361. La Théologie naturelle de Raymon Sebon, en laquelle, par l'ordre de la nature, est démontrée la vérité de la religion chrétienne et catholique, trad. de latin en françois par Michel de Montaigne. *Paris,* 1611, in-8, vél.

<small>Livre rare. Montaigne, comme on sait, traduisit cet ouvrage pour son père, auquel il l'a adressé par une lettre prélim.</small>

362. Thomæ Angli de medio animarum statu. *Parisiis,* 1653, in-8, vél.

363. Claudiani Mamerti de statu animæ libri III, Cl. Barthius edidit et illustravit; additæ And. Schotti notæ. *Cygniæ,* 1655, in-12, v. br.

<small>Exempl. de Baluze. Ce traité peu commun fut écrit contre Faust de Riez, qui soutenait que Dieu seul est incorporel.</small>

364. De libero arbitro Διατριβή, seu collatio Desid. Erasmi. *Argentorati,* 1524, in-8, tit. gr. sur bois. — De servo arbitrio Mart. Lutheri ad Desid. Erasmum. 1526, in-8, tit. grav. vél.

365. Georg. Wicelii coacervatio locorum utriusque Testamenti de absoluta necessitate bonorum a Fide operum. *Coloniæ,* 1548, in-8. — Georg. Wicelii confutatio calumniosissima responsionis Justi Jonæ, id est, Jodoci-Kock, una cum assertione bonorum operum. *Coloniæ,* 1549, in-8. — Ejusdem defensio doctrinæ de bonis operibus contra sectam Martini Lutheri. *S. l.* 1549, in-8, vél.

366. Theoph. Raynaudi de Stigmatismo sacro et profano, divino, humano, demoniaco, tractatio. *Gratianopoli,* 1647, in-8, vél.

<small>Ouvrage singulier.</small>

367. Tradition de l'Église romaine sur la prédestination des saints et sur la grâce efficace, par le sieur Germain, doct. en théol. (le P. Quesnel). *Cologne*, 1687, 2 vol. in-12, v. br.

368. Lud. Molinæ liberi arbitrii cum gratiæ donis, divina præscientia, providentia, prædestinatione et reprobatione concordia. *Antverpiæ, ex officina Joach. Trognæsii*, 1595, in-4, v. f.

<small>Seconde édition. Cet ouvrage a acquis une grande célébrité par les disputes auxquelles il a donné lieu, et, comme les exempl. en sont rares, il conserve de la valeur, surtout en Portugal et en Espagne.</small>

369. Écrits sur le système de la grâce générale, par Ant. Arnault. *S. l.*, 1715, 2 vol. in-12, v. br.

370. Relation du différend entre M. le cardinal de Noailles et les évêques de Luçon, de La Rochelle et de Gap. *S. l.*, 1712, in-12, v. br. (*Aux armes de Gabr. de Glatigny, conseiller d'État, etc.*)

371. Apologie pour feu M. l'abbé de Saint-Cyran, contre l'extrait d'une information prétendue, que l'on fit courir contre lui l'an 1638, et que les Jésuites ont fait imprimer à la tête d'un libelle diffamatoire intitulé : *Somme de la Théologie de l'abbé de Saint-Cyran et du sieur Arnauld* (par Ant. Le Maistre). *S. l.*, 1644, 2 part. in-4. — Réponse à la Remontrance que le P. Yves, capucin, a adressée à S. M. la Reine Régente sur le sujet du livre de la Fréquente Communion (d'Ant. Arnauld). *S. l.*, 1644, in-4, v. f. fil.

372. Fr. Annati Augustinus a Baïanis vindicatus libris VIII. *Parisiis, Cramoisy*, 1652, in-4, v. br.

373. Le Secret du Jansénisme découvert et réfuté par un docteur catholique (le P. Deschamps, jésuite). *Paris, Cramoisy*, 1651, in-4, vél.

374. Seconde Lettre de monsieur Arnauld à un duc et pair sur ce qui est arrivé à un seigneur de la cour dans une paroisse de Paris. *Paris*, 1655, in-4. — Lettre d'un docteur de Sorbonne à une

personne de condition sur le même sujet. *Paris*, 1655, in-4, v. br. fil.

375. Règles de saint Augustin pour l'intelligence de sa doctrine, avec la réfutation des principes du Jansénisme, par le sieur de Marande. *Paris, Séb. Cramoisy*, 1656, in-8, vél.

376. Thomistarum triumphus, etc., per Germanum Philalethen (Petrum Carolum ab Assumptione, in sæculo dictum Car. de Brias). *Duaci*, 1672-74, 3 tom. en 2 vol. in-4, v. br.

377. Causa Arnaldina, seu Ant. Arnaldus, doctor et socius Sorbonicus, a censura anno 1656, sub nomine facultatis theologiæ Parisiensis vulgatæ, vindicatus (edente P. Quesnel). *Leodici Eburonum*, 1699, in-8, portr. d'Ant. Arnauld, v. br.

378. Historiæ congregationum de auxiliis divinæ gratiæ sub SS. PP. Clemente VIII et Paulo V, libri IV. Quibus etiam data opera confutantur recentiores hujus historiæ depravatores. Autore Augustino Leblanc, S. Theol. doctore (Jac. Hyac. Serry, dominici). *Lovanii*, 1700, in-fol. v. br. (*Armoiries*).

Quesnel a été l'éditeur de ce volume.

379. La Paix de Clément IX (contre l'Histoire des Cinq Propositions de Dumas, par le P. Quesnel). *Chambéry*, 1700, in-8, cart.

380. Les Auteurs des Tocsins confondus, et les appelants au concile justifiés. *S. l.* 1707, in-12, v. m. (*Aux armes de And. P. Marie Curty.*)

381. Mémoire contre l'appel de la Bulle *Unigenitus* au futur concile, fait en 1717 par Monseigneur le cardinal de Bissy. *S. l.*, 1719, in-12, br. n. rog.

382. La Vérité rendue sensible à tout le monde contre les défenseurs de la Bulle *Unigenitus* (par Dussaussoy). *Bruxelles*, 1733, 2 vol. in-12, v. br.

383. Dissertatio scholastica de quinque Jansenii

Propositionibus (auct. P. Collet). *Parisiis*, 1730,
in-12, v. br.

384. Anecdotes ou Mémoires secrets sur la constitution *Unigenitus* (par Willefort). *Utrecht et Trévoux*, 1730-33, 3 vol. in-12, v. br.

385. Réfutation des Anecdotes (par Willefort),
adressée à leur auteur par Pierre-François de Lafiteau, évêque de Sisteron. *Aix et Avignon*, 1734,
2 vol. in-8, br.

Les *Anecdotes* et les *Réfutations* furent supprimées par arrêt du conseil.

386. Relation des délibérations du clergé de France
sur les constitutions de NN. SS. PP. les papes Innocent X et Alexandre VII sur les cinq Propositions. *Paris*, 1661, in-8, vél.

387. J.J. Languet Opera omnia pro defensione cons-
titutionis *Unigenitus*. *Senonis*, 1752, 2 vol. in-fol.
br. non rog.

Le parlement défendit sévèrement la vente de ce recueil.

388. Le Naturalisme des convulsions dans les maladies de l'épidémie convulsionnaire (par Phil.
Hecquet).*Soleure (Paris)*, 1733, 3 part. in-12, v. br.

Avec cette note manuscrite : *Par M. Hecquet, fameux médecin, grand ami
de Port-Royal, enterré en avril* 1735 *aux Carmélites du faubourg S. Jacques.*
(*Mérigot de Treigny.*)

389. Les OEuvres de Ch.-Joach. Colbert, évêque de
Montpellier. *Cologne*, 1740, 3 vol. in-4, v. br.

390. Justification des réflexions sur le Nouveau-Tes-
tament (contre le problème ecclésiastique), par
J.-Bén. Bossuet. *Nancy*, 1740, in-12. — La Constitution *Unigenitus*, avec des remarques. *Utrecht*,
1737, in-12, v. br.

391. Mémoire sur le refus des sacrements à la mort,
à ceux qui n'acceptent pas la constitution, etc.
(par Maultrot). *S. l.*, 1751, in-12. — Réfutation
des lettres adressées à MM. les Commissaires nommés par le roi pour délibérer sur l'affaire présente
du parlement au sujet du refus des sacrements.
S. l. s. d., in-12, v. m.

392. La Réalité du projet de Bourg-Fontaine démontrée par l'exécution (par le P. Patouillet ou, plus vraisemblablement, par le P. Sauvage). *Paris*, *C. Dupuys*, 1755, 2 vol. in-12, v. m.

393. La Vérité et l'innocence victorieuses de l'erreur et de la calomnie. Lettre à un ami sur *La Réalité du projet de Bourg-Fontaine* (par Dom Clémencet). *Cologne (Paris)*, 1758, 2 vol. in-12, v. m.

394. La Théologie soupirante aux pieds du souverain Pontife, pour lui demander l'intelligence de la bulle *Unigenitus* (trad. du latin du P. Serry, dominicain, par Le Paige), *Cologne, Pierre Marteau (Paris)*, 1756, in-12, br.

395. Lettre pastorale de l'archevêque-électeur de Trèves (le prince Vinc. de Saxe) à son Eglise d'Augsbourg, trad. de l'allemand (par l'abbé Pey), *Paris*, *Laporte*, 1782, in-12, br.

396. Disquisitio theologica de sanguine corporis Christi post resurrectionem, auct. theol. Parisiensi, etc. (Jac. Boileau). *Parisiis*, 1681, in-8. — De adoratione Sacr. Eucharistiæ libri duo, quibus accedit disquisitio theologica de præceptis divinæ communionis sub utraque specie. *Parisiis*, 1685, in-8, v. br.

L'ouvrage de J. Boileau est plein d'érudition. L'auteur y soutient contre le ministre Alix que S. Augustin n'a point douté que le corps de Jésus-Christ n'eût du sang après la résurrection.

397. De Corpore et Sanguine Domini, liber Ratramno seu Bertramno assertus, etc., auct. J. Boileau. *Parisiis*, 1712, in-12, v. m. — J. Filesaci de Pœnitentia syntagma. *Parisiis*, 1623, in-12, v. m.

398. Réfutation d'un libelle imprimé l'an 1676, qui a pour titre : *Prescriptions touchant la conception de Notre-Dame* (par l'abbé Trevet). *Rouen*, 1709, in-4, v. br.

399. MARCI VIGNERII SAONENSIS Decachordum christianum Julio II, Pont. Max. dicatum..... *Quod Hieronymus Soncinus in urbe Fani his caracteri-*

bus impressit die X Augusti M. D. VII, pet. in-fol.
dem. mar. br. fig. en bois.

Volume remarquable par les gravures en bois dont il est orné, par sa conservation et la grandeur de ses marges.

400. Thomas Malvenda, de Anti-Christo. *Lugduni*,
1647 in-fol. (*Anc. rel.*)

Ouvrage d'une érudition immense, mais rempli de singularités.

401. Summa Sacramentorum Ecclesiæ, ex doctrina
Franc. a Victoria. *Venetiis, apud J. Cornettum*,
1590, pet. in-12, fig. sur bois, v. m.

402. J. Maldonati de sacramentis Disputationes.
Lugduni, 1682, 2 vol. in-12, v. br.

403. Ren. Hyac. Drouen de Re sacramentaria contra
perduellos hæreticos libri X, cum notis J. V. Pa-
tuzzi. *Venetiis*, 1756, 2 tom. en 1 vol. in-fol.
v. m.

404. J. Bapt. de Constanzo. Advertissemens aux
recteurs, curés, etc., qui désirent s'acquitter di-
gnement de leur charge, trad. de l'italien en françois. *Bourdeaux*, 1612, in-8, vél.

405. Théorie et pratique des sacrements, des cen-
sures, des monitoires, etc. (par le P. Juénin).
Paris, 1722, 3 vol. in-12, v. br.

406. Joan. Morini Commentarius historicus de disciplina in administratione sacramenti Pœnitentiæ.
Antverpiæ, 1682, in-fol. v. br.

Belle édition.

407. Joan Morini commentarius de Sacris Ordina-
tionibus. *Antverpiæ et Amstelædami*, 1695, in-fol.
v. br.

Belle édition.

408. In librum Magistri Joannis Launoii qui inscribitur : *Regia in matrimonium potestas*, observationes (auct. D. Luillier). *S. l.* 1678, in-4, v. br.

Le mariage de Gaston, frère de Louis XIII, avec Marguerite de Lorraine,
avait donné lieu au traité de Launoy.

409. La Perpétuité de la foi de l'Église catholique touchant l'Eucharistie, etc., par Barthélemi (P. Nicole). *Paris, Savreux*, 1664, in-12, v. br.

Cet écrit est appelé communément la *Petite Perpétuité*. Ce n'était primitivement que la préface de l'*Office du Saint-Sacrement*. Quoique approuvé par deux docteurs, l'ouvrage essuya des difficultés pour l'impression, et le chancelier Séguier ne voulut en faire expédier le privilége qu'après que le docteur Grandin eût certifié par écrit de son orthodoxie.

410. Réponse aux deux traités intitulés : *La perpétuité de la foi de l'Église catholique touchant l'Eucharistie* (par Ant. Arnauld, etc.), septième édition (par Jean Claude). *Se vend à Charenton par Ant. Cellier.* In-4, v. br.

Cet écrit du ministre Claude parut avant la publication des traités auxquels il sert de réponse et motive cette publication d'un ouvrage qui avait paru primitivement comme préface de la première édition de l'*Office du Saint-Sacrement*, de MM. Arnauld et Nicole. La réponse de Claude à cette préface fut ce qui obligea Nicole à faire imprimer sa préface en corps de livre, avec la réfutation de celui de Claude.

411. Traité des Superstitions qui regardent les sacrements, etc., par J-.B^te Thiers. *Paris*, 1697, 2 vol. in-12, v. br.

Traité singulier, curieux et toujours recherché, 2e édit. V. Brunet, t. V, col. 819.

412. Emm. Azevedo Doctrina de servorum Dei beatificatione et beatorum canonisatione. *Romæ*, 1757, in-fol. v. m.

413. Jean des Lyons. Traitez singuliers et nouveaux contre le paganisme du roy-boit. *Paris, V^re Savreux*, 1670, in-12, v. br. (*Aux armes de E. P. Le Tors de Chassimont.*)

Le premier de ces traités a pour objet le jeûne établi à cette époque la veille des Rois ; le second les saturnales des Romains et l'imitation qu'en ont faite les chrétiens : le troisième la superstition de Phœbé (Phœbus), ou la sottise du Febvé. Livre rare et recherché.

2. *Théologie morale.*

A. Traités généraux.

415. Jac. Almain Moralia. *Absolutum est hoc præclarum Moralium doctoris theologi Magistri Jacobi*

Almain opus in alma Paryssiorum Lutecia. Anno ab orbe redempto MDVII Idibus Augusti. Pet. in-8, goth. (*Anc. rel.*)

Livre rare.

416. P. Gabr. Antoine. Theologia moralis universa. *Romæ*, 1757, 2 vol. in-4, v. m.

417. Thomæ Hurtado Tractatus varii resolutionum moralium. *Lugduni*, 1651, 2 tom. en 1 vol. in-fol. v. f.

418. Pauli Comitoli Responsa moralia in VIII libros digesta, cum tractatu de contractu univérsè ad scientiæ methodum revocato in III partes. *Rothomagi*, 1709, in-4, v. br.

419. Ant. de Escobar y Mendoza. Liber theologiæ moralis viginti quatuor societ. Jesu doctoribus reseratus. *Lugduni*, 1644, in-8, vel.

420. Theoph. Raynaudi Dissertatio de sobria alterius sexus frequentatione per sacros et religiosos homines, in ædificata narratione deliriorum queis Puella veneta G. Postellum sæculo posteriori infatuavit. *Lugduni*, 1658, in-8, vél.

Ouvrage singulier.

421. Morale chrétienne rapportée aux instructions que Jésus-Christ nous a données dans l'Oraison dominicale (par le P. Floriot). *Paris*, 1673, in-4, v. br.

422. La Morale du Saint-Esprit, ou les devoirs du chrétien tirés des seules paroles de l'Écriture sainte. *Paris*, 1687, in-8, v. br.

423. Traité de la Prière, par Nicole. *Paris*, 1702, 2 vol. in-12, v. br.

B. Traités moraux sur les sacrements.

424. De la Fréquente Communion, par Ant. Arnauld. *Paris*, 1644, in-4, v. m. fil.

S.-Y   4

425. Traité de la Communion sous les deux espèces, par J.-Bén. Bossuet. *Paris, Séb. Mabre-Cramoisy,* 1682, in-12, v. br.

Édition originale. Ouvrage en réponse aux nouveaux convertis qui se plaignaient qu'on les privât de la coupe sacrée.

426. Thomæ Sanchez Disputationes de sancto matrimonii sacramento. *Lugduni,* 1669, in-fol. v. br.

Ouvrage célèbre à cause de quelques passages singuliers qui s'y trouvent.

427. Jac. Boileau. Historia confessionis auricularis. *Lutetiæ-Paris.,* 1684, in-8, v. br.

C'est une réponse à l'ouvrage du ministre Daillé contre la confession auriculaire.

428. Sylvestri Prieratis (Mazzolini) sylvestrina Summa, quæ Summa summarum merito nuncupatur. *Lugduni,* 1549, 2 part. in-4, v. f. fil.

429. Barthol. Fumi Summa aurea Armilla nuncupata. *Lugduni,* 1596, in-8, v. f. fil.

430. Pontas. Dictionnaire des cas de conscience. *Paris,* 1741, 3 vol. in-fol. v. br.

Édition la plus complète.

431. Jacques Severt. La Somme générale de toutes les excommunications et des cas réservés tant de l'absolution papale que de l'épiscopale. *Lyon,* 1621, in-8. vél.

432. Mart. ab Alpiluceta, doctoris navarri, Enchiridion, sive manuale confessariorum et pœnitentium. *Venetiis,* 1584, in-4, vél.

Un des meilleurs ouvrages de ce fameux théologien espagnol, qui fut l'ami de tous les souverains catholiques de son temps.

433. Jac. Sirmundi Historia pœnitentiæ publicæ, duodecim distincta capitibus, adversus Ant. Arnaldi ejusque sectatorum doctrinam; cum disquisitione de Azymo semperne in usu altaris fuerit apud Latinos. *Parisiis,* 1651, in-8, vél.

434. Défense de la discipline qui s'observe dans plusieurs églises de France touchant l'imposition de la pénitence publique pour les péchés publiés. *Sens*, 1677, in-8, v. br.

435. Traité de la Pénitence et de ses parties, par Blaise de Vigenère. *Paris, l'Angelier*, 1602, in-12, vél.

C. Traités moraux sur les vertus et les vices, sur les actions humaines, sur les divertissements permis ou défendus, etc.

436. Traité de la pauvreté évangelique, par J. P. C. (Camus), évêque de Bellay. *Besançon, Thomas*, 1634, in-8, v. f. fil. (*Armes.*)

V. Brunet, t. Ier, col. 1527.

437. Dominici Soto de justitia et jure. *Lugduni*, 1582, in-fol. vél.

438. Leon. Lessii de justitia et jure, cæterisque virtutibus cardinalibus, etc., libri IV. *Lugduni*, 1622, in-fol. front. gr. v. br. fil.

439. Tractatus tres de justitia et jure ad supplementum theologiæ moralis christianæ Rev. Dom. Laur. Neesen, per Phil. Bertrand. *Antverpiæ*, 1637, infol. v. br.

440. Traité de l'espérance chrétienne (par le P. Gilles Vauge); nouv. édition, revue, corrigée et augmentée. *Paris, Lottin*, 1732, in-12, v. br.

441. Guil. Peraldi Summa virtutum ac vitiorum. *Lugduni*, 1668, 2 tom. en 1 vol. in-4, v. br.

Exempl. de Ch. Bereur. — Gerson faisait grand cas de cet ouvrage.

442. G. Ag. Orsi. Dissertazione contra l'uso materiale delle parole, coll' aggiunta dell' allegazione nuovamente data in luce in diffesa del P. C. Ambr. Cattaneo su la stessa materia. *Romæ*, 1728, in-4, v. m.

Écrit qui a donné lieu à une polémique littéraire au sujet de laquelle Gamba donne des détails.

443. Traité et dispute contre les équivoques de Jean

Barnes, tr. en françois. *Paris*, 1625, in-8, mar. br. fil.

444. Traité des restitutions des grands, précédé d'une lettre touchant quelques points de la morale chrétienne (par Cl. Joly). *A la Sphère*, 1665, pet. in-12, v. br.

Ce livre contient plusieurs morceaux remarquables. L'auteur y traite du droit de mettre des impôts qui n'appartient qu'au peuple.

445. Traité de la pratique des billets et du prêt d'argent entre les négociants, par un docteur en théologie (le Correur). *Mons (Paris)*, 1684, in-12, v. br.

446. Traité de la comédie et des spectacles (par Armand, prince de Conti). *Paris*, 1667, in-8, v. br.

447. Défense du traité de M. le prince de Conti touchant la comédie et les spectacles, par de Voisin. *Paris, J. Coignard*, 1671, in-4, v. br.

448. Dissertation sur la condamnation des théâtres (par l'abbé Hédelin d'Aubignac). *Paris, Pépingué*, 1666, in-12, v. br.

Ecrit qui a donné lieu à l'ouvrage précédent (art. 447).

449. Discours sur la comédie, par le P. Pierre le Brun. *Paris*, 1631, in-12, v. br.

450. Les Leçons de la sagesse sur les défauts des hommes (par l'abbé Débonnaire). *Paris*, 1751, 3 vol. in-12, v. m.

D. Mélanges de théologie morale.

451. Les Provinciales, ou lettres écrites à un provincial de ses amis (l'abbé le Roi), par Louis de Montalte (Blaise Pascal). *S. l. (Paris, Barrois)*, 1754, in-12, v. m.

Cette édition contient un discours préliminaire, par Ét. Rondet.

452. Réponses aux Lettres provinciales publiées par le secrétaire de Port-Royal contre les Pères

de la Compagnie de Jésus (par les PP. Nouet et Annat). *Liége, Hovins,* 1659, pet. in-12, vél.

453. Réponse aux Lettres provinciales, ou Entretiens de Cléandre et d'Eudoxe (par le P. Daniel). *Cologne, P. Marteau,* 1696, in-12, v. br.

454. Pensées sur différents sujets de morale, par le P. J.-Bapt.-Elie Avrillon. *Paris,* 1741, in-12, portr. v. m.

455. Conférences ecclésiastiques du diocèse de Luçon (par Louis, Dupuis et Dubos). *Lyon,* 1698, 2 vol. in-12, v. br.

456. Conférences du diocèse d'Agde. *Lyon,* 1701, in-12, v. br.

457. Conférences ecclésiastiques de Paris (par le P. de Semelier). *Paris,* 1775, 18 vol. in-12, v. m.

458. Ordonnances, mandements et lettres pastorales de l'évêque de Châlons pour le rétablissement de la discipline ecclésiastique. *Châlons,* 1663, in-12, v. br.

3. *Théologie catéchétique.*

459. J. Math. Cariophili archiep. jeoniensis refutatio pseudo-christianæ catechesis editæ a Zacharia Gergano græco, gr. et lat. *Romæ,* 1631, in-4, vél.

460. Catechismus in symbolum fidei R. P. M. Aloisio Granatensi auctore a Joan.-Paulo Gallucio latinè donatus. *Venetiis,* 1586, in-4, vél.

Traduction latine du célèbre catéchisme de Louis de Grenade.

461. Le Catéchisme, ou l'Introduction au symbole de la foy, par le R. P. Fr. Louis de Grenade, traduit de l'espagnol par le R. P. Simon Martin. *Paris,* 1648, in-fol, v. br. fil.

462. Catechismus ex decreto concilii Tridentini ad

Parochos, Pii V pontificis maximi jussu editus. *Lovanii, apud J. Bogardum*, 1567, in-8, vél.

V. sur ce livre si utile à l'Église les notes de Barbier, *Dictionn. des ouvrages anonymes*, t. III, p. 497, et de M. Renouard, *Annales des Aldes*, ann. 1566.

463. Catéchisme royal, dédié à M. le Dauphin en la cérémonie de son baptême, par le P. Louis Richeome. *Lyon, Pillehotte*, 1606, pet. in-12, fig. v. br. fil.

Ce petit vol. se recommande par les jolies gravures en taille-douce dont il est orné. Une de ces planches, gravée par Fordzeris et placée au commencement du livre, représente le roi Henri IV, sa femme Marie de Médicis et le jeune Dauphin, leur fils. Le f. du titre manque.

464. Exposition de la doctrine chrétienne, par le P. Bougeant. *Paris*, 1741, in-4, v. m.

4. *Théologie parénétique, ou Sermons, Oraisons funèbres, etc.*

463 *bis*. Jac. Marchatii Hortus pastorum et concionatorum : access. Candelabrum mysticum septem lucernis adornatum. *Parisiis*, 1638, 2 tom. en 1 vol. in-fol. (*Belle reliure aux armes du comté de Bourgogne.*)

464 *bis*. OLIV. MAILLARD Sermones de Adventu. *Impressi Parisiis in Vico Sancti Iacobi, per Anthonium Caillaut ad intersignium de la Coupe d'or prope iacobitas. Anno dñi MCCCCIIC die vero* 18 *mēsis ianuarii*, in-4, v. br. (*Aux armes de Santans.*)

Bel exemplaire de la première édition.

465. RECUEIL. — 1° Les deux Sermons françois et latin faits par Monsieur l'évêque d'Arras messire Françhois Richardot et par lui prononciés à Douay au commencement de la nouvelle université. *Cambray, par Nicolas Lombard, imprimeur, an M.D.LXII*, lett. ital. in-4. (*Cette édition est fort rare.*) — 2° Oratio habita in sessione octava sacrosancti concilii œcumenici Tridentini, per Rev.

D. Franciscum Richardotum... M.D.LXIII. *Duaci*, *ex offic. Guil. Silvii*, 1564, in-4. — 3° Petri Ge- mellii de christiani hominis et ecclesiastæ officio tempore accommodata...Catholica narratio.*Romæ*, 1576, in-4. — 4° Petri Matthæi oratio paræne- tica, habita Lugduni in aula Pontificia 19 octo- bris 1588. *Lugduni, apud Bened. Rigaudum*, 1588, in-4. — 5° In laudem, gestaque et nuptias sereniss. archiducis, Panegyrici tres, auct. Fran- cisco Guillemanno. *Mediolani, s. d.*, in-4. — 6° Expositio Decalogi paraphrastica, per Joan Gillæum Equitem dominum in Marnol, etc. *Ve- sontione, apud Joan. Exerterium*, 1588, in-4. — 7° Discours de M. Jean Morelot, docteur ès-loix, juge en la régalie. Aux excellents et magnifiques seigneurs les gouverneurs de la cité impériale de Besanson. *A Besanson, par Jacques Foillet*, 1588, in-4. — 8° Hymnvs conscientiæ gallicis primvm rhytmis conscriptvs, per Clavdivm Ste- phanvm Novvelet... latinis vero Carminibus red- ditus a Joan. Gillæo Equite, Domino in Mar- nol, etc. *Antverpiæ, excud. Christ. Plantinus*, 1586, in-4. — 9° Lvstrationes svpplicationesqve, civitatis Bisvntinæ in pestis, famis et bellorvm ex- piationem, auct. Ant. Hvetio, Bisvntini collegii moderatore. *Vesontione, apud Jac. Foillet*, 1588, in-4. — 10° Oratio habita per Reverendiss. Dom. Episcopum Atrebatensem, in Ecclia D. Petri Dua- censis, 13 maii 1664. Manuscrit in-4 du xviiᵉ siè- cle.

466. Homélies au nombre de dix-neuf d'Ant. Sor- bin, dit de Sainte-Foix, sur l'interprétation des dix commandements de la loy, et opposition des playes d'Egypte aux transgressions d'iceulx com- mandements. *Paris, G. Chaudière*, 1575, in-8, vél.

467. Oraisons funèbres de Bossuet. *Paris, Dezal- lier*, 1691, in-12, v. br.
Seconde édition du recueil complet des oraisons funèbres de Bossuet.

468. Oraisons funèbres de Bossuet. *Paris, Desaint,* 1743, in-12, v. m.

469. Oraisons funèbres de Fléchier. *Paris, Desaint,* 1744, in-12, v. m.

470. Oraisons funèbres de Fléchier. *Paris, Saillant et Desaint,* 1768, in-12, v. m.

471. Oraisons funèbres de Mascaron. *Paris,* 1745, in-12, v. m.

472. Sermons sur l'Ave-Maria, composés et prêchés par le R. P. F. Augustin de Felleries, abbé de Bonne-Espérance. *Bruxelles,* 1653, in-4, v. f. fil. tr. dor. fig. de N.-D. de Bonne-Espérance. (*Aux armes de l'auteur.*)

473. Sermons prêchés devant S. A. R. Madame la duchesse d'York, par Cl. la Colombière. *Lyon,* 1687, 5 vol. in-8, portr. v. br.

474. Sermons du P. Louis Bourdaloue (publiés par le P. Fr. Bretonneau). *Paris, Rigaud,* 1707-34, 16 vol. in-8, portr. de l'auteur, v. br.
Belle édition.

475. Sermons de l'Avent du P. Segaud. *Paris,* 1747, in-12, v. m.

476. Sermons de Gaspard Terrasson. *Paris,* 1749, 4 vol. in-12, v. m.

477. La Couronne de gloire pour feu messire Claude de la Châtre, maréchal de France, tissue par les mains ouvrières du Bonheur, de l'Honneur, de la Vertu et de l'Eternité, dédiée à Monsieur son fils, par P.-J. Georges. *Paris,* 1615, in-4, vél.

478. Discours funèbre sur la vie et la mort du R. P. le Jeune, appelé communément le Père aveugle, par M. Ruben. *Limoges,* 1674, in-8, v. br.

479. Homélies de dom Pierre le Nain, sur plusieurs chapitres du prophète Jérémie. *Paris,* 1697-1706, 2 vol. in-8, v. br.

5. *Théologie ascétique ou mystique.*

A. Traités généraux et particuliers de théologie mystique.

484. Opera varia Matthæi Bossi, scilicet : De immo-
derato mulierum cultu reprehensoria ad Bessario-
nem exhortatio, etc. *Argentorati*, 1509, in-4. —
Joan. Raulini Doctrinale mortis. *Impressum Parisiis, per magistrū Bertholdū Remboldt artis im-
pressorie studuosissimū : expensis Johannis Petit.
Anno dnī quingētesimo decimo octavo supra mille-
simū. Die vero XXXI* (sic) *aprilis.* In-4, v. m.

485. J. Lud. Vivis exercitationes animi ad Deum,
Basileæ, Oporinus, 1548, in-16. — Gabr. Prateol.
(du Préau), collectio plurium locorum e Divina
Scriptura excerptorum ad Orationis Dominicæ
Articulorum fidei et Decem præceptorum legis in-
terpretationem. *Antverpiæ, ex offic. Christ. Plantin*, 1567, in-16. — Hebræa, chaldæa, græca et
latina nomina virorum, mulierum, arborum, etc.,
quæ in Bibliis sparsa leguntur. *Antverpiæ, ex offic. Christ. Plantini*, 1565, in-16, v. f.

486. Joan. Gropperi Institutio catholica. Adjicitur
isagoge ad pleniorem cognitionem universæ religionis catholicæ. *Lugduni*, 1566, in-16, fig. vél.

488. Amor pœnitens, sive de amoris divini ad pœ-
nitentiam necessitate et recto clavium usu libri
duo, auct. Joanne (Neercassel) episcopo Caste-
riensi. *Embricæ*, 1685, 2 vol. in-8, v. br.

489. Fred. Borromæi cardinalis de christianæ mentis
jucunditate libri III, etc. *Mediolani*, 1622, 6 part.
in-fol. v. m. fil.

490. OEuvres de S. François de Sales. *Paris*, 1652,
in-fol. portr. v. br. fil.

491. OEuvres de S. François de Sales. *Paris, Gaume,
frères*, 1832-33, 16 vol. in-8, br.

492. Traité de l'amour de Dieu, de S. François de Sales. *Lyon*, 1618, in-8, vél.

493. Les Epîtres spirituelles de S. François de Sales. *Paris*, 1676, 2 vol. in-12, v. br.

494. Traité de la perfection du chrétien, par le card. de Richelieu. *Paris*, 1651, pet. in-12, v. br.

495. Les Royales Victoires de l'amour divin sur le cœur de Marie-Magdeleine, par J.-J. Courvoisier. *Paris*, 1645, in-4, fig. vél.

Avec cet autographe : *Présenté du cœur et de la main de l'autheur à M*me *la conseillère Bereur.*

496. Instruction sur les états d'oraison, où sont exposées les erreurs des faux mystiques de nos jours, par J.-Bén. Bossuet. *Paris, J. Anisson,* 1697, in-8, v. br.

Édition originale. Bossuet publia cette instruction lorsqu'on commençait à parler du quiétisme.

497. De l'Amour de N.-S. Jésus-Christ, par Fr. Nepveu. *Paris,* 1739, in-12, v. br.

498. Des Illusions du cœur dans toutes sortes d'états et de conditions, par le P. J. Croiset. *Lyon*, 1736, 2 vol. in-12, v. m.

499. Sentiments chrétiens propres aux personnes malades ou infirmes, pour se sanctifier dans les maux et se préparer à une bonne mort (par Marin Filassier). *Paris*, 1754, in-12, v. m.

501. Traité de l'oraison et de la méditation, par le P. L. de Grenade, trad. de l'espagnol, par Girard. *Paris*, 1702, 2 vol. in-8, v. br.

502. Alf. Rodriguez. Essertitio di perfettione et di virtù christiane. *Venetia*, 1630, 3 part. en 1 vol. in-4, vél.

503. Herm. Hugonis Pia Desideria. *Antverpiæ*, 1657, in-16, fig. de Christ. Van Sichem, m. v. tr. dor.

504. Les Souffrances de Jésus, par le P. Thomas de Jésus (Thomas d'Andrada), trad. du portugais, par le P. G. Alleaume. *Paris*, 1697, 2 vol. in-12, v. br.

Livre plein d'onction, composé pendant que le P. d'Andrada était prisonnier en Afrique.

505. Le Bien universel, ou les Abeilles mystiques du célèbre docteur Thomas de Cantimpré (trad. du latin, par Vinc. Willart). *Bruxelles*, 1650, in-4, vél.

Recueil d'histoires édifiantes et miraculeuses.

506. Pratique journalière de l'amour de Dieu, par forme d'oblation de soy-mesme, par le P. P.-Fr. Chiflet. *Anvers, en l'impr. Plantinienne*, 1630, in-12, mar. br. fil. tr. dor.

B. Pratiques et exercices de piété, méditations, pensées et instructions chrétiennes, etc.

507. Instructions spirituelles pour la guérison et la consolation des malades, par le P. Jean Crasset. *Paris*, 1680, 2 part. in-12, v. br.

508. La Consolation du chrétien dans les fers, ou Manuel des chiourmes qui sont sur les galères du roi, par Alex. Daguet. *Lyon*, 1759, in-12, v. m.

513. Instruction sur la dévotion à la sainte Vierge, selon l'esprit de l'Eglise et des SS. PP., par un ecclésiastique du diocèse de Besançon. *Besançon, Bogillot*, 1756, in-12, fig. v. br.

514. L'Epiphanie, ou Pensées nouvelles à la gloire de Dieu, touchant les trois mages, par Jacques d'Auzoles-Lapeyre. *Paris*, 1638, in-4, portr. de Fr. de Harlay, archev. de Rouen, riche reliure en mar. vert. (*Armes.*)

515. Méditations sur les mystères de la foi, composées par le P. Louis du Pont, de la Compagnie de Jésus, et trad. en françois par un Père de la même

Compagnie. *Paris*, 1683, 3 vol. in-4, portr. de
S. Ignace, v. br.

Exemplaire du chanoine Bereur.

516. La Religion chrétienne méditée dans le véritable esprit de ses maximes (par l'abbé Débonnaire et le P. Jard). *Paris*, 1745, 6 vol. in-12,
v. m.

516 *bis*. Méditations sur les mystères de la foi et sur
les épîtres et évangiles, par un solitaire de Sept-
fonds (l'abbé de la Chétardie, curé de Saint-Sulpice). *Paris, veuve Mazières et J.-B. Garnier*,
4 vol. in-12, v. br.

518. Entretiens de l'abbé Jean et du prêtre Eusèbe,
par Fr. du Suel. *Lyon*, 1684, in-8, v. br.

519. Entretiens spirituels sur les Evangiles des di-
manches et des mystères de toute l'année, par un
religieux bénédictin. *Paris*, 1714-18, 4 vol. in-12,
fig. v. br.

520. La Recreatione del Savio in discorso con la
natura e con Dio, libri due del P. Dan. Bartoli.
Roma, 1659, in-8, fig. v. br.

C. Règles et devoirs religieux de différents états.

521. J. Ant. Delphini de salutari omnium rerum ac
præsertim hominum progressu libri V. Ejusdem
de matrimonio et cælibatu libri duo. *Camerini*,
1553, in-fol. vél.

Jean-Ant. Dauphin était un religieux si laborieux qu'on lui avait donné le
surnom de *Minuit*, parce qu'il se levait à cette heure pour avoir plus de temps
à donner à l'étude.

522. Lud. Cresollii Mystagogus de sacrorum hominum disciplina. *Lutetiæ-Paris.*, 1629, in-fol. v.
br.

Le P. Crésol, jésuite, exerça pendant quinze ans, à Rome, les fonctions
de secrétaire de son général. C'est un auteur plein de savoir, de politesse et
d'aménité.

523. Les Trois Devoirs d'un bon prêtre, par le

P. Modeste de Saint-Amable. *Lyon*, 1673, in-4, v. br.

524. Discours sur la vie ecclésiastique, par l'abbé Jos. Lambert. *Paris*, 1702, 2 vol. in-12, v. m.

Ce sont des conférences faites à Amiens et à Paris.

525. De la Sainteté et des Devoirs d'un prêtre, par l'abbé Compaing. *Paris*, 1747, in-12, v. f.

526. Le Pas glissant des religieux, ou le Religieux pauvre et chaste, par le P. Modeste de Saint-Amable. *Lyon*, 1682, in-4, v. br.

527. De la Sainteté et des Devoirs de la vie monastique (par l'abbé de Rancé). *Paris*, 1683, 2 vol. in-4, v. br.

L'abbé de la Trappe interdit aux moines toutes les sciences et presque toute autre lecture que celle de l'Ecriture sainte. Ce livre a été l'occasion de célui du P. Mabillon, intitulé : *Traité des études monastiques,* où il justifie la pratique de son ordre relativement aux études.

528. Eclaircissements de quelques difficultés que l'on a formées sur le livre de *la Sainteté et les Devoirs de la vie monastique* (par l'abbé de Rancé). *Paris*, 1685, in-4, fig. G. P. mar. r. tr. dor. fil.

529. Réponse au Traité des études monastiques du P. Mabillon, par M. l'abbé de la Trappe. *Paris*, 1692, in-4, v. br. (*Aux armes de Fr. Blouet de Chamilly*, *évéque de Tulle.*)

530. Réflexions sur la réponse de M. l'abbé de la Trappe au Traité des études monastiques, etc., par dom Mabillon. *Paris, 1692*, in-4, v. br.

Réponse du P. Mabillon à l'ouvrage précédent. La dispute n'alla pas plus loin.

531. L'Evesque de cour opposé à l'évéque catholique (par Jean Lenoir). *Cologne, 1682*, 2 vol. pet. in-12, br.

532. Le Gentilhomme chrétien, ou Instruction sur la conduite d'un gentilhomme qui veut se sanctifier dans son état. *Langres*, 1719, in-12, v. br.

533 Conduite d'une dame chrétienne pour vivre

saintement dans le monde (par Duguet). *Paris,*
1735, pet. in-12, v. m.

Ce traité fut composé pour Mme d'Aguesseau.

6. *Théologie polémique.*

A. Vérité de la religion chrétienne.

534. S. Philastrii de hæresibus liber. *Hamburgi,*
1721, in-12, br.

Avec les corrections et les notes du savant J.-Alb. Fabricius.

535. Euthymii Zigabeni orthodoxæ fidei dogmatica
Panoplia..... *Lugduni,* 1556, in-8, v. f. fil.

Recueil d'un grand nombre de passages des écrits des SS. PP., pour la réfutation des erreurs des Bogomiles.

536. Fortalicium fidei in V libros (per Alph. de
Spina). *S. l.,* 1487, in-fol. goth.

Volume rare, malheureusement défectueux des ff. du titre et 1er de la
table.

537. Marsilii Ficini liber de christianâ religione.
Xenocrates de morte, eodem interpr. *Impressum
Parrhisiis impensis Bert. Rembolt et J. Water-
loes,* 1510, in-4.

538. P. Dan. Huetii Demonstratio evangelica. *Parisiis,* 1679, in-fol. v. m. fil. tr. dor.

Bonne édition.

539. P. Dan. Huetii Alnetanæ quæstiones de con-
cordiâ rationis et fidei. *Cadomi,* 1696, in-4, v.
marb.

540. Pensées de Blaise Pascal. *Paris, Renouard,*
1812, 2 vol. pet. in-12, demi-rel. v. br.

Jolie édition. Elle contient une addition importante, prise sur le manuscrit
original de Pascal, et une table de concordance des anciennes éditions avec les
nouvelles.

541. Exposition de la doctrine de l'Eglise catholique, par J.-Bén. Bossuet, nouv. édition, augmen-

tée de la traduction latine de Fleury, et des notes
de l'abbé Lequeux. *Paris*, 1761, in-12, v. m.

Cet ouvrage opéra la conversion de plusieurs personnes, parmi lesquelles
on cite Turenne et l'abbé de Dangeau. Voir sur ce livre l'intéressante note de
Barbier : *Dictionnaire des anonymes*, t. Ier, p. 486.

542. Réponse à l'Exposition de la doctrine catholique de Bossuet (par de la Bastide). *Rouen*,
1672, in-12, v. br.

B. Défense de la religion catholique contre les hérétiques, les incrédules, etc.

543. Confessio et expositio simplex orthodoxæ fidei, concorditer ab ecclesiæ Christi ministris qui
sunt in Helvetia editæ. *Tiguri*, 1566, in-4. — Jos.
Simleri Conr. Gesneri vita. Item epistola Gesneri
de libris a se editis. *Tiguri*, 1566, in-4, fig. v. br.

544. Alph. a Castro adversus omnes hæreses libri
decimiquarti. *Parisiis*, 1565, in-8.

545. Dyon. Richelii carthusiani Opuscula septem.
Lovanii, 1576, in-16, vél.

546. Jac. Gretseri de jure et more prohibendi, ex-
purgandi et abolendi libros hæreticos et noxios
libri II, adversus Franc. Junium, Joan. Pappium
aliosque prædicantes Lutheranos. *Ingolstadii*,
1603, in-4, v. m. fil. (*Aux armes de Colbert.*)

Livre curieux.

547. Heur. Fitz-Simon. Britannomachia ministrorum
in plerisque et fidei fundamentis et fidei articulis
dissidentium. *Duaci*, 1614, in-4, vél.

548. Rob. Bellarmini Disputationes de controversis
fidei, adversus hujus temporis hæreticos. *Colon.-
Agrippinæ*, 1615, 4 tom. en 2 vol. in-fol. cart.

Bellarmin publia cet ouvrage, qui est le précis de ses leçons sur les contro-
verses, par ordre de son général.

549. Adr. et P. Vallemburch Examen principiorum fidei. *Coloniæ*, 1664, in-4, v. br.

Bossuet admirait ce traité important qui fonda la commune réputation des
deux frères.

550. Adr. et P. Vallemburg de missione seu vocatione Protestantium. *Coloniæ,* 1665, in-4, v. br.

551. Adr. et P. Vallemburg de articulis fidei necessariis, essentialibus seu fundamentalibus. *Coloniæ,* 1666, in-4, v. m.

C'est le développement de la thèse soutenue dans la première partie de l'*Examen principiorum fidei.*

552. Rob. Barclaii theologiæ vere christianæ Apologia. *Amstelodami,* 1676, in-4, v. br. fil. (*Armes.*)

553. Henr. Holden divinæ fidei Analysis. *Parisiis,* 1685, in-12, v. f.

Ce livre, devenu classique, offre un excellent modèle de la méthode que l'auteur s'était faite pour apprendre à distinguer ce qui constitue un dogme de foi des simples opinions théologiques.

554. Phil. Guadagnoli Apologia pro christiana religione, quâ respondetur ad objectiones Ahmed filii Zin Alabedin contentas in libro : Politor speculi. *Romæ,* 1631, in-4, vél.

555. Joannis Cantacuzeni, Constantinopolitani regis, contra mahometicam fidem christiana et orthodoxa Assertio, gr. cum Rod. Gualteri lat. interpr. *Basileæ, s. d.,* in-fol. — Helii Eobani Hessii epistolarum familiarium libri XII. *Marpurgi-Hessorum,* 1543, in-fol., v. br. fil.

556. Man. Calecæ contra Græcorum errores libri IV, lat. versi ab Ambrosio Camaldulensi. *Ingolstadii,* 1608, in-4, vél.

Controverse touchant la procession du Saint-Esprit. Manuel Caleca était du parti des Grecs qui désiraient la réunion, et il adopta sur la procession du Saint-Esprit la croyance de l'Église latine.

557. Lucæ Tudensis episcopi (Luc de Thuy) de altera vita, fideique controversiis adversus Albigensium libri tres, edidit et illustravit J. Mariana. *Ingolstadii,* 1612, in-4. — (*Traité de controverse fort estimé.*) — Lucæ Tudensis episcopi scriptores aliquot succedanei contra sectam Valdensium ex tenebris in lucem asserti... cura Joan. Gretseri. *Ingolstadii,* 1613, in-4. — Trias scriptorum adver-

sus Valdensium sectam Ebrardus Bethuniensis, Bernardus abbas Fontis-Calidi et Ermengardus, cum copiosis prolegomenis et notationibus. *Ingolstadii,* 1614, in-4, vél.

La troisième pièce est rare.

558. Des. Erasmi Hyperaspistæ liber secundus adversus librum Mart. Lutheri cui titulum fecit : Servum arbitrium : opus nunc primum excusum. *Basileæ, apud Joan. Frobenium,* 1527, in-8, cart.

559. Lutheroturcicæ Orationes scriptæ, dictæque a Nic. Serario. *Moguntiæ,* 1604, in-8. — P. Franc. Pœsii ad Cl. Aquavivam societatis Jesu præpositum generalem litteræ annuæ japonicæ anno 1601 datæ. *Moguntini,* 1604, in-8, vél.

560. Fr. Horantii locorum catholicorum tum sacræ scripturæ, tum etiam antiquorum Patrum pro orthodoxa et vetere fide retinenda, libri VII. *Parisiis, apud Nic.Chesneau,* 1565, 2 part. in-8, anc. rel. v. f.

561. Nova Monstra novi arianismi, seu absurdæ hæreses a novis arianis in Poloniam importatæ, refutatæ à Mart. Smigleeïo. *Nissæ,* 1612, in-4, vél.

562. Georg. Hederi (Ederi) Malleus hæreticorum. *Ingolstadii,* 1581, in-8. (*Anc. rel. curieuse.*)

563. De Transsubstantiatione liber; Simpl. Verino (Cl. Salmasio) auctore, ad Justum Parium contra H. Grotium. *Hagiopoli (Leydæ),* 1646, in-8, vél.

Belle édition et véritable Elsévir.

564. L'Antechrist et l'Antipapesse, par Florimond de Ræmond. *Paris,* 1599, in-4, v. br. (*Armes.*)

L'auteur réfute le blasphème des protestants qui proclament que le pape est l'antechrist.

565. OEuvres diverses du cardinal du Perron. *Paris,* 1629, in-fol., v. fil.

566. Instruction à tout protestant qui a le jugement sain pour le réduire à la communion de l'Eglise

.. catholique, par Théophile Brachet. *Paris*, 1646, in-4, vél.

567. La Discipline des Eglises réformées de France, ou l'ordre par lequel elles sont conduites et gouvernées, par Jacques d'Huisseau. *Genève*, 1666, in-4, vél.

D'Huisseau était ministre à Saumur.

568. Le Renversement de la morale de Jésus-Christ par les erreurs des calvinistes touchant la justification (par Ant. Arnauld). *Paris*, 1672, in-4, v. br.

569. Apologie pour la morale des réformés, ou défense de leur doctrine touchant la justification, la persévérance des vrais saints, etc. *Se vend à Quevilly par J. Lucas*, 1675, in-8, v. br.

570. Lettre d'un ecclésiastique à un ministre de la religion réformée... et une liste très-curieuse des évêques de Rhodes et de Vabres. *Lyon*, 1680, in-12, v. br.

571. Conférences avec M. Claude, ministre de Charenton, sur la matière de l'Eglise, par J.-Bén. Bossuet. *Paris, Séb. Mabre-Cramoisy*, 1682, in-12, v. b.

Édition originale. Cette conférence eut lieu à la demande de Mlle de Duras, nièce de Turenne, touchée déjà par la lecture de l'*Exposition de la doctrine catholique*, et opéra sa conversion.

572. Conformité de la conduite de l'Eglise de France pour ramener les protestants, avec celle d'Afrique pour ramener les donatistes à l'Eglise catholique (par Goibaud–Dubois). *Paris, Coignard*, 1685, in-12, v. br.

V. sur l'auteur présumé de ce livre la note de Barbier, *Dictionnaire des anonymes*, t. Ier, p. 208.

573. Réponse aux plaintes des protestants touchant la prétendue persécution de France (par Denis de Sainte-Marthe). *Paris*, 1688, in-12, v. br.

574. Conversations chrétiennes dans lesquelles on justifie la vérité de la religion et de la parole de Jésus-Christ. *Paris*, 1702, in-12, v. brun.

Le P. Malebranche entreprit cet ouvrage à la sollicitation du duc de

Chevreuse, pour faire voir la manière dont il accordait son système avec la religion.

575. Entretiens de Maxime et de Thémiste (par Bayle), ou Réponse à l'Examen de la théologie de Bayle (par Jacquelot). *Rotterdam,* 1707, 2 vol. in-12, v. br.

576. Liberté de conscience resserrée dans les bornes légitimes (par l'abbé Yvon). *Londres,* 1765, 3 part. in-8, v. f. fil.

577. Traité de la tolérance (par Voltaire, à l'occasion de la mort de Jean Calas). *S. l.,* 1764, in-8, br.

578. Apostolicité du ministère de l'Eglise romaine, par le P. Humbert Hayer. *Paris,* 1765, in-12, br.

579. Mémoire politico-critique où l'on examine s'il est de l'intérêt de l'Etat d'établir une nouvelle forme pour marier les calvinistes (par l'abbé de Caveyrac). *S. l.,* 1756, in-8.—Apologie de Louis XIV et de son conseil sur la révocation de l'Edit de Nantes, pour servir de réponse à la lettre d'un patriote sur la tolérance civile des protestants de France; avec une dissertation sur la journée de la Saint-Barthélemy (par l'abbé de Caveyrac). *S. l.,* 1758, v. m.

580. Preuves de la religion de Jésus-Christ contre les spinosistes et les déistes, par M. L. F. (L. François). *Paris,* 1751, 4 vol. in-12, v. m.

Ouvrage remarquable par la méthode rigoureuse que l'auteur a suivie dans l'exposition des faits, et dans la discussion des preuves qui en établissent la vérité.

581. Lettres critiques, ou Analyse et Réfutation de divers écrits modernes contre la religion (par l'abbé Gauchet). *Paris,* 1755-63, 19 vol. in-12, v. m.

582. La Main de Dieu sur les incrédules, ou Histoire abrégée des Israélites souvent incrédules, et autant de fois punis, par le P. A. Touron. *Paris,* 1756, 3 vol. in-12, v. br.

583. L'Incrédulité convaincue par les prophéties
(par Le Franc, évêque du Puy). *Paris, Hérissant,*
1759, 3 vol. in-12, v. m.

584. Le Philosophe moderne, ou l'Incrédule condamné au tribunal de la raison, par M. l'abbé Le
M.-D.-G. (Le Masson-des-Granges). *Paris,* 1759,
in-12, v. m.

585. Certitude des preuves du christianisme, par
l'abbé Bergier. *Paris,* 1768, 2 vol. in-12, v. m. fil.

Ouvrage dirigé particulièrement contre l'*Examen critique des apologistes
de la religion chrétienne,* faussement attribué à Fréret. Il est écrit avec beaucoup de sagesse et de modération.

586. Apologie de la religion chrétienne contre l'auteur du Christianisme dévoilé(le baron d'Holbach),
par l'abbé Bergier. *Paris,* 1769, 2 vol. in-12, v. m.

587. Le Déisme réfuté par lui-même, par l'abbé Bergier. *Paris,* 1765, 2 vol. in-12, v. m.

C'est l'examen des principes religieux de J.-J. Rousseau.

588. Examen du matérialisme, ou réfutation du Système de la nature, par l'abbé Bergier. *Paris,* 1772,
2 vol. in-12, v. m.

589. Les Erreurs de Voltaire, par l'abbé Nonnotte,
Lyon, 1770, 2 vol. in-12, br.

Ouvrage de bonne critique et annonçant dans l'auteur une connaissance
profonde de l'histoire.

590. Traité historique et dogmatique de la vraie religion, avec la réfutation des erreurs qui lui ont
été opposées dans les différents siècles, par l'abbé
Bergier. *Paris,* 1784, 12 vol. in-12, br.

L'auteur a refondu dans cet ouvrage ceux qu'il avait précédemment publiés
contre les incrédules.

591. Défense de la religion, de la morale, de la vertu,
de la politique et de la société, par le P. Ch.-L.
Richard. *Paris,* 1775, in-8, br.

592. Examen des faits qui servent de fondement à
la religion chrétienne, précédé d'un court Traité
contre les athées, les matérialistes et les fatalistes,

par l'abbé François. *Paris*, 1767, 3 vol. in-12,
mar. r. tr. dor. fil.

Ouvrage écrit avec beaucoup de solidité.

593. Défense de la religion chrétienne, par l'abbé
François. *Paris*, 1755, 4 vol. in-12, m. r. fil. tr.
dor.

594. Le Cri de la vérité contre la séduction du siècle,
par l'auteur de la conversation avec soi-même
(Louis-Ant. de Caraccioli). *Liége*, 1765, in-12,
v. m.

Excellent livre.

595. Etudes philosophiques sur le christianisme,
par Aug. Nicolas, nouv. édit. *Paris*, 1852, 4 vol.
in-8, br.

Nouvelle édit. revue et augmentée avec soin.

596. J.-B. Fernandez Frayle. Demonstraciones ca-
thólicas y principios en que se fonda la verdad
de nuestra christiana religion, composta por el
P. Fr.-J.-B.-Fern. Frayle. *En Logroño*, 1593,
in-fol., front. gr. v. br. fil. (*Armes.*)

597. Quatro libri de' dubbi, con le solutioni a ciascun dubbio accommodate (per Ortensio Lando).
Vinegia, *G. Giolito*, 1552, in-8, v. br.

Un avis de Giolito, à la suite des *Dubbi religiosi*, apprend que les cen-
seurs arrêtèrent l'impression du quatrième livre contenant les *Dubbi
amorosi*.

7. *Théologiens séparés de l'Eglise.*

598. Cælii Secundi Curionis de amplitudine beati
regni Dei dialogi, sive libri duo. *S. l.*, 1554, pet.
in-8, v. br. fil.

Édition originale très-rare, et bien certainement due à J. Oporin de Bâle.
Curion a prétendu prouver dans cet écrit que le nombre des élus est plus
grand que celui des réprouvés.

599. Math. Milleri Onomasticum sacrum. *Tubingæ*,
1706, in-4, portr. vél.

600. Steph. Curcellæ Opera theologica, quorum pars præcipua institutio religionis christianæ. *Amstelodami, D. Elsevier*, 1675, in-fol. v. br.

Les ouvrages contenus dans ce vol. ont été publiés par P. de Limborch, théologien et ministre remontrant. V. art. 2523.

601. Guil. Soleni Otia theologica. *Amstelodami*, 1684, in-4, front. gr. v. br.

602. Phil. a Limborch Theologia christiana. *Amstelodami*, 1686, in-4, v. br.

C'est le premier système complet qui ait paru de la théologie des remontrants. V. art. 2523.

603. Christ. Math. Pfaffæi Institutiones theologicæ, dogmaticæ et morales. *Tubingæ*, 1719, in-8, cart.

Ouvrage curieux par un grand nombre de renseignements littéraires et biographiques.

604. Abr. Calovii Theologia naturalis et revelata secundum tenorem Augustanæ confessionis quinque libris adserta. *Lipsiæ*, in-4, s. d. vél.

605. Sam. Verenfelsii Opuscula theologica, philosophica et philologica. *Lausannæ et Genevæ*, 1739, 2 vol. in-4, portr. vél.

606. Acta synodi nationalis in nomine Domini Nostri Jesu-Christi Dordrechti habitæ annis 1618 et 1619. *Lugd.-Batavor.*, typis L. Elsevirii, 1620, in-fol. v. br. fil.

607. Acta et Scripta publica ecclesiæ Wirtembergicæ, ex recensione Christ.-Math. Pfaffæi. *Tubingæ*, 1720, in-4, cart.

608. Jac. Arminii Examen modestum libelli Gul. Perkensii : De prædestinationis modo et ordine, itemque de Amplitudine gratiæ divinæ. *Lugd.-Batav.*, 1612, in-8, vél.

Exempl. de Baluze. — Arminius est le chef de la secte des Arminiens ou remontrants.

609. Dav. Blondelli Apologia pro sententiâ Hieronymi pro Episcopis et Presbyteris. *Amstel.*, 1646, in-4, vél. (*Aux armes de Fr. Blouet de Chamilly.*)

610. Ed. Stilling Fleeti epistola ad Deistam: Andr.-Ad. Hochstellerus ex anglicano in latinum sermonem vertit. *Ulmæ*, 1695, in-8, vél.

611. J.-J. Grynæi epistolarum selectarum libri duo, edente Abr. Schulteto. *Offembaci*, 1618, in-8, vél. (*Aux armes de B.-H. de Fourcy*.)

612. G. Joan. Vossii de Baptismo Disputationes XX, et una de sacramentorum vi et efficacia. *Amstelæd. apud L. Elsevirium*, 1648, in-4, v. m. fil.

Ouvrage tout à la fois historique et dogmatique.

613. Traité de la vérité de la religion chrétienne, tiré principalement du latin de J.-Alph. Turretin, par J. Vernet. *Genève*, 1748-55, 4 vol. in-8, v. br.

614. Défense de la justice et de la souveraineté du roi et du droit des ecclésiastiques dans la cause de M. Guillaume Vandenesse, pasteur de Sainte-Catherine de Bruxelles (par le P. Quesnel). *Amsterdam*, 1708, in-4. — Mémoire touchant le dessein d'introduire le formulaire dans les Pays-Bas. *S. l.*, 1714, in-4, v. br.

615. Joan. Pearsonii, episc. cistriensis, Expositio symboli apostolici, juxta editionem anglicanam quintam, in latinum translata. *Francofurti ad Viadrum*, 1691, in-4, portr. vél.

Cette traduction est de Simon-Jean Arnold, inspecteur des églises du bailliage de Sonneberg.

616. J. Davenantii quæstionum quarumdam theologicarum Determinationes. Ejusdem expositio epistolæ D. Pauli ad Colossenses. *Cantabrigiæ*, 1639, in-fol. vél.

617. Sam. Clarke. An exposition of the Church catechism. *London*, 1730, in-8, rel. angl. v. br.

Publié par le Dr Jean Clarke sur les mss. de l'auteur.

618. John Tillotson's Works. *London*, 1714, 3 vol. in-fol. portr. v. br. fil.

619. Offspring Blackhall Works. *London*, 1713, 2 vol. in-fol. portr. rel. angl.

620. Georgii Bulli Defensio fidei Nicænæ. *Oxonii, e Th. Sheld*, 1688, in-4, v. br.

621. N. Clarke. The Way of Truth : or a body of Divinity, consonant to the Doctrine of the Church of England. *London*, 1718, 2 vol. in-8, v. f. rel. angl.

622. Défense de la religion tant naturelle que révélée, contre les infidèles et les incrédules, par Gilb. Burnet, trad. de l'anglois. *La Haye*, 1738, 6 vol. pet. in-8, v. m.

623. Dissertations sur l'union de la religion, de la morale et de la politique, tirées d'un ouvrage de M. Warburton (par de Silhouette). *Londres*, 1742, 2 vol. in-12, br.

624. RECUEIL. — 1° Rich. Smythæi Defensio compendiosa et orthodoxa sacri, visibilis et æterni Jesu-Christi sacerdotii. *Lovanii*, 1562, in-8. — 2° J. Hessels de officio pii et christianæ pacis vere amantis viri exsurgente aut viginti hæreses. *Antverpiæ, Plantin*, 1566, in-8. — 3° J. Sirmundi Prædestinatus. *Parisiis*, 1643, in-8.— 4° Legis XII Tabularum collecta editionis novæ et interpretamentum. *Parisiis*, 1600, in-8. — 5° Academiæ Salmanticæ de tenenda et docenda SS. Augustini et Thomæ Aquinatis doctrina judicium. *Parisiis*, 1657, in-8, v. m.

625. Sam. Collini Increpatio And. Eudemono-Joannis jesuitæ, de infame parallelo, et renovata assertio Torturæ Torti. *S. l. Excud. Cantrellus Legge*, 1612, in-4, v. br.

626. Gul. Nieholsii Defensio Ecclesiæ Anglicanæ. *Londini*, 1708, in-12, br.

627. Relation historique et apologétique des sentiments et de la conduite de P. Le Courrayer. *Amsterdam*, 1729, 2 vol. in-12, vél.

628. Doctrine de la Trinité éclaircie et défendue contre les objections de M. de la Chapelle et quelques autres théologiens, par Paul Mathy. *Imprimé pour l'auteur*, 1730, in-12, vél.

629. Apologie de la conduite et de la doctrine du sieur Paul Mathy. *Utrecht*, 1730, in-12, vél.

630. Acta conventus Thoruniensis celebrata anno 1645. *Varsaviæ*, 1646, in-4, vél.

631. Catechesis Racoviensis, seu liber Socinianorum primarius; ad fidem editionis 1609 recensuit, socinianam vero impietatem, et hoc libro traditam, et a recentioribus assertam accurate profligavit G. Lud. OEderus. *Francofurti et Lipsiæ*, 1739, in-8, cart.

Ce catéchisme de Rachaw, regardé comme contenant la doctrine des Sociniens, est un livre très-rare.

632. Nili thessalonicensis (Cabasilas) de primatu Papæ romani libri II, gr., cum vers. lat. et notis Cl. Salmasii; item Barlaam monachi cum ejusd. interpret. et notis. *Hanoviræ*, 1608, in-8, vél.

Exempl. de Meyer. Traité contre les Latins, écrit avec acrimonie, mais avec beaucoup d'ordre, de netteté et d'érudition. Il souleva contre Saumaise l'assemblée du clergé de France, et fut dénoncé par elle à la reine mère et au parlement.

633. Taxe des parties casuelles de la boutique du Pape (ou de la chancellerie et pénitencerie romaine), en latin et en françois par A. D. P. (Ant. du Pinet). *Leyden*, 1607, in-8.

634. Tableau de la cour de Rome, dans lequel sont représentés au naturel sa politique et son gouvernement, tant spirituel que temporel (par Jean Aymon). *La Haye*, 1726, in-12, v. br.

Ouvrage satirique, mais curieux. On trouve à la fin du volume la *Prophétie de l'élection des papes attribuée à Malachie*.

VI. OPINIONS SINGULIÈRES.

635. Guil. Postellus. Abrahami patriarchæ liber Jezirah, sive formationis mundi, etc., vertebat ex

hebræis et commentariis illustrabat 1551 ad Babylonis ruinam et corrupti mundi finem Guil. Postellus, Restitutus. *Parisiis*, 1552, in-16. — Restitutio rerum omnium conditarum, per manum Eliæ profetæ terribilis, interprete ex hebræis eodem. *Parisiis*, 1552, in-16, anc. rel. fil.

636. J. Pythii Responsio exetastica ad tractatum incerto auctore nuper editum, cui titulus : Præadamitæ, libri II. *Lugd. Batav., apud J. Elzevirium*, 1656, pet. in-12, v. br. fil.

Réfutation du système d'I. La Peyrere. Véritable Elsevier.

637. Sam. Maresii (Desmaretz) Refutatio fabulæ præadamicæ. *Groningæ*, 1656, pet. in-12, vél.

Réfutation du même auteur.

638. Hadr. Beverlandi de Stolatæ virginitatis jure lucubratio academica. *Lugd. Batav.*, 1680, pet. in-8, v. br.

Ouvrage singulier.

639. Risposta del Vergerio, in quatro libri diuisa, ad una invettiva di Fra Spoleto Chizzuola da Brescia scritta contra la propria dottrina di Giesu-Christo, etc. *S. l.*, 1565, in-4, vél.

C'est apparemment une réponse à l'ouvrage intitulé : *Risposta d'Ippolito Chizzuola alle bestemmie contenute in tre scritti di P. Vergerio contra l'indizzione del concilio*, etc.Tous les ouvrages de P.-P.Vergerius, ayant été sévèrement prohibés, ont dû nécessairement devenir très-rares.

640. Mélanges de remarques sur deux dissertations de Toland, par El. Benoist. *Delft*, 1712, in-8, vél.

VII. RELIGION JUDAIQUE.

641. Nic. Serarii trihæresium, seu de celeberrimis tribus apud Judæos Pharisæorum, Sadducæorum et Essenorum sectis........ et ad nupero Jo. Drusii de Hasidæis libello respondendum libri tres. *Moguntiæ*, 1604, in-8. (*Ouvrage dédié à l'Électeur de Mayence, Jean Schwichard, et à ses armes*). —

Nic. Serarii de Lutheri Magistro, libri II. *Mogun-*
tiæ, 1604, in-8, fig. — Nic. Serarii Apologia pro
Lutheri Magistro. *Moguntiæ*, 1605, in-8, vél. (*Ces*
deux dernières pièces sont dédiées à Ebr. Wolf de
Heussenstam, doyen de Mayence, et à ses armes.)

642. Nic. Serarii Rabbini et Herodes. *Moguntiæ*,
1607, 2 part. in-8, vél.

Exempl. de Colbert.

643. J. Christ. Wolfii Notitia Karæorum ex tractatu
Mardochæi Karæi recentioris, etc. Acc. J. Tri-
glandii dissertatio de Karæis. *Hamburgi et Lipsiæ*,
1714, in-4, vél.

C'est le seul livre qui fasse bien connaitre cette secte.

644. Thalmud Middoth, hoc est Thalmudis babylo-
nici Codex Middoth, sive de Mensuris Templi,
hebr., cum lat. vers. et commentariis, opera et
studio Const. Lempereur de Oppyck. *Lugd. Ba-*
tav., ex offic. Bon. et Abr. Elsevirii, 1630, in-4.
— Duo Tituli Thalmudici Sanhedrin et Maccoth,
hebr., cum lat. vers. et annotation. G. Coeh. *Ams-*
terod., 1629, in-4, v. m.

645. Rob. Sheringhamii Joma. Codex thalmudicus
de sacrificiis et cæteris ministeriis diei expiationis.
Franequeræ, 1696, in-8. — Codex thalmudicus
de Jejunio, hebr., in lat. versus, commentariisque
illustr. a D. Lundio. *Trajecti ad Rhenum*, 1704;
in-8, vél.

646. R. YEUDA. Guzary, libro de grande sciencia y
mucha doctrina; fué compuesto en la lengua ara-
bica por R. Yeuda, y traduzido en la lengua santa
por el R. Yeuda Aben, y nuovamente del ebrayco
en español, por el R. Jaacob Abendana. *Amsterd.*,
5423 (1663), in-4, vél. fil. tr. dor.

Livre très-rare.

647. Christ. Wagenseilii Sota, hoc est liber Misch-
nichus de uxore adulterii suspecta, una cum libris
in Jacob excerptis, Gemaræ versione latina et

commentariis illustr.; acced. correctiones Lipp-
mannianæ. *Altdorfi Noricorum*, 1674, in-4, v. m.

Ce vol., composé de 1234 pp., renferme des extraits de la Mischna et de
la Ghemara, en hébreu et en latin, avec des notes très étendues. Le livre de
Lieppmann sur lequel portent les corrections est intitulé: *Nizzachon*.

648. J. Christ. Wagenseilii Tela ignea Satanæ. *Altdorfi Noric.*, 1681, 2 vol. in-4. (*Manque le 1ᵉʳ vol.*)

On trouve dans ce recueil les principaux ouvrages que les Juifs ont écrits
contre Jésus-Christ, avec une trad. lat. en regard, et des réfutations so-
lides.

649. R. Mosis Maimonidis Porta Mosis sive dissertationes aliquot in varias Mishnayoth sive textus
thalmudici partes, etc., arab. et lat. editæ, cum
appendice Edw. Pocockii. *Oxoniæ*, 1654, in-4,
v. br.

De tous les ouvrages de l'auteur, celui-ci est le plus recherché.

650. Mare rabbinicum infidum, seu quæstio rabbi-
nico-thalmudica, auct. Cl. Capellano. *Parisiis*,
1660, pet. in-12, vél.

651. R. Mosis Maimonidis Doctor perplexorum,
primum ab auctore in lingua arab. conscriptum,
deinde a R. Sam. Aben Tybbon in linguam he-
bræam translatus, nunc vero a J. Buxtorfio in lat.
conversus. *Basileæ*, 1629, in-4, vél.

652. Ex. R. Mosis Maimonidæ opere quod Manus
fortes inscribitur Tractatus tres : de Jejunio : de
Solemnitate Expiationum : de Solemnitate Pas-
chatis, ex hebr. in lat. conversi à Lud. de Com-
piègne. *Parisiis*, 1667, pet. in-12, v. br.

653. R. Mosis Maimonidis Theoremata de principiis
juris divini : adjec. Isaaci Abravanelis opus de
summa credendorum, hebr., cum lat. vers. et notis Gul. Vorstii. *Amstelæd.*, 1680, in-4, v. br.

654. Menasseh ben Israël Conciliator, sive de con-
venientia locorum S. Scripturæ, quæ pugnare
inter se videntur. *Amsteled.*, 1633, in-4. — Nic.
Bodecheri sociniano-remonstrantismus. *Ludg. Batav.*, 1624, in-4, vél.

655. Jos. de Voisin Theologia Judæorum. *Parisiis*, 1647, in-4, v. br.

656. Joan. Spenceri de legibus Hebræorum ritualibus et earum rationibus libri tres. *Hagæ Comitum*, 1696, 3 part., in-4, v. f. (*Savant ouvrage.*)

657. Joan. Seldeni de synedriis et præfecturis juridicis veterum Judæorum. *Francofurti*, 1696, 2 vol. in-4, v. f.

658. Th. Godwini Moses et Aaron, seu civiles et ecclesiastici ritus antiquorum Hebræorum, illustr. emend. studio J. Henr. Hottingeri. *Francofurti*, 1710, in-8, tit. gr. cartes, v. br.

659. Th. Godwin Moses and Aaron : civil and ecclesiastical rites used by the ancient Hebrews, etc. *London*, 1667, in-4. v. br.

660. Joan. Buxtorfii Synagoga judaïca. *Basileæ*, 1712, in-8, br. n. rog.

661. Liber Cosri (hebr. et lat.), continens colloquium seu disputationem de religione habitam ante 900 annos inter Cosareorum regem et R. Isaacum Sangarum; eam collegit et arabice descripsit R. Iehuda, ex hebr. transtulit R. Iehuda aben Tybbon, recensuit et lat. vertit S. Buxtorfius filius. *Basileæ*, 1660, in-4, vél.

Ce livre a été vendu jusqu'à 60 fr.

662. Iac. Rheinferdii Dissertationes philologicæ de decem otiosis synagogæ. *Franckeræ*, 1686, in-4, v. br.

663. Wil. Schickardi horologium hebræum, sive consilium quomodo sancta lingua spatio 24 horarum ab aliquot collegis suffi cienter apprehendi queat. *Ultrajecti*, 1661, pet. in-8, vél.

Cet opuscule fonda la réputation de Schickard.

664. R. Leon Modena. Historia degli riti hebraïci. *Parigi*, 1637, pet. in-12, vél.

VIII. MAHOMÉTANS, IDOLATRES, ETC.

665. L'Alcoran de Mahomet, translaté d'arabe en françois, par le sieur du Ryer, sieur de la Garde Molezair. *Suivant la copie imprimée à Paris, Anvers, chez J.-Fr. Lucas*, 1719, in-12, v. br.

666. Saracenica, sive Mahometica, gr. et lat., nunc primum edita, cum annotationibus, opera Frid. Sylburgii. (*Heidelbergæ*), *ex typ. H. Commelini*, 1595, in-8, v. f.

667. Tobiæ Pfanneri Systema theologiæ gentilis purioris. *Basileæ*, 1679, in-4, vél.

JURISPRUDENCE.

—

INTRODUCTION.

668. Ciceronis de Legibus libri III, cum comment. Adr. Turnebi. *Parisiis, ex offic. Adr. Turnebi*, 1552, in-4. — Ant. Goueani in libros de Legibus annotationes. *Parisiis, apud Th. Richardum*, 1552, in-4, anc. rel.

669. De l'Esprit des loix, par Ch. de Secondat, Bon de la Brède et de Montesquieu (anonyme). *Genève, Barillot*, 3 vol. in-12, s. d. (1748), br. non rog.

Édition originale de cet ouvrage capital, publiée par J.-J. Vernet, avec la carte géographique faite pour l'intelligence du livre. Cette carte ne se trouve jointe qu'à un très-petit nombre d'exemplaires.

670. De l'Esprit des loix, par Montesquieu, nouvelle édition avec des remarques philosophiques

et politiques d'un anonyme (Elie Luzac). *Amsterdam*, 1761, 4 vol. in-12, v. m.

671. De la Législation ou des principes des loix, par
l'abbé de Mably. *Amsterdam*, 1776, 2 vol. in-12,
br. non rog.

I. DROIT DE LA NATURE ET DES GENS.

672. Hug. Grotii de jure belli ac pacis libri III.
Amstelodami, J. Blaeu, 1660, in-8, v. br.

Belle édition de cet ouvrage célèbre.

673. Hug. Grotii de jure belli ac pacis libri III. *Lausannæ, Bousquet*, 1751, 2 vol. gr. in-4, portr.
broch. non rog.

674. Le Droit de la guerre et de la paix, trad. du
latin de Grotius, avec des remarques par J. Bar-
beyrac. *Bâle*, 1746, 2 vol. in-4, portr. v. br.

Avec de bonnes notes et une ample préface du traducteur.

675. Joan. Henr. Bœcleri in Hug. Grotii Jus belli et
pacis commentatio. *Argentorati*, 1663, in-8, vél.

Bœcler se montre enthousiaste de son auteur.

676. Magnus Hugo Grotius in Vitrario parvus, sive
Institutiones juris naturæ et gentium ad methodum
Hug. Grotii, studio et opera Fr. Spener. *Norem-
bergæ et Lipsiæ*, 1726. in-8, vél.

Bon ouvrage de droit public entre les nations.

677. Sam. Puffendorfii de jure naturæ et gentium,
libri VIII, cum notis J. Nic. Hertii. *Francoforti*,
1706, 2 vol. in-4, portr. v. f. fil.

Exempl. de la biblioth. Bignon.

678. Le Droit de la nature et des gens traduit du
latin de Puffendorf, par J. Barbayrac, avec des
notes. *Amsterdam*, 1712, 2 vol. in-4. portr.
v. br.

Seconde édition. Cette traduction est préférée à l'original à cause des corrections du traducteur et des savantes notes qui l'accompagnent.

679. Les Devoirs de l'homme et du citoyen, trad. du latin de Puffendorf, par J. Barbayrac. *Trévoux*, 1747, 2 vol. in-12, v. m.

Avec d'excellente notes.

680. Io. Gotl. Heineccii Elementa juris naturæ et gentium. *Halæ*, 1731, in-8, vél.

Le système d'Heineccius se rapproche beaucoup de celui de Cumberland.

681. J. Fred. Pfeffingeri Corpus juris civilis publici. *Francofurti*, 1754, 4 vol. in-4, portr. v. m.

682. Gul. Grotii de principiis juris naturalis Enchiridion, cur. G. Goëtto. *Ienæ, sumptu Bielkiano*, 1669, pet. in-12, v. br. *aux armes de L. Camusat.*

683. Principes de droit naturel par J.-J. Burlamaqui. *Genève et Coppenhague*, 1762, 2 part. in-4. — Principes du droit politique, et supplément (par Burlamaqui). *S. l.*, 1763, in-4, v. m.

Ouvrage rédigé d'après les cahiers des élèves de Burlamaqui.

684. Institutions du droit de la nature et des gens, trad. en français avec le texte latin de Wolf, par M... avec des notes (par Elie Luzac). *Leyde*, 1772, 2 tom. en 1 vol. in-4, v. m.

685. Le Droit des gens, ou Principes de la loi naturelle appliqués à la conduite des nations et des souverains, par Wattel. *Londres*, 1758, 3 vol. in-12, v. m.

686. Recueil des Traités de paix, trêves et neutralités entre les couronnes d'Espagne et de France (publié par J.-J. Chifflet). *Anvers, de l'imprimerie Plantinienne, de Balth. Moretus*, 1643, in-4, vél. fil. *Aux armes du roi d'Espagne.*

Exempl. de Cl. Bereur, avec cet autographe : *Ce livre me fut donné à Bruxelles en l'an 1643, par le seigneur D. Franc. de Mélo, lors gouverneur des Pays-Bas et de Bourgogne.*

687. Recueil de tous les Traittez de paix qui ont été faits depuis le commencement du siècle jusqu'à présent. *Imprimé en* 1698, *s. l.* in-4, v. m.

688. Actes et Mémoires des négociations de la paix de Ryswick (recueillis par G. Bernard). *La Haye, van Duren,* 1699, 4 vol. in-12, v. br.

689. Le Droit public de l'Europe fondé sur les Traitez conclus jusqu'en l'année 1740 (par l'abbé de Mably). *La Haye,* 1746, 2 vol. in-12, v. m.

690. Hugo Grotius de Mari libero et P. Merula de Maribus. *Lugd. Batav., ex offic. Elsevir.,* 1633, in-24, tit. gr. vél.

Joli Elzévir dans lequel on trouve une défense du commerce des Hollandais, et le traité de commerce fait entre Henri VII, roi d'Angleterre, et Philippe d'Autriche.

691. J. Seldeni Mare clausum, seu de Dominio maris libri II. *Londini,* 1636, in-12, v. f.

· L'ouvrage est dédié à Charles I. Selden y soutient l'opinion contraire à celle que Grotius a essayé de faire prévaloir dans son *Mare liberum.* Gérard de Rayneval dit que ce livre est un monument remarquable des excès dont est susceptible l'imagination quand l'amour-propre ou un patriotisme exagéré l'aiguillonne.

692. Is. Pontani discussionum historicarum libri II ; acced. Casp. Varrerii de Ophyrâ regione et ad eam navigatione commentarius. *Hardervici-Gelrorum,* 1637, in-8, v. f.

Réfutation du *Mare clausum* de Selden.

693. Joan. Seldeni de jure naturali et gentium juxta disciplinam Hebræorum libri VII. *Londini,* 1640, in-fol., v. br.

L'auteur arrange en système toutes les lois des Hébreux qui concernent le Droit naturel, et les sépare d'avec celles qui se rapportent à la constitution particulière de la nation juive.

II. DROIT CIVIL ET CRIMINEL.

1. *Généralités.*

694. Blas. Jacquotii (Vesontinensis) liber de jurisdictione. *Bruxellæ,* 1613, in-8.

Cet ouvrage est précédé d'un discours : De origine legum et magistratuum. Sur le frontispice est écrit de la main de l'auteur : *Pour monsieur le docteur Jacquot, mon très-honoré père.*

695. RECUEIL. — 1° Discours des parties et offices d'un bon et entier juge (par J. Coras). *Lyon, Vincent,* (1605) in-8. — 2° Douze Reigles pour s'acheminer à la vertu et résister aux tentations du monde, traduites du latin de Jean Pic de la Mirandole, par Jean de Coras. *Lyon,* 1618, in-8. — 3° Arrest mémorable du parlement de Tolose contenant une histoire prodigieuse d'un supposé mari, etc., en 1560, par J. de Coras. *Lyon,* 1618, in-8. (*C'est l'histoire de Martin Guerre. Coras fut le rapporteur du procès. Commentaire curieux et fort rare*).— 4° Paraphrase sur l'édit des mariages clandestins contractés par les enfants de famille contre le gré et consentement de leurs père et mère, par J. de Coras. *Lyon,* 1618, in-8. (*C'est de l'édit d'Henri II, du mois de février 1556, qu'il s'agit ici.*) — 5° Bannissement des folles amours, par le sieur d'Avity (J. de Coras). *Lyon, Vincent,* in-8, vél.

696. J. Henr. Hottingeri juris Hebræorum leges 261, juxta legis mosaïcæ ordinem atque seriem depromptæ. *Tiguri,* 1655, in-4, vél.

697. Miscellæ Defensiones pro Cl. Salmasio de variis observationibus ad jus atticum et romanum pertinentibus. *Lugd. Batav.,* 1645, in-8, v. f.

698. Franc. Polleti historia fori romani. *Lugduni,* 1587, in-8, vél.

699. J. Vinc. Gravinæ Origines juris civilis. *Lipsiæ,* 1717, 3 tom. en 1 vol. in-4, v. m.

2 Droit romain.

A. Dictionnaire pour l'intelligence du droit romain ;
Droit avant Justinien.

700. Antonii Nebrissensis Lexicon juris civilis, adversus quosdam insignes Accursii errores editum. *Lugduni,* 1539, in-8, anc. rel.

Cet ouvrage a mérité à Lebrixa le titre de premier restaurateur du droit civil.

701. Barn. Brissonii Lexicon juris, sive de verborum significatione libri XIX : acced. ejusdem ad legem Juliam de Adulterio liber; de ritu nuptiarum liber; de jure connubiorum liber. *Francofurti, Wechel,* 1587, in-fol. v. br.

702. Fr. Balduini commentarii de legibus 12 tabularum : Juris civilis catechesis : Ad edicta principum romanorum de christianis. *Basileæ, apud Joan. Oporinum,* 1557, 3 part. in-8, v. m.

703. Codex theodosianus cum perpetuis comment. Jac. Gothofredi, opera et studio Ant. Marvilii. *Lugduni,* 1665, 6 tom. en 4 vol. in-fol. v. br.

B. Droit de Justinien avec ses commentateurs.

704. Corpus juris civilis. Digestorum sive Pandectorum libri L editi per Greg. Holoandrum, tomi I-VI. *Parisiis, Carola Guillard vidua Cl. Chevallonii,* 1550. — Codices ex repetita prælectione libri XII, ex fide antiquorum exemplarium, 2 vol. 1548. — Novellæ constitutiones Greg. Holoandro interpr. 1548. — Ensemble 9 vol. in-8, v. m.

Édition rare, sans glose, donnée par L. Micæus.

705. Corpus juris civilis cum scholiis Accursii et variorum. *Lugduni, Hugo a Porta,* 1558, 6 tom. en 5 vol. in-fol. v. br.

706. Justiniani Corpus juris civilis cum notis D. Gothofredi. *Lugduni, G. Vignon,* 1607, 3 tom. en 1 vol. in-fol. d. rel. v. br.

707. Corpus juris civilis, editio nova prioribus correctior. *Amstelædami, apud viduam Dan. Elsevirii,* 1681, 2 vol. in-8, tit. gr. v. b.
Jolie édition.

708. Corpus juris civilis cum notis integris Dion. Gothofredi. *Coloniæ-Munatianæ,* 1756, 2 vol. in-fol. v. m.

710. Justiniani Institutionum libri quatuor, cum notis Arn. Vinnii. *Amstelædami, ex officina Elzeviriana*, 1679 (1669), pet. in-12, tit. gr. v. br.

Édition recherchée.

711. Éléments du droit civil romain selon l'ordre des Institutes de Justinien, par J.-G. Heineccius, trad. en français par J.-F. Berthelot. *Paris*, 1805, 4 vol. in-12, cart.

712. Pandectæ Justinianeæ in novum ordinem digestæ a Rob.-J. Pothier. *Lugduni*, 1782, 3 vol. in-fol. br. non rog.

Ouvrage fort estimé. La grande préface, les index et une partie des notes sont d'un avocat au parlement de Paris, nommé Etienne-Louis de Guyenne.

713. Imperatorum Justiniani, Justini, Leonis novellæ constitutiones, Justiniani edictæ, gr. *Anno* 1558 excudebat *Henr. Stephanus (Genevæ)*, in-fol.

Belle édition.

714. Institutiones juris civilis. Per Theophilum antecessorem in græcam linguam traductæ. *Lugduni, Tornæsius*, 1580, in-16, vél.

715. Fr. Lorry Justiniani Institutionum expositio methodica. *Parisiis*, 1757, in-4, v. m.

716. Ant. Perezii Institutiones imperiales erotematibus distinctæ, etc., editio nona. *Amstel., apud Lud. et Dan. Elsevirios*, 1662, pet. in-12, tit. gr. vél.

717. Arn. Vinnii in IV libros institutionum imperialium Commentarius. *Amstelædami, apud Dan. Elzevirium*, 1665, in-4. v. br.

Cette édition est la plus belle que l'on ait de cet ouvrage. L'exempl. est de la biblioth. des Frères-Prêcheurs, de Lyon.

718. Arn. Vinnii institutionum imperialium commentarius, cum notis Heineccii et quæstionibus selectis Vinnii. *Lugduni*, 1767, 2 vol. in-4, v. m.

719. J.-Ar. Corvini Enchiridium, seu institutiones imperiales insertis latioribus materiis.... per erotemata explicatæ. *Amstelæd., apud Dan. Elzevirium,* 1664, pet. in-12, tit. gr. v. br.

720. Ant. Perezii commentarius in XXV digestorum libros. *Amstelodami, apud Dan. Elzevir.,* 1669, in-4, v. jasp. fil.

Bel exemplaire.

721. Gul. Budæi annotationes in XXIV pandectarum libros. *Lugduni, Gryphius,* 1551, in-8.

Ces notes annoncent une connaissance de l'antiquité très-rare parmi les jurisconsultes de ce temps, et Budé est un des premiers qui se soient servis de cette connaissance pour expliquer les lois romaines.

722. Jac. Cujacii Paratitla in libros L digestorum. *Lugduni, apud Gul. Rouillium,* 1587, pet. in-12, vél.

723. Arn. Corvini Digesta per aphorismos strictim explicata. *Amstelod., ex offic. Elzevir.,* 1656, pet. in-12, v. br.

724. Cl. Colombet in L libros Pandectarum Paratitla. *Parisiis, Jombert,* 1685, in-12, tit. gr. v. br.

Édition la plus complète.

725. Diodori Tuldeni commentarius ad codicem Justinianeum. *Lovanii,* 1651, in-fol. v. br. fil.

726. Pauli Castrensis commentarii in Digestum vetus et novum, Codicem et Infortiatum. *Lugduni,* 1548-53, 8 tom. en 4 vol. in-fol. tit. et portr. gr. sur bois, v. br. *Bel exempl. aux armes de Talbert, conseiller au parlement de Franche-Comté.*

727. Bartholi de Saxoferrato commentarii in Digestum vetus, Digestum novum, Infortiatum, Codicem, etc. *August. Taurin.,* 1589, 5 vol. in-fol. v. br.

728. Distinctiones Bartholi de Saxoferrato a Mariano Socino in tabulas redactæ. *Basileæ, Oporinus,* 1563, in-fol. v. br. *Aux armes de Cl.-Fr. Talbert, conseiller au parlement.*

Le titre manque.

729. Les Loix civiles dans leur ordre naturel, le droit public et le Legum delectus, etc., par J. Domat. *Paris*, 1723, 2 tom. en 1 vol. in-fol. v. br.

Excellent ouvrage.

730. Jac. Cujacii Opera omnia ex editione An. Fabroti, cum indice generali et novis additionibus. *Neapoli*, 1758, 11 vol. in-fol. v. m.

Cette édition est estimée et ne se trouve pas facilement en France.

731. Steph. Forcatuli opera, scilicet : Penus juris civilis, seu de alimentis tractatus. Aviarium juris civilis. Ardua sapientis cujusdam græci cum stulto romano disputatio. *Lugduni*, 1550, in-4, vél.

Toutes ces pièces sortent de l'imprimerie de Jean de Tournes. Elles sont recherchées pour leurs titres singuliers.

732. Franc. Hotomani quæstionum illustrium liber. *Excud. H. Stephanus*, 1573, in-8. — Franc. Hotomani dialecticæ institutionis libri IV. *Ex offic. J. Stoërii*, 1573, in-8, avec autographe de l'auteur. — Fr. Hotomani Franco-Gallia. *Genevæ, Stoërius*, 1573, in-8, vél.

733. Cl. Chiffletii eorum quæ de jure pars prior. *Lugduni*, 1584, in-8, vél.

734. Ant. Cl. Sylvii commentarius ad leges tam regias, quam XII Tabularum mores et canones juris romani antiqui. *Parisiis*, 1603, in-4, v. br.

735. Ant. Fabri Codex Fabrianus. *Lugduni*, 1606, in-fol. portr. v. f. fil.

736. Diego Covarruvias y Leyva opera omnia : access. tractatus in titulum de frigidis et maleficiatis. *Lugduni*, 1606, 2 tom. en 1 vol. in-fol. v. f. fil.

Covarruvias fut surnommé le Barthole espagnol, et dans ce livre se trouvent de savantes recherches sur les monnaies anciennes et modernes.

737. Hier. Treuttleri annotationes aureæ in jurisprudentiam Romanam Herm. Vulteii. *Cassellis*,

1612, in-4. — Joan. Fersii de præfectura S. Prætorii tractatus. *Francofurti*, 1611, in-4, v. br.

Excellent livre, très-rare.

738. Ant. Augusti emendationum et opinionum juris civilis libri IV : ad Modestinum, sive de excusationibus liber singularis. *Lugduni, apud Seb. Gryphium*, 1544, in-8. — Lælii Taurelli ad Gallum et legem Velleiam, Catonem et Paulum Enarrationes. Ejusd. de Militiis excusa ad Ant. Augustinum Epistola. *Lugduni, apud Seb. Gryphium*, 1545, in-8.

Le premier ouvrage est un recueil des fautes qu'Augustin trouva à Florence dans le livre des Pandectes.

739. Barn. Brissonii de formulis et solemnibus populi romani verbis libri VIII. *Francofurti*, 1592, in-4, v. br.

740. Barn. Brissonii opera varia, de jure connubiorum liber : ad legem Juliam de adultero liber, etc. *Parisiis, Macæus*, 1605-6, 6 part., in-4, vél.

741. Jac. Menochii de præsumptionibus, conjecturis, signis et indiciis commentaria. *Aureι. Allobrogum*, 1609, 2 part. in-fol. v. f. fil.

Henr. Boguet dono dedit Desid. Courvoisier nepoti suo.

742. Jac. Menochii de arbitrariis judicum quæstionibus et causis centuriæ VI. *Lugduni, Ant. de Harsy*, 1606. 2 tom. en 1 vol. in-fol. v.

Ex dono Henrici Bogueti, Desideratus Courvoisier.

743. Syntagma communiorum opiniorum, sive receptarum sententiarum. *Lugduni, Hov. Carden*, 1618, 3 vol. in-fol. vél.

744. Desid. Heraldi quæstionum quotidianarum tractatus; ejusd. observationes ad jus atticum et romanum, in quibus Cl. Salmasii miscellæ defensiones ejusque specimen exponuntur. *Parisiis*, 1650, in-fol. v. br.

745. Ægidii Menagii juris civilis Amœnitates ad Lud. Nublæum. *Lutetiæ-Paris.*, 1644, in-8, vél.

Le fonds de ces dissertations, sur divers passages du droit romain, a le plus souvent été fourni par Scipion Gentilis, dans ses *Parerga ad Pandectas*,

746. Thesaurus variarum lectionum utriusque Juris in tres libros distinctus, Guidone Pancirolo auctore. *Lugduni, Gaudien,* 1617, in-4, vél.

747. Quinquaginta decisiones imperatoris Justiniani..... huc redactæ et enucleatæ paucis literis per P.-A.-Fr. Linglois. *Antverpiæ,* 1622, in-fol. vél.

748. Julii Clari Alexandrini Opera omnia. *Francof.,* 1636, in-fol. (*Curieuse rel. anc.*)

749. Syntagma juris universi legumque omnium pene gentium et rerum publicarum in tres partes digestum, auth. Petro Gregorio Tholozano. *Coloniæ-Allobrog.,* 1639, in-fol. p. v.

750. Hugonis Grotii florum Sparsio ad jus Justinianeum. *Amstelod., Jansson,* 1643, pet. in-12, v. f. fil.

751. Arth. Duck de usu et auctoritate juris civilis Romanorum in dominiis principum christianorum libri duo. *Lugd. Batav., ex offic. Elseviriana,* 1654, pet. in-12, v. br.

752. And. Tiraquelli de legibus connubialibus et jure maritali. *Venundatur Parisiis a Galliot a Prato,* 1524, in-4, v. br. *Aux armes de L. Camusat.*

Ouvrage prodigieusement érudit et d'une latinité pure : on y trouve tout ce qu'il est possible de dire pour ou contre les femmes.

753. And. Tiraquelli de legibus connubialibus et jure maritali. *Basileæ, Froben,* 1561, in-folio, port. vél. *Aux armes de Fréd. Fallot.*

754. Alph. a Caranza tractatus de partu naturali et legitimo : add. C. Ant. Fabroti de tempore humani partus, et de numero puerperii, ejusd. Alph. a Caranza diatriba. *Genevæ,* 1629, in-4, v. br.

Ouvrage estimé sur les droits des enfants naturels et légitimes.

755. Marci Mauri Vertrani de jure liberorum liber

ex editione J. Cluten. *Argentorati*, 1610, in-8, tit. gr. en bois, vél.

Livre curieux et peu commun. On trouve au commencement du vol. une dédicace autographe de l'éditeur J. Cluten.

756. J. Seldeni de successionibus in bona defuncti, seu jure hæreditario ad leges Hebræorum. *Londini, Stanerbeius*, 1631, in-4, vél.

Savant ouvrage.

757. Valentini Forsteri de successionibus quæ ab intestato deferuntur libri V. *Basileæ, Opor.*, 1566, in-folio vél.

758. Vaticanæ lucubrationes de tacitis et ambiguis conventionibus, auct. Franc. T. T. S. Mariæ de populo Cardinali Mantua. *Coloniæ Allobr.*, 1615, 2 tom. en 1 vol. in-folio, tit. gr. v. br.

759. And. Ruteovii Acticæ, id est de Modis acquirendi libri duo. *Amstelodami, apud Dan. Elsevirium*, 1650, pet. in-12.

760. Georg. Ad. Struvii Syntagma juris feudalis. *Francofurti et Jenæ*, 1685, in-4, tit. gr. v. m. fil.

Bel exemplaire.

761. G. Ad. Struvii Syntagma juris feudalis. *Francof. ad Mœnum*, 1703, in-4, portr. — Ejusdem observationes feudales juxta ordinem Syntagmatis juris feudalis digestæ. *Francofurti ad Mœnum*, 1703, in-4. — Ejusdem centuria decisionum : quænam res feudales, quænam allodiales? *Francofurti ad Mœnum*, 1703, in-4. — J. Fehilteri ad G. Ad. Struvii Syntagma juris civilis notæ. *Argentorati*, 1704, in-4, vél.

762. Arn. Corvini a Belderen Jus feudale per aphorismos strictim explicatum. *Amstelodami, ex offic. Elsevir.*, 1660, pet. in-12, v. b.

763. Laz. Bayfii annotationes in legem II de Captivis; ejusdem Annotationes in tractatum de auro et argento legato. *Basileæ, apud Hier. Frobenium,*

1537, in-4, fig. en bois, anc. rel. *En tête du vol.
sont peintes des armoiries.*

764. Hug. Cini, Dolanæ academiæ primi professoris,
commentarii ad legem de Rebus creditis : ejusd.
consultatio habita pro defensione filiæ Senatoris
nuptæ Doctori. *Lutetiæ-Paris.*, 1574, in-4. —
Ejusdem ad legem Contractus ff. de reg. jur. *Lutetiæ-Paris.*, 1574, in-4 vél.

Ce livre servirait utilement à une histoire de l'Université de Franche-
Comté.

C. Droit romain appliqué au droit français.

765. Memorables, ou Observations du droict françois rapporté au romain civil et canonic, par
Louys Cherondas Le Caron. *Paris, Nivelle,* 1601,
in-4, vél.

766. Les Instituts de Justinien conférés avec le droit
françois, par Fr. de Boutaric. *Toulouse,* 1740,
in-4, v. m.

767. Instituts de Justinien, conférez avec le droit
françois, par M. Germain, professeur au collége
de Beauvais. Manuscrit in-4 du XVIIIᵉ siècle, d'une
belle exécution, rel. en v. br. tr. dor.

D. Droit romain après Justinien.

768. LX Basilicon librorum græcam in linguam
traduct., id est universi juris romani, auctoritate
principum christianorum ecloga, sive synopsis,
edita per J. Leunclavium. *Basileæ,* 1575, 2 part.
in-folio, p. v.

3. *Droit français.*

A. Droit civil français ancien jusqu'à 1789.

a. *Histoire.*

769. Histoire du droit françois (par l'abbé de Fleury). *Paris, Le Petit,* 1674, pet. in-12, v. br.
Édition originale.

770. Histoire du droit françois, in-4.
Manuscrit du XVIIe siècle, d'un auteur inconnu, mais savant.
Il est à présumer que c'est une mise au net, et que les notes marginales sont de la main même de l'auteur.

771. J. Imberti Rupellani Enchiridion juris scripti Galliæ. *Lugduni,* 1556, in-8, vél.

772. Bibliothèque, ou Thrésor de droit françois, par Laur. Bouchel, augmentée par Béchefer. *Paris,* 1671, 3 vol. in-fol. v. br.
Édition estimée. On dit que cet ouvrage, très-intéressant pour l'histoire de France, fut composé dans les prisons du Châtelet, où l'auteur était retenu par ses créanciers.

b. *Recueils, ordonnances, etc.*

773. Basil. J. Herold. Originum ac germanicarum antiquitatum libri, leges videlicet salicæ, ripuariæ, Alemanorum, Burgundionum, Longobardorum, Francorum, Teutonum, etc. *Basileæ, H. Petri,* 1557, in-fol. v. br. fil. (*Armes*).
Cette édition est rare, et, quoiqu'elle renferme moins de pièces que le *Codex legum antiquarum Lindenbrogii,* elle mérite d'être conservée parce qu'elle a été faite d'après des manuscrits qui ont été en partie égarés depuis. — Exempl. de Et. Tabourot, sieur des Accords.

774. Gotefr. Wendelini Leges salicæ illustratæ; illorum natale solum demonstratum, cum glossario salico vocum aduaticarum. *Antverpiæ, ex offic. Plantin.,* 1649, in-fol., d.-rel. v. br.
Ouvrage estimé.

775. J. Georgii Eccardi leges Francorum salicæ et Ripuariorum, cum additionibus regum et imperatorum variis..... opera et studio (collecta et edita) Jo. Georg. Eccardi. *Francofurti, sumptibus Nic. Fœrsteri,* 1720, in-fol. fig.

Ouvrage estimé.

776. Marculphi monachi aliorumque auctorum formulæ veteres editæ a Hieron. Bignonio. Access. liber legis salicæ olim editus a F. Pithœo, nunc vero ejusdem Bignonii notis illustratus (opera et studio Theod. Bignonii). *Parisiis, Seb. Cramoisy,* 1665, in-4, portr. v. jasp. fil.

777. Steph. Baluzii Capitularia regum Francorum ; additæ sunt Marculphi monachi et aliorum formulæ veteres et notæ doctiss. viror. Steph. Baluzius in unum collegit et edidit. *Parisiis, excudebat Franc. Muguet,* 1677, 2 vol. in-fol. tit. gr. v. br.

De la biblioth. de Ch. Dupuis, orat. roy. Les pièces qui composent cette collection sont aussi précieuses que les notes qui l'accompagnent sont savantes.

778. Eusèbe de Laurière, Denys-Franç. Secousse, L. G. O. Feudrix de Bréquigny et Villevault. Ordonnances des rois de France de la troisième race, recueillies par ordre chronologique. *Paris, Impr. roy.,* 1723-1840, 11 vol. in-fol., y compris la table des neuf premiers, datée de 1767, v. m. (vol. 1 à 12).

779. Recueil d'édits et ordonnances royaux, par P. Néron et Est. Girard. *Lyon,* 1677, 2 tom. en 1 vol. in-4, v. br.

780. D. P. Rebaffi Commentaria in constitutiones sive ordinationes regias. *Lugduni, Rouillius,* 1599, 3 tom. en 1 vol. in-fol. v. f. fil.

Henr. Boguet dono dedit Des. Courvoisier nepoti suo.

781. La Grande Conférence des édits et ordonnances royaux, par P. Guénois, L. Charondas, N. Frérot, M. de la Faye, etc. *Paris, Richer, s. d.,* 2 vol. in-fol. tit. gr. v. br. fil.

782. Commentaire sur les ordonnances, contenant les difficultés mues entre les docteurs du droit canon et civil, par Ad. Theveneau. *Lyon, Simon Rigaud,* 1647, in-4 vél.

783. Sommaire exposition des ordonnances du roy Charles IX sur les plaintes des trois États de son royaume tenuz à Orléans l'an MDLX, par Joach. du Chalord. *Paris,* 1562, in-4 vél.

784. Recueil des édits et arrêts concernant les duels et rencontres. *Paris,* 1689, in-12, v. br.

785. Ordonnance de Louis XIV en 1667 (sur la procédure civile). *Paris,* 1723, pet. in-12, v. br.

786. Commentaire sur l'ordonnance de 1669 sur les eaux et forêts (par Jousse). *Paris,* 1772, in-12, v. m.

787. Nouveau Commentaire sur l'ordonnance civile du mois d'août 1667, par M*** (Jousse). *Paris,* 1757, v. vol. in-12, v. m.

788. Nouveau Commentaire sur l'édit du mois d'avril 1695, concernant les juridictions ecclésiastiques (par Jousse). *Paris, de Bure,* 1757, in-12.

789. Nouveau Commentaire sur l'ordonnance criminelle du mois d'août 1670, avec un abrégé de la justice criminelle (par Jousse). *Paris,* 1763, in-12, v. m.

790. Ordonnance de Louis XIV sur le fait des eaux et forêts de 1669, dressée par Colbert d'après les mémoires de Froidour. *Besançon, Alibert,* 1717, in-12, v. br.

791. Ordonnance de Louis XIV sur le fait des eaux et forêts de 1669, dressée par Colbert, d'après les mémoires de Froidour. *Besançon,* 1750, in-12, cart.

792. Edits et ordonnances, arrêts et règlements des eaues et forestz, avec annotations de M. Cl. Rousseau, sieur de Bazoches. *Paris,* 1633, in-8 vél.

793. Ordonnances de Louis XV concernant les donations, les insinuations, les testaments, les substitutions, etc. *Paris,* 1748, in-18, v. m.

794. Recueil des Edits et Déclarations du roi, lettres patentes, etc., vérifiés, publiés et enregistrés au parlement de Besançon; nouvelle édition revue, corrigée et augmentée (par Fr.-Nic.-Eug. Droz). *Besançon, Daclin,* 1771-76, 6 vol. in-fol. v. m.

Superbe exemplaire.

795. Table alphabétique des matières qui sont contenues dans les sept premiers volumes des Edits, etc., publiés et enregistrés depuis l'année 1674 jusqu'en 1755 (par Cl.-P. Bobillier). *Besançon, Daclin,* 1760, in-8, v. m.

796. Conférences des nouvelles ordonnances de Louis XIV avec celles de ses prédécesseurs, le Droit écrit et les Arrêts, par Phil. Bornier. *Paris,* 1716, 2 vol. in-4, v. br.

c. *Coutumes.*

797. Anciennes Lois des François, conservées dans les coutumes angloises, recueillies par Th. Littleton, trad. de l'anglois par D. Hoüard, avec des Observations historiques et critiques. *Rouen,* 1766, 2 vol. in-4, v. m.

Bel exemplaire d'un bon ouvrage.

798. Exposition abrégée des lois, avec des observations sur les usages des provinces de Bresse et autres régies par le droit écrit (par Damour). *Paris,* 1751, in-8, v. m.

799. Renati Choppini de legibus Andium municipalibus, cum tractatu prævio de summis gallicarum consuetudinum regulis. *Parisiis,* 1604, in-fol. v. f. fil.

C'est l'ouvrage le plus estimé de Choppin.

800. Coutumes de Beauvoisis, par messire Ph. de Beaumanoir; Assises et bons usages du royaume de Jérusalem, par messire J. Ibelin, et autres anciennes coutumes, avec des notes et un glossaire, par Thaumas de la Thaumassière. *Bourges et Paris*, 1690, pet. in-fol. v. m.

Livre curieux et dont les exemplaires sont peu communs. Les notes de l'éditeur attestent qu'il était également versé dans le droit et la connaissance de l'histoire de France.

801. Commentaires aux Coutumes du duché de Bourbonnois, par Jean Duret. *Lyon*, 1584, in-fol. tit. gr. sur bois, v. br.

Cet ouvrage prouve que Duret avait fait une étude particulière de l'histoire de France. C'est le plus considérable de cet auteur.

802. Commentaria Barth. Chassanæi super consuetudinibus Burgundiæ, ac totius pene Galliæ. *Lugduni, apud Antonium Vincentium*, 1543, in-fol.

Édition ornée d'un frontispice gravé et d'une planche à la fin.

803. Coutume générale des Pays et Duché de Bourgogne, avec le Commentaire de Taisand. *Dijon*, 1698, in-fol. v. br.

Taisand se proposait de donner une édition augmentée de cet ouvrage, lorsque parut celui du président Bouhier.

804. La Coutume du Duché de Bourgogne enrichie de remarques, avec le procès-verbal des conférences et un Essai de nouvelles observations sur le droit coutumier de cette province; ensemble l'histoire de tous les commentateurs de la même coutume (par le président Bouhier). *Dijon, Ant. Defay*, 1717, in-4, v. br.

805. ORDONNANCES de très-haut, très-puissant et victorieux prince Philippe, par la grâce de Dieu roy des Hespaignes, comte de Bourgogne, publiées en sa cour de Parlement de Dôle le quatorzième d'apvril 1586. *Dôle, G. Délivrand*, 1586, in-4 vél.

Très-rare.

806. ORDONNANCES, Déclarations et Interprétations faites par Sa Majesté Très-Catholique sur les articles

à elle présentés par les gens du tiers-état de sa
Franche-Comté de Bourgogne, publiées le deuxième jour de mars 1587. *Dôle, Jean Poyure et
Jean Revoillot*, 1588, in-4. — Mandement de Sa
Majesté du taux des frais de justice en son comté
de Bourgogne. *Dôle, Ant. Dominique*, 1580, in-4
vél.

Rare.

807. Recueil des ordonnances et édictz de la Franche-Comté de Bourgogne, par J. Pétremand. *Dôle,
Ant. Dominique*, 1619, in-fol. — Suite du Recueil
des Édicts jusqu'en 1664 (par Jobelot). *Lyon*,
1664, in-fol. d.-rel. v. br.

C'est le dernier recueil général fait sous le gouvernement de la maison d'Autriche.

808. Colonia celtica lucrosa : Traicté rare des personnes de mainmorte,..... des coustumes des provinces usant d'icelles mainmortes : comme le Duché
et Comté de Bourgogne, Vicomté d'Auxonne, Dauphiné, Savoye, Dombes, Auvergne, Combraille,
Niuernais, Narbonne, Provence, par Anth. Colombet de Bourg, ample bailliage de Bresse. *Lugduni,
apud Ant. Gryphium*, 1578, in-8 vél.

L'auteur de cet ouvrage, docteur en droit consultant à Bourg, était de Saint-
Amour.

809. Henrici Bogueti in consuetudines generales
comitatus Burgundiæ Observationes. *Lugduni,
J. Pillehotte*, 1604, in-4 vél.

C'est le premier ouvrage qui ait paru sur la coutume de Franche-Comté ;
il est encore estimé des jurisconsultes. Ces coutumes ont été conservées par les
capitulations de 1668 et 1674.

810. Observations sur les titres des droits de justice, des fiefs, des cens, des gens mariés et des
successions de la coutume du comté de Bourgogne,
avec des traités à l'usage de la même province,
par Dunod de Charnage (publiées par son fils,
Fr.-Jos. Dunod). *Besançon, Daclin*, 1756, in-4,
v. m.

811. Statuts, règlements et ordonnances faits en l'assemblée générale des citoyens de la cité impériale de Besançon convoqués par les sieurs Président et vingt-huit Notables d'icelle, le dimanche 3 juillet 1644. *Besançon, Bogillot,* in-4 cart.

812. Ordonnances, règlements et statuts des arts et métiers de la cité royale de Besançon. *Besançon, Rigoine,* 1689, in-4, v. br.

813. Car. Molinæi Commentarii in Parisiensis totius Galliæ supremi Parlamenti consuetudines. *Lauzannæ,* 1576, in-fol.

814. Conférences sur la Coutume de Paris, tenues par plusieurs membres de ce Parlement, le président des Vieux, les conseillers Bernard de Ballainvillier, Le Couturier, Coulommière, des Vieux de Naveil, l'avocat général Boula de Mareuil et l'avocat Delpech. *Bon manuscrit in-4 du commencement du* XVIIIe *siècle.* Rel. en v. f.

815. Statuts et coutumes du pays de Provence, avec les gloses de L. Massi; le tout de nouveau traduit en françois avec des notes par G. de Bomy. *Aix, par Jean Tholozan,* 1620, in-4, vél.

816. Coustumes du Bailliage de Sens et anciés ressorts d'icelui. *Sens, Gillet Richeboys,* 1566, in-4, anc. rel. en vél. avec petits fers, gauf. fil.

d. Arrêts, plaidoyers et mémoires.

817. Recueil d'Arrêts notables des cours souveraines de France, par J. Papon. *Lyon, Jean de Tournes,* 1586, in-8 vél.

818. Remontrances, ouvertures de Palais, arretz prononcez en robes rouges, par And. de Nesmond. *Poictiers, Fr. Mesnier,* 1617, in-4, portr. tit. gr. p. v.

Bel exemplaire.

819. Recueil d'arrêts du Parlement de Paris, par

Cl. Bardet. *Paris*, 1690, 2 tom. en 1 vol. in-fol.
v. br.

820. Recueil général des édicts, arrêtz et règlements notables, par Jean Filleau. *Paris*, 1631,
2 vol. in-fol. v. br. fil.

821. Journal du Palais, ou Recueil des principales
décisions de tous les parlements de France, par
Cl. Blondeau et Gabr. Guiret. *Paris*, 1713, 2 vol.
in-fol. *Beau portrait du premier prési dent J.-An-
toine de Mesme, comte d'Avaux.*

822. Causes célèbres et intéressantes avec les juge·
ments qui les ont décidées, par M*** (Desessarts).
Paris, 1735-41, 18 vol. in-12, v. m.

823. Arrêts notables du Parlement de Bretagne, par
Guil. de Lesrats. *Paris*, *Cl. Chéneau*, 1581, in-4
vél.

824. Decisiones Guidonis-Papæ, Ant. Rambaudi,
Franc. Pitardi, etc., annotationibus illustratæ.
Access. Jac. Ferrerii, Nic. Bonetoni, etc., annotat.
Lugduni, Hugo a Porta, 1610, 2 part. in-fol. p. v.

Cet ouvrage est le plus important de *Guy Pape*, et celui qui lui a acquis
le plus de réputation. Il n'est pas l'auteur de la 633ᵉ décision, qui est de Cl.
Pascal, conseiller au parlement de Grenoble.

825. Jo. Grivellii de Perrigny decisiones celeberrimi
Sequanorum Senatus Dolani. *Antverpiæ*, 1663,
in-fol. v. m.

Cet ouvrage, dit Dunod, est écrit en bon latin, avec beaucoup d'ordre, de
netteté et d'érudition, de sorte qu'on peut le regarder comme un des meilleurs
en ce genre.

826. Recueil de plusieurs arrêts, ordonnances et
règlements de la cour (parlement de Franche-
Comté), avec les bailliages de la province et villages de leur dépendance par lettres alphabétiques.
Besançon, Couché, 1738, in-8 vél.

827. RECUEIL. 19 pièces. en 1 vol in-12 cart.

1º Arrêtés et Remontrances du parlement de Franche-Comté au roi, au
sujet du nouveau vingtième, 1756, in-12. — 2º Remontrances du parlement
de Franche-Comté sur la déclaration du 8 septembre 1755, concernant l'augmentation du prix du sel et les droits de courtiers-jaugeurs. 1757, in-12. —

3° Remontrances itératives du même parlement, concernant le nouveau vingtième. 1757, in-12. — 4° Remontrances à l'occasion de l'enlèvement de MM. de Naneray, Petithenoit, Petitecenot, Bourgon, Quirot, Alviset, Bourdet et d'Olivet. 1er avril 1757, in-12. — 5° Remontrances pour supplier Sa Majesté d'accorder une seconde diminution sur l'abonnement du 14 mars 1757. in-12. — 6° Remontrances au sujet de l'exil du marquis de Grammont, chevalier d'honneur de cette compagnie. 1758, in-12. — 7° Arrêtés et Remontrances itératives du parlement de Franche-Comté au roi, au sujet de l'abonnement des deux vingtièmes et de plusieurs autres impôts. 1758, in-12.— 8° Récit exact des faits concernant le parlement de Franche-Comté. 1759, in-12. — 9° Lettre d'un Franc-Comtois. in-12. — 10° Réponse à la lettre du Franc-Comtois. in-12. — 11° Relation des troubles actuels du parlement de Franche-Comté. 1759, in-12. — 12° Réflexions sur l'ouvrage précédent. 1759. in-12. — 13° Observations sur le libelle de M. de B***, qui a pour titre : *Relation des troubles actuels du parlement de Franche-Comté*. in-12. — 14° Remontrances au roi par le parlement de Besançon. 1759, in-12. — 15° Observations succinctes sur la position nouvelle des exilés de Besançon. in-12. — 16° Lettre à un abbé, in-12. — 17° Remontrances du parlement de Paris concernant les 30 membres exilés de celui de Franche-Comté, avec la réponse du roi. 1759. in-12. — 18° Remontrances de la cour des comptes de Franche-Comté sur l'exil des membres du parlement (par Terrier de Cléron). 1759 in-12. — 19° Lettre de Piron à l'abbé d'Olivet, en lui renvoyant les remontrances de la chambre des comptes de Dôle.

828. Recueil de plusieurs notables arrêts du Parlement de Paris, pris des mémoires de Georges Louet, par Julien Brodeau. *Paris*, 1693, 2 vol. in-fol. v. br.

829. Les Plaidoyers de Louis Servin, avec les arrêts intervenus en iceux. *Paris*, 1603, in-8 vél.

830. Advis et Notes donnés sur quelques plaidoyers de Louis Servin ci-devant publiés en France, au préjudice de la religion catholique, de l'honneur du Roy et de la paix de son royaume, par le P. L. Richeomme. *Caen*, 1615, in-8 vél.

Curieux pour l'histoire du temps.

831. Plaidoyers de Me Claude Expilly. *Lyon*, 1657, in-4 vél.

832. Bibliothèque thoulouzaine, ou Recueil de notables et singulières questions de droit écrit, décidées par arrêt du Parlement de Toulouse, par Girault de Ménars. *Paris*, 1628, in-fol. v. f.

833. OEuvres d'Olivier Patru, nouvelle édit. augm. de plusieurs pièces. *Paris*, 1681, 2. vol. in-8, v. br.

834. OEuvres de Henr.-Franç. Daguesseau (publ.
par l'abbé André, son bibliothécaire). *Paris,* 1759-
89. 8 vol. in-4, portr. v. m.

836. Mémoires pour M. Klinglin, de Strasbourg
(par de Gennes). *Grenoble, And. Giroud,* 1753,
in-12, br.

838. Second Plaidoyer de Mᵉ d'Espréménil, en réplique à la réponse non imprimée ni signifiée du
sieur de Lally-Tolendal, curateur à la mémoire du
feu comte de Lally, in-4 br.

839. Mémoire pour M. de Pouthier, ancien général,
et Mˡˡᵉ de Valay, intimés, contre Pierre-Louis Bi-
gonneau et Remy Cretin (par M. Boissard). *Dijon,*
1813, in-4 cart.

e. Traités généraux et spéciaux.

840. OEuvres de Charles Loyseau. *Genève, Gamenot,*
1636, 2. tom. en 1 vol. in-4, p. v. fil.

841. Divers opuscules tirés des mémoires d'Ant.
Loisel, avec quelques ouvrages de Baptiste Dumé-
nil et de P. Pithou, mis en lumière par Cl. Joly.
Paris, 1652, in-4, v. br. fil.

Recueil recherché.

842. Les OEuvres de Simon d'Olive, sieur du Ménil,
conseiller au Parlement de Toulouse. *Lyon,* 1657,
2 tom. en 1 vol. in-4, v. br.

843. OEuvres d'Ant. Despeisses. *Lyon,* 1677, 2 tom.
en 1 vol. in-fol. portr. v. br.

Ouvrage recherché.

844. OEuvres de Cardin Lebret. *Paris, Osmond,*
1689, in-fol. v. br. (*Aux armes de Louis Camusat*).

845. OEuvres de Jean Bacquet, augmentées de plusieurs questions, décisions et arrêts des cours souveraines de France, par Cl. de Ferrière. *Paris,*
1688, in-fol. v. br. (*Aux armes de L. Camusat.*)

846. Institution au droit françois, par Gab. Argou. *Paris,* 1730, 2 vol. in-12, v. br.

Cet ouvrage assura à Argou un rang distingué parmi les jurisconsultes.

847. Traités sur diverses matières du droit françois à l'usage du duché de Bourgogne, par Gabriel Davot, avec des notes de J. Bannelier. *Dijon, veuve Sirot,* 1751-8, 4 vol. in-12, v. m.

848. Arrêtez de Monsieur le premier président de Lamoignon, *s. l.,* 1702, 2 part. in-4, v. br.

849. Traités sur différentes matières de droit civil, par Rob.-Jos. Pothier. En tout 28 vol. in-12.

850. Traité de la communauté entre mari et femme, avec un traité des communautés ou sociétés tacites, par Den. Le Brun. *Paris, Brunet,* 1754, in-fol. v. jasp. fil.

850 *bis.* Traité des donations entre vifs et testamentaires, par J.-M. Ricard. *Paris,* 1753, 2 vol. in-fol. v. br.

851. Essay de dissertation sur les loix de secondes noces, et notamment sur l'art. 279 de la coutume de Paris (attribué à Duplessis de la Davière, avocat). *Paris, Dupuis,* 1737, in-12.

852. Traité du déguerpissement et délaissement par hypothèque, par Ch. Loyseau. *Paris, l'Angelier,* 1614, in-4, v. f. fil.

853. Nouveau Traité des criées, par A. Bruneau, troisième édit. augmentée de plus de moitié. *Paris, Lefebvre,* 1704, in-4, v. br. *Portr. de l'auteur.*

V. sur l'auteur de cet ouvrage la curieuse note de Brunet, t. 1er, p. 473, édit. de 1842, et 1291, de l'édition de 1860.

854. Traité des hypothèques, par H. Basnage. *Rouen,* 1702, in-12, v. br.

855. Traité des prescriptions, de l'aliénation des biens de l'Église et des dîmes suivant les droits civil et canonique, par Dunod de Charnage, nouv. édition corrigée et augmentée. *Paris,* 1765, in-4, v. m.

856. Ren. Choppini de Domanio Franciæ libri III. *Parisiis*, 1574, in-4, vél.

Ce traité mérita à Choppin d'être anobli en 1578, par Henri III, lui et toute sa postérité.

857. Traité des seigneuries, par Ch. Loyseau. *Paris*, 1609, in-4, vél.

858. Le Franc-Alleu de la province de Languedoc établi et défendu (par Pierre de Caseneuve). *Tolose, Boude,* 1645, in-fol. v. br.

Ouvrage dédié aux états de Languedoc. Ils offrirent, à cette occasion, une pension à Caseneuve, qui la refusa. C'est une réfutation du système de Galland.

859. De Manumortua servisque liberæ Burgundiæ, auct. C. Franc. Talbert Dolano. *Dolæ, Binart,* 1647, in-4, fig. v. br.

Édition très-rare.

860. Traité de la mainmorte et des retraits par Dunod de Charnage, nouvelle édition, augm. de la lettre d'un magistrat de Franche-Comté sur quelques questions de mainmorte. *Epinal,* 1761, in-4, v. m.

861. Car. Molinæi tractatus commerciorum et usurarum redituumque pecunia constitutorum et monetarum. *Lugduni,* 1558, in-8, anc. rel.

Exempl. de Quarré-d'Aligny.

f. *Procédure civile.*

862. J. Petri de Ferrariis de practica, cum F. de Curto, B. Landriani et aliorum additionibus. *Lugduni,* 1549, pet. in-fol. anc. rel.

Rare.

863. And. Gail practicarum observationum libri II; item de pace publica et proscriptis libri II; de pignorationibus liber singularis; de manuum injectionibus tractatus. *Coloniæ Agrippinæ,* 1582, in-fol., beau portrait, vél. g. f.

864. Cardini Breti (Le Bret) Ordo perantiquus judiciorum civilium. *Parisiis*, 1604, in-4, vél.

865. Somme rurale, ou le grand costumier général de practique civile et canonique, par Jean Bouteillier, revu, corrigé sur l'exemplaire manuscrit par Louis Charondas le Caron. *Paris, Macé*, 1611, in-4, *fig.* vél.

V. Brunet, 5ᵉ édit., t. Iᵉʳ, col. 1187.

866. Introduction à la pratique, par Cl. de Ferrière. *Paris,* 1679, in-12, v. br.

Ouvrage utile, où l'on trouvait une définition exacte des termes du palais.

867. Style universel, par Gauret. *Paris*, 1681, 2 vol. in-4, v. br.

868. Dictionnaire de droit et de pratique, par de Ferrière, revu, corrigé et augmenté par M*** (Boucher d'Argis). *Toulouse*, 1787, 2 vol. in-4, br.

869. La Nouvelle Pratique, civile, criminelle et bénéficiale, ou le Nouveau Praticien françois (de Gastier), réformé suivant les nouvelles ordonnances, par Lange, et un nouveau style des lettres de la chancellerie, par Pimont. *Paris, Legros*, 1719, 2 vol. in-4, portr. de Denis Talon sans nom de grav., v. br.

870. La Pratique et Style judiciaire observé tant ès cours du parlement que tribunaux de justice au comté de Bourgogne, par Prudent de Saint-Mauris. (*Lyon, P. Roussin.*) *On les vend à Dôle, en la boutique de Jean Tarlot*, 1577, pet. in-4, a. rel.

Cet ouvrage a servi de code de procédure en Franche-Comté jusqu'à sa réunion à la France. Il est dédié au cardinal de Grandvelle et peu commun.

871. Style ou pratique judiciaire de l'Hostel consistorial de la cité royale de Besançon. *Besançon, Couché*, 1670, in-4, v. br.

872. Instruction pour dresser les procédures des procès civils, conformément à l'ordonnance de 1667. Publiée au comté de Bourgogne le 22 août 1684. *Besançon, Rigoine*, 1684, in-12, v. br.

873. **Tarif ou Règlement des droits et attributions des officiers du Parlement de Besançon, etc., fait par déclaration de S. M. du 30 janvier 1694.** *Besançon, L. Rigoine,* 1694, in-12, v. br.

874. **Stylus jurisdictionis ecclesiasticæ Bituricensis reformatus in Concilio Provinciali anno 1584 : adjic. brevis historia omnium Archiepiscoporum ejusdem ecclesiæ, et catalogus Beneficiorum diœcesis Bituric., opera et studio Joan. Chenu.** *Parisiis, G. Chaudière,* 1603, in-8. — Priviléges accordés aux Maire et Echevins, Bourgeois et Habitants de la ville de Bourges par Philippe-Auguste et ses successeurs, par J. Chenu. *Paris,* 1603, in-8, vél.

875. **Nic. Perrenoti de Granvelle tractatus remissivus practicarum quæstionum, quæ circa materiam testium fere quotidie versantur.** *Lugduni,* 1606, in-8, vél.

876. **Traité de la preuve par témoins, de Danty.** *Paris,* 1715, in-4, v. br.

876 *bis.* **Artis notariatus sive Tabellionum libri duo.** *Spiræ Nemetum Civitatis Imperialis liberæ, apud Bernardum Albinum.* 1591, 2 tom. en 1 vol. pet. in-8, vél.

B. Droit civil français nouveau.

878. **Manuel de droit français, par Paillet.** *Paris,* 1818, in-8, cart.

879. **Projet du code civil, présenté par la commission nommée par le gouvernement le 24 thermidor an VIII (par Tronchet, Bigot de Préameneu, Portalis et Malleville).** *Paris,* an IX, in-8, br.

880. **Code civil des Français, avec les discours des orateurs du gouvernement nommés par le Premier Consul, pour exposer devant le Corps Législatif le motif des loix dont ce Code est composé.** *Paris,* an XII (1804), 2 vol. in 8, v. m.

881. Code Napoléon. *Paris, Imprim. impér.*, 1811, in-4, demi-rel. v. br.

Édition originale et seule officielle. Bel exempl. interfolié.

882. Code civil, annoté des dispositions et déci-sions ultérieures de la législation et de la juris-prudence, par J.-Bapt. Sirey. *Paris, s. d.*, in-4, demi-rel. v. br.

883. Code de procédure civile, suivi du tarif des frais et dépens. *Paris, Impr. impér.*, 1810, in-4, demi-rel. v. br.

Édition originale et seule officielle. Bel exempl. interfolié.

884. Code de procédure civile, annoté des disposi-tions et décisions ultérieures de la législation et de la jurisprudence, par J.-Baptiste Sirey. *Paris, s. d.*, in-4, v. br.

885. La Procédure civile des tribunaux de France, par Eus.-Nic. Pigeau. *Paris*, 1816, 2 vol. in-4, demi-rel.

886. Répertoire universel et raisonné de jurispru-dence, par A.-Phil. Merlin. *Paris*, 1812-1826, 15 vol. in-4, demi-rel. v. br.

887. Recueil alphabétique des questions de droit, par Merlin. *Paris*, 1810, 5 vol. in-4, demi-rel.

888. Code de commerce. *Paris, Impr. impér.*, 1810, in-4, demi-rel. v. br.

Édition originale et seule officielle. Bel exempl. interfolié.

889. Eléments de jurisprudence commerciale, par M. Pardessus. *Paris*, 1811, in-8, v. m.

892. Institutes de droit administratif français et élé-ments du code administratif, par le baron de Gé-rando. *Paris*, 1829-30, 4 vol. in-8, br.

893. Recueil des arrêts de la cour royale de Besan-çon, par F. Bourqueney. *Besançon*, 1823, in-8, br.

C. Droit criminel français ancien et nouveau.

894. Traité des délits et des peines (de César Bonesana-Beccaria), trad. de l'italien (par l'abbé A. Morellet). *Philadelphie (Paris et Lausanne)*, 1766, in-12, v. m. fil.

895. Institutes au droit criminel, par P.-Fr. Muyart de Vouglans. *Paris*, 1757, in-4, v. m.

896. Instruction criminelle suivant les loix et ordonnances du royaume, par Muyart de Vouglans, pour faire suite aux Institutes au droit criminel du même. *Paris*, 1762, in-4, v. m.

897. La Justice criminelle de la France, signalée des exemples les plus mémorables depuis l'établissement de cette monarchie jusqu'à présent, par Laur. Bouchel. *Paris*, 1622, in-4, vél.

898. Traité des matières criminelles, par Guy du Rousseau de Lacombe. *Paris*, 1757, 4 part. in-4, v. m.

899. Hier. Gigantis tractatus de crimine læsæ majestatis. *Lugduni, Juntæ*, 1557, in-8, vél.

900. And. Tiraquelli de pœnis legum ac consuetudinum temperandis aut etiam remittendis. *S. l.*, 1569, in-8, vél.

Petit traité orné d'une érudition variée, et dans lequel on voit les moyens que l'auteur fait valoir pour adoucir les peines légales, surtout par rapport aux crimes produits par la violence de l'amour qu'il regarde comme une espèce de délire.

901. Petit Traité des causes criminelles (traduit du flamand en français). *Anvers, Jehan Bellère*, in-8.

902. Pierre Ayrault. L'ordre, formalité et instruction judiciaire dont les anciens Grecs et Romains ont usé ès accusations publiques, conféré au style et usage de nostre France, divisé en quatre livres dont le dernier traite des procès faits aux cada-

vres, cendres, à la mémoire, etc., avec les plaidoyers de l'auteur. *Lyon*, 1642, in4, vél.

Rare. M. Dupin parle très-avantageusement de ce livre dans ses *Notices bibliographiques.*

903. Remarques sur les matières criminelles, par
L.-F.-X. Magnin, seigneur de Marvelise, etc. *Bé-
sançon, Charmet*, 1770, in-12, v. m. fil. tr. dor.

904. Advis aux criminalistes sur les abus qui se
glissent dans les procès en sorcellerie, par P. F.
S. J. (Fr. Spée, jésuite), trad. en françois, par F.-B.
de Villedor. M. A. D. *Lyon*, 1676, in-8, v. br. fil.

905. Histoire tragique et arrêt du Parlement de
Tholoze contre Pierre Arrias Burdéus, religieux
augustin, maistre Fr. Gairaud, demoiselle Violente de Bast, du Château et autres, par Guil. de
Végla, sieur de Cairas. *Paris*, 1613, in-8, vél.

Histoire précédemment imprimée en 1609 ; mais l'édition de 1613 est préférable à cause des annotat. qui l'accompagnent.

906. Code pénal. *Paris*, 1810, in-4, demi-rel. v. br.

Édition originale et seule officielle. Exempl. interfolié.

907. Code d'instruction criminelle. *Paris*, 1810,
in-4, demi-rel. v. br.

Édition originale et seule officielle. Bel exempl. interfolié.

4. *Droit étranger.*

908. Marquardi Freheri decisionum areopagitica syl-
vula, seu resolutio controversiarum a veteribus
pro inexplicabilibus habitarum. *Heidelbergæ, typis Gott. Vegelini*, 1615, in-4. — Jani Gebhardi
crepundiorum seu juvenilium curarum libri III.
Hanoviæ, 1615, in-4, br.

909. Disceptationes forenses judiciorum Stephani
Gratiani Romani. *Colon. Allobr.*, 1625, 5 vol. in-
fol. vél.

910. Novæ decisiones S. Senatus Pedemontani, auct.
et collectore Antonio Thesauro Fossanensi......

cum omnibus additionibus D. Gasparis Antonii
Thesauri authoris filii. *Augustæ-Taurin.*, 1686,
in-fol. vél.

910 *bis*. Decisionum S. R. Neapolitani Consilii centuriæ IV, auct. Matthæo de Afflictis. *Lugduni*,
1608, in-fol. v. f. fil.

911. Jac. Cancerii variarum resolutionum juris
Cæsarii, pontificii et municipalis Principatus Ca-
thaloniæ. *Lugduni, Pillehotte*, 1626, in-fol. v. br. fil.

912. Didaci Covarruvias y Leyva opera omnia. *Antverpiæ*, 1688, 2 tom. en 1 vol. in-fol. v. br. fil.

913. D. Didaci Ybanez de Faria additiones, observationes et notæ ad libros variarum resolutionum
Didaci Covarruvias a Leyva. *Lugduni*, 1701, in-
fol. v. br.

914. Constitutiones et statuta pro Civitate et Diœcesi Sanctæ Agathæ Gothorum decreta et publicata
Argentii annis 1585 et 1587, sub Rever. Dom.
Feliciani ejusdem ecclesiæ episcopo. *Romæ*, 1588,
in-4 (*avec les armes du pape gravées en bois au
verso du front.*). — Constitutiones synodales ecclesiæ Venusinæ editæ et promulgatæ in synodo
habita Venusii die 27 septembris 1589. *Romæ*,
1591, in-4, v. f. fil. (*Aux armes de Colbert*).

915. Joan. Schilteri institutiones juris feudalis germanici et lombardici, observationibus J. Gott.
Heineccii illustratæ : acced. ejusdem Schilteri commentatio de natura successionis feudalis et ad
eamdem Mantissa. *Berolini*, 1750, in-8, br.

<small>Ce petit ouvrage montre avec clarté les différences entre les lois féodales
des Germains et celles des Lombards.</small>

916. Casp. Henr. Hormii jurisprudentia feudalis
Longobardo-Teutonica. *Witebergæ*, 1741, in-4,
cart. non rog.

917. Legum W. Gothicarum in Suionia liber, a Joan.
Loccenio lat. versus. *Upsalis, s. d.*, in-fol.

918. Code Frédéric, ou code de droit pour les Etats
de S. M. le roi de la Prusse (attribué à Samuel

Cocceii), trad. de l'allemand en français, par A.-A. de C. (Al.-Aug. de Campagne). *Berlin*, 1751, 3 vol. in-8, v. f.

III. DROIT ECCLÉSIASTIQUE OU CANONIQUE.

1. *Histoire, introduction.*

919. Histoire du droit canonique, par J. Doujat. *Paris, Michallet*, 1777, in-12, v. br.

On trouve à la suite de cette histoire deux pièces intéressantes : 1° l'Explication des lieux des conciles ; 2° une Chronologie des papes, des conciles, des hérésies, des Pères et autres auteurs ecclésiastiques.

920. J. Pauli Lancelotti institutiones juris canonici quibus jus pontificium singulari methodo libris IV comprehenditur : ejusd. opusculum de comparatione utriusque juris. *Lugduni*, 1584, in-4, vél.

921. Ant. Augustini juris veteris pontificii epitome. *Parisiis*, 1641, 2 tom. en 1 vol. in-fol. v. br. fil.

On a inséré dans cette édition les canons pénitentiaux du même auteur. Augustin est l'un des plus célèbres jurisconsultes et des plus illustres prélats que l'Espagne ait produits.

922. Arn. Corvini Jus pontificium per aphorismos strictim explicatum. *Amstelædami, apud L. Elsevir.*, 1651, in-24, tit. gr. vél.

923. Elementa juris canonici ad jurisprudentiam Comitatus Burgundiæ aliorumque regni provinciarum accomodata (auct. D. Belon anteces.). *Vesuntione, Couchex et Steph. Métayer*, 1783, in-8, v. jasp. fil.

924. Institution au droit ecclésiastique, par Fleury, avec des notes par Boucher d'Argis. *Paris, Hérissant*, 1762-63, 2 vol. in-12, v. m.

925. Les Définitions du droit canon, par M. F. C. D. (Desmaisons), revues par M. F. Perard Castel. *Paris*, 1682, in-fol. v. br.

926. **A.** Dadini Alteferræ dissertationum juris canonici libri IV. *Tolosæ, Colomerius*, 1651, in-4. —
Libri V et VI. *Tolosæ*, 1654, in-4, v. br.

De la biblioth. et aux armes de Caumartin.

927. Sam. Petri Gibert corpus juris canonici per
regulas naturali ordine digestas. *Coloniæ-Allobr.*,
1735, 3 vol. in-fol. v. br.

Beau portrait du président J. Bouhier, auquel cet ouvrage estimé est
dédié.

928. Joan. Bapt. Zileti index librorum juris pontificii et civilis. *Venetiis, B. Ziletus*, 1566, in-4, cart.

929. Nomocanon Photii cum commentariis Theodori Balsamonis, Christ. Justellus ex bibliotheca
Palatina nunc primum gr. edidit. *Lutetiæ-Paris.*,
1615, in-4. — Nomocanon Photii cum commentariis Theodori Balsamonis, interpr. H. Agylæo.
Lutetiæ-Paris., 1615, in-4, vél.

C'est un recueil de tous les actes des conciles, depuis les Apôtres jusqu'au
7ᵉ concile œcuménique, mis en rapport avec les décrets des empereurs.

2. *Canons, Décrétales, Bulles.*

930. Antiquæ collectiones Decretalium, cum Ant.
Augustini episc. Herdensis et J. Cujacii notis ac
emendationibus. *Parisiis, Seb. Cramoisy*, 1609,
in-fol. v. f. fil.

Belle édition.

931. Decretum Gratiani emendatum cum glossis
(auct. Guido Ferrero). *Lugduni*, 1613, in-fol.
— Decretales Gregorii papæ IX. *Lugduni*, 1613,
in-fol. — Liber sextus decretalium divi Bonifacii VIII, Clementis V Constitutiones, Extra-
vagantes, tum viginti Joannis papæ XXII, tum
communes. *Lugduni*, 1613, in-fol., — Index
juris pontificii, per Stephanum Daoïtz. *Burdigalæ*, 1624, 2 tom. en 1 vol. in-fol. : — en tout
5 tom. en 4 vol. in-fol. v. f. fil.

932. Sextus Decretalium liber per Bonifacium papam VIII in Concilio Lugdunensi editum. *Parisiis, apud Car. Gaillard,* 1550, in-8, v. m. lavé et réglé.

933. Decretorum collectanea, per D. N. Gratianum in gratiam rei ecclesiasticæ concinnata, ac suis classibus distincta, cum A. Democharis (Ant. de Mouchy) distinctionibus. *S. l., apud C. Guillard,* 1547, 3 part. en 2 vol. in-8, lavé réglé, v. m.

934. Decretales Epistolæ summorum pontificum a Gregorio nono P. M. collectæ. *Parisiis,* 1550, in-8, v. m.

935. Bibliotheca juris canonici veteris ex antiq. codd. mss. bibliothecæ Christ. Justelli, cum versionibus latinis et notis, opera et studio G. Vælli et Henr. Justelli, etc. *Lutetiæ-Paris., Billaine,* 1661, 2 vol. in-fol. v. br.

Collection importante qui contient le code des canons de Denys le Petit, le Nomocanon de Photius avec les commentaires de Balsamon, et autres compilations de l'ancien droit de l'Eglise latine et de l'Eglise d'Orient.

936. Fl. Franc. Hauteserre a Salvaison. Notæ et animadversiones ad indiculas ecclesiasticorum canonum Fulgentii Ferrandi carthaginiensis et Cresconii afr. *Augustoriti Pictonum,* 1630, in-4, vél. *De la biblioth. et aux armes de Caumartin.*

937. Francisci Florentis tractatus novem in IX priores titulos libri primi Decretalium Gregorii IX : acced. in eosdem titulos summaria Joannis a Costa. *Lutetiæ-Paris.,* 1641, in4, vél.

938. And. Vallensis (Delvaux) Paratitla juris canonici, sive Decretalium D. Gregorii IX summaria ac methodica explicatio. *Lugduni,* 1658, in-4, v. br.

3. *Traités généraux et particuliers sur le droit ecclésiastique.*

939. Recueil de Jurisprudence canonique et bénéficiale, par du Rousseau de Lacombe. *Paris,* 1755, in-fol. v. m.

940. Van Espen. Jus ecclesiasticum universum. *Lovanii*, 1753, 4 vol. in-fol. v. m.

941. Ant. Dadini Alteserræ notæ et observationes in XII libros epistolarum B. Gregorii Papæ I magni. *Tolosæ*, 1669, in-4, v. br.

942. Prosp. Fagnani jus canonicum, cum repertorio generali. *Vesuntione, Charmet*, 1740, 5 tom. en 3 vol. in-fol. v. br.

943. Notes sur le Concile de Trente, touchant les points les plus importants de la discipline ecclésiastique et le pouvoir des évêques, avec les décisions des saints Pères, des Conciles et des Papes, et les résolutions des plus habiles avocats sur ces matières. Plus un traité de l'autorité et de la réception du Concile de Trente en France. *Beau manuscrit in-fol. du 18ᵉ siècle*, rel. en v. br.

944. Négociations ou lettres d'affaires ecclésiastiques et politiques écrites au Pape Pie IV, et au Card. S. Charles Borromée, par Hyppolite d'Est, Card. de Ferrare, Légat en France au commencement des guerres civiles, trad. du manuscrit italien (par J. Beaudoin). *Paris*, 1658, in-4, vél. *(Mouillures.)*

945. Des Dignités ecclésiastiques, par Ch.-Emm. Berjon. *Lyon*, 1688, 3 vol. in-12, v. br.

946. Paridis Crassi (de Grassi) de Ceremoniis cardinalium et episcoporum in eorum diœcesibus libri II. *Romæ*, 1580, in-4, vél.

947. Emman. a Schelstrate dissertatio de auctoritate patriarchali et metropolitica adversus ea quæ scripsit Ed. Stillingfleet, decanus Londinensis, in libro de originibus Britannicis. *Romæ*, 1687, in-4, v. br.

Schelstrate y combat les objections de Stillingfleet contre la puissance du pape, et démontre qu'elle a constamment été reconnue par toute l'Eglise latine.

948. Joan. Felesaci de sacra episcoporum auctoritate. *Parisiis*, 1605, in-8.—Ejusd. Quadragesima,

sive de prisco et vario ritu observatæ apud christ.
gentes Quadragesimæ. *Lutetiæ*, 1600, in-8, vél.

Exempl. de Colbert.

949. P. Piasecii (Piazeski) Praxis episcopalis, ea quæ
officium et potestatem episcopi concernunt continens. *Venetiis*, 1613, in-4, v.

Recueil et manuel utile aux prédicateurs polonais.

950. Des Jugements canoniques des évêques, par
Jean David. *Paris*, 1671, in-4, vél.

Traité fort opposé au sentiment du clergé de France, et qui a pour but la
défense du Souverain Pontife contre le 7ᵉ livre de la *Concorde du sacerdoce
et de l'empire*, par de Marca.

951. De Antiquis et majoribus episcoporum Causis
liber, etc., auct. theologo parisiensi (Jac. Boileau). *Leodu (Lugduni)*, 1678, in-4, v. br.

C'est une réponse à l'ouvrage précédent.

952. Le Droict des évêques, où il est traité des priviléges des évêques ayant des canonicats annexés
à leur dignité, des vicaires généraux, etc. (par Le
Maire). *Paris*, 1677, 2 vol. in-8, v. br.

953. Ant. du Saussay, de episcopali Monogamia et
unitate ecclesiastica dissertatio. *Parisiis*, 1632,
in-4, portr. du pape Urbain VIII, v. br.

954. Henr. Hammond Dissertationes quatuor quibus episcopatus jura ex sacris scripturis et pri-
mæva antiquitate adstruuntur, contra sententiam
Blondelli et aliorum. *Londini*, 1651, in-4, v. br.

Ex biblioth. Nic. Jos. Foucault, comitis consistoriani. — Hammond fut
un des ecclésiastiques anglais les plus fidèles à la cause de Charles Iᵉʳ.

955. Petri Laurentii Vicarius episcopalis. *Colon.-
Agripp.*, 1739, in-fol. cart. non rog.

956. Episcoporum et diaconorum mores, ex XXV
Gratiani Distinctionibus excerpta. De Clericorum moribus, et singulari vita. Speculum sacerdotii (auct. Joanne Luintino Hæduo). *Parisiis,
apud Andr. Wechelum*, 1559, in-4, vél.

957. Le Chanoine, ou traité du nom, dignité, of-

fice, vie et mœurs d'un Chanoine, par Vital Bernard. *Le Puy et Lyon*, 1647, in-8, vél.

958. Mémoire pour Monseigneur l'évêque de Toul et le clergé séculier de Lorraine, contre les chanoines réguliers de la congrégation de Notre-Sauveur, ou dissertation historique, chronologique et canonique sur la capacité prétendue par les chanoines réguliers aux bénéfices séculiers. *Nancy*, *s. d.*, in-4, br.

959. Factum pour M. J.-B. Thiers, curé de Champrond, défendeur, contre le chapitre de Chartres, demandeur, où il est traité de l'obligation où sont quelquefois les personnes publiques de repousser les injures, de la vénération des porches des Eglises; des vains jurements, etc. (par J.-B. Thiers). *S. l.*, *s. d.*, in-12, v. br.

Ce factum parut en 1679; il est bien écrit, d'une très-bonne dialectique et d'une excellente plaisanterie.

960. Recueil d'édits, ordonnances et arrêts rendus en faveur des curés et chanoines. *Paris, J..B-Coignard*, 1687, in-8, vél.

961. Traité de la dépouille des curés, dans lequel on fait voir que, selon les canons des Conciles, les libertés de l'Eglise gallicane, etc., les archidiacres n'ont nul droit sur les meubles du curé décédé; par un docteur en droit (J.-B. Thiers). *Paris, Desprez*, 1683, in-12, v. br.

962. Mart. Cromeri Orichovius, sive de conjugio et celibatu sacerdotum commentatio, ad Stanisl. Orichovium. *Coloniæ*, 1564, in-8, vél.

Voyez sur cet ouvrage l'art. *Orichovius*, Biogr. univers., suppl., t. 76, p. 112.

963. Franc. de Roye, de Jure patronatus, de juribus honorificis in ecclesia libri II. *Andegavi*, 1667, in-4, v. br.

964. L'Esprit d'Yves de Chartres (Carnot) dans la conduite de son diocèse de Chartres, et dans les

Cours de France et de Rome. *Paris*, 1701, in-12, v. br.

965. Traité du droit et des prérogatives des ecclésiastiques dans l'administration de la justice séculière, par Nic. Petitpied. *Paris*, 1705, in-4, v. br.

Cet ouvrage estimé a été composé pendant l'instruction du procès que l'auteur, en sa qualité de doyen des conseillers-clercs au Châtelet, soutint au sujet de la présidence de la compagnie.

966. Traité des droits honorifiques des seigneurs dans les églises, par Mat. Maréchal. *Paris*, 1714, 2 vol. in-12, v. br.

Intéressant ouvrage traitant des siéges, chapelles, oratoires, etc., des gentilshommes ou roturiers, du pain bénit, des sépulcres, tombeaux, épitaphes, etc. Ouvrage dédié à Mlle de Montpensier. Rare.

967. Ren. Choppini de Sacra Politia forensi libri III. *Parisiis, apud Mich. Sonnium,* 1589, in-fol. v. br. (*Armoiries.*)

C'est dans cette édition que se trouve la fameuse épître dédicatoire au roi de la Ligue Charles X. Plusieurs biographes et bibliographes en ont parlé sans l'avoir connue. Cette édition, qui ne se rencontre pas même dans les biblioth. de Paris, est fort rare.

968. Ign. Lopez de Saludo Practica criminalis canonica. *Antverpiæ*, 1593, in-8, vél. (*Aux armes de Sarragoz.*)

969. Theoph. Raynaudi de Monitoriis ecclesiasticis ad extorquendam restitutionem aut revelationem. *Lugduni*, 1636, in-8, vél.

970. Al Nostro Santissimo Padre Innocenzio XII intorno al predicamento ordinario e canonico nelle cose che si trattano nel tribunale del Santo Ufizio nella città e regno di Napoli, dato in luce dal D. Giuseppe Valetta, l'anno 1696. *Curieux manuscrit in-4 du dix-septième siècle, d'une belle exécution,* rel. en vél.

971. Traité de l'Abus et du vrai sujet des appellations qualifiées du nom d'Abus, par Févret, seigneur de Saint-Mesmin (avec les notes de Jacques et Antoine Févret, de Gilbert et de Brunet, et l'é-

loge de l'auteur par l'abbé Papillon). *Lyon*, 1736,
2 vol. in-fol. v. m.

Portrait de Févret, par G. Le Brun. Bonne édition.

972. Jac. Menochii de Jurisdictione, imperio et potestate ecclesiastica ac seculari libri III. *Sumptibus J. A. Cramer et P. Perrachon*, 1695, in-fol.
v. f.

973. Sim. Schardii de Jurisdictione, auctoritate et
præeminentia imperiali, ac potestate ecclesiastica,
deque juribus regni et imperii, variorum authorum qui ante hæc tempora vixerunt, scripta. *Basileæ, Oporinus*, 1566, in-fol. (*Rare*). — J. Th.
Freigii Partitiones juris utriusque e Conradi Lagi
methodo expressæ; additæ sunt partitiones feudales ex Udalr. Zazii et Franc. Hotomanni commentariis deducta. *Basileæ*, 1581, in-fol. vél. gauf.

974. Opus insigne, cui titulum fecit auctor (Marsi-
lius Patavinus) : Defensorium pacis, ubi de potestate Papæ et imperatoris tractatur, scriptum
tempore Ludovici IV imperatoris, a Marsilio Me-
nandrino, cum præfatione Licentii Evangeli (Beati
Rhenani). *Basileæ*, 1522, in-fol., tit. gr. en bois,
v. f.

Volume rare.

975. Catalogus testium veritatis qui ante nostram
ætatem pontifici romano ejusque erroribus recla-
marunt, cum præfatione Flacci Illyrici (Franco-
vitz). *Argentinæ*, 1562. (In fine): *Basileæ, ex offic. Joan. Oporini*, pet. in-fol. vél. (*Armes.*)

Vol. rare. Illyricus a osé appliquer à toute l'Église ce qui n'a été dit que
contre quelques-uns de ses membres. Guil. Eysengrein a opposé à ce libelle
une réfutation, imprimée en 1565, in-4. (V. Brunet, t. II, col. 1277.)

976. Reginaldi Poli de summo pontifice Christi in
terris vicario, ejusque officio et potestate. *Lovanii*,
1569, in-8, v. br.

Polus soutient que les Conciles généraux reçoivent leur autorité du Souverain Pontife.

977. Du Pape et de ses droits religieux à l'occasion

du Concordat, par l'abbé Barruel. *Paris, an XII* (1803), 2 vol. in-8, br.

978. Traité de la puissance et authorité des roys, et de par qui doivent être commandées les diettes ou conciles solennels de l'Eglise, etc., fait en latin par Cl. Gousté, depuis mis en nostre vulgaire françois. *S. l.*, 1561, in-8, vél.

979. Traité général de la Régale (trouvé parmi les mémoires de feu M. de Caulet, évêque de Pamiers). *S. l.*, 1681, in-4, v. br.

980. Traité du pouvoir absolu des souverains, pour servir d'instruction, de consolation et d'apologie aux Eglises réformées de France qui sont affligées (par Élie Merlat, ministre réfugié à Lausanne). *Cologne, Cassander,* 1685, in-12, v. br.

981. Traité de l'autorité des Rois touchant l'administration de l'Église, par Roland le Vayer de Boutigny. *Londres,* 1753, in-12, v. m.

V. la note de Barbier à la suite de l'art. 4438, t. 1er, p. 339, *Dictionn. des anonymes.*

982. Examen de deux questions importantes sur le mariage : Comment la puissance civile peut-elle déclarer des mariages nuls sans entreprendre sur les droits de la puissance ecclésiastique ? — Quelle est en conséquence l'étendue du pouvoir des souverains sur les empêchements dirimants du mariage (par Le Ridant) ? *S. l.,* 1753, in-4, br. non rog.

983. De l'Autorité du Roi touchant l'âge nécessaire à la profession solennelle des religieux, par Roland le Vayer de Boutigny. *Amsterdam,* 1751, in-12, v. br.

Livre qui fit beaucoup de bruit dans son temps. Il est suivi de : *Réflexion sur l'édit touchant la réforme des monastères.*

984. Recueil. 8 pièces in-8, en 1 vol. vél.

1º Traité du délit commun et privilégié, ou de la puissance légitime des juges séculiers sur les personnes ecclésiastiques (par Bénigne Milletot). *Paris,* 1612. — 2º Manifeste, ou la Préconisation en vers burlesques d'un livre intitulé : *Réflexions sur les vérités évangéliques,* contre la traduction et les tra-

ducteurs de Mons, par les RR. PP. Capucins de Provence. *Riorti*, 1681.
3° L'Art des bons mots, par le sieur de Bellecheaume. *Paris*, 1699. — 4° Recueil de lettres, tant en prose qu'en vers, sur le livre intitulé : *Explication
des maximes des saints. S. l.*, 1699. — 5° Remarques faites sur le traité de
l'abus, les raisons sur lesquelles elles ont été établies et les réponses de l'auteur aux remarques et raisons. *Dijon et Paris*, 1654. — 6° Entretien d'un magistrat de Bordeaux avec un théologien sur une thèse soutenue aux Minimes
de cette ville, et la déclaration que le Parlement a exigée du soutenant à ce
sujet. *S. l., s. d.*, — 7° Francisci Florentis disputatio de nuptiis consobri-
narum prohibitis, aut permissis. *Parisiis*, 1636. — 8° Préséance pour les
abbés réguliers ou commendataires, contre les archidiacres, doyens, pré-
vosts, etc., par Séb. Rouillard de Melun. *Paris*, 1608, in-8. (*Rare*.)

985. Dissertation historique et critique touchant
l'état de l'immunité ecclésiastique sous les empereurs romains (par le S^r Le Caroudas). *Soissons*,
1766, in-12, br.

C'est une réponse à l'examen impartial sur la seconde époque des immunités, c'est-à-dire sur l'état des immunités sous les empereurs romains.

986. L'Accord des lois divines, ecclésiastiques et civiles relativement à l'état du Clergé, contre l'ouvrage qui a pour titre : *l'Esprit ou les principes du
droit canonique*, par le P. Ch.-A. Richard. *Paris*,
1775, in-12, br.

987. Collection ecclésiastique, ou Recueil complet
des ouvrages faits depuis l'ouverture des États-généraux relativement au Clergé, à sa constitution
civile décrétée par l'Assemblée nationale, par
l'abbé Barruel. *Paris, Chappart*, 1791-95, 12 vol.
in-8, br.

Dans un avertissement mis en tête du premier volume, Barruel prévient
qu'il s'est associé pour ce travail l'abbé Guillon.

988. Nic. Garcia, Tractatus de Beneficiis. *Colon.-
Allobr.*, 1618, in-fol. p. v. (aux armes de L. Sarragoz).

989. Ant. Delvaux, de Beneficiis libri IV. *Mechli-
niæ*, 1646, in-4, vél.

990. Theoph. Raynaudi de Beneficiis et Bonis Ecclesiæ per bonas artes obtinendis, possidendis et dis-
pensandis. *Lugduni*, 1656, in-4, vél.

991. Traité des Bénéfices de Fra Paolo Scarpi, trad.
en françois par l'abbé de Saint-Marc (Amelot de la
Houssaie). *Amsterdam*, 1680, in-12, v. br.

992. Traité des matières bénéficiales (par Louis Fuet). *Paris,* 1723, in-4, v. br.

993. Traité des Bénéfices ecclésiastiques, par M. P. Gohard, 2ᵉ édit., publiée par l'abbé de Brézolles. *Paris,* 1774, 7 vol. in-4, br.

994. Des Droits de patronage, de présentation aux bénéfices, de préséance des patrons, etc., par Cl. de Ferrière. *Paris,* 1686, in-4, v. br.

995. D. Hieron. Gigantis tractatus de pensionibus ecclesiasticis. *Lugduni,* 1584, in-8.

Le plus célèbre des ouvrages de Gigas. Exemplaire imparfait des 4 premiers ff.

996. Dissertation sur les pensions selon les libertés de l'Eglise gallicane (par l'abbé Le Métayer). *Rouen, Eustache Viret,* 1671, in-12, v. br.

997. Car. Molinæi in Regulas Cancellariæ Romanæ hactenus in regno Franciæ usu receptas commentarius analyticus. *Lugduni, apud Ant. Vincentium,* in-4, vél.

Livre écrit contre les prétendus abus qui se commettaient à la daterie romaine dans l'impétration des bénéfices. Il fit grand scandale dans son temps, et occasionna le commencement des persécutions qui poursuivirent Dumoulin toute sa vie.

998. Car. Molinæi Commentarius in edictum Henrici II contra parvas datas, et abusus Curiæ Romanæ. *Lugduni,* 1552, in-4, vél.

999. Georg. Lovetii Notæ ad commentaria Car. Molinæi in regulas Cancellariæ apostolicæ. *Lutetiæ-Paris.,* 1656, in-4, v. m. fil.

1000. Hier. Gonzales, Commentatio ad Regulam octavam Cancellariæ, de Reservatione mensium et alternativa episcoporum. *Romæ,* 1591, in-fol. vél.

1001. Pyrrhi Corradi praxis beneficiariæ libri V. *Venetiis,* 1671, in-fol, v. br.

Ouvrage important pour l'étude des usages de la daterie romaine.

1002. Ancienne et Nouvelle Discipline de l'Eglise touchant les bénéfices et les bénéficiers, par le P. Thomassin. *Paris,* 1679, 3 vol. in-fol. v. br.

1003. Histoire des perruques, par J.-B. Thiers. *Paris*, 1690, in-12, v. br.

1004. Discours sur le divorce qui se fait par l'adultère, et s'il est permis à l'homme de se remarier (par J. L. P. J. C. D.). *Anvers*, 1589, pet. in-12, v. br.

Rare.

4. *Église gallicane.*

1005. Histoire du droit public ecclésiastique françois, accompagnée des Vies des papes Alexandre VI et Léon X, par M. D. B. (du Boulay). *Londres (Paris)*, 1740, 3 vol. in-12, v. m.

Le troisième volume renferme l'*Histoire du droit canonique et du gouvernement de l'Église* (par Brunet). Voir sur cet ouvrage la note de Barbier, à la suite de l'art. 8023 de son *Dictionnaire des anonymes*, t. II, p. 120.

1006. Les Lois ecclésiastiques de France dans leur ordre naturel, par L. de Héricourt. *Paris*, 1757, in-fol. v. m.

1007. Mémoire sur les libertés de l'Eglise gallicane (par l'abbé Mignot). *Amsterdam (Paris)*, 1755, in-12, br.

1008. Tractatus de libertatibus Ecclesiæ gallicanæ, auct. M. C. (Ant. Charlas). *Leodii*, 1689, in-4. br.

1009. Du Concile général pour la justification de ce qui est dit dans le Traité des libertés de l'Eglise gallicane touchant l'autorité du concile de Basle, par M. C. (Ant. Charlas). *Liége*, 1688, in-4, v. br.

1010. Les Remontrances faictes au roy Loys unzième sur les priviléges de l'Eglise gallicane, et les plainctifs et doléances du peuple, etc. (par Jean de Rely). *Paris, Sertenas*, 1561, in-8. — Réplique pour le tiers-état de Daulphiné aux défenses des deux premiers ordres. *Paris, P. Mettayer*, 1590, in-8, v. m. (*Rare.*)

1011. Laur. Bouchel decretorum Ecclesiæ gallicanæ

ex conciliis, statutis synodalibus libri VIII. *Parisiis*, 1609, in-fol. tit. gr.

1012. Des Remontrances, Edits et Règlements, Arrêts, etc., concernant les affaires du clergé de France, par P. Peyrissac. *Paris,* 1625, 3 vol. in-8, vél.

1013. Dissertatio de causis majoribus ad caput Concordatorum de causis, cum appendice quatuor monumentorum quibus Ecclesiæ gallicanæ libertas in retinenda antiqua episcopalium judiciorum forma confirmatur, auct. G. Gerbais. *Lutetiæ-Parisiorum,* 1679, in-4, v. br.

L'auteur soutient, d'après les principes de l'Église de France, que les causes majeures doivent être jugées par les évêques avant d'être portées à la décision du Souverain Pontife. Une bulle du 18 novembre 1680 condamna l'ouvrage.

1014. Ordinationes universi cleri gallicani circa regulares, conditæ primum in comiciis generalibus anni 1625 : renovatæ et promulgatæ in comiciis anni 1645 : cum commentariis editæ in lucem jussu Cleri gallicani, opera Joan. Gerbais. *Parisiis,* 1665, in-4, v. br. fil.

1015. Dissertation sur le caractère essentiel à toute loi de l'Eglise en matière de doctrine, etc. (par l'abbé Troïat d'Assigny), avec la suite de cette dissertation. *S. l. n. d.* (*Grenoble,* 1755), 2 part. in-12. — Dissertation sur les interdits arbitraires des confesseurs (par le P. de Livoy, barnabite). *S. l.,* 1759, in-12. (*Cette pièce fait suite à la suivante :*) — Droit qu'ont les curés de commettre leurs vicaires et les confesseurs dans leurs paroisses (par l'abbé Guéret, frère du curé de Saint-Paul). *Avignon,* 1759, in-12, v. m.

1016. Exposition de la doctrine de l'Eglise gallicane, par rapport aux prétentions de la cour de Rome (par du Marsais). *Genève,* 1757, 2 part. in-12, v. m.

1017. Mich. Rabardei Optatus Gallus de cavendo

schismate, etc., benigna manu sutus. *Parisiis*, 1641, in-4.

Livre condamné à Rome en 1643. L'auteur, qui avait entrepris, sous l'ins-
piration du cardinal de Richelieu, de réfuter l'ouvrage d'Hersent intitulé : *Optati Galli de cavendo schismate liber*, avançait dans son livre que la création
d'un patriarcat en France n'aurait rien de schismatique, et que l'assentiment
de Rome n'était pas plus nécessaire pour cela qu'il ne l'avait été pour établir
les patriarches de Constantinople et de Jérusalem.

— Isaaci Haberti, de consensu hierarchiæ adversus
    paræneticum Optati Galli schismatum fictoris libri
    sex. *Parisiis*, 1640, in-4.

Réponse au livre d'Hersent : *Optati Galli de cavendo schismate*, etc. Le
cardinal de Richelieu en avait fait faire quatre, dont celle-ci, qui est la meilleure.

— La Chimère deffaicte, ou Réfutation d'un libelle
    séditieux tendant à troubler l'Etat, sous prétexte
    d'y prévenir un schisme, par Sulpice de Man-
    driny, sieur de Gazonval (le sieur Sirmond). *Pa-
    ris*, 1640, in-4.

Ce livre et les deux précédents sont dirigés contre l'Optatus Gallus, de Ch.
Hersent, ouvrage opposé au patriarcat dont le card. de Richelieu semblait
vouloir se revêtir. (Envoi de l'auteur.)

1018. La Chimère deffaicte, ou Réfutation d'un
    libelle séditieux, etc., par Sulpice de Mandriny,
    s' de Gazonval. *Paris*, 1641, in-4, v. br. fil.

1019. Raisons pour le désaveu fait par les évêques
    de ce royaume, d'un livret publié avec ce titre :
    Jugement des cardinaux, archevêques, etc., sur
    quelques libelles diffamatoires, sans les noms des
    auteurs, contre les schismatiques de ce temps, par
    François, cardinal de La Rochefoucauld, au roi
    Louis XIII (rédigé par P. Padet, suivant Barbier,
    et par J. Philippeaux, selon le P. Lelong). *Paris*,
    1626, in-4, vél. (*Aux armes de Ch. Fevret, auteur
    du célèbre Traité de l'Abus.*)

1020. COLLECTION DES PROCÈS-VERBAUX des assemblées
    générales du clergé de France, depuis l'année 1560
    à 1760 (par A. Duranthon), sous la direction
    de M. (Moreau, évêque de Mâcon). *Paris, Desprez*,
    1767 et années suivantes, 11 vol. in-fol. maroquin
    rouge, fil. tr. dor. (*Armes.*)

Très-bel exemplaire.

1021. Dissertation à l'occasion de l'assemblée générale du clergé de France de 1765, sur la religion. *S. l.*, 1768, 2 vol. in-4, br.

5. *Statuts des ordres religieux.*

1022. Romani Hay Aula ecclesiastica de Beneficiis ecclesiasticis, præsertim regularibus, et hortus Crusianus Joan. Crusii Eclipsi, sive Deliquio Astri inextincti, speculi loco oppositus. *Francofurti,* 1648, in-4, tit. gr. v. br.

1023. Dissertation sur les vœux en général et sur les vœux des religieux et des religieuses en particulier...., avec la réfutation de l'ouvrage (du docteur Reballier) intitulé : Essai historique...... sur les priviléges..... des réguliers (par le P. Richard). *Paris, Butard,* 1771, in-12, br. non rog.

1024. Ren. Choppini Monasticon, seu de Jure cœnobitarum libri II. *Parisiis,* 1601, in-fol.

1025. La Conduite canonique de l'Eglise touchant la réception des filles dans les monastères, par M. Ant. Godefroid (c'est-à-dire par Antoine Arnault et Godefroid Herman, qui ont fait cet ouvrage en commun). *Paris, Savreux,* 1668, in-12, v, br.

Le nom d'Antoine Godefroid, indiqué comme celui de l'auteur du volume, est, comme on le voit, composé du prénom de ses deux auteurs.

1026. La Manière de tenir le chapitre général de l'ordre de Cîteaux (par dom Louis Méchet, abbé de La Charité). *Paris, Léonard,* 1683, in-4, vél.

1027. Capitula generalia ordinis Cluniacensis habita annis 1685, 1693, 1697, 1701 et 1704. *Parisiis,* 1704, in-4, v. br.

1028. Les Constitutions du monastère de Port-Royal du Saint-Sacrement (ordre de Cisteaux), (par la mère Agnès Arnauld, la mère Euphémie Pascal et la sœur Gertrude), nouvelle édition. *Paris, Des-prez*, 1721, in-8, v. br.

Le corps de ces constitutions est de la mère Agnès Arnauld. Le règlement pour les enfants, qui est un excellent traité d'éducation chrétienne, est de la mère Euphémie Pascal, sœur de Blaise Pascal ; l'institution des novices est de la sœur Gertrude.
Note manuscrite tirée du catalogue de l'abbé Goujet.

1030. Règles et Constitutions pour les religieuses hospitalières de Saint-Joseph. *Autun*, 1686, in-24, br.

SCIENCES ET ARTS.

INTRODUCTION.

1031. Henr. Corn. Agrippæ de incertitudine et varietate scientiarum, et de nobilitate et præexcellentia feminei sexus. *Hagæ-Comitum*, 1653, in-12, v. br.

Agrippa veut prouver « qu'il n'y a rien de plus pernicieux et de plus dangereux pour la vie des hommes et le salut de leur âme que les sciences et les arts. » Le second traité a été composé par l'auteur pour plaire à Marguerite d'Autriche.

1032. Paradoxe sur l'incertitude, vanité et abus des sciences, trad. du latin d'Agrippa (par L. de Mayerne-Tuquet). *S. l.*, 1603, in-12, vél.

Traduction complète. Bonne édition. On lit le nom du traducteur sur celle de 1630.

1033. Traité de la manière dont chacun se doit disposer aux sciences, et l'incertitude dans le choix qu'on en fait, trad. de l'anglois (de Baker, par Berger). *Lyon*, 1721, in-12, v. br.

1034. Joan. Franc. Pici Mirandulæ de studio divinæ et humanæ philosophiæ libri II. *Basileæ*, 1573, in-fol. v. f.

1035. G. Joan. Vossii de quatuor artibus popularibus : de Philologia et scientiis mathematicis. Add.
chronologiæ mathematicorum libri III. *Amstelædami, Blaeu,* 1650, in-4, vél.

I. SCIENCES PHILOSOPHIQUES.

1. *Histoire.*

1036. Georg. Hornii historiæ philosophiæ libri VII,
in quibus de origine, successione, sectis et vita philosophorum ab orbe condito ad nostram ætatem
agitur. *Lugduni Batav., apud Joan. Elzevirium,*
1655, in-4, v. br.

1036 *bis.* Th. Stanleii Historia philosophiæ, ex anglico sermone in latinum versa, emendata et aucta
(a Gotof. Oleario). *Lipsiæ,* 1711, in-4, v. f.
Ouvrage estimé.

1036 *ter.* Histoire de la philosophie payenne (par
de Burigny). *La Haye,* 1724, 2 vol. in-12, v. m.

1036 *quater.* Histoire critique de la philosophie, par
M. D. (Deslandes). *Amsterdam,* 1737, 3 vol. pet.
in-8, v. f.

1036 *quinquies.* Histoire des sept Sages, par de Larrey. *Rotterdam,* 1714-1716, 2 vol. in-8, v. m.

1037. Jac. Thomasii (Thomasen) Dissertationes ad
stoïcæ philosophiæ et cæteram philosophicam historiam facientes argumenti varii. *Lipsiæ,* 1682,
in-4, v. f. fil.

2. *Philosophes anciens et modernes.*

1038. Joan. Henr. Ursini de Zoroastre, Sanchoniatone eorumque scriptis dissertationes. *Norimbergæ,* 1661, in-12.

1039. Recueil. — 1º Mercurii Trismegisti Pimander, seu de potestate et sapientia Dei. Ejusdem

Asclepius, de voluntate Dei. Jamblichus, de mysteriis Ægyptiorum, Chaldæorum et Assyriorum. Proclus in Platonicum Alcibiadem, de anima et dæmone. Idem de sacrificio et magia (Mars. Ficino interpr.). *Basileæ*, 1532, in-8. — 2° H. C. Agrippæ in Artem Brevem Raymundi Lullii commentarius. *Coloniæ*, 1533, in-8. — 3° Aug. Niphi (Nifo) de Auguriis libri II. Adj. Ori Apollinis de hyeroglyphicis notis libri II a Bernardino Vicentino latinitate donati. *Basileæ, apud Joan. Hervagium*, 1534, in-8. (*Rel. anc.*)

1040. Ocellus Lucanus. De universa natura, gr. textum e græco in latinum transtulit, emendavit, paraphrasi et commentariis illustravit C. Emm. Vizzanius. *Amstelædami, Blaeu*, 1661, in-4.

Bonne édition.

1041. Æschinis Socratici Dialogi III, gr. et lat. vertit et notis illustravit J. Clericus. *Amstel.*, 1711, in-8, vél.

Bonne édition, la première où ces dialogues aient paru séparément.

1042. Platonis Opera omnia, gr. et lat., ex nova J. Serrani interpretatione, perpetuis ejusdem notis illustrata. Henrici Stephani de quorumdam locorum interpretatione judicium, et multorum contextus græci emendatio. *Excud. H. Stephanus*, 1578, 3 tom. en 1 vol. in-fol.

Belle édition. Les exempl. bien conservés sont rares. On doit y trouver trois épitres dédicatoires : la première à la reine Elisabeth ; la seconde à Jacques VI, roi d'Ecosse, et la troisième à la république de Berne.

1044. Discours de l'honnête amour sur le banquet de Platon, par Marsile Ficin, traduit de toscan en françois par Guy Le Fèvre de la Boderie. *Paris, Jean Macé*, 1578, in-8, vél.

Avec une élégie de La Boderie à la reine de Navarre.

1045. Alcinoi ad Platonis dogmata introductio, gr. *Parisiis, M. Vascosan*, 1532, pet. in-8. — Alcinoi de doctrina Platonis, ex lat. Marsilii Ficini interpretatione. Peusippi de Platonis definitionibus liber, et Xenocratis liber de Morte. *Parisiis*, 1533, in-8, vél.

Éditions rares.

1046. Bessarionis, Card. Niceni, etc., adversus calumniatorem Platonis libri IV : correctio librorum Platonis de legibus, G. Trapezuntio interprete; de natura et arte adversus eumdem Trapezuntium tractatus. *Venetiis, in ædibus Aldi Romani, Julio mense*, 1503, in-fol. v. br. fil.

Édition très-rare. Le premier ouvrage de ce recueil est contre Georges de Trébisonde.

1047. Aristotelis Problemata. *Francofurti, Wechel.*, 1585, in-4, v. m.

1048. Aristotelis aliorumque Problemata quibus de novo accessere J. Cæs. Scaligeri problemata Gelliana. *Amstelædami, apud Jodocum Janssonium*, 1643, pet. in-12, tit. gr. v. br.

1049. Aristotelis Politicorum et OEconomicorum libri qui exstant. *Francofurti, Wechel.*, 1587, in-4, cart. non rog.

1050. Alexandri Aphrodisiensis in XII Aristotelis libros de prima philosophia, interprete J. Gen. Sepulveda. *Parisiis, apud. Sim. Colinæum*, 1536. in-fol.

Le texte grec n'a jamais été imprimé, quoiqu'il existe manuscrit à la Biblioth. impériale.

1951. Themistii Paraphrasis in Aristotelis posteriora et physica. *Venetiis*, 1559, *apud Hier. Scotum*, in-fol. v. f.

Bonne édition.

1052. Hammonii Parvi Hermeæ filii in prædicamenta Aristotelis commentarii a B. Sylviano lat. conversi, et a Gast. Sala recogniti. *Parisiis, apud S. Colinæum*, 1542, in-fol.

1053. RECUEIL. = 1° Phil. Melanchthonis in Aristotelis aliquot libros politicos commentaria. *Hagonæ*, 1531, in-8. — 2° Plutarchi de Fortuna, etc., ex lat. Ott. Luscinii interpret. *Augustæ Vendel.* *Weissenborn,* 1528, in-8. — 3° Joach. Camerarii Norica, sive de Ostentis, libri II nunc primum editi cum præfatione Phil. Melanchthonis. *Wittembergæ,* 1532, in-8. — 4° Laz. Bayfii commentarius de vestium generibus et vocabulis. *S. l.,* 1530, in-8. — 5° Ant. Thylæsii libellus de coloribus : ex Timæo Platonis de coloribus, Mars. Ficino interpret., ex Noctibus Atticis A. Gellii caput unum. *S. l. n. d.,* in-8. (*Anc. rel.*)

1054. Cl. Berigardi Circulus pisanus de veteri et peripatetica philosophia. *Patavii,* 1661, in-4, v. br.

1055. Plutarchi Moralia ex interpr. G. Xylandri. *Francofurti,* 1619, 3 part. in-8, vél.

1056. Les OEuvres morales et mêlées de Plutarque, trad. par Amyot. *Paris, Vascosan,* 1572, 2 vol. in-fol., lavé, réglé, v. br.

Belle édition.

1057. Sexti Empirici adversus Mathematicos, gr., G. Herneto interpr.; ejusdem Pyrrhonicarum hypotyposeon libri III nunquam lat. nunc primum editi, interpr. Henr. Stephano (cum ejusdem annotationibus). *Parisiis,* 1569, in-fol.

Le premier ouvrage est dirigé contre les partisans de quelque science que ce soit : le dernier est une exposition abrégée du pyrrhonisme.

1058. Maximi Tyrii sermones sive disputationes XLI, nunc primum editæ (gr.). Eædem ex Cosmi Poccii interpretatione ab Henr. Stephano emendata. *Parisiis, H. Stephanus,* 1557, 2 part. in-8, vél.

Première édition de cet auteur ; elle est bien imprimée. Bel exemplaire.

1059. Porphyrii de non necandis ad epulandum animantibus libri IV : ejusdem selectæ brevesque sententiæ, gr.. cum interpret. lat., scholiis et præfationibus F. de Fogerolles. *Lugduni, Morillon,* 1620, in-8, vél.

1060. RECUEIL. = 1° Porphyrii in Aristotelis prædicamenta brevis explanatio, edidit et interpret.

J.-Bern. Felicianus. *Parisiis, Vascosan,* 1547, in-8. — 2° Mich. Syngeli encomium in B. Dionysium areopagitam, God. Tilmannus latine vertit. *Parisiis, Kerver,* 1546, in-8. — 3° J. Genesii Sepulvedæ cordubensis de correctione anni mensuumque romanorum commentatio. *Lutetiæ-Paris.,* 1542, in-8. — 4° J. Perionii pro Ciceronis Oratore contra P. Ramum oratio. *Lutetiæ-Paris., per N. Divitem,* 1547, in-8.

1061. Juliani imperatoris Opera quæ exstant omnia (gr. et lat.), à P. Martinio et C. Cantoclaro latine facta et aucta. *Parisiis, D. Duval,* 1583, pet. in-8, v. br. fil.

<small>Première édition des ouvrages réunis de l'empereur Julien.</small>

1062. Juliani imperatoris Opera omnia (gr. et lat.), edente Dion. Petavio. *Parisiis, S. Cramoisy,* 1630, in-4, m. r. tr. dor. (*Magnifique reliure aux armes de France.*)

<small>Bonne édition.</small>

1063. Ciceronis opera philosophica. *Venetiis, apud Aldi filios,* 1552, 2 vol. in-8, v. m.

1064. Ciceronis de Officiis libri III : Cato major, vel de Senectute : Lælius, vel de Amicitia : Paradoxa : Somnium Scipionis. *Amstelædami, ex offic. Elzeviriana,* 1664, pet. in.12, v. br.

1065. Ciceronis Tusculanarum quæstionum libri V, cum variorum commentariis. *Parisiis, apud Vascosanum,* 1549, in-4. (*Rel. anc.*)

1066. Joach. Camerarii commentarii explicationum in M. T. Ciceronis Tusculanarum quæstionum libros V. *Basileæ, Winter,* 1538, in-4. — Ejusdem commentarii explicationum in reliquos quatuor Ciceronis Tusculanarum quæstionum libros. *Basileæ, Oporinus,* 1543, in-4. — P. Joan. Olivarii in Ciceronis de Somnio Scipionis fragmentum scholia : ejusdem in Ciceronis philosophiam moralem τὰ κεφάλαια : ad hæc Coccii Caleagini disquisitiones aliquot in libros Officiorum Ciceronis : L.-Bapt.

Alberti Trivia, sive de causis senatoriis. *Basileæ*, 138, in-4. (*Anc. rel.*)

1067. Entretiens de Cicéron sur la nature des Dieux; trad. de l'abbé d'Olivet, avec des remarques du président Bouhier. *Paris*, 1749, 2 vol. in-12, v. m.

1068. Ciceronis de Amicitia dialogus, ex recensione J.-G. Grævii. *Parisiis, Coustelier*, 1749, in-32, encre rouge, v. f. fil.

1070. L.-An. Senecæ scripta quæ exstant, ex editione romana. *Parisiis, Dupuys*, 1587, in-fol. vél.

Edition rare.

1071. L. An. et M. An. Senecæ Opera cum comment. et notis diversorum : acced. loci communes ex utroque Seneca facti. *Parisiis, P. Chevalier*, 1607, 4 part. in-fol. portr. p. verte.

Édition estimée et recherchée pour ses commentaires et ses notes.

1072. Lucii et M. Annæi Senecæ quæ exstant, ex recensione J. Lipsii et And. Schotti. *Lugd. Batav.*, *apud Elzevirios*, 1649, 3 vol. pet. in-12, maroquin rouge, fil. tr. dor.

1073. Lucii et M. Annæi Senecæ Opera ex recensione J. Lipsii et A. Schotti. *Lugduni Batav.*, *apud Elzevirios*, 1659, 3 vol. pet. in-12, v. f.

1074. Henr. Stephani ad Senecæ lectionem proodopœia. *S. l.*, *anno* 1586, in-8, vél. — H. Stephani annotationes in Sophoclem et Euripidem. *S. l.*, *anno* 1568, in-8, vél.

1075. Aug. Niphi (Nifo) Opuscula moralia et politica cum G. Naudæi judicio. *Parisiis, sumpt. Roleti Leduc*, 1645, in-4, vél.

Recueil publié par Gabr. Naudé. Il renferme beaucoup de passages licencieux que Bayle n'a pas craint de citer avec complaisance dans son dictionnaire.

1076. Petri Pomponatii de naturalium effectuum admirandorum causis, seu de incantationibus,

de fato, de libero arbitrio, de prædestinatione, de
providentia Dei, etc. *Basileæ*, 1567, in-8, vél.

1077. Petri Pomponatii de Immortalitate animæ.
S. l., 1534, in-12.

Ce traité a été réfuté par un ouvrage de Nifo portant le même titre et composé, dit-on, à la demande de Léon X. Le traité de Pomponace fut attaqué
par les inquisiteurs de la foi comme hérétique et schismatique, et par les
partisans d'Aristote, prétendant que l'auteur n'y avait pas exposé ses véritables sentiments. Livre très-rare.

1078. L'Académie françoise, par P. de La Primau-
daie. *Paris*, 1582-99, 3 vol. in-8, *les deux premiers chez Guil. Chaudière, le dernier pour Jacques
Chouët*, vél.

Ouvrage qui obtint dans son temps un très-grand succès.

1079. Fr. Baconis operum moralium tomus et civilium, ex ipsius lat. interpret. cura et fide G. Rawley. *Londini*, 1638, pet. in-fol. *Portr.* — Fr. Baconis de dignitate et augmentis scientiarum libri
(cura Guil. Rawley). *Londini*, 1638, pet. in-fol.
v. f. fil.

Ouvrage très-recherché.

1080. OEuvres morales et politiques de Fr. Bacon,
de la version de J. Beaudoin. *Paris*, 1633, in-8,
portr. tit. gr. v. m.

1081. Ren. Descartes Epistolæ in quibus omnis
generis philosophiæ tractantur quæstiones, partim
ab autore latino sermone conscriptæ, partim ex
gallico translatæ.*Amstelod., apud Dan. Elzevirium*,
1668, 2 part. in-4, v. br.

1082. G. Jac. S'Gravesende philosophiæ Neutonianæ
Institutiones in usus academicos. *Leydæ et Amstelæd.*, 1728, 1 vol. en 2 tom. in-8, fig. vél.

1083. OEuvres de Louis-Gabriel-Ambroise, comte
de Bonald: Législation criminelle, 3 vol.; du Divorce, Pensées sur divers sujets, 2 vol.; Recherches philosophiques, Mélanges littéraires, 2 vol.
Paris, Leclere, 1817-19: en tout 10 vol. in-8, br.

1084. And. Cisalpini peripateticarum quæstionum libri V. *Venetiis, apud Juntas,* 1571, in-4, v. m.

L'épître dédicatoire est adressée au grand-duc de Toscane François de Médicis.

1085. Examen philosophicum in quo Naturæ totius arcana interrogatus aperiet nobilis et illustriss. Dominus Lambertus Florentius Hermenegildus de Ruart, in aula collegii Bisuntini Societatis Jesu, anno salutis 1649. *Lugduni,* 1649, pet. in-fol., avec les armes de l'auteur gravées par P. de Loisy, v. f. fil.

1086. Système de philosophie de P.-Sylv. Régis. *Lyon,* 1691, 7 vol. in-12, v. br.

1087. Emm. Maignan cursus philosophicus. *Tolosæ,* 1653, 3 vol. in-8, v. br.

1088. Is. Theoph. Canzii philosophiæ Leibnitzianæ et Holfianæ usus in theologia per præcipua fidei capita. *Francofurti et Lipsiæ,* 1749, 2 vol. in-8, cart.

Cet ouvrage a beaucoup contribué à répandre en Allemagne la philosophie de Leibnitz et de Wolf.

1089. La Philosophie applicable à tous les objets de l'esprit et de la raison, par J. Terrasson. *Paris,* 1754, 2 part. in-8, v. m.

A la fin de la seconde partie se trouve un traité en forme de catéchisme intitulé : *Essai d'un système philosophique et théologique sur le plaisir et la douleur,* œuvre de la jeunesse de l'auteur.

3. *Logique.*

1090. Petri Rami institutionum dialecticarum libri III. *Parisiis,* 1547, in-8, vél.

Cette logique marque dans l'histoire de l'enseignement. V. Brunet, t. IV, col. 1092.

1091. La Logique, ou l'Art de penser (par Ant. Arnauld et Pierre Nicole, sous le nom du sieur Lebon), cinquième édition, revue et corrigée. *Lyon, Libéral,* 1684, in-12, v. br.

1092. La Logique, ou l'Art de penser, etc. (par Ant. Arnauld et Pierre Nicole, sous le nom du sieur Lebon). *Paris*, 1775, in-12, v. f.

1093. Logique de Condillac. *Paris, an XII* (1804), pet. in-12, br.

4. *Métaphysique.*

1094. Alex. Gottlieb Baumgarten metaphysica. *Halæ-Magdeburgicæ*, 1743, in-8, cart. non rog.

1095. Réfutation d'un nouveau système de métaphysique proposé par le P. Malebranche (par le P. du Tertre). *Paris*, 1715, 3 vol. in-12, v. br.

1096. Apologie de la métaphysique (par Boullier). *Amsterdam, Catuffe*, 1753, in-12, v. m.

1097. Syriani antiquissimi interpretis in II, XII et XIII Aristotelis libros metaphysicos Commentarius, a Hier. Bagolino latinitate donatus. *In Academia Veneta*, 1558, in-4, vél.

1098. Alexandri Aphrodisiensis ad Imperatores de fato et de eo quod nostræ potestatis est Ammonius Hermeæ in libri Aristotelis de interpretatione sectionem secundam, gr. et lat. *Londini*, 1658, pet. in-8, vél.

1099. Sim. Portii de rerum naturalium principiis libri II. *Neapoli, per M. Cancer*, 1553, in-4. (*Vol. rare.*) — Val. Faventii de montium origine dialogus. *In Acad. Veneta*, 1561, in-4. — Hier. Girelli tractatus adversus questionem M. Ant. Zomaræ de speciebus intelligibilibus, ad mentem antiquorum, Averroys præsertim. *Venetiis*, 1561, in-4, vél.

1100. Les Occultes Merveilles et secrets de nature, exposés en deux livres et traduits du latin de Lewin Lemne par J. G. P. (Jacques Gohorry, Parisien, ou Ant. du Pinet). *Orléans*, 1568, pet. in-8, vél.

1101. Rob. Boyle de ipsa natura, sive libera in receptum naturæ notionem disquisitio ad amicum : ex anglico sermone in lat. inducebat D. A. M. D. *Londini*, 1688, in-12.— Ejusdem de specificorum remediorum cum corpusculari philosophia concordia; ex angl. in lat. sermonem trad. D. A. M. D. *Londini*, 1686, in-12 vél.

1102. Radulphi Cudworthi Systema intellectuale hujus universi, seu de veteris naturæ rerum originibus commentarii..... Io. Lauv. Moshemius latine vertit et recensuit. *Ienæ*, *Mayer*, 1733, 2 vol. petit in-fol., tit. gr. v. br.
Bonne édition.

1103. Essais de théodicée sur la Bonté de Dieu, la Liberté de l'homme et l'Origine du mal, par God. Guil. Leibniz. *Amsterdam*, 1714, 2 vol. in-12, v. br.

1104. Jo. Bern. Bilfingeri de origine et permissione mali præcipue moralis Commentatio philosophica. *Tubingæ*, 1743, in-8, cart.

1105. L'Existence de Dieu démontrée par les merveilles de la nature, par J.-Bte Bullet. *Paris*, 1768, 2 tom. en 1 vol. in-12, br.
Ouvrage écrit avec onction et chaleur.

1106. Quatre Dialogues sur l'immortalité de l'âme, l'existence de Dieu, etc. (par les abbés de Dangeau et de Choisy). *Bruxelles*, 1752, in-12, br.

1107. Æneæ Platonici christiani de immortalitate animæ et de corporum resurrectione dialogus aureus. *Basileæ*, *Frobenius*, 1516, in-4.

1108. De l'Immortalité de l'âme, par Jean de Sillion. *Paris*, 1634, in-4. v. f. fil.

1109. Le Système de l'âme de Marin Cureau de la Chambre. *Paris*, 1665, in-12, v. br.

1110. De l'Action de Dieu sur les créatures (par

Laurent Boursier). *Paris*, 1714, 2 tom. en 1 vol. in-4, v. br.

Ouvrage qui fit beaucoup de bruit dans le temps où les matières de la *Grâce* et de la *Prédestination* échauffaient tous les esprits.

1111. Lanocii Manetti de dignitate et excellentia hominis libri IV, ex biblioth. J. Alb. Brassicani. *Basileæ, Cartandrus*, 1532, in-8. — (*Ouvrage mis à l'index pour quelques passages contraires à la doctrine catholique.*) — Mich. Belli de victus ratione : Rhasæ de pestilentia, G. Valla interpr. J. Manardi in artem Galeni medicinalem expositio. *Basileæ, in æd. A. Cartandri*, 1529, in-8, belle rel. anc.

1112. De l'Ame des bêtes, où, après avoir démontré la spiritualité de l'âme de l'homme, l'on explique par la seule machine les actions les plus surprenantes des animaux, par A. D*** (Dilly). *Lyon, Annisson*, 1676, in-12, v. br.

1113. Discours de la connaissance des bêtes, par le P. J. Gast. Pardies. *Paris*, 1678, in-12, v. br.

De tous les ouvrages de Pardies, celui qui fit le plus de bruit lors de sa publication, c'est une réfutation du système de Descartes.

1114. Essai philosophique concernant l'entendement humain, trad. de l'anglais de Locke, par P. Coste. *Amsterdam*, 1742, in-4, portr. v. m.

Bonne édition d'une traduction fidèle.

1115. Abrégé de l'essai de Locke sur l'entendement humain (par le docteur Winne), traduit de l'anglais par Rosset. *Londres*, 1720, in-8, vél.

1116. Traité philosophique de la faiblesse de l'esprit humain, par P.-Dan. Huet, évêque d'Avranches. *Amsterdam, H. du Sauzet*, 1723, in-12, portr. v. m.

1117. Pseudodoxia Epidemica ; or enquiries into very many received tenents and commonly presumed truths, by Thomas Brown Knight. *London, J. R. for Nath Ekins*, 1672, in-4. — Religio me-

dici. With annotations upon all the obscure passages therein. Also observations, by sir Kenelm
Digby. *London,* 1672, in-4, v. br.

1118. Œuvres de Condillac. *Paris,* 1769, 3 vol. in-
12, v. m. fil.

1119. Traité des sensations, par Condillac. *Londres,*
1754, 2 tom. en 1 vol. in-12, v. m.

1120. Traité des systèmes, par Condillac. *La Haye,*
1749, 2 part. in-12, v. m.

1121. L'Art de raisonner, par Condillac. *Paris,*
1790, in-12, v. m.

1122. Essai sur l'origine des connaissances humaines, par Condillac. *Amsterdam,* 1746, 2 part. in-
12, v. m.

1123. Th. Fieni de viribus imaginationis Tractatus.
Lovanii, G. Rivius, 1608, in-8, vél.

1124. Th. Fieni de viribus imaginationis Tractatus.
Lugd. Batav., ex offic. Elseviriana, 1635, in-24,
v. f. dent. tr. dor. Édition recherchée.

1125. Juan Huarte. Examen de ingeniosos para las
sciencias, donde se muestra la diferencia de habi-
lidades que hay en los hombres. *Amstel.,* 1662,
pet. in-12, v. br.

Jolie édition (véritable elzevier) d'un ouvrage fait avec méthode et rempli
d'érudition, mais où se trouvent beaucoup d'idées paradoxales. V. Brunet,
t. III, col. 357.

1126. Giov. Bonifacio. L'Arte de' cenni, con la quale
formandosi favella visibile si tratta della muta
eloquenza, etc. *Vicenza,* 1616, in-4, vél.

Livre curieux. Ce traité de l'art de parler par signes a été mis par le marquis Maffei au nombre des bons livres italiens qui ont été oubliés par Fontanini dans son *Eloquenza italiana.*

5. *Morale.*

1127. Demophili, Democratis et Secundi veterum
philosophorum Sententiæ morales (gr. et lat.),

nunc primum editæ a Luca Holstenio. *Lugd. Batav.*, 1639, pet. in-12. — Sallustii philosophi de
Diis et Mundo. Leo Allatius nunc primum e tenebris eruit et latine vertit. *Lugd. Batav., ex offic.
Joan. Maire,* 1639, pet. in-12, vél.

Bonne édition de ces deux ouvrages ordinairement réunis.

1128. Ethicorum Aristotelis ad Nicomachum Explicatio J. Camerarii. *Francofurti,* 1678, in-4, cart.

1129. L. Cyrilli Ethica Aristotelica ad sacrarum litterarum normam emendata; ejusdem Ethica christiana, seu explicatio virtutum et vitiorum quorum in sacris litteris fit mentio. *Selenoburgi, s. d.,*
in-4, v. br.

1130. M. Ant. Mureti Commentarii in Aristotelis X
libros Ethicorum ad Nicomachum, et in OEcono-
mica. Anno 1602. *Ingolstadii, excud. A. Sartorius,*
in-8, vél.

Exempl. du savant Jacques Burckhard.

1131. Epicteti Enchiridion, græce. *Glasguæ, Rob.
Foulis,* 1751, in-24, v. f. fil.

1133. Ag. Mascardi Discorsi morali su la Tavola di
Cebete. *Venetia,* 1653, in-12, tit. gr. vél.

1134. Les Caractères de Théophraste, traduits du
grec, avec les caractères où les mœurs de ce
siècle (par J. de la Bruyère). Paris, 1696, in-12,
v. br.

C'est la 9e édition de Paris. On y trouve le discours prononcé à l'Académie
française par la Bruyère. Elle n'a paru qu'après la mort de l'auteur.

1135. Synopsis propositionum sapientiæ Arabum
inscripta Speculum mundum repræsentans, ex
Arabico sermone latini juris facta ab Abrahamo
Echellensi. *Parisiis,* 1641, in-4, vél.

Cet ouvrage est l'abrégé d'un plus grand, intitulé : Présent du sultan ; mais
Echellensis n'en nomme point l'auteur.

1136. Petri Molinæi Ethicorum seu Doctrinæ moralis libri XI. *Amsterodami,* 1645, in-8, vél.

1137. Arnoldi Geulinii (Geulinck) Ethica , post tristia auctoris fata, omnibus suis partibus in lucem edita per Philaretum (Rudolphum) (Cornelium Bontekoue). *Lugd. Batav.*, 1675, in-12, v. br.

On prétend que dans cet ouvrage Geulinck expose la doctrine de l'*Harmonie préétablie*, dont Leibniz s'est attribué la découverte vingt ans après.

1138. Jos. Stellini Dissertationes IV de ortu et progressu morum, atque opinionum ad mores pertinentium. *Patavii*, 1764, in-8, br. non rog.

1139. Les Essais de Michel de Montaigne, édition corrigée, enrichie du nom des auteurs cités, et de la version de leurs passages, avec la Vie de l'auteur. *Paris, Camusat*, 1635, in-fol., tit. imprimé et front. gravé, portr., v. br. fil.

Cette édition, dédiée au cardinal de Richelieu, est recherchée, à cause des pièces qui y sont jointes et de la traduction de ces pièces. Elle renferme la grande préface de Mlle de Gournay, augmentée et améliorée de nouveau par elle.

1140. Les Essais de Michel de Montaigne, suivant les premières impressions de l'Angelier. *Paris, Blageart*, 1640, in-fol. v. f. fil.

1141. Les Essais de Michel de Montaigne. *Paris, Rondot*, 1669, 2 vol. pet. in-12, tit. gr. v. br. *Aux armes de J.-H. Duban.*

1142. De la Sagesse, trois livres, par Pierre Charron. *Paris, Journel*, 1657, pet. in-12, v. br.

Jolie et bonne édition.

1143. Socrate chrétien, par Jean-Louis Guez de Balzac, et autres œuvres du même auteur. *Paris*, 1663, in-12, v. br.

C'est dans cet ouvrage que Balzac surnomme Ant. Brun *le Démosthène de Dôle.*

1144. Maximes et Réflexions morales de François VI, duc de La Rochefoucauld (avec une notice sur l'auteur, par M. Suard). *Paris, Imprim. royale*, 1778, in-8, portr., par Choffard, lavé régl., demi-rel. m. r. fil. non rog.

Bel exempl. d'un livre bien imprimé.

1145. La Morale de René Bary. *Paris,* 1663, in-4, port. v. br.

1146. Le Théophraste moderne, ou Nouveaux Caractères des mœurs (par Pierre-Jacques Brillon). *Paris, M. Brunet,* 1700, in-12, v. br.

1147. OEuvres de la marquise de Lambert. *Lausanne,* 1747, in-12, v. m.

1148. Le Mentor cavalier, ou les illustres infortunés de notre siècle, par le M^ls d'Argens. *Londres,* 1737, in-12, v. f.

1149. Traité du vrai mérite de l'Homme, par de Claville. *Paris,* 1742, 2 vol. in-12, v. m.

1150. L'École des mœurs, par l'abbé J.-B^te Blanchard. *Lyon, an XII* (1804), 6 vol. in-12, v. f.
C'est un recueil de traits historiques et de réflexions analogues.

1151. The Spectator (by R. Steele and Joseph Addison), with illustrative notes by Rob. Bisset. *London,* 1749, 8 vol. in-12, front. gr. fig. v. f.
Bonne édition de ce célèbre ouvrage, qui parut d'abord périodiquement en feuilles in-folio de 1711 à 1712.

1152. Les Caractères des passions, par Marin Cureau de la Chambre. *Jouxte la copie imprimée à Paris,* 1647, pet. in-12 vél.

1153. L'Art de connaître les hommes, par Marin Cureau de la Chambre. *Amsterdam, J. Le Jeune* (*Elsévier*), 1660, pet. in-12, v. br.
Jolie édition. V. Brunet, t. III, col. 726. Véritable Elzevier d'Amsterdam, compris dans les catal. offic. de Daniel, de 1675 à 1681.

1154. Les Dialogues d'honneur de J.-B. Possevin, esquels est amplement discouru et résolu de tous les points d'honneur entre toutes personnes, mis en françois par Cl. Gruget. *Lyon, Guil. Rouillé,* 1550, in-4 vél.

1155. Il Servire negato al savio, libri II del S. G. Bat. Manzini. *Bologna,* 1628, in-12, v. br.

1156. Hier. Cardani de utilitate in adversis capienda libri IV : defensiones ejusdem pro filio : J. B. Car-

dani de abstinentia ab usu ciborum fœtidorum.
Basileæ, Henric. Petri, 1561, in-8 vél.

Cardan composa le premier de ces traités pour se consoler de la mort de
son fils aîné.

1157. Flaminii de hominis felicitate libri III : de
vera et falsa voluptate libri II : de honore liber
unus. *Lucæ,* 1563, in-4, v. br. fil.

1158. Dan. Heinsii de contemptu mortis libri IV;
acced. Platonis locus ex Phædone de Vita secundum mentem. *Lugd. Batav., ex offic. Elsevirii,* 1621, in-4.— Joan. Meursii Orchestra, sive
de saltationibus veterum. *Lugduni Batav.,* 1618,
in-4 vél.

Le premier ouvrage est la meilleure production poétique de D. Heinsius.
V. Brunet, t. III, col. 83.

1159. OEuvres morales et diversifiées en histoires
pleines de beaux exemples, par J. des Caurres.
Paris, 1584, in-8 vél.

V. la note de Brunet, art. Breslay, t. Ier, col. 1224.

1160. Mélanges philosophiques, par J.-B.-Samuel
Formey. *Leyde, Élie Luzac,* 1754, 2 vol. in-12,
v. m.

1161. Les OEuvres du marquis Carraccioli. *Francfort,* 1761-64, 10 vol. in-12, v. m.

1162. Operette morali di Hier. Mutio. *Vinegia, G.
Giolito,* 1551, in-8 vél.

Exempl. de J. Grivel.

6. *Économie.*

1163. Xenophontis OEconomicus, Apologia Socratis,
Symposium, Hiero, Agesilaus, etc., græce, cum
animadversionibus J. Aug. Backii. *Lipsiæ,* 1749,
in-8 vél.

1164. Le Festin de Xénophon, trad. de Lefèvre.
Saumur, 1666, in-12, v. br.

1165. Roderici, episcopi Zamorensis, speculum omnium statuum orbis terrarum, Imperatoris, Papæ, Regum, Cardinalium, etc. *Hanoviæ*, 1613, in-4 vél.

1166. Joan. Lud. Vivis de l'ufficio del marito, dell' institutione de la femina christiana, de l'ammaestare i fanciulli ne le arti liberali. *Vinegia*, 1586, in-8 mar. br. tr. dor. fil.

Magnifique exemplaire du card. de Granvelle.

1167. Fr. Barbari de re uxoria libri duo. *Amstelædami*, 1639, pet. in-12, v. br. fil.

Opuscule rempli d'érudition et très-élégamment écrit. V. Brunet, t. Ier, col. 644.

1168. Il Galateo di M. Giovanni della Casa, con un trattato delli ufficii communi delli amici superiori et inferiori. *S. l. n. d.*, in-8, v. m.

V. t. II, p. 249, art. 2013.

1169. Le Galatée, premièrement composé en italien par J. de la Case, et depuis mis en françois, latin et espagnol par divers auteurs, dans lequel, sous le personnage d'un vieillard qui enseigne un jeune enfant appelé Galatée, il lui enseigne ce qu'il doit suivre ou éviter dans l'usage ordinaire de la vie. (*Lyon*), *Jean de Tournes*, 1598, pet. in-16, vél.

Édition en quatre langues : la traduction française est en caractères de civilité.

1170. Le Galatée de Jean de la Case, en italien, français, latin, allemand et espagnol, etc. *Monbéliard, par Jacques Faillet*, 1615.

L'original italien de ce livre de cette langue le mieux écrit peut-être après le Décaméron.

1171. Ja. Sadoleti de liberis recte instituendis liber. *Lugduni*, 1535, in-8. (*C'est un traité complet de tout ce qui tient aux mœurs et à l'éducation littéraire des enfants.*) — Joan. Ursini Ethologus, opus de moribus. *Lugduni*, 1535, in-8 vél.

1171 *bis*. Bienséance de la conversation entre les

hommes, en latin et en françois. *En Avignon, chez Jean Piot,* 1654, in-24, d.-rel. v. br.

Petit livre singulier et rare. Son auteur, jésuite du collège de La Flèche, le dédia aux pensionnaires de ce célèbre établissement.

1172. Testament, ou Conseils fidèles d'un bon père à ses enfants, par P. Fortin, seign. de La Hoguette. *Paris,* 1698, in-12, tit. gr. v. br.

1173. Desseins de professions nobles et publiques, contenant plusieurs traités divers et rares, avec l'histoire de la Maison et du Connétable de Bourbon, écrite par son secrétaire, Marillac, le tout recueilli par Ant. de Laval. *Paris,* 1614, in-4 vél.

Titre assez équivoque d'un recueil curieux de 14 morceaux relatifs à l'histoire de France, surtout à l'époque de la Ligue.

1174. De l'Education des filles, par Fénelon. *La Haye,* 1739, in-12, v. br.

1175. Les Conversations d'Émilie (par Mme de La Live d'Épinay). *S. l. n. d.,* 2 vol. in-12, fig. d.-rel. v. br.

Ouvrage couronné par l'Académie française en 1783.

1176. Berquin. L'Ami des enfants, 6 vol.; l'Ami de l'adolescence, 4 tom. en 2 vol. *S. l.,* 1782-84, 8 vol. in-12, fig. cart.

1177. Adèle et Théodore, ou Lettres sur l'éducation, par Mme de Genlis. *Paris,* 1782, 3 vol. in-12, v. br.

7. *Politique.*

1178. Xénophon. Hiéron, ou Portrait de la condition des Rois, en grec et en françois, trad. par P. Coste. *Amsterdam,* 1711, pet. in-8, v. m.

1179. Les Six Livres de la République de J. Bodin, ensemble une Apologie de René Harpin pour la République de Bodin. *Paris,* 1583, in-8, vél.

Harpin est le pseudonyme de Bodin, qui se cacha sous ce nom pour répondre à ceux qui avaient écrit contre sa République. V. Brunet, 5e édit., t. 1er, col. 1025.

1180. Physiocratie, ou Constitution du gouvernement le plus avantageux au genre humain, recueil
(de traités du docteur Quesnoy), publié par Dupont (de Nemours). *Leyde (Paris)*, 1768, 2 part.
in-8, v. m.

Édition originale, où se trouvent consignés les principes fondamentaux des
économistes.

1181. Th. Hobbes Elementa philosophica de Cive.
Juxta exemplar Amstelæd., 1642, in-12, v. jasp. fil.
Jolie édition.

1182. J. Lipsii Politicorum, sive civilis doctrinæ,
libri VI; additæ sunt Notæ auctiores, tum et de
una Religione liber. *Antverpiæ, ex offic. Plantin.*,
1610, in-4, vél.

1183. J. Lipsii Politicorum sive civilis doctrinæ libri VI qui ad principatum maxime spectant; acced.
notæ auctiores, tum et de una religione liber.
Lugd.Bat., ex offic. Joan. Maire, 1634, pet. in-
12, v. br.

1184. Erasmi de Chokier Thesaurus politicorum.
Moguntiæ, 1619, 2 part. en 1 vol. in-4, vélin.

1185. Les Résolutions politiques, ou Maximes d'État
de Jean de Marnix, baron de Potes. *Bruxelles*,
1612, in-4, titre gravé, vélin.

Ce volume est dédié à l'archiduc Albert. Les Marnix ont été seigneurs de
Pymorin, près d'Orgelet, aux xviie et xviiie siècles. Ils y possèdent encore
l'emplacement du château démoli par l'acquéreur national.

1186. Recueil de quelques discours politiques, écrits
sur diverses occurrences des affaires et guerres
étrangères depuis 15 ans en ça. *Saint-Gervais,
par Samuel Waudreman*, 1632, in-4. — Recueil de diverses relations des guerres d'Italie,
ès années 1629, 1630, 1631 (par Méziriac) *Bourg,
par J. Bristot*, 1632, in-4, vél.

1187. Mith. Pacarti observationum historico-politi-
carum decades sex priores. *Noribergæ*, 1624,
2 part. in-8, vél.

1188. Conradi Bruni de Legationibus libri V, de Cæremoniis libri VI, de Imaginibus liber. *Mogun-tiæ, ex offic. Fr. Bohem.*, 1548, in-fol.

1189. Trutina Statuum Europæ..... Opus magni olim Galliæ Ducis de Rohan gallico idiomate conscriptum, nunc vero in latinum recens translatum. *Lugd. Bat., apud J. Livium*, 1644, in-12, v. br.

1190. La Vérité défendue des sophismes de la France, et responce à l'auteur des Prétentions du Roy très-chrétien sur les Etats du Roy catholique, trad. de l'italien (par Dom. Federici). *S. l.*, 1668, 2 part. pet. in-12, vél.

1191. Thesoro politico, in cui si contengono Relationi, Instruttioni, Trattati, etc., pertinenti alla perfetta intelligenza della Ragion di stato, raccolto per Comin Ventura. *Stampato della città di Francfort per le spese del Joan. Theobaldo Bel-Tempo*, 1610, in-4, tit. gr. vél.

Livre rare et intéressant. Une traduction latine s'y trouve en regard du texte italien.

1192. Giov. Botero. Aggiunta alla sua Ragion di stato, con una Relatione del Mare. *Venetia*, 1598, in-8, vél.

1193. Lor. di Banco (Banck). Bizarrie politiche. *Franekeræ*, 1658, pet. in-12, v. br.

Ouvrage satirique qui contient neuf pièces assez curieuses et entre autres : *Squeletino della libertà Veneta.*

1194. Henr. Salmuth responsum juris pro matrimonio Principis cum virgine nobili. *Ienæ*, 1660, in-4. — De injuriis quæ haud raro novis nuptis 1° Per sparsionem dissectorum culmorum frugum, 2° Per injustam interpellationem ulterioris proclamationis, 3° Per ligationes magicas, inferri solent. *Sumptibus G.-E. Stunzi, Quidlinb. et Alcan., bibliop.*, 1699, in-4, v. br.

1195. Principes de Bossuet et de Fénelon sur la souveraineté (abrégés par l'abbé de Querbeuf, et

publiés par l'abbé Emery). *Paris,* 1791, in-8, br.
n. rog.

1196. Discours politiques et militaires de François
de La Noue. *Basle, F. Forest,* 1587, in-8, v. m.
Bonne édition.

1197. Musladini Sidi Rosarium politicum, seu amœ-
num sortis humanæ theatrum, persice et lat., notis
illustr. a G. Gentio. *Amstelæd., Blaeu,* 1651, pet.
in-fol. v. br.

1198. Musladini Sidi Rosarium politicum, sive amœ-
num sortis humanæ theatrum de persico in lat.
versum et notis illustr. a G. Gentio. *Amstelæd.,*
1655, pet. in-12, vél.

1199. Essai sur le Despotisme (par Mirabeau). *Londres,* 1775, in-8, d.-rel. v. br.

1200. Examen de l'esclavage en général et en particulier de l'esclavage des Nègres dans les colonies
françaises de l'Amérique, par V. D. C. (Fr. Valen-
tin de Cullion). *Paris, Maradan, an XI* (1802),
2 vol. in-8, br. n. rog.

1201. Christ. Besoldi Discursus politici singulares,
de informatione et coactione subditorum. *Argentorati,* 1647, in-4. — Christ. Besoldi vitæ et
mortis consideratio politica. *Argentorati,* 1641,
in-4. — Christ. Besoldi Spicilegia politico-juridica, de legatis, de sessionis præcedentia, ac item
de pacis jure; deque arcanis rerum publicar.
Argentorati, 1641, in-4. — Christ. Besoldi dissertatio politico-juridica de fœderum jure. *Argentorati,* 1641, in-4. — Christ. Besoldi dissertatio
philologica de arte jureque belli. *Argentorati,* 1642,
in-4. — Christ. Besoldi discursus politicus de incrementis imperiorum eorumque amplitudine pro-
curanda. *Argentorati,* 1640, in-4, vél. gauf.

1202. Considérations sur la France (par le comte
Joseph de Maistre). *Londres (Bâle),* 1797, in-8, br.

S.-Y.   19

1203. Testament politique du cardinal de Richelieu. *Amsterdam, Henry Desbordes*, 1688, 2 tom. en 1 vol. in-12, v. br.

1204. Testament politique de Louvois (par Sandras de Courtilz). *Cologne*, 1695, in-12, v. br.

1205. Testament politique de Charles V, duc de Lorraine et de Bar, en faveur du roi de Hongrie (par Henri de Straatmann). *Leipsick, Weitmann (Paris)*, 1697, in-12, v. br.

1206. La Souveraineté des rois défendue contre l'histoire latine de Melchior Leydecker, calviniste, par lui appelée : *Histoire du jansénisme* (par le P. Quesnel). *Paris, Josset*, 1704, in-12, v. f.

1207. D. Thomæ Aquinatis de Principum regimine libri quatuor. *Lugd. Batav.*, 1630, in-24, tit. gr. — Helvetiorum Respublica. *Lugd. Batav., ex offic. Elzev.*, 1627, in-24, vél. gauf.

1208. Poggius Florentinus de Infelicitate principum, studio et opera El. Ehingeri. *Francofurti*, 1629, in-8. — Nic. Reusneri Symbola imperatoria. *Francofurti*, 1629, 3 part. in-8. — Ad. Contzen aulæ Speculum. *Coloniæ Agripp., Kinekius*, 1630, in-8, vél.

1209. Ant. Panormitæ (Baratelli) Speculum boni principis, Alphonsus, rex Aragoniæ, seu dicta et facta Alphonsi..... primum IV libris confuse descripta ab Ant. Panormita : sed nunc in certos titulos et canones.... digesta a Joan. Santo vel Santone. *Amstelæd., Elzevir.*, 1646, pet. in-12, front. gr. tit. impr. v. br. fil.

Édition peu commune.

1210. Manuelis Paleologi præcepta educationis regiæ ad Joannem filium, gr. et lat., ex Joan. Sambuci biblioth. et Leunclavii interpretatione, adjic. Belisarii ejusdem argumenti liber. *Basileæ*, 1578, 2 part. in-8, vél.

1211. L'Histoire de Chelidonius Tigurinus, de l'institution des princes chrétiens, avec un traité de
paix et de guerre, et un autre de l'excellence et
dignité du mariage, trad. du latin en françois par
P. Bouaisteau. *Paris,* 1556, in-8, vél. fil. tr. dor.

Chelidonius Tigurinus sont des noms supposés par l'auteur.

1212. Le Prince (par Balzac). *Paris, Toussaint du
Bray,* 1634, in-8, vél. rouge

Belle édition, gros caractères.

1213. Le Prince, de Balzac. *Paris,* 1660, in-12,
v. br.

Exempl. de L. Camusat.

1214. Recueil de maximes véritables et importantes
pour l'institution du roi, contre la politique per-
nicieuse du card. Mazarin (par C. Joly), nouv. éd.,
avec deux lettres apologétiques pour ledit recueil,
contre l'extrait de S. N., avocat du roy au Châtelet. *Paris,* 1663, in-12, v. f. fil.

V. sur cet ouvrage, condamné au feu par sentence du Châtelet, Brunet,
t. III, col. 560.

1215. Pedro Ribadeneyra. Tratado de la religion y
virtudes que deve tener el principe christiano.
Anvers, en la emprenta Plantiniana, 1597, in-8,
vél.

1216. Idea de un principe politico christiano, repre-
sentada en cien empresas, por D. Diego Saavedra
Faxardo. *Monaco,* 1640, in-4, fig. tit. gr. vél.

Recueil de maximes politiques en cent chapitres, dont chacun est précédé
d'un emblème, dont le discours contient l'explication.

1217. RECUEIL. — 1° Judæi Clichtovei de bello et
pace opusculum. *Parisiis, Colinæus,* 1523, in-4.
— 2° Petri Gallandii Oratio in funere Francisco
Francorum regi a professoribus regiis facto, habita
Lutetiæ nonis maii 1547. *Lutetiæ, Vascosanus,*
1547, in-4. — 3° Joannis Pellissonis Panegyricus
cardinalis Francisci a Turnone dictus. *Lugduni,
Gryphius,* 1534, in-4. — 4° Dialogismi Heroïna-
rum, auct. P. Nannio. *Lovanii,* in-4. — 5° Articuli

orthodoxam religionem sanctamque fidem nostram respicientes, a professoribus lovaniensibus
editi, lat. et holland. *Lovanii*, 1544, in-4, anc. rel.
(*Aux armes de L. Sarragoz, grav. par de Loisy.*)

1218. L'HORLOGE DES PRINCES, avec le très-renommé
livre de Marc-Aurèle, recueilli (ou plutôt composé)
par D. Antoine de Guevare, évêque de Cadix;
trad. en partie de castillan en françois par feu Nicolas d'Herberay (sieur des Essars), et en partie
revu et corrigé nouvellement entre les précédentes
éditions. *Paris, G. Le Noir*, 1555, in-fol. anc. rel.

D'Herberay n'a traduit qu'une partie du premier livre; pour le surplus de
l'ouvrage, l'éditeur a suivi l'ancienne traduction, à laquelle il a été fait quelques correct. V. Brunet, t. II, col. 1798.

1219. Discours de l'état de paix et de guerre, trad.
de l'italien de Machiavel (par G. Gohory); ensemble un traité du même auteur, intitulé : *le
Prince* (trad. par le même Gohory), de nouveau
corrigé; avec l'Art de la guerre, du même Machiavel (trad. par G. Charrier). *Paris, T. Quinet*,
1634, in-4, v. f. fil.

1220. Réflexions curieuses et Précautions nécessaires sur les raisons et moyens qui peuvent servir à la paix générale, par un François désintéressé. *Villefranche*, 1676, pet. in-12, v. br.

1221. Traité du bonheur public, d'Ant. Muratori,
trad. de l'italien par L. P. D. L. B. (le père de
Livoy). *Lyon*, 1772, 2 vol. in-8, br. non rog.

1222. Les Intérêts présents des puissances de l'Europe fondés sur les traités conclus depuis la paix
d'Utrecht, par J. Rousset. *La Haye*, 1734-36,
17 vol. in-12, v. f.

1223. Stan. Heracl. Lubomirski de vanitate consilio-
rum liber unus. *Warsoviæ, typis Colleg. scholar.
piarum*, 1718, in-4, cart.

Dialogue entre la *Vanité* et la *Vérité*, dans lequel l'auteur s'attache à prouver la faiblesse des principes politiques qui régissaient alors les cabinets de
l'Europe. C'est une espèce de cours de politique dans un cadre ingénieux.

1224. Mémoire touchant les ambassadeurs et les ministres publics, par L. M. P. (le ministre prisonnier, Abr. de Wicquefort). *A Cologne, chez Pierre du Marteau,* 1676, pet. in-12, v. br. (*Avec la Sphère.*)

Édition sortie des presses elsévíriennes.

1225. L'Ambassadeur et ses fonctions, par Abr. de Wicquefort, édition augmentée des réflexions sur les Mémoires pour les ambassadeurs, et du discours historique de l'élection de l'empereur et des électeurs. *Cologne, Marteau,* 2 vol. in-4, v. br.

C'est à cet ouvrage que Wicquefort doit toute sa réputation ; il est rempli de faits curieux.

1226. De la Manière de négocier avec les souverains, par de Caillières. *Londres,* 1750, 2 vol. in-12, v. m.

1227. Il Cortigiano del conte Baldessar Castiglione. *Venetia, Giolito,* 1546, in-8, vél.

Édition rare.

1228. Le Parfait Courtisan, du comte Balthasar, Castillonnois, ès deux langues, répondant par deux colonnes, l'une à l'autre, pour ceux qui veulent avoir l'intelligence de l'une d'icelles ; de la traduction de Gabr. Chappuis. *Lyon, Louis Cloquemin,* 1580, in-8, v. m.

L'épître du traducteur est datée de Lyon le 1er décembre 1579. Exempl. de Jean Chifflet.

1229. Le Favori de Court.... nouvellement traduit d'espaignol en françois, par maistre Jacques de Rochemore. *En Anvers, chez Chr. Plantin,* 1557, pet. in-8, v. br. fil.

Livre rare. Traduct. du Menosprecio de la corte d'Ant. de Guevara. V. Brunet, t. II, col. 1799.

1230. Traité de la cour, ou Instruction des courtisans, par du Refuge ; nouv. édit. *Leyde, Elzevier,* 1649, pet. in-12, v. f. fil.

Première édition avec nom d'auteur.

1231. Thomaso Attio da Fossombruno. Discorsi nuovi delle prerogative di Curiali antichi et moderni Cortigiani, et de' Titoli di qualconque persona. *Venetia, apresso di heredi di Mar. Sessa,* 1600, in-4, front. gr. cart.

1232. J. And. Crusii Tractatus politico-juridico-historicus de præeminentia, sessione, præcedentia et universo jure Προεδρίας Magnatum in Europa. *Bremæ,* 1665, in-4, vél.

8. *Économie politique.*

1233. L'Ami des hommes, ou Traité de la population (par Mirabeau). *Avignon,* 1756-60, 6 tom. en 3 vol. in-4, v. m.

1234. Dialogue sur le commerce des bleds (par l'abbé Galiani). *Londres, Paris (Merlin),* 1770, in-8, v. m.

Le style de ces dialogues, publiés à l'occasion de l'édit de 1764 sur la libre exportation des grains, a été revu et corrigé par Grimm et Diderot ; l'abbé Galiani écrivait le français d'une manière fort incorrecte.

1235. Réflexions philosophiques sur l'impôt, par J. Tifaut de la Noue. *Londres et Paris, veuve Barrois et fils,* 1775, in-8, front. gravé d'après les dessins de l'auteur, br. non rog.

1236. Réflexions politiques sur les finances et le commerce (par du Tot). *La Haye, frères Vaillant,* 1738, 2 vol. in-12, v. m.

1237. De l'Administration des finances de la France, par Necker. *S. l.,* 1784, 3 vol. in-8, d.-rel. v. br.

1238. Etat actuel des affaires générales concernant les finances du royaume de France, qui constate : 1° les revenus et dépenses ordinaires du roi ; 2° les affaires extraordinaires faites en France depuis l'année 1756 jusqu'en 1763, au sujet de la guerre contre les Anglois, etc.; 3° les affaires particulières qui se font annuellement dans le royaume

en faveur de la cour de Rome, des évêques, des
ducs, comtes et pairs, etc. MANUSCRIT du XVIIIe s.
128 pp. in-4.

Le contrôleur général de Laverdy paraît être l'aut. de cet écrit intéressant.

1239. Histoire du commerce et de la navigation des
anciens (par D. Huet). *Paris*, 1716, in-12, v. br.

Huet composa ce livre à la sollicitation de Colbert. Il est curieux et
savant.

1240. Les Intérêts des nations de l'Europe déve-
loppés relativement au commerce (par Accarias de
Serione). *Paris (Amsterdam)*, 1768, 4 vol. in-12,
v. m.

1241. Storia del commercio della Gran Brettagna,
scritta da Jehan Carry, trad. di A. Genovesi.
Neapoli, 1756, 3 vol. in-8, vél.

1242. The political and commercial Works of the
celebrated Charles d'Avenant, collected by sir
Charles Withevord. *London*, 1771, 5 vol. in-8, br.
non rog.

1243. Discorso sobre il fomento de la industria po-
pular (por el conte D. Pedro Rodriguez de Campomanes). *Madrid*, 1774, in-8, v. m.

Bon petit livre que le ministre Campomanes publia par ordre du conseil
royal et suprème de Castille, dont Charles III le nomma fiscal en 1765.

1244. Eléments de statistique, trad. de l'anglois de
W. Pleyfair, par D. F. Donant. *Paris, an XI* (1802),
in-8, planches, d.-rel. v. br.

II. SCIENCES PHYSIQUES ET CHIMIQUES.

1245. Hier. Cardani de Subtilitate libri XXI. *Parisiis*, 1551, in-8 vél.

Deuxième édition de cet ouvrage célèbre.

1246. Les Livres d'Hier. Cardanus, de la Subtilité
et Subtiles Inventions; ensemble les Causes occultes et raisons d'icelles, trad. en françois par
Rich. Leblanc. *Paris*, 1584, in-8, vél. fig. en bois.

Cette traduction a été faite sur le texte de 1554, et elle en reproduit les
passages censurés. Édition estimée du meilleur ouvrage de l'auteur.

1247. J. Cæs. Scaligeri exotericarum exercitationum liber quintus-decimus de Subtilitate ad H.
Cardanum. *Lutetiæ, Vascosanus*, 1557, in-4. (*Anc.
rel.*)

En désignant ce livre comme le quinzième, Scaliger espérait persuader qu'il
en avait déjà composé quatorze sur d'autres matières d'érudition. Le charlata-
nisme peut élire domicile chez les savants eux-mêmes. Au surplus Scaliger ne
se montre pas meilleur physicien que Cardan.

1248. Bern. Telesii de rerum natura juxta propria
principia libri IX. *Neapoli*, 1586, in-fol. vél.

Cet ouvrage, de même que tous les autres écrits de Telesio, fut mis à l'index après sa mort.

1249. J. B. Du Hamel de corporum affectionibus
tum occultis, tum manifestis, libri duo. *Parisiis*,
1670, in-12, v. br.

1250. Traité de physique de J. Rohault. *Paris*, 1671,
2 tom. en 1 vol. in-4, pl. v. br. fil. tr. dor.

Le meilleur traité de physique qui eût encore paru, et qui, bien que la
science se soit depuis renouvelée, a joui longtemps d'une grande estime, surtout par la disposition lumineuse des matières.

1251. Leçons de Physique expérimentale de Nollet.
Paris, 1770, 9 vol. in-12, pl. v. m.

Le premier volume, renfermant les éléments et les pratiques les plus usuel-
les des principaux arts mécaniques, est encore aujourd'hui le meilleur manuel
pour apprendre à travailler le bois et le fer, quand on ne veut pas devenir
artisan de profession.

1152. Recherches sur l'Électricité, par Nollet. *Paris*,
1754, 3 vol. in-12, front. gr. pl. et fig. v. m.

1253. Aërologia del signor Panarolo. *Roma, D. Ma-
ricani*, 1642, in-8, front. gr. sur bois, vél.

Exempl. de Jean Boyvin.

1254. R. Boyle nova experimenta physica-mecha-
nica de vi aëris elastica et ejusdem effectibus. Roterodami, 1669, pet. in-12, front. gr. — Rob.
Boyle paradoxa hydrostatica novis experimentis
ericta. *Roterodami*, 1670, pet. in-12, vél.

1255. Notæ, etc., de atmospheris corporum consis-
tentium, ostendentes corpora etiam dura et solida
emittendis *effluviis* adeoque habendis *atmo-*

sphæris apta esse, auct. Rob. Boyle. *Londini,* 1673, in-12, v. br.

1256. Rob. Boyle de origine et virtutibus gemma-rum. *Hamburgi et Amstelæd.*, 1673, pet. in-12, fr. gr. vél.

1257. Aristotelis de Coloribus libellus, gr., à Sim. Portio latinitate donatus, et comment. illustratus. *Florentiæ, Torrentinus*, 1548, in-4, vél.

Le titre de cette édition ne porte point de nom d'auteur ; mais la réimpress. faite à Paris chez Vascosan en 1549, in-8, est intitulée : *Aristotelis seu Theo-phrasti de Coloribus libellus,* etc.

1258. RECUEIL. — 1° Ant. Thylesii Constantini de Coloribus et P. Æginetæ de Diebus decretoriis. *Lutetiæ, Chr. Wechelus,* 1529, in-8. —2° A. Thy-lesii opera aliquot. *Basileæ,* 1529, in-8. — 3° De latinis et græcis nominibus arborum, etc. cum gallica eorum nominum appellatione. *Lutetiæ, Rob. Stephanus,* 1547, in-8. — 4° Gregorii Nis-seni de iis qui adeunt Hierosolymam opusculum, gr. et lat. *Parisiis,* 1551, in-8. — 5° Nic. Abrami axiomata vitæ christianæ. *Divione, Chavanec,* 1657. in-8, v. m.

1259. S. Priesaci dilucida de Coloribus dissertatio. *Parisiis,* 1657, in-8, vél.

1260. Le Neutonianisme pour les dames, ou entre-tiens sur la lumière, les couleurs et l'attraction, trad. de l'italien d'Algarotti par Duperron de Cas-tera. *Paris,* 1738, 2 tom. en 1 vol. in-12, v. m.

1261. Discours sur les causes du débordement du Nil, avec un discours de la nature divine, selon la philosophie platonique, par Marin Cureau de la Chambre. *Paris,* 1665, in-12, fr. gr. v. br.

1262. Enchiridion physicæ restitutæ ; tractatus alter inscriptus : Arcanum Hermeticæ philosophiæ opus (auct. J. d'Espagnet). *Parisiis,* 1642, in-24 vél.

Petit livre singulier qui jouit d'une grande réputation parmi le petit nombre d'adeptes que conserve encore la philosophie hermétique.

1263. J.-Bapt. Portæ magiæ naturalis libri IV. *Lugduni, Rovillius*, 1561, pet. in-12, vél.

Exempl. de Pierre Chifflet.

1264. Instituts de Chimie de Spielmann, trad. du
latin par Cadot. *Paris*, 1770, 2 vol. in-12, v. m.

1265. Philosophie chimique de Fourcroy, 2ᵉ édition. *Paris, an III*, in-8, br. non rog.

III. SCIENCES NATURELLES.

1. *Ouvrages embrassant différentes parties de
l'histoire naturelle.*

1266. Dictionnaire universel d'Histoire naturelle,
de Valmont de Bomare. *Paris*, 1764, 5 vol. in-8,
v. m.

1267. C. Plinii Secundi historiæ mundi libri XXXVII,
cura J. Dalecampii.*Francofurti ad M.*, 1599, in-fol.,
v. br. fil.

1268. C. Plinii Secundi historiæ naturalis libri XXXVII, (edente J. de Laet.). *Lugd. Batav.,
ex offic. Elsevir.*, 1635, 3 vol., pet. in-12, vél.

Très-jolie édition.

1269. C. Plinii Secundi historiæ naturalis libri
XXXVII ; interpretatione et notis illustravit
J. Harduinus, editio auctior. *Parisiis*, 1741, 3 vol.
in-fol. v. m.

1270. Hermolaï Barbari castigationes Plinianæ et
emendatio in Pomponium Melam. *Impressit Eu-
charius Argenteus Romæ Idibus Feb. MCCCC.
XCIII*, in-fol., anc. rel. *le plume mraiges*

Livre rare. V. le P. Laire : *Index*, t. II, p. 171, et Brunet, t. Iᵉʳ,
col. 646.

1271. Ant. Legrand historia naturæ variis experimentis et raciociniis elucidata ; ed. secunda.
Londini, 1680, in-4, portr. fr. gr. v. br.

1272. G. L. Leclerc de Buffon. Histoire naturelle générale et particulière, 13 vol. : histoire naturelle des oiseaux, 1, 2, 3 et 4ᵉ vol. *Paris, Imprimerie royale*, 1769-72 : en tout 17 vol. in-12, fig. br. non rog.

1273. Études de la Nature de J.-H. Bernardin de Saint-Pierre. *Paris, Didot le jeune*, 1786, 3 vol. in-12, v. m.

1275. Telliamed, ou Entretien d'un philosophe indien avec un missionnaire français sur la diminution de la mer, la formation de la terre, l'origine de l'homme, etc., mis en ordre sur les Mémoires de M. de Maillet, par J. A. G. (Guer). *Basle*, 1749, in-12, br. non rog.

1276. Essai sur la géographie physique, le climat et l'histoire naturelle du département du Doubs, par Girod-Chantrans. *Paris*, 1810, 2 tom. en 1 vol. in-8, dem.-rel. C. de R.

1277. Casp. Swenckfelt stirpium et fossilium Silesiæ Catalogus. *Lipsiæ*, 1601, in-4, vél.

1278. Observations de plusieurs singularités et choses mémorables trouvées en Grèce, Asie, Judée., etc., par P. Belon. *Paris, Corrozet*, 1553, in-4, fig. vél. Première édition.

1279. Petri Bellonii de admirabili antiquorum operum et rerum suspiciendarum præstantia; de medicato funere; de medicamentis nonnullis servandi cadaveris vim obtinentibus, libri III. *Parisiis*, 1553, in-4. — Petri Bellonii de arboribus coniferis, resiniferis, aliis quoque nonnullis sempiterna fronde virentibus. *Parisiis*, 1553, in-4. anc. rel.

1280. Histoire naturelle et morale des Indes de J. de Acosta, trad. en français par R. Regnault. *Paris*, 1616, in-8, vél.

2. *Géologie.*

A. Minéralogie.

1281. Description méthodique du Cabinet de l'école royale des mines, par Sage. *Impr. royale,* 1784, in-8, dem.-rel., v. f.

1282. Georg. Agricolæ de metallicis libri XII. *Basileæ,* 1561, in-fol., dem. rel., v. br. fig.

Belle édition. G. Agricola est le premier minéralogiste qui parut après la renaissance des sciences en Europe.

1283. And. Cæsalpini de metallicis libri III. *Romæ, Abrisius Zannetus,* 1596, in-4, v. f. fil.

Exempl. de J. Boyvin.

1284. Ant. Boëtii de Boot gemmarum et lapidum Historia. *Hanoviæ,* 1609, in-4, v. f. fil.

B. Agriculture et Botanique.

1285. DICTIONNAIRE ŒCONOMIQUE contenant divers moyens d'augmenter son bien-être et de conserver sa santé, etc., par Noël Chomel, 4ᵉ édition, revue et corrigée par P. Danjou. *Paris, Vᵛᵉ Estienne,* 1740, 2 vol. in-fol., mar. r. fil. tr. dor. — Supplément. *Paris, Ganeau,* 1743, 2 vol. in-fol., mar. r. fil. tr. dor. (*Armes.*)

1286. Rei rusticæ scriptores veteres latini, scilicet : M. Priscus Cato, M. Ter. Varro et L. J. Moderatus Columella cum explicationibus P. Victorii. *Parisiis, ex offic. R. Stephani,* 1543, 5 part. en 1 vol. in-8, v. m.

Belle édition, peu commune.

1287. Rei rusticæ scriptores veteres latini, quibus nunc accedit Vegetius de mulo-medicina, etc., adjic. notæ virorum clarissim. integræ et lexicon rei rusticæ, curante J. M. Gesnero. *Lipsiæ,* 1735, 1 vol. en 2 tom. in-4, vél. front. gr.

Bonne édition.

1288. L. Jun. Moder. Columella. Hortus Columellæ,
cum interpretatione J. Pomponii Fortunati, cui
access. annotationes Baptistæ Pii, Philippi Beroaldi, etc. *Parisiis*, 1543, in-4.

1289. Rei agrariæ Auctores legesque variæ, cura
Guil. Gœsii, una cum Nic. Rigaltii notis et observationibus. *Amstelædami, J. Jansson a Waes-
berge*, 1674, pet. in-4, fig. front. gr. v. br.
Bonne édition de ce recueil, très-important pour l'histoire de la géométrie
ancienne.

1290. Opera di Agricultura di Pietro Crescentio.
Vinegia, per B. de Viano de Lexona Verullese,
1536, in-8, front. gr. en bois, anc. rel.

1291. J. Bapt. Portæ Villæ libri XII; domus, sylva,
cultus et insitio, pomarium, olivetum, vinea, etc.
Francofurti, apud hær. And. Wecheli, 1592, in-4,
v. f. fil.

1292. Mémoire sur l'état de l'agriculture dans le
Jura, par Gerrier. *Lons-le-Saulnier*, 1822, in-8.
— Lois relatives aux bâtiments traitées en forme
de commentaire sur les ordonnances municipales
de Besançon, qui ont rapport à cette matière, par
Ramelet. *Besançon*, 1822, in-8, dem.-rel., v. br.

1293. L'Agronome, dictionnaire portatif du culti-
vateur (par Alletz). *Paris*, 1766, 2 vol. in-8,
v. m.

1294. Prædium rusticum (a Car. Stephano). *Lutetiæ*,
C. Stephanus, 1554, in-8, vél.
Première édition de cet ouvrage, dans lequel Ch. Estienne refondit plusieurs opuscules publiés précédemment. Exempl. de Théod. Tabourot, chanoine de Langres.

1295. *Vinetum* (a Car. Stephano). *Parisiis, Franc.
Stephanus*, 1537, in-8. — (C. Stephani) de Re navali libellus. *Parisiis, apud F. Stephanum*, 1537,
in-8. — (C. Stephani) de Vasculis libellus..... ex
Bayfio decerptus. *Parisiis ex offic. Rob. Stephani*,
1536, in-8. — (C. Stephani) de Re vestiariia libellus, ex Bayfio excerptus. *Parisiis, ex offic. Rob.*

Stephani, 1536, in-8. — De recta latini sermonis pronuntiatione et scriptura, libellus. *Parisiis, apud Fr. Stephanum*, 1538, in-8, anc. rel.

Le Vinetum est le plus ancien ouvrage publié par Fr. Estienne, fils aîné d'Henri Ier; il est très-rare comme toutes les éditions des autres articles de ce recueil.

1296. Le Théâtre d'agriculture et ménage des champs d'Olivier de Serres, remis en français par de Gisors. *Paris*, 1802, 4 vol. in-8, fig. br.

1297. La Nouvelle Maison rustique, par L. Liger. *Paris*, 1762, 2 vol. in-4, front. gr. v. m.

1298. Les Agréments de la campagne, ou Remarques particulières sur la composition des maisons de campagne plus ou moins magnifiques..... (par de Groot). *Paris*, 1752, 3 vol. in-12, v. m.

Traduit du holland. de P. de la Cour, le premier qui ait élevé des ananas en France dans le potager du roi à Versailles vers 1750.

1299. Nouvelle Construction des ruches en bois, par Palteau. *Metz*, 1756, in-12, fig. v. m.

1300. Traité économique sur les abeilles par un curé comtois (J.-Bapt. Lepoutre). *Besançon, Couché*, 1763, in-12, v. m.

1301. Traité sur les abeilles, par l'abbé della Rocca. *Paris, de l'impr. de Monsieur*, 1790, 3 vol. in-8, fig. d.-rel. v. f.

1302. Expériences sur la bonification de tous les vins, par Maupin. *Paris*, 1772, in-12, br. n. rog.

1303. Nouvelle Méthode de cultiver la vigne dans tout le royaume, par Maupin. *Paris*, 1763, in-12.

1304. Observations sur l'ouvrage du P. Prudent de Faucogney (J.-H.-Auguste Vauchot) touchant la maladie des vignes de Franche-Comté, par l'abbé Baverel. *Besançon, Daclin*, 1779, in-8. — Réflexions d'un vigneron de Besançon (l'abbé Baverel) sur un ouvrage qui a pour titre : Dissertation couronnée à l'Académie de Besançon en 1777, sur les causes de la maladie des vignobles de Franche-

Comté par le P. Prudent. *De l'imprimerie de Bar-*
bizier (*V. Vesoul. Poirson*), 1778, in-8. — Éloge
de Boileau, couronné par l'Académie de Villefranche en 1778, par l'abbé Talbert. *Besançon Lépa-*
gnez, 1779, in-8, cart.

Les deux premières pièces de ce recueil sont rares; la seconde fit grand
bruit dans le temps.

1305. L'Art de faire, gouverner et perfectionner les
vins par Chaptal. *Paris, an X* (1801), in-8, br.

1306. Dictionnaire pour la théorie et la pratique
du jardinage, par l'abbé Roger Schabol. *Paris,*
1767, in-8, v. m.

1307. La Pratique du jardinage, par feu l'abbé Roger
Schabol, ouvrage rédigé après sa mort sur ses
mémoires, par M. D*** (Dézallier d'Argenville).
Paris, 1770, 2 vol. in-12. —La Théorie, par le
même. *Paris,* 1771, 1 vol. in-12, v. m. front gr.

1308. La Théorie du jardinage, par l'abbé Roger
Schabol. *Paris, Debure,* 1771, in-12, v. m.

1309. École du jardin potager (par de Combes). *Pa-*
ris, 1752, 2 vol. in-12, front. gr. v. m.

Il y a eu plusieurs éditions avec le nom de l'auteur, que les éditeurs ont
mal à propos écrit De Combles.

1310. Le Jardinier fleuriste, par Liger. *Paris,* 1754,
in-12, fig. de Cl. Prudhomme, br. n. rog.

1311. École du jardin fruitier, par de la Bretonnerie.
Paris, 1784, 2 vol. in-12, v. m.

1312. Traité de la culture des pêchers (par de
Combes). *Paris,* 1759, in-12, v. m.

1313. L'Art de cultiver les pommiers, les poiriers et
de faire les cidres selon l'usage de Normandie, par
le marquis de Chambray. *Paris,* 1765, in-12. —
Christ. Thomasii historia sapientiæ et stultitiæ (tomus secundus). *Halæ-Magdeburg.,* 1603, in-12.—
Supplique de cinq mille juifs polonais et hongrois
qui désirent embrasser la foi catholique. *A Léo-*
pold, 1759, in-12. — Avis important sur la prédi-

cation, 1754, in-12. — Essai sur le rachat des rentes
et redevances foncières (par Toussaint.) *Londres*,
1751, in-12.

1314. Dictionnaire élémentaire de botanique par
N. Bulliard, revu par Cl. Richard, avec des changements et additions. *Paris, an X* (1802, in-8,) cart.

1315. Principes de la philosophie du botaniste, ou
dictionnaire des principaux préceptes et termes
de botanique par N. Jolyclerc. *Paris, an VII*,
in-8, v. br.

1316. Système sexuel des végétaux de Ch. Linné,
première édition française, calquée sur celle de
Murray et de Persaon, augmentée et enrichie de
notes et d'une concordance avec la méthode de
Tournefort, etc., par N. Jolyclerc. *Paris, an VII*,
2 tom. en 1 vol. in-8, v. m.

1317. A. L. de Jussieu Genera plantarum. *Parisiis*,
1789, in-8, dem.-rel. v. br.

1318. Mémoires pour servir à l'histoire des plantes,
par Den. Dodart, 2° édit. *Paris, Impr. roy.*, 1679,
in-12, v. br.

Envoi autographe de l'auteur à Spon.

1319. DI CARLO STEPHANO le herbe, fiori, stirpi,
che si piantano ne gli horti; aggiuntovi un libretto
di coltivare gli horti, trad. per P. Lauro. *Vinegia*,
V. Vaugris, 1545, in-8. — Di C. Stephano Semina-
rio over plantario degli alberi che si piantano con i
loro nomi, trad. per P. Lauro. *Vinegia*, 1545,
in-8. — Di C. Stephano Vineto nel quale si narrano
i nomi latini antichi e volgari degli viti e delle uve.
Vinetia, Vic. Vaugris, 1545, in-8; riche et curieuse
rel. en mar. vert, fil.

Exempl. du card. de Granvelle.

1320. S. Costæi de universali stirpium natura libri II,
ad SS. Emmanuelem Sabaudiæ ac Pedem. D et R.
Augustæ Taurin. 1578, in-4, vél.

1321. Casp. Bauhini Catalogus plantarum circa Basileam sponte nascentium. *Basileæ*, 1622, in-8. — Casp. Bauhini de lapidis Bezaar orientalis et occidentalis Cervini item et Germanici ortu, natura, differentia, veroque usu, ex veterum et recentiorum placitis liber. *Basileæ*, 1613, in-8, vél.

1322. Joan. Meursii filii Arboretum sacrum, sive de herbarum, fruticum et arborum conservatione, proprietate, usu ac qualitate libri III. *Lugd. Batav.*, *Elzevir.*, 1642, in-8, v. br.

1323. Histoire admirable des plantes émerveillables et miraculeuses en nature, même d'aucunes qui sont vrais zoophytes, etc., par Cl. Duret. *Paris*, 1605, in-8, fig. en bois, vél.

Volume peu commun.

1324. Sebast. Vaillant Bonaticon parisiense, operis majoris proditori prodromus. *Lugd. Batav.*, 1723, in-8, br.

Quoique déjà ancien, cet ouvrage est toujours recherché.

1325. Dioscoridis libri octo, gr., cum latina versione (J. Ruellii) et castigationibus (J. Gouphylei). *Parisiis*, 1549, in-8.

1326. Histoire des drogues, espiceries, et de certains médicaments simples qui naissent ès Indes et en Amérique, trad. de G. Dujardin (Garcias ab Horto), de la Coste (Acosta), Nic. Monard (Monardes) (par A. Colin). *Lyon, Pillehotte*, 1619, 3 part. in-8, fig.

1327. Pr. Alpini de plantis Ægypti. *Venetiis*, 1592, in-4, fig.

Cet ouvrage, en forme de dialogue, est orné de planches bonnes pour le temps.

3. Zoologie.

1328. Æliani de natura animalium libri XVII, gr. et lat., cum animadvers. C. Gesneri et D. H. Tril-

leri, curante A. Gronovio. *Juxta exemplar Londinense. Basileæ*, 1750, in-4, vél.

1329. Ex Æliani Historia per Petrum Gyllium latini
facti, itemque Porphyrio, Heliodoro, Oppiano
libri XVI et de vi et natura animalium. Ejusdem
Gyllii liber unus de gallicis et latinis nominibus
piscium. *Lugduni, apud Gryphium*, 1583, anc. rel.
Ouvrage intéressant et peu commun.

1330. C. Gesneri historiæ animalium liber I, scilicet
de quadrupedibus viviparis. *Tiguri*, 1551. — Liber II de quadrupedibus oviparis, cum appendice, 1554. — Liber tertius qui est avium natura,
1555 : en tout 3 vol. in-fol. fig. en bois.

1331. Aédologie, ou traité du rossignol franc ou
chanteur (par Arnaud de Nobleville). *Paris*, 1751,
in-12, fig. v. m.

4. *Mélanges d'histoire naturelle.*

1332. Mélanges d'histoire naturelle (par M. A. D. Al-
léon-Dulac). *Lyon*, 1763, 2 vol. in-12, fig. v. m.

1333. Antigoni Carystii historiarum mirabilium Col-
lectanæa, gr. et lat., ex recensione Meursii. *Lugd.
Batav.*, 1619, in-4. — Phlegontis Tralliani quæ
exstant opuscula de mirabilibus, gr. et lat., ex recensione J. Meursii. *Lugd. Batav., Is. Elsevirius*,
1620, in-4. — Apollonii Dyscoli historiæ com-
mentitiæ liber, gr. et lat., ex recensione et cum
notis J. Meursii. *Lugd. Batav., Is. Elsevirius*, 1620,
in-4, vél.

1334. RECUEIL. — 1° De his quæ mundo mirabiliter
eveniunt; ubi de sensuum erroribus et potentiis
animæ, ac de influentiis cœlorum Fr. Claudii Cœ-
lestini opusculum. De mirabili potestate artis et
naturæ, ubi de philosophorum lapide, Franc.
Rogerii Bachonis, Anglici, libellus. Hæc duo gra-
vissima, et non aspernanda opuscula : Orontius

Finæus diligenter recogn., et in suam redigebat harmoniam. *Lutetiæ-Paris.*, *S. Colinæus*, 1542, in-4. (*Rare.*) — 2°. A Contadis in XXXIII Pandectarum libros epitome. *Parisiis*, *Wechelus*, 1541, in-4. — 3°. Herm. Buschii Pasiphili decimationum Plautinarum pemptades sive quinariæ. *Parisiis, S. Colinæus*, 1521, in-4. — 4°. Sanctorum et venerabilium conciliorum ex habitabili orbe convocatorum explicatio. *Parisiis*, 1546, in-4, vél.

IV. SCIENCES MÉDICALES.

1. *Introduction.*

1335. Prosp. Alpini de medicina Ægyptiorum libri IV. *Venetiis*, 1591, in-4°. — Ejusdem de Balsamo dialogus. *Venetiis*, 1592, in-4, fig. vél.

C'est de la plante de l'Asie Mineure qui fournit le baume blanc dont il est parlé dans ce second traité.

1336. Jac. Bontii de Medicina Indorum libri IV. *Lugd. Batav., apud Franc. Hackium*, 1542, pet. in-12, front. gr. v. f. fil.

1337. Jac. Primerosii de vulgi erroribus in medicina. *Amstelod., apud Joan. Janssonium*, 1644, pet. in-12, vél.

1338. Hieron. Mercurii. Degli errori popolari d'Italia libri VII. *Venetia*, 1603, in-4, vél.

1339. Leonardo di Capoa. Parere divisato in otto ragionamenti ne quali partitamente narrandosi l'origine, il progresso della medicina, chiaramente l'incertezza della medesima si fa manifesta. *In Napoli*, 1689, in-4. — Leonardo di Capoa Raggionamenti intorno alla incertezza de' medicamenti. *In Napoli*, 1689, in-4, vél.

1340. (Henrici Stephani) Dictionnarium medicum vel expositiones vocum (græcarum). *Typis Henr. Stephani*, 1564, in-8 vél.

Ce vol. a été imprimé à Genève et censuré amèrement dans le *Scaligerana prima*, article *Erotianus.*

1341. Herm. Conringii in universam artem medi-
cam singulasque ejus partes introductio. *Spiræ*,
1687, in-4, v. br.

Cette édition, publiée par Schelhammer, gendre de Conring, est la meilleure.

1342. H. Boerhaave Institutiones medicæ in usus
annuæ exercitationis domesticos. *Lugd. Batav.*
1713, in-8, cart. non rog.

1343. Louis Guyon. Le Cours de médecine en françois, contenant le miroir de beauté et santé cor-
porelle, et la théorie, avec un accomplissement
de pratique selon les principes tant dogmatiques
que chimiques, par Loz. Meysonnier. *Lyon*, 1671,
3 part. in-4. fig. v. br.

Louis Guyon était de Dôle.

2. *Médecins anciens et modernes.*

1344. Anutii Fœsii OEconomia, Hippocratis alphabeti
serie distincta. *Francofurti, Wechelus*, 1588,
in-fol. v. f. fil.

Ouvrage qui fit une grande sensation dans le monde savant, et qui est devenu réellement classique.

1345. Hippocratis de aëre, aquis et locis; ejusd. de
flatibus, gr. et lat., J. Cornario interpr. *Basileæ,
Frobenii*, 1529, in-4. — Hippocratis liber de
Somniis, cum J. C. Scaligeri commentariis. *Lugduni, apud Seb. Gryphium*, 1539, in-4. — Divi
Hippocratis Coi Prognosticorum latina ecphrasis ex
mente Galeni, auct. P. Blondello Calixio. *Lutetiæ,
excudebat Mamertus Patissonus*, 1575, in-4, vél.

1346. Pauli Offredi in librum aphorismorum Hippocratis Commentaria aphoristica. *Aureliæ Allobr.*,
1606, pet. in-12, vél.

1347. Hippocratis de hominis ætate, de septimestri
et octomestri partu, Joan. Lalamantio interpr. et
enarratore. *Genovæ*, 1571, in-8, vél.

1348. J. C. Scaligeri in librum de Insomniis Hippocratis Commentarius. *Amstelæd.*, 1659, pet. in-12, v. f. fil.

1349. Hippocratis Orkos, sive jusjurandum, gr. et lat. recensitum et commentariis illustratum a J. H. Meibomio. *Ludg. Batav.*, 1643 in-4, vél.

1350. Cl. Galeni de Diebus decretoriis libri tres; de morborum temporibus liber unus; de generalibus morborum temporibus alter. *Parisiis, Simon Colinæus*, 1529, in-8. — Remacli F. Lymburgensis illustrium medicorum qui superiori sæculo floruerunt ac scripserunt Vitæ. *Parisiis, P. Gromorsus*, 1541, in-8.

1351. Cl. Galeni de Simplicium medicamentorum facultatibus libri XI, Th. Girardo Gaudano interpr. *Lugduni, apud G. Rovillium*, 1547-50, 4 vol. pet. in-12, v. f. fil.

1352. Cl. Galeni Opuscula varia, gr. et lat., **ex re**censione et interpr. Theod. Goulstoni. *Londini, R. Rugger*, 1640, in-4, vél.
Belle édition.

1353. Oribasii Sardiani collectorum medicinalium libri XVII, Joanne Baptista Rasario interprete. *Venetiis, apud Paulum Manutium, Aldi F.*, absque anni nota, in-8, v. br. anc. rel.

1354. MEDICI ANTIQUI OMNES, qui latinis litteris diversorum morborum genera et remedia persecuti sunt, uno volumine comprehensi. *Venetiis, apud Aldi Filios*, 1547, in-fol. v. jasp. fil. tr. dor.
Volume rare et recherché.

1355. Joh. Jonstoni Idea universæ medicinæ practicæ libris VIII absoluta. *Amsterdami, apud Lud. Elsevirium*, 1644, pet. in-12, tit. gr.

1356. Nic. Leoniceni Opuscula medica cum And. Lemnii annotationibus. *Basileæ*, 1532, pet. in-fol. v. br.

1357. Nic. Leoniceni de Plinii et plurium aliorum medicorum in medicina erroribus liber, cum quibusdam de herbis et fruticibus, animalibus, metallis, serpentibus, etc. *Basileæ, Henricus Petrus*, 1529, in-4, anc. rel.

1358. Oddi de Oddis de Pestis curatione libri IIII, etc. *Venetiis,* 1570, in-4. — Julii Alexandrini de Neustein Antargenticorum suorum defensio, adversus Galeni calumniatores. *Venetiis*, 1564, in-4. — Nic. Rhodii Redargutiones in Ferdinandum Cassenum pro Altimaro et Joanne Andrea Nola Crotoniata. *Venetiis*, 1568, in-4, vél.

1359. Franc. Lefebvre Bisuntini opera. *Vesuntione, Charmet (Vesoul, J. Dignot)*, 1737, 2 vol. in-4, v. br.

1360. La Poudre de sympathie défendue contre les objections de M. Cattier, médecin du roy, par Nic. Papin. *Paris*, 1651, in-8. — Nic. Papinii de Pulvere sympathico dissertatio. *Lutetiæ*, 1650, in-8. — Considérations sur le traité de M. Descartes, des Passions de l'âme, par Nic. Papin. *Paris*, 1652, in-8, br. non rogn.

1361. Thomæ Sydenham Opera medica. *Genevæ, de Tournes*, 1757, 2 vol. in-4, portr. br. non rogn.

1362. J. Feind's Opera medica, editio altera Londinensi multo correctior et accuratior. *Parisiis*, 1735, in-4, br.

1363. Rich. Mead's Opera omnia. *Parisiis*, 1757, 2 vol. in-8, br. n. rog.

1364. Regn. de Graaf Opera omnia. *Lugduni*, 1678, in-8, tit. gr. portr. fig. v. br.

3. *Physiologie.*

1365. De Diversa hominum natura, prout a veteribus philosophis ex corporum speciebus reperta est, cognoscenda liber, cura Ant. Molini Matisco-

nensis. *Lugduni, J. Tornæsius*, 1549. in-8. —
Des Jugements astronomiques sur les nativités,
par Oger Ferrier. *Lyon, J. de Tournes*, 1550, in-8.
— Franc. Junctini (Giuntino) Tractatus judicandi
revolutiones nativitatum. *Lugduni*, 1570, *apud
hæredes J. Juntæ*, in-8, v. br.

Exempl. de Théod. Tabourot, chan. de Langres.

1366. Rob. Boyle Tentamina quædam physiologica,
cum ejusdem historia fluiditatis et firmitatis; ex
anglico in latinum translata. *Amstelod., apud Dan.
Elsevirium*, 1667, pet. in-12. — Rob. Boyle Experimenta et considerationes de coloribus. *Amstelodami*, 1667, pet. in-12, vél.

1367. N. F. Rougnon Codex physiologicus. *Vesuntione, Charmet*, 1777, in-8, br. n. rog.

1368. Gabr. Naudæi Pentas quæstionum iatrophi-
lologicarum. *Apud Sam. Chouët*, 1647, in-8, vél.

1369. Galeotti Martii de Homine libri II. Georg.
Merulæ Alexandrini in Galeottum annotationes.
Basileæ, Froben, 1517, in-4, v. m.

A cette édition se trouve aussi jointe la réponse apologétique que fit Galeotti aux notes critiques de G. Mérula.

1370. Marsilii Ficini de Vita libri III, primus de
vita sana, secundus de vita longa, tertius de vita
cœlitus. *Parisiis, Gaulterot*, 1547, in-8.

1371. Fort. Liceti de Motu sanguinis, origine nervo-
rum, cerebro leniente cordis æstum, imaginationis
viribus. *Utini*, 1647, in-4. — Ejusdem de providentia, Nimbiferi Gripho, terræ motu. *Utini*,
1648, in-4. — Ejusdem responsa sexta quæsitis
de resurrectione multiplici, ænigmati, mirabili,
muliebri complexione calidiore virili. *Utini*, 1648,
in-8, v. br.

1372. Mart. Schurigii Spermatologia historico-me-
dica, hoc est seminis humani consideratio : Item
de Hermaphroditis et sexum mutantibus. *Francof.
ad Mœnum*, 1720, in-4. — 2° Ejusdem Muliebria,

hoc est, partium genitalium muliebrium consideratio. *Dresdæ*, 1729, in-4. — 3° Ejusdem Parthe-
nologia, id est, Virginitatis consideratio. *Dresdæ*,
1729, in-4. — 4° Ejusdem Gynæcologia historico-
medica, id est Congressus muliebris consideratio.
Dresdæ, 1730, in-4. — 5° Ejusdem Syllepsilogia.
Dresdæ, 1731, in-4, 5 part. en 2 vol. in-4; vél.

1373. Joan. Hucheri de Sterilitate utriusque sexus
libri quatuor, cum libro de diæta et therapeia
puerorum. *Apud Gabr. Cartier*, 1609, in-8, vél.

1374. Joan. Conradi Amman Dissertatio de loquela.
Amstelædami, 1700, pet. in-8, v. m.

Traité curieux de l'un des plus savants auteurs de la matière. Amman a
rendu de signalés services aux sourds-muets.

4. *Hygiène et diététique.*

1375. J. Beverovicii de Vitæ termino, fatali an mo-
bili, cum doctorum responsis: ejusdem argumenti
A. Mariæ a Schurmann epistola. *Lugd. Batav.*,
Maire, 1639-51, 2 part. in-4. — 2° Dissertatio
inauguralis de natalitiis martyrum quam pro li-
centia, anno 1678, publico examini proposuit
M. C. Sagittarius. *Jenæ,* in-4. — 3° Basilii magni
de legendis gentilium libris, gr. et lat., cum interpret. Grotii et Leon. Aretini, notisque J. Potteri. *Francofurti,* 1714, in-4, v. m.

1376. Helii Eobani de tuenda bona valetudine,
comment. illustravit J. Placotamus. *Francofurti,*
Egenelfus, 1551, in-8, v. m.

1377. Mich. Delavigne Diæta sanorum, sive ars sa-
nitatis, studio authoris filii. *Parisiis,* 1671, in-12,
v. br.

1378. L. Fiorovanti. Il Thesoro della vita humana.
Venetia, 1582, in-12, vél.

1379. Luys Lobera de Avila. Banquete de nobles
caballeros e modo de bevir desde que levatan

hasta que se acuestan. *Augustæ Vendelic.* (1539), pet. in-4, fig. — 2° Messahala antiquissimi ac laudatissimi inter Arabes Astrologi liber de elementis et orbibus cœlestibus, per Joachimo Hellero. *Noribergæ,* 1549, in-4. — 3° Mignotidæa de peste et humanum alterantibus corpus necessario omnibus sanitate affectatibus utilissima, quæ in se continet præcepta, etc. (auct. Mignot). *Mediolani,* excudebat *Gotardus Ponticus,* 1535, in-4. — 4° Ludovici a Lucena de tuenda præsertim a peste integra valetudine deque huj. morbi remediis .... Libellus. *Tolose,* 1523, in-4, v. m.

1380. Franc. Nuñes de Coria. Aviso de sanidad.*Madrid,* 1570, pet. in-8, v. m.

1381. Avis au peuple sur la santé, par S.-André Tissot. *Lyon,* 1767, 2 vol. in-12, v. m.

1382. Lud. Nonni Diæteticon, sive de re cibaria libri quatuor. *Antverpiæ, Ballerus,* 1646, in-4, tit. gr. v. f. fil.

Cet ouvrage contient des recherches curieuses sur le régime hygiénique des anciens.

1383. Christ. de Messisburgo. Libro nuovo nel qual s'insegna il modo d'ordinar banchetti, apparecchiar tavole et far d'ogni sorte di vivanda. *Venetia,* 1596, in-8, vél.

1384. Bart. Scappi dell' Arte del cucinare. *Venetia,* 1610, in-4, fig. vél., aux armes de P. de Maridat, conseiller d'Etat.

1385. Nouveau Cuisinier royal et bourgeois, ou Cuisinier moderne, par Maissialot. *Paris,* 1748, 3 vol. in-12, fig. v. m.

1388. Mart. Schoockii tractatus de butyro, et ejusdem diatriba de aversatione casei. *Groningæ, Collanus,* 1664, pet. in-12, vél.

Schoockius prétend expliquer l'aversion que quelques personnes ont pour le fromage.

1389. Traité du tabac ou Nicotiane, etc., par Jean Néander, traduit du latin par J. V. (Jacques Veyras). *Lyon, Vincent,* 1626, in-8, fig. v. br.

Rare.

1390. L'Art d'embellir, tiré du secret de ce sacré paradoxe : *La sagesse de la personne embellit sa face.* Estendu en toute sorte de Beauté, et ès moyen de faire que le corps retire en effet son embellissement des belles qualités de l'âme, par le sieur de Flurance Rivault. *Paris,* 1608, pet. in-12, vél.

On trouve dans ce livre un sonnet de Malherbe à l'auteur.

5. *Thérapeutique, médecine légale, matière médicale.*

1391. Marci Donati de Medica historia mirabili libri sex. *Venetiis, apud Juntas,* 1597, in4, vél.

1392. Traité des maladies les plus fréquentes, et des remèdes propres à les guérir, par Helvétius. *Paris, Mercier,* 1739, 2 vol. in-12, v. m.

1393. Hier. Donzellini Epistola ad Jos. Valdanium de natura, causis et legitima curatione febris pestilentis. *Venetiæ,* 1570, in-4. — 2° Hieron. Mercurialis de morbis cutaneis libri duo, et de omnibus corporis humani excrementis libri tres, opera P. Aïcardii. *Venetiis,* 1572, in-4. — 3° Ejusdem Mercurialis variarum lectionum libri quatuor : Alexandri Tralliani de lumbricis epistola. Mercurialis opera, gr. et lat., nunc primum edita. *Venetiis,* 1570, in-4. — 4° Melch. Guilandini Papyrus, hoc est commentarius in tria C. Plinii de Papyro capita. Access. H. Mercurialis repugnantia quæ pro Galeno strenue pugnatur : item M. Guilandini assertio sententiæ in Galenum a se pronuntiata. *Venetiis,* 1572, in-4, v. br.

La plus belle édition de cet ouvrage curieux.

1394. Ant. Montjotii febrium malignarum historia et curatio; item Dissertationum pathologicarum pars prima. *Parisiis, S. Cramoisy*, 1665, in-4, v. br.

1395. Herculis Saxonia de Plica quam Poloni Gwozdziec, Roxolani Koltunum vocant. *Patavii*, 1600, in-4, tit. gr. vél.

1397. Gynæciorum, hoc est de mulierum tum aliis, tum gravidarum, parientium et puerperarum affectibus et morbis (auct. Gasp. Volfio). *Basileæ*, 1566, in-4, vél.

C'est dans cette collection que fut publié pour la première fois le traité de Moschion sur les maladies des femmes.

1398. Trois livres appartenant aux infirmités et maladies des femmes, pris du latin de J. Liébaud, et faicts françois. *Dijon*, 1597, in-8, vél.

1399. Theoph. Raynaudi de Ortu infantium contra naturam per sectionem Cæsaream tractatio. *Lugduni, Gabr. Boissot*, 1637, in-8, vél.

Ouvrage curieux et singulier.

1400. L. Vettori de Ægritudinibus infantium tractatus. *Venetiis*, 1557, in-8. — 2° Hier. Gabuccini de Lumbricis alvum occupantibus, ac de ratione curandi eos qui ab illis infestantur commentarius. *Venetiis*, 1547, in-8. — 3° Hipp. Brilli opusculum de vermibus in corpore humano genitis. *Venetiis*, 1590, in-8. — *Rare.* — 4° Bassiani Landi de Humana historia libri II. *Basileæ*, 1542, in-8. — 5° Colutii Pieri Salutati de Nobilitate legum et medicinæ. *Venetiis*, 1542, in-8, vél.

1401. M. B. Valentini Novellæ medico-legales. *Francofurti*, 1711, in-4, tit. gr. v. br.

1402. Mémoire sur le danger des inhumations précipitées, par Pineau. *Niort*, 1776, in-8, br.

1403. Précis de la matière médicale, par Joseph Lieutaud. *Paris*, 1776, 2 vol. in-8, v. m.

1404. Jac. Grevini de venenis libri duo, ex interpr.
Hieremiæ Martii; ejusdem de antimonio tractatus,
eodem interpr. *Antverpiæ, ex offic. Christ. Plantini*, 1571, in-4, fig. --- Cassii de animalibus medicæ questiones et problemata, interpr. Hadr. Junio Hornano. *Parisiis*, 1541, in-4, v. f.

Exempl. de J. Chifflet.

1405. Th. Willis Pharmaceutice rationalis, sive diatriba de medicamentorum operationibus in humano corpore. *E Theatr. Sheldon.*, 1674, in-4, v.
br.

1406. Divers traités, à sçavoir : de la Nature des
bains de Bourbon; de la Macreuse; de la Poudre
de sympathie. *Paris*, 1651, in-8. — Nic. Papinii
de pulvere sympathico Dissertatio. *Lutetiæ*, 1650,
in-8. — La Poudre de sympathie défendue contre
les objections de M. Cattier, par Nic. Papin. *Paris*, 1651, in-8, vél.

1407. Discours des eaux chaudes et bains de Plom-
bières, par D. Barthemin. *Nancy, s. d.*, in-8, vél.

Petit traité rare. *Bon .... la Ville et France*

1408. Précis sur les eaux thermales et minérales de
Luxeuil, par B. Aliés. *Paris*, 1831, in-8. — Notice
sur les propriétés physiques, chimiques et médici-
nales des eaux de Contrexéville (Vosges), par A.-F.
Mamelet. *Paris et Contrexéville*, 1840, in-8, fig.
d.-rel. c. de R.

Lettre autographe de l'auteur.

1409. Alessio Piemontese (Hier. Ruscelli). J. Secreti.
Venetia, 1575, 2 part. in-8, vel.

1410. Quatre Livres des secrets de médecine et de
la philosophie chimique, esquels sont décrits plusieurs remèdes singuliers pour toutes maladies, etc., par J. Liébault. *Paris*, 1579, in-8, vél.

1411. Le Manuel des dames de charité, ou Formules
de médicaments faciles à préparer, etc. (par Arnault de Nobleville). *Paris*, 1751, in-12, v. m.

1412. Nicolai Magni de medicis pulveribus. *Parisiis, in æd. Collinæi*, 1545, in-8, vél.

6. *Médecine vétérinaire.*

1413. Veterinariæ medicinæ libri duo, Johan. Ruellio interpr. *Parisiis, apud Sim. Colinæum*, 1530, in-fol. — LA MARÉCHALLERIE, de Laurent Rusé, translatée de latin en françois, en laquelle ont été imprimées maintes figures de mords, etc. *Paris, à la requête de Chrestien Wechel*, 1541, in-fol., goth.

Cette édition n'est pas la même que celle donnée par Chr. Wéchel en 1533, quoique la souscription placée à la fin du volume soit aussi datée de 1533, et que cela ait pu faire croire qu'il n'y avait que le titre de changé. Exempl. de J. Boyvin.

1414. Le Parfait Maréchal, par Jean de Solleysel. *Paris*, 1693, 2 tom. en 1 vol. in-4, fig. tit. gr.

1415. Le Nouveau Parfait Maréchal, ou la Connaissance du cheval, divisée en sept traités....., par Fr.-Ant. de Garsault, quatrième édition. *Paris*, 1771, in-4, fig. v. br.

V. SCIENCES MATHÉMATIQUES.

1. *Mathématiciens anciens et modernes.*

1416. Jamblichus Chalcidensis in Nicomachi Geraseni arithmeticam introductionem et de fato, nunc primum editus græce, in latinum sermonem conversus, notis illustr. a S. Tennulio. Acced. Joach. Camerarii explicatio in duos libros Nicomachi. *Arnhemiæ*, 1668, 2 part. in-4, front. gr. vél.

L'*Explicatio J. Camerarii* a un frontispice particulier sous cette date : *Daventriæ*, 1667. Edition princeps.

1417. Georg. Ragusii epistolarum mathematicarum, seu de divinatione, libri duo. *Parisiis*, 1623, in-8, vél.

Exempl. de J. Boyvin.

1418. Les Comptes faits de Barême. *Paris*, 1703, in-8, front. gr. v. br.

1419. Théorie des fonctions analytiques, par Jos.-L. Lagrange. *Paris, an V* (1797), in-4, br.

1420. J.-Ant. Magini de planis triangulis liber unus, et de dimetiendi ratione per quadrantem et geometricum quadratum libri V. *Venetiis*, 1592, in-4, v. f. fil. (*Armoiries.*)

1421. Joan. Michalori Crisis de E. Puteani circulo urbaniano. *Urbini*, 1632, in-4. — Del medesimo Antapocrisi. *Roma*, 1635, in-4, vél.

Exempl. de J. Boyvin.

1422. Heronis Ctesibii vulgo Alexandrini spiritalium liber a Fed. Commandino ex gr. in lat. conversus. *Parisiis*, 1583, in-4, fig. — Di Herone Alessandrino de gli automali, overo machine se muoventi, libri due, trad. del greco da B. Baldi. *Venetia*, 1589, in-4, fig. — Abel Fullone. Descrittione e uso del holometro, trad. del francese. *Venetia*, 1564, in-4, fig. vél.

La seconde pièce de ce recueil est accompagnée de notes et d'un discours du traducteur sur le même sujet. Exempl. de J. Boyvin.

1423. Alb. Fullonii de holometri fabrica et usu, ex N. Stupani (Stoup) lat. interpret. cum ejusdem explicationibus. *Basileæ*, 1577, in-fol. — Fred. Delphini Tractatus de fluxu et refluxu aquæ maris. *S. l. n. d.*, in-fol. ((*Rel. anc.*)

Vol. rare. Exempl. de J. Boyvin.

1424. Levini Hulsii Tractatus instrumentorum mechanicorum. *Francofurti*, 1605, 3 part. in-4, v. f. fil. (*Armes.*)

1425. Leçons élémentaires de mécanique, par l'abbé Jeantet. *Dôle*, 1785, in-8, v. br.

1425 bis. Les Raisons des forces mouvantes, par Salomon de Caus. *A Francfort, en la boutique de Jan Norton*, 1615, in-fol., front. gr. fig. v. br. fil. (*Armes.*)

Livre rare et curieux surtout pour les gravures. Première édition. Brunet, 5ᵉ édit., t. Iᵉʳ, col. 1691, donne sur ce vol. une curieuse notice.

1426. Mémoire sur le jaugeage des eaux courantes qui doivent alimenter le bassin du canal de Saint-Quentin, par Prony. *Paris, an X* (1802), gr. in-4, fig. cart.

1427. Recherches physico–mathématiques sur la théorie des eaux courantes, par Prony. *Paris,* 1804, in-4, br.

Cet ouvrage est le plus beau titre de Prony.

1428. Nouvelle Architecture hydraulique, par Prony. *Paris,* 1790, 2 vol. in-4, 54 pl. cart.

2. *Astronomie et gnomonique, etc.*

1429. Histoire du ciel, par Noël Pluche. *Amsterd.,* 1759, 2 vol. in-12, fig. front. gr. v. m.

1430. Nic. Frisehlini, de astronomicæ artis cum doctrina cœlesti et naturali philosophia congruentia, libri V. *Francofurti,* 1586, in-8, vél.

Exempl. de Théod. Tabourot, chan. de Langres.

1431. Epitome Astronomiæ Copernicanæ, usitata forma quæstionum et responsionum conscripta libris septem, quorum tres priores de doctrina sphærica, quatuor posteriores de doctrina theorica. *Francofurti,* 1635, 3 tom. en 1 vol. **in-8, fig.** vél.

1432. Gal. Galilei Systema cosmicum. *Lugduni,* 1641, in-4, fig. vél.

Traduction latine, par N. Bernegger, de l'ouvrage de Galilée intitulé : *Dialogi quatro sopra i due sistemi del mondo ptolemaico e copernicano.*

1433. Nov-antiqua Sanctissimorum Patrum et probatorum Theologorum Doctrina de SS. Scripturæ testimoniis in conclusionibus mere naturalibus..., nunc vero juris publici facta, cum lat. versione italico textui simul adjuncta. *Augustæ-Trebæ.,* Elsevier (*Argentorati*), 1636, in-4.

Petit volume très-rare. Il renferme la fameuse *Lettera a madama Cristina di Lorena.* Le titre manque.

1434. P. Gassendi Apologia in J. B. Morini librum cui titulus : Alæ telluris factæ : Epistola IV de Motu impresso a Motore translato. *Lugduni*, 1649, in-4. (*Publié sans l'aveu de Gassendi, par Neuré et Basane.*) — 2° Franc. Bernerii anatomia ridiculi muris, seu dissertatio J. B. Morini adversus expositam a P. Gassendo Epicuri philosophiam. *Parisiis*, 1651, in-4. — 3° Franc. Bernerii favilla ridiculi muris, hoc est dissertatiunculæ ridicule defensæ a J. B. Morino adversus expositam a P. Gassendo Epicuri philosophiam. Item de varia Aristotelis in Academia Parisiensi fortuna, acces. J. de Launoy. *Lutetiæ*, 1653, in-4, v. br.

Neuré prit part à la dispute de Morin et de Gassendi et fournit à Bernier la plupart des anecdotes scandaleuses dont celui-ci a rempli son *Anatomia ridiculi muris*, et sa *Favilla ridiculi muris*.

1435. DEUX DISCOURS de Ponthus de Thyars, sieur de Bissy, de la Nature du monde et de ses parties. *Paris, Mamert Patisson*, 1578, in-4, vél.

1436. DISCOURS DU TEMPS, de l'an et de ses parties, par Ponthus de Thyars, sieur de Bissy. *Paris*, 1578, in-4, vél.

1437. Le Point du Jour, par Nic. Bergier, ou Traité du commencement des jours et de l'endroit où il est établi sur la terre. *Reims*, 1629, in-12, front. gr. vél.

Ouvrage peu commun. Le but de l'auteur est de prouver l'importance de déterminer un point sur la terre où commence le jour civil, afin d'éviter toute contestation sur le moment de la célébration des fêtes dans le monde catholique.

1438. JOAN. KEPPLERI de Stella nova in pede Serpentarii, et qui sub ejus exortum de novo iniit Trigono ignito. Access. 1° de Stella incognita Cygni narratio astronomica ; 2° de Jesu-Christi Salvatoris vero anno natalitio consideratio novissimæ sententiæ Laurentii Sullygæ Poloni. *Pragæ*, 1606, in-4, vél.

1439. Recueil. — 1° De cometæ anni 1652-53 observationibus astron. responsum F. Liceti. *Utini*,

1653, in-4. — 2° Ejusdem de centro et circumferentia libri II. *Utini*, 1640, in-4, portr. — 3° De
regulari motu cometarum cœlestium disputationes. *Utini*, 1640, in-4, portr. — 4° Ejusdem Liceti de Terra unico centro motu. *Utini*, 1640,
in-4, portr. vél.

1440. Le Compost manuel, calendrier et almanach
perpétuel, par Jean de Séville, dit Le Soucy, médecin mathématicien. *Rouen*, 1595, in-4, fig.
v. br.

1441. Giron Cortez. Lunario y pronostico perpetuo
general y particular para cada Reynos y Provincias. *Zaragoça*, 1639, in-8, fig. en bois.

1442. J. B. Benedicti de gnomonum umbrarumque
solarium usu liber. *August. Taurin.*, 1574, in-fol.,
v. f. fil. (*Armes.*)
Ouvrage fort savant et rare.

1443. La Gnomonique, par Rivard. *Paris*, 1757,
in-8, fig. v. m.

1444. Guidi Ubaldi perspectivæ libri VI. *Pisauri*,
1600, in-fol. vél.
C'est le premier ouvrage dans lequel on ait fait entrevoir la généralité des
principes de la perspective, et où l'on trouve le premier emploi du point de
distance.

1445. J. Woweri Dies æstiva, sive de umbra pægnion.
Sumpt. Mich. Hæringii, 1610, in-8. — J. Durantii
variarum libri duo. *Lutetiæ*, 1582, in-8. — Pompa
feralis sive justa funebria Petri Morestelli tornusiensis. *Parisiis*, 1621, in-8, v. m.
Exempl. de J. Boyvin.

3. *Art militaire.*

1446 .Fr. Patrizi Paralleli militari, ne' quali si fa paragone delle militie antiche in tutte le parti loro
con le moderne. *Roma, L. Zannetti*, 1594-96,
2 tom. en 1 vol. in-fol. fig. v. f. fil.
Edition rare d'un ouvrage savant et ingénieux.

S.-Y. 12

1447. Herm. Hugo de militia equestri antiqua et nova libri V. *Antverpiæ, ex offic. Balt. Moreti,* 1630, in-fol. fig. v. br. *manque le titre*

1448. G. Naudæi Syntagma de studio militari. *Romæ, ex typogr. J. Facciotti,* 1637, in-4, vél.

Le f. du titre manque.

1449. Nic. Uptoni de Studio militari libri quatuor. J. de Bado aureo Tractatus de armis. H. Spelmanni Aspilogiæ; E. Bissæus edidit et notis illustr. *Londini,* 1654, 3 tom. en 1 vol. in-fol. fig. v. br. fil.

Ouvrage intéressant. Il a été composé vers 1441, et c'est le premier qui ait paru en Angleterre sur l'art héraldique. L'exempl. est aux armes de Ch. d'Hozier, généalogiste de la maison du roi.

1450. Polyæni Stratagematum libri VIII, gr. et lat., J. Vultejo interpr.; P. Maasvicius recensuit, et Is. Casauboni, necnon suas notas adjecit. *Lugd. Bat.,* 1691, in-8, front. gr. vél.

Bonne édition.

1451. Onosandri Strategiticus, sive de Imperatoris institutione : access. Urbicii inventum (gr. et lat.); Nicolaus Rigaltius nunc primum græce publicavit, lat. interpr. et notis illustravit. *Lutetiæ–Paris.,* 1599, in-4, fig. vél.

Édition originale à la fin de laquelle se lit la date de 1598.

1451 *bis.* Heronis Alexandrini spiritalium liber a Fed. Commandino ex gr. in lat. conversus. *Parisiis,* 1583, in-4, vél. fig. en bois.

Exempl. de Boyvin.

1452. Sex. Jul. Frontinus : Flavius Vegetius : Ælianus : Modestus. *Bononiæ, Plato de Benedictis,* 1505, in-fol.

Edition rare; elle fut donnée par Ph. Béroalde.

1454. Fl. Vegetii aliorumque veterum de re militari libri : acced. Frontini Stratagemata, edita a P. Scriverio, cum comment. G. Stewechii et Fr. Modii. *Ex offic. Plantin. Raphelengii (Lugd. Batav.),* 1607, in-4, fig. vél.

Bonne édition.

1455. Fl. Vegetii et J. Frontini de re militari Opera, ex recensione P. Scriverii : acced. alia ejusdem argumenti veterum scripta. *Lugd. Batav., Maire,* 1633, pet. in-12, vél.

Jolie édition, mais inférieure à celle de 1607, en ce qu'elle n'en renferme pas tous les textes, ni les notes de Stewechius et de Modus.

1456. Flave Végèce René, homme noble et illustre, du fait de guerre et fleur de chevalerie, quatre livres : Sixte Jules Frontin, homme consulaire, des stratagèmes et subtilités de guerre, quatre livres : Ælien, de l'ordre et instruction des batailles, ung livre : le tout trad. du latin en françois par *le poligraphe, humble secrétaire et historien du parc d'honneur* (Nic. Volkier de Bar-le-Duc). *Paris, Ch. Wekel,* 1530, in-fol. goth. fig. en bois très-curieuses.

Édition recherchée à cause des belles figures en bois dont elle est ornée, les mêmes que celles de l'édition lat. de 1535. Cette traduction est dédiée à François de Valois, dauphin de France, par un prologue dans lequel le traducteur dit avoir terminé une traduction de Vitruve, qu'il veut faire revoir par des gens habiles avant de la publier. V. la *Bibliothèque françoise de du Verdier,* édition de Rigoley de Juvigny, in-4, t. Ier, p. 577.

1457. Instructions sur le fait de la guerre, extraites des livres de Polybe, Frontin, Végèce, Cornazan, Machiavelle (*sic*), et plusieurs autres bons auteurs (par Guill. du Bellay de Langey). *Paris, Michel Vascosan,* 1533, in-8, v. br.

Bayle prouve très-bien au mot Bellay que ce traité n'est pas de ce dernier, mais de Raymond de Pavie, sieur de Fourquevault, qui en avait communiqué le manuscrit à du Bellay. Ce manuscrit, s'étant trouvé parmi ceux de celui-ci, a été imprimé sous son nom. Voilà l'origine de la méprise. V. Brunet, t. III, col. 445.

1458. Rob. Valturii de re militari libri XII, ad Sigismundum Pandulfum Malatestam. *Parisiis, Wechel.,* 1530, in-fol. fig.

1459. Mémoires de Montécuculli, trad. d'italien en françois (par Jacques Adam). *Paris,* 1712, in-12, portr. v. br.

1459 *bis.* Jacques de Chastenay, marquis de Puységur. Art de la guerre, par principes et par règles,

mis au jour par le fils de l'auteur, *Paris*, 1748,
2 vol. in-fol. v. f. fig.

Signature du général Lecourbe.

1460. Le Parfait Capitaine, autrement l'abrégé des
guerres de Gaule des Commentaires de César (par
Henri duc de Rohan). *Paris,* 1638, in-4. — De
l'intérêt des princes et États de la Chrétienté (par
le duc de Rohan). *Paris,* 1638, in-4, vél.

Ce dernier ouvrage est dédié au card. de Richelieu.

1461. Le Petit Dictionnaire du temps, pour l'intelligence des nouvelles de la guerre (par l'Admiral).
Paris, 1746, in-12, v. m.

1462. Supplément de la carte militaire de France
sur terre et sur mer, au 1er mars 1736, par Lemau
de la Jaisse. *Paris,* 1736, in-8, br.

1463. Règlement concernant l'exercice et les manœuvres de l'infanterie, du 1er août 1791. *Metz,*
in-8, br.

1464. Des Fonctions et du principal devoir d'un officier de cavalerie (par de Langeais). *Paris, Étienne
Ganeau,* 1723, in-12 v. m.

1465. Essai sur la constitution des régiments de
chasseurs et sur les manœuvres et évolutions propres aux troupes légères. *Genève,* 1786, in-8, br.

Cet ouvrage est de M. Poultret ; il renferme des principes contraires aux
ordonnances militaires, et a été condamné en conséquence par un arrêt du
conseil et mis au pilon. Le nom de l'auteur est écrit sur le frontispice de cet
exemplaire.

1466. Des Fortifications et artifices, de Jacquin Perret. *Francfort, Richter,* 1602, in-fol. front. gr. fig.
v. f. fil.

Exempl. de J. Boyvin. Recherché à cause des pl. de Th. de Leu.

1467. Historia della vita e fatti dell'eccellentissimo
Capitano di guerra Bartolomeo Coglione, scritta
per M. Pietro Spino. *Venetia,* 1559, in-4, front.
gr. portr. fig. vél. (*Armes.*)

De la biblioth. de Colbert.

1468. Le Journal du siége de Philisbourg depuis le dixième may jusqu'au 17 septembre 1676. *Strasbourg*, 1676, pet. in-12, vél.

1469. Vie du prince Eugène de Savoie écrite par lui-même (par le prince de Ligne). *Paris*, 1810, in-8, br.

1470. Théâtre complet et particulier de la guerre du Nord, par le sieur R*** de L. *La Haye*, 1711, in-8, v. br.

1471. Introduction à l'histoire de la guerre en Allemagne, en 1756, entre le roi de Prusse et l'impératrice reine avec ses alliés, ou Mémoires militaires et politiques du général Llyod, trad. de l'anglois et augmentés de notes et d'un précis sur la vie de ce général, par un officier françois (M. de Romance, marquis de Mémont). *Londres, Bruys,* 1784, in-4, pl. cart. v. m.

4. *Génie des ponts et chaussées.*

1472. P. Bertii de aggeribus et pontibus hactenus ad mare exstructis digestum novem. *Parisiis*, 1629, in-8. — Ejusdem breviarium orbis terrarum. *Lutetiæ-Paris.*, 1626, in-8. — Ejusdem oratio de eloquentiæ vi ac amplitudine. *Parisiis*, 1621, in-8. — Ejusdem ad filium suum Abrahamum Bertium epistolæ duæ. *Parisiis*, 1628, in-8.

La première pièce de ce recueil, à la fin de laquelle se trouve une épître du card. de Richelieu à l'auteur, a été composée à l'occasion de la digue de La Rochelle. Quelques distiques manuscrits sur le siége de Bréda la précèdent.

1473. Lettres sur les canaux proposés pour former la jonction des mers par la Bourgogne, écrites à une personne de la première qualité (le duc d'Orléans) par Louis Thomassin. *Dijon, Ant. de Fay*, 1726, in-8, aux armes de France, riche rel. en mar. bl. à compar. tr. dor.

1474. A. R. Polonceau. Considérations générales sur

les causes des ravages produits par les rivières à pentes rapides et par les torrents, particulièrement sur les rivières de la Loue et du Doubs, et sur les meilleurs moyens à employer pour y remédier. *Paris*, 1844, in-4, pl. — Projet de régularisation et d'endiguement de la Loue et du Doubs dans le département du Jura, par le même. *Paris*, 1844, in-4, pl. carton.

VI. APPENDICE AUX SCIENCES.

1. *Philosophie occulte.*

1478. Lettres qui découvrent l'illusion des philosophes à la baguette, et qui détruisent leurs systèmes (par le P. Le Brun). *Paris*, 1693, in-12, v. br.

L'auteur veut prouver qu'il n'y a que fourberie dans l'usage de la baguette, et qu'on doit la mettre au nombre des pratiques superstitieuses.

1479. Artis cabalisticæ scriptores, ex biblioth. J. Pistorii. *Basileæ*, 1587, in-fol. vél.

Premier volume, le seul publié.

1480. Le Fondement de l'artifice universel de Raymond Lulle, trad. en françois par R. L. sieur de Vassy. *Paris,* 1632, pet. in-12, fig. vel.

1481. La Clavicule, ou la science de Raymond Lulle, avec toutes les figures de rhétorique par le sieur Jacob, et la vie de Lulle par Colletet. *Paris*, 1655, in-8, vél.

1482. H. Corn. Agrippæ Opera quæcumque hactenus vel in lucem prodiere, vel inveniri potuerunt. *Lugduni, per Beringos fratres* (*absque anno*), 2 vol. pet. in-8, vél.

Bonne édition, impr. en lettres ital.

1483. Huit Livres des Spectres ou Apparitions et Visions d'Esprits, Anges et Démons se montrant

sensibles aux hommes par P. Deloyer. *Paris*, 1608,
in-4, v. f.

Ouvrage rempli d'érudition et de faits singuliers et curieux.

1484. La Démonomanie des Sorciers par J. Bodin.
Lyon, 1593, in-8, vél. *le bas du Vol laché*

Bodin combat dans cet ouvrage les opinions de J. Wier.

1485. L'Incrédulité et mécréance du sortilége pleinement convaincue par Pierre de Lancre, où il
est traité de la fascination, de l'attouchement, etc.
Paris, 1622, in-4, v. br.

Livre rare. L'exempl. est défectueux du f. du titre.

1487. Jac. Wolfii curiosus amuletorum spectator,
cui access. J. Reichelti de amuletis exercitatio.
Francofurti et Lipsiæ, 1692, in-4, tit. gr. fig. vél.

1488. Jacques Gaffarel. Curiosités inouies sur la
sculpture talismanique des Persans, horoscope
des patriarches et lectures des etoiles. *S. l.* 1650,
in-8, vél.

1489. Jacques Gaffarel. Curiosités inouïes : hoc est
J. Gaffarelli curiositates inauditæ de figuris Persarum talismanicis; Gregor. Michaël latine vertit,
et cum notis et figuris edidit. *Hamburgi*, 1676-78,
2 vol. pet. in-8, avec deux grandes planches, tit.
gr. v. br.

1490. Nic. Remigii demonolatriæ libri III, ex judi-
ciis capitalibus, 90 plus minus hominum, qui sor-
tilegii crimen intra annos XV in Lotharingia capite luerunt. *Lugduni*, 1595, in-4.

1491. Joan. Wierii Opera omnia (de præstigiis dæ-
monum, de lamiis, de iræ morbo, etc). *Amstelodami*, 1660, in-4, portr. v. br. fil.

1492. Discours des sorciers, avec une instruction
pour un juge en fait de sorcellerie, par Henri Boguet. *Lyon, Pillehotte*, 1603, in-8.

Exempl. de J. Boyvin.

1493. Mart. Debrio disquisitionum magicarum libri sex. *Coloniæ-Agripp.*, 1633 in-4, vél.

Compilation curieuse.

1494. Gabr. Naudé. Apologie pour les grands hommes accusés de magie. *Paris*, 1669, in-12, v. br.

Naudé prend la défense des sages, anciens et modernes, accusés d'avoir cu des génies familiers ou d'avoir acquis par la magie les connaissances qui les rendaient célèbres.

1495. Bened. Pererii adversus fallaces et superstitiosas artes, id est de Magia, de Observatione somniorum, et de Divinatione astrologica libri III. *Lugduni*, 1603, in-8, vél.

1496. La Géomanie de Christ. de Cattan pour servir toutes choses présentes, passées et à venir, avec la Roue de Pythagoras par G. du Préau. *Paris*, 1567, in-4, vél.

Ouvrage dédié à Nicot.

1497. P. Bungi (Bongo) Numerorum mysteria. *Bergomi*, 1591, in-4, v. br.

Traité curieux.

1498. Ancelmi Petit-Douxciel, patritii lingonici, Speculum physionomicum, *Langres et Paris*, 1648, in-4, fig. vél. tr. dor.

2. *Alchimie.*

1499. Trois Traictez de la philosophie naturelle, savoir: Le secret livre d'Artéphius, latin-franc.; les figures hiérogliphiques de Nicolas Flamel, ensemble le vray Livre du docte Synésius, le tout traduict par P. Arnauld, sieur de la Chevallerie. *Paris*, 1612, in-4.

1500. R. BACON. Le Miroir d'Alquimie, trad. du latin en fr. (par Jean Girard de Tournus). La table d'Emeraude d'Hermès Trimégiste avec le petit commentaire de l'Hortulain; le livre des secrets de Calid. *Lyon*, 1559, in-8. — R. Bacon. De l'admirable pouvoir et puissance de l'art de nature, où est traicté de la Pierre philosophale, trad. en fr. par J. Girard de Tournus. *Lyon*, in-8. — L'Elixir des philosophes, autrement l'Art transmutatoire moult utile, attribué au Pape Jean XXII de ce nom. *Lyon, Macé Bonhomme*, 1557, in-8. — Des choses merveilleuses en nature, où est traité des erreurs des sens, des puissances de l'âme et des influences des cieux (composé en latin par Claude Célestin) et traduit en françois par J. Girard de Tournus. *Lyon*, 1557, in-8, v. m.

Ouvrages très-rares. Le dernier malheureusement incomplet et très-endommagé.

1501. Le Miroir d'Alquimie, de Jehan de Meun; la table d'émeraudes d'Hermès, et le commentaire d'Hortulain sur la même table. *Paris*, 1612, in-8.

D'après Lenglet du Fresnoy ; ce serait à tort que cet ouvrage serait attribué à Jean de Meun dans l'édit. de 1612.

1502. Adr. Libavii defensio et declaratio perspicuæ Alchimiæ transmutatoriæ. *Urcellis*, 1604, in-8.— Ejusdem de impostoria vulnerum per unguentum armorium sanatione, et de cruentatione cadaverum in justa cede factorum præsente qui occidisse creditur. *Francofurti*, 1594, in-8, vél.

1503. Abr. a Porta-Leonis de Auro dialogi III. *Venetiis*, 1584, in-4, vél.

1504. Camilli Leonardi de Lapidibus libri III, in-8, portr. — P. Arlensis de Scudalupis sympathia septem metallorum ac septem selectorum lapidum ad planetas. *Parisiis*, 1590, in-8. — Const. Albinii Magia astrologica seu clavis sympathiæ septem metallorum. *Parisiis*, 1611, in-8, vél.

1505. Nic. Guiberti de Interitu alchimiæ metallorum transmutatoriæ tractatus aliquot : acced. apologia in Sophistam Libavium furentem calumniatorem. *Tulli*, 1614, in-12, v. br.

1506. LA TOISON D'OR, ou la Fleur des thrésors, en laquelle est succinctement et méthodiquement

traité de la pierre des philosophes....... enrichie
de figures et des propres couleurs représentées
au vif, selon qu'elles doivent nécessairement ar-
river en la pratique de ce bel œuvre, et recueillies
des plus grands monuments de l'antiquité.......
par ce grand philosophe Salomon Trismosin, pré-
cepteur de Paracelse, trad. de l'allemand en françois, et commenté par L. J. *Paris, Ch. Sévestre,*
1613, in-8, vél.

1507. Rog. Baconis, de Arte chymiæ scripta. *Francofurti,* 1603, pet. in-12, vél.

1508. Recueil de pièces : 1° Le Démonostérion de
Roch le Baillif Édelphe, médecin spagirique, auquel sont contenuz trois cents aphorismes, latins
et françois, sommaire véritable de la doctrine pa-
racelsique, extraite de lui en la pluspart ; traité
de l'antiquité de la Bretagne armorique, etc. *Rennes,* 1578, pet. in-4. — (Voy. Brunet, t. III, col. 897).
2° J. B. Besardi, antrum philosophicum in quo pleraque arcana physica quæ ad vulgariores humani
corporis affectus curandos attinent..... revelantur ;
adj. tractatus de rebus quæ humano corpori exi-
miam formam inducunt. *Augustæ Vindel.,* 1617,
in-4. — 3° Bart. Viotti, de balneorum naturalium
viribus libri IV, *Lugduni,* 1552, in-4. — 4° Discours sommier des justes causes et raisons qui
ont contrainct les Estats-Generaulx des Pays-Bas
de pourvoir à leur deffence contre le seigneur
Don Jehan d'Austrice. *Anvers,* 1577, in-4, v. m.

Les deux premiers traités sont rares et curieux, ainsi que le quatrième, au
point de vue de l'hist. des Pays-Bas. L'exempl. porte la signature d'Etienne
Tabourot.

3. *Astrologie.*

1510. Centum Ptolemæi Sententiæ ad Syrvm fratrem a Pontano e græco in latinvm tralatæ (*sic*)
atqve expositæ. Ejusdem Pontani libri XIIII de
Rebvs celestibvs. Liber etiam de Lvna imperfec-

tvs. *Venetiis, in æd. Aldi et Andr. Soceri*, 1519, pet. in-4, mar. n. fil.

1511. L'Uranie de messire Nic. Bourdin, seigneur de Villennes, ou la traduction de quatre livres des Jugements des astres de Ptolemei, prince des sciences célestes. *Paris, Cardin Besogne*, 1640, pet. in-12, vél.

1512. Les Vrayes Centuries et prophéties de Michel Nostradamus, avec la Vie de l'auteur. *Jouxte la copie d'Amsterdam, Paris, Ribou*, 1668, pet. in-12, v. br.

1513. Les Pléiades du sieur de Chavigny Beaunois, divisées en VII livres..... Outre plus en cette seconde édition y a été adjousté le Discours parénétique sur les choses turques, etc. (*Lyon*), *chez Pierre Rigaud*, 1606, 2 part. in-8, v. br.

L'auteur promet à Henri IV l'empire de l'univers.

1514. Le Grand Calendrier compost des Bergiers, composé par le Bergier de la grande Montagne. *Lyon, par Ant. Dolant*, 1561, in-4, fig.

VII. ARTS.

1. *Mnémonique.*

1515. Lamb. Schenkelii, de Memoria libri II. *Duaci*, 1593, in-8, vél.

1516. Lamb. Schenkelii Gazophylacium artis memoriæ : access. ejusdem argumenti opuscula J. Austriaci, H. Marafioti, etc. *Argentorati*, 1609, in-8, vél.

1517. Schenkelius detectus, seu memoria artificialis hactenus occultata et a multis quamdiu desiderata, nunc primum..... luce donata a J. P. G. (Joanne Papio Galbaico). *Lugduni, apud Barth. Vincentium*, 1617, in-16, vél.

1518. Cosmæ Rossellii Thesaurus artificiosæ memoriæ. *Venetiis,* 1579, in-4, fig. en bois, vél.

Ouvrage rare et curieux publié par Damian Rosselli, frère de l'auteur.

1519. RECUEIL = 1° Fil. Gesualdo. Platosofia nelle quale si spiega l'arte della memoria, con altre cose notabili. *Vicenza,* 1600, in-4. — (*Rare.*) — 2° Reineri Reineccii commentatio de Saxonum originibus. *Hanoviæ,* 1612, in-4. — 3° Alessand. Adimari. La Clio, overo L sonetti sopra più persone della famiglia Adimari. *Firenze,* 1638, in-4. — 4° Refutação de huns artigos que Don Juan Alfonso Arc. de Braga mandou imprimer pera se pregarem nos pulpetos em favor da tyrannia del Rei Don Felippe, e em favor da justiça del Rei Don Antonio, verdadeiro, natural e legitimo rei do Portugal a 29 de decembro de 1582 annos, in-4. — 5° Lamb. Hortensii Montfortii tumultuum anabaptistarum liber. *Basileæ,* 1548, in-4. — (*Ouvrage estimé. Au dire de Lenglet-Dufresnoy, il n'en est pas de meilleur pour l'étude de l'histoire des Anabaptistes.*) — 6° Ragioni de precedentia che è tra il Duca di Ferrara et il Duca di Firenze. 1562, in-4. — (*Exempl. de Colbert.*) — 7° Gli Annali di Genova dall' 1528 che ricuperò la libertà, fino al 1550, di M. Giac. Bonfadio. Trad. da Bart. Paschetti. *In Genova,* 1586, in-4, vél.

Édition originale et rare de cet ouvrage, le plus important de cet illustre et malheureux écrivain.

1520. Pratique de la mémoire artificielle pour apprendre et retenir la chronologie, l'histoire et la géographie, par Claude Buffier. *Paris,* 1735, 4 part. en 2 vol. in-12, v. br.

2. *Écriture et autres moyens de représenter la parole.*

1521. Specimen Stenographiæ Joan. Trithemii, quo auctoris ingenuitas demonstratur et opus a su-

perstitione absolvitur (auct. J. d'Espières). *Duaci,*
1641, in-4, p. v.

1522. Poligraphie et universelle écriture cabalistique de Jean Trithème, trad. par Gabr. de Col-
lange. *Amsterdam,* 1626, in-4, fig. vél.

Exempl. de Théod. Tabourot.

1523. J. B. Portæ, de Occultis litterarum notis libri IV. *Montisbeligardi,* 1593, in-8, fig. vel.

Avec deux tables différentes. C'est un traité sur la manière de cacher sa
pensée dans l'écriture, ou de découvrir celle des autres. *Niceron,* t. XLIII,
p. 44.

1524. Traité des chiffres, ou secrettes manières d'é-
crire, par Pol. de Vigenère. *Paris,* 1586, in-4, fig.
vél.

Livre rare et plein d'érudition cabalistique.

3. *Beaux-Arts.*

1525. Sentiments de la distinction des diverses manières de peinture, dessin, gravure et des origi-
naux d'avec leur copie, par A. Bosse. *Paris,* 1649,
in-12, front. gr. mar. r. fil. tr. dor.

Ouvrage recherché.

1526. Marco Boschini. Le Minere della pittura, compendiosa informatione non solamente delle pitture publiche di Venegia, ma delle isole circonvi-
cine. *In Venezia,* 1674, in-12, br.

Exemplaire de Franc.-Rob. Secousse, curé de Saint-Eustache, frère de
Denis.

1527. Vitruvius et Frontinus a Jocondo revisi re-
purgatique. *Florentiæ, per hær. Ph. Juntæ,* 1522,
in-8, fig. en bois, m. r. fil. tr. dor.

Édition dédiée au pape Jules II.

1528. Vitruvii Pollionis, de Architectura libri X ad
Cæsarem Augustum, cum notis Gul. Philandri :
access. Castilionii annotationes, et ejusdem epitome in omnes. Agricolæ de mensuris et ponderi-

bus liber. *Lugduni, Tornæsius*, 55 2, in-4, fig.
v. br.

Éd. belle et correcte décrite par Brunet, t. V, col. 1327.

1529. Architecture, ou Art de bien bâtir, de Vitruve,
mis de latin en françoys par Jan Martin. *Paris,
Jacques Gazeau, pour la veuve et héritiers de Jan
Barbé*, 1547, pet. in-fol. fig. en bois, d.-rel. v. br.

Éd. recherchée à cause des gr. exécutées par Jean Goujon.

1531. Seb. Serlio. Tutte l'opere d'architettura di
Serlio, con un indice copiosissimo e un breve
discorso sopra questa materia, raccolto da M. Gio.
Dom. Scamozzi. *Venetia, apresso Giac. de Franceschi*, 1619, in-4, fig. vél.

Bonne édition, complète et peu commune. Elle contient de plus que celle de
1584 : *Breve discorso di G. D. Scamozzi.*

1532. Le cinquième livre de l'Architecture de Seb.
Serlio, dans lequel on traite de la forme des tem-
ples sacrés, etc., trad. par J. Martin avec le texte
en regard. *Paris*, 1547, in-fol. fig. vél.

1533. I quatro libri d'architettura di A. Palladio.
Venetia, B. Carampelo, 1581, in-fol. fig.

1535. Arcus aliquot triumphales et monimenta vic-
toriæ classicæ, in honorem Jani Austriæ, auct. J.
Sambuco, cum ejusdem argumenti carmine heroico H. Favolii. *Antverpiæ*, 1572, in-fol. fig. vél.

1536. Description du mausolée et de la pompe funèbre faite dans l'église de Notre-Dame le 12 juin
1766, pour Stanislas Leszczinski, roi de Pologne,
sur les dessins de M. A. Challe, 1766, in-4, br.

1537. Henr. Glariani Isagoge in musicen, et elegiarum libri duo. *Basileæ, Froben*, 1516, pet. in-4.
Livre rare.

1538. Génération harmonique, ou Traité de musique théorique et pratique de J.-B. Rameau. *Paris*,
1737, in-8, fig. v. br.

Cet ouvrage est un des plus rares du célèbre compositeur dijonnais.

1539. Traité de musique par Bemitzreider. *Paris*,
1776, in-8, br.

1540. Essai sur l'harmonie, faisant suite au Traité de musique de Bemitzreider. *Paris*, 1776, in-8, br.

VIII. ARTS MÉCANIQUES ET MÉTIERS.

1541. Vanuccio Biringuccio. Le diece libri della pirotecnia, nelli quali si tratta non solo la diversità delle minere, ma anco di quanto si ricerca alla pratica di esse, etc. *Vinegia, per Venturino Roffinello*, in-4, fig. v. f. fil. (armes).

Édition originale de ce livre rare.

IX. EXERCICES GYMNASTIQUES.

Équitation, chasse.

1542. Sal. de La Broue. Préceptes principavx que les bons cavalerisses doivent exactement obseruer en leurs Escoles, tant pour bien dresser les cheuaux aux exercices de la guerre et de la carrière, que pour les bien emboucher. *La Rochelle*, 1593-94, 3 tom. en 1 vol. in-fol. fig. vél.

Belle édition et la première de cet ouvrage.

1543. Fr. Robichon de la Guérinière. Ecole de cavalerie, contenant la connaissance, l'instruction et la conservation du cheval. *Paris*, 1732, gr. in-fol. fig. v. br.

Cet ouvrage, quoique déjà ancien, est toujours fort recherché, à cause des gravures exécutées la plupart sur les dessins de Parocel.

1544. Le Nouveau Newcastle, ou nouveau traité de cavalerie géométrique et pratique (par Bourgelat). *Lausanne et Genève*, 1744, in-8, v. m.

1545. La Connaissance parfaite des chevaux (par Delcampes). *Paris*, 1780, in-8.

1546. Nic. Vynmann Colymbetes, sive de arte natandi dialogus et festivus et jucundus lectu. *Augustæ-Vindelic.*, *Steyner*, 1538, in-8. (*Ouvrage très-rare.*) — Jonæ philologi dialogi aliquot lepidi et festivi : his access. adulationis et paupertatis dialogus. *Moguntiæ, J. Schaffer*, 1529, in-8. (*Rare.*) — Lippi Brandolini, de Humanæ vitæ conditione et toleranda corporis ægritudine dialogus : adjec. Aimari Falconii Thautani de exhilaratione animi in mortis angore dialogus. *Basileæ,* 1543, in-8, anc. rel.

1547. L'Art de nager, par Thevenot, avec des avis pour se baigner utilement, précédé d'une dissertation où l'on développe la science des anciens dans l'art de nager; 4ᵉ édition, revue, augmentée et suivie de la dissertation sur les bains des Orientaux. Par M. P. D. L. C. A. A. P. (Poncelin de la Roche, avocat, avec un Supplément par Le Roux). *Paris, Lamy*, 1782, in-8, 22 fig. gr., d.-rel. mar. v.
Bel exemplaire.

1548. Traité complet de natation : essai sur son application à l'art de la guerre, par M. le vicomte de Courtivron, 3ᵉ édition. *Paris*, 1836, in-8, fig. d.-rel. non r.
Envoi de l'auteur.

1549. LA VÉNERIE DE JACQUES DU FOUILLOUX. Avec plusieurs recettes et remèdes pour guérir les chiens de diverses maladies. Plus l'Adolescence de l'auteur. *Poictiers*, 1568, in-4, fig. (*L'exemplaire est imparfait de l'Adolescence de l'auteur.*) — LA FAUCONNERIE DE CHARLES D'ARCUSIA DE CAPRE, seigneur d'Esparron, etc. : divisée en cinq parties, avec les portraits au naturel de tous les oiseaux, la conférence des fauconniers et les discours de chasse. Les dernières résolutions des fauconniers, le récit de l'histoire de la reine Jeanne, etc. *Paris, Houzé*, 1625-27, in-4, portr. de Louis XIII, v. br.
Il y a de nombreuses interversions dans la Fauconnerie. Si on reliait l'ouvrage, il faudrait y faire attention. V. art. 1553 ci-dessous, pour une autre édition.

1550. LA VÉNERIE ROYALE DE ROBERT DE SALNOVE, divisée en IV parties qui contiennent les chasses du cerf, du lièvre, du chevreuil, du sanglier, du loup et du renard, avec le dictionnaire des chasseurs. *Paris, de Sommaville*, 1655, in-4, vél.

1551. LE VERRIER DE LA CONTERIE. L'Ecole de la chasse aux chiens courants, précédée d'une Bibliothèque des théreuticographes (par Nic. et Rich. Lallemant). *Rouen, Nicolas et Rich. Lallemant*, 1763, 2 part. in-8, fig. v. m.

Ouvrage recherché et dont les exempl. sont peu communs.

1552. FANFARES de Monsieur de Dampierre, in-fol., obl. portr. v. br. fil. (*armes*).

1553. LA FAUCONNERIE de Charles d'Arcussia, seigneur d'Esparron. *Paris, Houzé*, 1605, in-8 (*v. art. 1549 ci-dessus*). — De l'Autourserie et de ce qui appartient au vol des oiseaux, par P. de Gommer, seigneur de Luseney, et F. de Gommer, seigneur du Breuil, son frère. *Paris, Houzé*, 1605, in-8, v. m.

1554. LA FAUCONNERIE de Jean de Franchières, avec tous les autres autheurs qui se sont peu trouuer, traictans de ce subjet. *Paris, l'Angelier*, 1607, in-4, fig. sur bois, vél.

Exempl. de J. Boyvin.

1555. Fr. Carcano. Dell'arte del Strucciero, con il modo di conoscere... tutti gli uccelli di rapina. *Milano*, 1645, in-12, fig. — (*Ouvrage fort rare, et l'un des plus complets en ce genre.*) — C. Manzini. Ammaestramenti per allevare, pascere e curare gli uccelli. *Milano*, 1645, in-12, fig.—F. Giorgio. Del modo di conoscere i buoni falconi, astori e sparavieri. *Milano*, 1645, in-12, fig. vel.

X. JEUX DIVERS.

1556. Le Jeu du Trictrac enrichi de figures, avec les jeux du Revertier, du Toute-table, du Tourne-

case, des Dames rabattues, du Plain et du Toc,
3ᵉ édition. *Paris, H. Charpentier*, 1715, in-12,
front. gr. fig. v. br.

BELLES-LETTRES.

I. LINGUISTIQUE.

1. *Introduction.*

A. Traités sur l'origine des langues et la grammaire en général.

1557. Joan. Ludovici Vivis Valentini de disciplinis
libri XX, etc. *Antverpiæ*, 1531, in-fol, dem.-rel.,
v. br.

1558. Cours de Belles-Lettres distribué par exercices. *Paris, Desaint*, 1747, 4 vol. in-12, v. m.

1559. Joan. Schefferi de stylo ad consuetudinem
veterum liber singularis. *Ienæ*, 1670, in-12, v. br.

1560. Trésor de l'histoire des langues de cest univers par Cl. Duret Bourbonnois (publié par Py-
rame de Candole). *Yverdon, société helvétique cal-
doresone*, 1619, in-4, v. br.

1561. La Méthode d'étudier et d'enseigner la grammaire ou les langues, par rapport à l'Écriture
sainte, en les réduisant toutes à l'hébreu, avec
deux glossaires, l'un grec et l'autre latin, par le
P. L. Thomassin. *Paris*, 1690, 2 vol in-8, v. br.

1562. De la Manière d'apprendre les langues (par
de Radonvilliers). *Paris*, 1768, in-8, br.

B. Comparaison des langues, grammaires et vocabulaires polyglottes.

1563. Theseus Ambrosius Albonensis. Introductio in chaldaïcam linguam, syriacam atque armen. et X alias linguas : characterum differentium alphabeta circiter XL, et eorumdem conformatio. *Papiæ, Simoneta*, 1539, in-4, vél. fil.

Livre curieux et rare.

1564. Ambr. Calepini Dictionarium. *Lugduni, Seb. Gryphius*, 1550, 2 vol. in-fol. v. br. fil.

Rare.

1565. Compendium Calepini latino-anglicum et anglicano-latinum, in-8, br.

Le f. du titre manque.

1566. Hier. Megiseri Thesaurus polyglottus, vel dictionarium multilingue, ex quadringentis circiter linguis, dialectis, idiomatibus et idiotismis constans. *Francofurti ad Mœnum*, 1603, in-8, v. br.

Vol. peu commun. C'est encore le recueil le plus ample qui existe des versions de chaque mot en un grand nombre d'idiomes différents : le mot *panis*, par exemple, y est traduit en 67 langues. Le f. du titre manque à cet exemplaire :

1567. M. Joan. Fungeri Etymologicum trilingue ex hebræis, græcis, latinis auct. collectum. *Lugduni*, 1607, in-4, vél.

2. *Langues orientales.*

1568. Lud. de Dieu. Grammatica linguarum orientalium, Hebræorum, Chaldæorum et Syrorum, inter se collatarum. *Lugd. Batav., ex offic. Elsev.*, 1628, in-4, vél.

1569. Merici Casauboni de quatuor linguis commentationis pars prior, quæ de lingua hebraica et de lingua saxonica tractat. *Londini*, 1650, pet. in-8, vél.

1570. Franc. Tissardi Opuscula (grammatica hebraïca, etc.). *Parisiis, Ægidius Gourmont*, 1508, in-4, mar. br. fil. (*Armes*).

Livre rare et curieux où l'on a employé pour la première fois, à Paris, les caractères de la langue hébraïque ; il est dédié au jeune duc de Valois depuis François Ier. (Quelques raccommodages.)

1571. Joan. Quinquarborei de re grammatica Hebræorum : access. liber de notis Hebræorum. *Parisiis*, 1582, in-4, vél.

1572. Gilb. Genebrardi Isagoge ad legenda et intelligenda Hebræorum et orientalium sine punctis scripta. *Parisiis, Ramier*, in-4, vél.

1573. Thomæ Dufour linguæ hebraicæ tomus grammaticus, cum hortulo sacrorum codicum. *Parisiis*, 1642, in-8, br.

1574. Joan. Buxtorfii Lexicon hebraïcum et chaldaïcum; access. Lexicon breve rabbinico–philosophicum. *Basileæ*, 1676, in-8, v. br.

1575. Joan. Buxtorfii Exercitationes ad historiam Arcæ fœderis, Ignis sacri et cœlestis, Urim et Thummim, Mannæ, Petræ in deserto, Serpentis ænei. *Basileæ, Deckerus*, 1659, in-4, mar. r. dent.

Aux armes du comté de Bourgogne.

1576. Joan. Buxtorfii Tiberias, sive commentarius Masorethicus triplex, historicus, didacticus, criticus. *Basileæ*, 1665, in-4. — Joan. Buxtorfii filii Exercitationes philologico-theologicæ, cum Is. Abarbenelis aliquot dissertationibus. *Basileæ*, 1662, in-4, vél.

1577. Joan. Chiffletii apologetica Parænesis ad linguam sanctam. *Antverpiæ, ex offic. Plantin.*, 1642, in-8, bas. tigr. fil.

Sur la page du titre est écrit de la main de J. Boyvin : *Ex biblioth. Joan. Boyvin, Præsidis dolani, Authoris liberalitate*, 1642.

3. Langues européennes anciennes et modernes.

A. Langue grecque ancienne et moderne.

1578. Erasmi dialogus de recta latini græcique sermonis pronuntiatione. *Parisiis, Rob. Stephanus,*
1530, in-8 (anc. rel.).

Bel exemplaire.

1579. Henr. Stephani dialogus de bene instituendis
græcæ linguæ studiis. — *Typis H. Stephani,* 1587,
in-4, vél.

1580. Apollonii (Dyscoli) Alexandrini de syntaxi
seu constructione oratoria libri IV, nunc a Frid.
Sylburgio collati, et notationibus aucti, gr. et lat.
Francofurti, 1590, in-4, cart.

Édition recherchée et peu commune.

1581. Chrysolore (*sic*) Grammatica, a Joan. Chæra-
damo ad Nicoclem (græce). *S. l. n. d.,* in-8, v.
br. fil.

Le titre et le dernier f. portent une vignette gravée sur bois avec le nom de
Gilles de Gourmont.

1582. Demetrii Chalcondylæ Erotemata sive institutiones grammaticæ; access. Manuelis Moscophuli
de nominum ac verborum syntaxi libellus. *Basileæ,* 1546, in-8. — Joan. Varennii syntaxis linguæ
græcæ. *Basileæ,* 1539, in-8. — Methodus, una
cum exemplis conscribendarum epistolarum in-
certi auctoris, gr. et lat. *Basileæ, s. d.* (1548)
in-8. — Isocratis Orationes. *Venetiis, in æd. F.
Garoni,* 1527, in-8, rel. anc.

1583. Fratris Urbani (Bolzanii) Bellunensis, ordinis
minorum, Institutiones græcæ grammatices. In
fine : *Venetiis, in ædibus Aldi Manutii Romani,*
1497, pet. in-4, anc. rel.

Ce livre est extrêmement rare. Erasme, dans une de ses lettres de 1499, dit
que dès lors il fut impossible d'en trouver un seul exemplaire. V. Brunet,
t. V, col. 1012.

1584. Nic. Clenardi Institutiones linguæ græcæ. *Lutetiæ, typis Rob. Stephani,* 1546; in-4.

1585. Eryci Puteani de laconismo Syntagma : adj. Thyrsi Philotesii styli et sermonis aculei. *Lovanii, Ger. Rivius,* 1609, in-12, v. f.

1586. Nouvelle Méthode pour étudier la langue grecque (par Lancelot, Arnauld et Nicolle). *Paris,* 1696, in-8, v. br.

1587. M. Devarii de linguæ græcæ particulis liber, ad exemplar romanum. *Noribergæ, Wolfgang,* 1700, in-8, vél.

Ouvrage estimé.

1588. Lamb. Bos. Ellipses græcæ, quinta editio : præfatus est M. J. Fr. Leisnerus. *Lipsiæ,* 1742, in-8, cart.

1589. Angeli Caninii Hellenismus. *Parisiis, G. Morel,* 1555, in-8.

Le f. du titre manque.

1590. M. Erasmi Schmidt Tractatus de dialectis græcorum principalibus. *Naumburg, Muller,* 1671, in-8, vel.

1591. Le Jardin des racines grecques mises en vers françois, avec un traité des prépositions et un recueil alphabétique des mots françois tirés du grec (par Cl. Lancelot). *Paris,* 1741, in-12, v. br.

Les vers français sont de Sacy.

592. Etymologicum magnum græcum, gr., opera Fr. Sylburgii. *E. typogr. H. Commelini,* 1594, in-fol., vél.

Bonne édit., peu commune. Exempl. de la biblioth. de Colbert.

1593. Julii Pollucis Onomasticon, gr. et lat., cum comment. et notis variorum, cura et cum notis J. H. Lederlini et Tiberii Hemsterhusii. *Amstelod.,* ex officina Westiniana, 1706, 2 vol., pet. in-fol., front. et tit. gr. v. br. fil. (*Armes.*)

1594. Hesychii Lexicon, gr., cum notis variorum, ex recensione et cum animadvers. J. Alberti. *Lugd.*

Bat., 1746-66, 2 vol. gr. in-fol., portr., dem.-rel., v. br.

Bonne édition bien imprimée ; le second volume a été publié par D. Ruhnkenius, après la mort d'Alberti. Un beau portrait de ce dernier est placé dans le 1er vol.

1595. Lexicon græco-latinum multis ac præclaris additionibus locupletatum (cura Hier. Aleandri). *Impendio probi viri Mathæi Bolseci bibliopolæ parisiensis,* 1512, pet. in-fol., vél.

Édition très-rare : c'est une compilation faite par six des écoliers du cardinal Aléandre. Celui-ci n'y eut d'autre part que de revoir et corriger leur travail sur les dernières épreuves, et d'y faire un grand nombre de corrections.

1596. Phavorinus (Varinus). Magnum ac perutile Dictionarium variis auct. collectum, totius linguæ græcæ commentarius. *Basileæ,* 1588, in-fol., v. br. fil. (*Armes.*)

On doit au savant Camerarius cette édition du lexique de Phavorinus, recherchée à cause des augmentations et surtout de l'index.

1597. Thesaurus utriusque linguæ, hoc est Philoxeni aliorumque veterum glossaria latino-græca et græco-latina. *Lugd. Batav.,* 1600, in-fol., dem.-rel., v. br.

Exempl. de Franc. d'Amboise, président au parlement de Bretagne et secrétaire de Henri III, pendant qu'il fut sur le trône de Pologne.

1598. Guil. Budæi Commentarii linguæ græcæ. *Ex chalcographia Iodoci Badii Ascens.,* 1529, in-fol., front. gr., v. br. fil. (*Armes.*)

1599. Glossaria duo, e situ vetustatis eruta : ad utriusque linguæ cognitionem et locupletationem perutilia; item de Atticæ linguæ seu dialecti idiomatis commentarii Henr. Stephani, 1573. *Excudebat Henr. Stephanus,* in-fol., v. br.

Rare. V. Brunet, t. II, col. 1078.

1600. Jac. Tusani Lexicon græco-latinum locupletatum. *Parisiis, apud Carolam Gaillard, viduam Cl. Chevallonii,* 1552, in-fol., dem.-rel. tit. gr., v. br.

1601. Lexicon græco-latinum recens constructum. *Apud Gulhielmum Leimarium*, 1583, in-4, titr. gr. v. m.

Avec cet autographe : *Boni Ignatii Courvoisier dono D. Bergeret in academia Bisuntina professore.*

1602. Corn. Sehrevelii Lexicon manuale græco-latinum et latino-græcum, editio 3ª auctior. *Lugd. Batav., ex officina Franç.Hækii*, 1661, in-8, portr. tit. gr. v. br.

Les premières éditions faites à Leyde contiennent de plus que les éditions françaises le *Lexicon latino-græcum.*

1603. Benj. Hedericus. Græcum Lexicon manuale primum a B. Hederico institutum, post repetitas Sam. Patricii curas a J. A. Ernesto castigatum et emendatum. *Lipsiæ*, 1767, 3 part. en 2 vol. in-8, v. br. et bro.

Le lexique d'Héderic parut pour la première fois à Leipsig en 1722. Patrik le fit reparaître à Londres en 1739 avec des augmentations, et ce fut d'après l'édition de ce dernier que le savant J.-Aug. Ernesti revit l'ouvrage et le publia en 1767.

1604. Eilardi Lubini Clavis linguæ græcæ. *Lugd. Batav., apud Franc. Hegerum*, pet. in-12, vél.

1605. Mæris Atticista. De Vocibus atticis et hellenicis, gr. Curavit notasque suas adjecit et præfatus est Jo. Frid. Fischerus. *Lipsiæ, in offic., viduæ B. Gasp. Fritschii*, 1756, in-8, d.-rel. v. br.

1606. Joan. Meursii Glossarium græco-barbarum, in quo præter vocabula 5,400 officia atque dignitates imperii Constantinop. tam in Palatio quam in Ecclesia aut Militia, explicantur ac illustrantur. Editio altera emendata et circiter 1800 vocabulis aucta. *Lugd. Batav., apud Lud. Elsevir.*, 1614, in-4, portr. vel.

Ce n'est point, comme on pourrait le croire, un dictionnaire de la langue romaïque, ou grec moderne, mais un glossaire des termes barbares ou corrompus que l'on trouve dans les écrivains grecs du bas empire.

1607. Car. Dufresne dom. du Cange. Glossarium ad scriptores mediæ et infimæ græcitatis, cum appendice. *Lugduni (apud Anissonios)*, 1688, 2 vol. in-fol. v. f.

Ouvrage très-recherché et devenu peu commun.

B. Langue latine.

1608. J. Cæs. Scaligeri de Causis linguæ latinæ libri XIII. *Apud P. Santandrianum*, 1580, in-8, vél.

1609. Putschius. Grammaticæ latinæ Autores antiqui (editi, aucti et emendati) opera et studio Heliæ Putschii. *Hanoviæ, typis Wechelianis*, 1605, 2 tom. en 1 vol. in-4, v. br. fil.

Collection recherchée et dont les exemplaires se trouvent très-difficilement.

1610. M. Terentii Varronis pars librorum XXIV de lingua latina, ex biblioth. Antonii Augustini. *Romæ, apud V. Luchinum*, 1557, in-8. (*Édition peu commune, imprimée par Ant. Bladus*). — Jurisprudentiæ mediæ libri IV, Pardulpho Prateio auct. *Lugduni, apud Guil. Rovillium*, 1561, in-8.

1611. Pompeius Festus et M. Varius Flaccus de verborum significatione, cum interpretatione et notis And. Dacerii, ad usum Delphini. *Amstelodami*, 1699, in-4, v. br.

Édition recherchée.

1612. Nonnius Marcellus de proprietate sermonis; Pompeii Festi de verborum significatione; Varronis de lingua latina, de analogia. *Mediolani, J. Aug. Scinzenzeler*, 1500, in-fol.

Composition médiocre, à laquelle les fragments de divers auteurs (perdus pour nous) qui y sont conservés donnent cependant un certain prix.

1613. Prisciani Volumen de octo partibus orationis; de constructione; de duodecim carminibus; de accentibus; de numeris, ponderibus et mensuris, etc. *Mediolani, apud Alex. Minutianum*, 1503, in-fol.

1614. Aldi Manutii Romani institutionum gramma-
ticarum libri IV. *Venetiis, apud Paulum Manutium Aldi filium*, 1558, in-8, cart.

Bonne édition, en petites lettres rondes.

1615. Thomæ Linacri Britanni de emendata struc-
tura latini sermonis libri sex. *Apud Seb. Gryphium,
Lugduni*, 1544, in-8, anc. rel.

1616. Joan. Despauterii Commentarii grammatici,
cum indice. *Parisiis, ex offic., Rob. Stephani*,
1537, in-fol. v. m.

Recueil de divers traités du même auteur, impr. en 1528 à Lyon. Belle
édition.

1617. Mat. Corderii de corrupti sermonis emendatione libellus. *Lugduni, apud Seb. Gryphium*,
1535, in-8, anc. rel.

1618. G. Jo. Vossii Aristarchus, sive de arte grammatica libri VII, ed. 2ª. *Amstelodami*, 1662,
2 tom. en 1 vol. in-4 vél.

1619. Hadrianus cardin. de sermone latino et modis
bene loquendi. *Parisiis, Colinæus*, 1534, in-8,
vél.

1620. Orthographia romana ex acroasibus C. Sam.
Schurz Fleischii collecta. Access. orthographia No-
risiana. *Vitembergæ*, 1707, in-8, v. br.

1621. Flos latinitatis, ex autorum latinæ linguæ
principum monumentis excerptus, et tripartito
verborum, nominum et particularum ordine, in
hunc digestus libellum. Auct. P. F. P. (Patre Fr.
Pomey). *Vesuntione, J. Cl. Bogillot*, 1740, in-12.

1622. Christ. Cellarii Orthographia latina ex vetustis
monumentis, necnon recentium ingeniorum curis excerpta. *Venetiis*, 1732, in-8.

1623. Laur. Vallæ Lucubrationes aliquot ad linguæ
latinæ restaurationem spectantes. *Lugduni, apud
Gryphium*, 1532, in-8.

1624. Andreæ Guarna Bellum grammaticalæ (*sic*). *Parisiis, venundatur a Petro Gaudoul. S. d.,* pet. in-4.

Ouvrage singulier.

1625. (R. Stephani) Dictionarium latino-gallicum. *Lutetiæ, R. Stephanus,* 1546, in-fol. v. br.

C'est le plus ancien dictionnaire latin-français.

1627. Rob. Stephani Thesaurus linguæ latinæ, nova cura recensuit A. Birrius. *Basileæ,* 1740-3, 4 vol. in-fol. v. f.

1628. Mat. Martinii Lexicon philologicum præcipue etymologicum, in quo latinæ et a latinis auctoribus usurpatæ, tum puræ, tum barbaræ voces ex originibus declarantur, etc. *Francofurti ad M.,* 1655, in-fol. v. br.

Cet ouvrage est plein de recherches et a été fort utile aux savants qui se sont occupés après lui de la science des étymologies.

1629. C. Dufresne dom. du Cange. Glossarium ad scriptores mediæ et infimæ latinitatis : editio nova, locupletior et auctior, opera et studio monachorum ordinis S. Benedicti (D. D. Maur. Dantine, Carpentier, etc.). *Parisiis,* 1733-36, 6 vol. in-fol. v. mar.

Dans le tome **IV** de cet exemplaire, article *Moneta,* se trouve un cahier de dix ff. contenant des empreintes de monnaies.

1630. Glossarium novum, seu supplementum ad auctiorem glossarii Cangiani editionem ; collegit et digessit D. P. Carpentier. *Parisiis,* 1766, 4 vol. in-fol. front. gr. v. mar.

Ces deux ouvrages sont d'un grand usage pour toutes les études qui se rapportent au moyen âge, ce qui les fait rechercher. Ils seront vendus ensemble.

1631. Nataël Duez. Dictionarium gallico-germanolatinum. Dictionnaire françois-allemand-latin, soigneusement revu, corrigé et augmenté de beaucoup en cette 3e édition, en laquelle ont été ajoutés les noms propres des principales régions, villes et rivières d'Europe, etc. *Amsterdam, Elsevier,* 1664, in-4, vél.

C. Langue française.

1632. Jac. Sylvii (Dubois) in linguam gallicam Isagoge, una cum ejusdem grammatica latino-gallica, ex hebræis, græcis et latinis authoribus. *Parisiis, Rob. Stephanus*, 1531, in-4, anc. rel.

C'est la première grammaire qui ait paru en France sur notre langue, et alors qu'on ne se doutait même pas que celle-ci eût ses principes. L'auteur, fameux par son avarice, était médecin et Picard.

1633. Louis Meigret. Le Trette de la grammère françoeze. *Paris*, 1550, in-4.

Cette grammaire, devenue rare, est recherchée à cause de sa singularité; elle est imprimée en caractères romains fondus d'après le système d'orthographe de l'auteur.

1634. Grammaire générale et raisonnée de Port-Royal, par Arnauld et Lancelot, avec les notes de Petitot et le commentaire de Duclos. *Paris, Bossange*, 1810, in-8, br.

1635. Grammaire françoise de Regnier Desmarais. *Paris*, 1706, in-4, v. br.

Aux armes de L. Casumat, avocat au parlement.

1636. Remarques nouvelles sur la langue françoise (par le P. Bouhours). *Paris, Cramoisy*, 1682-92, 2 vol. in-12, v. br.

1637. Recueil : 1° Louis Meigret. Traité touchant le commun usage de l'escriture françoise, auquel est débattu des faultes et abus en la vraye et ancienne puissance des lettres. *Paris*, 1545, in-8, lettres ital. (*Cette édition renferme trois opuscules de Dolet sur la langue française dont le titre ne fait pas mention. Le traité de Maigret fit beaucoup de bruit. L'auteur voulait y introduire une orthographe entièrement conforme à la prononciation.*) — 2° Aurelii Cassiodori rhetoricæ ac dialecticæ compendium; L. Apulei platonici liber de syllogismo categorico. *Parisiis*, 1545, in-8. — 3° Edict faict par le Roy sur le rachapt des rentes foncières et autres droicts et debvoirs seigneuriaux constitués sur les maisons de villes, cités et faulbourgs de ce royaume. *Paris*, 1553, in-8. — 4° Copie des lettres et contracts faicts par le Roy pour l'assurance des deniers provenant des rachapts des rentes foncières, etc. *Paris*, 1553, in-8. — 5° De verbis anomalis libri II (auct. G. Morelio). *Parisiis*, 1553, in-8. — 6° Hugues de Estre. De l'estre perpétuel de l'empire françoys, par l'éternité de cest état. *Paris*, 1595, in-8.

1638. Du Bon et du mauvais Usage dans les manières de s'exprimer, des façons de parler bourgeoises, et en quoi elles sont différentes de celles de la cour. Suite des mots à la mode (par de Callières). *Lyon*, 1694, in-12, v. br.

1639. Maurice de la Porte. Les Épithètes, livre nouveau, utile à ceux qui font profession de la poésie, mais fort propre aussi pour illustrer toute autre composition françoise, avec annotations sur les noms et dictions difficiles. *Paris*, 1571, in-8, vel.

Première édition de ce livre rare et curieux.

1640. Jean Nicot et Aimar de Ranconnet. Trésor de la langue françoise, tant ancienne que moderne, auquel, entre autres choses, sont les mots propres de marine, vénerie et fauconnerie cidevant ramassés par Aimar de Ranconnet,..... revu et augmenté en cette dernière impression de plus de la moitié, avec une grammaire françoise et latine (de J. Masset), et le Recueil des vieux Proverbes de la France; ensemble le Nomenclator de Junius, mis par ordre alphabétique, et creu d'une table particulière de toutes les dictions. *Paris*, 1606, *avec privilége du roi et de l'empereur*, in-fol. v. br. fil.

Très-rare.

1641. Dictionnaire universel de Furetière. *La Haye*, 1690, 3 vol. in-4, v. br.

Exempl. de B.-Ign. Courvoisier.

1645. Factum (premier, second et troisième) pour messire Ant. de Furetière, abbé de Chalevoy, contre quelques-uns de l'Académie françoise. *Amsterdam, H. Desbordes*, 1688, 3 part. in-12. — Plan et dessein du Poëme allégorique et tragico-burlesque intitulé : Les Couches de l'Académie, par messire Ant. de Furetière, abbé de Chalevoy, de l'Académie françoise. *Amsterdam*, 1687, in-12.

1646. L'Apothéose du Dictionnaire de l'Académie et son expulsion de la région céleste. *La Haye, Leers*, 1696, in-12, tit. gr. (« *Quelques bibliogra-* « *phes attribuent cette critique à l'abbé de Fure-* « *tière, d'autres la donnent à P. Richelet* »). — Histoire de la Conjuration faite à Stockholm contre M. Descartes (par Gervaise de Montpellier, protestant, ensuite catholique). *Paris, Boudot*, 1695, in-12. — Le Foyer de campagne et de cabinet, nouvellement inventé par le sieur Du Val. *Paris*, 1685, in-12.

1647. L'Enterrement du Dictionnaire de l'Académie (attribué mal à propos à Furetière). *S. l.*, 1697, in-12, v. br.

1648. P. Richelet. Dictionnaire françois, 2ᵉ édition. *Lyon*, 1681, 2 part. in-4, v. br.

1649. Dictionnaire universel françois et latin, vulgairement appelé Dictionnaire de Trévoux; nouvelle édition, corrigée et considérablement augmentée (par l'abbé Brillant). *Paris, la Compagnie des libraires*, 1771, 8 vol. in-fol. v. mar.

Septième er dernière édition. V. sur cet ouvrage la note de Barbier, t. Iᵉʳ, p. 297, art. 3884.

1650. Essai d'un Dictionnaire comtois-françois (par Mᵐᵉ Marg. de Maisonforte, femme Brun, et par Petit-Benoît), 2ᵉ édition. *Besançon*, 1755, in-8, br.

1651. LE SACRÉ COLLÉGE de la Société de Jésus, divisé en cinq classes, où l'on enseigne en langue armorique les leçons chrétiennes, avec les trois clefs pour y entrer, une grammaire, une syntaxe, un dictionnaire et un catéchisme en langue armorique. *Quimper-Corentin*, 1659, pet. in-8, vél.

Volume rare et très-recherché.

D. Langue italienne.

1652. Octavii Ferrarii Origines linguæ italicæ. *Patavii*, 1676, in-fol. vél.

Ouvrage rempli d'érudition.

1653. Le Richezze della lingua volgare, di M. Francesco Alunno. *In Vinegia, in casa de' figliuoli di Aldo*, 1543, in-fol. d.-rel. v. br.

Première édition d'un livre qui, dans son temps, fut en grande estime. L'ancre aldine y paraît pour la première fois entourée d'un ornement de pampres, avec quatre têtes de chimères.

1654. Grammaire pratique, française-italienne, de Veneroni, nouv. édit., par Lauri. *Lyon*, 1811, in-8, br.

1655. Vocabolario degli Academici della Crusca, 4ª impressione. *Firenze, D. M. Manni*, 1729-38, 6 vol. in-fol. v. mar.

Bonne édition.

1656. Compendio del Vocabolario degli academici della Crusca. *Firenze, Manni*, 1739, 5 vol. in-4, v. br.

1657. Nuovo Spicilegio volgare e latino por M. Filippo Venuti. *Vinegia*, 1561, in-8, vél.

1658. Vocabolario italiano e spagnuolo da L. Franciosini (l'ancre Aldine). *Roma, Rufinelli*, 1620, in-8, vél.

1659. Dictionnaire italien et françois, par Ant. Oudin, revu et corrigé par L. Ferretti. *Paris, Sommaville*, 1663, in-4, v. br.

E. Langues espagnole et portugaise.

1660. Bern. Aldrete. Del origen y principio de la lengua castellana o romance que oy se usa en España. *Roma, Vulliet*, 1606, in-4. tit. gr. d.-rel. vél.

Ouvrage très-estimé.

1661. Grammaire espagnole, par C. Oudin. *Paris*, 1619, in-8, vél.

1662. Grammaire espagnole, expliquée en français, par C. Oudin. *Bruxelles*, 1660, in-12, vél.

1663. Tesoro de la lengua castellana e española, por Don Seb. de Cobarrubios Orozeo (ou Horozeo). *Madrid, Sanchez*, 1611, in-fol. vél.

Ce dictionnaire a paru à l'une des époques les plus brillantes de la littérature espagnole.

1664. Dictionarium latino-hispanicum et vice versa, A. Antonio Nebrissensi interprete. *Antverpiæ, Steelsius*, 1560, in-4, vél.

1665. Thrésor des deux langues françoise et espagnole, auquel est contenu l'explication de toutes les deux respectivement l'une par l'autre, par C. Oudin. *Paris*, 1616, in-4, vél.

1666. Tesoro de las dos lenguas española y francese de C. Oudin, añadido por A. Oudin, aumentado por J. Mommarte. *Bruselas*, 1660, in-4.

1667. Diccionario general de las dos lenguas francesa y española, por D. N. Gonzales de Mendoza. *Madrid*, 1763, in-4, vél.

1668. Sobrino aumentado, o nuevo diccionario de las lenguas española, francesa y latina, por F. Cormon. *Amberes*, 1776, 2 tom. en 1 vol. in-4, v. mar.

1669. Curiosas Advertencias da boa grammatica, no compendio et exposiçam do P. Manoel Alvarez em lingoa portuguesa, composto por Barth.

Rodriguez Coro. *Em Lisboa*, 1666, pet. in-8. —
La pace, comedia di M. Marin Negro. *In Venetia*,
1592, pet. in-8.— Il Secretario e il primo volume
delle lettere familiare di Torquato Tasso. *Venetia*,
Vincenti, 1592, pet. in-8.

1670. Bened. Pereyra. Prosodia in vocabularium
trilingue latinum, lusitanicum et castellanicum
digesta. *Ulyssipone, Craesbeck-o-Mello*, 1674, in-
fol. v. m. (*Armes*.)

F. Langues teutoniques.

1671. Got. Guil. Leibnitii Collectanea etymologica
illustrationi linguarum veteris celticæ, gallicæ, germanicæ aliorumque inservientia, cum præfatione
G. J. Eccardi. *Hanoveræ*, 1717, 2 vol. in-8, fig.
v. mar.

1672. L'Art de parler allemand, par C. Léopold.
Vienne, Kraus, 1745, 2 part. in-8, vél.

1673. Le Maître de la langue allemande, 17ᵉ édit.
originale. *Paris et Strasbourg*, 1814, in-8, cart.

1674. Nouveau Dictionnaire de poche, français-
allemand et allemand-français. *Strasbourg*, 1813,
2 vol. in-8, d.-rel. v. br.

G. Langue anglaise.

1675. Les Éléments de la langue anglaise en forme
de dialogues, par V.-J. Pleyton. *Londres*, 1765,
in-8, v. f.

1676. Riders Dictionarie as it was heretofore cor-
rected, and with the addition of above five hun-
dred words enriched. by Franc. Holtoke. *London*,
1626, in-4, *Anc. rel.* (*Rare*.)

1677. Abel Boyer. Dictionnaire anglois-françois et
françois-anglois. *Amsterdam*, 1727, 2 vol. in-4,
v. br.

S.-Y. 14

1678. Grammatical institutes; or an easy introduction to Dr. Lowth's english grammar, by John Ath. *London*, 1780, in-18, cart.

1679. Porny. A new dictionary in two parts, english and french, and french and english. *London*, 1763, 2 vol. gr. in-12, v. br.

1680. Lavery. Nouvelle Grammaire angloise. *Paris*, 1752, in-12, v. m.

II. RHÉTORIQUE.

1. *Rhéteurs*.

A. Rhéteurs grecs.

1681. 1° Aristotelis Rhetoricorum ad Theodecten, Georgio Trapezuntio interpr. libri tres : ejusd. Rhetorices ad Alexandrum, Fr. Philelpho interpr., liber. *Parisiis, apud Sim. Colinæum*, 1540, in-8. — 2° Ciceronis de Oratore dialogi tres, cum Phil. Melanchthonis scholiis. *Parisiis, ex offic. Sim. Colinæi*, 1537, in-8. — 3° S. Aurelii Augustini Principia rhetorices. *Parisiis, apud Sim. Colinæum*, 1534, in-8.

1682. Aristotelis Artis rhetoricæ libri III, gr. et lat. ; Ant. Riccobonus lat. vertit. *Typis Wechelianis*, 1606, in-8, v. br.

1683. Petri Victorii commentarii in tres libros Aristotelis de Arte dicendi. *Basileæ, ex offic. Joan. Oporini*, 1549, in-fol. — Franc. Robortelli in librum Aristotelis de Arte poëtica explicationes. *Basileæ, Hervagius*, 1555, in-fol. d.-rel. v. br.

1684. Hermogenis Ars oratoria absolutissima et libri omnes, gr., cum nova latina versione et commentariis Gasp. Laurentii. *Coloniæ-Allobrogum*, 1614, in-8, réglé, vél. fil.

Édition recherchée et devenue rare. Cet exemplaire est complet et dans un bon état de conservation.

1685. Aphthonii libellus progymnasticum, gr., cum interpret. latina J. Cameræ. *Lipsiæ*, 1570, in-8, cart.

1686. Manuelis Moscophuli de ratione examinandæ orationis libellus (græce). *Lutetiæ-Parisiorum, ex offic. Roberti Stephani,* 1545, in-4.
Belle édition.

B. Rhéteurs latins anciens et modernes.

1687. Ciceronis Rhetoricorum ad C. Herennium, libri IV; de Inventione libri II; ejusdem de Oratore ad Quintum fratrem, libri III; de Claris Oratoribus, liber; Orator ad Brutum, etc. *Venetiis, in ædibus Aldi, etc.,* 1514, pet. in-4, vél.
Cet exemplaire, enrichi d'une foule de notes manuscrites, est défectueux du f. du titre et du dernier f. contenant l'ancre. C'est dans la préface de ce livre qu'Alde se plaint à André Navagero de ceux qui viennent lui faire perdre un temps précieux. Il rapporte à cette occasion l'avis ou placard mis par lui sur la porte de son cabinet pour éloigner les importuns.

1688. Ciceronis Rhetoricorum ad C. Herennium, libri IV, etc. *Parisiis, ex offic. Rob. Stephani,* 1544, in-8, vél.
Manquent les pages 17 à 32, remplacées par autant de pages blanches.

1689. Traduction du traité de l'Orateur de Cicéron, avec des notes par l'abbé Colin. *Paris, de Bure,* 1737, in-12, v. br.

1690. M. F. Quintilianus. *Venetiis, in ædibus Aldi, etc.,* 1514, pet. in-4, v. f. tr. dor.
Bel exemplaire. Cette édition a été soignée par A. Navagero, aidé de G. B. Rhamusio à qui est adressée la préface d'Alde.

1691. M. F. Quintiliani oratoriarum Institutionum libri XII et declamationes. *Coloniæ,* 1521, in-fol.

1692. Quintiliani Institutionum oratoriarum libri XII; declamationum liber; additæ sunt P. Mosellani et J. Camerarii annotationes, et Ant. Pini commentarii. *Parisiis, M. Vascosan,* 1538, in-fol.
Belle édition.

1693. Quintiliani de Institutione oratoria libri XII, ex recensione J. Mat. Gesneri. *Gottingæ,* 1738, pet. in-4, d.-rel. bas.
Édition estimée.

1694. Gerardi Bucoldiani de Inventione et amplificatione oratoria. *Lugduni, apud Seb. Gryphium,* 1534, in-4. — Steph. Doleti de Imitatione ciceroniano adversus Erasmum, pro Christoph. Langolio. *Lugduni,* 1535, in-4. (*Anc. rel.*)

1695. Jac. Omphalii de elocutionis imitatione ac apparatu liber. *Colon. Agripp.,* 1580, in-8, vél.

Exempl. revêtu de la signature de Jean Grivel (1588) et de celle du président Boyvin (1608).

1696. Ger. Jo. Vossii rhetorices contractæ sive partitionum oratoriarum libri V, ex decreto Ill. Hollandiæ Westfrisiæque ordinum in usum scholarum excusi. *Amstelæd.,* 1666, in-8, v. br.

1697. Ger. Joan. Vossii commentariorum rhetoricorum sive oratoriarum institutionum libri VI. *Lugd. Bat.,* 1643, in-4, v. br.

1698. Joan. Masenii Palæstra eloquentiæ ligatæ, pars III, dramatica. *Colon. Agripp.,* 1664, in-16, vél.

1699. Jac. Publicius. Oratoriæ artis epitoma, ars scribendi epistolas, ars memoriæ. *Echardus Ratdolt Augustensis ingenio miro et arte pplita impressioni mirifice dedit* 1485 *pridie calend. februarii, Venetiis,* in-4. (*Anc. rel.*)

Livre curieux, surtout à cause du troisième ouvrage, qui est un traité de Mnémonique, accompagné de figures gravées sur bois, dont on trouve des fac-simile dans la biblioth. Spencer, t. III, p. 45 et suiv.

C. Rhéteurs français, italiens, etc.

1700. Bern. Lamy. La Rhétorique, ou l'Art de parler, 4ᵉ édit. *Paris,* 1701, in-12, v. br.

1701. Rhétorique françoise, à l'usage des demoiselles (par Gaillard), 5ᵉ édition. *Paris,* 1765, in-12, v. br.

1702. Eleganze insieme, con la copia della lengua toscana e latina, scielte da Aldo Manutio. *In Vi-*

negia, apresso Domenico Caualcalupo, 1585, in-8, vél.

2. *Orateurs.*

A. Orateurs grecs.

1703. Isocratis Exhortatio ad Demonicum : ejud. de Regno ad Nicoclem, gr. *Antverpiæ*, 1552, n-4 .

Exempl. de J. Boyvin, enrichi de notes de sa main.

1704. Demosthenis Orationes duæ ,et sexaginta, et in easdem Ulpiani commentarii ; Libanii argumenta, gr. *Basileæ, Hervagius*, 1532, 2 tom. en 1 vol. in-fol. v. mar. fil. tr. dor.

Édition belle et rare. Les commentaires, les notes et la préface qui y sont ajoutés lui donnent de l'importance.

1705. Harangues de Démosthène (trad. par Jacques de Tourreil) ; avec des remarques. *Paris*, 1691, in-8, v. br. (*Aux armes de L. Camusat.*)

Le bourreau ! s'écriait Racine en parlant du traducteur, il fera tant qu'il donnera de l'esprit à Démosthène !

1706. Dionis Chrysostomi orationes LXXX, Photii excerptis, Synesiique censura illustr. (gr. et lat.) : cum Is. Casauboni diatriba, et Morelli scholiis, animadvers. et conjecturis. (*Parisiis*), *ex offic. typogr. J. Morelli*, 1604, in-fol. p.

Édition la plus usuelle et la seule qui renferme une version latine.

1707. Themistii Orationes XIX, gr. et lat.; D. Patavius latine reddidit ac notis illustravit. *Parisiis, ex offic. Nivelliana*, 1618, in-4, v. f. fil.

Quoique le titre ne promette que 19 discours, on en trouve vingt dans ce vol. Le dernier n'existe que dans la traduction latine.

B. Orateurs latins anciens et modernes.

1708. Conciones et orationes, ex historicis latinis excerptæ (ex recentione Jac. Veratti). *Lugd.-Bat. ex offic. Elsevier.*, 1649, pet. in-12, v. br.

La plus belle édition de ce recueil qu'aient donnée les Elzeviers.

1709. Asconii Pediani super quasdam Ciceronis orationes enarratio; Georgii Trapezuntii in orationem pro Ligario præfatio. *Florentiæ, apua hered. P. Juntæ,* 1519, pet. in-8, m. r.

Le f. du titre manque.

1710. L. Asconii Pediani expositio in IIII orationes Ciceronis contra C. Verrem, etc.; Victorini commentarii in libros M. T. C. de inventione, G. Trapezuntii in orationem pro Ligario. *Venetiis, in æd. Aldi, etc.,* 1522, in-8, reglé, anc. rel. v. br. fil.

1711. L. Asconii Pediani commentationes in aliquot M. T. Ciceronis orationes, cum notis variorum (cura Th.-J. Almeloveen). *Lugd.-Batav., Fr. Hackius,* 1644, pet. in-12, vél.

Imprimé avec les caractères d'Elsevier.

1712. In Ciceronis quamplurimos locos castigationes H. Stephani. *Ex offic. Henr. Stephani,* 1557, in-8. — Henr. Stephani Ciceronianum lexicon ex variis græcorum scriptorum locis a Cicerone interpretatis collectum. *Ex offic. H. Stephani,* 1557, in-8, vél.

Volume rare, un des plus remarquables de Henri Estienne, surtout comme ouvrage de sa jeunesse.

1713. Les Concions et Harangues de Tite-Live, nouvellement traduites en françois, par J. de Amelin. *Paris, par Vascosan,* 1567, in-8 vél.

1714. XII Panegyrici veteres, ex rescensione et cum notis J. Livinyi. *Antverpiæ, ex offic. Plantin.,* 1599, in-8, vél.

Bonne édition.

1714 *bis.* Panegyrici veteres, interpret. et notis illustr. Jacobus de la Baune, *Parisiis,* 1696, in-4, v. br. (*Ad usum Delphini.*)

1715. Orationes gratulatoriæ in electione, coronatione, nativitate, nuptiis, triumphis, etc., pontificum, imperatorum, regum, principum, etc. *Hanoviæ,* 1613, in-8, vél.

1717. Petri Caræ orationes et epistolæ. *In August.*
Taurinorum Joannes Brenius castigabat. P. P.
Porrus, chalcographus, imprimebat Kal. Nouem.
MDXX, in-4, titre gr. en bois, cart.

1718. M. Ant. Mureti orationes : ejusd. interpretatio
quinti libri Ethicorum Aristotelis ad Nicomachum. Item C. Sigonii orationes. *Parisiis,* 1588,
pet. in-12, vél.

1718 *bis.* Fam. Stradæ Eloquentia bipartita. *Goudæ,*
1654, pet. in-12, vél.

1719. Jac. Gaddii Adlocutiones et elogia exemplaria, cabbalistica, oratoria, mixta, sepulchralia.
Florentiæ, 1636, in-4, vél. fil.

De la biblioth. de Colbert.

1720. Gasp. Barlæi (van Baerle) orationum libri.
Accesserunt alia nonnulla varii et amœnioris ar-
gumenti, ed. 2ᵃ. *Amstelodami, apud Joan.*
Blaeu, 1652, pet. in-12, v. br.

1721. Nic. Avancini Orationes. *Viennæ-Austriæ,*
1661, 3 part. pet. in-12, v. tigr. fil.

1722. Dissertationes academicæ de oratoria, historia et poetica (auct. P. Olivier). *Parisiis,* 1672,
pet. in-12, v. br.

1723. J. Henr. Bæcleri Dissertationes academicæ, orationes et programmata academica. *Argentorati,*
1701-10, 3 vol. in-4, v. br. portr.

1724. J. Vinc. Gravinæ Orationes. *Neapoli,* 1712,
in-12, v. br.

1725. 1° Joan. Vionnet Berga-ad-Zomam a Gal-
lis expugnata, oratio habita Lugduni III nonas
Febr. anno 1748. *Lugduni,* 1748, in-4. (*Avec un*
envoi autographe de l'auteur à Mgr l'évéque de
Bellay (J.-Ant. de Tinseau). — 2° Christ. Leroy.
Quantum litteris debeat virtus, oratio habita in
majoribus Sorbonæ scholis, die Jovis 12 Augusti 1751. *Parisiis, Thiboust,* 1751, 2 tom. en 1 vol.
in-4, demi-rel. v. br. non rog.

C. Orateurs français, italiens, etc.

1726. Harangues militaires et concions de princes, capitaines, ambassadeurs et autres, maniant tant la guerre que les affaires de l'Etat, comprenant les grandes et urgentes négociations de toutes les anciennes monarchies, etc., recueillies et faites françoises par Fr. de Belleforest, 2ᵉ édit. *De l'imprimerie des héritiers Vignon, s. l.* 1595, 2 vol. in-8.

1727. Ant.-Léon. Thomas. Eloge de Maximilien de Béthune, duc de Sully, couronné par l'Académie françoise en 1763. *Paris*, 1764, in-8. — Eloge de Louis, dauphin de France. 1766, 2 tom. en 1 vol. in-8, demi-rel. v. br. non rog.

1728. Franc. Sansovino in materia dell' arte (oratoria) libri III. *Venetia*, 1561, in-4, vél.

1729. Discorsi di M. Palegro de Grimaldi Robbio. *In Genova*, 1583, in-12, vél.

1730. Les Harangues de Louis Grotto, aveugle d'Hadrie, trad. du latin et d'italien en françois, par B. de Viette. *Paris*, 1611, pet. in-8, vél.

1731. Discorsi di M. Greg. Zuccolo. *Venetia*, 1575, pet. in-8, vél.

III. POÉSIE.

1. *Traités généraux sur la poésie.*

1732. J. Cæs. Scaligeri poetices libri VII, ed. 3ᵃ. *Apud Petrum Santandrianum*, 1586, in-8, vél.
Cet ouvrage est le plus savant qu'on eût encore vu dans ce genre.

1733. Ant. Possevini Tractatio de poesi et pictura ethnica, humana et fabulosa, collecta cum vera honesta et sacra. *Lugduni, apud J. Pillehotte*, 1594, in-12, vél.

1734. Jac. Masenii Palæstra eloquentiæ ligatæ novam ac facilem tam concipiendi quam·scribendi quovis stylo poetico complectens. *Coloniæ-Agripp.*, 1682, pet. in-12, vél.

1735. Della Ragion poetica libri due, da G.-V. Gravina. *In Roma,* 1708, in-4, vél.

1736. Della Tragedia, libro uno, da G. Vinc. Gravina. *Napoli,* 1715, in-4, tit. gr. vél.

1736 bis. Réflexions critiques sur la poésie et la peinture, par J.-B. Dubos. *Paris, Mariette,* 1719, 2 vol. in-12. v.

1737. P. Mambruni Dissertatio peripatetica de epico carmine. *Parisiis,* 1652, in-4, v. br. fil.

1738. Nic. Mercerii de conscribendo epigrammate. *Parisiis, Jo. de la Caille,* 1653, in-8, tit. gr. port. v. br.

Ce petit traité de poétique latine, assez rare, est estimé.

2. *Poëtes orientaux.*

1739. Rob. Lowth de sacra poesi Hebræorum prælectiones academicæ Oxonii habitæ, cum notis J. D. Michaelis. *Oxonii, e typogr. Clarend.,* 1763, 2 vol. gr. in-8, v. br.

Bonne édition d'un excellent ouvrage.

3. *Poëtes grecs.*

1740. Aristotelis de Poetica liber, gr., cum recensione et latina versione Dan. Heinsii ; acced. ejusdem de tragœdiæ institutione liber. *Lugd.-Batav., typis J. Balduini,* 1611, in-8, vél.

Cette édition est la même que celle de 1610, *impensis Bonaventuræ Elsevirii,* sauf que le titre et la préface ont été littéralement réimprimés avec la date de 1611.

1741. La Poétique d'Aristote, traduite du grec, avec des remarques, par A. Dacier. *Paris, Barbin,* 1692, in-4, v. br.

1742. Virtutum Enconia, sive gnomæ de virtutibus, ex poetis et philosophis utriusque linguæ excerptæ; græcis versibus adjuta interpretatione Henr. Stephani. *Excudebat H. Stephanus*, 1573, in-16, vél.

1743. Theognidis Sententiæ elegiacæ, gr., cum interpretatione latina. *Ingolstadii*, 1598, pet. in-8. — Martialis Epigrammata in Cæsaris amphiteatrum et venationes, cum adnot. Th. Marcilii. *Lugduni*, 1593, pet. in-8.

1744. Vetustissimorum authorum, scilicet : Hesiodi, Theocriti, etc., georgica, bucolica et gnomica poemata quæ supersunt, gr. et lat., ex edit. J. Crispini. *Apud hæred. E. Vignon*, 1600, pet. in-12, vél.

1745. FLORILEGIUM diversorum epigrammatum in VII libros, gr. *Venetiis, in æd. Aldi*, 1503, in-8, velours vert, tr. dor. (*Aux armes de Jehan Grollier, conseiller du roi, trésorier en la D. de Milan.*)

Superbe exemplaire de la première, la plus belle et la plus rare édition de l'Anthologie donnée par les Aldes. Les armes de GROLIER sont peintes sur le premier feuillet du texte. L'artiste a écrit *Glorier* dans la devise qui entoure ses armoiries (celles qu'il avait avant son mariage). Cet exempl. est très-grand de marges et d'une conservation parfaite. Il est resté inconnu à M. Le Roux de Lincy.

1746. Florilegium diversorum epigrammatum veterum, in septem libros divisum, gr., magno epigrammatum numero et duobus indicibus auctum. *S. l. Excud. Henr. Stephanus*, 1566, in-4, vél.

Belle édition. Brunet, t. Ier, pl. 308.

1747. Epigrammata græca selecta ex Anthologia, interpretata ad verbum et carmine ab H. Stephano. *S. l. Excud. H. Stephanus*, 1570, in-8, vél.

1748. Homeri Ilias, Ulyssea, etc., græce, ex edit. Leoniceri. *Argentorati, Wolf Cephaleus*, 1525, 2 vol. in-8, tit. gr. en bois, anc. rel.

Édition précieuse et très-difficile à trouver. V. Brunet, t. III, col. 270.

1749. Opus utrumque Homeri Iliados et Odysseæ, opera Jac. Mycilli et Joach. Camerarii recognita (cum scholiis gr.). *Basileæ, Jo. Hervagius,* 1551, 2 tom. en 1 vol. in-fol. v. br. fil. *Armoiries.*

Cet exempl. est enrichi de notes manuscrites savantes. Il porte la signature du célèbre médecin Moreau. V. Brunet, t. III, col. 271.

1750. Homeri Ilias, Odyssea, etc., gr. et lat., curantibus Jo. Henr. Lederlino et Steph. Berglero. *Amstelædami, Wetstein,* 1707, 2 vol. pet. in-12, tit. gr. v. br.

Jolie édition, supérieure pour l'exactitude à celle de 1743 ; on y a suivi le texte d'Estienne.

1751. Homeri Ilias, gr. et lat., cum annotation. Sam. Clarke. *Londini, Knapton,* 1754, 2 vol. —Odyssea, gr. et lat., item Batrachomyomachia, hymni et epigrammata Homero vulgo adscripta : edidit S. Clarke (filius). *Londini, Knapton,* 1740, 2 vol. En tout 4 vol. in-4, v. mar. fil.

Édition fort recherchée et qui est encore une des meilleures de ce poëte.

1752. Homeri Ilias (gr. et lat.) et veterum in eam scholia quæ vulgo appellantur Didymi : totum opus cum plurimis vetust. et optimis edition. collatum et luculenter ex earum fide restitutum. *Cantabrigæ, Hayes,* 1689, in-4, v. mar. (*Aux armes d'Edoward Thownshend,* esq.)

Cette édition, l'une des meilleures qui eussent encore paru, ne se trouve pas facilement. Elle contient des variantes et des notes.

1753. Homeri Odyssea. Ejusdem Batrachomyomachia, hymni, aliaque ejus opuscula, cum scholiis (gr. et lat.) *Argentorati, s. d.,* in-8, p. de tr.

1754. Homeri Odyssea, etc., cum vita Homeri. *Argentorati, Wolf Cephaleus,* 1534, in-8, mar. cit. le dos et les plats fleurdelisés.

Le f. du titre manque.

1755. L'Odyssée d'Homère, traduite en françois (par de la Valterie). *Paris, Barbin,* 1699, 2 vol. in-12, v. br.

1756. L'Iliade et l'Odyssée d'Homère, trad. en françois, avec des remarques, par Mme Dacier. *Paris, Rigaud,* 1709-16, 6 vol. in-12, v. br. fig. d'A. Coypel.

Bonne édition. V. Brunet, t. III, col. 287.

1757. Homeri Interpres pervetustus (seu scholia græca in Iliadem, in integrum restituta, edita jussu Leonis X Pont. Max.). *Romæ, in domo Ang. Collotii,* 1517, pet. in-fol., m. br. fil. (*Armes.*)

Édition recherchée et rare, la première de ces scholies, qu'on a réimpr. sous le nom de Dydime : J. Lascaris en a été l'éditeur. V. Brunet, t. III, col. 281.

1758. Hadr. Junii Copiæ cornu, sive oceanus narrationum Homericarum, ex Eustathii in eumdem commentariis concinnatum. *Basileæ, Froben.,* 1558, in-fol., v. mar.

Ce volume, où se trouve le texte d'Homère, est l'abrégé du grand commentaire d'Eustathe.

1759. H. Wolf. Seberi Sulani Index vocabulorum in Homeri Iliade, Odyssea et ceteris poematibus. *In bibliop. Commeliano,* 1725, in-4, vél.

Ouvrage utile pour la lecture d'Homère.

1760. Clavis Homerica, sive Lexicon vocabulorum omnium quæ continentur in Homeri Iliade et potissima parte Odysseæ (auct. G. Perkins). *Roterodami, Leers,* 1673, pet. in-8, vél.

Cette édition renferme les *Elogia Homeri.*

1761. Jo. Schaufelbergeri Nova Clavis homerica, cum annotationibus. *Taurici,* 1761-68, 8 vol. in-8, br. non rog.

1762. Apotheosis vel Consecratio Homeri, a Gisb. Cupero. *Amstelæd.,* 1683, in-4, fig. vél.

1763. Hesiodi Ascræi Opera quæ exstant; gr. et lat., cum notis selectissimis, studio Corn. Schrevelii. *Lugd. Batav..Hackius,* 1653, pet. in-8, v. mar. fil.

De la biblioth. de Colbert.

1764. Hesiodi Ascræi quæ exstant, Orphæi et Procli hymni (gr. et lat.), accedit Pasoris index vocabula singula Hesiodi complectens, accurr. Ant. Zanolino. *Patavii,* 1747, gr. in-8, v. mar.

1765. Orphei Argonautica, hymni, libellus de lapidibus et fragmenta (gr. et lat.), cum notis Henr.
Stephani et Eschenbachii : curante G. Chr. Ham-
bergero. *Lipsiæ*, 1764, in-8, v. mar. fil.

1766. Auræa Pythagoreorum carmina, gr. et lat.,
ex versione metrica, et cum commentariis Theod.
Marcilii. *Lutetiæ*, 1585, in-12, v. br.

1767. Anacreontis Teii Odæ, gr., ab H. Stephano
luce et latinitate nunc primum donatæ. *Lutetiæ*,
apud H. Stephanum, 1554, in-4, vél.

Première édition, aussi belle que rare.

1768. Anacreontis Carmina, cum Sapphonis et Alcæi
fragmentis, græce. *Glasguæ, Foulis*, 1751, in-32,
v. f. fil.

Jolie édition.

1769. Les Poésies d'Anacréon et de Sapho, trad.
du grec, avec des remarques, par Mlle Le Fefebve
(Mme Dacier). *Lyon*, 1696, in-12, v. br.

1770. Pindari Olympia, Nemea, Pythia, Isthmia,
gr. et lat., edit 2^a locupletata. *Excudebat Henr.
Stephanus*, 1566, 2 tom. en 1 vol. in-24, mar.
citr., pet. fers, tr. dor. lavé, réglé.

Jolie édition.

1771. Pindari Olympia, etc., græce; adjecta est interpretatio latina ad verbum, cum indd. necessariis. (*Genevæ*), *Oliva Pauli Stephani*, 1599,
in-4, vél.

Édition correcte.

1772. Pindari, plusquam sexcentis in locis emacu-
lati, Olympia, Pythia, etc., illustrati versione
nova; opera Erasmi Schmidii. *Vittebergæ, sumpt.
Zach. Schureri*, 1666, in-4.

Édition peu commune, et qui a de l'importance sous le rapport de la critique. Cet exemplaire, revêtu d'une belle reliure ancienne en peau de truie,
aux armes de J. Avenarius, porte cette suscription : *Viro magnifico, amplis-
simo, consultissimoque D. Jos. Avenario, J. U. D. et Sereniss. Saxoniæ Elec-
toris a consiliis ecclesiasticis, domino et patrono colendo dedit Auctor.*

1773. Pindari Olympia, etc., gr. et lat.; Johan. Benedictus ad metri rationem.... totum authorem innumeris mendis repurgavit. *Salmurii, typis P. Piededii,* 1620, in-4, vél.

Le texte est celui de l'édition de Schmid, avec quelques corrections ; mais la version latine est refaite et accompagnée d'un bon commentaire.

1774. Pindari Olympia, Pythia, Nemæa, Isthmia, cæterorum octo Lyricorum carmina, gr. et lat.; editio 5ª Henr. Stephani locupletata. *Genevæ, P. Stephanus,* 1626, 2 tom. en 1 vol. in-24, bas.

Quoique portant sur le titre : *Editio V*, celle-ci est la sixième des Estienne.

1775. Pindari Olympia, Pythia, Nemæa, Isthmia, per Joan. Leonicerum latinitate donata, cum ejusdem enarrationibus. *Basileæ, apud. And. Cratandrum,* 1535, in-4, cart.

1776. Joan. Porti Commentarii in Pindari Olympia, Pythia, Nemæa, Isthmia. *Apud Joan. Sylvium,* 1583, in-4, vél.

1777. Theocriti quæ exstant, gr. et lat., cum scholiis græcis. *Oxonii, e theatro Sheldon.,* 1699, gr. in-8, tit. gr. vél.

Belle édition.

1778. Arati Phænomena (gr. et lat.), Ciceronis interpretatio; acced. Virgilii, Germanici Cæsaris et Rufi Avieni carmina : Joach. Perionii opera. *Parisiis, apud J. L. Tiletanum,* 1540, in-4.

Edition rare.

1779. Hug. Grotii Syntagma Aratiorum, opus poeticæ et astronomicæ studiosis utiliss. (*Lugduni Batav.*), *ex offic. Plantiniana, apud Ch. Raphelengium,* 1600, in-4, fig. de J. de Gheyer, vél.

Volume rare et recherché. Brunet, t. II, col. 1766.

1780. Manethonis Apotelesmaticorum libri sex, gr., nunc primum ex biblioth. medicea editi, cura J. Gronovii qui etiam lat. vertit. et notas adjecit. *Lugd. Batav.,* 1698, in-4, v. br

Édition peu commune.

1780 *bis.* Callimachi Hymni (cum scholiis, gr.),
et epigrammata, gr., ejusd. poematium de coma
Berenicis, a Catullo versum, etc. *Excud. H. Ste-*
phanus, 1577, in-4, vél.

1781. Oppiani de Piscibus libri V; ejusdem de venatione libri IIII (gr.); Oppiani de piscibus, Laur.
Lippio interpr. libri V. *Venetiis, in æd. Aldi, etc.,*
1517, in-8, v. f. fil. (*Aux armes de Brinon, s.^r de*
Villaines.)

Bel exemplaire d'une édition rare et recherchée. Première édition du poëme
de *Venatione.*

1782. Oppiani de Venatione libri IIII (lat.), J. Bo-
dino interpr.; his accessit commentarius varius et
multiplex ejusdem interpretis. *Lutetiæ, apud M.*
Vascosanum, 1555, in-4. — Les Quatre Livres de
la Vénerie d'Appien, poëte grec (traduits en vers
françois), par Flor. Chrestien. *Paris, de l'impr.*
de R. Estienne, par Mamert Patisson, 1575, in-4.

1783. Oppiani de Venatione et Piscatu libri, græce,
cum interpr. lat., comment. et indice rerum...
confectis studio et opera Conr. Ritterhusii. *Lugd.*
Batav., 1597, 3 part. en 1 vol. pet. in-8, vél.

Cette édition appartient à l'ancienne collection *variorum.* Elle se recommande par rapport aux scolies qui l'accompagnent et en forment la 3e partie.

1784. Apollonii Rhodii Argonauticorum libri IV, a
J. Hœlzlino in lat. conversi. *Lugd. Batav., Elsev.*;
1641, pet. in-8, v. br.

Cette édition assez rare est celle que l'on fait entrer dans la collection *va-*
riorum.

1785. Nicandri Theriaca et Alexipharmaca, gr. et lat.,
interpr. J. Gorræo, cum ejusdem annotationibus.
Parisiis, G. Morellius, 1557. — Scholia in Nicandri Theriaca, etc., gr. *Parisiis, G. Morellius,* 2 tom.
en 1 vol. in-4.

Belle édition.

1786. Musæi Opusculum de amoribus Leandri et
Herûs, Guill. de Mara paraphraste, J. Vatelli commentariis enarratum. *Parisiis, apud Christ. We-*
chel, 1538, pet. in-8.

1787. L'Enlèvement d'Hélène, poëme traduit du grec de Coluthus, avec des remarques (par Ch. du Molard). *Paris, Robustel,* 1742, pet. in-12.

1788. Quinti Calabri prætermissorum ab Homero libri XIV, gr., cum versione lat., curante J. C. de Paw. *Lugd. Batav.,* 1734, in-8, vél.

Belle édition pour la collection *variorum.*

1789. Tryphiodori Excidium Trojæ, gr. et lat.; acced. interpret. italica Ant. M. Salvinii; recensuit et adnotationes adjecit Aug. M. Bandinius. *Florentiæ,* 1765, in-8, brad. non rog.

4. *Poëtes latins.*

A. Collections et extraits des poëtes latins.

1790. Epigrammata et poëmatia vetera, quorum pleraque nunc primum ex antiquis codicibus et lapidibus eduntur. (*Lugduni*), *apud J. Chouët,* 1596, in-8, v. br.

Rare et recherché.

1791. Jani Vlitii Venatio novantiqua. *S. l.* (*Lugduni Batavorum*), *ex offic. Elzevirii,* 1645, pet. in-12, tit. gr. v. br.

B. Poëtes latins anciens.

1792. Lucretius. *Florentiæ, sumpt. Ph. Juntæ,* 1552, pet. in-8, mar. r.

Cet exempl. est défectueux du premier f. préliminaire et du dernier f. de notes.

1793. T. Lucretii Cari de rerum natura libri VI, a Dion. Lambino ex auctoritate quinque codd. mss. emendati atque restituti, et comment. illustr. *Parisiis et Lugduni, habentur in Gul. Rouilly et Ph. G. Rouilly nepotis ædibus* (1563), in-4, vel.

1794. Tibullus, Catullus et Propertius, cum Bernardini Veronensis, Ant. Parthenii Lacisci et Philippi Beroaldi comment. *Venetiis, per Bonetum Locatellum Bergomensem,* 1487, pet. in-fol.

1795. Catullus, Tibullus, Propertius. His access. C. Galli fragmento. *Apud Gryphium, Lugduni,* 1531, in-8, v. br.

1796. Catullus et in eum commentarius M. Ant. Mureti. *Venetiis, apud Paulum Manutium, Aldi filium,* 1554, in-8, mar. citr. fil.

C'est la première production littéraire de Muret, depuis son arrivée en Italie, où l'une de ses premières liaisons fut avec Paul Manuce.

1797. Catullus, Tibullus et Propertius, cum Corn. Galli fragmentis. *Antverp., Christ. Plantin.,* 1560, in-16, anc. rel. en peau de truie, à ferm.

Bel exemplaire.

1798. Virgilii Opera, cum comment. Tib. Donati et Servii Honorati. *Basileæ, ex offic. Henricpetr.* (1575), in-fol., v. f. fil.

1799. Virgilii Opera, cum notis variorum, edente Corn. Schrevelio. *Lugd. Batav.,* 1666, in-8, tit. gr. vél.

1800. Virgilii Opera, cum interpr. ac notis C. Ruæi, ad usum Delphini. *Parisiis,* 1682, in-4, v. mar.

1801. P. Virgilius Maro, ex editione D. Heinsii et P. Burmanni. *Amstelæd., apud J. Wetstenium,* 1744, pet. in-12, tit. gr. mar. rouge, tr. dor.

1802. Les OEuvres de Virgile, trad. en françois avec des notes, par l'abbé Desfontaines. *Amsterd.,* 1775, 2 vol. in-12, v. mar.

1803. Servii Mauri Honorati grammatici in Bucolica (Georgica et Æneidem), Virgilii incipit. In fine :.... *Brixiæ impressa sunt per Boninum de Boninis de Raguxiæ,* 1484, in-fol. vél. (*Rare.*)

1804. P. Virgilii Maronis appendix cum supplemento multorum antehac nunquam excusorum poëmatum veterum poetarum, cum Scaligeri commentariis et castigationibus. *Lugduni,* 1573, in-8, v. f. fil.

Seconde édition des Catalectes. Exempl. de Colbert.

1805. Les Géorgiques de Virgile, trad. en vers français, avec des notes, par M. Delisle. *Paris*, 1770, in-12. *Fig.*

Édition originale.

1806. L'Énéide, trad. en vers français par J. Delisle, avec des remarques sur les beautés du texte. *Paris, an XII* (1804), 4 vol. in-8, fig. v.

1807. L'Énéide, trad. en vers français par J. Delisle, avec des remarques. *Paris,* 1804, *an XII,* 2 vol. in-12, v. f.

1808. Halliez. Géographie de Virgile, ou Notice des lieux dont il est parlé dans les ouvrages de ce poëte. *Paris,* 1771, in-12, v. br. fil.

1809. Christ. Landini florentini in Horatii opera omnia interpretationes. *Impressum Venetiis per Joannem de Forlivio et socios,* 1483, in-fol.

Belle édition.

1810. Horatii Poemata. *Parisiis, Mich. Vascosan,* 1545, 3 part. en 1 vol. in-4, v. br. fil.

Belle édition. V. Brunet, t. III, col. 314.

1811. Horatii Opera, cum commentar. Acronis et Porphyrionis, admixtis C. Æmilii, Julii Modesti et Terentii Scauri annotation.; edita per G. Fabricium Chemnicensem. *Basileæ, Henric. Petrus,* 1555, in-fol. bas. fil. (*Armes.*)

Belle édition. Elle ne renferme pas moins de quarante commentateurs tant anciens que modernes.

1812. Q. Horatius Flaccus, ex fide atque auctoritate decem librorum manuscr., opera Dion. Lambini emendatus. *Lugduni, J. Tornæsius,* 1561, in-4, vél.

Première édition de l'excellent commentaire de Lambin.

1813. Horatii Opera, cum Lævini Torrentini commentario nunc primum edito, cumque P. Nannii commentario in Artem poeticam. *Antverpiæ, ex offic. Plantin.,* 1608, in-4, d.-rel. v. br.

Édition estimée à cause du commentaire.

1814. Horatii Opera, cum animadvers. et notis D. Heinsii. *Lugd.-Batav.*, *Elzevier*, 1612, in-8, v. br.

1815. Horatii Opera, ex recensione et cum notis et emendationibus R. Bentleii, editio altera. *Amste-lodami*, *apud Rob. et Gerh. Wetstenios*, 1713, 2 part. in-4, tit. gr. v. mar. fil,

L'Horace de Bentley est regardé comme une des meilleures éditions que l'on ait de ce poëte.

1816. Horatii Carmina expurgata, cum notis et per-petua interpretatione Jac. Juvencii. *Parisiis*, 1754, 3 vol. in-12, v. br.

1817. Remarques critiques sur les œuvres d'Horace, avec une nouvelle traduction (par Dacier). *Paris*, *Thierry*, 1689, 10 vol. in-12, v. br.

1818. Les Poésies d'Horace, traduites par Batteux. *Paris*, 1781, 2 vol. in-12, v. br.

1820. Phædri Augusti Fabularum æsopicarum li-bri V, notis perpetuis illustrati, et cum integris aliorum observationibus in lucem editi a J. Lau-rentio. *Amstelodami*, 1667, in-8, fig. tit. gr. v. br.

Édition recherchée à cause des figures dont elle est ornée.

1821. Phædri Augusti liberti Fabulæ et P. Syri Mimi, cum notis et emendat. Tanaquilli Fabri; addita est gallica versio, et in eam animadvers. *Salmurii*, 1673, in-12, v. br.

1822. Ovidii Opera. *Venetiis*, *in æd. heredum Aldi*, *etc.*,1533-34, 2 vol. pet. in-8, v. f. (*Tom. 1 et 3.*)

1823. Ovidii Opera, ex And. Navagerii castigatione. *Antverpiæ*, *ex offic. Christ. Plantini*, 1566-67, 2 vol. in-16, v. f.

1824. Ovidii Opera, cum variorum doctorum viro-rum commentariis, notis, observationibus et emendat. *Francofurti*, *typis Wechelianis*, 1601, 3 tom. en 1 vol. in-fol. v. br. fil. (*Armes.*)

Exempl. du président Boyvin.

1825. Ovidii Opera. *Amstelædami, apud Joannem Janssonium*, 1662, 2 vol. in-16, v. br.

1826. H. Ciofani in omnia Ovidii opera Observationes. *Antverpiæ*, 1588, in-8, portr. vél.

1827. Ex P. Ovidii Nasonis Metamorphoseon libris V, electorum libris totidem, ultimo integro. *Antverpiæ, apud hæred. Martini Nutii*, 1618, 2 part. in-fol. bas. fil. (*Armes.*)

1828. Ovidii Fastorum libri VI, cum interpretat. Antonii de Fano et Pauli Marsi. *S. l. n. d.*, in-fol. fig. en bois, v. br. fil. (*Armes.*)

Édition imprimée avant 1500. Les trois premiers feuillets manquent.

1829. Ovidii Fastorum libri sex, ex recensione P. Burmanni et Georg. Christ. Taubneri notis. *Laubæ et Lipsiæ*, 1747, 3 vol. in-8, br. non rog.

1830. P. Ovidii Nasonis libellus in Ibin, Dion. Salvagnii Boessii opera. *Lugduni, sumpt. Ant. Pillehotte*, 1633, in-4.

1831. La Bible des Poëtes. Metamorphose, nouuellemñt imprime à Paris. *Cy finist la bible des poëtes de metamorphoze, imprime à Paris pour Anthoine Verard....* (sans date), pet. in-fol. goth. fig. en bois, v. br. fil. (*Armes.*)

Ce livre est la traduction de Thomas Walleys, faite par Colard Mansion.

1832. Les XXI Épitres d'Ovide translatées de latin en françois par révérend père en Dieu, monseigneur leuesque Dangoulesme. *Ce présent livre des épistres d'Ouide a esté imprimé à Paris par Pierre le Caron, demourant en la rue de la Iuifrie, à l'enseigne de la rose ou au palays à la première porte* (sans date), in-4, goth. *Fig. en bois.*

1833. Les Epitres d'Ovide mises en françois, par Ch. Fontaine. *Lyon*, 1552, pet. in-12, v. br.

1834. Manilii Astronomicon libri V, cum J. Scaligeri recensione et commentariis. *Heidelbergæ*, 1590, in-8, vél.

1835. Manilii Astronomicon, ex recensione et cum notis Rich. Bentleii. *Londini*, 1739, in-4, portr. carte céleste, d.-rel.

Bonne édition.

1836. Gratii Falisci et M. Aur. Ol. Nemesiani Cynegeticon, cum notis variorum. *Mitaviæ*, 1775, in-8, d.-rel. C. de R., tête dor. n. r.

1837. Auli Persii Satyrarum liber, Is. Casaubonus recensuit et commentario illustr. *Parisiis*, 1615, in-8, vél.

1838. Aulo Persio Flacco traduzido en lengua castellana, con declaracion magistral, en que se declaran todas las Historias, Fabulas, Antigüedades, Versos difficultuosos, y moralidad que tiene el Poeta, por Diego Lopez. *En Burgos*, 1609, pet. in-8, v. m. fil.

1839. D. Junii Juvenalis Aquinatis Satyræ, cum commentariis D. Calderini, P. Birthii et G. Vallæ. *Impressum Taurini, per Nicolaum de Benedictis et Jacob. Suigum*, 1494, pet. in-fol., v. br. fil. (*Armes.*)

1840. D. Junii Juvenalis Satyrarum libri V, præterea A. Flacci Persi Satyrarum liber unus, cum commentariis Eilhardi Lubini. *Hanoviæ, typis Wechelianis*, 1603, in-4, vél.

Cet exemplaire est revêtu des signatures de Jean Desloix, inquisiteur de la foi, 1628, et de Jean Boyvin, 1607.

1841. D. Junii Juvenalis Satyræ XVI, cum comment. Is. Grangæi, B. Autumni et Dom. Calderini. *Parisiis, sumptibus Rob. Fouet*, 1614, in-4, v. f. fil.

1842. Domitii Calderini Veronensis in Satyras Juvenalis Commentarii. *Venetiis, per Baptistam de Tortis*, 1482, in-fol.

1843. Les Satyres de Juvénal d'Aquin, traduites en françois, avec sommaires, apostilles et annotations plus nécessaires, par A. Du Chesne, Tourangeau. *Paris*, 1607, in-8, v. br.

1844. Satyres de Juvénal, en vers françois, avec des remarques, par de Silvecane. *Paris*, 1690, 2 vol. in-12, v. br.

1845. M. Annæi Lucani Pharsaliæ libri X, cum Lamb. Hortensii explanationibus et Joan. Sulpitii commentariis. *Basileæ, ex offic. Henricipetr.*, 1598, in-fol. vél. gauf.

1846. Lucani Pharsalia, sive de Bello civili, etc., ex emendatione et cum notis Hugonis Grotii. *Amstelæd., apud D. Elzevir.*, 1671, in-24, v. br.

1847. Lucani Pharsalia, cum commentariis P. Burmanni. *Leidæ*, 1740, in-4, v. mar. fil.

1848. La Pharsale de Lucain, ou les Guerres civiles de César et de Pompée, en vers françois (par Brébeuf). *Amsterdam, chez L. et D. Elzevier* (sic), 1665, in-12, v. br.

1849. C. Valerii Flacci Argonauticon libri octo, cum notis integris Lud. Carrionis et aliorum, curante P. Burmanno, qui et suas adnotationes adjecit. *Leidæ*, 1724, in-4, portr. tit. gr. v. f.
Bonne édition.

1850. Publii Papinii Statii Achilleidos libri cum commentariis Joan. Britannici Brixiani. *Impressum Brixiæ, per Jac. Britannicum*, 1485, in-fol.
Volume rare.

1851. Publii Papinii Statii Opera quæ exstant, cum P. Lactantii commentariis, ex recensione F. Tiliobrogæ. *Parisiis, ex offic. Plantin., apud H. Perrier*, 1600, in-4, vél.
Avec de savantes notes manuscrites.

1852. Publii Papinii Statii Opera, cum commentariis variorum, ex recensione Emerici Crucei qui novo commentario Statii Sylvas illustravit. *Parisiis, Ch. Blaise*, 1618, in-4, v. fil.

1853. P. Papinii Statii Opera, ex recensione et cum notis Joan. F. Gronovii. *Amstelæd., typis Ludov. Elsevirii, sumpt. societatis*, 1658, in-16, vél.

1854. Martialis. *S. l. n. d.*, in-8, vél.

Contrefaçon de l'édition des Aldes, faite à Lyon avant 1503. — Brunet, t. III, col. 1490.

1855. Martialis Epigrammaton libri XII : Xeniorum liber I : Apophoretorum liber I : omnia emendata et scholiis illustrata ab Hadr. Junio. *Antverp., ex offic. Christ. Plantini,* 1568, pet. in-12, v. f.

Cette édition est encore recherchée.

1856. M. Valerii Martialis Epigrammatum libri XV, Laur. Ramirez de Prado comment. illustravit. *Parisiis, Cl. Morellius,* 1607, in-4, v. br.

1857. Martialis nova editio, ex musæo P. Scriverii. *Lugd. Bat., J. Maire,* 1618, pet. in-12, v. f. fil.

Bonne édition, peu commune.

1858. Mauri Terentiani de litteris, syllabis, pedibus et metris Tractatus, Nic. Brissæo commentatore et emendatore. *Parisiis, S. Colinæus,* 1531, in-4, p.

1859. Recueil. — 1°. Valerii seu Dionysii Catonis Disticha moralia, cum scholiis, gr., a Maximo Planude e latino versa. *Antverpiæ,* 1533, in-8; — 2°. Erasmi liber de Præparatione ad mortem. *Parisiis, ex offic. Christ. Wecheli,* 1542, in-8; — 3°. Erasmi de Civilitate morum puerilium. *Lugduni,* 1543, in-8; — 4° Christ. Hegendorphini de instituenda vita et moribus juventutis. *Lutetiæ, ex offic. Roberti Stephani,* 1545, in-8°. — 5° Nic. Borbonii Tabellæ elementariæ pueris ingenuis pernecessariæ. *Parisiis, S. Colinæus,* 1539, in-8.

1860. T. Calphurnii Bucolica, *Felix Baligault, s. l. n. d.*, in-4, goth.

1861. Ausonii omnia Opera nuper maxima diligentia recognita. *Florentiæ, sumptu Ph. Juntæ,* 1517, in-8, mar. r.

Édition rare.

1862. Ausonii Opera, etc., ad varia exemplaria emendata commentariisque illustrata per Ed. Vinetum.

Burdigalæ, Millangius, in-4, gr. sur bois, v. br.
fil. (*Armoiries*.)

Belle édition, estimée pour le commentaire. Le texte a été imprimé séparément en 1575, et le commentaire en 1580. — Brunet, t. Ier, col. 573.

1863. Claudii Claudiani quæ exstant. *Ex offic.
Plantin., Raphelengius*, 1616, in-24, vél.

1864. Claudiani quæ exstant. *Lutetiæ-Parisiorum*,
1616, in-16, v. br. fil.

1865. Cl. Claudiani Proserpinæ Raptus, cum Jani
Parrhasii commentariis ab eo castigatis et auctis.
— In fine : *Impressum Parisiis per Ant. Bonemere
impensis Pontii Le Preux, anno Domini MDXI*,
pet. in-fol. v. br. fil. (*Armes*.)

1866. Probæ Falconiæ Centones de fidei nostræ
mysteriis, e Maronis carminibus excerptum opusculum : access. Jo. Plateani Hedui Augustod. Virgilii
centones. *Parisiis, apud. Æg. Corbinum*, 1576,
in-8, d.-rel. C. de R.

Exempl. de Baluze.

1867. C. Rutilii Numatiani Galli Itinerarium, cum
animadv. Th. Sitzmanni. *Lugduni*, 1616, in-8.

1868. Caii Solii Apollinaris Sidonii Opera ; Jo. Sa-
varo recognovit et librum commentar. adjecit; editio 2ª emendata. *Parisiis, Hadr. Perrier*, 1609,
in-4, v. f. fil. *Aux armes de L. Camusat.*

Bonne édition.

1869. C. Solii Apollinaris Sidonii Opera, Jacobi Sirmundi studio et opera recognita notisque illustrata (curante Ph. Labbæo). *Parisiis*, 1652 in-4,
v. f.

Bonne édition.

1870. Cl. Cresconii Corippi Africani grammatici de
laudibus Justini Augusti Minoris, heroico carmine,
libri IV, nunc primun e tenebris in lucem asserti
ac scholiis illustrati per Mich. Ruizium Assagrium.
Antverpiæ, ex offic. Plantin., 1681, in-8.

Édition originale.

1871. C. Juvenci, Cœlii Sedulii, Aratoris sacra poesis recognita et collata. *Lugduni, apud Joan. Tornæsium*, 1566, pet. in-12, v. f. fil.

1872. Aurelii Prudentii Opera, notis et indice illustrata a Jo. Weitzio. *Hanoviæ*, 1613, 2 part. in-8, d.-rel. v. br.

C. Poëtes latins modernes.

1874. Carmina illustrium poetarum italorum, J. Matthæus Toscanus conquisivit, recensuit et publicavit. *Lutetiæ*, 1576, 2 tom. en 1 vol. pet. in-12, v. f. fil.

1875. Les Eclipses, poëme en six chants, traduit en françois, avec le texte latin (de Solis et Lunæ defectibus) de M. l'abbé Boscovich en regard, par M. l'abbé de Barriel. *Paris*, 1779, in-4, cart.

1876. Publ. Fausti Andrelini Hecatodistichon, Joan. Vatello castigatore et paraphraste. *Parisiis, ex offic. Lud. Grandini*, 1559, in-8.
Ces cent distiques moraux eurent beaucoup de vogue.

1876 *bis*. J. Aurelius Augurellus. *Venetiis, in ædibus Aldi, mense aprili*, 1505, in-8, vél.
De la biblioth. et aux armes du comte Boutourlin. Édition belle et rare.

1877. Recueil. — 1°. Evangelistarium Marci Marulli Spalatensis in VII libros partitum. *Apud inclytam Basilæam, s. d.* (1519) in-4, tit. gr. en bois. — 2°. Cutheberti Tunstalli in laudem matrimonii oratio habita in sponsalibus Mariæ Henrici VIII filiæ et Francisci Francorum regis primogeniti. *Basileæ*, 1519, in-4; — 3°. Putorii sacra et satyrica epigrammata. P. Fausti Egloga. Lud. Lazarelli Bombix, etc. *Basileæ*, 1518, in-4, anc. rel.
Recueil curieux.

1878. Elisii Calentii opuscula, scilicet : elegiarum libri III, epigrammatum libellus, epistolarum ad

Hieracum libri III, etc. *Romæ, per Joan. de Be-sickon, anno MDIII, die vero XII mensis decem-bris....* pet. in-fol. lettres rondes, mar. br. fil. (*Armes.*)

Édition originale d'un recueil rare ; elle est recherchée des curieux comme contenant plusieurs pièces trop libres, qui ont été supprimées dans les réimpressions. Brunet, 1 col., 1473.

1879. Il poema *de Principiis rerum* di Scipione Ca-pece, colla traduzione in verso italiano. Il poema de Vate maximo, l'elegia, gli epigrammi, etc., con le notizie storiche e critiche del conte Mazuchelli. *In Venetia*, 1754, in-8, v. m.

1880. Hippolyti Capilupi Carmina. *Antverpiæ, ex offic. Christ. Plantini*, 1574, in-4. — Lævini Tor-rentii seu Vanderbeken de Bello turcico liber. *Ant-verpiæ*, 1574, in-4, vél.

1881. Laur. Gambaræ poemata. *Antverpiæ*, 1569, in-8, rel. anc.

1882. Jo. Bapt. Giraldi Cynthii Ferrariensis poëmata. *Basileæ, ex offic. Roberti Winter*, 1540, in-8.— Alexandri Cortesii liber de Virtutibus bellicis Ma-thiæ Corvini, Vinc. Obsopœi opera. *Hagonæ*, 1531, in-8. — Jesu Syraci liber, qui vulgo Ecclesiasticus dicitur, elegiaco carmine redditus a J. Seccruvitzio. Ejusdem carmen de Christo Agno. *Basileæ, s. d.*, in-8. — Joan. Maioris Joachimi Simson et Paradi-sus, aliaque ejusdem poëmata. *Francofordiæ ad Mœnum, excud. P. Brubachus*, 1558, in-8.

Toutes ces pièces sont rares.

1883. Mich. Marulli Tarchaniotæ Epigrammata et hymni. *Argentorati, in æd. Mat. Schurerii*, 1509, in-4. — Sideralis Abyssus (auctore Ch. Radino Todischo), edente Nic. Beraldo. In fine : *Lutetiæ, impressum opa Thome Keër*, 1514, pet. in-4, goth.

Marque de Hémon Lefèvre. Ce livre curieux et rare, composé en l'honneur de saint Thomas d'Aquin, renferme des fig. sur bois singulières. Exempl. de Théod. Tabourot, chan. de Langres.

1884. Marcelli Palingenii Zodiacus vitæ ; id est, de Hominis vita, studio ac moribus optime instituen-

dis, libri XII. *Lugduni, F. Tornæsius;* 1556, in-12.
Anc. rel.

La hardiesse des tirades du Zodiaque contre l'Église catholique lui donna
dans son temps un grand succès. On sait que les lettres initiales des
29 premiers vers du premier livre de ce poëme forment le nom de
l'auteur.

1885. Sannazarii Opera omnia latine scripta, ex se-
cundis curis Jani Broukusii. *Amstelod.,* 1728, in-
8, v. br.

Bonne édition qu'on annexe à la collection *variorum.*

1886. Strozii poëtæ, pater et filius. *Parisiis, in officina Sim. Colinæi,* 1530, in-8, anc. rel.

Bonne édition.

1887. Venerabilis Laurentiæ Strozæ monialis ordinis S. Dominici, in singula totius anni solemnia
hymni. *Parisiis, Binet,* 1601, in-12, vél.

Ces hymnes ont été les seules que pendant longtemps on ait fait entendre
dans les églises. Laurence en composa pour chaque fête de l'année. De Thou
a fait dans son histoire l'éloge de cette savante religieuse.

1889. De conservanda bona valetudine opusculum
salernitanum, cum Arnoldi Novicomensis enarrationibus, opera et studio Joan. Curionis et Jac Cril-
lii. *Francofurti Egenolphus,* in-8.

1890. Franc. Zambecarii elegiarum liber de amoribus Chryseæ et Philocrisi. In fine: *Accipe, lector,
opusculum lepidum Parrhisiis impressum per Thiel-
manum Keruer pridie calendas Januarii anno salutis,* 1498, petit in-4.

Édition rare, en beaux caractères ronds. Au frontispice se voit une des marques du libraire Jehan Petit.

1891. Poetarum ex Academia gallica (Huetii, Frague-
rii, OEnopionis (Boivin), Oliveti, Monetæ) qui latine aut græce scripserunt, carmina (edente Oliveto, dedicationis auctore). *Hagæ-Comitum,* 1740,
in-8, v. br.

Envoi de l'abbé d'Olivet à l'évêque de Nevers.

1892. RECUEIL. 1°. Nic. della Valle liber Georgicorum,
in-4, goth. *S. l. n. d. (Ce livre est rare.)* — 2° Wilhel-
mus Vigellus (Nigellus Vircker monachus cantua-

riensis). Speculum stultorum.*S. l. n. d.*, in-4. goth.
(*Très-rare.*).— 3° Sulpitii Verulani libellus elegans
de moribus puerorum et regimine mensæ.*S. l. n. d.*,
in-4, goth. portant la marque de Félix Baligaut.
(*Pièce de poésie latine très-rare.*) — 4° Bucolica
Calphurnii sine commento. *S. l. n. d.*, in-4 goth.
portant la marque de Félix Baligaut. (*Edition rare.*)
5° Septem Psalmi pœnitentiales novit. metrice cō-
pilati (auct. Ægidio de Delft.). (*Parisiis*) *per Antonium Denidel, s. d.*, in-4, goth.

1893. J. HOLBEIN. Icones mortis, duodecim imagini-
bus præter priores, totidemque inscriptionisus
præter epigrammata e gallicis a Georgio Æmilio in
latinum versa, cumulatæ. *Lugduni*, 1547, pet.in-8.

Avec les 53 planches originales de J. Holbein, plus douze nouvelles aussi
belles que les premières.

1893 *bis*. HOLBEIN. Les Images de la mort, auxquelles
sont adioustées douze figures. Davantage la médecine de l'âme, etc. *A Lyon, à l'escu de Coloigne,
par Jean Frellon*, 1547, pet. in-8.

Avec 53 planches dont 12 nouvelles aussi belles que les premières.

1894. Archithrenius summa diligentia recognitus:(In
fine) finis Archithrenii ficto ab effectu vocabulo
Joannis nomine, et Neustrii seu Normanni natione
summa diligentia ab Ascensio recogniti, plusculis
ad hoc collatis exemplaribus. *In ædibus ascensianis (Parisiis) ad.XV calendas septembr. MDXVII*,
in-4, v.

Poëme allégorique et moral en neuf livres, dont l'auteur, qui vivait à la fin
du XII° siècle, est nommé dans l'*Histoire littéraire de France* Jean de Hant-
wille, dans les *Mémoires de l'Académie des inscriptions et belles lettres*, d'Hau-
teville, et dans la *Biogr. univ.*, de Hanvill. Archithrenius (l'archipleureur) est
le nom que l'auteur a donné au principal acteur de son poëme. L'ouvrage,
quoique aussi bizarre dans sa marche que dans le sujet, est curieux et offre
plus d'un passage remarquable. Les exempl. en sout rares.

1895. Theod. Bezæ Poemata. *Lutetiæ, C. Badius,*
1548, pet. in-8.

Édition originale.

1896. Theod. Bezæ Poemata varia. *Excud. J. Stoër,*
1599, in-16, vél.

Édition estimée.

1897. Dion. Salvagnii Sylvæ quatuor de totidem Delphinatus miraculis. Acced. ejusdem et Isabellæ Dragentiæ Epithalamium auct. Scipione Guilloto, item Salvagniorum epitaphia. *Gratianopoli*, 1638, in-4.

1898. J. Jac. Boissardi Vesuntini poemata, Epigrammatum libri III. Elegiarum libri III. Epistolarum libri III. *Basileæ*, 1574, in-16, vél.

1899. Joan. Bonefonii Pancharis. *Lutetiæ*, 1588, pet. in-12, vél.

> Recueil de trente-deux pièces de poésie érotique. Exempl. d'Ant.-Den. Camusat. Première édit.

1900. Steph. Doleti Galli Aurelii carminum libri quatuor: *Lugduni, anno MDXXXVIII*, in-4, lettres ital., v. br. fil. (*Armes*.) Sur le titre l'emblème de l'auteur.

> Au verso du 175e feuillet et sur les deux suivants se trouvent des vers adressés à Dolet par ses amis.

1901. Nic. Borbonii Vandoperani nugarum libri VIII. *Parisiis, Mich. Vascosanus*, 1533, in-8. — Jul. Cæs. Scaligeri novorum epigrammatum liber unicus. Ejusdem hymni duo Joannis Baptistæ clamantis in deserto. Ejusdem Diva Ludovica Sabaudia. *Parisiis, apud. Mich. Vascosanum*, 1533, in-8. — Ædiloquium, seu disticha partibus ædium urbanarum et rusticarum suis quæque locis adscribenda. Item Epitaphia septem de amorum aliquot passionibus antiquo more, et sermone veteri confecta, auct. Gotofredo Torino Biturigico. *Parisiis, Sim. Colinæus*, 1530, in-8, fig.

1902. Nic. Borbonii junioris Poematia exposita, quibus access. aliquot præfætiones, et Divi Cyrilli archiep. Alexandr. liber primus contra Julianum, græce nunc primum editus et latine, eodem interpr. *Parisiis*, 1630, in-8, vél.

1903. Joan. Girardi Stichostratia epigrammatum centuriæ V. *Lugduni*, 1552, in-4. — (*Cet auteur, né à Auxonne, avait fait ses études à l'université de*

Dôle). — Jo. Ant. Modesti oratio prima contra Martinum Lutherum de potestate pontificia ad Cæsares et Germaniæ principes. *S. l. n. d.*, in-4, goth.

1904. Mich. Hospitalii epistolarum seu sermonum libri VI. *Lugduni, per Hugonem Gizeium*, 1592, in-8, portr. vél.

1905. Salmonii Macrini elegiarum triumphalium liber. *Apud Ægid. Gourmontium, s. d.*, in-4.

<small>Salmon fut surnommé Macrinus (Maigret) à cause de sa maigreur.</small>

1906. Salmonii Macrini odarum libri III, ad P. Castellanum; accessere Jo. Bellaii card. ampliss. poemata aliquot. *Parisiis, Rob. Stephanus*, 1546, in-8, lettres ital., rel. anc.

1907. J. Regnerii Apologi Phædrii. *Divione, P. Paillot*, 1643, in-12, v. fil.

1908. Steph. Lamberti Villafanni Opera poetica. *Bruxellis*, 1660, in-12, vél.

1909. Aug. Nicolai Parthenope furens. *Parisiis*, 1670, in-4. — (*La révolte de Masaniello est le sujet de ce poëme, qui est divisé en 5 livres.*) — Ejusdem lyricorum libri III. *Divione, apud viduam P. Chavance*, 1670, in-4, vél.

1910. Joan. Massolæi Gravelinga, sive Herculis Gallici liber quintus. *Parisiis*, 1647, in-4, cart.

1911. Aurélia, ou Orléans délivré, poëme latin (qui n'a jamais existé) traduit en françois (par l'abbé de Roussy). *Paris, Mérigot*, 1738, in-12, v. br., tr. dor.

<small>Envoi de l'auteur à l'évêque de Nevers.</small>

1912. Anti-Lucretius, sive de Deo et natura libri novem, Melchioris de Polignac opus posthumum, opera Caroli d'Orléans de Rothelin, editum. *Parisiis*, 1754, 2 tom. en 1 vol. in-12, v.m.

1913. Joan. Santolii Hymni sacri et novi. *Amstelodami*, 1780, in-12, v. m.

1914. Jac. Savary Album Dianæ Leporicidæ, sive venationis leporinæ leges. *Cadomi, Claudius Le Blanc*, 1650, in-12, vél.

Volume rare. Envoi de l'auteur à M. l'abbé Quillet, à l'hostel d'Estrées, rue Barbette.

1915. Jos. Scaligeri Poemata omnia, ex musæo P. Scriverii. *Ex offic. Plantin. Raphelingii*, 1615, pet. in-12, vél.

1916. Joan. Vulteii (Voulté) epigrammatum libri IV, Xenia. Oratio funebris de J. Minutio. *Lugduni, apud Mich. Vannanterium.* (A la fin :) *Excud. Joan. Barbou*, 1537, 2 part. in-8. — (*Lef. du titre manque*). — Lud. Cyanæi christianarum meditationum opusculum. *Ex ejusdem chalcographia (Parisiis)*, 1537, in-8, v. tigr. fil. tr. dor.

1918. Rich. Bartholini de bello norico Austriados libri XII. *Argentorati*, 1531, in-fol.

Vol. rare.

1919. Henr. Bebelii, poetæ laureati, Triumphus Veneris, cum commentario Joan. Altenstaig. *Argentinæ, anno MDXV*, in-4.

Bonne édition.

1920. BRANDT. Stultifera Nauis. Narragonice pfectionis nunq; satis laudata Nauis : per Sebastianũ Brandt : — 1498. *Nihil sine causa. Jo. de Olpe.* (In fine, fol. 156.) *Finis Narragonice nauis per Sebastianum Brant vulgari sermõe theutonico quondam fabricate; atque iampridem per Jacobum Locher cognomento Philomusum in latinũ traducte in laudatissima Germanie vrbe Basiliensi, nup. cura et pmotione Johannis Bergman de Olpe anno salutis nře MCCCCXCVIII, Kl. Martii (cum scuto typographi),* pet. in-4, lettres rondes, fig. en bois.

Ouvrage singulier, qui eut une grande vogue à l'époque où il parut. Dans cette édition se retrouvent les remarquables figures en bois qui ornent la première édition de Bâle, du mois de mars 1497. V. le P. Laire, t. II, p. 118 et 235.

1921. Nic. Reusneri Monachæ : hoc est summorum regum, sive imperatorum assyriorum, persarum, græcorum, romanorum libri VIII. *Darmstadii*, 1608, in-12. — Melch. Stahlschmidt christiani martialismi. *Paderbonæ,* 1604, in-12, vél.

1922. Georgio Fabricio Chemnicensi, et Magdalenæ Faustæ, scriptorum carminum nuptialium libri II : ejusdem Fabricii epitaphia aliquot. *Basileæ, per Joan. Oporinum,* 1560, pet. in-8, dem.-rel. C. de R. tr. dor.

1924. Dominici Baudii Poemata, nova editio et prioribus auctior. *Amstelædami* (à la Sphère), *apud Joan. Janssonium,* 1640, pet. in-12, v. br.

1925. Jac. Wallii poematum libri IX. *Antverpiæ, ex offic. Plantin. Balth. Moreti,* 1669, in-12, v. br.

1926. Jani Douzæ epigrammatum libri II : satyræ II : elegiarum liber I : Sylvarum libri II. *Antverpiæ,* 1570, in-8.

1927. Angelini Gazæi Pia Hilaria, nova editio longe auctior et correctior. *Antverpiæ, ex offic. Plantin. Balth. Moreti,* 1629, in-12, vél.

1928. Dan. Heinsii poematum editio nova : acced. præter alia libri de Contemptu mortis antehac non editi. *Lugduni Batav., sumptibus Elsevirior., typis J. Elsevirii,* 1621, 2 tom. en 1 vol. in-12.

1929. Balduini Ronsei Venatio medica, continens remedia ad omnes, a capite ad calcem usque, morbos. *Lugd. Batav. ex offic. Plantin.,* 1589, pet. in-8. — *(Les exemplaires de ce poëme ne se trouvent que difficilement.)* — La Précédence de la noblesse, sur un différend en cas de précédence entre les nobles et les syndics d'une paroisse, plaidé au souverain État de Savoie, par Guillaume de Oncieu. *Lyon,* 1593, in-8.

1930. Nic. Biezii de universitate libri III, carm. *Antverpiæ,* 1556, in-4. — Henr. Glareani Leviti de geographia liber. *Friburg.-Brisgoiæ,* 1529, in-4.

1931. Joannis Secundi Basia et alia quædam. *Lug-duni, Gryphius,* 1539, in-4.

Édition originale. — L'exempl. est défectueux des deux dern. ff.

1932. Georg. Buchanani Elegiarum liber I, Sylva-rum liber I, endecasyllabon liber I. *Lutetiæ, apud Mamertum Patissonium, typogr. regium, ex offic. Rob. Stephani,* 1579, in-16, vél.

1933. Geor. Buchanani Franciscanus et Fratres, ele-giarum liber I, sylvarum liber I, endecasyllabon liber I, de sphæra libri V. *In bibliop. Commeli-niano,* 1609, in-8. — G. Buchanani operum poe-ticorum pars altera, in quâ tragœdiæ sacræ et ex-teræ. *Apud Petrum Santandrianum,* 1607, in-8. — Casp. Barthi opuscula varia poetica. *Hanoviæ,* 1612, in-8.

1934. Epigrammatum Joannis Owen..... libri tres ..... editio ultima, prioribus emendatior. *Deiæ Aug. Vocont. ex offic. Joh. Rodolphi Fabri philos. professoris, sumptibus ejusdem,* 1614, 2 part. in-8, v. fil.

Cette édition, qui mérite d'être citée comme un livre peu connu, et parce que M. Cotton n'a pas placé *Die* dans son *Typographical Gazetteer,* est en deux parties : la première contient les trois livres annoncés sur le titre ci-dessus ; la seconde a un titre particulier portant : *Epigrammatum Joannis Owen..... liber singularis, editio ultima.*

1935. Joan. Owenii epigrammatum editio postrema correctissima et posthumis quibusdam adaucta. *Tolosæ, apud Bern. Dupuys,* 1671, in-18, v. f., fil.

1936. Mat. Cæs. Sarbievii Carmina. *Parisiis, Bar-bou,* 1759, in-12, v. m.

Cette édition est préférée à la réimpression de 1791.

1937. Theophilo Folengo. Merlini Cocaii Opus ma-caronicorum, totum in pristinam formam per me magistrum Acquarium Lodolam redactum. *Ve-netiis, de Galbis,* 1581, pet. in-12, fig. en bois, v. br. fil.

5. *Poëtes français.*

1938. Recueil des plus beaux vers de Malherbe, Racan, Maynard, Boisrobert, Monfuron, Lingendes, Touvant, Motin, de l'Estoile et autres. *Paris,* in-8, v. br.

1939. L'Ordéne de Chevalerie (poëme de Hues de Tabarie, chastelain d'Angoulesme, au onzième et au douzième siècle), avec une Dissertation sur l'origine de la langue françoise, etc. (par Barbazan). *Lausanne et Paris,* 1759, pet. in-8, v. m. *Frontisp. de Fessard.*

1940. Guill. de Lorris et Jean de Mehung. Le Roman de la Rose, accompagné de plusieurs autres ouvrages, d'une préface historique (par Lenglet du Fresnoy), etc. *Amsterdam,* 1735, 3 vol. in-12, v. m.

1940 *bis.* Les OEuvres de François Villon (avec les remarques de Eusèbe de Laurrière, et une lettre de M. de *** par le P. du Cerceau). *Paris, Coustelier,* 1723, pet. in-8, v. br.

1941. LE LIVRE DES LAMENTATIONS DE MATHÉOLUS. *Manuscrit* in-fol. de la fin du quinzième siècle.

☞ C'est, avec un titre différent de celui indiqué par les bibliographes, l'œuvre dont Jean Lefebvre de Therouanne est l'auteur, et le volume renferme des choses qu'on ne trouve pas dans les imprimés.

1942. LE SÉJOUR D'HONNEUR composé par messire Octauien de Saint-Gelaiz lors protonotaire et depuis euesque dangoulesme. (A la fin :) *Cy finist le séjour d'honneur nouuellement imprimé pour Anthoine Verard, marchant lybraire demourant à Paris devant la rue Neufue-Nostre-Dame ou au Palais.....,* pet. in-4, goth., fig. en bois, à longues lignes ; le dernier f. porte la marque de Vérard.

¦ Ouvrage mêlé de prose et de vers. En tête est un prologue de l'auteur adressé à Charles VIII. Le but de cette allégorie est d'instruire les jeunes gens des piéges auxquels ils sont exposés

1943. OEuvres de Clément Marot, plus amples et en meilleur ordre que devant. *Paris, Jean Ruelle,* 1547, 1 vol. en 2 tom., in-16, v. m.

1944. OEuvres de Clément Marot, augmentées, avec les ouvrages de Jean et de Michel Marot, son père et son fils, etc., accompagnées d'une préface historique, etc. (par Nic. Lenglet du Fresnoy). *La Haye,* 1731, 6 vol. in-12, portr. v. br.

Jolie édition,

1945. La Sphère des deux mondes, composée en françois par Darinel, pasteur des Amadis, avec un épithalame que le mesme autheur ha faict, sur les noces et mariage de très-illustre et sérénissime prince Don Philippe, roi d'Angleterre....., commenté, glosé et enrichi de plusieurs fables poétiques par G. B. D. B. C. C. de C. N. L. (Gilles Boileau de Bullion). *Anvers, Jean Richart,* 1555, in-4, 18 cartes géograph. sur bois, dem.-rel. C. de R.

Darinel, masque dont se couvre ici Gilles Boileau, est le nom d'un berger célèbre dans le neuvième livre d'Amadis de Gaule, auquel Gilles Boileau a coopéré. L'ouvrage est entremêlé de prose et de vers. L'épithalame est en espagnol.

1946. Élégies et Épigrammes de Jean Doublet. *Paris, Ch. l'Angelier,* 1559, in-4, dem.-rel. C. de R.

On ne connait que quatre ou cinq exemplaires de cet ouvrage. Ces poésies ne sont pas sans mérite. Les élégies sont au nombre de 26. L'épigr. l'*Hermaphrodite* est trad. de Pulci. Volume de la plus grande rareté.

1947. OEuvres françoises de Joachim du Bellay, revues et de nouveau augmentées (par les soins de Guil. Aubert). *Paris,* 1573, in-8, v. m.

Cette édition renferme la *Défense et illustration de la langue françoise,* l'*Olive,* le *Recueil de poésies présentées à Marguerite de Valois* (sœur de Charles IX), *Deux Livres de l'Enéide,* etc. L'exempl. est défectueux du f. du titre et du dernier f. portant extrait du privil. du roi.

1948. Jacques Coppier de Velay. Déluge des Huguenots, avec leur tombeau et le nom des chefs et principaux, punis à Paris le 24ᵉ jour d'aoust, et autres jours suivants. *Paris, Dallier,* 1572, pet. in-8, (*V. Brunet, t. I, col.* 261). — Regrets et complainte de Briquemaut. *Paris*, 1572, pet. in-8, dem.-rel.

Tauvenai de Briquemaut, seigneur de Ruère, près Saulieu, forcené hugue-not, ami de l'amiral de Coligny, échappé du massacre de la Saint-Barthélemy, s'était retiré dans son château, où il mutilait tous les moines qu'il pouvait arrêter. Il fut pris et pendu à Paris, avec Cavaiguac, sous Charles IX.

1949. Étienne Jodelle, sieur de Lymodin. Recueil des inscriptions, figures, devises et mascarades ordonnées en l'hostel de ville de Paris, le 17 février 1558; autres inscriptions en vers héroïques latins pour les images des princes de la Chrétienté. *Paris, Fléchel*, 1558, in-4, dem.-rel. C. de R.

Recueil rare.

1950. OEuvres de Remy Belleau, rédigées en deux tomes. *Paris, Mamert Patisson*, 1578, 2 part. en 1 vol., pet. in-12, v. m.

V. Brunet, 5e édit., t. Ier, col. 752.

1951. Élégies, ou déplorations sur le trespas de monsieur Philibert de Rye, prince et évesque de Genève : et de très-illustre seigneur René de Châlon, prince d'Orenge et seigneur de Nozeret, etc. Avec celle du trépas de très-vertueuse dame An-tonyne de Montmartin, jadis femme de messire Jehan de Popet, chevalier et seigneur de La Chaux, par Frère Jehan Flory. *S. l. n. d.*, pet. in-8, v. f. fil.

1952. 1° Pierre de Ronsard. Discours des Misères de ce temps à la Royne mère du Roy. *Lyon*, 1563, in-8, lettres ital. (*Ce discours a donné lieu à une polémique dont les pièces (qui toutes font partie de ce recueil) sont décrites dans la Bibliothèque franç. par Goujet, XII, 464; dans le Catalogue de la Bibliothèque royale, Y, 4720, et dans celui de La Vallière, par Nyon, 15349 et suivants*). — 2° Palinodies de Pierre de Ronsard sur le Dis-cours des Misères de ce temps, 1563, pet. in-8, en vers. — 3° Réponses (trois réponses) aux ca-lomnies contenues au *Discours*, et suite du *Dis-cours des Misères de ce temps*, faict par messire

Pierre de Ronsard, jadis poëte, maintenant prebstre; la première par A. Zamarée (Ant. de la Roche Chondieu); les deux autres par B. de Montdieu (J. Grevin). Où est aussi contenu la Métamorphose dudit Ronsard en prêtre. *Lyon*, 1563, in-8. — 4° Deux Épîtres de N. Renaud, Provençal. *Lyon*, 1564, in-8. 5° La Juste et Sainte Défense de la ville de Lyon..... à l'encontre des obsesseurs d'icelle, adressée au Roy le dix-huitiesme jour de mars, l'an 1562 avant Pasques. *Lyon*, 1563, in-8. — 6° De l'Institution des Heures canoniques et des temps déterminés aux prières des Chrestiens, par Pierre Viret. *Lyon, par J. Saugrain*, 1564, pet. in-8. /.

1953. Les Mimes, Enseignemens et Proverbes de Jean-Antoine de Baïf, reuus et augmentez en cette dernière édition (IV livres). *Paris, par Mamert Patisson, imprimeur du roi, chez Robert Estienne*, 1597, pet. in-12, portr. v. br. fil.

1954. René Bretonnayau. La Génération de l'homme, et le Temple de l'âme : avec autres œuvres poétiques extraites de l'Esculape de René Bretonnayau. *Paris, Abel l'Angelier*, 1583, in-4, v. m.

Poëme remarquable par la bonne facture des vers et par les détails qu'il donne sur les mystères de la génération.

1955. Pierre de Cornu. OEuvres poétiques. *Lyon, Jean Huguetan*, 1583, in-8, v. f. fil.

Vol. rare. (On lit à la fin : *De l'imprimerie de Thibault Ancelin*.) V. Brunet, 5e édit., t. II, col. 392.

1956. La Seconde Sepmaine de Guil. de Saluste, seigneur du Bartas, reueue, corrigée et embellie en divers passages par l'Autheur même. *Pour Jacques Chovet*, 1589, in-12, vél.

1957. OEuvres de François de Malherbe. *Paris, Ch. Chappelain*, 1630, in-4, portr. vél.

A cet exempl. manquent le f. du titre et le portrait de Malherbe, lacérés en partie, et le premier f. du discours préliminaire. Première édition des œuvres réunies de Malherbe ; elle n'a été publiée qu'après sa mort. Elle a été donnée par le poëte Fr. d'Arbaud, sieur de Porchères, à qui Malherbe, son cousin, en avait confié le soin *péu auparavant son décès*, ainsi qu'il est dit dans le privilége.

1958. TRIALOGUE, ou Ambassade du roi François I
en enfer, histoire du tems passé renouvellée au
présent : les personnages sont l'ambassadeur du
roy François, Cerberus, portier d'enfer, Pluton,
prince des diables. *Jouxte la copie imprimée à
Anvers, pour Pasquier Pissart*, 1544, in-4.

1959. OEuvres de Nicolas Frénicle. *Paris,* 1629,
3 part. in-8, vél.

Portrait de Frénicle et celui de sa femme sous le nom d'Isis.

1961. Poésies chrétiennes d'Ant. Godeau, évêque
de Vence. *Paris, chez Pierre le Petit,* 1663, 3 part.
pet. in-12, tit. gr. v. br.

1962. SATYRES DE DU LORENS, président de Château-
neuf. *Paris, chez Antoine de Sommaville,* 1636,
in-4, vél.

1963. Meslanges de poësies héroïques et burlesques
du chevalier de L'Hermite. *Paris,* 1650, in-4,
portr. vél.

1964. OEuvres du sieur de Saint-Amand. *Paris,*
Quinet, 1651, 3 part. en 1 vol. in-4, v. br. fil.

1965. Brébeuf. Entretiens solitaires, ou Prières et
Méditations pieuses en vers français. *Rouen et Pa-*
ris, 1660, pet. in-12, v. br.

1966. Voyage de Bachaumont et La Chapelle, auquel on a joint les *Poésies du chevalier de Cailly,*
la Relation des campagnes de Rocroi et de Fri-
bourg, et les Visionnaires, comédie de Jean des
Marets. Amsterdam, 1708, in-12, v. br.

1967. OEuvres de Nicolas Boileau-Despréaux, avec
des éclaircissements historiques, donnez par lui-
même; édition revue et corrigée exactement (avec
des remarques par Brossette). *Genève,* 1724, 4 vol.
in-12, fig. portr. v. br.

1968. OEuvres de Nicolas Boileau-Despréaux, avec
des éclaircissements historiques (par J.-B. Souchay).
Paris, veuve Alix, 1740, 2 vol. gr. in-4, portr. de

Rigaud, fig. de C.-N. Cochin, v. br. fil. *Aux armes*.

Cette édition, dont les commentaires sont extraits de ceux de Brossette, par l'éditeur, est la première où l'on ait réuni le *Boloeana*, ouvrage peu exact de *Delosne de Montchesnay*.

1969. OEuvres de Jean-Baptiste Rousseau, augmentées sur les manuscrits de l'auteur, et conformes à l'édition in-4 donnée par M. Séguy. *Bruxelles et Paris, Didot*, 1749, 4 vol. in-12, bas.

1970. Poésies pastorales de Fontenelle, avec un Traité sur la nature de l'Églogue. *La Haye*, 1688. pet. in-12.

1971. Poëmes et autres Poésies de*** (l'abbé de Villiers). *Paris, Collombet*, 1712, in-12, v. m.

1972. OEuvres mêlées de M. du Vergier, manuscr. in-fol. du XVIIIᵉ siècle.

Cette copie, corrigée de la main de l'auteur, mais ne contenant pas tout ce qu'il a écrit, paraît avoir appartenu au duc de Noailles, qui en avait fait la demande par écrit en 1717, puis ensuite à Mignot de Montigny, trésorier de France et membre de l'Académie des sciences.

1973. Poésies sacrées dédiées à Mgr le Dauphin (avec la musique) par l'abbé de Lapérouze. *Paris*, 1770, in-8, cart.

1974. Fables de La Fontaine, avec les notes de Coste et Chamfort. *Alençon, an IX*, 2 vol. in-12, v. br.

1975. Mémoires d'un vieux Rossignol, poëme de M. de Trémolières. *Besançon, an XI*, in-12, br.

1976. Nouveau Recueil des épigrammatistes français anciens et modernes, par M. B. L. M. (Bruzen de la Martinière). *Amsterdam*, 1724, 2 vol. in-12, v. br.

1977. Le Cabinet satyrique, ou Recueil parfait des vers piquants et gaillards de ce tems, composés par Sigognes, Régnier, Motin, etc., dernière édition, reueue, corrigée et de beaucoup augmentée. *A Paris, jouxte la coppie imprimée à Rouen*, 1632, in-8, vél.

1978. Cantiques spirituels sur différents sujets de la doctrine et de la morale chrétienne (par l'abbé Goujet, le P. Boyer de l'Oratoire, l'abbé Molinier, l'abbé de Fourquevaulx, etc.), avec la musique. *Paris, Lottin*, 1728, 3 recueils ou parties, in-12, v. br.

1979. Cantiques, ou Opuscules lyriques, sur différents sujets de piété, avec les airs notés, à l'usage de la paroisse de Saint-Sulpice (publiés par H.-Fr. Simon). *Paris, Crapart*, 1768, 2 part. in-8, cart.

Voir sur ce livre la note de Barbier : *Dictionn. des anonymes*, t. Ier, p. 148.

1980. Las Obros de Pierre Goudelin, augmentados de forço pessos, et le Dictionnari sus la lengo moundino. *Toulouso*, 1694, 2 tom. en 1 vol. in-12, v. br. portr.

Bonne édition. Avec une lettre de M*** à un de ses amis de Paris, contenant un abrégé de la vie de Goudelin, avec une espèce de dissertation sur ses poésies et un fragment de Cazeneuve sur la langue toulousaine.

1981. Las Obros de Pierre Goudelin, augmentados noubelemen de forço pessos, ambé le Dictionnari sus la lengo moundino. *Toulouso*, 1774, in-12, portr. v. m.

A cet exemplaire se trouve joint un frontispice gravé de l'édit. de *Toulouso per Jean Pech*, 1678.

6. *Poëtes italiens.*

1982. G. Mar. Crescimbeni. L'Istoria della volgar Poesia. *Roma*, 1698-1711, 6 vol. in-4, vél.

Première édition. Ouvrage estimé. Envoi de l'auteur.

1983. Girol. Ruscelli. Del Modo di comporre in versi nella lingua italiana. *Venetia*, 1558, in-8, v. br.

1984. Stanze di diversi illustri poeti, novamente raccolte da Lod. Dolce. *Vinegia, Gabr. Giolito*, 1556, in-12. — Stanze di diversi, etc., parte seconda, raccolte da Ant. Terminio. *Vinegia, Giolito,* 1564, 2 vol. pet. in-12, v. mar.

Le dernier f. de la table manque au premier vol.

1985. Il Petrarca, di nuovo ristampato e diligentemente corretto. *Vinegia, Venc. Valgrisi,* 1558, in-12, lettres ital. mar. br. fil. tr. dor.

Édition faite avec soin et qui présente un bon texte. Elle doit être d'une grande rareté, puisque M. Marsand n'en a pas connu d'autre exempl. que le sien.

1986. Il Petrarca con l'espositione d'Alessandro Vellutello, di nuovo ristampato con le figure a i triomphi. *Venetia, apresso Nicolo Beuilacqua,* 1563, in-4, fig. sur bois, vél.

1987. Luigi Alamanni. Opere toscane, al christ. re Francesco primo. *Venetiis, apud hæred. Juntæ,* 1542, 2 tom. en 1 vol. in-8, vél.

Bonne édition. C'est celle dont s'est servie l'Académie *della Crusca.*

1988. Rime di Gabr. Chiabrera, in questa seconda editione unite, accresciute e corrette. *Venetia,* 1610, 3 part. pet. in-12, tit. gr. v. br.

1989. La Lira, rime del cavalier Marino. *Milano,* 1617-18, 2 part. pet. in-12, vél.

Exempl. de Jean Boyvin.

1990. Delle Poesie liriche del conte Fulvio Testi. *Vinetia,* 1666, 3 part. pet. in-12, vél.

1991. Le Poesie di Aless. Guidi non più raccolte, con la sua vita scritta da Gio. Mar. Crescimbeni. *Verona,* 1726, in-12, portr. v. br.

Bonne édition.

1992. Commento di Christ. Landino sopra la Comedia di Dante. *In Vinegia, per Pietro Cremonese dito Veronese,* 1491, in-fol. *Lettres rondes,* fig. vél.

Édition remarquable par les jolies gravures en bois qui l'ornent. — Brunet, II, col. 500.

1993. Dante, con l'espositione di M. Bern. Daniello da Lucca. *Venetia,* 1568, in-4, fig. vél.

On recherche cette édition à cause du comment. qui est fort estimé. Il y manque pourtant 12 vers du 6ᵉ chant du purgatoire, omis par la faute de l'imprimeur. A la fin de cet exempl. se trouvent d'intéressantes notes mss. sur les différentes édit. du Dante.

1994. Torquato Tasso. Il Goffredo, overo Gierusalemme liberata. *Vinegia*, 1588, in-12, v. br.

1995. Il Goffredo, overo la Gierusalemme liberata del Tasso, col commento del Beni. *Padova*, 1616, in-4, portr. v. br. fil.

1996. IL GOFFREDO, overo Gierusalemme liberata. *Amsterd., Dan. Elsevier*, 1678, 2 vol. in-32, tit. gr. portr. *fig.* de S. Leclerc, mar. rouge fil. tr. dor.

Jolie édition.

1997. Jérusalem délivrée, poëme héroïque du Tasse, trad. en françois (par J.-B. de Mirabaud). *Amsterdam*, 1766, 2 tom. en 1 vol. in-12, v. br.

1998. Dello Infarinato Academico della Crusca (Salviati) riposta all' apologia di Torquato Tasso intorno all' Orlando Furioso, e alla Gierusalemme liberata. *Firenze*, 1585, in-8, vél.

Cité par la Crusca.

1999. Apologia del Signor Torquato Tasso in diffesa della sua Gierusalemme liberata a gli Academici della Crusca. *Ferrara*, 1586, pet. in-8. — Discorso intorno a i contrasti che si fanno sopra la Gierusalemme liberata di Torquato Tasso del signor Oratio Lomoardelli. *Ferrara*, 1586, pet. in-8. — Riposta del Sign. Torquato Tasso alla lettera di Bastian Rossi, Academico della Crusca, in diffesa del suo dialogo del Piacere honesto a detta lettera. *Ferrara*, 1585, pet. in-8, vél.

2000. Il Rossi, overo del parere sopra alcune objettioni, fatte dell' infarinato Academico della Crusca, intorno alla Gierusalemme liberata del Sign. Torquato Tasso : Dialogo di Malatesta Porta. *Rimino*, 1589, in-8, vél.

2001. Torquato Tasso, la Gierusalemme conquistata

(libri XXIV). *Parigi, Abel l'Angelier,* 1595, in-12, vél. avec les Stances condamnées.

Cette édition a été supprimée par arrêt du Parlement de Paris, à cause de 18 vers du 20° chant, stances 75 et 76. Ces stances, qui ne se trouvent pas dans tous les exemplaires, contiennent, aux termes de l'arrêt, des idées contraires à l'autorité du roi et au bien du royaume, et attentatoires à l'honneur du feu roi Henri III et du roi régnant Henri IV.

2002. **Giambattista Marino.** L'Adone, con gli argomenti del Conte Sanvitale, e l'allegorie di Don Lorenzo Scoto. Agiuntovi la tavola delle cose notabili. *In Amsterd., nella stamperia di Dan. Elsevier, et in Parigi si vende apresso Tomaso Joly,* 1678, 4 vol. in-32, tit. gr., fig. de Séb. Leclerc, v. br. tr. dor.

2003. **Girol. Aleandri.** Diffesa del' Adone, poema del Cav. Marini. *In Venetia,* 1629, pet. in-12, v. br. fil. Aux armes de B. H. de Fourcy.

2004. **Orlando** innamorato del signor Matteo Maria Bojardo..... insieme con i tre libri di Nicolo degli Agostini; già riformati per M. Ludouico Domenichi..... le figure ad ogni canto. *Venetia,* 1611, in-4, fig. vél.

2005. ORLANDO FVRIOSO di Lvdovico Ariosto...... ristampato et con molta diligentia da lvi corretto et qvasi tvtto formato di nvovo et ampliato. Cñ gratie et privilegii. M.D.XXVIII. — *Finisse Orlando..... novamente impsso nella città di Firenze, nel MDXXVIII adi XXV del mese di Luio,* in-4 à deux colonnes, en caractères ronds, vel.

Le sonnet de Gio. Bat. Dragonzino de Fano à l'Arioste, imprimé au verso du titre, est recouvert d'une feuille collée maladroitement. On le lit facilement cependant. Un exempl. de cette édition a été vendu 63 liv. à la vente Stanley, et 42 l. à la vente White Knights. (Brunet, t. I, col. 426.)

2006. ORLANDO FVRIOSO..... novamente alla sua integrità ridotto et ornato di varie figure. Con alcvne stanze del S. Aluigi Gonzaga in lode del medesimo (Ariosto). Aggivntovi per ciascun Canto alcune allegorie et nel fine vna breve espositione et tavola di tutta opera che si contiene. *In Venetia, appresso Gabr. Giolito di Ferrarii, M.D.XLVI,* in-4, fig. en bois, rel. anc. en mar. vert, avec fil. et pet. fers.

Bel exempl. aux armes du card. de Granvelle.

2007. Orlando furioso di Ludovico Ariosto. *Parigi, Prault,* 1746, 4 vol. pet. in-12, tit. gr. v. mar. fil.

2008. Roland furieux, poëme épique de l'Arioste, traduct. nouvelle (par J.-B. de Mirabaud). *Amsterdam,* 1756, 4 vol. in-12, v. mar. fil.

2009. RINALDO FURIOSO di Franc: Tromba Da Gualdo di Nucea. — *Finisse il primo* (e el secondo) *Libro de Rinaldo Furioso, d..... stampato nella inclita Citta di Vinegia, por Agostino di Bendoni,* 1542, 2 part. pet. in-8, lettres rondes, tit. gr. sur bois.

Exempl. d'*Honoré d'Urfé,* 1608, *Parisiis.* Ce vol. doit être d'une grande rareté. V. Brunet, 5e édit., t. V, col. 966.

2010. Giovamp. Civieri. Quatro Canti di Ricciardetto innamorato, con gli argomenti et allegorie alle sue figure di Cipr. Fortebracci. *Venetia,* 1626, in 8, fig. en bois, v. m.

2011. Del Ruggiero di Bart. Horivolo, canti quatro di battaglia. *In Venetia,* 1543, in-4, let. ital.

2012. Aless. Tassoni. La Secchia rapita, arrichita di annotazioni. *Parigi, Prault,* 1768, pet. in-12, portr. v. f. fil.

2013. Giovanni Boccaccio. Ameto (overo comedia delle nimphe fiorentine). *Firenze, gli eredi di Ph. di Giunta,* 1529, pet. in-8.

Bonne édition, copie de celle de 1521 des mêmes imprim.

2014. Jac. Sannazaro. Arcadia, colle annotazioni da Th. Porcacchi. Rime. *Venetia,* 1592, 2 part. pet. in-12. — Il Pastor fido di Battista Guarini. *In Venetia,* 1599, pet. in-12.

2015. Le Satire di Lodovico Ariosto nuovamente et con diligenza corrette et ristampate. *Milano,* 1558, in-8, v. f.

Bonne édition.

2016. Satire di cinque poeti illustri : Ariosto, Sansovino, Bentivogli, Alamanni, Patorno. *Venetia*, 1545,
in-12, v. f. fil.

2017. Le Nuove Fiamme, di M. Lodovico Patorno. *In
Lione, appresso G. Rouillio,* 1568, pet. in-12, vél. fil.

2018. Epigrammi toscani, di Fra Gir. Pensa. *Nel
Monteregale,* 1570, pet. in-4, p. de tr.
Bel exemplaire.

2019. Tutte le Opere del Bernia. Le terze rime del
Maura. Le terze rime di Messer G. della Casa, di
Bino, del Mozza, etc. *Vinegia, per Curtio Navo e
fratelli,* 1558, 3 part. in-8, v. m.

2020. Delle Rime piacevoli del Berni, Casa, Mauro,
Varchi, Dolce et d'altri autori. *In Venetia,* 1627,
2 tom. en 1 vol. pet. in-12, v. f. fil.

7. *Poëtes espagnols.*

2021. Las Obras de Boscan, y algvnas de Garcilasso
de la Vega (Garcias Laso) repartidas en quatro
libros. *Anvers,* 1597, in-16, vél.
Bonne édition de ces poésies célèbres.

2022. La Araucana, por Alonso de Ercilla y Zuniga.
Anvers, 1586, 2 part. in-16, vél.

2023. Lorenzo Suarez de Chaves. Dialogos de varias questiones en dialogos y metro castellano,
sobre diversas materias, con un romance al cabo
del dia final del juyzio y de sus señales. *Alcala
de Henares, J. Gracian,* 1577, pet. in-8, vél.
Volume rare.

2024. El Pastor de Philida, por L. Galvez de Mou-
talvo. *Barcelona,* 1613, pet. in-8.
Bonne édition.

2025. Discursos, epistolas y epigrammas de Artemi-
doro, por And. Reg. de Artieda (Micer Andres).
Çaragoça, Angelo Touanno, 1605, pet. in 4.

2026. Las Obras de D. Luis de Gongora y Argote comentadas por D. Garcia de Salcedo Coronel. *Madrid*, 1636, 2 vol. in-4, mar. rouge, tr. dor. fil. lav. réglé. (*Armes.*)

V. Brunet, t. II, col. 1663.

2027. Obras de Juan de Tarsis, conde de Villamediana. Añadido en esta segunda impression. *Madrid*, 1635, pet. in-4, mar. r. fil. tr. dor. l. r. (*Armes.*)

2028. Las Obras en verso de D. Fr. de Borja, Principe de Esquilache. *En Madrid, por Diego Dioz de la Carrera*, 1648, in-4, tit. gr. vél.

2029. La Musica, poema de Th. de Yriarte. *Madrid, imprenta della gazeta*, 1779, gr. in-8, mar. r. tr. dor. fil.

Première édition, fort bien exécutée et tirée à un petit nombre d'exemplaires.

8. *Poëtes anglais.*

2030. Fables of Gay. *London*, 1783, in-12, v. m.

2031. Les Principes de la morale et du goût, en deux poëmes, trad. de l'anglois de Pope par du Resnel. *Paris, Briasson*, 1737, in-8.

2032. Essais sur la critique et sur l'homme par Pope, ouvrages traduits de l'anglois (par Ant. Hamilton). *Londres*, 1737, gr. in-4, d.-rel.

2033. Les Saisons, trad. de l'anglois de Thompson (par Mme Bontems). *Paris*, 1792, in-12, br.

2034. Les Nuits d'Young, trad. de l'anglois par Le Tourneur. *Paris*, 1769, 2 vol. in-12, br.

Édition originale.

2035. Les Nuits et OEuvres diverses d'Young, trad. de l'anglois par Le Tourneur. *Paris*, 1770, 4 vol. in-8, fig. v.

IV. ART DRAMATIQUE.

1. *Traités généraux sur l'art dramatique.*

2036. La Pratique du théâtre (par Hédelin, abbé d'Aubignac). *Paris, Sommaville*, 1657, in-4, vél.

2. *Auteurs dramatiques grecs.*

2037. Théâtre des Grecs du P. Pierre Brumoy, édition augmentée (par A.-Ch. Brottier, de la Porte Dutheil, Rochefort et Prévost). *Paris, Cussac,* 1785-89, 13 vol. in-8, fig. br.

2038. Æschyli, Sophoclis et Euripidis Tragœdiæ selectæ, gr., cum duplici interpretatione latina una ad verbum, altera carmine : Ennianæ interpr. aliquot locorum Euripidis. *Excudebat Henr. Stephanus,* 1567, 1 vol. en 3 tom. pet. in-12, v. f.

Exempl. en parfait état de conservation, V. sur cette édition l'intéressante note de Renouard. *Annales de l'imprimerie des Etienne*, p. 130.

2039. Æschyli Tragœdiæ sex, græce. *Venetiis, in æd. Aldi, Andreæ soceri,* 1518, in-8, v. f. fil.

Première édition, rare, dans laquelle une moitié de l'Agamemnon, la seule alors connue, et les Choéphores ne font qu'une seule pièce. L'exempl. est défectueux des cinq premiers ff.

2040. Æschyli tragœdiæ sex (ex recognit. Adr. Turnebi). *Parisiis, ex offic. Turnebi,* 1552, in-8, v. f. fil.

Belle édition, qui reproduit cependant la même confusion que la précédente.

2041. Æschyli tragœdiæ VII, græce (cum H. Stephani observationibus). *Ex offic. Henrici Stephani,* 1557, in-4, vél.

Belle édition, sur laquelle on lit une note curieuse dans Renouard : *Ann. de l'impr. des Etienne*, p. 116.

2042. Oreste, ou les Choéphores, tragédie d'Eschyle, traduction nouvelle avec des notes (par du Theil). *Paris, Desaint,* 1370 (1770), in-8, d.-rel. v. br.

2043. Sophoclis Tragœdiæ VII, græce. *Parisiis, Sim. Colinæus*, 1528, in-8, v. br.

Édition recherchée et peu commune. V. la note de Brunet, t, V, col. 446.

2044. Sophoclis Tragœdiæ VII, græce. *Typis regiis, Parisiis*, 1553, *apud Adr. Turnebum*, in-4, v. m.

Belle édition, dans laquelle s'est glissée, toutefois, une singulière transposition de vers dans l'OEdipe à Colonne, ff. 129 et 130 (côté 136).

2045. Sophoclis Tragœdiæ VII, græce, cum versione et notis Th. Johnsoni. *Londini*, 1758, 2 vol. in-8, vél.

2046. OEdipe, tragédie de Sophocle, et les Oiseaux, comédie d'Aristophane, trad. par J. Boivin, de Villeneuve. *Paris, Didot*, 1729, in-12.

2047. Euripidis Tragœdiæ quæ exstant, gr., cum latina Guil. Canteri interpretatione et scholiis. *Excud. Paulus Stephanus*, 1602, 2 tom. en 1 vol. in-4, v. f. fil.

La plus complète et la meilleure édit. qui eût paru jusqu'alors de ce poëte. Elle est toujours estimée et les exempl. en sont rares. V. Brunet, t. II, col. 1096.

2048. Comicorum græcorum sententiæ, id est gnomæ latinis versibus ab Henrico Stephano redditæ, et annotationibus illustratæ, etc. *Excud. Henr. Stephanus*, 1569, in-24, vél.

Dédié au duc de Bavière. A la fin du vol. sont ajoutées les sentences des comiques latins et celles de Publius Syrus.

2049. Aristophanis comœdiæ novem (gr.), cum commentariis antiquis (edente Ant. Francino Varchiensi). *Florentiæ, apud hæredes Ph. Juntæ*, 1525, gr. in-4, v. m.

Cette édition, aussi belle et aussi rare que celle d'Alde, lui est préférable en ce qu'elle est plus exacte et plus complète.

2050. Aristophanis comœdiæ undecim, græce. *Ex off. Plantin. apud Christoph. Raphelengium*, 1600, in-16, lav. régl. peau v.

2051. Aristophanis Comœdiæ undecim gr. et lat., ex codd. mss. emendatæ, cum scholiis. Omnia collegit et recensuit, notasque in novem comœdias, et quatuor indices adjecit Lud. Kuster. *Amstelæ-dami*, 1700, in-fol. v. m.

Cette édition est belle et justement estimée.

2052. Le Plutus et les Nuées d'Aristophane, comédies grecques, traduites en françois par Mlle Le Fèvre (Mme Dacier). *Lyon*, 1696, in-12, v. br.

2053. Menandri et Philemonis Reliquiæ quotquot reperiri potuerunt, gr. et lat., cum notis Hug. Grotii et Jo. Clerici. *Amstelædami*, 1709, in-8, fig. v. br.

3. *Auteurs dramatiques latins.*

2054. Mart. Ant. Delrii Syntagma tragœdiæ latinæ. *Lutetiæ-Parisior.*, 1620, 3 part. in-4, vél.

2055. P. Scriverii Collectanea veterum tragicorum L. Livii Andronici, Q. Ennii, Cn. Nævii, M. Pacuvii, L. Attii, et aliorum fragmenta quibus accedunt castigationes et notæ G. Jo. Vossii. *Lugd. Batav., J. Maire*, 1620, 2 part. in-8.

2056. M. Actii Plauti Comœdiæ XX. *Lugduni, apud Seb. Gryphium*, 1547, 1 vol. en 2 tom. in-16, v. f. fil.

2057. M. Actius Plautus ex fide et auctoritate complur. libr. mss. opera Dion. Lambini emendatus, ab eodemque commentariis explicatus. *Apud hæred. Eustathii Vignon*, 1595, in-4, vél.

Exempl. de Jean Boyvin.

2058. M. Accii Plauti Comœdiæ XX superstites : et deperditarum fragmenta : Ph. Pareus textum recensuit et notis perpetuis illustravit. *Francofurti*, 1641, 1 vol. en 2 tom. in-8, vél.

2059. M. Actii Plauti Comœdiæ cum notis variorum, ex musæo M. Zuerii Boxhornii. *Lugd. Batav.*, *apud Fr. Hackium*, 1645, in-8, tit. gr. v. br.

2060. Les OEuvres de Plaute en latin et en françois,

traduction nouvelle par H.-P. de Limiers. *Amsterdam*, 1729, 10 vol. in-12, fig. v. br.

Les trois meilleures traductions sont celles de l'*Heureux Naufrage*, l'*Amphitryon* et l'*Epidicius*, par Mlle Le Fèvre (depuis Mme Dacier). Le même recueil renferme la traduction des *Captifs*, par Coste, d'après l'édition d'*Amsterdam*, 1716.

2061. Ph. Parei Lexicon Plautinum, in quo elegantiæ omnium simplicium vocabulorum antiquæ linguæ romanæ explicantur. *Francofurti*, 1614, in-8, vél.

2062. PUBLII TERENTII Afri poetæ comici comœdiæ. (In fine :) *Has P. Terentii diuinas comœdias una cum Donati examinata interpretatione summa diligentia castigatas impresserũt q̃m accuratissime Mediolãi cosũmatissimi opifices Leonardus Pachel et Vldericus Sinczinczeler socii alemañi die XV martii. M,CCCC.LXXXIII.* In-fol. v. br. fil. (*Armes.*)

Édition rare.

2063. P. Terentii comœdiæ sex, cum Donati commentariis.(In fine :) *Excudebat Robertus Stephanus ann. Dom. M.D.XXIX. IIII Id. Jul.* In-8.

On lit dans Renouard : *Annales de l'imprimerie des Estienne,* 2e éd. p. 31 : *Dans la préface des commentaires sur Perse,* 1527, in-8, *Robert promettait d'imprimer de même, en un volume séparé, ceux de Térence, ce qui n'a pas été exécuté.* Ce vol. doit être ainsi d'une grande rareté.

— P. Menenii Lugdunensis Commentaria in P. Terentii Andriam et Eunuchum. *Lugduni, apud Joan. Tornæsium, et Gul. Gazeium,* 1552, in-8, v. f. fil.

2064. Pub. Terentii Afri comœdiæ. *Lugduni, apud Ant. Vincentium;* 1555, in-16.

2065. Terentius, in quem triplex edita est P. Antisignani Rapisteanensis commentatio, ed. 2^a. *Lugduni, Math. Bonhomme,* 1560, gr. in-8, vél.

Brunet, t. V, col. 715.

2066. P. Terentii Afri comœdiæ sex; interpretatione et notis illustravit Nic. Camus, ad usum Delphini. *Parisiis, Léonard,* 1675, in-4, v. br.

Édition peu commune.

2067. Les Six Comédies de Térence, corrigées par
M.-A. de Muret..... le françois correspondant au
latin. *Paris, Gabr. Buon,* 1583, in-16, vél.

Cette traduction anonyme n'est point de Muret, comme le dit Ebert. V. Brunet, t. V, col. 721.

2068. Comédies de Térence nouvellement traduites
en françois (par de Martignac), avec le latin à côté.
Lyon, 1670, in-12, v. br.

2069. Les Comédies de Térence, avec la traduction
et les remarques de Mme Dacier. *Rotterdam, Gaspard Fritsch,* 1717, 3 vol. pet. in-8, fig. de B. Picart, v. br.

Édition la plus recherchée de cette traduction.

2070. Térence justifié, ou deux dissertations sur la
troisième comédie de Térence, intitulée : Héautontimoruménos, par Fr. Hédelin, contre les erreurs de Maistre Gilles Ménage. *Paris, Guil. de Luynes,* 1656, in-4, vél.

Satyre de l'abbé d'Aubignac contre Ménage.

2071. Luc. Annæi Senecæ et aliorum Tragœdiæ serio
emendatæ. *Amsterd.,* 1619, in-24, v. f. fil.

2072. L. Annæi Senecæ et aliorum Tragœdiæ. *Lugduni,* 1650, in-24, tit. gr. vél.

2073. Annæi Senecæ Tragœdiæ, cum notis Th. Farnabii. *Amsterdami, apud Joan. Janssonium, s. d.,* pet. in-12.

2074. J. Fr. Gronovii ad L. et M. An. Senecas notæ.
Amstelod., apud Lud. et Dan. Elsevirios, 1658, pet. in-12. v. br.

4. *Auteurs dramatiques français.*

2075. Bibliothèque du théâtre français depuis son
origine (par le duc de la Vallière et Marin de la
Ciotat). *Dresde (Paris),* 1768, 3 vol. in-8, fig. de
Cochin, br.

2076. Les OEuvres et Mélanges poétiques d'Es-

tienne Jodelle, sieur de Lymodin, reueues et augmentées en ceste dernière édition. *Paris, Robert
Le Fizelier,* 1583, pet. in-12, bas.

Jolie édition, peu commune. A cet exemplaire sont ajoutés : Ode au comte
d'Alsinois (Nicolas Denizot) et autres poésies. V. Brunet, t. III, col. 549.

2077. Tragédies de Robert Garnier. *Saumur, Th.
Porteau,* 1602, pet. in-12, vél.

Brunet, t. II, col. 1489.

2078. La Comédie des Académistes pour la réformation de la langue françoise, pièce comique (en cinq
actes et en vers) avec le rôle des présentations
faites aux grands jours de ladite Académie, par des
Cavenets (Saint-Evremond). *Imprimé l'an de la
Réforme* (1643), pet. in-8, v. m.

Saint-Evremond ayant fait paraître cette pièce dans ses œuvres sous le titre :
des Académiciens, avec de grands changements qui en font une pièce presque
toute nouvelle, l'édition de 1643 restera toujours une curiosité.

2079. OEuvres de J.-Bapt. Poquelin de Molière. *Paris, Musier,* 1760, 8 vol. pet. in-12, fig. portr. v. m.

2081. OEuvres de Pradon. *Paris, Ribou,* 1700, in-12,
v. br.

2082. OEuvres de Jean Racine. *Paris, Compagnie
des libraires,* 1721, 2 vol. in-12, tit. gr. fig. v.

2083. Les OEuvres de Jean Racine. *Paris, Compagnie des libraires,* 1728, 2 vol. in-12, tit. gr. v.

2084. Les OEuvres de Regnard. — 1ᵉʳ vol. La Sérénade. Le Joueur. Le Distrait. Le Bal. Le Retour
imprévu. Attendez-moi sous l'orme. — 2ᵉ vol.
Démocrite. Les Folies amoureuses. Les Ménechmes.
Le Légataire universel. Critique du Légataire. *Bruxelles,* 1715-31, 2 vol. in-12, tit. g. fig. v.

2085. Tragédies de Campistron, huitième édition,
augmentée d'une tragédie (Tiridate) et d'une comédie (le Jaloux désabusé) du même auteur, et
ornée de figures en taille-douce (par Audran). *Paris, P. Ribou,* 1715, in-12, fig. v.

2086. OEuvres dramatiques de Phil. Néricault Des-
touches. *Amsterdam,* 1763, 10 vol. in-12, br.

2087. Théâtre de Piron. *La Haye*, 1754, 2 vol. in-12, br.

2088. OEuvres de théâtre de Diderot. *Amsterdam*, 1768, 2 tom. en 1 vol. in-12, v. m. fil.

2089. RECUEIL : 1° La Sérénade, comédie (de Regnard). *Paris, Th. Guillain*, 1695, in-12. (*Édition originale*). — 2° Les Bourgeoises à la mode, comédie de Dancourt. *Paris, Th. Guillain*, 1693, in-12, v. m.

2090. Néron, tragédie (par le P. Moran, jésuite). *Lyon*, 1705, in-12, v. br.

Édition originale. Envoi de l'auteur au P. Bourgeois.

2091. RECUEIL : 1° L'Impromptu de la Folie, ambigu-comique, par M. Legrand, comédien du Roi, composé d'un prologue en prose, d'un divertissement et de deux actes aussi en prose, avec un divertissement à chacun, le premier acte intitulé : les Nouveaux Débarqués, et le deuxième : la Françoise italienne. *Paris, P. Ribou*, 1736, in-12, tit. gr. — 2° Timon le Misanthrope, comédie, par le sieur D*** (de la Drevetière, sieur de L'Isle). *Paris*, 1733, in-12, v. br.

2092. RECUEIL : 1° Le Jeu de l'amour et du hasard (par Marivaux). *Paris, Briasson*, 1736, in-12. — 2° La Feinte inutile, de Romagnési. *Paris, Briasson*, 1735, in-12, v. f.

2093. RECUEIL : 1° Les Contretemps, comédie par M. de la Grange. *Paris, Prault fils*, 1736, in-8. — 2° Le Retour de Mars, comédie par M. de Lanoue. *Paris, Prault fils*, 1736, in-8. — 3° Pharamond, tragédie, par M. de*** (de Cahusac). *Paris, Prault*, 1736, in-8, v. f.

2094. RECUEIL : 1° Mélanide, tragédie de M. de La Chaussée. *Paris, Prault fils*, 1741, in-12. — 2° Amour pour Amour, comédie de M. de La Chaussée. *Paris, Prault fils*, 1742, in-12. — 3° L'École des Mères, de M. Nivelle de La Chaussée. *Paris*,

1745, in-12. — 4° Le Rival de lui-même, par
M. Nivelle de La Chaussée. *Paris, Prault*, 1746,
in-12. — 5° La Gouvernante, comédie nouvelle
par M. Nivelle de La Chaussée. *Paris, Prault fils,*
1747, in-12, v. m.

2095. RECUEIL : 1° Préface de la comédie des Philosophes (ou la Vision de Ch. Palissot, par l'abbé
Morellet). *Paris,* 1760, in-12. (*Cette pièce a fait
mettre son auteur à la Bastille*). — 2° Les Philosophes, comédie de Palissot de Montenoy. *Paris,
Duchesne,* 1760, in-12. — 3° Lettre de l'auteur de
la comédie des Philosophes (Palissot de Montenoy)
au public, pour servir de préface à la pièce. 1760,
in-12. — 4° Les Philosophes manqués, comédie
en un acte et en prose (par Cailleau). *A Critico-
manie, chez la Satire,* 1760, in-12. — 5° Le Philosophe aimé de tout le monde, ou Conseils désin-
téressés aux littérateurs, par M. L. C. (L. Coste),
qui n'est point littérateur. *A Sophopholis, chez le
Pacifique,* 1760, in-12. — 6° *Les Quand* (par la
Condamine), adressés à M. Palissot et publiés par
lui-même. 1760, in-12. — 7° Mémoire pour Abra-
ham Chaumeix contre les prétendus philosophes
d'Alembert et Diderot, ou Réfutation par faits
authentiques des calomnies qu'on répand tous
les jours contre les citoyens zélés qui ont eu le
courage de relever les erreurs dangereuses de
l'Encyclopédie (par l'abbé Morellet). *Amsterdam,*
1759, in-12. — 8° *Les Quand* (par la Condamine),
notes utiles sur un discours prononcé à l'Académie françoise le 10 mars 1760. *Genève,* perc.
rouge, in-12. — 9° Lettre du Mandarin Oei-tching
à son ami Hoei-tchang sur les affaires des RR. PP.
Jésuites (par Linguet). 1762, in-12. — 10° Les
Avis et les Qu'est-ce, à l'auteur de la comédie des
Philosophes. 1760, in-12, v. br.

2096. RECUEIL : 1° Essai sur l'amour-propre, poëme
par M. de la Drevetière, sieur de l'Isle. *Paris,*

Prault, 1738, in-8. — 2° La***** comédie anonyme de Monsieur de Boissy. *Paris*, 1738, in-8. — 3° Les Fri-maçons, hyperdrame par Vincent (masque de Pierre Clément). *Londres,* 1740, in-8. — 4° L'Oracle, comédie en un acte et en prose (par J.-Bapt.-Louis Gresset. *Paris*, 1740, in-8. — 5° Le Rival favorable, comédie par M. de Boissy. *Paris*, 1740, in-8, v. m.

2097. RECUEIL : 1° Zulime, tragédie par M. de Voltaire. *Genève*, 1761, in-8. — 2° Adélaïde du Guesclin, tragédie de M. Lekain, comédien ordinaire du roi. *Genève*, 1766, in-8. — 3° Le Siége de Calais, tragédie de M. de Belloy. *Paris, Duchesne*, 1765, in-8. — 4° Gaston et Bayard, tragédie de M. de Belloy. *Paris, Duchesne*, 1770, in-8. — 5° Le Paradis terrestre, poëme imité de Milton, et le temple de la Mémoire de Pope, trad. en vers françois, par Mme du Boccage. *Londres*, 1749, 2 part. in-8.— 6° Les Amazones, tragédie de Mme du Boccage. *Paris*, 1749, in-8. — 7° Emilie, ou le Triomphe des arts, comédie en cinq actes (par M. Claudet). *La Haye*, 1763, in-8.

2098. RECUEIL : 1° Venise sauvée, tragédie (par Pierre de la Place). *Paris*, 1769, in-8, v. m. — 2° Guillaume Tell, tragédie, par M. Le Mierre. *Avignon*, 1767, in-8. — 3° Hirza, tragédie, par M. de Sauvigny. *Avignon,* 1767, in-8. — 4° Octave et le jeune Pompée, ou le Triumvirat, tragédie (par Voltaire). *Avignon*, 1767, in-8. — 5° Blanche et Guiscard, tragédie imitée de l'anglois de Thomson, par M. Saurin. *Avignon*, 1765, in-8. — 6° Spartacus, tragédie (par Saurin). *Paris*, 1760, in-8. — 7° Adèle, comtesse de Ponthieu, tragédie par M. de la Place. *Paris*, 1758, in-8, v. m.

2099. RECUEIL : 1° Mœurs du tems, comédie en un acte (par Saurin). *Paris*, 1761, in-8. — 2° Les Dehors trompeurs, ou l'Homme du jour, comédie de M. de Boissy. *Besançon, Fantet*, 1764, in-8.

3° Le François à Londres, comédie par M. de
Boissy. *Besançon, Fantet*, 1764, in-8. — 4° L'A-
mant auteur et valet, par M. Ceron. *Besançon,
Fantet*, 1764, in-8. — 5° La Jeune Indienne, comédie par M. de Chamfort. *Besançon, Fantet*,
1764, in-8. — 6° La Soirée à la mode, ou le Cercle,
comédie épisodique en un acte et en prose, par
M. Poinsinet. *Besançon, Fantet*, 1765, in-8. —
7° La Partie de Chasse de Henri IV, comédie, par
M. Collé. *Paris*, 1766, in-8. — La Gageure im-
prévue, comédie par M. Sedaine. *Paris*, 1770,
in-8, v. m.

2100. RECUEIL : 1° Jenneval, ou le Barnevelt françois,
drame, par M. Mercier. *Paris*, 1770, in-8. —
2° Erieu, ou la Vestale, drame en vers (par Dubois-
Fontanelle). *Londres*, 1768, in-8. — 3° Eugénie,
drame en prose, par M. de Beaumarchais. *Paris*,
1768, in-8. — 4° Charlot, ou la Comtesse de Givri,
pièce dramatique (par Voltaire). *Genève et Paris*,
1768, in-8. — 5° Le Café, ou l'Écossaise, comédie
par M. Hume, trad. en françois par Jérôme Carré.
Besançon, Fantet, 1765, in-8. — 6° Le Philosophe
sans le savoir, comédie par M. Sedaine. *Paris*,
1766, in-8, v. m.

2101. Le Comte de Warwick, tragédie par M. de la
Harpe. *Paris*, 1773, in-8, br.

5. *Auteurs dramatiques italiens.*

2104. Antonio Epicuro (Caracciolo). Cecaria, tragicomedia, con un bellissimo lamento del Geloso
con la luminaria, di nuovo con somma diligenza corretta e ristampata. *Vinegia, Giolito*,
1553, in-12.

Cette composition dramatique d'Antoine Caracciolo, vulgairement nommé
Epicuro, est un ouvrage écrit d'un style fort gracieux, et qui semble avoir
donné au Tanzillo le modèle de ses *due Pellegrini*. A la fin du vol. est écrit :
*Dono dedit Dominus F. Bonnot de Baume, secret. Ferd. de Rye Arc. Bisunt.
Anno 1596, Cl. Bichet pbr.*

2106. Ifigenia, tragedia di M. Lod. Dolce. *Vinegia,*
Giolito, 1551, pet. in-12.

Édition originale.

2107. L'Aminte du Tasse, tragicomédie pastorale
accommodée au théâtre françois par le sieur de
Rayssiguier. *Paris,* 1632, in-8, vél.

2108. Nouvelle Traduction françoise de l'Aminte du
Tasse (par Picquet), avec le texte à côté. *Paris,*
1734, in-12, v. m.

2109. Il Pastor infido, favola boschareccia di Luigi
Rusia. *Como,* 1622, pet. in-12, vél.

2110. Il Pastor fido del signor cavalier Battista Guarini. *In Leyda, per Giov. Elsevier,* 1659, pet. in-
12, front. gr. fig. v. br.

Bonne édition.

2111. Il Pastor fido, con le rime del signor cav.
Battista Guarini. *In Amstelodami, appresso Jo-
doco Playmer,* 1663, pet. in-12, fig. v. br.

2112. Il Pastor fido, tragicomedia pastorale del cav.
Guarini. *In Parigi, appresso Prault,* 1766, in-12,
front. gr. fig. v. f. fil. tr. dor.

Bel exemplaire.

2113. Diffesa del Pastor fido del cav. Batt. Guarini,
di Orlando Piscetti. *Verona,* 1601, pet. in-4, mar.
r. fil. tr. dor.

2114. Filli di Sciro, favola pastorale del conte Gui-
dobaldo de Bonarelli. *Amsterd., nella stamperia
del S. Dan. Elzevir, et in Parigi si vende, appresso Jolly,* 1678, in-32, front. gr. fig. de Séb.
Leclerc, v. br.

2115. L'Alchimista, comedia di M. Bernardino Lombardi, comico confidente. Nuovamente ristampata. *Venetia,* 1602, pet. in-12, vél. — Gli Inganni, comedia del signor N. S. *Venetia,* 1600,
pet. in-12.

2116. Giustina reina di Padova, tragedia di Cortese Cortesi Padouano, seconda editione. *Vicenza*, 1608, pet. in-12, cart.

2117. La Taïde convertita : Rappresentatione spirituale di Ambrozio Leoni Crocifero. *In Venezia*, 1611, pet. in-12. — La Furba, comedia del sign. cav. Batt. Marzi. *Venetia*, 1610, pet. in-12. — L'Orinthia, overo i nemici amanti, comedia nuova di Lod. Mori. *Venetia*, 1611, pet. in-12, v. br.

2118. Tragedie cinque di Vincenzo Gravina (il Palamede, l'Andromeda, l'Appio Claudio, il Papiniano, il Servio Tullio). *Napoli*, 1712, in-8, vél.

2119. La Sincerità trionfante, overo l'Erculeo ardire, opera dramatica del sign. Ott. Castelli, rappres. in Roma per la nascita del Delfino. *Roma*, 1639, in-4, vél.

Le f. du titre manque. V. Brunet, t. Ier, col. 1625.

2120. Hercole vero, cioè Luigi decimo quarto, re di Francia, opera (del. S. Hon. Fabart di Vizan). *S. l., n. d.*, in-8, v. br.

Opéra représenté à Lyon pour les noces de Louis XIV et de Marie-Thérèse, infante d'Espagne.

2121. Poesie del signor abbate Pietro Metastasio. *Parigi, presso Pietro Durand e Molini*, 1773-83, 6 vol. pet. in-12, front. gr. portr. v. jaspé, fil.

2122. L'Impresario in angustie : l'Entrepreneur italien dans l'embarras, opéra bouffon en deux actes, musique du signor D. Cimarosa. *Paris, de l'imprimerie de Monsieur*, 1789, in-8, d.-rel. tr. dor.

6. *Auteurs dramatiques espagnols.*

2123. Celestina, tragicomedia de Calisto y Melibea. *En la officina Plantiniana*, 1599, in-16, vél.

Jolie édition, peu commune.

2124. Celestina, tragicomedia de Calisto e Melibea, nuovamente tradotta despagnolo in italiano idioma (da Alfonso Hordognez). *Venetia, per Bernardino de Bendoni,* 1543, in-8, fig. vél.

Bonne édition.

2125. Obras de maestro Fernan Perez de Oliva (con algunas de Ambrosio Morales). *Cordova, per Gabr. Ramon Bejarano,* 1586, pet. in-4, v. m.

Édition rare. Les deux tragédies de Perez de Oliva : *la Vengenza d'Agamemnon et Hecuba triste,* les plus anciennes écrites en espagnol, sont considérées comme des chefs-d'œuvre.

2126. Las Comedias del poeta Lope de Vega Carpio, compiladas per Bern. Grassa. *Amberes,* 1607, pet. in-8, vél.

2127. La Potenza della lealtà, reverenza e fedeltà, opera tradotta dello spagnuolo del dottor Honofrio Castro. *Bologna,* 1685, pet. in-12, cart.

2128. Cigarrales de Toledo, primera parte, compuestos por el maestro Tirso de Molina (Gabriel Tellez). *Madrid,* 1630, in-4, vél. (*Rare.*)

Exempl. de Perrenot de Granvelle.

V. FICTIONS EN PROSE.

1. *Apologues ou fables.*

2129. Fabulæ Æsopicæ et aliæ quædam narrationes, cum historia vitæ fortunæque Æsopi, compositæ studio et diligentia Joach. Camerarii. *Lipsiæ,* 1564, in-8, vél.

Exempl. de J. Balesdens, de l'Académie française.

2130. Æsopi Fabulæ, gallice, latine, græce, cum scholiis : J. Meslier utramque versionem elaboravit. *Parisiis, apud Seb. Cramoisy,* 1629, in-8, v. m.

2131. Mythologia Æsopica, in qua Æsopi fabulæ græco-latinæ 297 ; acced. Babriæ (sic) fabulæ auctiores secundum editionem J. Nic. Niveleti. *Londini, typis M. Clarke*, 1682, in-12, v. br.

2132. Estienne Perret. XXV fables des animaux. *Delft, A. Girard*, 1618, in-fol. fig.

2. *Romans, contes et nouvelles.*

A. Romans grecs.

2133. Parthenii Nicæensis de Amatoriis affectibus liber (gr. et lat.), Jano Cornario Zuiccaviensi interprete. *Basileæ, ex offic. Froben.*, 1531, in-8, d.-rel. c. de Russie.

Édition originale, rare. C'est un recueil de 37 anecdotes d'autant plus précieuses qu'elles sont tirées d'ouvrages dont aucun ne nous est parvenu en entier. Exempl. de Baluze.

2134. Heliodori bistoriæ Æthiopicæ libri X, nunquam antea in lucem editi (græce edidit Vincentius Obsopœus). *Basileæ, Hervagius*, 1534, in-4, vél.

Première édition. Elle a été donnée d'après un manuscr. provenant de Math. Corvinus.

2135. Heliodori Æthiopicorum libri X, gr. et lat. (ex versione Stan. Warschesviczk); Jo. Bourdelotius emendavit, supplevit, ac animadvers. adjecit. *Lutetiæ-Paris.*, 1619, in-8, v. m. fil.

Édition recherchée et peu commune.

2136. Héliodore. Histoire æthiopique de Heliodorus, contenant dix livres traitant des loyales et pudiques amours de Theagenes, Thessalien, et Chariclée, Æthiopienne, nouvellement traduite du grec en françois (par Jacques Amyot). *Lyon*, 1589, pet. in-12, v. br.

Barbier, *Dict. des anonymes*, t. II, p. 58, donne une notice intéressante sur cette traduction et ses différentes édit.

2137. Achillis Tatii de Clitophontis et Leucippes amoribus libri VII. Longi de Daphnidis et Chloës amoribus libri IV. Parthenii Nicæensis de amatoriis affectibus liber I. Græce cum latina versione.

Ex offic. Commeliana, Heidelbergæ, 1601, in-8, vél.

Première édition du texte grec de ce roman. Exempl. de Colbert.

2138. Les Amours de Clitophon et de Leucippe, par Achille Tatius, mis en latin par L. Annibal Cruceius, et nouvellement traduitz en langage françois (par Belleforest). *Paris, à l'Olivier de l'Huillier,* 1568, in-8, v. br.

2139. CYRI THEODORI PRODROMI Rhodantes et Dosiclis amorum libri IX, gr. et lat., interprete Gil. Gaulmino. (Accedit ejusdem Theodori dialogus Amaranthus, seu senilis amor.) *Parisiis,* 1625, in-8, vél.

Volume peu commun. Le premier ouvrage est en vers ïambiques de douze syllabes, dont la pénultième est constamment accentuée. L'Amaranthus est un dialogue satirique. Exempl. de Longepierre.

2140. Charitonis Aphrodisiensis amatoriarium narrationum de Chærea et Callirhoë libri XIIII. J. Ph. d'Orville publicavit (gr. et lat.), animadversionesque adjecit. *Amstelodami,* 1750, 3 part. in-4, peau de truie, avec armoiries.

Bonne édition, dans laquelle se trouve un excellent commentaire. La version latine est de J.-J. Reiske.

B. Romans latins anciens et modernes.

2141. Lucii Apuleii Opera omnia quæ exstant, cura Petri Colri. *Lugd.-Batav., ex offic. Plantini,* 1588, in-8, vél.

2142. L. Apuleii Opera omnia, cum notis variis, ex editione J. Casauboni. *Lugduni, Ant. de Harsi,* 1614, 2 vol. in-8, rel. en un, v. f. fil.

Édition estimée et complète. Elle renferme, avec les commentaires de Béroalde, les scolies, les variantes de Roaldès, les conjectures de Gruter, etc.

2143. L. Apuleii Madaurensis Apologia, recognita et nonnullis notis ac observationibus illustrata a J. Pricæo. *Parisiis,* 1635, in-4, vél.

Cette édition est estimée. Ce fut Jean Bourdelot qui la fit imprimer à ses frais.

2144. L'Asne d'or, ou les Métamorphoses de Luce Apulée (trad. par J. de Montlyard), illustré de commentaires. *Paris*, 1602, in-12, vél.

2145. Gesta Romanorum. Ex gestis Romanorum hystorie notabiles de viciis virtutibusque tractantes cum applicationibus moralisatis et misticis. *S. l. marque d'André Bertaut*, 1531, pet. in-12, m. ro.

Sur l'auteur présumé de cette compilation, qui eut jadis tant de vogue, v. Barbier : *Dictionn. des anonymes*, t. III, p. 548. C'est un composé d'historiettes et de contes empruntés aux traditions orientales et aux fables accréditées en Europe au moyen âge. Cette caricature historique a joui d'une grande réputation en Allemagne.

2146. Joannis Barclaii Argenis. Editio novissima, cum clave, hoc est : nominum proprium elucidatione. *Lugd.-Batav.*, *ex offic. Elsevirii*, 1630, pet. in-12, tit. gr. v. f.

Roman politico-allégorique dont la lecture faisait, dit-on, les délices du card. de Richelieu. C'est la plus belle des deux éditions données par les Elseviers en 1630. Brunet, t. Ier, p. 651.

2146 *bis*. — Un second exempl. relié en p. de truie.

2147. Euphormionis Lusinini, sive Barclaii satyricon, partes quinque, cum clave : access. Conspiratio anglicana. *Lugd.-Batav.*, *apud Elsevirios*, 1637, pet. in-12, tit. gr. vél.

Bonne édition. V. Brunet, t. Ier, col. 652.

2148. Alitophili (Cl. Barth. Morisoti) veritatis Lacrymæ. *S. l.* (*Genevæ*), 1625, in-12, vél.

2149. Jani Nicii Erythræi (Vict. Rossi) Eudemiæ libri X (curante Barth. Nihusio). *Coloniæ Ubiorum* (*Amstelædami*), 1645, in-8, vél. portr.

C'est une satire protestante des mœurs corrompues des Romains. V. Brunet, t. II, col. 1052.

2150. Balth. Bonifacii Historia ludicra. *Bruxellæ*, 1656, in-4, tit. gr. vél. tr. dor.

Seconde édition, augmentée d'une vie de l'auteur et d'une table des matières.

2151. Gyges Gallus, Petro Firmiano (P. Zacharia Lexoviensi ord. S. Francisci) auctore. *Parisiis*, 1650, in-12, tit. gr. v. br.

Exempl. d'Esnard de Clermont-Tonnerre, dernier abbé de Luxeuil. Le

P. Zacharie de Lisieux a rempli longtemps les fonctions de vicaire apostolique en Angleterre.

C. Romans français.

2152. L'ARBRE DES BATAILLES (par Honoré de Bonnor). Nouvellement imprimé à Paris. — (Au verso du dernier f. :) *Imprimé à Paris par Michel le noir libraire..... demourant en la rue Sainct Jacques, à l'enseigne de la rose blanche couronnée. Le X.VII jour de may, Mil cinq cens V*, pet. in-4 goth. à longues lignes; sur le titre une gravure en bois.

2153. THÉSÉUS DE COULONGNE. Histoire très-récréative, traictant des faictz et gestes du noble et vaillant chevalier Théséus de Coulongne, par sa prouesse empereur de Romme, et aussi de son filz Gadifer. On les vend au Palais. — *Imprimé à Paris le quatorzième iour de aoust, l'an mil cinq cêts trentequatre, par Anthoine Bonnemère, pour Jehan Longis et Vincent Certenas libraires demourant à Paris*. 2 tom. en 1 vol. in-fol. goth. à deux colonnes, avec fig. en bois, mar. br. (*Armes.*)

Édition la plus recherchée. On n'en connaît que quelques exemplaires.

2154. Le Dix-huitième Livre d'Amadis de Gaule, traduit d'espagnol en langue françoise, par Gabr. Chappuys. *Lyon, Louis Cloquemin*, 1579, in-16, vél.

Manquent le titre et les 20 premières pages.

2155. Trésor de tous les Livres d'Amadis de Gaule, contenant les Harangues, Epîtres, Concions, Lettres missives, Demandes, Réponses, Répliques, Sentences, Cartels, Complaintes, et autres choses plus excellentes. *Lyon, Pierre Rigaud*, 1605, 2 vol. in-16, v. f.

Tiré des 21 livres d'Amadis.

2156. HISTOIRE DE PALMERIN D'OLIVE, fils du roi Florendos de Macédone, et de la belle Oriane; trad. du castillan en françois, par Jean Maugin. *Paris, pour Vincent Sertenas*, 1549, in-fol. fig. en bois, lettres rondes. — Histoire de Primaléon de Grèce continuant celle de Palmerin d'Olive, empereur de Constantinople, son père, naguère tirée tant de l'italien comme de l'espagnol, et mise en nostre vulgaire par Franç. de Vernassal, Quercinois (Gabr. Chappuys et Guil. Landré). *Paris, Est. Groulleau*, 1550, in-fol. fig. sur bois, m. br. (*Aux armes.*)

V. sur cette édit. la note de Brunet, t. IV, col. 875.

2157. Histoire merueilleuse et notable de trois excellents et renommés fils de Roys, à savoir de France, d'Angleterre et d'Écosse, qui firent estant jeunes de grandes prouesses. *Lyon, B. Rigaud,* 1579, in-8, v. br.

2158. LES ANGOISSES DOULOUREUSES qui procèdent d'amour, composées par Dame Hélisenne (de Crenne, demoiselle picarde). *S. l. n. d.* (vers 1540), 3 part. pet. in-8, fig. v. f.

Édition rare. Après la dernière partie se trouve un opuscule de 8 ff. intitulé : *Ample narration faicte par Quezinstra, en regrettant la mort de son compagnon Guenelu et de la dame Hélisenne après leurs déplorables fins, ce qui se déclarera avec décoration du style poëtique.* Au verso du frontisp. se lit un dixain d'*Hélisenne aux lisantes.*

2159. Le Voyage du Chevalier errant, par F. Jehan de Carteny, de l'ordre des carmes. *Anvers, J. Bellere,* 1557, pet. in-8.

Roman mystique, rare.

2160. La Folie sainte de l'Amant loyal, histoire nouvelle, contenant plusieurs chansons, stances et sonnets, reueue et changée tiltre, puis la première impression, par N. C. J. R., autheur d'icelle. *Lyon, par André Papillon,* 1597, in-16, v. br.

Livre rare, en prose et en vers ; lettres rondes.

2161. HONORÉ D'URFÉ. L'Astrée, où sont déduits les divers effets de l'honneste amitié, avec la cinquiesme partie, par Baro. *Paris, Sommaville,* 1633, 5 vol. in-8, fig. mar. br. tr. dor. (*Armes.*)

L'Astrée est le premier roman régulier qui ait été donné en notre langue, et elle est encore très-recherchée maintenant. Cette édit., ornée de près de

80 pl. gr. par Michel l'Asne, est la première de l'ouvrage complet. Baro, auteur de la 5° partie, était le secrétaire de d'Urfé. V. Brunet, t. V, col. 1014.

2162. L'Irlanda, overo l'Innocenza coronata, del sign. de Cériziers, tradott. dalla lingua francese nell' italiana per il sign. Lod. Cadamosto. *In Milano*, 1656, in-12, vél.

Roman mystique sur la vie de sainte Geneviève de Brabant.

2163. Les Amours des Dieux, par le sieur de la Serre. *Paris, de Cay*, 1624, in-8, fig. vél.

2164. Daphnide, ou l'Intégrité victorieuse, histoire aragonaise par M. l'évêque de Belley (Jean-Pierre Camus). *Lyon*, 1625, in-12.

2165. Les Leçons exemplaires de M. J. P. C. (Jean Pierre Camus, évêque de Belley). *Rouen*, 1642, in-8, v. br.

2166. Les Effets de la Fortune, où, par la ruine des empires, des royaumes et des villes, et par diverses adventures, on voit l'inconstance de toutes les choses du monde, par Mr Chevreau. *Paris, Ant. de Sommaville*, 1656, in-8, v. br. fil.

2167. Le Tableau de la Fortune, par Mr Chevreau, nouv. éd. *Lyon*, 1665, in-12, v. br.

2168. Nouvelle allégorique, ou Histoire des derniers troubles arrivés au royaume d'éloquence, 2° éd. (par Furetière). *Paris, de Luyne*, 1658, in-8, vél.

2169. Le Roman comique de Paul Scarron. *Paris*, David, 1706, 2 vol. in-12, v. br.

2169 *bis*. De Préchac. L'Héroïne mousquetaire, histoire véritable. *Paris* (*Amsterdam, chez Jacques le Jeune*), 1677-78, 4 part. en 1 vol. pet. in-12, v. f. fil. Kœlher.

Jolie édition, à la Sphère.

2170. Histoire de Jean de Bourbon, prince de Carency, par l'auteur des Mémoires et Voyage d'Espagne (la comtesse d'Aulnoy). *La Haye*, 1704, in-12, v. br.

S.-Y.   18

2171. La Princesse de Clèves (par la comtesse de la Fayette, Jean Renaud de Segrais et François VI, duc de la Rochefoucauld). *Paris*, 1752, 2 tom. en 1 vol. in-12, v. m.

2172. Macarisse, ou la Reine des îles Fortunées, par Fr. Hédelin, abbé d'Aubignac. *Paris, Dubreul*, 1664, 2 vol. in-8, tit. gr., fig. de Chauveau.

C'est sur cet ouvrage que Richelet, qui l'avait d'abord loué et qui ensuite s'était brouillé avec d'Aubignac, fit ces quatre vers qu'il envoya à d'Aubignac:

Hédelin, c'est à tort que tu te plains de moi.
N'ai-je pas loué ton ouvrage ?
Pouvais-je faire plus pour toi,
Que de rendre un faux témoignage ?

2173. La Comtesse de Vergy, nouvelle historique, galante et tragique (par le comte de Vignacourt). *Paris, Pépingué*, 1722, in-12, v. br.

L'héroïne de ce roman, supposée veuve avant même qu'elle fût mariée, est Laure, fille de Matthieu Ier, duc de Lorraine, et femme de Guillaume de Vergy, sénéchal de Bourgogne, à la fin du XIIe siècle.

2174. Histoire de Marguerite de Valois, reine de Navarre, sœur de François Ier (par Mlle de la Force). *Amsterdam*, 1745, 2 vol. in-12, v. m.

2175. Le Bachelier de Salamanque, ou les Mémoires et Aventures de Don Chérubin de la Ronda, par Monsieur Le Sage. *Paris*, 1767, 2 vol. in-12, v. m.

De la biblioth. de Jean-Ignace Terrier.

2176. Fénelon. Les Aventures de Télémaque. *Paris, veuve Estienne*, 1740, 2 vol. in-12, fig. v. br.

2177. Bocca, ou la Vertu récompensée, conte nouveau de Mme Husson (ou plutôt par Mme Le Marchand). *Londres et Paris, Duchesne*, 1756, in-12. — Les Amours d'Abrocome et d'Anthia, histoire éphésienne, trad. de Xénophon, par M. J. (Jourdan). *Paris*, 1748, in-12, fig. v. m.

2178. Mémoires et Aventures d'un homme de qualité qui s'est retiré du monde (par l'abbé Prévost). *La Haye*, 1757, 2 vol. in-12, v. m.

2179. Histoire de M. Cleveland, fils naturel de Cromwell, ou le Philosophe anglois, écrite par lui-même, et trad. de l'anglois (composé par l'abbé Prévost). *Utrecht* (Paris), 1741, 6 vol. in-12, v. dent.

2180. Le Doyen de Killerine, histoire morale, composée sur les mémoires d'une illustre famille d'Irlande (par l'abbé Prévost). *Paris*, 1762, 3 vol. in-12, v. m.

2181. Mémoires pour servir à l'histoire de la vertu, extraits du journal d'une jeune dame (composés par l'abbé Prévost). *Cologne (Paris)*, 1762, 4 tom. en 2 vol. in-12, v. m.

Cet ouvrage fait suite aux mémoires de miss Shéridan, par Robinet.

2182. Lettere d'una Peruviana, trad. del francese (della signora de Graffigny) in italiano del G. L. Deodati. *Avignone, Seguin, anno XI*, in-12, br.

2183. Le Comte de Valmont, ou Égaremens de la raison (par l'abbé Girard). *Paris, Bossange*, 1801, 6 vol. in-12, fig. d.-rel. bas.

2184. Le Vieillard abyssin rencontré par Amlec, empereur d'Éthiopie. *Londres*, 1779, in-12, br.

Dans ce roman allégorique, moral et religieux, dont l'auteur n'est pas connu, Amlec représente le roi-martyr, et le vieillard abyssin une espèce de Mentor, qui prédit tous les malheurs que la Révolution doit causer à la France.

2185. Les Veillées du Château, ou Cours de morale à l'usage des enfants (par Mme de Genlis). *Paris, Lambert*, 1784, 3 vol. in-12, d.-rel. bas.

2186. Voyages imaginaires, Songes, Visions et Romans cabalistiques (recueillis par Garnier). *Amsterdam*, 1787-89, 39 vol. in-8, fig. les deux premiers d.-rel. bas. les autres br. non rog.

Manquent les vol. 7, 8, 9 et 25.

2187. Le Printemps d'Yver, contenant cinq histoires, discourues par cinq iournées, en une noble compagnie, au chasteau du Printemps, par Jacques Yver, seigneur de Plaisance. *Paris, J. Ruelle*, 1572, in-16, d.-rel. bas.

2189. LES SERÉES DE GUIL. BOUCHET. *Lyon, S. Rigaud*, 1618, 3 part. in-8, v. f.

Bonne édition d'un ouvrage très-recherché et dont il est difficile de trouver des exempl. bien conservés. Aux armes de L. Camusat avec la signature de Claude Crivel. V. Brunet, 5° édit., t. Ier, col. 1165.

2190. Les Journées amusantes de Mme de Gometz. *Amsterdam*, 1766, 8 tom. en 4 vol, in-12, fig. v. m.

Recueil d'historiettes à l'imitation des nouvelles de la reine de Navarre.

2191. Les Mille et un Quarts d'heure, contes tartares (par Gueulette). *Paris, Libraires associés*, 1753, 3 vol. in-12, v. m.

2192. Contes moraux, par Marmontel, suivis d'une Apologie du théâtre. *Paris*, 1761, 2 vol. in-12, v. m.

D. Romans italiens.

2193. Il Philocolo di M. Giovanni Boccaccio nuovamente revisto. (In fine :) *Stampato in Vinegia per Nicolo di Aristotile detto Zoppino*, 1530.

Sur le titre à encadrements gr. en bois se trouve le portr. de Boccace.

2194. Laberinto d'Amore di M. Giovanni Boccaccio, con una epistola a messer Pino de Rossi confortatoria del medesimo. (In fine :) *Stampato in Vinegia per Pietro di Nicolini da Sabio*, 1536, in-8, front. gr. en bois.

Bonne édition.

2195. Il Corbaccio (di Giov. Boccaccio, con le note di Jacobo Corbinelli). *In Parigi, per Fed. Morello*, 1569, in-8. (*Edition estimée non-seulement à cause des notes dont elle est enrichie, mais parce qu'elle a été faite sur une copie du texte mss. de F. d'Amaretto Manelli de l'an 1384, et que l'ancienne orthographe y a été conservée.*) — Institutionum florentinæ linguæ libri duo Euphrosini Lapinii. *Florentiæ, apud Juntas*, 1569, in-8, v. m.

2196. HYPNEROTOMACHIE, ou Discours du Songe de Poliphile, déduisant comme amour le combat à l'occasion de Polia, trad. de l'italien (de Fr. Colonna) et mis en lumière par J. Martin. *Paris,* 1546, in-fol. fig. en bois, mar. br. fil. (*Armes*).

Ce volume est recherché pour ses jolies gravures en bois attribuées, soit à J. Goujon, soit à J. Cousin. J. Martin ne fut que l'éditeur de ce livre; mais il n'a point nommé le traducteur, qui était chevalier de Malte, et, selon M. Cicognara, le cardinal de Lénoncour.

2197. DIALOGUE très-élégant intitulé le Pérégrin, traictant de l'honneste et pudique amour côcilié par pure et sincère vertu, trad. de l'italien (de J. Cavicio) par maistre Fr. Dussy..... et nouvellement imprimé à Lyon. *On les vend à Lyon en la maison de Claude Nourry dict le Prince, près de Nostre-dame de Confort, l'an de grâce mil cinq cens trente troys, le vingtiesme iour du mois d'octobre,* in-4, goth. à longues lignes, p. verte.

Bonne édition.

2198. La Peripezia d'Ulisse, overo la casta Penelope. Parte prima. Libri tre di F. Malipieri. *Venetia,* 1640, pet. in-12, vél.

2199. La Simplicità ingannata, di Galerana Baratolli (Archangela Tarabotti). *A la Sphère, Leida, Sambix,* (*Elsevier*), 1654, pet. in-12, vél.

Archangela Tarabotti était Vénitienne, religieuse du couvent de Sainte-Anne. Cette très-rare édit. est un véritable Elsevier de Leyde.

2200. Franc. Sansovino. Le Cento Novelle scelte da più nobili scrittori, nelle quali piacevoli et notabili avvenimenti si contengono. *In Venetia, appresso Aless. de Vecchi,* 1598, in-8, fig. en bois, vél.

L'éditeur de ce recueil a changé, dans chacune de ses nouvelles éditions, l'ordre des nouvelles, et en a successivement retranché plusieurs pour les remplacer par d'autres, de sorte que pour les avoir toutes il faudrait réunir les éditions de 1561, 1562, 1563, 1566 ou 1571 et 1598. Dans celle-ci on a omis cinq nouvelles indiquées dans la table, les 4e et 7e de la 5e journée, la 8e de la 6e journée, et les 3e et 4e de la 8e; mais elles ont été remplacées par cinq autres, sous les nos 24, 27, 58 (répétée sous le no 82), 73 et 74.

2201. Levanzio da Guidicciolo. Antidoto della Gelosia, distinto in doi libri, estratto dall'

Ariosto, etc. *In Venetia, Fr. Rampazetto*, 1545, in-8.

Vol. recherché à cause des nouvelles ital. qu'il contient. Cette édition renferme l'épître *alla Martinenza*.

2202. Il Decameron di Messer Giov. Boccaccio, si come lo diedero alla stampa gli SS^{ri} Giunti l'anno 1527 (*la Sphère*). *In Amsterd.*, 1665, in-12, v. dent. tr. dor.

Édition belle et correcte, véritable Elsevier d'Amsterdam. Exempl. en parfait état.

2203. Le Piacevoli Notti di M. Giov. Francesco Straparola da Caravaggio. Nelle quali si contengono le favole con i loro enimmi da dieci donne et due giovanni raccontate, cosa dilettevole, ne più data in luce, con privilegio. *In Venegia, per Comin da Trino*, 1556, 2 part. in-8, vél.

Le portrait de l'auteur au verso du f. du titre de la 2° partie.

2204. Breve racconto dell' amicitia mostruosa nella perfettione; tra Nic. Barbarigo et Marco Trivisano, gloriosi figluoli della nobiltà venetiana (por G. Scaglia). *Venetia*, 1627, in-4, cart.

2205. L'Eromène, trad. de l'italien de J.-F.-R. Biondi, par d'A.... (d'Audiguier neveu). *Paris*, 1633, 2 part. in-8, tit. gr. fig. vél.

E. Romans espagnols.

2206. Historia di Amadis di Grecia, cavallier dell' ardente spada. *In Venetia*, 1574, in-8, vél.

2207. Miguel de Cervantes de Saavedra. Vida y echos de l'ingenioso hidalgo Don Quixote de la Mancha. *Bruselas*, 1662, 2 vol. in-8, fig. tit. gr. v. br.

2208. Vida y echos de l'ingenioso cavallero Don Quixote de la Mancha, compuesta por Miguel de Cervantes de Saavedra. *En Amberes*, 1697, 2 vol. in-8, fig. tit. gr. v. br.

2209. EL INGENIOSO HIDALGO DON QUIXOTE DE LA MANCHA, nuova edicion, corregida por la real academia española. *Madrid, Joach. Ibarra,* 1780, 4 vol. gr. in-4, fig. portr. br. non rog.

Cette édition est un vrai chef-d'œuvre typographique; on l'a enrichie de la vie de Cervantes, et de l'analyse de son roman, par Vincente de los Rios. Belles épreuves des gravures.

2210. Histoire de l'admirable Don Quichotte, trad. de l'espagnol (par Filleau de Saint-Martin). *Paris,* 1754, 6 vol. in-12, fig. tit. gr. v. mar.

Bonne édit. V. la note de Barbier sur cet art. : *Dictionn. des anonymes,* t. II, p. 79.

2211. Pastores de Belen, prosas y versos divinos de Lope de Vega Carpio. *Brussellas,* 1614, pet. in-12, vél.

Bonne édition.

2212. Le Diable boiteux (roman imité de l'espagnol de Luis Valez de Guevara), par le Sage. *Paris, Demonville,* 1756, 3 vol. pet. in-12, fig. v. m.

2213. Primera (e seconda) parte de la vida del picaro Guzman de Alfarache, compuesta por Matheo Aleman. *Brucellas,* 1604, 2 part. in-12, vél.

Édition donnée par Mateo Luxando Saavedra.

2214. Histoire de Guzman d'Alfarache (de Matheo Aleman), nouvellement traduite par le Sage. *Amsterdam,* 1777, 2 vol. in-12, tit. gr. fig. d.-rel. C. de R. dor. en tête, non rog.

2215. Historia del famoso predicador **Fray Gerundro** de Campezas, por D. Fr. Lobon de Salozar (el P.-J.-Fr. de Isla). *S. l.,* 1770, 2 vol. in-4, v. m.

Ouvrage satirique estimé. C'est la crit. des prédicateurs de l'Espagne, comme Don Quichotte l'est de la chevalerie.

2216. Lancelot. Les Nouvelles tirées des plus célèbres auteurs espagnols. *Paris,* 1628, 2 tom. en 1 vol. in-8, tit. gr. v. m.

2217. Novelas exemplares de Miguel de Cervantes

Saavedra. *Pamplona, por Juan de Oteyza*, 1622, pet. in-8, vél.

Édition rare.

2218. Six Nouvelles de Miguel de Cervantes Saavedra, trad. d'espagnol en françois, par F. de Rosset, et d'Audiguier. *Paris*, 1625, 2 part. en 1 vol. in-8, v. br.

2219. Ant. de Estava. Parte primera de las noches de invierno. *Pamplona, Carlos de Labeyon*, 1609, in-8, vél.

2220. Jos. Camerino. Novelas amorosas (12). *Madrid, Th. Junti*, 1624, pet. in-4, vél.

2221. Fr. de Isla. El Dia grande de Navarra. *Madrid*, 1746, in-4, cart.

F. Romans allemands.

2222. La Mort d'Abel, trad. de l'allemand de Gessner par Huber (en société avec Turgot). *Londres*, 1761, in-12, d.-rel. v. f.

G. Romans anglais.

2223. Clarisse Harlowe, trad. de l'anglais de Richardson (par Letourneur). *Paris, s. d.*, 13 tom. en 6 vol. in-12, fig. portr. v. mar.

2224. History of Tom Jones a foundling, by Henry Fielding. *Paris, printed by Fr. Amb. Didot*, 1780, in-12, br.

Édit. fort correcte de cet excellent roman.

2225. A sentimental Journey through France and Italy by M. Yorick (Sterne). *London*, 1780, 2 vol, in-12, v. f. fil.

2226. The Speaker, or miscellaneous pieces selected from the best english writers, by William Enfield. *London*, 1780, in-8, v. f.

3. *Facéties et pièces burlesques.*

A. Facéties en différentes langues.

2227. L. Domitii Brusonii facetiarum exemplorum-que libri VII, opera et studio Conradi Lyco-sthenis. *Lugduni, apud Antonium Vincentium,* 1560, in-8, vél.

2228. Guil. de Mara de tribus fugiendis : Ventre, Pluma et Venere, libelli tres. *Parisiis, Sim. Coli-næus,* 1521, in-4.

Livre singulier et devenu rare.

2229. Facetiæ facetiarum, hoc est : Joco-seriorum fasciculus novus. *Pathopoli, apud Gelastinum Severum,* 1657, pet. in-12, v. br. fil.

Bonne édition. V. Brunet, t. II, col. 1157.

2230. Em. Martini Oratio pro crepitu ventris habita ad patres crepitantes. *Cosmopoli,* 1768, in-32, v. f. fil.

2231. Les OEuvres de M. Franç. Rabelais, contenant cinq livres de la vie, faicts et dits héroïques de Gargantua et de son fils Pantagruel; plus la pro-gnostication pantagruéline, augmentée de ce qui s'ensuit : les Navigations et îles Sonnantes, etc. *A Anvers, par Jean Euet,* 1605, in-16, vél.

Édition rare.

2235. Franc. Andreini. Le Bravure del capitano Spavento. *Venetia,* 1607, in-4. *Portr.*

Première édition.

B. Dissertations singulières, plaisantes, etc.

2236. Mensa philosophica (auct. Theobaldo Anguil-berto). *Impressus Parisiis e regione collegii Italo-rum intersignio speculi impēsis honesti viri Frācisci*

Regnault..., *anno dñi* 1509, *sexto Kalen. Nouë.*, pet. in-8.

Brunet, t. III, col. 1636.

2238. Georg. Pictorii sermonum convivalium libri IX, non solum rei medicæ studiosis, sed et omnibus historica, poëtica, sales, jocos, facetias et sermonis nitorem petentibus multum utiles. *Basileæ, Henric. Petrus*, 1559, pet. in-8.

2239. Convivalium sermonum liber miris jocis ac salibus refertus (a Joan. Gastio). Forcianæ quæstiones in quibus varia Italorum ingenia explicantur, auct. Philalete Polytopiensi cive (Hortensio Landi). *Basileæ, Bartol. Westhemerici*, 1541, in-8, bas. fil.

Édition originale ; elle a paru sous le nom de Johannes Peregrinus Petrosolanus.

2240. Laus Asini, in qua præter ejus animalis laudes ac naturæ propria, cum politica non pauca, tum nonnulla alia diversæ eruditionis asperguntur, ad senatum populumque eorum qui ignari omnium scientias ac litteras hoc tempore contemnunt (auct. Dan. Heinsio). *Lugd.-Batav., ex offic. Elzevir.*, 1623, in-4, vél.

Première édition d'un recueil recherché.

2241. Questions diverses et responces d'icelles, divisées en trois livres, à sçavoir : Questions d'amour, naturelles, morales et politiques, traduites du toscan en françois. *A Rouen, Jacques Cailloué*, 1635, bas. fil.

2242. Apologie de Marius Equicolus, gentilhomme italien, contre les médisants de la nature françoise, trad. du latin en françois (par Michel Reti). *Paris, Vincent Sertenas*, 1550, pet. in-8.

2243. Thomaso Garzoni. La Sinagoga de gli ignoranti. L'Hospitale de' pazzi incurabili. Il Theatro de' varii e diversi cervelli mondani *Venetia,* 1617, 3 part. in-4, vél.

2244. Concetti amorosi di M. L. Batt. Alberti, ne' quali, sotto il nome di Hecatomphila si ensegna la bella et ingeniosa arte di amore. Con un dialogo intitolato Deifira che ne mostra come si debbe fuggire il mal cominciato amore. *Genova*, 1572, pet. in-12. — Rime di G. Sannazaro novamente corrette et reviste per M. Lod. Dolce. *In Venetia*, 1581, pet. in-12.

2245. CONTRAMOURS. L'Antéros, ou Contramour, de Fulgose : le Dialogue de Baptiste Platini contre les folles amours. Paradoxe contre l'amour (trad. par Nic. Sibilet). *Paris*, 1581, in-4, (*Curieux et rare. Le Paradoxe contre l'amour est de la composition de Nic. Sibilet.*) — Recherches historiques sur les alliances royales de France et de Savoie, par Pierre Monod. *Lyon, Rigaud*, 1621, in-4. — Traité de l'état et origine des anciens François, par Nic. Vigner. *Troyes, Garnier*, 1582, in-4.
Seconde édit. de cet ouvrage curieux.

2246. Philosophie d'amour de M. Léon Hébreu (Abarbanel), traduite de l'italien en françois par le seigneur du Parc, Champenois (Pontus de Thiard). *Lyon, G. Rouillé*, 1551, in-8, vél.

2247. Marco Equicola. Libro di natura d'amore. *Vinegia, P. di Nicolini da Sabbio*, 1536, in-8, vél.
Equicola avait écrit ce livre en latin dans sa jeunesse, et le traduisit ensuite lui-même en italien.

2248. Equitis Franci et Adolescentulæ mulieris Italæ practica artis amandi, auct. Hilareo Drudone: access. declamationes Phil. Beroaldi ebriosi scortatoris, aleatoris de viciositate disceptantium ; item, quæstio an orator sit philosopho ac medico anteponendus. *Francofurti*, 1597, pet. in-12, vél.

2249. Aresta amorum (auct. Martial d'Auvergne), cùm erudita Bened. Curtii Symphoriani explanatione. *Parisiis, Ch. l'Angelier*, 1544, in-8. (*Anc. rel.*)
Rare. V. de curieux détails sur cet ouvrage dans les *Mélanges* du marquis de Paulmy, lettre D, p. 332.

2250. Opera noua del diuino et unico Signor
Pietro Aretino, laqual scuopre le astutie, scele-
rità, frode, tradimenti, assassinamenti, inganni,
truffarie, strigarie, calcagnarie, robarie. Et le gran
fintion et dolce paroline, che usano le Cortegiane
o voi dir Tapune per ingannar li simplici gioueni,
per laqual causa i pouerelli restano appesi
come uccelli al vischio, et al fin con vitupero et
deshonor posti al basso con la borsa leggiera. Et
chi questa opera leggera gli sara uno specchio da
potersi schiffar dalle lor ingannatrici mani. (Au
recto du dernier feuillet.) *In Vineggia*, 1532, pet.
in-8, lettres italiques, tit. gr. en bois.

Édition originale.

2251. Le Fort inexpugnable de l'honneur du sexe fé-
minin construit par Fr. de Billon, secrétaire. *Paris,
Jean d'Allyer*, 1555, in-4, portr. et fig. sur bois,
v. f.

2252. Paule-Graphie, par Gabr. de Minut. De la
beauté, discours divers ; avec la Paule-Graphie ou
description des beautés d'une dame tholozaine
nommée la belle Paule. *Lyon*, 1587, in-8.

Ouvrage singulier, rempli de recherches très-curieuses, et dont les exempl.
sont rares et recherchés.

2253. Recueil. 1°. Dialogo della bella creanza de le
donne di Aless. Piccolomini. *Per Curtio Navo e
fratelli (Venegia)*, 1539, in-8.

Édit. originale. Ce dialogue, qu'Haym qualifie de *bellissimo*, est une production beaucoup trop libre pour qu'un personnage tel que Alex. Piccolomini ait
pu y mettre son nom ; mais c'est ce défaut même qui a donné le plus de vogue
à l'ouvrage.

— 2°. Cebete thebano, che in una tavola dipinta
philosophicamente mostra la qualità de la vita
humana. Dialogo ridotto di greco in volgare (da
Franc. Contarini). 1538, in-8. — 3°. Dialogo contra i poëti, di Franc. Bernia. *In Ferrara, per Scipion
e fratelli*, 1530, in-8. — 4° Le molte et diversi
virtù delli sani antichi da Greci e Latini auttori
in volgar sermone per M. Nicolo Liburnio tra-

dotte. *In Venegia, per Maestro Barth. Zannetti,* 1537, in-8. — 5°. Flaminio Rossi. Theatro della nobiltà di Italia. *In Napol.,* 1605, in-8. — 6°. Del can, y del cavallo, y de sus calidades : dos animales de gran instincto y sentido, fidelissimos amigos de los hombres. Por el protonotario Luys Perez. *En Valladolid, empresso por Adrian Ghemart.* 1568, pet. in-8. *Rare.*

2254. Lucretia Marinella La nobiltà e l'eccellenza delle donne, co' diffetti e maneamenti degli uomini. *Venegia.* 1621, in-8, vél.

2255. Le Bellezze difformi, osia la Venere smascherata, di C. Gius. Fontana. *Parma, Galeazzo Rosati,* 1689, in-8, portr. cart.

2256. RECUEIL. 1°. Ragionamenti di M. Angelo Firenzuola. *Venetia,* 1552, pet. in-12. — 2° Del medesimo dialogo delle Bellezze delle Donne. *Venetia,* 1552, pet. in-12 fig. —3°. La Gelosia, comedia d'Ant. Fr. Grazini. *Venetia,* 1552, in-12. — 4°. I Suppositi, comedia di Lod. Ariosto da lui medesimo riformata et ridotta in versi. *Venetia, Gabr. Giolito.* 1552, pet. in-12. — 5° Tullia d'Arragona, dialogo dell' infinita di amore. *Venegia, Gabr. Giolito,* 1552, in-12. (*Pièce rare.*) — 6° Ifigenia, tragedia diM. Lod. Dolce. *Vinegia, Giolito,* 1551, in-12.

Recueil curieux.

VI. PHILOLOGIE.

1. *Philologie proprement dite.*

A. Introduction.

2257. De la Manière d'enseigner et d'étudier les belles-lettres par rapport à l'esprit et au cœur, par Ch. Rollin. *Paris,* 1736, 3 vol. in-12. v. br. — Supplément. *Paris,* 1734, in-12, dem.-rel. v. br.

2258. Joan. Clerici Ars critica, in qua ad studia lin-

guarum latinæ, græcæ et hebraïcæ via munitur, etc.
Lipsiæ, 1713, 3 tom. en 1 vol. in-8, vél.

B. Critiques anciens et modernes.

2259. Athenæi Deipnosophistarum libri XV, gr. et
lat., cum Jac. Dalecampii latina versione, annot.
et emendat. juxta Is. Casauboni recensionem adornata. *Lugduni*, 1657. — Is. Casauboni animadversiones in Athenæum. *Lugduni*, 1621, 2 tom. en
1 vol. in-fol. v. br.

2260. Auli Gellii Noctes atticæ, et H. Stephani Noctes aliquot parisinæ, cum notis L. Carrionis. *Parisiis*, 1585, in-8, vél.

Renouard dit cette édition rare et estimée. V. *Annales des Estienne*,
2ᵉ édit., p. 150. V. aussi Brunet, t. II, col. 1523.

2261. Auli Gellii Noctes atticæ, editio nova et prioribus omnibus docti hominis (J. Fr. Gronovii)
cura, multo castigtior (*sic*). *Amstel., apud Joan.
Janssonium*, 1651, pet. in-12, m. r. fil. tr. d.

Contrefaçon de la jolie édit. sortie des presses elséviriennes à la même
date.

2262. Auli Gellii Noctium atticarum libri XX, cum
notis Gronovii. *Lugd.-Batav., Corn. Boutesteyn*,
1706, in-4, v. br.

2263. A. Theod. Macrobii expositio in Somnium Scipionis et Saturnalium libri VII. *Brixiæ, per Ange-
lum Britannicum*, 1501, in-fol.

2264. A. Theod. Macrobii in Somnium Scipionis libri
duo, et septem ejusdem libri Saturnaliorum. *Apud
sanctam Coloniam*, 1521, in-fol.

2265. Censorinus de Die natali; Henr. Linderbro-
gius recensuit et notis illustr. *Lugd.-Bat.*, 1642,
in-8, v. br.

2266. Opus Martiani Capellæ de nuptiis Philologiæ
et Mercurii, de grammatica et de musica libri IX

(cura Fr. Vitalis Bodiani). *Vicentiæ, H. de Sancto Urso*, 1499, *Kalendas februarias*, in-fol.
Première édition.

2267. Martiani Capellæ de nuptiis Philologiæ et Mercurii et septem artibus liberalibus libri (VII) IX. *Lugduni, apud hær. S. Vincentii*, 1539, in-8, vél.
Seconde édition.

2268. MARTIANI MINEI FELICIS CAPELLÆ Satÿricon, in quo de nuptiis Philologiæ et Mercurii libri duo, et de septem artibus liberalibus libri singulares, emendati, et notis sive februis Hugonis Grotii illustrati. *Lugd.-Batav., Christ. Raphelengius*, 1599, pet. in-8, vél.
Troisième édit., rare. Portr. du prince de Condé à l'âge de dix ans, de Grotius, grav. par J. de Ghein. Grotius était à peine âgé de quinze ans lorsqu'il la publia.

2269. Annotationes doctorum virorum in Grammaticos, Oratores, Poetas, etc. *Ex offic. calcogr. Assensii*, 1511, in-fol. — Polybii de primo bello punico, Leon. Aretino interpr., L. Aretini de temporibus suis liber unus. *In æd. Ascensianis*, 1512, in-fol.

2270. Franc. Floridi Sabini in Plauti et aliorum linguæ latinæ scriptorum calumniatores apologia. *Basileæ*, 1540, in-fol. v. br. fil. (*Armes*).

2271. Lud. Cælii Rhodigini (Ricchieri) lectionum antiquarum libri XVI. *Lugduni*, 1562, 2 vol. in-8. (*Tomes II et III.*)

2272. Alexandri ab Alexandro genialium dierum libri VI. *Lugduni*, 1616, in-8, v. br. fil.
Auteur érudit et bon philologue, mais d'une crédulité prodigieuse au sujet des sortiléges, de l'apparition des esprits, de l'interprétation des songes, etc.

2273. And. Tiraquelli semestria *Lugduni, Bouillius*, 1586, in-fol. vél.
Édition originale. C'est un docte commentaire de l'ouvrage précédent.

2274. Car. Sigonii emendationum libri II. *Venetiis, Aldus*, 1557, in-4.
V. Renouard : *Annales de l'impr. des Aldes.*, 3e édit., p. 172.

2275. N. Gruchii (de Grouchy) responsio ad C. Sigonii de binis magistratuum comiciis , et de lege curiata. *Parisiis*, 1565-67, 2 part. in-8, vél.

2276. C. Sigonii disputationum Patavinarum adversus Fr. Robertellum libri II. *Patavii*, 1562, 2 part. in-4. — Fr. Robertelli Ephemerides patavinæ mensis quintilis 1562, adversus C. Sigonii triduanas disputationes. *Patavii, s. d.*, in-4, v. br.

2277. Petri Nannii miscellaneorum decas. *Lugduni*, 1548, pet. in-12 vél.

2278. Jul. Cæs. Scaligeri pro Cicerone contra Erasmum orationes. *Tolosæ*, 1620, in-4. — Ejusdem problemata Gelliana, adversus D. Erasmum orationes duæ eloquentiæ romanæ vindices, cum auctoris epistolis et opusculis (cura et studio P. S. M., id est P. Jac. Maussac). *Tolosæ* 1621, in-4, vél.

Volume rare.

2279. Thomæ Mori Lucubrationes. *Basileæ*, 1562, in-8, v. m.

2280. Petri Rami et Odomari Talæi collectanea, præfationes, epistolæ, orationes. *Parisiis*, 1577, in-8, vél. Expositio Arnaldi Ossati in disputationem Jac. Carpentarii de Methodo. *Parisiis*, 1564, in-8, vél.

2281. M. Ant. Mureti variarum lectionum libri XV. *Antverpiæ*, 1580, in-8, vél.

2282. Adr. Turnebi adversariorum libri XXX. *Parisiis*, 1580, 3 tom. en 1 vol. in-fol. v. f. fil.

Cette édition est la première qui réunisse les trois parties de l'ouvrage. La troisième n'a paru qu'après la mort de Turnèbe, par les soins de son fils.

2283. Petri Victorii variarum lectionum libri XXV. *Lugduni*, 1554, in-4, vél. ·

2284. Hier. Magii variarum lectionum seu miscellaneorum libri IV. *Venetiis, ex offic. Jord. Zileti*, 1564, in-8, vél.

2285. J. Mich. Bruti Opera varia selecta. *Cracoviæ*, 1599, in-8, vél.

2286. Rob. Titii Burgensis, locorum controversorum libri X. *Florentiæ*, 1583, in-4, vél.

Ce livre a provoqué contre son auteur, de la part de Scaliger, sous le pseu- donyme de Villiamari, une attaque violente et injurieuse.

2287. W. Ern. Tentzelii Exercitationes selectæ in duas partes distributæ. *Lipsiæ*, 1692, 2 part. in-4, vél. gauf.

Ouvrage de philologie sacrée, mais que l'on a placé parmi les critiques, à cause de la singularité avec laquelle l'auteur a traité la matière.

2288. Justi Lipsii Opera omnia quæ ad criticam spec- tant, scilicet : antiquarum quæstionum libri V; epis- tolicarum quæstionum libri V; electorum libri II, variarum lectionum libri III. Satyra Menippæa, somnium, de recta pronuntiatione latinæ linguæ dialogus. *Antverpiæ*, *apud Christ. Plantinum*, 1585-86, 6 part. in-4, vél.

2289. Desid. Heraldi adversariorum libri duo. *Pari- siis*, 1599, in-8, vél.

Ce vol. peu commun provient de la biblioth. de Colbert.

2290. Franc. Modii novantiquæ lectiones. *Franco- furti, hæredes Wecheli*, 1584, in-8, vél.

2291. Jani Gruteri Lampas, sive fax artium libera- lium, hoc est thesaurus criticus e bibliothecis eru- tus. *Francofurti*, 1602-5, 6 tom. en 5 vol. in-8, vél.

2292. Andr. Schotti observationum humanarum li- bri V. *Antverpiæ*, 1615, in-4, vél.

Livre rare et recherché. Exempl. de la bibliothèque et aux armes de G. Van Hamme.

2293. Bern. Martini variarum lectionum libri IV, in quibus aliquot auctores tum græci, tum latini, va- riis locis explicantur, illustrantur, etc. *Parisiis*, 1605, in-8, vél.

2294. Collectio dissertationum rarissimarum histo- rico-philologicarum ex musæo J. G. Grævii. *Traj. Bat.*, 1716, in-4, v. f.

2295. Lælii Bisciolæ horarum subsecivarum libri XX. *Ingolstadii*, 1611, 2 tom. en 1 vol. in-fol. peau v.

2296. Joan. Passeratii Orationes et præfationes. *Parisiis, Douceur*, 1606, in-8, vél.

2297. Joan. Passeratii conjecturarum liber : access. A. Behotii apophoretorum libri III. *Parisiis*, 1612, in-8, vél.

2298. Erycii Puteani amœnitatum humanarum dia- 'tribæ XIX. *Lovanii*, 1615, in-8, vél.

2299. Guil. Canteri variarum lectionum libri VII, editio 2ª. *Basileæ*, 1566, in-8, vél.

2300. Joan. Hermanni Schminkii Syntagma criticum variorum auctorum (Guil. Ranchini, Justi Zinger- lingii et Joan. Gebbardi). *Marb. Cattorum*, 1717, in-4, vél.

2301. Fr. Sanctii Laurentii Ramirez de Prado et Balth. de Cespedes Pentecontarchus, sive quin- quaginta militum ductor stipendiis conductus. *Antverpiæ*, 1612, in-4, v. br. fil.
Aux armes de Colbert.

2302. Fr. Fernandez de Cordova didascalia multi- plex. *Lugduni*, 1615, in-8, v. br.
Livre rare.

2303. Conr. Sam. Schurz Fleischii dissertationes academicæ. *Vittembergæ*, 1699, in-4, portr. cart.

2304. Casp. Gevartii electorum libri tres in quibus veterum scriptorum loca obscura et controversa explicantur, illustrantur et emendantur. *Lutetiæ- Paris.*, 1619, in-4, vél.

2305. Sam. Petiti miscellaneorum libri IX. *Pari- siis*, 1630, in-4, vél.

2306. Sam. Petiti observationum libri III. *Pari- siis*, 1641, in-4, vél.

2307. Sam. Petiti variarum lectionum libri IV. *Pa- risiis*, 1633, in-4, v. f. fil. (*Armes.*)

2308. Thomæ Gatakeri adversaria miscellanea posthuma, in quibus sacræ scripturæ primo deinde
aliorum scriptorum locis multa lux effunditur.
Londini, 1659, in-fol. v. br.

<small>Ce livre a été publié par Charles Gataker, qui y a joint la vie de son père, écrite en partie par lui-même.</small>

2309. Casp. Barthii adversariorum commentariorum libri IX. *Francofurti*, 1624, in-fol. v. f. fil.

2310. Th. Reinesii variarum lectionum libri tres
priores, in quibus de scriptoribus sacris et pro-
fanis, classicis plerisque disseritur. *Altemburgi*,
1640, in-4, vél.

2311. Mich. Piccarti observationum historico-poli-
ticarum decades sex priores, cum episodio deca-
dis unius narrationum ridicularum : decades sex
posteriores : decades posthumæ. *Norimbergæ*,
1624, 3 tom. en 1 vol. in-8, vél.

2312. Henr. Valesii emendationum libri V et de
critica libri II, curante P. Burmanno. *Amstelod.*,
1740, in-4, v. m.

2313. Joan. Jonnstonis polymathiæ philologicæ seu
totius rerum universitatis ad suos ordines revoca-
tæ adumbratio horis subsecivis concinnata. *Francofurti et Lipsiæ*, 1667, in-8, v. br.

2314. Ant. Borremanii variarum lectionum liber.
Amstelod., 1676, in-8. — J. Gronovii supplementa lacunarum in Ænea tactico, Dione Cassio et
Arriano de expeditione Alexandri. *Lugd.-Batav.*,
1675, in-8. — G. Henr. Ursini observationum
philologicarum liber. *Ratisponæ*, 1679, in-8, tit.
gr. vél.

2315. Is. Vossii variarum observationum liber.
Item de Sibyllinis aliisque quæ Christi natalem
præcessere oraculis, etc. *Londini*, 1685, in-4, v.
br.

2316. Joh. Gotfr. Olearii scrinium antiquarium.
Ienæ et Darmstadiæ, 1698, in-8. — Materiæ medi-

cæ compendium ex Danielis Ludovici Pharmacia moderno seculo accommodata. *Francofurti*, 1698, in-8, v. br.

2317. Fasciculi I-X opusculorum quæ ad historiam ac philologiam sacram spectant. *Roterodami*, 1693-1700, 10 vol. pet. in-8, vél.

2318. Th. Crenii de philologia, studiis liberalis doctrinæ, informatione et educatione litteraria generosorum adolescentium tractatus variorum quæ Th. Crenius collegit et emendavit. *Lugduni Batav.*, 1696, in-4, v. br.

2319. Th. Crenii de eruditione comparanda in humanioribus, vita, studio politico, cognitione auctorum ecclesiasticorum, etc. Th. Crenius collegit et emendavit. *Lugd. Batav.*, 1699, in-4, v. m.

2320. P. D. Huetii de optimo genere interpretandi, et de claris interpretibus libri II. *Hagæ-Comitis*, 1683, in-8. — Ejusdem de origine fabularum Romanensium liber. *Hagæ-Comitis*, 1682, in-8, v. br.

2321. Syntagma primum dissertationum philologicarum in quo continentur : 1° Casp. Sagittarii dissertatio de natalitiis martyrum. 2° Joan. Kindleri disputatio historica ecclesiastica de natalitiis Christi. 3° Adami Rechenberg dissertatio historica de veterum christianorum Doxologia. 4° C. Sagittarii dissertatio philologica de nudipedalibus veterum. 5° Johan. Philippi Pfeifferi dissertationes philologicæ duæ de cura virginum apud veteres, edent. Carolo Bernizio et Corn. Van Archet. *Roterodami*, 1710, in-8, vél.

2322. J. Alb. Fabricii opusculorum historico-critico-politicorum sylloge. *Hamburgi*, 1738, in-4, v. jasp.

2323. Dan. Will. Trilleri observationum criticarum in varios græcos et latinos auctores libri IV. *Francofurti-ad-Mænum*, 1742, in-8, cart. n. rog.

2324. Observationum philologicarum in Palæphatum περὶ ἀπικίων periculum, acced. aliæ animadvers. in nonnulla Musæi et Achillis Tatii loca (auct. Joan. Got. Carpzovio). *Lipsiæ*, 1743, in-8, cart.

2325. Galeotti Martii de doctrina promiscua liber. *Florentiæ*, *Torrentinus*, 1548, in-8, v. m.

2327. Acta litteraria ex manuscriptis eruta et col— lecta cura Burcardi Gotthelfii Struvii. *Ienæ*, 1703-9, 10 parties in-8, vél.

2328. Georg. Schelhornii Amœnitates litterariæ, quibus variæ observationes, scripta item quædam anecdota exhibentur. *Francofurti*, 14 vol. pet. in-8, br.

Le succès qu'obtint ce recueil obligea l'auteur d'en faire réimprimer les quatre premières parties en 1730.

2329. Henr. a Seelen selecta litteraria junctim edi- ta. *Lubecæ*, 1726, in-8, vél.

Recueil des divers programmes que Seelen avait donnés depuis son arrivée à Lubeck sur des questions d'histoire littéraire.

2330. Miscellaneæ observationes in auctores veteres et recentiores ab eruditis Britannis inchoatæ (et in Belgio continuatæ). *Amstelod.*, 1732-39, 10 vol. in-8, br. — Miscellaneæ observationes criticæ novæ. *Amstelod.*, 1740-51, 12 tom. en 4 vol. in-8, br.

Les premiers volumes de cet ouvrage sont de J. Jortin et ont d'abord été imprimés à Londres en 1732. Le reste est dû à Burman, d'Orville, etc.

2331. Miscellanea Lipsiensia nova (curante F.O. Men- kenio). *Lipsiæ*, 1742-58, 10 vol. in 8, br.

2332. Gul. Henr. Clemmii novæ Amœnitates littera- riæ. *Studgardiæ*, 1742, in-8.

2333. Joan. Lamii Delitiæ eruditorum, seu veterum ἀνεκδότων opusculorum collectanea collegit J. La- mius. *Florentiæ*, 1736-69, 16 vol. in-8, vél. et v. br.

Collection très-importante pour l'histoire d'Italie.

2334. Thesaurus dissertationum quibus historia,

geographia et antiquitates tam sacræ quam profanæ illustrantur; edidit Chr. Martini. *Norimbergæ*, 1763-66, 4 tom. en 2 vol. in-8, v. j.

2335. G. Henr. Ayreri opusculorum minorum varii argumenti sylloge nova. *Gottingæ*, 1752, in-8, v. jasp. fil. tr. dor.

2336. Peniculus feriarum Elenchi Scaligerani pro Societate Jesu, Maldonato et Delrio, auct. Liberio Sanga Verino (Mart. Ant. Delrio). *Metelloburgi Mottiacorum*, 1609, in-12, vél.

2337. Heinsius. Pro Dan. Heinsio adversus Joan. Croii calumnias apologia necessaria. *Lugd.-Batav.*, 1646, in-12, vél.

2338. Mémoires historiques, critiques et littéraires de Nic. Amelot de la Houssaye. *La Haye (Trévoux)*, 1737, 3 vol. in-12, v. br.

2339. Les Sentiments de l'Académie françoise sur la tragi-comédie du Cid (rédigés principalement par Chapelain). *Paris, Camusat*, 1638, in-8, vél.

2340. Jugement et Censure du livre de *la Doctrine curieuse* de Franç. Garasse (par Ogier). *Paris*, 1623, in-8, vél.

2341. Dissertation critique sur l'Iliade d'Homère, où, à l'occasion de ce poëme, on cherche les règles d'une poétique fondée sur la raison et sur les exemples des anciens et des modernes, par l'abbé Jean Terrasson. *Paris*, 1715, 2 vol. in-12, v. m.

2342. Examen du poëme sur la Grâce, en trois lettres (la première du P. Brumoy, la seconde du P. Rouillé, la troisième du P. Houguant). *Bruxelles (Paris)*, 1723, in-8, m.

2343. La Manière de bien penser dans les ouvrages d'esprit (par le P. Bouhours). *Paris*, 1735, in-12, v. br.

2344. Ant. Franc. Doni, I Marmi. *In Venegia, per*

Franc. Marcolini, 1552, 4 part. in-4, fig. en bois, v. m. fil. (*Armes.*)

Portr. de l'imprimeur Marcolini, d'après les dessins duquel les vignettes ont été gravées. V. Brunet, t. II, col. 813.

2345. Les Divers Discours de Laurent Capelloni sur plusieurs exemples et accidents mêlés, suivis et advenus, trad. en françois (par J. de Larivey). *A Troyes, pour J. Le Noble*, 1595, in-12, vél.

Le titre porte la marque de J. Le Noble. Volume recherché à cause du nom du traducteur, et comme production des presses troyennes.

2346. Considerazioni sopra la maniera de ben pensare ne' componimenti, da G.-G. Orsi. *Modena*, 1735, 2 vol. in-4, vél. Avec le portrait du P. Bouhours et celui d'Orsi.

Critique violente de l'ouvrage du P. Bouhours.

2347. Nuova Selva di varia lettione di Gaudentio Merula, trad. dal latino. *Venetia*, 1559, in-8, vél.

2348. Dichiarazioni ed avertimenti poetici, historici, politici, cavallereschi e morali di F. Birago nella Gierusalemme conquistata di T. Tasso. *Milano*, 1616, in-4, vel. (*Armes.*)

2349. Il Barbiere, riposta di Serafin Colato (Guarini) all' invettiva uscita contra il cavalier Guarino sotto il nome di P.-Ant. Salmone (J. Bonifacio). *S. l. n. d.*, in-4, v. f.

2350. Replica alla lettera rispondente del Sr Rolli sulle osservazioni da lui fatte sopra il Decameron del Boccaccio. *Parigi*, 1729, in-4, br.

2351. Riposta di Ant. Fr. Gori, autore del *Museo Etrusco*, all' sign. Scipione Maffei, autore dell' *Osservazioni litterarie* publicate in Verona. *Firenze*, 1749, in-8, cart.

2352. Ant. de Torquemada. Jardin de flores curiosas, en que se tratan algunas materias de humanidad, philosophia, theologia, geographia, con otras cosas curiosas y apazibles. *Anveres, en casa de Juan Corderio*, 1575, pet. in-12, vél. (*Rare*).

Ouvrage cité dans la biblioth. de Don Quichotte.

2353. Hexaméron, ou Six Journées, contenant plusieurs doctes discours sur aucuns points difficiles en diverses sciences, avec maintes histoires notables ; fait en hespagnol par Antoine de Torquemada, et mis en françois par Gabr. Chappuys. *Lyon, Ant. de Harsy*, 1582, in-8, vél.

2. *Satires générales et satires personnelles.*

2354. Titi Petronii Arbitri Satyricon. J. Bourdelotius emendavit, supplevit, commentarium perpetuum adjecit. *Parisiis*, 1618, in-12, vél.

Édition originale des notes de Bourdelot.

2355. Titi Petronii Arbitri Satyricon, cui accedunt divers. poetarum lusus in Priapum, etc., cum notis Bourdelotii et glossario petroniano (edente Adr. Valesio). *Parisiis, Audinet*, 1677, in-12, tit. gr. v. br.

2356. La Satyre de Petrone, traduite en françois avec le texte latin, suivant le nouveau manuscrit trouvé à Bellegarde en 1688, ouvrage complet contenant la galanterie et les débauches de l'empereur Néron et de ses favoris, avec des remarques curieuses (par Nodot). *Cologne, Pierre Marteau*, 1694, 2 vol. in-12, fig. de J. V. Aveele, v. jasp.

Exempl. de B.-J. Courvoisier. Derrière le frontispice gravé est écrit de sa main : *Petronius author purissimæ impuritatis.*

2357. Anecdoton ex Petronii Arbitri Satyrico fragmentum ; præfixo judicio de styli ratione ipsius, cum conjecturis J. Caii Tilebomeni (Jac. Mentelii). *Lutetiæ-Paris.*, 1664, in-8. — Hadr. Valesii et J. Chr. Wagenseilii de cœna Trimalcionis nuper sub Petronii nomine vulgata dissertationes. *Parisiis*, 1666, in-8. — Marini Statilii Traguriensis responsio ad J. C. Wagenseilii et Hadr. Valesii dissertationes de Traguriensi Petronii fragmento. *Parisiis*, 1666, in-8.

2359. Duo Volumina epistolarum obscurorum virorum ad D. M. Ortuinum Gratium (auctt. Ulrico de Hutten, Reuchlin, Baschio et aliis). *Romæ*, 1557, in-16, v. br.

Ouvrage singulier d'auteurs protestants écrit contre le catholicisme, l'Église romaine, et particulièrement contre les œuvres de Grotius.

2360. Sam. Verenfelsii Dissertatio de logomachiis eruditorum : accedit diatribe de meteoris orationis. *Amstelæd.*, 1702, pet. in-8, v. br.

Recueil de thèses soutenues sous les auspices de Weren fils, par les élèves de sa classe d'éloquence. La dissertation sur l'enflure et l'affectation du discours ne se trouve pas dans les précédentes éditions.

2361. Satyræ duæ : Hercules tuam fidem, sive Munsterus hypobolimæus : Et virgula divina, cum brevibus annotatiunculis quibus nonnulla in rudiorum gratiam illustrantur (a Dan. Heinsio). Accessit his accurata Burdonum fabulæ confutatio (per J. Rutgersium), quibus alia nonnulla hac editione accedunt. *Lugd.-Batav.*, *apud Lud. Elsevirium (typis J. Elsevirii)*, 1617, pet. in-12, v. br. fil.

Belle édition d'un livre curieux et peu commun, l'un des premiers produits des presses elséviriennes. La première pièce de ce recueil est une satire de G. Scioppius contre J. Scaliger. V. Brunet, t. V, col. 145.

2362. Cymbalum mundi, ou Dialogues satiriques sur différents sujets, par Bonaventure des Perriers, avec une lettre critique par Prosper Marchand. *Amsterdam (Paris)*, 1732, pet. in-12, avec 5 fig.

Jolie édition, faite d'après celle de 1537. Cet ouvrage allégorique, en forme de dialogues composés à la manière de Lucien, est assez piquant et surtout beaucoup mieux écrit qu'on ne le faisait au temps où il parut. Il fut déféré au parlement de Paris et supprimé.

— Académie galante, contenant diverses histoires très-curieuses. *Amsterdam, aux dépens d'Étienne Roger*, 1732, pet. in-12, front. gr. v. f. fil.

2363. Dormi secure : vel Cynosura professorum ac studiosorum eloquentiæ : studio et industria D. Math. Timpii. *Amstelodami*, 1642, 3 part. in-12, vél.

Manquent les trois derniers ff. de la table générale.

2364. Le Passe-tems des Jésuites, ou Entretiens des Pères Bouhours et Ménétrier sur les défauts de leur Compagnie. *Pampelune*, 1721, 2 vol. in-12, v. br. (*Armes.*)

Violente satire contre le P. La Chaise et les Jésuites.

3365. Le Chef-d'œuvre d'un inconnu, poëme avec des remarques savantes, par le docteur Chrysostome Matanasius (Saint-Hyacinthe, aidé de S'Gravesende, Sallengre, Prosper Marchand et autres), avec une Dissertation sur Homère et sur Chapelain (par Van Effen). *La Haye*, 1714, in-8, portr. v. m.

Première édition.

2366. Relation de ce qui s'est passé au sujet de messire Christophe Matanasius (Mirabaud) à l'Académie françoise (par l'abbé Desfontaines). *Paris*, 1721, in-12. (*Sans titre.*)

3. *Gnomiques, Sentences, Apophthegmes, Adages, Proverbes, Bons Mots, Ana, Pensées, Esprits.*

2367. Adagia, sive Proverbia Græcorum, ex Zenobio, Diogeniano, et Suidæ collectaneis partim edita nunc primum, partim latine reddita, scholiisque parallelis illustrata ab Andræa Schotto. *Antverpiæ, ex offic. Plantin.*, 1612, in-4, vél.

Bel exempl. d'un livre rare.

2368. Joan. Stobæi Sententiæ, ex thesauris Græcorum delectæ : access. ejusdem Eclogarum physicarum libri II, ex lat. interpret. C. Gesneri. *Excudebat Antverpiæ J. Loens*, 1545, in-8, v. br. rel. anc.

Au bas du frontispice se trouvent les signatures du célèbre médecin J. Costéo et de Quarré d'Aligny, seign. de Reglois.

2369. Joan. Stobæi Sententiæ, gr. et lat., interprete Guil. Cantero. *Aureliæ-Allobr.*, 1609, 3 tom. en 1 vol. in-fol. vél. gauf.

Édition complète, la même que celle de *Lyon*, 1608; le titre seul est changé.

2370. Mich. Apostolii Parœmiæ (gr.), nunc demum post epitomen basiliensem integræ, cum P. Pantini versione, ejusque et doctorum notis in lucem editæ. *Lugd. Batav.*, *Is. Elsevir.*, 1619, in-4, v. br. fil.

Édition rare; celle de 1653 est la même avec un titre nouveau.

2371. Apophtegmata græca regum et ducum, philosophorum, aliorumque quorumdam ex Plutarcho et Diogene Laërtio, cum latina interpret. *Excudebat Henr. Stephanus*, 1568, in-16, v. fil.

Bonne édition.

2372. Steph. Bellengardi sententiarum volumen absolutissimum. *Lugduni*, *J. Tornæsius*, 1559, in-fol. lavé et réglé, v. m.

Ce livre est dédié au roi de Navarre Antoine de Bourbon.

2373. Des. Erasmi Apophthegmatum ex optimis utriusque linguæ scriptoribus libri VIII. *Lugduni*, *apud Seb. Gryphium*, 1555, in-16, v.

Extrait des adages d'Erasme.

2374. Florilegium magnum, seu Polyanthea floribus novissimis sparsa a Mirabellio, Amantio, Fortio coll., studio J. Langii edita, titulis novissimis aucta, a Fra Sylvio. *Francofurti*, 1639, in-fol. v. f. fil.

2375. Epitome Adagiorum Erasmi, Cognati et aliorum parœmiographorum. *S. l.*, *apud J. Chouet*, 1593, in-8, vél.

2376. Marci Marulli dictorum factorumque memorabilium libri sex, sive de bene beateque vivendi institutione. *Parisiis*, 1586, in-8, vél.

De la biblioth. de F. Sarragoz.

2377. Dictionnaire d'anecdotes (par Lacombe de Prezel). *Paris*, *Lacombe*, 1768, 2 tom. en 1 vol. in-8, v. br. fil.

2378. Pensées ingénieuses des anciens et des modernes (publiées par le P. Bouhours). *Paris*, *veuve de Séb. Mabre-Cramoisy*, 1689, in-12, v. br.

2381. Pensées choisies de l'abbé Boileau sur différents sujets de morale (par l'abbé Ch.-Louis Richard). *Paris*, 1734, in-12, v. br.

2382. L'Esprit de Saint-Évremond, par l'auteur du Génie de Montesquieu (de Leyre). *Amsterdam*, 1761, in-12, v. m.

2383. L'Esprit des Femmes célèbres du siècle de Louis XIV (par Alletz). *Paris*, 1768, 2 vol. in-12, v. m.

2385. Detti e fatti piacevoli e gravi di diversi principi, filosofi e cortigiani, di Lod. Guicciardini. *Venetia, G. Alberti*, 1598, in-8, vél.

Recueil intéressant de sentences et anecdotes.

2386. Nuovo Thesoro di Proverbii italiani, di Tom. Buoui. *Venetia*, 1604, in-8, v. br.

Première édition d'un ouvrage curieux, plus rare peut-être encore que celui de Manosini. V. Brunet, t. Ier, col. 1395.

2387. Detti Memorabili di personaggi illustri, di Giov. Botero. *In Venetia*, 1610, in-8, vél.

2388. Melch. de Santa Cruz de Duenas. Floresta española de apothegmas, o sentencias sabia y graciosamente dichas di algunos Españoles. *Salamanca*, 1592, pet. in-12, vél.

2389. Sylva de varias questiones naturales y morales con sus repuestas y solutiones, sacadas de muchos autores griegos y latinos, por el Maestro Hier. Campos. *Anveres*, 1575, pet. in-12, v. br.

Petit livre rare qui paraît être une traduction des Dubii d'Ortensio Lando. V. aussi l'art. 2241 et l'art. 597.

2390. Proverbes espagnols (avec le texte espagnol en regard), trad. en françois par Cés. Oudin. *Paris*, 1609, in-8, vél.

4. *Symboles, Emblèmes et Devises.*

2391. And. Alciati Emblemata omnia, adjectis commentariis et scholiis per Cl. Minoem. *Antverpiæ*, *ex offic. Christ. Plantini*, 1574, pet. in-12, fig. en bois, v. br.

Exempl. de Colbert.

2392. And. Alciati Emblemata cum commentariis variorum, opera J. Thuilii; access. Fed. Morelli corollaria, etc. *Patavii*, 1621, in-4, tit. gr. v. br. f.

Édition la plus ample. Exempl. aux armes de P. de Maridat, conseiller au grand conseil.

2393. JOAN. SAMBUCI Emblemata cum aliquot nummis antiqui operis. *Antverpiæ, ex offic. Christ. Plantini*, 1564, in-8, fig. en bois, lav. rég. v. br. tr. dor.

Édition originale. A la suite de l'ouvrage, Sambucus a publié les médailles les plus précieuses de son cabinet.

2394. Amoris Divini emblemata, studio et ære Othonis Wenii concinnata, latine, gallice, hispanice et belgice. *Antverpiæ*, 1615, in-8, 60 pl. v. br. fil.

2395. La Philosophie des images énigmatiques, où il est traité des énigmes, hiéroglyphiques, oracles, prophéties, sorts, divinations, loteries, talismans, par Cl.-Fr. Ménétrier. *Lyon, Jacques Garnier*, 1694, in-12, portr.

Avec une grande planche représentant des talismans.

2396. Philosophie des Images, avec un Recueil de devises et un jugement de tous les ouvrages qui ont été faits sur cette matière, par Cl.-Fr. Ménétrier. *Paris, de la Caille*, 1682, in-8. — Devises des Princes, Cavaliers, Dames, etc. *Paris*, 1683, en tout 2 vol. in-8, fig. v. br.

2397. Les Images, ou Tableaux de plate peinture des deux Philostrate, mis en françois par Blaise de Vigenère, *Tournon*, 1611, 3 vol. in-8, tit. gr. vél.

2398. Les Images, ou Tableaux de plate peinture des deux Philostrate, mis en françois par Blaise de Vigenère. *Paris, en la boutique de l'Angelier, chez C. Cramoisy*, 1629, in-fol. tit. gr. *fig. de Jasper-Isaac et de Thomas de Leu*, v. br. fil.

2399. Recueil : 1° Dialogo de las impresas militares
y amorosas del Señor Paulo Joccio, con un razio-
namento a esse proposito del señor Ludovico Do-
miniqui, traduz. in romance castellano por Alonzo
de Ulloa. Anademos a esto las impresas heroicas
y morales del Señor Gabr. Symeon. *En Lion de
Francia, en casa de Guil. Rouille*, 1561, in-4,
102 fig. emblem. bien gravées sur bois. — 2°
Trattati diversi di Sendebar Indiano, trad. nella
lingua Toschana da i Nobilissimi Academici Peregrini. *In Vinegia, per Franc. Marcolini*, 1552,
in-4, fig. sur bois. — 3° L'Origine et Fondationi
dell'ordine de' Crociferi descritta dal Benedetto
Leoni, vescovo di Arcadia. *In Venetia*, 1598, in-4,
v. m.

Exemplaire de Colbert.

2400. I Discorsi di M. Giov. And. Palazzi recitati
nell' academia di Urbino sopra l'Imprese. *Bologna*,
1575, in-8, v. br. fil.

2401. Hier. Ruscelli. Le Imprese illustri. *Venetia,
presso a Franc. de' Franceschi*, 1580, in-4, fig. vél.
Cet ouvrage, qui parut l'année même de la mort de l'auteur, fut dédié à
Philippe II. Edit. la plus complète ; nombr. fig. bien exécutées.

2402. Devises héroïques et emblèmes de Cl. Paradin, augmentées de moitié par François d'Amboise, *Paris*, 1622, in-8, fig. — Discours ou traité
des devises, où est mise la raison et différence des
emblèmes, énigmes, etc. ; rédigé d'après les cahiers de François d'Amboise, par Adrien d'Amboise son fils. *Paris*, 1620, in-8, fig.

2403. Ant. Fr. Doni. Il Cancelliere, libro della memoria, dove si tratta per paragone della prece-
denza degli antichi con la sapienza de' moderni,
etc. *Vinegia, Giolito*, 1562, 2 part. in-4.

2404. L'Art de faire des Devises, avec un traicté des
rencontres ou mots plaisants, par Henri Estienne
IV, sieur des Fossés. *Paris, chez Jean Paslé au
Palais*, 1645, in-8, vél.
Ouvrage curieux.

VII. POLYGRAPHES.

1. *Polygraphes grecs.*

2405. Plutarchi quæ exstant omnia, gr., cum lat. interpret. Cruserii et Xylandri, et doctorum virorum notis, et libellis variantium lectionum, etc. *Francofurti, apud Andr. Wecheli hæredes,* 1599, 2 vol. in-fol. v. f. fil.

Bonne édition.

2406. Lucien, de la traduction de Nic. Perrot d'Ablancourt. *Lyon,* 1683, 2 vol. in-12, v. br.

2. *Polygraphes latins, anciens et modernes.*

2407. M. Tullii Ciceronis Opera (studio et labore R. Stephani redintegrata). *Parisiis, ex officina Rob. Stephani,* 1538–39, 6 tom. en 2 vol. in-fol. v. f. tr. dor.

Édition bien exécutée. R. Estienne est l'auteur de la préface au lecteur et de l'épître dédicatoire au cardinal de Lorraine.

2408. M. Tullii Ciceronis Opera omnia cum Gruteri et selectis variorum notis et indicibus locupletissimis, accurante Schrevelio. *Amstelæd., apud Lud. et Dan. Elsevirios; Lugd.-Batav., apud Fr. Hackium,* 1661, 4 tom. en 2 vol. in-4, tit. gr. v. br.

Édition belle et très-recherchée; elle est précédée d'une histoire de Cicéron, par Fr. Fabricius.

2409. Ciceronis Opera, cum delectu commentariorum (studio Jos. Oliveti). *Parisiis, J. B. Coignard et Guérin,* 1740-42, 9 vol. in 4, tit. gr. v. mar.

Cette édition, devenue peu commune, joint à l'élégance typographique le mérite d'une exactitude rigoureuse.

2410. Les OEuvres de Cicéron, de la traduction de Pierre Duryer. *Paris,* 1670, 11 vol. in-12, v. br.

2411. Franc. Petrarchæ Opera quæ exstant omnia : adjecimus ejusdem authoris quæ hetrusco sermone scripsit carmina sive rythmos. *Basileæ, per Sebast. Henric. Petri,* CIC.IC.XXCI (1581), 4 tom. en 1 vol. in-fol. v. br.

2412. Poggii Florentini (Francisci Bracciolini) Opera collatione emendatorum exemplarium recognita. *Basileæ,* 1538, in-fol. v. f. fil.

2413. Æneæ Sylvii Piccolominæi Opera geographica et historica (edente Gasp. Corber et J. A. Schmidt). *Francofurti et Lipsiæ,* 1707, in-4, vél.

2414. Laurentii Vallæ Opera, nunc primm in unum volumen collecta, et exemplaribus variis collatis emendata. *Basileæ, Henric. Petrus,* 1540, in-fol. reliure ancienne en peau de truie, ferm.

2415. August. Dati Opera varia. *Senis, per Sim. Nicolai Nardi,* 1503, in-fol. v. br. fil.

Édition peu commune.

2416. Philippi (de Barberii). Tractatus solemnis et utilis editus per religiosum virũ magistrũ Philippũ Syculũ ordinis prædicatorum..... in quo infra scripta perpulchre compilavit, etc. *S. l. n. d.,* pet. in-4, fig. en bois, v. br.

Ce volume est imprimé en petits caractères romains. Selon le P. Audiffredi, les presses romaines du xv⁰ siècle n'ont rien produit de plus beau, de plus élégant et de mieux orné que ce petit livre. On présume que l'imprimeur est *Sixtus Rissenger de Argentino,* lequel a donné, en 1478, une édition du *Philocolo,* de Boccace, portant au dernier f. la même fig. et les mêmes lettres que l'on voit au recto du dernier f. du vol. ci-dessus.

2417. Franc. Philelphi Orationes et nonnulla alia opuscula. — In fine : *Impressum est hoc opus parrhisiis ab optimo calcografo Nicolao de Pratis..... anno Domini MDXV. K. nouëbris.* In-4. — Franc. Philelphi Conviviorum libri II. *S. l. n. d.,* in-4.

Le titre du premier ouvrage porte une vignette gr. en bois avec le nom de Denis Rou. Celui du second une vignette aussi gravée en bois avec le nom de Hémon Le Feure.

2419. Joan. Pici Mirandulæ Opera omnia. *Basileæ*, 1572, in-fol. vél. (Tome 1er.)

2420. J. Jov. Pontani Opera omnia soluta oratione composita. *Basileæ*, 1538, 3 vol. pet. in-4, v. br.

2421. Phil. Beroaldi Opera. Symbola Pythagoræ. De optimo statu, et de felicitate. Declamatio philosophica medici et oratoris. Declamatio ebriosi, scortatoris et aleatoris. De terræ motu. Opusculum in Galenum. Poemata. *S. l. n. d.*, in-4.

Le titre porte une vignette gravée en bois avec le nom de F. Regnault.

2422. J. Bapt. Mantuani Opera omnia, tum stricta, tum soluta oratione scripta. *Antverpiæ*, *J. Bellerus*, 1576, 4 tom. en 2 vol. in-8, v. br. fil.

Édition peu commune, puisqu'elle a été en partie détruite par un incendie. Le *Tolentinum* y est compris.

2423. Perckheimeri (Bilibaldi) Opera politica, historica, philologica et epistolica ; adjectis opusculis Perckheimeri auspicio concinnatis ; omnia nunc primum edita, collata, recensita ac digesta a Melchiore Goldast. *Francofurti, Bringer*, 1610, in-fol.

Cette collection renferme plusieurs bons ouvrages, et elle conserve toujours du prix.

— Onuph. Panvinii Chronicon ecclesiasticum a C. J. Cæsare ad Maximilianum II. *Lovanii*, 1543, in-fol.

2424. Georgii Cassandri Opera omnia. *Parisiis*, 1616, in-fol. v. br. fil.

Vol. peu commun. V. Nicéron, t. II, p. 78.

2425. Cœlii Calcagnini Opera aliquot (ab Antonio Musa Brasavolo edita). *Basileæ*, 1544, in-fol. v. br.

Les lettres de ce savant sont curieuses.

2425 *bis*. Jo. Genes. Sepulvedæ Opera. *Coloniæ-Agripp.*, 1602, in-8, vél.

2426. J. Franc. Buddei Miscellanea sacra. *Jenæ*, 1727, 3 vol. in-4, br.

Buddeus était théologien luthérien.

2426 *bis.* Domini Symphoriani Champerii Lugdu-
nen..... Liber de quadruplici vitæ theologia As-
clepii Hermetis Trismegisti discipuli, cum commentariis ejusd. domini Symphoriani, etc. Gr. in-fol.
goth., fig. en bois, v. br.

2427. Hier. Fracastorii Opera. *Genevæ*, 1621, 2 part.
in-8, v. br. fil.

Cette édition contient la *Syphilis* et le poëme intitulé : *Alcon, sive de cura
canum venaticorum.*

2428. Petri Bembi Opuscula aliquot. *Lugduni*, 1532,
in-8. — Gilb. Cognati de Officio famulorum. *Basileæ, in offic. Froben.*, 1535, in-8, v. br.

2429. Joan. Goropii Becani Opera hactenus in lucem non edita, nempe : Hermatena, Hieroglyphica, Vertumnus, Gallica, Francica, Hispanica.
Antverpiæ, excud. Christ. Plantin., 1580, 6 part.
in-fol. fig. portr. v. f. fil.

2430. Aonii Palearii Epistolarum libri III. *Apud
Seb. Gryphium, Lugduni*, 1552, 2 part. in-8, v. m.

2431. C. Sam. Schurzfleischii Opera historica,
politica. *Berolini*, 1699, in-4, tit. gr. v. m.

2432. J. Justi Scaligeri Opuscula omnia antehac non
edita (edente Is. Casaubono). *Parisiis*, 1610, in-4,
v. f.

A la fin de ce recueil se trouvent trois morceaux écrits en français.

2433. Adr. Blacvodii Opera. *Parisiis*, 1644, in-4,
vél.

Recueil donné par Gabr. Naudé, où se trouve l'ouvrage intitulé : *Martyre
de la reine d'Ecosse.*

2434. Joan. Columbi Opuscula varia. *Lugduni*, 1668,
in-fol. v. br.

2435. M. Vilseri Opera historica, philologica, sacra
et profana, accur. Christ. Arnoldo. *Norimbergæ*,
1682, in-fol. tit. gr. v. br.

2436. A. Mar. Schurmann Opuscula hebræa, græca,

latina, gallica, prosaica et metrica. *Lugd.-Batav.*, *Elsevirii*, 1650, in-8, portr. v. br.

Spanheim est l'éditeur de ce recueil, à la tête duquel se trouve le portr. de Mlle de Schurmann dessiné et gravé par elle-même.

2437. Ant. Sanderi Opuscula minora, orationes sacræ, præfationum syntagma, poematum libri IV. *Lovanii*, 1651, in-4, vél.

Au commencement du volume est écrit : *Ampliss. nobilissimoque D. D. consiliario Bereur auctor honoris ergo D. D.*

2438. Franc. Vavassoris Opera omnia, antehac edita, theologica et philologica; ad quæ access. inedita et sub ficto nomine emissa. *Amstelodami*, 1709, in-fol. v. br.

L'abbé d'Olivet regarde le P. Vavasseur comme le meilleur humaniste de son temps.

2439. Henr. Norisii Opera omnia. *Veronæ*, 1729, 4 vol. in-fol. tit. gr. v. br.

2440. Dion. Salvagnii Boessii Miscella. *Lugduni*, 1661, in-8, v. br. fil.

Le morceau le plus remarquable de ce recueil est le commentaire sur l'*Ibis*, d'Ovide.

2441. Pauli Colomesii Opuscula. *Ultrajecti, apud Petrum Elsevirium*, 1669, pet. in-12. — Vinc. Contareni de frumentaria Romanorum largitione et de militari Romanorum stipendio commentarius. *Vesaliæ*, 1669, pet. in-12. — Apollinis Judicium politicum in monte Parnasso, contra monarchiæ sectatores. *Messinæ*, 1690, pet. in-12, vél.

2442. Pauli Colomesii Opera theologici, critici et historici argumenti junctim edita, curante J. Alb. Fabricio. *Hamburgi*, 1709, in-4, v. br.

2443. Joan. Harduini Opera selecta. *Amstelodami*, 1709, in-fol. fig. v. br.

2444. Caroli de Aquino Miscellaneorum libri III. *Romæ*, 1725, in-8, cart. non rog.

2445. Christ. Gott. Buderi Opuscula quibus selec-

tiora juris publici, feudalis, ecclesiastici, Germanici et historiæ patriæ ac litterariæ argumenta exhibentur. *Jenæ,* 1745, in-8.

2446. Gotfr. Mascovii Opuscula juridica et philologica, ex recensione et cum animadversionibus
J. L. E. Rittmanni. *Lipsiæ,* 1776, in-8, br.

3. *Polygraphes français.*

2447. Opuscules françoises des Hotmans (François,
Antoine et Jean). *Paris, veuve de Mat. Guillemot,*
1616, in-8, v. br.

Recueil curieux. On y trouve le *Traité de la dissolution du mariage.* V. Brunet, t. III, col. 347.

2448. OEuvres d'Estienne Pasquier..... et les lettres de Nic. Pasquier, fils d'Estienne. *Amsterdam*
(*Trévoux*), 1723, 2 vol. in-fol. G. P. v. m.

Cette collection contient les Recherches de la France, les plaidoyers, les
lettres, les poésies lat. et franç. et les autres ouvrages d'Est. Pasquier déjà publiés séparément, à l'exception du *Catéchisme des Jésuites* et des *Ordonnances
générales d'amour.*

2449. Les Recherches des recherches et autres œuvres d'Est. Pasquier, pour la défense de nos roys
contre les outrages, calomnies et autres imperti-
nences dudit auteur (par le P. Garasse). *Paris,*
Chappelet, 1622, in-8, vél.

Ouvrage violent qui parut après la publication de l'édition de 1621, in-fol.,
des *Recherches sur la France,* d'Est. Pasquier. Ses fils y répondirent
par le vol. intitulé : *Discours pour Est. Pasquier, etc.* V. art. 2340
ci-dessus.

2450. OEuvres de Guy Coquille, contenant plusieurs traités touchant les libertés de l'Eglise gallicane, l'histoire de France et le droit françois.
Paris, 1668, 2 vol. in-fol. v. br.

2451. OEuvres de Savinien Cyrano de Bergerac.
Paris, de Sercy, 1654, 3 tom. en 1 vol. in-4, v.
br. fil.

2452. OEuvres de Paul Scarron. *Paris, David,* 1700-
1706, 10 vol. pet. in-12, fig. v. br.

2453. Suite ou tome III du Virgile travesti de Scarron, par Jacques Moreau, sieur de Brasey. *Amsterdam, P. Mortier*, 1706, in-12, tit. gr. fig. v. br.

2454. OEuvres de Fr. de La Mothe Le Vayer. *Paris, Courbé*, 1654, 2 vol. in-fol. v. br. fil.
Exempl. de Cl. Bereur.

2455. OEuvres de Fr. de La Mothe Le Vayer. *Paris*, 1669, 15 vol. pet. in-12, portr. v. br.

2456. OEuvres du P. Rapin. *Paris, Barbou*, 1725, 2 vol. in-12, v. br. fil.

2457. OEuvres de Ch. Coffin. *Paris*, 1755, 2 vol. in-12, v. m. fil.

2458. Opuscules de l'abbé Fleury. *Nismes*, 1780, 5 tom. en 4 vol. in-8, portr. br.
Cette collection fait suite à l'histoire ecclésiastique du même.

2459. OEuvres du Philosophe bienfaisant (Stanislas Leckzinski), (publiées par Marin). *Paris*, 1763, 4 vol. in-12, portr. v. m.
Le chevalier de Solignac et le P. Menoux, jésuite franc-comtois, ont eu, dit-on, beaucoup de part à la composition des différents ouvrages réunis dans cette collection.

2460. OEuvres de Louis Racine. *Paris*, 1747, 4 vol. pet. in-12, v. br.

2461. OEuvres de Moreau de Maupertuis. *Berlin*, 1753, 2 vol. in-12, v. m.

2462. OEuvres complètes de Fr.-Marie Arouet de Voltaire. *Londres*, 1770-1773, 36 vol. in-8, portr. d.-rel. bas.

2463. OEuvres diverses d'Ant. Thomas. *Lyon*, 1763, 2 vol. in-8, G. P. v. m.

4. *Polygraphes italiens.*

2465. Tutte le Opere di Nicolo Machiavelli. *Senza luogo e nome di stampatore*, 1550, 5 tom. en 1 vol. in-4, v. f. fil.
Édition recherchée en Italie, où on la distingue sous le nom de la *Testina*.

2466. Le Prose di Bembo, rivedute da Varchi. *Firenze, apresso Lorenzo Torrentino,* 1548, in-8, vél.

Bonne édition, citée par l'académie *della Crusca.*

2467. Prose di Agu. Firenzuola. *Firenze, Bern. di Giunta,* 1548, in-8.

Édition originale, rare. Laurent Scala en est l'éditeur. V. Brunet, t. II, col. 1269.

2468. Opere non più stampate del sign. Torquato Tasso, raccolte e publicate da M. Ant. Foppa. *Roma, per Giacomo Dragonelli,* 1666, 3 tom. en 2 vol. in-4, v. br.

2469. Opuscoli di Scipione Ammirato. *Firenze,* 1640-42, 3 vol. in-4, v. br.

5. *Polygraphes espagnols.*

2470. OEuvres de Pierre Messie (Mexia) mises en françois par Ch. Gruget, augmentées, outre les précédentes impressions, de la suite d'icelles faite par Antoine du Verdier. *Lyon,* 1577, in-8. — Les Diverses Leçons d'Antoine du Verdier, suivant celles de Pierre Messie. *Lyon,* 1577, in-8, vél.

2471. D. Juan de Yriarte. Obras sueltas. *Madrid,* 1774, 2 vol. in-4, portr. v. m.

Belle édition.

6. *Polygraphe anglais.*

2472. The Works of Alexander Pope. *London,* 1757, 8 vol. pet. in-8, fig. v. jasp.

VIII. COLLECTIONS, RECUEILS DE PIÈCES, MÉLANGES.

2473. Jo. Mat. Gesneri Chrestomathia græca. *Lipsiæ,* 1742, in-8, vél.

2474. J. Christ. Wagenseilii Pera librorum juvenilium. *Altdorfi-Noricorum*, 1695, 6 vol. in-8, tit. gr. v. br.

Cours abrégé de grammaire, rhétorique, poésie, géographie, droit et théologie.

2475. Les Méditations historiques de Philippe Camerarius, composées en trois volumes, qui contiennent trois cents chapitres, réduitz en quinze livres, tournez de latin en françois par S. G. S. (Simon Goulart, Senlisien). *Lyon, veuve d'Ant. de Harsy*, 1610, 3 tom. en 1 vol. in-4, tit. gr.

2476. Simon Maiolo. Les Jours caniculaires, c'està-dire vingt-trois excellents discours de choses naturelles et surnaturelles, etc., composez en latin par Messire Simon Majole d'Ast..... mis en françois par F. de Rosset; troisiesme édition, reueue et corrigée. *Paris*, 1643, 3 vol. in-4, vél.

Exempl. de Cl. Gérard, délégué des Jansénistes lors des tentatives faites en 1661 par l'assemblée du clergé, pour amener à un accommodement les opposants à la signature du formulaire.

2477. Mélanges de littérature, d'histoire et de philosophie (par d'Alembert) *Amsterdam, Châtelain*, 1767, 5 vol. in-12, v. m.

2478. Portefeuille d'un jeune philosophe chrétien, ou Morceaux choisis des meilleurs écrivains sur la vérité et la sainteté du christianisme. *Paris*, 1808, in-12, br.

2479. Raccolta di opuscoli scientifici e filologici (per Ang. Maria Calogera). *Vinegia*, 1728-57, 51 vol. in-12, br. (*Manquent le 46° et le 50°*). — Nuova Raccolta di opuscoli scientifici, etc. (continuata da D. Fortunato Mandelli, camaldolese). *Venegia*, 1755-84, 15 vol. in-12.

2480. Huerta de Valencia, prosas y versos en las Academias, por Don Alonzo de Castillo-Solerzano, *Valencia*, 1629, in-8. (*C'est de tous les ouvrages d'Alonzo Castillo celui qui a eu le plus de succès.*)

— D. Alonzo de Castillo-Solerzano. Relacion de las fiestas que se hizieron á las felizes bodas de los illustriss. e excelentiss. señores Marqueses de los Velez, Visoreyes de Valencia, etc. *En Valencia*, 1633, in-8. — D. Alonzo de Castillo-Solerzano. Lisardo enamorado. *En Valencia*, 1629, in-8, vél.

IX. DIALOGUES ET ENTRETIENS.

2481. Des. Erasmi Roterodami Colloquia familiaria, cum omnium notis. *Amstelodami, Cæsius*, 1629, in-24, tit. gr. vél.

2482. Des. Erasmi Roterodami Colloquia nunc emendatiora. *Lugd.-Batav., ex offic. Elsevir.*, 1636, pet. in-12, tit. gr. v. f. fil.

Édition recherchée, la première et la plus belle de celles données par les Elsevier.

2483. Herman. Schottenii Colloquia moralia, ex variis philosophorum dictis condita. *Coloniæ-Agripp.*, 1535, in-8, vél.

2484. Polydori Vergilii Dialogorum de jurejurando et perjurio liber, de veritate et mendacio liber, de potestate ejusque fructu libri II, de vita perfecta liber, de prodigiis et sortibus libri III. *Basileæ*, 1553, in-8. — Polydori Vergilii Adagiorum opus; item D. Joannis Chrysostomi de perfecto monacho maloque principe libellus, gr. et lat., eodem Polydoro interpr. *Basileæ*, 1541, in-8. — De Imitando Christo, contemnendisque mundi vanitatibus libellus, auct. Thoma Kempisio, interprete (latino sermone elegantiori) Seb. Castellione. *Basileæ*, 1563, in-8, v. br.

2485. Dialogues de J.-Louis Vivès traduits du latin en françois, avec le texte en regard, par B. Jamin. *Paris*, 1564, pet. in-12, v. br. fil. tr. dor.

2486. François Béroalde de Verville. Le Cabinet de Minerve, auquel sont plusieurs singularités, figures, tableaux antiques, recherches saintes, re-

marques sérieuses, observations amoureuses,
subtilités agréables, rencontres joyeuses, et quelques histoires mêlées ès aventures de la sage Fé-
nice, Patron du devoir. *Rouen, Guil. Vidal*, 1597,
in-12.

2487. Cinq Dialogues faits à l'imitation des anciens,
par Oratius Tubéro (La Mothe Le Vayer). *Mons*
(Amsterdam, Elsevier), 1671, in-12, v. br.

Jolie édition d'un ouvrage recherché.

2488. Entretiens d'Ariste et d'Eugène (par le P.
Bouhours). *Paris*, 1721, in-12, v. br.

2489. Sentiments de Cléante sur les *Entretiens d'A-
riste et d'Eugène* (par Barbier d'Aucour). *Paris*,
1761, in-12, v. br.

2490. De la Délicatesse (par l'abbé de Villars). *Paris, Cl. Barbou*, 1671, pet. in-12, v. br.

Réponse au livre précédent. Édition originale.

2491. LES ASOLAINS de Monseigneur Pierre Bembo,
de la nature d'amour, trad. d'italien en françois
par Jehan Martin. *Paris, Galliot du Pré*, 1571,
in-16, vél.

Bembo intitula son ouvrage Asolains, parce qu'il le termina à Azzolo dans
le Trévisan.

2492. Dialoghi piacevoli di Nic. Franco. *Venetia,
J. Giolitus de Ferrariis*, 1539, in-8, v. br.

Bonne édition.

2493. I Dialogi del signor Speron Sperone, di nuovo
ricorretti, a quali sono aggiunti molti altri non
più stampati, e di più l'apologia de i primi. *Venetia*, 1596, in-4, vél.

Édition la plus complète.

2494. Les Dialogues de Speron Sperone, trad. de
l'italien par Cl. Gruget. *Paris, Estienne Groulleau*,
1551, in-8.

L'éditeur a inséré dans cette traduction le dialogue de la *Cure familière* et
celui de la *Dignité des femmes*, qu'un traducteur anonyme avait déjà publiés à
Paris en 1548.

2495. Il Segretario, dialogo di Batt. Guarini. *In Venetia*, 1600, pet. in-4, vél.

2496. Dialogues en françois et en espagnol, par César Oudin. *Bruxelles*, 1663, in-16, vél.

2497. G. B. Gelli. I Capricci del Bottaio..... tolto via tutto quello che poteva offendere il bell'animo del pio lettore. *Venetia, Marco de gli Alberti*, 1605, in-8.

2498. Dialogues of the dead, by G. Lyttelton. *London, Sandby*, 1760, in-8, v. br.

X. ÉPISTOLAIRES.

1. *Épistolaires grecs.*

2499. Socratis, Antisthenis et aliorum socraticorum epistolæ. Leo Allatius primus græce vulgavit, latine vertit et notas adjecit. *Parisiis, Seb. Cramoisy*, 1637, in-4.

2500. Libanii Sophistæ epistolæ, quas nunc primum maximam partem e variis codd. manu exaratis edidit, latine convertit et notis illustravit J. Chr. Wolfius : acced. Libanii epistolæ a F. Zambicario olim lat. conversæ, hic autem auctæ. *Amstelod.*, 1738, in-fol. vél.

2501. Aristeneti Epistolæ græcæ, cum latina interpret. et notis (J. Merceri). *Parisiis*, 1639, in-8, v. br.

2502. Synesii epistolæ, græce cum lat. interpret. Th. Naogeorgi. *Basileæ, Oporinus*, 1559, in-8, vél.

2503. Lettres de Philostrate, mises de grec en françois, et illustrées d'annotations et de remarques par Louys de Caseneuve. *Tournon*, 1610, in-4, tit. gr.

2. *Épistolaires latins anciens.*

2504. M. T. C. (Marci Tullii Ciceronis) Epistolæ familiares accuratius recognitæ MDXII. — Index etiam ad inveniendum quota nam charta habeantur singulæ quæq. epistolæ. (In fine :) *Venetiis, apud Aldum, etc.*, pet. in-8, vél.

Cette édition, dit Renouard dans la curieuse notice de la page 59, *Annales de l'impr. des Aldes*, est de toute rareté et presque introuvable, bien qu'elle ait été reproduite une seconde fois sous la même date.

2505. M. Tullii Ciceronis Epistolæ, vocatæ familiares, cum (Petri Victorii) scholiis. *Laurentius Torrentinus excudebat Florentiæ*, 1558, 2 part. in-8, vél.

2506. M. Tullii Ciceronis Epistolæ familiares, cum Pauli Manutii annotat. et scholiis. *Antverpiæ, ex offic. Christ. Plantini*, 1565, in-8.

Belle édition

2507. M. Tullii Ciceronii Epistolæ ad Atticum, ad M. Brutum, ad Quintum fratrem, summa diligentia castigatæ, etc. Pauli Manutii in easdem epistolas scholia. *Parisiis, ex offic. Rob. Stephani*, 1543, 2 part. in-8, vél.

V. Renouard. *Annales de l'imprimerie des Estienne*, 2º édit., p. 57.

2508. Le Epistole familiari de Cicerone, ristampate e con molto studio rivedute e corrette. *Aldus*, M. D. XXXXV. (In fine :) *In Venegia, nell' anno M. D XXXXV, in casa de' figliuoli di Aldo*, in-8, rel. anc.

Seconde édition, rare, et tout à fait préférable à la première.

2509. Caii Plinii Secundi Novicomensis epistolarum libri X : ejusdem panegyricus Trajano dictus; ejusdem de viris illistribus : Suetonii de claris grammaticis et rhetoribus; Julii Obsequentis prodigiorum liber. *Parisiis, ex offic. Rob. Stephani*, 1529, 2 part. in-8, v. br.

2510. Lettres de Pline le Jeune, trad. en françois
(par de Sacy). *La Haye*, 1702, 2 vol. pet. in-12,
v. br.

Première édit.

2511. Q. Aurelii Symmachi epistolarum libri X,
ex recens. J. Lectii, cum Fr. Jureti notis. *Sump-*
tibus hæred. Eusthatii Vignon, 1598, 2 part.
in-8, vél.

2512. Q. Aurelii Symmachi epistolarum libri X
castigatissimi, cum auctuario : duo libelli S. Ambrosii ad Eugenium, cum notis nunc primum editis a Fr. Jur. (etc.) *Parisiis, Orry*, 1604, in-4,
vél.

2513. Symmachi epistolarum nova editio, G. Scioppius recensuit. *Moguntiaci*, 1608, in-4, vél.

De la biblioth. et aux armes du savant Emery Bigot.

3. *Épistolaires modernes qui ont écrit en latin.*

2514. Gerberti (Sylvestri II) epistolæ. Epistolæ
Joannis Sarisberiensis episc. Carnotensis ab anno 1154 ad 1180. Epistolæ Stephani Tornacensis
episcopi ab anno 1159 ad 1196. *Parisiis*, 1611,
in-4, cart.

2515. Marii Philelphi Epistolæ. (In fine :) *Finitur*
Epistolare Marii Philelphi, Parrhisiis impressū
operā magistri Johannis Gautier..... anno 1512,
in-4.

2516. Conscribendarum epistolarum ratio per Des.
Erasmum. *Apud S. Gryphium, Lugduni*, 1538,
in-8, anc. rel.

2517. Epistolarum turcicarum libri IV, ex recens.
Nic. Reusneri. *Francof.-ad-Mœnum*, 1598-1600,
4 tom. en 1 vol. in-4, vél.

2518. Illustrium virorum epistolæ ab Angelo Politiano partim scriptæ, partim collectæ, cum Syl-

vianis commentariis et Ascensianis scholiis. *Jo-docus Badius*, 1526, in-4.

Recueil intéressant pour l'histoire littéraire de la seconde moitié du xvᵉ siècle.

2519. Gilb. Cognati epistolarum laconicarum far-ragines duæ, ex græcis et latinis auct. collectæ et latinæ redditæ (a Gilb. Cognato). *Basileæ, Oporinus*, 1545, in-16, vél.

Vol. peu commun.

2520. Gilb. Cognati epistolarum laconicarum farra-gines duæ, ex græcis et latinis auct. collectæ, et latinæ redditæ a Gilb. Cognato. Acced. Joan. Jus-tiniani Cretensis epistolæ familiares. *Basileæ, Oporinus*, 1554, 3 tom. en 1 vol. in-16, v. br. fil.

Vol. peu commun. Plusieurs lettres de Cousin, données sous le pseudo-nyme de *Nucibus*, font partie de ce recueil.

2521. Philologicarum epistolarum centuria una di-versorum a renatis litteris doctiss. virorum. Insu-per Rich. de Buri, episcopi Dunelmensis Philo-biblion, omnia nunc primum edita ex biblioth. Melch. Heiminsfeldii Goldasti. *Francofurti*, 1610, in-8, v. br.

2523. Præstantium ac eruditorum virorum epistolæ ecclesiasticæ et theologicæ (Philippus van Lim-borch edidit). *Amstel.*, 1660, in-8, vél.

Ces lettres ont trait en grande partie à l'histoire de l'Arminianisme et elles sont sorties de la plume d'Arminius et de ses principaux partisans. V. art. 600 et 602.

2524. Jac. Usserii veterum epistolarum hybernica-rum sylloge. *Parisiis*, 1665, in-4, v. br.

Collection de lettres écrites à ou par des évêques hibernois, de 592 à 1180.

2525. J. Christ. Lünig litteræ procerum Europæ, ab anno 1502 ad 1712. *Lipsiæ*, 1712, 3 part. en 6 vol. in-12, v. br.

2526. P. Burmannus. Sylloges epistolarum a viris illustribus scriptorum tomi V. *Leydæ*, 1727, 5 vol. in-4, v. br.

Collection très-curieuse.

2527. Clarorum Venetorum, Belgarum et Germanorum ad Ant. Magliabechium nonnullosque alios Epistolæ (edidit Jo. Targioni Tozzetti). *Florentiæ*, 1745-46, 5 vol. in-8, br.

Cette collection, à laquelle manque le cinquième volume, intitulé : *Clarorum Germanorum epistolæ*, est intéressante pour l'histoire littéraire de la fin du xviie siècle.

2528. Selectus epistolarum clarissimorum virorum eruditorum. *Cellis*, 1746, in-8, br.

2529. Sylloge nova epistolarum varii argumenti (collecta a J.-L. Uhilio). *Norimbergæ*, 1760-68, 5 vol. in-8, br.

2530. Fr. Petrarchæ epistolarum familiarum libri XIV, variarum liber, etc. *Coloniæ-Allobr.*, *S. Crispinus*, 1601, in-8. vél.

2531. GASPARINI PERGAMENSIS (Barrizii bergomensis) clarissimi oratoris epistolar. liber feliciter incipit. *S. l. n. d.*, in-4.

Rare et curieuse édition qui date de la naissance de l'imprimerie en France. V. la description du volume dans Brunet, t. II, col. 1498.

2532. ÆNEÆ SYLVII PICCOLOMINI Epistolæ et tractatus varii. (In fine :) *Pii II pontificis maximi..... familiares epistole ad diuersos quadruplici vite ejus statu transmisse. Impressum mediolani per magistrum Uldericum Scinzenzler. Anno domini Mccccclxxxxvi. Die x decembris.* In-fol. — Epistolæ heroides Ovidii, cum commentariis Ant. Volsii et Ubertini Crescentinatis, in Ibin vero Domin. Calderini. (In fine :) *Impressum Taurini per magistrum Fr. de Sylva, anno domini 1510*, in-fol. fig. sur bois curieuses. — Ovidii de tristibus cum commento Bart. Merulæ. In fine : *Impressit mediolani Leonardus Pachel.* in-fol.

2533. Epistolare Francisci Philelphi. *S. l. n. d.*, in-4.

2534. Epistolæ D. Francisci Philelphi equitis aurati..... unus et viginti libri reliqui qui post sedecim sunt reperti. (In fine :) *Hic est finis libri tri-*

gesimi septimi et ultimi : epistolarum clarissimi equitis aurati..... Domini Francisci Philelphi Parrhisiis ex edibus Ascensianis. Anno domini MDIII. Octavo Kalendas octobres, in-4, marque de Jehan Petit.

2535. Laudivii equitis hierosolimitani Epistolæ turci (Mahumedis secundi) aggregatæ, cum præfatione ad Franciscum Beltrandum. *Lugduni, per Joan. Marion, sumptibus Romani Moïin,* 1520, pet. in-4, fig. en bois.

Bonne édition. Il y a une gravure en bois à chaque page.

2536. Laudivius eques hierosolimitanus. Turcarum imperatoris epistolæ ad christianos principes : item de origine Turcarum nonnulla. *Antverpiæ,* 1533, in-8. — Urbani papæ IV expositio in psalmum 50 Miserere mei, Deus. *In ædibus Joannis de Prato, anno* 1519, in-8, v. br. fil.

2537. Marsilii Ficini epistolarum libri XII. (In fine :) *Marsilii Ficini epistolæ familiares..... per Ant. Koberger impressæ anno M. CCCC. XCVII februarii finiunt feliciter,* in-4, v. m. goth.

2538. Petri Martyris Anglerii opus epistolarum, cui access. epistolæ Ferd. de Pulgar, editio postrema. *Amstelodami, typis elsevirianis,* 1670, 2 tom. en 1 vol. in-fol. v. br.

Belle édition, donnée par les soins de Ch. Patin. Elle contient les lettres de F. de Pulgar, son traité des hommes illustres de la Castille en espagnol et une épitre dédicatoire au président de Lamoignon.

2539. Joan. Ravisii Textoris epistolæ. *Parisiis,* 1549, in-8.

2540. Petri Bembi epistolarum Leonis X P. M. nomine scriptarum libri XVI, cum ejusdem auct. epistolis aliquot. *Dion. ab Harsio excudebat Lugduni,* 1538, in-8, anc. rel.

2541. Helii Eobani Hessii epistolarum familiarium libri XII. *Marpurgi-Hessorum,* 1543, in-fol.

2542. H. Cornelii Agrippæ epistolarum ad familia-

res et eorum ad ipsum libri VII. Orationes X.
De duplici coronatione Cæsaris (Caroli V) apud
Bononiam historia et epigrammata nonnulla.
In-8, v. f.

2543. Desid. Erasmi Roterodami epistolarum opus.
Basileæ, ex offic. Froben, 1538, in-fol. v. br.

2544. Stanisl. Rescii epistolarum liber. Pia exer-
cita. *Neapoli,* 1594, 2 tom. en 1 vol. in-8, vél.

Exempl. de Colbert.

2545. Epistolarum miscellauearum ad Fred. Nau-
sæam singularium personarum libri X. *Basileæ,
Oporinus,* 1550, in-fol. vél.

Dans ce recueil se trouvent plusieurs lettres du card. Laurent Campeggi,
pour l'hist. du temps.

2546. Cœlii Secundi Curionis epistolarum libri II,
1553, pet. in-8.

L'exempl. est défectueux des deux premiers ff.

2547. Pauli Manutii epistolarum libri X duobus
nuper additis. Eiusdem quæ Præfationes appellantur. *Venetiis, in æd. Minutianis,* 1571, in-8.

2548. De quæsitis per epistolam libri III Aldi Ma
nutii Paulli F. Aldi N. *Venetiis,* 1576, in-8, vél.
portr. d'Alde en médaillon sur le titre.

Dans cet ouvrage estimé sont traitées trente questions d'antiquité. On a prétendu à tort que dans ce vol. Alde avait mis sous son nom plusieurs traités
de J. Parrhasius.

2549. Georg. Cortesii epistolarum familiarium liber;
ejusd. tractatus adversus negantem B. Paulum
apostolum fuisse Romæ. *Venetiis,* 1573, in-4,
vél.

Exempl. de Colbert.

2550. P. Sacrati epistolarum libri VI. *Lugduni,*
1581, in-16, vél.

2551. P. Boteri Epistolarum S. Caroli Cardin. Borromæi nomine scriptarum libri II : ejusd. epistolarum theolog. liber. *Parisiis,* 1585, in-12, vél.

2552. Ant. Perezii ad comitem Essexium et ad alios epistolarum centuria una. *Parisiis, s. d.*, in-8, vél.

2553. Justi Lipsii epistolarum selectarum centuria singularis ad Germanos et Gallos. Ejusdem ad Belgas centuria triplex. Ejusdem centuria miscellanea. *Antverpiæ, ex offic. Plantin.*, 1602, 5 part. in-4, vél.

2554. Le Choix des épîtres de Lipse, trad. de latin en françois par Antoine Brun, de Dôle, en la Franche-Comté. *Lyon*, 1619, in-8, vél.

Sur la première page est écrit de la main du *Démosthène de Dôle : Pour monsieur Chifflet, fidel restaurateur de la patrie, et ornement des lettres humaines, premier médecin de Besançon. Son invariable ami et serviteur Ant. Brun.* Ce vol. a aussi appartenu au comte de Cantecraix.

2555. Marci Antonii Bonciarii Epistolæ. *Marpurgi-Catt.*, 1604, in-8, vél.

2556. Joan. Woweri Epistolarum centuriæ II.: clarorum virorum epistolæ ad Wowerum. *Hamburgi*, 1619, in-8. — Ejusdem syntagma de græca et latina bibliorum interpretatione. *Hamburgi, Heringius*, 1617, in-8. — Ejusdem panegyricus Christiano IV, Daniæ regi dictus, etc. *Hamburgi*, 1603, in-8, vél.

2557. Er. Puteani epistolarum centuriæ V. *Lovanii, ex offic. Flaviana*, 1612, 5 part. in-4, tit. gr. — Cornelii Bredæ errores, liber V philologicus. *Lovanii*, 1612, in-4. (*C'est une description des mœurs des anciens Allemands.*) — Er. Puteani palæstra bonæ mentis. *Lovanii, e bibliop. Flaviano*, 1611, in-4, vél.

2558. Eryci Puteani ad Constantinum Hugenium et Danielem Heinsium epistolæ, edente M. Z. Boxhornio. *Lugd.-Batav.*, 1647, pet. in-12, vél.

2559. Eryci Puteani Epistolarum apparatus posthumus in centurias quatuor distributus opera et industria Xysti Antonii Milseri. *Lovanii, Bouvet*, 1662, in-12, tit. gr., v. br.

2560. Dan. Chytræi Epistolæ, editæ a D.Chytræo auctoris filio. *Hanoviæ*, 1614, in-8, vél.

De la biblioth. de Colbert.

2561. Bertili Canuti Epistolarum selectarum centuturiæ 3 et 4. *Amstelodami*, 1619, 2 part. in-4, v. br. fil.

Aux armes de J.-Nic. Colbert, archev. de Rouen.

2562. Josephi Scaligeri, J. Cæsaris a Borden filii, epistolæ omnes quæ reperiri potuerunt, nunc primum collectæ et editæ. *Lugd. Batav., ex offic. Bon. et Abr. Elsevir.*, 1627, in-8, v. br.

D. Heinsius a fait précéder ce volume, dont il est l'éditeur, de la fameuse lettre à Dousa : *De geute Scaligera.*

2563. P. Joan. Perpiniani aliquot epistolæ. *Parisiis*, 1683, in-8. — Fr. Vavassoris multiplex et varia poesis : access. observationes de vi et usu quorumdam verborum tum simplicium, tum conjunctorum. *Parisiis*, 1683, in-8, v. br. fil.

2564. Aug. Guil. Busbequii Epistolæ ad Rudolfum II imper., e biblioth. J. B. Horvaert. *Lovanii*, 1630, in-12, vél.

2565. Is. Casauboni Epistolæ quotquot reperiri potuerunt, nunc primum junctim editæ. *Hagæ-Comitis*, 1638, in-4, vel.

2566. Al. Lollini Epistolæ miscellaneæ. *Belluni*, 1642, in-4, br. non rog.

A ce recueil de lettres sont jointes des poésies latines et les éloges de plusieurs Vénitiens célèbres, tels que les cardinaux Bembo et Valiero, etc.

2567. J. Nicæi Erythræi (Vict. Rossi) Epistolæ ad diversos. *Coloniæ-Ubior. (Amstelod.)*, 1645-49, 2 tom. en 1 vol. in-8, portr. v. m. fil.

Ces lettres renferment beaucoup d'anecdotes littéraires. A la fin du deuxième volume se trouvent : *Caroli a sancto Antonio Patavino Epigrammata aliqua.*

2568. Hub. Langueti Epistolæ politicæ et historicæ ad Philippum Sydnæum. *Lugd. Bat., ex offic. Elsevir.*, 1646, pet. in-12, vél.

2569. Hub. Langueti ad Camerarios patrem et filium epistolæ. *Groningæ*, 1646, pet. in-12, vél.

2570. Fr. et Joan. Hottomanorum Epistolæ ex biblioth. J. G. Meclii. *Amstelodami*, 1700, in-4, v. br.

2571. Virorum clarorum et doctorum ad Melch. Goldastum epistolæ (ann. 1598-1611) ex biblioth. Henr. Günteri Thülemarii editæ : acced. in calce Forstnerianar. epistolar. mantissa. *Francofurti et Spiræ*, 1688, in-4, v. br.

Signature de Baluze, qui a écrit en tête du volume trois pages de notes.

2572. Dom. Baudii Epistolæ : acced. ejusdem orationes et liber de fœnore. *Amstelodami, Elsevirii*, 1662, pet. in-12, v. f. fil.

2573. Domin. Baudii Epistolæ semi-centuria aucta, lacunis aliquot suppletis : acced. ejusdem orationes et libellus de fœnore. *Amstelodami, typis Lud. Elzevirii, sumptibus societatis*, 1654, in-12, tit. gr. v. m. fil.

2574. Hug. Grotii Epistolæ quotquot reperiri potuerunt. *Amstelodami*, 1689, in-fol. v. br.

2510 lettres d'un fonds inépuisable de connaissances et de faits. Bel exemplaire.

2575. Cl. Barth. Morisoti Epistolarum centuriæ duæ. *Divione, Chavance*, 1656, 2 part. in-4, v. br.

Le vol. est terminé par des éloges de Legoux, Saumaise et Jacques Godefroy. De tous les ouvrages de Morisot, c'est le plus recherché des savants.

2576. De secundo et tertio quæsitis per epistolas a claris viris responsa Fort. Liceti. *Utini*, 1646, 2 tom. en 1 vol. in-4, fig. v. br.

2577. Th. Reinesii ad C. Hofmannum et Chr. Ad. Rupertum Epistolæ. *Lipsiæ*, 1660, in-4, portr. v. br.

2578. Th. Reinesii Epistolarum ad Nosteros patrem et filium conscriptarum farrago. *Lipsiæ*, 1670, in-4, v. br.

2579. Th. Reinesii et J. And. Bosii Epistolæ mutuæ
e scriniis Casp. Sagittarii, editæ per J. And. Schmi-
dium. *Jenæ*, 1700, pet. in-12, v. br.

2580. Tan. Fabri Epistolæ quarum plures ad emen-
dationem scriptorum veterum pertinent. *Salmurii*, 1659, in-4, v. br.

2581. Herman. Conringii Epistolæ hactenus sparsim
editæ, nunc uno volumine comprehensæ. *Helmestadii*, 1666, in-4, br. non rog.

2582. Christ. Daumii Epistolæ philologico-criticæ.
Chemnicii, 1709, 3 part. in-8, portr. vél.

2583. Joan. Launoii Epistolæ omnes (cura Guil.
Sagstell.). *Cantabrigiæ*, 1689, in-fol. v. br.

Principalement sur les libertés de l'Église gallicane, dont Launoy se cons-
titua, comme on sait, le défenseur.

2584. Fr. Leonis a sancto Joanne (Joan. Macé) Epistolæ selectæ. *Romæ*, 1661, 3 tom. en 1 vol. in-8,
v. br.

2585. Gul. Camdeni et illustrium virorum ad eumdem Epistolæ : access. annalium regni Jacobi I
apparatus. *Londini*, 1691, in-4, portr. v. br.

Avec une vie de Camden, par Th. Smith.

2586. Joach. Wicofortii Epistolæ ad Gasp. Barlæum
cum responsoriis. *Amstelod.*, 1696, in-12, tit. gr.
v. br.

2587. Rog. Aschæmi Epistolarum libri IV, cum J.
Sturmii aliorumque ad Aschæmium Anglosque alios
eruditos epistolarum libro. *Oxoniæ*, 1703, in-8,
tit. gr. v. m. fil.

Édition la plus complète de ces lettres réputées classiques en Angleterre.

2588. J. Ant. Campani Epistolæ et poemata, una
cum vita auctoris. Recensuit J. Burchardus Menc-
kenius. *Lipsiæ*, 1707, in-8, portr. v. br.

2589. Aug. Buchneri Epistolarum partes tres, opera
M. J. J. Stübelii. *Francof. et Lipsiæ*, 1707, in-8,
portr. v. br.

2590. J. G. Grævii Præfationes et epistolæ 120, collectæ et editæ a J. A. Fabricio. *Hamburgi*, 1707, in-8, portr. v. br.

2591. Christ. Cellarii Epistolæ selectiores et præfationes, collect. J. G. Welchio. *Lipsiæ*, 1715, in-8, portr. — Chr. Cellarii Orthographia latina, ex vetustis monumentis, etc. *Venetiis*, 1732, in-8, cart.

2592. G. G. Leibnitii Epistolæ ad diversos, ex editione et cum annot. Ch. Kortholti. *Lipsiæ*, 1734, 2 vol. in-8, v. br. (*Tomes* 1 *et* 2.)

2593. Commercium epistolicum Leibnitianum, ex recensione A. J. D. Gruber. *Hanoviæ et Gottingæ*, 1745 (t. I et II), br.

2594. Greg. Majansii Epistolarum libri VI. *Valentiæ-Edetanorum*, 1732, in-4, v. br.

2595. Olai Vormii et ad eum doctorum virorum epistolæ. *Hauniæ*, 1751, 2 vol. in-8, portr. v. br.

2596. J. L. Moshemii et J. M. Gesneri Epistolæ amœbææ, edidit C. A. Klotzius. *Lipsiæ*, 1770, in-8, v.

2597. J. Henr. a Seelen philocalia epistolica sive centum epistolis varia notatu digna, imprimis ad sanctiorem doctrinam atque historiam ecclesiasticam spectantia continentibus. *Lubecæ*, 1728, in-8, br. m. r.

4. *Épistolaires français.*

2598. Les Epîtres de maistre Fr. Rabelais, docteur en médecine, escrites pendant son voyage en Italie, avec des observations historiques (par les frères de Sainte Marthe). *Paris, Ch. de Sercy,* 1651, 1651, in-8, portr. v. br. fil.
Première édition.

2599. Lettres missives et familières d'Est. du Tronchet. *Paris,* 1572, in-8, v. br. fil.
Édition rare. Elle renferme aussi diverses poésies de l'auteur.

2600. Lettres missives et familières d'Est. du Tronchet, avec le monologue de la Providence divine au peuple françois, et les lettres amoureuses. *Lyon,* 1602, pet. in-12, portr.

Bonne édition.

2601. Les Lettres d'Est. Pasquier. *Lyon,* 1597, in-16, v. br.

Exempl. de l'avocat Camusat.

2602. Lettres du card. d'Ossat, de 1594 à 1604. *Paris, Jos. Bouillerot,* 1624, in-4, vél.

C'est à ce recueil que d'Ossat doit sa réputation classique en diplomatie; mais, comme il ne commence qu'en 1593, il laisse une lacune dans la vie du cardinal, de 1589 à cette époque.

2604. Lettres du cardinal d'Ossat. *Jouxte la copie imprimée à Paris par Bouillerot,* 1624, in-fol. v. br. fil.

2605. Les Lettres du président Fr. Maynard. *Paris,* 1653, in-4, v. br. fil.

2606. Lettres de M. Costar. *Paris, Aug. Courbé,* 1658-59, 2 tom. en 1 vol. in-4, vél.

2607. Œuvres de Vincent de Voiture. *Paris,* 1713, 2 vol. in-12, tit. gr. portr. v. br.

Édition augmentée de : *Conclusion de l'histoire d'Alcidalis et Zélide, par le sieur Desbarres.*

2608. Défense des ouvrages de M. de Voiture à M. de Balzac (par P. Costar), édition augmentée de la dissertation latine de M. de Girac. *Paris,* 1654, in-4, v. br. fil.

La publication des œuvres de Voiture, par Martin de Pinchêne son neveu, donna lieu à cette dissert. latine, en forme de critique, où Girac relevait plusieurs fautes de Voiture. Costar, ami de celui-ci, y répondit par ce livre qui donna naissance, entre Girac et Costar, à une discussion littéraire qui dégénéra en scandaleuses personnalités.

2609. Suite de la défense des ouvrages de M. de Voiture (par Costar), à M. Ménage. *Paris,* 1655, in-4, vél.

2610. Réponse du sieur de Girac à la défense des Œuvres de M. de Voiture, faite par M. Costar, avec quelques remarques sur ses entretiens. *Paris*, 1655, in-4, tit. gr. v. br.

2611. Apologie de M. Costar à M. Ménage. *Paris*, 1657, in-4, v. br.

2612. Réplique de M. Girac à M. Costar, où sont examinées les béueües et les inuectiues du livre intitulé : Suite de la Défense de M. de Voiture, etc. *Imprimé à Leyden*, 1660, in-8, vél.

Livre rare.

2612 *bis.* Lettres de M. de Balzac à M. Conrart. *Paris*, 1659, pet. in-12, v. br. fil.

2613. Recueil des lettres de Mme de Sévigné à la comtesse de Grignan, sa fille. *Paris*, 1738, 6 vol. in-12, v. m. portr.

Première édition complète, publiée avec notes et éclaircissements, par le chev. D. M. Perrin, ami de Mme de Simiane. Bel exempl.

2614. Recueil des lettres choisies pour servir de suite aux lettres de Mme de Sévigné à Mme de Grignan, sa fille (publié par de Perrin). *Paris*, 1751, in-12, v. br.

2615. Lettres choisies de Rich. Simon. *Rotterdam*, 1702, in-12, v. br.

2616. Lettres de Rousseau sur différents sujets. *Genève*, 1749, 2 tom. en 3 vol. pet. in-12, v. br.

2617. Lettres. *Ne repugnate vestro bono, et hanc spem dum ad verum perveniatis, alite in animis : libenterque meliora excipite et opinione ac voto juvate.* (Sur les immunités ecclésiastiques, par Daniel Bargeton). *Londres (Paris)*, 1750, in-8, v. m.

Ouvrage plein d'érudition. A la suite se trouvent les condamnations dont ce livre a été l'objet en conseil et en cour de Rome.

2618. Lettres de quelques juifs portugais, allemands et polonais à M. de Voltaire, avec un petit commentaire extrait d'un plus grand (par l'abbé Guénée). *Lisbonne et Paris, Prault*, 1769, in-8.

5. *Épistolaires italiens et espagnols.*

2619. Lettere di complimenti simplici dell' abbate Ang. Gabrieli. *Macerata*, 1661, in-12, vél.

2620. La Tazza di Mercurio, overo lettere di vario stile di G. Ant. Moschetti. *Venetia*, 1637, in-12, vél.

2621. Lettere di principi, le quali o si scrivono da principi a principi, o ragionano di principi (racc. da J. Ruscelli). *Venetia*, *Ziletti*, 1564, 2 tom. en 1 vol. in-4, vél.

Le premier volume est dédié à S. Charles Berromée, et le second à Emmanuel-Philibert, duc de Savoie.

2622. Lettere facete e piacevoli di diversi grandi huomini e chiari ingegni, raccolte per M. Fr. Turchi da D. Atanagi. — Libro secondo, racc. da Fr. Turchi. *Venetia*, 1582, 2 vol. in-8, mar. cit. et vél.

De la précieuse biblioth. italienne d'Albert-Fr. Floncel, de l'Académie des Arcades, etc. V. Brunet, t. III. col. 1022.

2623. Nuova Scelta di lettere di diversi nobiliss. huomini et excellentis. ingegni scritte en diverse materie, fatta da tutti i libri sin' hora stampati, libro primo (secondo, terzo et quarto); con un discorso della commodità dello scrivere, di M. Bernardino Pino. *In Venetia*, DLXXIIII (1574), 4 part. en 2 vol. in-8, vél.

Cet exempl., d'une belle conservation, porte l'ancre aldine armoriée sur le titre du premier volume. Les trois derniers n'ont qu'un faux titre dans un cadre en bois.

2624. Lettere di diversi huomini illustri, raccolte da diversi libri (per F. Zannetti). *Treviso, Zannetti*, 1603, in-8, d.-rel. vél.

2625. Lettere di Bembo. *Venetia*, 4 tom. en 2 vol. in-12, v. br., le 1er et le 2e *Giov. Alberti*, 1587, le 3e et le 4e *G. Scotto*, 1561-62.

2626. Lettere di Cl. Tolomei. *Venegia, G. Giolito da Ferrari*, 1550, in-8, v. br.

2627. Lettere di P. Aretino, libri VI; 6 tom. en 3 vol.
in-8, v. br. fil., les 2 prem. *Venetia*, 1556, les
4 dern. *Parigi*, 1609.

2628. Lettere scritte a P. Aretino da molti signori,
etc. *Vinegia*, 1551-52, 2 tom. en 1 vol. in-8, vél.

Recueil rare. L'exempl., aux armes de J. Sarragoz, est incomplet.

2629. Lettere di Bern. Tasso. *Vinegia*, 1551, in-8,
vél.

2630. Lettere familiari di T. Tasso, con un dialogo
de l'Imprese. *Praga*, 1617, in-4, vél.

2631. Annibal Caro. Lettere familiari. *Venetia*, 1597,
2 tom. en 1 vol. in-4, vél.

Bonne édition de l'un des recueils de ce genre les plus élégants et les plus
estimés.

2632. Lettere di Batt. Guarini, di Agostino Michele.
Venetia, 1615, in-8, cart.

2633. L'Argute e facete Lettere di Ces. Rao, ristampate, corrette ed ampliate. *Pavia, Girol. Bartoli*,
1573, pet. in-8, vél.

2634. Lettere memorabile dell' abbate Mich. Gius—
tiniani. *Roma*, 1667-69, 3 vol. in-12, mar. r. et
vél.

Des biblioth. de Colbert et d'Alb.-Fr. Floncel. Ce recueil contient des particularités intéressantes.

2635. Lettere memorabili scritte o raccolte da Ant.
Bulifon. *Pozzoli e Napoli, Bulifon*, 1698, 4 vol.
in-12, portr. vél.

2636. Lettere sopra differenti materie, di Greg. Leti.
Amsterdamo, 1700, 2 vol. in-8, portr., tit. gr.
v. br.

Recueil de lettres écrites à Leti par plusieurs personnes de distinction, et
qu'il publia en y joignant une préface dans laquelle il s'efforce de se justifier
des reproches que Ricotier lui avait faits.

2637. Lettere di buone feste di Carl. Ant. Rivani.
Roma, 1702, in-12, v. m.

De la biblioth. ital. d'Albert-Fr. Floncel, avocat au parlement, de l'Acad.
des Arcades, etc.

2638. Lettere di ragguaglio di And. Gius. Rossi. *Roma, Zempel*, 1731, in-8, cart.

Ce sont des lettres historiques.

2639. Les Epitres dorées, morales et familières, de Don Antoine de Guévare, trad. d'espagnol en françois par le seigneur de Guttery. *Lyon, Macé Bonhomme*, 1558. — Le troisième livre des Epîtres illustres, composées en espagnol par Don Antoine de Guévare (avec un traité des travaux et priviléges des galères par le même); le tout nouvellement traduit en françois (par Ant. du Pinet) sur la version italienne d'Alph. d'Ulloa. *Lyon, Macé Bonhomme*, 1560, in-4, tit. gr. vél.

2640. Les Epitres dorées et discours salutaires de Don Antoine de Guévara, trad. d'espagnol par Guttery; ensemble la révolte que les Espagnols firent contre leur jeune prince en 1520 (de la version de du Pinet), avec un traité des travaux et priviléges des galères. *Paris, Robert le Fizelier*, 1585, 2 tom. en 1 vol. in-8, vél.

Antoine de Pinet est né à Beaume-les-Dames.

HISTOIRE.

PROLÉGOMÈNES HISTORIQUES.

1. *Introduction.*

2641. Joan. Bodini Methodus historica. *Basileæ*, 1576, in-8, anc. rel.

2642. Christ. Mylæi de scribenda universitatis rerum historia libri V, in-8. — Ant. Riccoboni de

historia liber, cum fragmentis historicorum veterum latinorum. *Basileæ*, 1579, in-8, vél.

Exempl. de J. Sarragoz.

2643. Agost. Mascardi. Dell' Arte historica, trattati
V. *Venetia*, 1674, in-12, tit. gr. vél.

2644. Nic. Lenglet du Fresnoy. Méthode pour étudier l'histoire, avec un catalogue des principaux
historiens. *Paris*, 1734-35, 9 vol. in-12. — Supplément. *Paris*, 1740-41, 3 vol. in-12 ; en tout
12 vol. in-12, v. m.

2645. Observations sur la philosophie de l'histoire
et le dictionnaire philosophique, avec des réponses à plusieurs difficultés. *Paris, Pillot*, 1770, 2 vol.
in-8, fig. br.

2646. De l'Usage de l'histoire (par l'abbé de Saint-
Réal). *Paris*, 1762, in-12, v. br.

2. *Géographie*.

A. Introduction et dictionnaires. Description du globe.

2647. Abr. Golnitzii Compendium geographicum
succincta methodo adornatum. *Amstelædami*,
apud Lud. Elsevirium, 1649, pet. in-12, tit. gr. v.
jasp. fil.

2648. Lucæ de Linda Descriptio orbis et omnium
ejus rerumpublicarum in qua præcipua omnium
regnorum et rerumpublicarum ordine et metho-
dice pertractantur. *Lugd.-Batav.*, 1655, in-8, tit.
gr. v. jasp. fil.

2649. Phil. Cluverii introductionis in universam
geographiam tam veterem quam novam libri VI.
Cadomi, 1669, pet. in-12, vél.

2650. J. Christ. Becmanni Historia orbis terrarum
geographica et civilis. *Francof. ad Oderum*, 1680,
in-4, tit. gr. v. br.

2651. La Géographie ancienne, moderne et historique (par J.-B. Audifret). *Paris,* 1689, 3 vol.
in-4, cartes, v. br.

Ces trois volumes renferment l'Europe.

2652. Géographie historique, ou description de l'u-
nivers, contenant la situation, l'étendue, etc., de
ses principales parties, avec l'établissement des
empires, leur gouvernement, etc., par de La Forest de Bourgon. *Paris,* 1705-6, 2 vol. in-8, cartes, v. br.

2653. Abrégé de la vieille et nouvelle géographie,
trad. de l'allemand de Jean Hubner. *Amsterd.,*
1705, 2 vol. in-8, vél.

2654. Méthode pour apprendre facilement la géographie, contenant un abrégé de la sphère, la di-
vision de la terre, et un traité de la navigation;
par Jacques Robbe. *Paris, D. Didot,* 1746, 2 vol.
in-12, cartes, v. m.

2655. Géographie historique, où l'on trouve réunies
à la connaissance des lieux et de leurs positions
la généalogie des seigneurs, la patrie des auteurs
célèbres, etc. (par M. le M. d'Aubais). *Paris, Bal-
lard,* 1761, 2 t. en 1 vol. in-8, br.

2656. Le Géographe manuel, par l'abbé J.-J. Expilly. *Paris,* 1783, pet. in-12, cartes, v. m.

2657. Cosmography in four books, contayning the
chorography and history of the world and all the
principal kingdoms, provinces, etc., by Peter Hey-
lyn. *London,* 1674, in-fol., cartes, tit. gr. v. br.
(*Armes.*)

2658. Dictionnaire géographique universel, tiré du
Dictionnaire géographique de Baudrand (par Charles Maty). *Amsterdam,* 1701, in-4, v. br.

2659. Dictionnaire géographique portatif, trad. de
l'anglois de Laurent Échard, sur la treizième édition, par Vosgien (l'abbé Ladvocat). *Paris,* 1755,
in-12, v. m.

2660. Dictionnaire géographique portatif, trad. de l'anglois de Laurent Echard, sur la dernière édition, par Vosgien (l'abbé Ladvocat). *Paris*, 1795, in-8, v. jasp.

2661. Dictionnaire portatif, comprenant la géographie, l'histoire universelle, etc. (par Fr. Morénas). *Avignon, Chambeau*, 1760-62, 8 vol. in-8, v. m.

B. Géographie ancienne, sacrée et orientale.

2662. Geographica antiqua, hoc est Scylacis Periplus maris Mediterranei ; anonymi Periplus, gr. et lat., cum notis variorum et emendat. Jac. Gronovii, etc. *Lugd.-Batav., Luchtmans*, 1700, in-4, v. br.

Bel exemplaire.

2663. Geographiæ veteris Scriptores græci (et arabici) minores, cum interpret. latina, dissertationibus, annotationibus (Henr. Dodwelli, Jo. Hudson et Edw. Wills). *Oxonii, e Theat. Sheldon.*, 1703-12, 2 vol. in-8, v. m. (Tomes 2 et 4.)

2664. Tutta la Geografia di Tolomeo, trad. da G. Ruscelli. *Venetia*, 1573, in-4, vél.

2665. Dionysii Alexandrini et Pomponii Melæ situs orbis descriptio; C. J. Solini Polyhistor. *Excudebat H. Stephanus*, 1577, in-4, v. br.

Cette édition présente un texte revu, une nouvelle version latine et un choix des notes de Gronovius et Morel.

2666. Stephanus Byzantinus de urbibus, gr. et lat., quæ ex mss. codd. restituit, supplevit, ac lat. versione et integro commentario illustravit Abr. Berkelius : acced. collectæ a Jac. Gronovio variæ lectiones, et admixtæ ejusdem notæ. *Lugd.-Bat.*, 1688, pet. in-fol. v. f.

2667. Arriani Ponti Euxini et maris Erythræi periplus (gr.), nunc primum lat. versus et repurgatus : acced. scholia J. Gal. Stuckio auctore. *Lugduni, Bart. Vincent*, 1577, in-fol. vél.

2668. Plutarchi libellus de fluviorum et montium
nominibus, gr. et lat., Vibius Sequester de flumi-
nibus, etc., Psellus de lapidibus, edente Ph. Jac.
Maussaco. *Tolosæ*, 1615, in-8.

Vol. peu commun.

2669. Pomponius Mela, Julius Solinus : Itinerarium
Antonini Aug.; Vibius Sequester; P. Victor de
regionibus Romæ; Dionysius Afer de situ orbis;
Prisciano interpr. *Venetiis, in æd. Aldi et Andreæ
Soc.*, 1518, in-8, v. f.

Édition rare.

2670. Pomponius Mela de situ orbis libri III; cum
comment. J. Vadiani (de Watt). *Parisiis, apud
Vichelum*, 1540, in-fol. — Jul. Solini Polyhistor;
Pomponius Mela de orbis situ libri III, cum Olivarii annot. *Basileæ*, 1543, in-fol. cartes. — Nic.
Gerbelii in Græciæ descriptionem Sophiani præfatio. *Basileæ*, 1545, in-fol. v. f.

Exempl. de J. Boyvin.

2671. Pomponius Mela de situ orbis libri III, cum
notis integris variorum; acced. J. Honorii excerpta cosmographiæ, curante Abr. Gronovio.
Lugd.-Bat., apud Sam. Luchtmans, 1722, in-8,
cartes, fig. tit. gr. v. br.

2672. Vetera Romanorum Itineraria, sive Antonini
Augusti itinerarium, curante Petro Vesselingio
qui et suas addidit adnotationes. *Amstelæd.*,
1735, in-4, fig. tit. gr. v. m.

Bonne édition.

2673. Cl. Salmasii Plinianæ exercitationes in C. Jul.
Solini Polyhistora. Item C. Julii Solini Polyhistor, ex veteribus libris emendatus. *Parisiis*, 1629,
2 vol. in-fol., v. br. fil. (*Armes.*)

Ouvrage estimé, véritable encyclopédie de son époque.

2674. Pauli Merulæ Cosmographiæ generalis libri III :
item geographiæ particularis libri IV. *Amstero-*

aami, Hondius, L. B. Elsevir., 1621, in-fol., v. f. fil.

Ouvrage savant et exact.

2675. Car. Vialart a sancto Paulo geographia sacra, sive notitia antiqua episcopatuum ecclesiæ universæ. *Lutetiæ–Paris.*, *S. Cramoisy*, 1641, in-fol., cartes, vél.

De la biblioth. des Jésuites de Lyon. Ouvrage estimé.

2676. Geographia Nubiensis, id est : accuratissima totius orbis in septem climata divisi descriptio ex arabico in latinum versa a Gabr. Sionita et Joan. Hesronita. *Parisiis*, 1619, avec le suppl., in-4, vél.

Traduction latine de la géographie d'Edrisi. Exempl. de Colbert.

C. Géographie moderne et mélanges.

2677. Seb. Munsteri Cosmographia universalis. *Basileæ, apud Henricum-Petri*, 1552, in-fol., v. br. fil.

Munster a traduit lui-même sa cosmographie en latin, et cette édition reproduit les planches en bois du texte allemand de 1550, planches fort estimées des amateurs.

2678. Le Curieux Antiquaire, ou recueil géographique et historique des choses les plus remarquables qu'on trouve dans les quatre parties de l'univers, par P. L. Berkemmeyer. *Leyde*, 1729, 3 vol. in-8, fig. vél.

2679. Th. Porcacchi. Le Isole più famose del mondo. *Venetia*, 1590, in-fol., anc. plans gravés par Jer. Porro, tit. gr. vél.

Cet ouvrage recherché contient des détails très-curieux sur les différentes contrées du globe.

D. Atlas généraux et cartes particulières.

2679 *bis*. Le Miroir du monde. *Anvers*, *Plantin*, 1588, pet. in-8 obl.

Curieux petit atlas gravé par Philippe Galle, abrégé du *Theatrum geographicum Abr. Ortelii.*

2680. Atlas minor, sive geographia compendiosa : Atlas nouveau, contenant toutes les parties du monde, etc., recueillies des meilleurs auteurs. *Amsterdam*, 3 vol. in-fol., v. m. fil.

2681. J. D. Kœleri Descriptio orbis antiqui in XLIV tabulis exhibita, studio et opera Christ. Weigeilii. *Norimbergæ*, in-fol., tit. gr., cartes, v. f.

2682. Estienne-André-Philippe de Pretot. Atlas universel pour l'étude de la géographie et de l'histoire ancienne et moderne. *S. l.*, 1763-67, in-4, v. br.

2683. Cartes générales et particulières de toutes les côtes de France (en latin et en français), par Tassin. *Paris*, 1636, in-fol. obl. vél.

2684. Carte du diocèse de Toulouse.

Pliée dans un carton in-8.

2685. La Flamboyante Colonne des Pays-Bas, autrement dite les dix-sept provinces (par Aertz-Colom). *Amsterdam*, 1646, in-4 obl., v. br.

Au recto du premier f. du vol., on lit ce qui suit : Ce livre a été trouvé par le chevalier de Montreux au siége de Namur, dans la tranché (*sic*), la veille de la prise ou reddition de la place, étant à la tête de la sappe vis-à-vis la brèche.

2686. Éclaircissements sur la carte de l'Inde, par J. Bat. Bourguignon d'Anville. *Paris, Imprimerie royale*, 1753, in-4, d.-rel. C. de R.

3. *Voyages.*

A. Histoire et collections.

2687. De l'Utilité des voyages, et de l'avantage que la recherche des antiquités procure aux savants, par Baudelot de Dairval (nouv. éd. avec des notes par Mahurel). *Rouen, Ferrand*, 1727, 2 vol. in-12, fig. v. jasp.

2688. Ant.-Franç. Prévost d'Exiles. Histoire générale des voyages, ou nouvelle collection de toutes

les relations de voyages qui ont été publiées jusqu'à présent (avec la continuation par de Querlou
et de Surgy). *Paris,* 1746-89, 20 vol. in-4, fig.,
y compris la table (réd. par Chompré), v. m., les
2 dern. br.

2689. Novus Orbis regionum ac insularum veteribus incognitarum (collegit J. Huttich., edid. Sim.
Grynæus). *Parisiis, apud Ant. Augerellum, impensis J. Parvi et Galeoti a Prato,* 1532, *VIII cal.
Novembris,* in-fol., avec la carte.

Manquent à cet exemplaire le f. du titre et les deux premiers ff. de la
table.

2690. Thévenot (Melchisédech). Relation de divers
voyages curieux qui n'ont point été publiés, ou
qui ont été traduits d'Hakluyt, Purchas, etc. *Paris,* 1663, 4 tom. en 2 vol. in-fol., cartes et fig.
en bois, v. br.

Collection rare et recherchée.

2691. Recueil de voyages au Nord (publié par J.
Fréd. Bernard). *Amsterdam, Bernard,* 1715-38,
10 vol. in-12, fig. v. br.

B. Voyages autour du monde et dans ses différentes parties.

2692. Voyage du tour du monde de Gemelli-Careri,
trad. en françois par M. L. N. (Le Noble), ou
Dubuis de Saint-Gelais. *Paris,* 1719, 6 vol. in-12,
v. br.

2693. Relation des voyages entrepris pour faire des
découvertes dans l'hémisphère méridional, par By-
ron, Carteret, Wallis et Cook, rédigée par J.
Hawkesworth, trad. de l'anglois (par Sicard). *Paris,* 1774, 4 vol. in-4, avec 52 pl., v. m.

2694. Voyage dans l'hémisphère austral et autour
du monde, fait en 1772-75, dans lequel on a inséré la relation du capitaine Fourneaux et celle de

Forster (trad. de l'anglois par Sicard). *Paris*,
1778, 5 vol. in-4, avec 65 pl. dont la 10ᵉ est dou-
ble, v. m.

2695. Troisième Voyage de Cook, ou voyage à l'O-
céan pacifique, etc., exécuté en 1776-80, trad. de
l'anglais (par M. Demeunier). *Paris*, 1785, 4 vol.
in-4, avec 88 pl., v. m.

2697. Rabbi Benjaminis Tudelensis Itinerarium, ex
versione latina Const. Lempereur ab Oppick.
Lugd.-Bat., ex offic. Elsevir., 1633, in-24. —
Ejusdem Itinerarium, hebraice. *Lugd.-Bat., apud
Elzevir.*, 1633, in-24, v. f.

Belle édition. V. Brunet, t. 1ᵉʳ, col. 774.

2698. Voyages et observations du sieur de la Boul-
lay-Legouz, gentilhomme angevin, où sont décrits les Etats et royaumes d'Italie, Grèce, Natolie,
Syrie, Perse, Indes orientales, etc. *Paris*, 1657,
in-4, portr., fig. curieuses, vél.

Voyage aussi curieux que rare.

2699. F. André Thevet. Cosmographie du Levant,
revue et augmentée. *Lion, J. de Tournes*, 1556,
pet. in-4, tit. gr. fig. en bois, vél.

Relation du voyage de l'auteur à Constantinople et dans la Terre-Sainte.
Ode de Fr. de Belleforest à la louange de Thevet.

2700. Nic. de Nicolay. Les quatre premiers livres
des Navigations et pérégrinations orientales, avec
les figures au naturel tant d'hommes que de femmes, selon la diversité des natures (gravées par
L. Danet). *Lyon, Roville*, 1568, in-fol. tit. gr. en
bois, fig. vél. fil.

Recherché à cause des figures, gr. par L. Danet. Exempl. avec autographe
d'Hugues de Salins, docteur en médecine, né à Beaume.

2701. Pérégrinations du sieur Jean Palerne, Foré-
sien, secrétaire de François duc d'Anjou et d'Alençon, etc., où est traicté de plusieurs singularités
et antiquités remarquées ès provinces d'Egypte,
Arabie déserte et pierreuse, Terre-Sainte, Syrie,
Natolie, Grèce et plusieurs isles tant de la mer

Méditerrannée que Archipelague, avec la manière de vivre des Mores et Turcs et de leur religion, etc. *Lyon*, 1606, pet. in-12, v. br. fil.

Livre rare et curieux.

2702. Voyages de Villemont de Italie en Grèce, Terre-Sainte, Syrie, Egypte et autres lieux. *Lyon*, 1611, in-8, v. m.

2703. Relation des voyages de Monsieur de Brèves en Hiérusalem, Terre-Sainte, Egypte, etc., avec le traité fait en 1604 entre Henri IV et l'empereur des Turcs, etc.; le tout recueilli par J. D. C. (Jacques du Castel, l'un de ses secrétaires). *Paris, Rocolet*, 1630, in-4, v. br.

2704. Paul Lucas. Voyage dans la Grèce, l'Asie Mineure, la Macédoine et l'Afrique. *Paris,* 1712, 2 vol. in-12, fig. v. br.

Ce voyage a été rédigé par Beaudelot de Dairval.

2705. Paul Lucas. Voyage au Levant, contenant la description de la haute et basse Egypte. *Paris*, 1714, 2 tom. en 1 vol. in-12, v. br.

Voyage rédigé par Fourmont aîné.

2706. Relation d'un voyage au Levant fait par ordre du roy, par Pitton de Tournefort. *Lyon*, 1717, 3 vol. in-8, fig. v. br.

Bonne édition de cet ouvrage estimé.

2708. Richard Pocoke. Voyage en Orient, dans l'E-gypte, l'Arabie, la Palestine, la Syrie, la Grèce, la Thrace, etc., traduit de l'anglois (par La Flotte). *Paris*, 1772, 6 vol. in-12, v. m.

2709. Voyage (de Ph. Avril) en divers États d'Europe et d'Asie, entrepris pour découvrir un nouveau chemin de la Chine. *Paris*, 1692, in-4, v. m.

2710. Relation du voyage de Moscovie, Tartarie et de Perse, fait à l'occasion d'une ambassade envoyée au Grand-Duc de Moscovie, et du Roy de Perse, par le Duc de Holstein : depuis l'an 1633 jusqu'en 1639, trad. en françois de l'allemand d'Oléarius par L. R. D. B. (Wicquefort). *Paris*, 1656, in-4, v. br.

2711. Recueil de divers voyages faits en Afrique et en Amérique (histoire des Barbades; extrait de l'histoire d'Ethiopie de Tellis; relation des Caraïbes par de Laborde; description de l'empire de Prêtre-Jean, de la Jamaïque, et relation du voyage fait sur les côtes d'Afrique en 1670 et 1671). *Paris*, 1674, in-4, fig. v. m.

2712. Nathan.Chytræi variorum in Europam itinerum Deliciæ. *S. l. Christ. Corvinus*, 1606, in-8, v. br.

2713. Jean le Laboureur. Histoire et relation du voyage de la reine de Pologne et du retour de Mme de Guébriant par la Hongrie, l'Autriche, la Syrie, etc. *Paris*, 1648, in-4, v. br.

Rare et curieux. Aux armes de G. Joly, baron de Blaisy, 2e président au parlement de Bourgogne.

2714. Voyages de Dumont en France, Italie, etc. *La Haye*, 1699, 2 vol. in-12, fig. v. br.

2715. Mart. Gerbert. Iter alemannicum; acced. italicum et gallicum. *S. l., typis San-Blasianis*, 1765, 2 tom. en 1 vol. in-8, pl. et fac-simile, v. br.

Édition originale, la seule dans laquelle se trouvent les *Glossaria theotisca*.

2716. Ch. Patin. Relation historique de voyages en Allemagne, Angleterre, Hollande, Bohême, Suisse, etc., 2e édit. *Lyon*, 1676, in-12, fig. tit. gr. v. br.

2717. Lud. Henr. Lomenii, comitis Briennæ, itinerariorum ed. altera, cur. Car. Patin. *Parisiis, Cramoisy*, 1662, in-8, cartes, tit. gr. v. br.

Avec cet autogr. : Ex dono illustriss. authoris, J. Bossuet.

2718. Gilbert Burnet. Voyage de Suisse, d'Italie, etc., en 1685-86. *Sur la copie à Rotterdam*, 1690, in-8, vél.

2719. And. Schotti Itinerarium Italiæ. *Amstelæd.*,

apud. Jodocum Janssenium, 1655, pet. in-12, tit. gr. v. br.

2720. Nouveau Voyage en Italie, trad. de l'anglois de Misson. *La Haye*, 1727, 3 vol. in-12, fig. v. br.

2721. Voyage historique d'Italie (par Guyot de Merville). *La Haye*, *Guyot de Merville*, 1729, 2 vol. in-12, v. br.

2722. Rich. Lassels. The Voyage of Italy. *Paris*, 1670, in-12, tit. gr. v. br.

2722 *bis*. Voyages dans les Alpes, précédés d'un essai sur l'histoire naturelle des environs de Genève, par Horace-Bénédict de Saussure. *Neuchâtel*, *L. Fauche-Borel*, 1803, 8 vol. in-8, fig. cart.

Excellent ouvrage.

2723. Journal du voyage d'Espagne (en 1659), contenant une description fort exacte de ses royaumes et de ses principales villes, avec l'état du gouvernement, et plusieurs traités curieux (par l'abbé Bertaut). *Paris*, 1682, in-4, v. br.

2724. Voyage d'Espagne fait en 1755, avec des notes historiques, géographiques et critiques, et une table raisonnée des tableaux et autres peintures de Madrid, de l'Escurial et de Saint-Ildefonse, trad. de l'italien (du P. Norbert Gayme) par le P. Timothée de Livay). *Paris*, 1772, 2 tom. en 1 vol. in-12, v. m.

2725. Gotof. Hegenitii Itinerarium frisio-hollandicum, et Abr. Ortelii Itinerarium gallo-brabanticum, in quibus quæ visu, quæ lectu digna. *Lugd.-Batav.*, *Elsevir*, 1630, in-16, vél.

2726. Gotofr. Hegenitii Itinerarium frisco-hollandicum et Abr. Ortelii Itinerarium gallo-brabanticum. *Lugd.-Batav.*, *apud viduam H. Verbiest*, 1667, pet. in-12, vél.

2727. Zelleri Itinerarium Germaniæ et regnorum vicinorum. *Ulmæ*, 1653, pet. in-12, tit. gr. v. br.

2728. Le Fidèle Conducteur pour le voyage d'Allemagne, par Louis Coulon. *Paris*, 1654, in-12 vél.

2729. Samuel Chappuzeau. L'Allemagne, ou relation nouvelle de toutes les Cours de l'Empire, recueillie en deux voyages que l'auteur y a faits en 1669 et 1672. Première partie. *Paris*, 1673, in-4, v. br.

2730. Relation de plusieurs voyages faits en Hongrie, Servie, Bulgarie, Macédoine, etc., trad. de l'anglois d'Ed. Brown. *Paris*, 1674, in-4, fig. tit. gr. v. br.

2731. Caroli Ogerii Ephemerides, sive iter Danicum. Suecicum, Polonicum, Access. Nic. Borbonii ad eumdem epistolæ. *Lutetiæ-Paris.*, 1656, in-8, v. br.

Relation intéressante et d'une grande exactitude.

2732. M. Ant. Pigafetta. Itinerario (o viaggio da Vienna a Constantinopoli, l'anno 1567). *Londra, apresso Giov. Wuolfio, inghilese,* 1585, *all' illustriss. Sign. Edw. Seymor conde d'Hertford,* pet. in-4, tit. gr. cart.

Volume peu commun.

2732 *bis.* Journal du voyage de Mich. de Montaigne en Italie, etc., avec des notes par Meunier de Querlon. *Rome (Paris),* 1774, in-4. br. non r.

2733. Georg. Douzæ de itinere suo constantinopolitano epistola. Access. veteres inscriptiones ex Byzantio et ex reliqua Græcia, nunc primum in lucem editæ, cum quibusdam doctorum virorum epistolis. *Ex officina Plantin.*, 1599, in-8. — A. Gisl. Busbequii itinera II constantinopolitanum et amasianum : ejusd. de re militari contra Turcam instituenda consilium. *Antverpiæ, ex offic. Christ. Plantini,* 1582, in-8. — Corn. Aurelii Batavia, de ejus situ et laudibus libri II, Bon. Vulcanii opera nunc primum in lucem editi. *Antverpiæ, apud Christ. Plantinum,* 1586, in-8, vél.

Les lettres jointes à la première relation sont pour la plupart d'auteurs grecs.

2734. Giov. Benaglia. Relatione del viaggio fatto a Constantinopoli e ritorno in Germania del conte Alb. Caprara, per trattare la continuazione della tregua. *Roma*, 1684, pet. in-12, vél.

2735. Lettres écrites (par Guillet) sur une dissertation d'un voyage de Grèce, publié par Spon, avec des remarques sur les médailles, etc. *Paris*, 1679, in-12, fig. et portr. v. br.

2736. Jacob Spon et Georges Wheler. Voyage d'Italie, de Dalmatie, de la Grèce et du Levant, fait aux années 1675-76. *La Haye*, 1724, 2 vol. in-12, fig. tit. gr. v. br.

2737. P. Aug. Guys. Voyage littéraire de la Grèce. *Paris*, 1771, 2 vol. in-12, v. m.

2738. P. Bergeron. Relation des voyages en Tartarie de frère Guillaume de Rubruquis, frère Jean de Plan-Carpin, frère Ascelin et autres religieux de S. François et S. Dominique qui y furent envoyés par le Pape Innocent VI et le roy S. Louys; plus un traicté des Tartares, de leur origine, mœurs, etc., avec un abrégé de l'histoire des Sarrazins et Mahométans...., le tout recueilli par P. Bergeron. *Paris, Michel Soly*, 1634, in-8, vél.

2739. Fernand Mendez Pinto. Voyages aventureux, trad. du portugais par Bern. Figurier. *Paris, Cotenet*, 1645, in-4, v. br. fil.

Volume recherché et peu commun.

2740. Relation d'un voyage fait au Levant par Thevenot. *Paris, Barbin*, 1664, in-4, portr. v. br.

2741. Voyage d'Orient du P. Philippe, carme déchaussé, trad. du latin (par frère Pierre de S. André). *Lyon*, 1669, in-8, vél.

Voyage estimé.

2742. Relation du voyage de Perse et des Indes Orientales, trad. de l'anglois de Th. Herbert, avec les révolutions arrivées au royaume de Siam, l'an

1647, trad. du flamand de Jer Van Hiet (par Wicquefort). *Paris*, 1663, in-4, v. br.

2743. Voyage de Syrie et du mont Liban de Jean de La Roque. *Paris*, 1722, 2 vol. in-12, fig. v. br.

2744. BERN. DE BREYDENBACH. Sanctarum peregrinationum in montem Sion, ac venerandun Christi sepulcrum in Jerusalem... opusculum. *In civitate Moguntina impressum per Erhardum Reuwick*, 1486, in-fol. goth. fig. p. de tr. (*Rel. d'Ottmann.*)

Première édition latine de cette relation curieuse. Les figures et les grandes cartes qui ornent cet ouvrage n'en sont pas la partie la moins précieuse. V. Brunet, t. Ier, col. 1249.

2745. DES SAINTES PÉRÉGRINATIONS de Jérusalem et des lieux prochains, du mont Sinaï et la glorieuse Catherine (tiré du latin de Bernard de Breydenbach par frère Nicole Le Huen). *Lyon*, *Michelet Topie de Pymont, et Jacques Heremberck*, 1488, in-fol. goth. fig. p. de tr. (*Ottmann*).

Édition rare et recherchée. Les fig. en cuivre de cet ouvrage sont les plus anciennes de ce genre qui se voient dans un livre français.

2746. Joannes Cotovicus. Itinerarium Herosolymitanum et Syriacum, in quo variarum gentium mores et instituta, insularum, regionum, urbium situs..... una cum eventis quæ auctori acciderunt dilucide recensentur : access. synopsis reipublicæ Venetæ. *Antverpiæ*, *Hier. Verdussen*, 1619, in-4, fig. vél.

Ouvrage rare et estimé.

2747. Discours du voyage d'outre-mer au sainct sépulchre de Jérusalem et autres de la terre-saincte, par Anthoine Regnault. *Imprimé à Lyon aux dépens de l'autheur*, 1573, in-4, fig. sur bois et cartes, v. br.

Volume peu commun et qui est recherché. Le titre manque. V. la note de Brunet, t. IV, col. 1186.

2748. Ant. Morizon. Relation historique d'un voyage nouvellement fait au mont de Sinaï et à Jérusalem. *Toul.*, *Laurent*, 1754, in-4, v. br. (*Aux armes de Gabr. de Glatigny.*)

Vol. peu commun.

2749. Journal du voyage du chev. Chardin en Perse et aux Indes-Orientales par la mer Noire et la Colchide (du 17 août 1671 au 24 juin 1673). *Londres*, 1686. in-fol. fig. tit. gr. v. br.

Edition originale.

2750. Relation d'un voyage de Perse fait par le P. Pacifique de Provins. *Paris*, 1631, in-4, vél.

La description des lieux saints occupe la plus grande partie de ce livre.

2751. Suite des mémoires du sieur Bernier sur l'empire du Grand-Mogol, tomes II et III. *Paris*, 1670-71, 2 vol. in-12, v. br.

2752. HISTOIRE de la navigation de J.-H. de Linschot, et de son voyage au Indes-Orientales, avec les annotations de B. Paludanus, trad. en françois. *Amsterdam*, 1619, in-fol. fig. — Le Grand Routier de mer de J.-H. de Linschot, recueilli des mémoires et observations des pilotes espagnols et portugais, et trad. du flamang en françois. *Amsterdam*, 1619, in-fol. fig. — Description de l'Amérique (Nouvelle-France) et des parties d'icelle, comme de la Nouvelle-France, Floride, etc. *Amsterdam*, 1619, in-fol. fig. v. f. fil. *Armes.* (*Ottmann.*)

Ouvrages curieux et très-rares.

2753. Il Viaggio all' Indie Orientali, diviso in cinque libri di P. F. Vincenzo Maria di S. Catharina da Siena, carmel. scalzo. *Venetia*, *Zattoni*, 1678, in-4, br. (*Aux armes de Gabr. ae Glatigny.*)

2754. Voyage fait par terre de Paris jusqu'à la Chine, avec le retour par mer, par H. de Feynes. *Paris*, 1630, in-8, tit. gr. vél.

2755. Nouvelle Relation, en forme de journal, d'un voyage fait en Égypte par le P. Vansleb en 1672-73. *Paris*, 1677, in-12, v. br.

2756. Voyage historique d'Abyssinie, par J. Lobo, traduit du portugais et augmenté par Joach. Legrand. *Amsterdam*, 1728, 2 vol. in-12, tit. gr. br.

4. *Chronologie.*

A. Systèmes et traités de chronologie générale.

2757. Eusebii Pamphili Chronicon, a S. Hieronymo lat. versum et continuatum. *Parisiis, H. Stephanus*, in-4, rel. anc.

Notice curieuse sur ce rare volume dans Renouard. *Annales des Estienne*, 2ᵉ édit., p. 12.

2758. Cronica trium illustrium autorum : Eusebii Pamphili S. Hieronimo interpr., D. Eusebii Hieronymi, D. Prosperi Aquitani ab Abrahamo ad annum Christi 449, cum emendatione ac notis Arn. Pontæi. *Burdigalæ*, 1604, in-fol. tit. gr. vél.

2759. Eusebii Pamphili Thesaurus temporum; Eusebii Pamphili chronicon canonum, opera et studio Jos. Scaligeri, editio altera auctior (studio Alex. Mori publicata). *Amstelæd., Joan. Janson*, 1658, in-fol. v. br.

Bonne édition.

2760. Gul. Beveregii institutionum chronologicarum libri II. *Londini*, 1669, in-4, mar. r.

Exempl. de Colbert.

2761. Jos. Scaligeri opus de emendatione temporum : addita veterum Græcorum fragmenta selecta. *Genevæ*, 1629, in-fol. v. br.

Bonne édition corrigée et augmentée d'après les mss. de l'auteur. Cet ouvrage est le premier dans lequel les véritables principes de la science chronologique aient été exposés et établis.

2762. Dion. Petavii Opus de doctrina temporum, cum præfatione et dissertatione de 70 hebdomadibus Is. Harduini. *Antverpiæ (Amstelodami)*, 1705, 3 vol. in-fol. portr. v. br.

Bonne édition dans laquelle on a employé les corrections et les notes laissées par l'auteur.

2763. Dion. Petavii Rationarium temporum in partes duas, libros tredecim tributum, edit. tertia, auctior. *Parisiis*, 1636, 2 part. en 1 vol. in–8, vél.

Excellent abrégé.

2764. Dion. Petavii Rationarium temporum; edit. ultima, auctior. *Parisiis*, 1652, 2 part. in-12, v. br.

2765. Is. Vossii Auctuarium instigationum ad scriptum de ætate mundi : dissertatio de vera ætate mundi. *Hagæ-Comitis*, 1659, in-4. — G. Hornii auctuarium defensionis pro ætate mundi. *Lugd.- Batav., Elsevir.*, 1659, in-4. — Is. Vossii castigationes ad scriptum G. Hornii de ætate mundi. *Hagæ-Com.*, 1659, in-4. — G. J. Vossii chronologiæ sacræ isagoge, sive de ultimis mundi antiquitatibus, ac imprimis rerum hebræarum dissertationes VIII. *Hagæ-Comitis*, 1659, in-4, v. br.

2766. Phil. Labbæi Chronologia technica et historica (edente Brietio). *Parisiis, ex typ. regia*, 1670, 5 vol. in-fol. v. m.

Le P. Labbe n'a composé que les quatre premiers volumes qui se terminent en 1206; le cinquième est du P. Briet, qui a continué l'ouvrage jusqu'en 1600, et y a ajouté un abrégé du xviie siècle.

2767. L'Abrégé royal de l'alliance chronologique de l'histoire sacrée et profane, par le P. Phil. Labbe. *Paris*, 1651, 2 vol. in-4, v. m.

Le second vol. renferme des pièces intéressantes pour l'histoire de France. Exempl. de Lancelot.

2768. La Chronologie des anciens royaumes, corrigée, à laquelle on a joint une chronique abrégée qui contient ce qui s'est passé anciennement en Europe, jusqu'à la conquête de la Perse par Alexandre le Grand, trad. de l'anglois d'Is. Newton (par l'abbé Granet, aidé de Marthan, Anglois, qui résidoit alors à Paris). *Paris*, Martin, 1728, in-4, br.

Une note intéressante sur ce livre se lit dans Barbier, *Dictionnaire des anonymes*, t. Ier, p. 178.

2769. Ulug-Beigi epochæ celebriores astronomis,
historicis et chronologis Chataiorum, Syro-græco-
rum, Arabum, Persarum Chorasmiorum usitatæ,
ex traditione Ulug-Beigi Indiæ principis (arab. et
lat.), eas primum publicavit, recensuit et commentariis illustravit J. Grævius. *Londini*, 1650,
in-4. — Chorasmiæ et Nawaralnehræ, hoc est, regionum ultra flumen Oxum descriptio, ex tabulis
Albufedæ, arab. et lat., studio J. Grævii. *Londini*,
1650, in-4.

Curieux pour l'histoire orientale.

2770. Ed. Corsini Dissertationes IV agonisticæ quibus olympiorum, pythiorum, nemeorum et is-
thmiorum tempus inquiritur ac demonstratur :
acced. hieronicarum catalogus. *Florentiæ*, 1747,
in-4, v. m.

2771. Kalendarium romanum nongentis annis an-
tiquius, edente Fr. Joan. Fronto. *Parisiis*, 1652,
in-8, v. jasp. fil.

Rare. Les notes du P. Fronteau sur le calendrier romain sont très-curieuses
et très-recherchées.

2772. H. L. Schurzfleischii Annus Romanorum Ju-
lianus. *Vitembergæ*, 1704, in-4. — Ant. Pagi Dissertatio chronologica de periodo græco-romana.
Vitembergæ, 1705, in-4. — Christ. Weisii tabulæ
chronologicæ. *Dresdæ et Lipsiæ*, 1691, in-4, vél.

2773. Ch. Gott. Haltausii Calendarium medii ævi,
præcipue germanum. *Lipsiæ*, 1729, in-8. — Varia
geographica, scilicet : J. F. Gronovii dissertatio de
Gothorum sede originaria; Libellus provinciarum
Galliarum; acced. animadvers. in Strabonis geo-
graphicon libros IX. *Lugd.-Batav.*, 1739, in-8.
— Antonii Pii Augusti nummus de anni novi aus-
piciis explicatus; acced. de nummo Commodi et

Annii Veri Cæsarum dissertatio. *Romæ*, 1676, in-8. — Catalogue des estampes, cartes géographiques, etc., de Monseigneur le Maréchal duc d'Estrées. *Paris*, 1741, in-8, v. m.

2774. J. Alb. Fabricii Menologium, sive libellus de mensibus. *Hamburgi*, 1712, in-8, v. f. fil.

C. Chronologie historique, ou histoire réduite en tables.

2775. Abr. Bucolceri Index chronologicus. *Francof.* 1616, in-8, v. br. fil.

Avec les signatures de M. R. de Voyer d'Argenson et de l'abbé Faydit.

2776. L'Art de vérifier les dates des faits historiques, des chartes, etc., depuis la naissance de Jésus—Christ (commencé par Dom Maur. François d'Antine, Dom Ursin Durand et Dom Charles Clémencet, continué et publié par Dom Franç. Clément). *Paris*, 1770, in-fol. br. non rog.

Seconde édition.

II. HISTOIRE UNIVERSELLE ANCIENNE ET MODERNE.

2777. Freculphi episcopi Lexoviensis chronicorum libri II. *Apud H. Commelinum* (*Heidelbergæ*), 1597, in-8, vél.

Chronique écrite vers l'an 830 de J.-C., et qui s'arrête au vi° siècle de la même ère.

2778. Histoire universelle abrégée depuis le commencement du monde jusqu'à la prise de Constantinople, par Dorothée, archev. de Monembasis (Napoli de Malvoisie), tirée des manuscrits de la bibliothèque de Saint-Marc, et publiée par André Julien, imprimée à ses dépens. *Venise, Julien,* 1686, in-4, portr. vél.

Hæc omnia græcè expressa.

2779. Chronologia seriem temporum et historiam rerum in orbe gestarum continens, ab ejus origine ad annum Christi 1200, auct. anonymo, sed cœnobii Sancti Mariani Altissiodoriensis (Roberto canonico reg. hujus abbatiæ, ord. præm). *Trecis*, 1608, in–4, vél.

2780. Jo. Philippi Foresti Bergomensis supplementum chronicarum. *Venetiis, per Alb. de Lissona*, 1503, in-fol. fig. en bois, v. br.

Chronique rare. Manque le premier feuillet. V. Brunet, t. Ier, col. 787.

2781. Ubbonis Emmii opus chronologicum novum. Ejusd. chronologia rerum romanarum, cum serie consulum, præmissis prolegomenis prolixis. *Groningæ, excud. J. Sassius, impensis Elseviriorum*, 1619, 2 part. in-fol. v. br.

2782. Georg. Hornii Arca Noë, sive historia imperiorum et regnorum a condito orbe ad nostra tempora. *Lugd.-Batav. et Roterodami*, 1666, in-12, tit. gr. v. br.

2783. Georg. Hornii Historia ecclesiastica et politica. *Lugd.-Batav.*, 1665, in-12, tit. gr. v. br.

2784. Jo. Jonhstoni Polyhistor, seu rerum ab exortu universi ad nostra usque tempora series. *Jenæ*, 1660, in-8, tit. gr. vél.

2785. Christ. Matthiæ Theatrum historicum theoretico-practicum in quo quatuor monarchiæ nova et artificiosa methodo describuntur. *Amstelod.*, *apud. Lud. Elsevirium*, 1648, in-4, tit. gr. v. m. fil.

2786. M. Vinc. Coronelli. Bibliotheca universale-sacro-profana, antico-moderna. *Venetia*, 1701, 7 vol. in-fol.

Cet ouvrage devait se composer de 45 vol., mais il n'en a paru que 7.

2787. P. Opmurii Chronographia a mundi exordio, historias continens et elogia Summorum Pontificum, Imperatorum, Regum et virorum illustr. Ejusdem historia martyrum Bataviæ recens edita. *Coloniæ*, 1625, in-8, vél.

Cette édition contient l'*Historia martyrum*.

2788. Joan. Cluverii historiarum totius mundi epitome ad annum 1667. *Amstelædami, apud Joan. Ravesteynium*, 1668, in-4, tit. gr. v. br.

2789. Chronicon abbatis Uspergensis Couradi a Lichtenau, aut Burcardi Biberacensis, a Nino, rege Assyriorum magno usque ad Carolum V. Acced. Reginonis et Lamberti Schaffnab. annales. *Argentorati*, 1609, in-fol. (*Armes.*)

2790. Les États, Empires et Principautés du monde, etc., par le sieur D. T. V. Y. (Davity). *Paris., Lemaistre*, 1627, in-fol. v. br. fil. fleurdel.

2792. Histoire chronologique des Papes, empereurs et rois qui ont régné en Europe depuis la naissance de J.-C. jusqu'au tems présent. *Paris*, 1684, in-12, v. br.

2793. Urbain Chevreau. Histoire du monde, avec des additions considérables (par Bourgeois de Chastenet). *Paris, David*, 1717, 8 vol. in-12, v. br.

2794. Histoire universelle, depuis le commencement du monde jusqu'à présent, trad. de l'anglois d'une société de gens de lettres (par de Joncourt, Chaufepié, etc.). *Amsterdam et Paris*, 1742-92, 46 vol. in-4, cartes et plans, v. mar.

Manquent les quatre derniers volumes. La préface générale de cet ouvrage est attribuée au docteur Chandler. V. Brunet, t. III, col. 312.

2795. Éléments d'histoire générale ancienne et moderne, par l'abbé Millot. *Paris*, 1772-73, 9 vol. in-12, v. m.

2796. Wolf. Lazii de gentium aliquot migrationibus, sedibus fixis, reliquiis, linguarumque initiis et immutationibus ac dialectis libri XII. *Francofurti*, 1600, in-fol. v. br.

Ouvrage curieux.

2797. J. D. Schœpflini Commentationes historicæ et criticæ. *Basileæ*, 1741, in-4, br.

Recueil d'une vingtaine de dissertations savantes précédemment impr. séparément.

2798. Saggio sopra la differenza del numero degli uomini nei tempi antichi e moderni, trad. in italiano con nuove aggiunte ed osservazioni. *Livorno*, 1757, in-8, cart.

2799. Essai sur le génie et le caractère des nations (par l'abbé d'Espiard). *Bruxelles*, 1743, 2 vol. in-12, v. m.

III. HISTOIRE DES RELIGIONS.

1. *Histoire des cultes antérieurs au Christianisme.*

2800. Abr. Roger. Le Théâtre de l'idolâtrie, ou la Porte ouverte pour parvenir à la connaissance du Paganisme caché, ou la Vraie Représentation de la vie, des mœurs et de la religion des Bramines, trad. en françois par Th. Lagrue. *Amsterdam*, 1670, in-4, fig. v. br.

2801. Theatrum ethnico-idolatricum, politico-historicum, ad cujus majorem intellectum æneæ figuræ LXXXVIII adjectæ, etc., olim a Vinic. Chartario regiensi publicatum, postea a Paulo Hachemberg auctum et editum. *Moguntiæ*, 1699, in-4, fig. vél.

2802. Pierre Jurieu. Histoire critique des dogmes et des cultes bons et mauvais qui ont été dans l'Eglise depuis Adam jusqu'à J.-C., où l'on traite de toutes les idolâtries de l'ancien paganisme, expliquées par rapport à celles des Juifs, avec un supplément. *Amsterdam*, 1704, in-4. — Supplément ou dissertation de Cuper sur quelques passages du livre de Jurieu. *Amsterdam*, 1705, in-4, fig. tit. gr. v. f. fil.

2803. Histoire critique de la créance et des coutumes des nations du Levant, par le sieur de Mony (Richard Simon). *Francfort*, 1684, in-12, v. br.

2804. Les Conformités des cérémonies modernes

avec les anciennes, où il est prouvé que les cérémonies de l'Eglise romaine sont empruntées des
payens (par Pierre Massard). *Imprimé l'an* 1667,
Genève, de Tournes, Leyde, Sambix, in-8, v. br.

2805. Judicium unius e societate Sorbonica doctoris
(Couleau, principal et bibliothéc. du collège des
Quatre Nations) de propositionibus quibusdam
circa antiquam Sinarum religionem, ad sacram
facultatem parisiensem delatis (1701), in-4, v. br.
fil.

2. *Histoire de l'Église chrétienne.*

A. Introduction à l'histoire de l'Église.

2805 *bis.* Sulpicii Severi Opera omnia quæ exstant.
Amstelodami, ex offic. Elsevir., 1656, pet. in-12,
br. front. gr.
Belle édition.

2806. Jos. Grandamici Chronologia christiana; de
Christo nato et rebus gestis ante et post ejus nati-
vitatem, edit. 2ª. *Parisiis,* 1668, 3 tom. en 1 vol.
in-4, v. br.

2807. Aug. Tornielli Annales sacri et profani. *Antverpiæ, ex offic. Plantin.,* 1620, 2 vol. in-fol. v. br.
fil.

2808. Histoire du peuple de Dieu jusqu'à la naissance du Messie, par J.-J. Berruyer. *Paris,* 1734,
7 tom. en 8 vol. in-4, v. br.

Le cinquième volume est en deux parties. V. Brunet, 5e édition, t. Ier,
col. 812.

2810. Eusebii Pamphili ecclesiasticæ historiæ libri X;
ejusd. de vita Constantini lib. IV; Socratis libri VII;
Theodoreti episcopi Cyreusis libri V; collectaneo-
rum ex historia ecclesiastica Theodori Lectoris libri II; Hermii Sozomeni libri IX (de 324 à 429);
Evagrii libri VI. gr. et lat. *Moguntiæ (Francof. ad
Mœnum),* 1672-79, 3 vol. in-fol. v. br.

2811. Nicephori Callisti historiæ ecclesiasticæ libri XVIII, græce nunc primum editi; adj. lat. interpret. Joan. Langi a Frontone Ducæo cum græcis
collata et recognita. *Lutetiæ-Paris.*, *Cramoisy*,
1630, 2 vol. in-fol. dem.-rel. v. br.

<small>Seule édit. du texte grec de cet ouvrage : il s'arrête à l'an 610.</small>

2812. L'Histoire ecclésiastique de Nicéphore, fils de
Calliste, depuis la naissance de J.-C. jusqu'à l'an
625, de nouveau corrigée et mise en meilleur
françois qu'auparavant par deux docteurs en théologie (Denys Hancart et Jean Gillot). *Paris,
Balth. Moreau*, 1587, in-8, vél.

2813. Philostorgi Cappadocis ecclesiasticæ historiæ
a Constantino Magno ad sua usque tempora (425)
libri XIII, gr., a Photio in epitomen contracti,
nunc primum editi a Jac. Gothofredo una cum versione, supplementis nonnullis, etc. *Sumptibus
J. Chouet*, 1643, in-4, vél.

B. Histoire générale de l'Eglise.

2814. Cæs. Baronii Annales ecclesiastici, a Christo
nato ad annum 1099. *Colon. Agripp.*, 1709-16, 12
tom. en 6 vol. in-fol.

2815. Oderici Reynaldi Annales in epitomen redacti.
Romæ, 1667, in-fol. tit. gr. v. br.

2816. Ant. Pagi Critica in universos Annales ecclesiast. Baronii. *Lutetiæ-Paris.*, 1689, in-fol. v. br.

2817. Sam. Basnagii de rebus sacris et ecclesiasticis
exercitationes historico-criticæ, in quibus cardin.
Baronii annales ab A.-C. XXXV in quo Casaubonus
desiit, expenduntur. *Ultrajecti*, 1692, in-4, v. br.

<small>Les remarques de Casaubon n'allaient que jusqu'à l'an 34 ; Sam. Basnage a
poussé les siennes à l'année 44.</small>

2818. Hier. Alexandri junioris refutatio conjecturæ
anonymi scriptoris (Jac. Gothofredi) de suburbi-

cariis regionibus, et diœcesi episcopi romani, auct. J. Sirmondo. *Lutetiæ-Paris.*, 1619, in-4.

Donné à l'évêque de Nevers par le docteur Camille Falconet, de l'Académie des inscriptions, ami de Malebranche, Fontenelle, etc.

2819. Vindiciæ pro conjectura de Suburbicariis Regionibus et Ecclesiis (auct. J. Gothofredo) adversus censuram Jac. Sirmondi (auct. Cl. Saumaise). *S. l., excudebat P. de la Rivière*, 1619, in-4, vél.

Le P. Sirmond a opposé à cet ouvrage le livre intitulé : *Adventoria causidico divionensi*, etc. Parisiis, 1620, in-8.

2820. Eucharisticon J. Sirmondo pro adventoria De regionibus et Ecclesiis Suburbicariis (auct. Cl. Salmasio). *Lutetiæ-Paris.*, 1621, in-4, vél.

2821. Christ. Sandii Nucleus historiæ ecclesiasticæ, cui præfixus est tractatus de veteribus scriptoribus ecclesiasticis. *Coloniæ*, 1676, in-4. — Ejusdem Appendix. *Coloniæ*, 1678, in-4, v. br.

2822. Lucæ Holstenii Collectio romana bipartita veterum aliquot historiæ ecclesiasticæ monumentorum. *Romæ*, 1662, 2 part. in-8, vél.

2823. Casp. Sagittarii Introductio in historiam ecclesiasticam, sive notitia scriptorum veterum et recentium qui historiam ecclesiasticam universam..... illustrant, edit. 2ª, cur. J. A. Schmideo. *Jenæ*, 1718, 2 vol. in-4, portr. cart.

Ouvrage important et curieux.

2824. Histoire catholique, où sont écrites toutes les vies, faits, etc., des hommes et femmes illustres des xviᵉ et xviiᵉ siècles, par le P. Hilarion de Coste. *Paris*, 1625, in-fol. v. br. fil.

Signature de Guichenon. C'est le premier ouvrage de l'auteur.

2825. Abrégé de l'histoire ecclésiastique (par l'abbé Racine); nouv. édit. *Cologne*, 1754, 13 vol. in-12, v. br.

2826. Histoire de l'Eglise d'A.-H. Bérault-Bercastel. *Paris*, 1778, et an. suiv. 24 vol. in-12, v. f.

Première édition.

2828. J. L. Moshemii Sylloge dissertationum ad historiam ecclesiasticam spectantium. *Altonæ et Flensburgi*, 1743, 2 vol. in-8, vél.

2829. Jac. Usserii de origine episcoporum et metropolitanorum et de Asia proconsulari; access. veteris ecclesiæ gubernatio particularis et appendix de antiqua Ecclesiæ Britannicæ libertate et privilegiis. *Bremæ*, 1701, in-8, cart.

2830. Aub. Miræi Notitia episcopatuum orbis christiani, libri V. *Antverpiæ, ex officina Plantin.*, 1613, in-8, vél.

2831. L'État des églises cathédrales et collégiales, par Jean de Bordenave. *Paris, Dupuys*, 1643, in-fol. v. br. fil.

Signature de Guichenon.

2832. Joan. Launoii Judicium de Hadr. Valesii disceptatione quæ *de Basilicis* inscribitur. *Lutetiæ-Paris.*, 1658, in-8, vél.

2833. Phil. Labbei Nova Bibliotheca MSS. librorum, sive specimen antiquarum lectionum. *Parisiis*, 1653, in-4, v. br.

2834. Phil. Labbei Nova Bibliotheca manuscriptorum librorum. *Parisiis*, 1657, 2 vol. in-fol. v. br.

C. Histoire ecclésiastique de différents pays.

2835. P. J. Cantelii metropolitanarum urbium Historia civilis et ecclesiastica, tomus primus. *Parisiis, Steph. Michallet*, 1634, in-4, v. br.

2836. Joan. Launoii Assertio inquisitionis in chartam immunitatis quam beatus Germanus, Parisiorum episcopus, suburbano monasterio dedisse fertur. *Lutetiæ-Paris.*, 1658, in-8, vél.

2837. J. B. Bullet de apostolica Ecclesiæ Gallicanæ origine dissertatio. *Vesuntione, Daclin*, 1752, in-12, v. m.

L'auteur a pour but de prouver que les apôtres et en particulier saint Philippe ont prêché l'Évangile dans les Gaules.

2838. Hug. Menardi de unico S. Dionysio Areopagita Athenarum et Parisiorum episcopo adversus J. Launoii diatribam, edit. 2ª. *Parisiis*, 1644, in-8, vél.

Le sentiment de Launoy a prévalu. C'est à tort que ce volume est désigné comme étant une 2ᵉ édition. Le titre est simplement réimprimé.

2839. Histoire ecclésiastique de la cour, ou les Antiquités de la chapelle et oratoire du roy de France, depuis Clovis Iᵉʳ, par Guill. Dupeyrat. *Paris*, 1645, in-fol. v. br. fil. (*Armes.*)

2840. Défense de l'ancienne tradition des Eglises de France sur la mission des premiers prédicateurs évangéliques dans les Gaules, du temps des Apôtres ou de leurs disciples immédiats, et de l'usage des écrits des saints Sévère Sulpice et Grégoire de Tours, et de l'usage qu'on en a fait en cette matière et en d'autres pareilles, par R. O. (René Ouvrard). *Paris*, 1678, in-12, v. br.

2841. Considérations sur les affaires de l'Eglise qui doivent être proposées dans la prochaine assemblée générale du clergé de France (par Ant. Arnauld). *S. l.*, 1681, in-12, v. br.

2842. Histoire du clergé pendant la révolution françoise, par l'abbé Barruel. *Londres*, 1800, 2 tom. en 1 vol. in-12. v. f.

J'ai eu sous les yeux un autre exemplaire de ce livre, sur le titre duquel un *ingénieux* critique a écrit : *Ce livre est le plus horrible libelle que l'on ait publié contre la révolution française.*

2843. Apologie pour les Armoricains et pour les églises des Gaules, particulièrement de la province de Tours (par dom Liron). *Paris, Huguier,* 1708, in-8. — Dissertation sur Victor de Vite, avec une nouvelle vie de cet évêque (par dom Liron). *Paris,* 1708, in-12.

2844. P. Sanii Pontificium Arelatense, seu historia primatum Arelatensis Ecclesiæ. *Aquis Sextiis*, 1620, in-4, lit. gr. v. jas. fil. (*Avec les arm. des prélats.*)

Ouvrage savant.

2845. Sam. Guichenon episcoporum Bellicensium chronographica series : acces. catalogus Priorum Charitatis-ad-Ligerim : item Prioratuum et aliarum Ecclesiarum ex eo dependentium. *Parisiis, sumpt. vid. Mathur. Dupuys,* 1642, in-4, vél.

Vol. très-rare.

2846. Histoire et description de l'Eglise de Brou, par le P. Rousselet, 5ᵉ édit. *Bourg,* 1840, in-8, fig. br.

2847. Mémoires pour servir à l'histoire de la fête des Foux qui se faisait autrefois dans plusieurs églises, par Dutillot (J.-Ben. Lucotte). *Lausanne et Genève,* 1741, 2 part. in-4, fig. br.

La seconde partie renferme des détails intéressants sur la confrérie de la *Mère-Folle,* de Dijon, instituée vers 1381, et supprimée sous Louis XIII.

2849. Synopsis rerum gestarum circa decanatum majorem ecclesiæ metropolitanæ Bisuntinæ, ab anno 1661 ad annum 1663 (auctore P. Alix). 1667, *S. l.,* pet. in-4, vél.

2850. Histoire du Prieuré de Notre-Dame de Bellefontaine, au comté de Bourgogne, par Philippe Chifflet. *Anvers, B. Moretus,* 1631, in-4, fig. — Eryci Puteani D. Virgo Bellifontana in Sequanis : loci ac pietatis descriptio. *Antverpiæ,* 1631, in-4, fig. br.

Traduction de l'ouvrage précédent. Dupuys était l'ami de Chifflet. *Exempl. donné par l'auteur à Cl. Bereur, son cousin, conseiller du Roy au Parlement souverain de Bourgogne.*

2851. Notices historiques sur les prêtres du diocèse de Besançon, condamnés à la mort ou à la déportation pendant la persécution de la fin du XVIIIᵉ siècle, 2ᵉ édit. *Besançon, J. Petit,* 1821, in-12, br.

2852. Jos. Antelmii de initiis ecclesiæ Forojuliensis dissertatio. *Aquis-Sextiis,* 1680, in-4, v. br.

2853. J. Plantavitii de la Pause Chronologia Præsulum Lodoviensium. *Aramontii*, 1624, in-4, tit. gr. vél.

L'auteur, par un humble hommage de son livre au cardinal de Richelieu, obtint le pardon de sa participation à la révolte de Gaston d'Orléans et du maréchal de Montmorency.

2854. Histoire ecclésiastique du diocèse de Lyon, traitée par la suite chronologique des vies des archevêques, par Jean-Marie de la Mure. *Lyon, Gautherin*, 1671, in-4, v. br. fil. (*Armes.*)

2855. Jos. Antelmii Assertio pro unico S. Eucherio Lugdunensi episcopo, opus posthumum : accessit concilium Regiense sub Rostagno metropolitano Aquensi anni 1285. Nunc primum prodiit integrum, notis illustratum. *Parisiis*, 1726, in-4, v. br.

L'ouvrage d'Antelmi n'a été publié qu'après sa mort, par les soins de son frère, évêque de Grasse.

2856. Statistique générale des basiliques et du culte dans la ville de Lyon, précédée d'instructions sur l'archéologie sacrée dans la province ecclésiastique de cette métropole et dans une partie de celle de Besançon, etc., par le chev. Joseph Bard. *Lyon*, 1842, gr. in-8, d.-rel. mar. n.

2857. L'ANTIQUITÉ de l'église de Marseille, etc., la succession de ses évêques, par l'évêque de Marseille (Fr.-Xavier de Belzunce de Castelmoron, aidé du P. Lemaire). *Marseille*, 1747-51, 3 vol. in-4, v. m.

2858. HISTOIRE des évêques de l'église de Metz, par Martin Meurisse. *Metz, Antoine*, 1634, in-fol. v. br. fil. (*Armes.*)

2859. Symph. Guyon Notitia Sanctorum ecclesiæ Aurelianensis, et historia chronologica episcoporum ejusdem ecclesiæ. *Aurelianis*, 1637, in-12, vél.

Exempl. de Baluze.

2860. Description historique des curiosités de l'église de Paris, par M. C. P. G. (C. P. Gouffier, ou plutôt l'abbé de Montjoie.) *Paris, Gouffier*, 1763, in-12, fig. v. m.

L'abbé de Montjoie était chanoine de Notre-Dame.

2861. Éclaircissements sur l'ancien droit de l'évêque et de l'Eglise de Paris sur Pontoise et le Vexin françois, par Jean Deslyons. *Paris*, 1694, in-8, v. br.

Deslyons défend la cause de l'évêque de Paris. Le parlement rendit son arrêt contraire et maintint l'archev. de Rouen dans la juridiction sur Pontoise. Livre rare.

2862. Discours de la félicité de messeigneurs de La Rochefoucauld, par Jean Aubert, Rémois. *Reims*, 1581, in-4. — L'Histoire de l'église métropolitaine de Reims, trad. du latin de Floard, par Nic. Chesneau. *Reims, de Foigny*, 1580, in-4, vél.

2863. Flodoardi presbyteri historiæ Ecclesiæ Remensis libri IV, cura et studio J. Sirmondi. *Parisiis, Seb. Cramoisy*, 1611, in-8, vél.

Curieuses notes manuscrites. Flodoard vivait dans le xᵉ siècle. Édition originale.

2864. Recueil de différentes pièces pour l'établissement de deux séminaires, fait à Reims et à Sédan, par Mᵍʳ Charles-Maurice Letellier, archevêque-duc de Reims, etc. *Paris*, 1700, in-4, v. br.

2865. Rob. Denyaldi Rothomagensis cathedræ, seu Rothomagensium pontificum dignitas. *Parisiis*, 1633, in-4, portr.

2866. Histoire de l'église cathédrale de Rouen, métropolitaine de toute la Normandie, en cinq livres (par le P. Franç. Pomeraye). *Rouen*, 1686, in-4, v. br.

Ouvrage estimé.

2867. Senonensium archiepiscoporum vitæ actusque variis e locis collecti (auct. Jac. Tavello Senon.). *Senonis*, 1608, in-4, cart.

2868. Hug. Mathoud de vera Senonum origine christiana, adversus J. de Launoy criticas observationes, etc., dissertatio. *Parisiis*, 1687, in-4, v. br.

2870. Nic. Camuzat Promptuarium sacrarum antiquitatum Tricassinæ diœcesis. *Augustæ-Trecarum*, 1610, in-8, v. br.

Aux armes de Louis Camusat. V. Brunet. t. Ier, col. 1529.

2871. Rod. Montnyer celeberrimæ S. Martini Turonensis Ecclesiæ ad Romanam nullo modo pertinentis jura propugnata. *Parisiis*, 1663, in-8, vél.

2872. Histoire de la Sainte-Église de Vienne (par Drouet de Maupertuys). *Lyon*, 1708, in-4, v. br.

2873. Histoire ecclésiastique des Pays-Bas, et la succession des comtes d'Artois, et les choses mémorables arrivées de leur temps, par Guil. Gazet. *Arras, de la Rivière*, 1614, in-4, v. br.

2874. Jac. Lobbetii Gloria Leodiensis ecclesiæ. *Leodii*, 1640, in-8, v. br.

2875. FERD. UGHELLI Italia sacra, sive de episcopis Italiæ et insularum adjacentium, rebusque ab iis gestis opus. *Romæ*, 1644, 8 vol. in-fol. v. f. fil.

Ouvrage important et plein de recherches.

2876. Aug. Lubin Abbatiarum Italiæ brevis notitia. *Romæ*, 1673, in-4, v. m.

2877. Theod. Amydeni de Pietate romana libellus. *Romæ*, 1625, in-8, vél.

2878. Gabr. Palæoti Archiepiscopale Bononiense, sive de Bononiensis ecclesiæ administratione. *Romæ*, 1594, 7 part. en 1 vol. in-fol. vél.

2879. Barth. Chioccarelli Antistitum Neapolitanæ ecclesiæ catalogus, ab apostolis ad annum 1646. *Neapoli*, s. d., in-fol. tit. gr.

2880. Ant. Caraccioli de sacris Ecclesiæ Neapolitanæ monumentis, opus posthumum, Fr. Bolviti studio et opera in lucem editum. *Neapoli*, 1645, in-fol. v. br. fil.

2881. Chronica sacra, sanctuario di Corsica, nel quale si tratta della vita e martyrio della virgine

S. Giulia di Nonza e con altri molti santi, por Salvat. Vitale Marense. *Fiorenza, Massi,* 1639, in-4, fig. v. m.

2882. Relazione dello stato della religione, con quali disegni et arti è stata fabricata e maneggiata in diversi stati di questi occidentali parti del mondo, trad. del inglese di Adoïno Sandys. *S. l.,* 1625, in-4, v. f. fil.

2883. Jac. Usserii britannicarum ecclesiarum Antiquitates. *Dublinii,* 1639, in-4, v. jasp. fil. (*Armes*).

Histoire des premières églises d'Angleterre, depuis l'an 28, où l'auteur place la première prédication dans les Iles-Britanniques, jusqu'au VIIe siècle.

2884. Th. Dempsteri Historiæ ecclesiasticæ gentis Scotorum libri XIX. *Bononiæ, Thibaldinus,* 1627, in-4, tit. gr. vél.

Ouvrage rare.

2885. Catalogo de los obispos de las yglesias catedrales de la diocesi de Jaen, y annales ecclesiasticos d'este obispado, por don Martin de Ximena. *Madrid,* 1654, in-fol. vél.

2886. Cinco discursos con que se confirma la antigua tradicion que el Apostol san Jago vino y predicó en España, por F. Franc. de Jesus y Xodar. *Madrid, en la Imprenta real,* 1612, in-4, tit. gr. vél.

2887. Roder. A. Cunha. Tractatus de primatu Bracharensis Ecclesiæ in universa Hispania. *Bracharæ,* 1632, in-4, vél.

2888. Pedro de Herrera. Descripcion de la capilla de Nostra-Siguora del Sagrario que erigio en la santa Iglesia di Toledo el illustr. S. Cardinal D. Bern. de Sandoval. *Madrid,* 1617, in-4, tit. gr. v. br. fil.

Exempl. de Baluze.

2889. Ant. de Mercedo. Lusitania purpurata seu

Pontificibus et Cardinalibus illustrata. *Parisiis,* 1663, in-4, v. m.

2890. Car. Carafa. Commentaria de Germania sacra restaurata sub summis pontificibus Gregorio XV et Urbano VIII. *Colon.-Agripp.*, 1639, in-12, v. m. fil.

2891. Melch. Inchofer. Annales ecclesiastici regni Hungariæ. *Romæ,* 1644, tom. I, in-fol., tit. gr., v. br. fil.

Ce premier volume est le seul qui ait paru. Il ne va que jusqu'à l'an 1059. Exempl. de Colbert.

2892. Alb. Krantzii Ecclesiastica Historia, sive metropolis de primis christianæ religionis in Saxonia initiis. *Basileæ,* 1548, in-fol. — Alb. Krantzii Wandalia. *Coloniæ impressa,* 1519, in-fol. v. br.

Deux ouvrages rares.

2893. MICH. LEQUIEN. ORIENS CHRISTIANUS, quo exhibentur ecclesiæ, patriarchæ, etc., totius Orientis. *Parisiis, e Typogr. regia,* 1740, 3 vol. in-fol. v. m.

Cet ouvrage fait suite à la Byzantine. Les cartes des quatre patriarcats sont de d'Anville.

2894. Rich. Simonis Fides Ecclesiæ Orientalis, seu Gabrielis metropolitæ Philadelphensis opuscula, nunc primum de græcis conversa. *Parisiis,* 1671, in-4, v. br.

Le but de l'ouvrage est de faire voir que la créance de l'Église grecque sur l'Eucharistie est la même que celle de l'Église latine.

2895. P. Arcadii de Concordia Ecclesiæ occidentalis et orientalis in septem sacramentorum administratione libri VII. *Lutetiæ-Paris.,* 1672, in-4, v. br.

2896. Steph. de Altimura. Panoplia contra schisma Græcorum qua romana et occidentalis ecclesia defenditur adversus criminationes Nectarii nuperi patriarchæ Hierosolymitani quas congessit in libro (de Primatu papæ). *Parisiis,* 1718, in-4, v. br.

2897. Clem. Galani Conciliatio ecclesiæ Armenæ, ex ipsis Armenorum patrum et doctorum testimoniis, armen. et lat. *Romæ, typis S. Congreg. de propag. fide*, 1650, in-fol. v. br. (tome 2ᵉ).

2898. Ricaldus Radulphus, archiep. Armacanus. Summa in quæstionibus Armenorum et Græcorum de religione et fide christiana, emend. a Joanne Sudorio, cum aliquibus ejusdem de Christi dominio. *Parisiis, J. Parvus*, 1522, in-fol. v. br. fil. (*Armes.*)

Ouvrage rare, écrit vers le milieu du xivᵉ siècle par un archevêque irlandais. Exempl. de Baluze.

2899. La Turquie chrétienne sous la puissante protection de Louis le Grand, par Delacroix. *Paris*, 1695, in-12, v. br.

2900. Eutychii patriarchæ Alexandr. ecclesiæ suæ origines, arab., cum lat. versione et comment. J. Seldeni. *Londini*, 1642, in-4, vél.

Les notes de Selden déplurent extrêmement aux épiscopaux, comme trop favorables aux presbytériens. Exempl. de Christ. Justel.

2901. Histoire de l'Eglise d'Alexandrie fondée par S. Marc, par J.-M. Vansleb. *Paris*, 1677, in-12, v. br.

2902. Histoire du christianisme des Indes, par Math. Veyssière de Laroze. *La Haye*, 1724, pet. in-8, fig. tit. gr. vél.

2903. Mémoire pour Rome sur l'état de la religion chrétienne dans la Chine (par le cardinal de Tournon). 1709-10, 4 part. in-12, v. br.

2904. Joan. Facundi Raulin Cæsaraugustani Historia ecclesiæ Malabaricæ. *Romæ, Meynardus*, 1745, in-4, v. m.

2905. Relation de la persécution du Japon pendant les années 1628, 1629 et 1630, envoyée au R. P. Mutio Vitelleschi, général de la Compagnie de Jésus. *Paris*, 1635, in-12, vél.

Exempl. de Cl. Bereur.

2906. Jo. Alb. Fabricii salutaris Lux evangelii toto orbe per divinam gratiam exoriens, seu notitia historico-chronologica, literaria et geographica, propagatorum per orbem totum christianorum sacrorum. *Hamburgi*, 1731, in-4, front. gr. v. br.

Curieux et peu commun. L'ouvrage est terminé par un *Index alphabeticus episcopatuum christian. per totum orbem.*

2907. Relation des insignes progrès du christianisme dans l'Amérique méridionale ès années 1626, 1627, trad. du latin en françois par le P. Jacques de Machaud. *Paris*, 1635, in-8, vél.

D. Histoire des Conciles.

2908. Joan. Cabassutii Notitia ecclesiastica historiarum conciliorum et canonum invicem collatorum veterumque juxta ac recentiorum Ecclesiæ rituum, edit. 3ᵃ. *Lugduni*, 1702, in-fol. v. f.

2909. Jacques Lenfant. Histoire du concile de Pise et de ce qui s'est passé de plus mémorable depuis ce concile jusqu'à celui de Constance. *Amsterdam*, 1724, 2 tom. en 1 vol. in-4, portr. v. br.

2910. Jacques Lenfant. Histoire du concile de Constance. *Amsterdam*, 1714, 2 tom. en 1 vol. in-4, portr. de B. Picart, v. br.

2911. Jacques Lenfant. Histoire de la guerre des Hussites et du concile de Bâle. *Amsterdam*, 1731, 2 vol. in-4, portr. v. br.

2912. Sylvestri Syropuli concilii florentini exactissima Narratio, gr. et lat., ex versione et cum notis Rob. Creyghton. *Hagæ-comitis*, 1660, in-fol. mar. r. tr. dor. fil.

On trouve dans ce livre des documents précieux sur les derniers moments de l'empire d'Orient. Exempl. de Colbert.

2913. Histoire du concile de Trente de Fra Paolo Sarpi, trad. en françois, avec des remarques historiques, politiques et morales par Amelot de la Houssaye. *Amsterdam*, 1686, in-4, v. br.

Bossuet a dit avec raison : *Fra Paolo n'est pas tant l'historien que l'ennemi du concile de Trente.*

2914. Historia del Concilio di Trento del Cardinale P. Sforza Pallavicino. *Roma*, 1664, 3 vol. in-4, v. br.

Bonne édition d'un ouvrage estimé, où est réfuté celui de Paolo Sarpi. On trouve à la fin l'énumération de 361 points de fait, sur lesquels Sarpi est convaincu d'avoir altéré ou déguisé la vérité.

2915. Critique de l'histoire du concile de Trente de Fra Prolo Sarpi (par Frain du Trembloy). *Rouen*, G. Behourt, 1719, in-4, v. m.

2916. Mart. Chemnitii examen Concilii Tridentini. *Francofurti*, 1609. 4 part. en 1 vol. in-fol. v. br. fil.

Aux armes de G.-B.-G. Favart, doct. en théologie.

2917. De tribus historicis concilii Tridentini, auct. Cæsare Aquilinio (Scipione Henrico). *Amstelæd.*, 1662, in-12, v. br.

2918. Instructions et missives des roys très-chrétiens de France et de leurs ambassadeurs, et autres pièces concernant le concile de Trente (publiées par J. Gillot). *S. l.* (*Paris*), 1608, in-8, vél.

On trouve dans ce vol. la lettre de Jacques Amyot à M. de Morvilliers, dans laquelle il lui rend compte de la mission dont il avait été chargé auprès du concile de Trente.

E. Histoire des papes, des cardinaux, des conclaves, des évêques, de l'inquisition, etc.

2919. Histoire de la délivrance de l'Église chrétienne par l'empereur Constantin, et de la grandeur et souveraineté temporelle donnée à l'Église romaine par les rois de France, par Jean Morin. *Paris*, Moreau, 1630, in-fol. tit. gr. v. br. fil.

2920. Traité historique de l'établissement et des prérogatives de l'Église de Rome et de ses évêques, par Louis Maimbourg. *Paris*, 1685, in-4, v. br.

2921. Joan. Pearsonii de vita posthuma chronologica, etc., de serie et successione primorum Romæ episcoporum tractationes duæ, quibus præfiguntur annales Paulini et lectiones in Acta apostolorum, cura et studio H. Dodwelli. *Londini*, 1688, in-4, br.

2922. Du Gouvernement de Rome, par Michel de Saint-Martin. *Caen*, 1652, in-8, vél.

Le titre manque.

2923. Girol. Lunadoro. Relatione della Corte di Roma. *Venetia*, 1664, in-12. — Il Maestro di camera, trattato di Fr. Sestini da Bibbiena. *Venetia*, 1664, in-12. Roma ricercata nel suo sito e nelle scuole di tutti gli antiquarii, di Fior. Martenelli. *Venetia* 166 4, in-12.

2924. Joan. Papirii Massonis libri II de episcopis urbis qui romanam ecclesiam rexerunt, rebusque gestis eorum. *Parisiis*, 1586, in-4, v. br.

2925. Domin. Tempestæ Vitæ summorum pontificum a Christo Jesu ad Clementem VIII, latine et italico sermone breviter conscriptæ, cum eorumdem effigiis. *Romæ*, 1596, in-8, fig. v. br. fil.

2926. Alph. Ciacconii, Franc. Cabreræ et And. Victorelli Vitæ et res gestæ summorum pontificum romanorum et cardinalium, ab initio nascentis ecclesiæ ad Urbanum VIII, ex recensione Hier. Alexandri. *Romæ*, 1630, 2 vol. in-fol. fig. v. br.

Portraits, blasons, gravures, médailles presque à chaque feuillet.

2927. Histoires des papes et souverains pontifes de l'Eglise jusqu'à Innocent X, par And. Duchesne. *Paris*, 1653, 2 vol. in-fol. tit. gr. portr. v. jasp. fil.

2928. Histoire du pontificat de S. Grégoire le Grand, par le P. Maimbourg. *Paris*, 1686, in-4, v. br.

2929. D. J. Mabillonii Dissertatio de monastica vita Gregorii Papæ I, cognomento Magni. *Lutetiæ-Paris.*, Billaine, 1676, in-8, v. br.

2930. Gualdi (Gregorio Leti). Vita di Donna Olympia Maldachini, che governò la chiesa durante el pontificato d'Innocentio X, doppo l'anno 1644 fino all' anno 1655. *Cosmopoli*, 1669, in-16. — Roma piangente, o dialogo tra il Tevere e Roma. *Leida, appres. Batt. Vero*, 1666, pet. in-12.

Satires violentes.

2931. La Vie de Clément XI, souverain pontife, par P. Franc. Lafiteau. *Padoue*, 1752, 2 vol. in-12, v. m.

2932. Précis historique de la vie et du pontificat de Pie VI, par l'abbé Blanchard. *Londres*, 1800, in-12, br.

2933. L'Église romaine en face de la révolution, par J. Crétineau-Joly. *Paris, H. Plon*, 1859, 2 vol. in-8, br.

Portraits par Staal.

2934. Traité de l'origine des cardinaux du Saint-Siége, et particulièrement des François, avec deux traités des légats *à latere*, etc. (par Guil. du Peyrat). *Cologne (Hollande, Elsevier)*, 1665, 3 part. in-12, v. br.

2935. Eloge historique des cardinaux françois et étrangers, mis en parallèle, avec leurs portraits au naturel, par Henri Albi. *Paris*, 1644, in-4, portr. vél.

2936. Histoire du cardinal duc de Joyeuse, 1562-1611, par Ant. Aubry. *Paris*, 1654, in-4, vél.

2937. Histoire du cardinal de Tournon, par Ch. Fleury. *Paris*, 1728, in-8, v. br.

2938. Th. Renesii de palatio lateranensi ejusque comitiva Commentatio parergica : acced. Geor. Schubarti de comitibus palatinis Cæsareis Exercitatio historica. *Jenæ*, 1679, in-4. — Nova litteraria maris Balthici et septentrionis, collecta Lubecæ, 1704. *Lubecæ et Hamburgi*, 1704, in-4, fig.

2939. Franc. Maria Torrigio. Le Sacre Grotte Vaticane. *Roma*, 1639, 2 part. in-8, vél.

2940. Histoire de don Juan de Palafox, évêque d'Angélopolis, et des différends qu'il a eus avec les Jésuites (par Ant. Arnauld). 1690, in-12, v. br.

2940 *bis*. Vie de Camille de Neuville, arce vêque et comte de Lyon (par Guichenon). *Trévoux et Lyon*, 1695, in-12, v. br.

2941. La Vie de Messire Jean Soanen, évêque de Senez (par J.-B. Gautier), avec ses lettres. *Cologne (Paris)*, 1750, 2 vol. in-4, portr. v. m.

On trouve dans ce livre une histoire très-curieuse sur le secret de la transformation des métaux.

2942. La Vie de M. de Rossillon de Bernex, évêque et prince de Genève (par l'abbé Gl. Boudet). *Paris*, 1751, 2 part. en 1 vol. in-12, portr. vélin

2943. Paolo Servita. Historia della sacra Inquisitione. *Serravalle*, 1638, In-4, vél.

2944. Pauli Veneti Historia Inquisitionis, cui adjecta est confessio fidei quam ex italica lingua latinam fecit And. Colvius. *Roterodami,* 1651, pet. in-12, v. br.

2945. Joan. Desloix Speculum Inquisitionis Bisuntinæ ejus officiariis exhibitum. *Dolæ, Binart*, 1628, in-8, tit. gr. — Ejusdem Jus canonicum pro officio Sanctæ Inquisitionis. *Dolæ, Binart.* 1628, in-8, p. v.

Le tribunal de l'inquisition fut établi à Besançon en 1247, par une bulle d'Innocent IV.

F. Histoire des ordres religieux.

2946. P. Grisii de clericis regularibus utriusque sexus historia. *Parisiis,*, 1620, in-8, vél. vert.

2947. Prosp. Stellartii Fundamina et regulæ omnium ordinum monasticorum et militarium. *Duaci*, 1626, in-4, v. br.

2948. Histoire du clergé séculier et régulier des congrégations de chanoines et de clercs, et des ordres religieux de l'un et de l'autre sexe, nouv. édit. tirée de Bonanni, d'Herman, de Schoonebeeck, d'Helyot, etc. *Amsterdam*, 1716, 4 vol. pet. in-8, fig. v. br. fil.

2949. Histoire des Ordres militaires, ou des Chevaliers de milices séculières et régulières de l'un et de l'autre sexe; nouv. édit. tirée de Giustiniani, de Bonanni, d'Herman, etc. *Amsterdam*, 1721, 4 vol. pet. in-8. fig. v. br.

2950. Aub. Miræi de canonicorum collegiis per orbis christiani provincias liber singularis. *Coloniæ-Agripp.* 1615, in-8. — Ejusdem canonicorum regularium ordinis S. Augustini origines ac progressus., *Coloniæ-Agripp.*, 1614, in-8. — Jac. Middendorpii originum anachoreticarum Sylva. *Coloniæ-Agripp.*, 1615, in-8.

2951. Aub. Miræi Originum monasticarum libri IV, in quibus ordinum omnium religiosorum initia et progressus breviter describuntur. *Coloniæ-Agripp.*, 1620, pet. in-8, v. f. fil.

2952. Rob. Hospiniani de Monachis, hoc est de origine et progressu monachatus ac ordinum monasticorum, equitumque militarium tam sacrorum quam secularium omnium libri VI, edit. 2ª. *Tiguri*, 1609, in-fol. — Ejusdem Historia jesuitica, hoc est de origine, regulis, constitutionibus, etc., jesuitarum : item de eorum dolis, fraudibus, imposturis, etc. *Tiguri*, 1619, in-fol. v. br. fil.

Aux armes de Beauffremont.

2953. Essai de l'histoire monastique d'Orient, par*** (Louis Bulteau). *Paris*, 1680, in-8, v. br.

2954. Légende dorée, ou sommaire de l'histoire des frères mendiants de l'ordre de Dominique et de François (par N. Vignier le fils). *Leyden*, 1608, in-8. — De la Juste Providence de Dieu, traité

auquel est examiné un escrit du sieur Arnoud,
jésuite, par lequel il prétend prouver que Calvin
fait Dieu auteur du péché, par P. D. M. (Pierre
du Moulin, le père). *La Rochelle,* sans nom d'imprimeur, 1617, in-8. — Les Aventures du baron
de Fœneste (par Théod.-Agrippa d'Aubigné), première et deuxième partie. *S. l. (Maillé),* 1607,
in-8.

2955. Histoire de l'établissement des moines mendiants (attribuée à Dalembert). *Avignon,* 1767,
in-12, br.

2956. Examen du libelle intitulé : *Histoire de l'établissement des moines mendiants* (par le P. Richard, dominicain). *Avignon,* 1767, in-12, br.

2957. J. MABILLON. Annales ordinis S. Benedicti. *Parisiis,* 1703-39, 6 vol. in-fol. v. jasp.

Ouvrage estimé.

2958. Abrégé de l'histoire de l'ordre de S. Benoît,
jusqu'à la fin du ix° siècle, par *** (D. L. Bulteau)
de la congrégation de S. Maur. *Paris,* 1634, 2 vol.
in-4, v. br.

2959. J. Trithemii Annalium Hirsaugiensium tomi II.
Typis monast. S. Galli, Schlegel, 1690, 2 tom. en
1 vol. in-fol. vél.

Ces annales commencent en 830 et finissent en 1513. On y trouve des détails importants sur l'hist. d'Allemagne et de France.

2960. CLEM. REYNERI Apostolatus benedictinorum
in Anglia, sive disceptatio historica de antiquitate ordinis congregationisque monachorum ni-
grorum S. Benedicti in regno Angliæ. *Duaci, Kel-
lam,* 1626, in-fol., blas., v. br. fil.

Livre très-rare. Exempl. de Baluze.

2961. Apologie de la mission de S. Maur, apôtre
des Bénédictins en France, avec une addition touchant S. Placide, premier martyr de l'ordre de
S. Benoît, par dom Thierry Ruinart. *Paris,* 1702,
in-8, v. br.

2962. Histoire de la constitution Unigenitus, en ce qui regarde la congrégation de S. Maur. *Utrecht*, 1737, in-12, br.

2963. L'Auguste Basilique de l'abbaye royale de S. Arnoul de Metz, de l'ordre de S. Benoît, pour le recouvrement, rétablissement et maintien de son ancienne exemption. Traité contenant les bulles, fondation et exemption de cette abbaye, etc., par André Valladier. *Paris*, 1615, in-4, v. m. (*Armes.*)
Exempl. de Guichenon.

2964. P. Roverii Reomaus, seu Historia sancti monasterii Joannis Reomaensis in tractu Lingonensi. *Parisiis, Cramoisy*, 1637, in-4, v. m. (*Armes.*)
Vol. très-rare.

2965. Recensio paradoxorum Joan. Launoii et J. B. Duhamel, auct. Rob. Quatremaire. *Parisiis*, 1663, in-4. — Ejusdem regalis ecclesiæ S. Germani a Pratis jura iterum propugnata. *Parisiis*, 1663, in-4, cart.

2966. Défense des droits de l'abbaye royale de S. Germain-des-Prés, par Rob. Quatremaire (trad. en françois par Louis Bulteau). *Paris*, pet. in-12, vél.

2967. Vinc. Barali Chronologia sanctorum et aliorum virorum illustrium ac abbatum sacræ insulæ Lerinensis. *Lugduni, sumptibus P. Rigaud*, 1613, in-4, v. f. fil.

2968. Dissertation historique et critique sur l'origine et ancienneté de l'abbaye de S. Bertin (par dom Louis Léméraud et dom Cléty). *Paris, Guérin*, 1736, in-12, br.

2969. La Vérité de l'histoire de l'église de S. Omer, et son antériorité sur l'abbaye de S. Bertin (par l'abbé de Bonnaire). *Paris*, 1754, in-4, br.

2970. J. Bapt. Souchetus. Vita B. Bernardi fundatoris et primi abbatis SS. Trinitatis de Tironio, ordinis S. Benedicti, auctore Gaufrido Crosso

(Geoffroi le Gros); nunc primum prodit in lucem opera et studio F. B. Loucheti. *Lutetiæ-Paris., J. Billaine,* 1649, in-4, v. f.

Très-rare.

2971. Joan. Bosii (Duboys) Floriacensis vetus bibliotheca, benedictina, sancta, apostolica, pontificia, cæsarea, regia, franco-gallica. *Lugduni,* 1605, 2 part. in-8, vél.

Collection estimée de plusieurs auteurs et de plusieurs pièces dont les manuscrits se trouvaient dans la biblioth. de l'abbaye de Fleury-sur-Loire.

2972. Archang. Gianii Annales ordinis fratrum servorum B. Mariæ Virginis ab anno 1223 usque ad annum 1433. *Florentiæ, typis Cosmi Juntæ,* 1618, in-fol. v. f. fil.

2973. D. Secundi Lancellotti historiæ Olivetanæ libri II. *Venetiis,* 1623, in-4, tit. gr. vél.

Cet ouvrage renferme quelques faits curieux et des anecdotes littéraires.

2974. L'Oliveto illustrato del P. Bonav. Tondi. *Vinegia,* 1684, in-4, fig. tit. gr. vél. — —

2975. Jac. Cavacii historiarum cœnobii D. Justinæ Patavinæ libri VI, quibus Casinensis congregationis origo et plurima ad urbem Patavinam ac finitimas attinentia, interseruntur. *Venetiis,* 1606, in-4, v. br. fil.

2976. Franc. de los Santos. Descripcion breve del monasterio de S. Lorenzo del Escorial, fabrica del rey Philippo II, a ora nuovamente coronada por el rey Philippo IV, con la magestuosa obra de la Capilla insigne del Pantheon, y traslacion en ella de los cuerpos reales. *Madrid, Impr. reale,* 1657, pet. in-fol. fig. vél.

Ouvrage curieux.

2977. Juliani Paris. Nomasticon Cisterciense, seu antiquioris ordinis Cisterciensis institutiones. *Parisiis,* 1664, in-fol. v. br.

2978. Monachatus Augustini ab Augustino potissimum propagatus, opera et studio R. P. Bonaventuræ a Sancta Anna. *Lugduni,* 1694, in-12, v. br.

2979. Gasp. Bruschii Eyrani monasticorum Germaniæ præcipuorum ac maxime illustrium centuria prima. *Ingolstadii,* 1551, in-fol. vél.

Cette édition est devenue rare.

2980. La Guerre séraphique, ou histoire des périls qu'a courus la barbe des capucins, contre les violentes attaques des cordeliers. *La Haye,* 1740, in-12, mar. r. fil. (*Anc. rel.*)

Ouvrage suivi d'une dissertation sur l'inscription du grand portail de l'église des Cordeliers de Reims : *Deo homini et beato Francisco, utrique crucifixo.*

2981. Narration historique et topographique des couvents de l'ordre de S. François et des monastères de Sainte-Claire, érigez en la province anciennement appellée de Bourgongne, à présent de S. Bonaventure, par le P. Jacques Fodéré. *Lyon,* 1619, in-4, vél.

Cet ouvrage renferme des détails très-curieux sur les principales villes du comté de Bourgogne, et il n'est pas commun.

2983. Nic. Orlandini Historiæ Societatis Jesu pars prima, seu Ignatius, *Romæ,* 1615, in-fol.

2984. Dan. Bartoli Europeæ historiæ Societatis Jesu pars prior, Anglia : Lud. Janinus latine vertit. *Lugduni,* 1671, in-4, v. f. fil.

2985. Annales de la Société des soi-disants Jésuites (par l'abbé Emmanuel-Robert de Philibert). (*Paris*), 1764, 2 vol. in-4, rel. et broché.

2988. Mémoires utiles et nécessaires, tristes et consolants, sur les missions des Indes orientales, par le P. Norbert (Pierre Parisot, capucin), en français et en italien. *Lucques,* 1742, in-8. — Le Venin des écrits contre les OEuvres du P. Platel et du P. Taverne découvert. 1704, in-8, v. m.

2989. Lettres apologétiques du P. Norbert (Pierre Parisot) et de ses ouvrages, présentées au S. P.

Benoît XIV, contre les accusations des Jésuites. *Lucques* (*Avignon*), 1746, 2 vol. in-8, v. f.

2990. Lettre d'un Dominicain de la Martinique à un de ses supérieurs en France, sur la persécution suscitée aux missionnaires de son ordre par le P. Valette. *S. l. n. d.* in-8. — Dissertation adressée aux évêques, où les jeunes ex-jésuites prouvent qu'ils peuvent en honneur et en sûreté de conscience prêter le serment que les parlements exigent d'eux. *S. l. n. d.* in-8. — Plaidoyer pour les Lionei frères et Gauffre, négociants à Marseille, contre le général de la Société des Jésuites. *S. l.*, 1761, in-8. — Réponse au mémoire des Jésuites. In-8. — Mémoire et consultation pour les Jésuites, 1761, in-8.

2991. Mémoire à consulter et consultation pour Jean Lionei contre le corps et Société des Jésuites (par Lalourgé). *Paris*, 1761, in-12, br.

2992. Petri Ribadeneiræ Vita Ignatii Loyolæ. *Lugduni*, 1595, pet. in-12, vél.

2993. Petri Roverii de Vita patris Petri Cotoni e Societate Jesu, libri III. *Lugduni*, 1660, in-8, vél.

Cette vie contient des faits importants que le P. d'Orléans a passés sous silence. C'est un ouvrage méthodique d'une fort bonne latinité.

2994. La Vie du P. Pierre Coton, par le P. Joseph d'Orléans. *Paris*, 1688, in-4.

2995. Examen catégorique du libelle *Anticoton*, auquel est corrigé le plaidoyer de Mᵉ Pierre de la Martellière, par Louis Richeome. *Pont-à-Mousson*, 1613, in-12, vél.

V. Brunet, 5ᵉ édit., t. II, col. 330.

2996. M. Raderi de vita P. Canisii soc. Jesu libri III. *Monachii*, 1614, in-8, v. br.

2997. La Vie de S. François Régis, par Cl. de la Broue. *Paris*, 1653, in-12, v. br.

2998. Histoire du collége de Douay, avec la politique des Jésuites anglois, trad. de l'anglois. *Lon-*

dres, 1762, in-12. — Examen théologique de la formule d'acceptation que présente M. le cardinal de Noailles, pour recevoir la constitution *Unigenitus. S. l.,* 1720, in-12. — Annonce de paix, ou solution pacifique du problème sur lequel on a cherché à diviser en France les deux puissances. *S. l. n. d.,* in-12, v. m.

2999. Sur la destruction des Jésuites en France, par un auteur désintéressé (Dalembert); nouv. édit. augmentée d'un supplément, sous le titre de *Lettre,* etc. *S. l.,* 1767, in-12, cart.

3000. Mémoires pour servir à l'histoire des Jésuites, contenant le précis raisonné des tentatives qu'ils ont faites pour s'établir à Troyes (par Grosley); 2ᵉ édit. *S. l.,* 1757, in-12, v. m.

3001. Les Jésuites criminels de lèse-majesté dans la théorie et dans la pratique. *La Haye,* 1758, in-12, br.

Rare.

3003. Nicolas Fontaine. Mémoires pour servir à l'histoire de Port-Royal. *Utrecht,* 1737, 2 vol. in-8, v. m.

3004. Histoire des persécutions des religieuses de Port-Royal, écrite par elles-mêmes. *Villefranche,* 1753, in-4, br.

3005. Journaux de ce qui s'est passé à Port-Royal depuis que la communauté fut transférée à Port-Royal-des-Champs, jusqu'à ce que la paix lui fût rendue en 1669, in-4, br.

3006. Nécrologe de l'abbaye de N.-D. de Port-Royal-des-Champs (par dom Rivet). *Amsterdam, N. Potgieter,* 1723, in-4, v. br.

Eloges histor. et épitaphes des fondateurs, bienfaiteurs et amis de ce monastère.

3007. Supplément au nécrologe de l'abbaye de N.-D. de Port-Royal-des-Champs (publié par Le Fè-

vre de Saint-Marc). *Amsterdam, N. Potgieter*, 1735,
in-4, v. br.

L'abbé Goujet a eu part à la composition de ce supplément, ainsi qu'il
l'avoue dans son catalogue manuscrit. (Ces deux numéros seront réunis.)

G. Histoire des ordres de chevalerie institués pour la défense
de l'Église.

3008. Historia general de las illustrissimas ordenes
militares, por Miguel Ramon Zapater. *Caragoça*,
1662, in-fol. tit. gr. vél. *Tache au feto.*

3009. Histoire des religions ou ordres militaires de
l'Eglise et des ordres de chevalerie, par Jean Herman. *Rouen*, 1698, in-12, v. br.

3010. Histoire des chevaliers de l'ordre de S.-Jean-
d'Hiérusalem, écrite par le Sʳ P. S. D. L. (P. de
Boissat, sieur de Lucieu), augmentée par J. Beaudoin, et illustrée d'une ample chronologie des vies
des grands-maîtres, etc., par F. N. de Nobérat.
Paris, 1629, in-fol. v. br.

Fig., cartes et portraits des 52 grands maîtres.

3011. J. Bosio. Histoire des chevaliers de l'ordre de
S.-Jean-d'Hiérusalem, trad. en françois par S. D.
B. S. D. L. (P. de Boissat, sieur de Lucieu), augmentée par J. Beaudouin, et illustrée d'une ample
chronologie des vies des grands-maîtres, d'un
grand nombre de figures en taille-douce, d'un
abrégé des priviléges de l'ordre, etc., par F. Anne
de Nobérat. *Paris*, 1659, 2 tom. en 1 vol. in fol.,
avec les portraits des grands-maîtres, v. m.

3012. Liste de messieurs les chevaliers, chapelains
conventuels et servants d'armes des trois vénéra-
bles Langues de Provence, Auvergne et France.
Malte, de l'Impr. magistrale, 1778, in-8, br.

3013. Modèle pour servir à la réception de MM. les
chevaliers de Malte (extr. des registres de la vén.
Langue d'Auvergne, le 16 mai 1727). *Lyon*, in-4,
v. br.

3014. F. Ptolemæi Veltronii Statuta Hospitalis Jerusalem, cum indice materiarum. *Romæ*, 1588, in-
fol. fig. vél.
Vol. rare et recherché, surtout à cause des gravures dont il est orné.

3015. Origine et état de l'Ordre de Malte.
Manusc. inédit in-fol. du XVII⁰ siècle. V. la note manuscr. placée en tête
du volume.

3016. Histoire de Jacques de Cordon d'Evieu, chevalier de l'Ordre de S.-Jean-d'Hiérusalem, par M.
A. Calemard. *Lyon*, 1663, in-4.

3017. Nic. Durand de Villegagnon de Bello Meli-
tensi, et ejus eventu Francis imposito. *Parisiis*,
Car. Stephanus, 1553, in-4.
Une note utile à consulter sur ce volume se trouve dans Renouard : *Annales de l'impr. des Estienne*, 2⁰ édit., p. 105.

H. Hagiographes.

3018. Usuardi monachi Martyrologium, hac nova
editione ad excusa exemplaria et ad mss. collatum, ab additamentis expurgatum, castigatum et
observationibus illustratum , opera et studio J.
Sollerii. *Antverpiæ*, 1714, in-fol. maroquin rouge,
tr. dor.
Bonne édition.

3019. Martyrologium romanum, cum notis Cæs. Ba-
ronii; acced. vetus romanum martyrologium et
Adonis Viennensis, ex recensione H. Rosweydi.
Antverpiæ, ex offic. Plantin., 1613, in-fol. tit. gr.
v. br. fil.
Édition la plus complète.

3020. J. Fr. Andres. Monumento de los santos martyres Juste y Pastor, en la ciudad di Huesca. *Huesca, J. Nogile*, 1644, in-12, fig. vél.

3021. Passio sanctorum martyrum Getulii Amantii,
Cerealis, Primitivi, Symphorosæ, ac septem filio-
rum, notis et digressionibus illustrata Fulvii Car-
duli e Soc. Jesu presbyt. *Romæ*, 1588, in-8, vél.

3022. Steph. Depleurre. Æneis sacra continens acta D. N. Jesu Christi necnon primorum martyrum qui passi sunt tempore persecutionis, omnia Virgilii centonibus conscripta. *Parisiis*, 1618, in-4, vél.

3023. BONIFACE SIMONETTA. Le livre des persecùions des Crestiens, de latin en francoys, par Octauien de Saint-Gelais, euesque Dangoulesme, imprimé nouuellement à Paris.— A la fin : *Cy finist ce présent liure.... translate de latin en frãçoys par messire octauian (sic) de Saint-gelays... Imprimé pour Anthoine verard, libraire marchant demourant à Paris devant la rue neufve nostre-Dame.....* in-4, goth. vél.

Histoire des persécutions de l'Église depuis saint Pierre jusqu'à Innocent VIII.

3024. Syntagmatis historici, seu veterum Græciæ monimentorum de tribus sanctorum Anargyrorum, Cosmæ et Damiani nomine paribus partes II, gr., cum lat. interpret. J. Wangnereckii : R. Gehnius absolvit et notis illustravit. *Viennæ in Austria*, 1660, in-4, vél.

3025. Les Vies des Saints, avec l'histoire des fêtes mobiles (par Adr. Baillet). *Paris,* 1724, 4 vol. in-fol. v. m.

3026. Journal des Saints, avec une méditation tirée de la vie du saint, par J.-E. Grosez. *Lyon,* 1646, 2 vol. in-12, v. m.

3027. Gabr. Fiamina. Le Vite de' Sancti assegnati a quatro primi mesi dell' anno. *Genova, appr. Gius. Pavoni,* 1601, in-4, tit. gr. vél.

3028. Les Nouvelles Fleurs des vies des saints et fêtes de l'année, mises en plus beau langage que les précédentes, et augmentées de réflexions morales et chrétiennes, par un solitaire (André Duval). *Lyon,* 1713 (t. 1er), in-fol. v. br.

3029. C. Guyeti Heortologia, sive de festis propriis locorum et ecclesiarum; acced. Lud. Thomassini commentarius historicus et dogmaticus de dierum festorum celebratione. *Venetiis*, 1729, in-fol. br.

3030. J. Sim. Assemani Kalendaria ecclesiæ universæ, tum ex vetustis marmor., tum ex codd., tabulis parietinis, et sanctorum nomina, et festi per annum dies recensentur. *Romæ*, 1755, 6 vol. in-4, vél.

3031. La Vie des Saints de la Bretagne Armorique, par Fr. Albert Le Grand, augmentée par Guy Autret. *Rennes*, 1659, in-4, v. br.

Édit. rare. Ouvrage très-recherché.

3032. Joan. Tomei-Marnavitii Regiæ sanctitatis illyricæ fecunditas. *Romæ*, 1630, pet. in-fol. fig. vél.

3033. Maur. Chaucæi Innocentia et constantia victrix, seu commentarius de vita et martyrio 18 Cartusianorum in Anglia sub Henrico VIII trucidatorum. *S. l.*, 1608, in-8. — (V. Brunet, t. 1er, col. 1781, et t. 3e, col. 62.) — A. Havensii historica relatio duodecim martyrum cartusianorum qui Ruræmundæ in ducatu Geldriæ anno 1573 agonem suum feliciter compleverunt. *S. l.*, 1608, in-8.

V. Brunet, t. Ier, col. 1781, et t. III, col. 62.

3034. J. Vastovii Vitis aquilonia, sive vitæ sanctorum regni Sueo-gothici ; emendavit et notis illustravit G. Benzelius filius. *Upsaliæ*, *Verner*, 1708, in-4, cart. non rogn.

3035. D. Juan Solano de Figueroa. Historia y Santos de Medellin, culto y veneracion a san Eusebio, san Palatino, y sus nueve compañeros martyres, S. Theodoro anacoreta, y san Reymundo confessor. *Madrid*, 1650, in-4, v. f. fil.

Bel exempl. de la biblioth. Colbert.

3036. Georgii majoris Vitæ patrum in usum ministeriorum verbi, cum præfatione Mart. Lutheri. *Vittebergæ*, 1560, in-8, vél.

3037. Georg. Garnefelt Elucidationes sacræ in quinque libros de imaginibus antiquorum eremitarum : access. vita S. Joannis Chrysostomi. *Colon.-Agripp.*, 1621, in-8, vél.

3038. Vitæ Patrum. De vita et verbis seniorum, sive historiæ eremiticæ libri X, cum notis et commentariis Hergberti Rossweydi. *Antverpiæ*, 1615, in-fol. v. br. fil.

Vol. rare. Il renferme aussi l'histoire religieuse de Théodoret, l'*Histoire Lausiaque*, de Pallade, etc. (hist. des Solitaires).

3039. Les Vies des Saints-Pères des déserts, etc., écrites par des Pères de l'Eglise, trad. par Arnauld d'Andilly. *Paris,* 1736, 3 vol. in-8, v. m.

3040. Vie et miracles de sainte Opportune abbesse, écrits (en latin) par S. Adelin, évêque (VIII° siècle), et publiés d'après un ancien cartulaire avec la traduction françoise par Nic. Gosset. *Paris,* 1654, 3 part. en 1 vol. in-8, fig. tit. gr. vél.

V. Brunet, t. II, col. 1673.

3041. La Vie de S. François, écrite par S. Bonaventure, mise en françois et illustrée de notes et méditations par Nic. Aubespin. *Lyon,* 1613, in-16, vél.

3042. La Vie de S. Charles Borromée, cardinal-archevêque de Milan, par Ant. Godeau. *Paris, Courbé,* 1657, in-8, portr. v. m.

3043. Ant. Gallonii Vita beati Philippi Nerei Florentini, congregationis Oratorii fundatoris, etc. *Romæ,* 1600, in-4, vél.

3044. Ant. Gallonii Vita beati Philippi Nerei. *Moguntiæ,* 1602, in-8, vél.

3045. Paolo Regio. Vita et miracoli di S. Francesco di Paola. *Venetia,* 1618, in-8, fig. vél.

De la biblioth. des Bénédictins de Remiremont.

3046. Vie de S. Pierre d'Alcantara, par F. Courtot. *Paris,* 1670, in-12, v. br.

3047. Ambr. Machin. Defensio sanctitatis B. Luciferi
archiep. Calaritani. *Cagliari,* 1639, in-fol. vél.

3048. Mich. Ang. Lapi. Vita di D. Torivio Alfonso
Mogrovejo, arcivesc. di Lima. *Roma, Tinassi,*
1666, in-4, tit. gr. vél.

3049. Relatio Card. Alberti Cavalchini ponentis in
causa beatificationis et canonizationis vener. serv.
Dei, Roberti Card. Bellarmini. *Romæ,* 1753, gr.
in-4, vél.

3052. Abrégé de la vie de S. Gaud, évêque d'Evreux,
de S. Pair, évêque d'Avranches, de S. Seubillon,
abbé de S. Senior, aussi évêque d'Avranches, et de
S. Aorastre, par L. Rouhault. *Paris,* 1734, in-12,
v. br.

3953. J. Fr. Andres. Vida di S. Orencio, obispo di
Aux, y la translacion de sus reliquias a la ciudad
de Huesca su patria. *En Saragoça,* 1648, in-4. —
Phil. de la Mare de Vita et Moribus Guil. Philandri epistola ad cardin. Barberinum. (*Divione*)
1667, in-4. — Abeli Curiandri vitæ et operum
J. Drusii delineatio et tituli. *Franckeræ,* 1616,
in-4. — Christ. Hofmanni umbra in luce, sive
consensus et dissensus religionum profanarum...
cum veritate christiana, edit. secunda. *Ienæ,*
1680, in-4, v. m.

3055. La Vie de la bienheureuse Philippe de Guel-
dres, reine de Sicile, duchesse de Lorraine et de
Bar, depuis religieuse au monastère de Sainte-
Claire à Pont-à-Mousson (par le P. Laurent, cor-
delier). *Toul, C. Vincent,* 1736, in-12, v. br.

3056. La Vie de madame la duchesse de Montmorency, supérieure de la Visitation de Sainte-Marie de Moulins (par l'abbé Garraud). *Clermont-
Ferrand,* 1769, 2 vol. in-12, v. m.

3957. La Vie de Mademoiselle de Melun, fonda-
trice des religieuses hospitalières de Beaugé (par
Jos. Grandet). *Paris,* 1687, in-8, portr. v. br.

3059. Histoire de S. Jubin, archevêque de Lyon, par J.-B. Durand. *Lyon et Paris*, 1826, in-12, br.

I. Histoire des lieux saints, des reliques, des miracles, etc.

3061. Crux triumphans et gloriosa a Jac. Bosio descripta, libri VI. *Antverpiæ*, 1617, in-fol. v. f. fil. tr. dor. fig. sur bois.
Exempl. de Cl. Bereur.

3062. Alfonso Paleotti. Explicatione del sacro lenzuolo ove fu involto il Signore. *Bolonia*, 1599, in-4, titr. gr. vél.
Avec la signature de Gilles Ménage.

3063. Traité historique du chef de S. Jean-Baptiste, par Ch. Dufresne, sieur du Cange. *Paris*, 1665, in-4, vél.
L'auteur a voulu prouver que le véritable chef de saint Jean-Baptiste a été apporté à Amiens de Constantinople après la prise de cette ville par les Français.

3064. Nic. Nigidi summæ sacræ Mariologiæ pars prima. *Panhormi*, 1602, in-4, vél.

3065. Joan. Launoii de Sim. Stochii vita, de sabbatinæ bullæ privilegio et de scapulariis carmelitarum sodalit. dissertationes V. *Lutetiæ-Parisiorum*, 1663, in-8, vél.

3066. Frai Pedro Gonzalez de Mendoça. Historia del monte Celia de nuestra Señora de la Salceda. *Impresso in Granada, por Juan Muñoz*, 1616, in-fol. front. gr. v. jasp. fil.

3067. Oth. Zylii Historia miraculorum B. Mariæ Sylvaduencis. *Antverpiæ*, 1632, in-4, v. f. fil.
Prix décerné en 1656 par le gymnase de Bruxelles à Philippe Bereur, seigneur de Saint-Ylie.

3068. Le Sacré-Collége de Notre-Dame-de-Bois-le-Duc, où, par huict arbres et plantes singulières, sont représentées en huit divines parallèles les grandeurs et les merveilles de la très-sainte

vierge Marie, mère de Dieu, presché par le R. P.
Courvoisier. *Bruxelles,* 1645, in-4, vél.

3069. Histoire de Notre-Dame-de-Mont-Serrat, par
dom Louis Montégut. *Toulouse,* 1747, in-12, titr.
gr. v. m.

3070. Laur. Cuperi sanctæ Annæ genealogia et vita.
Antverpiæ, 1592, in-12, vél.

3071. Explication des cérémonies de la Fête-Dieu
d'Aix-en-Provence (par G.-S. Grégoire d'Aix). *Aix,*
David, 1777, in-12, fig. et airs notés, portr. v.
br.

3. *Histoire des hérésies et des schismes.*

3072. Balt. Bebelii Historia ecclesiæ Noachinæ. *Ar-*
gentorati, 1666, in-4. — Ecclesia æthiopica breviter adumbrata et solemni disputatione submissa in
universitate Argentorat. a J. Ulrico Witstio. *Argen-*
torati, 1652, in-4. — Ecclesia Waldensium ortho-
doxiæ Lutheranæ testis et socia in theatrum publicum producta a J. Kusterberg. *Argentorati,*
1668, in-4. — Ecclesia Muhammedana breviter
delineata a M. S. Schulteto. *Argent.,* 1668, in-4.
— J. Fechtii disquisitio de Judaïca ecclesia. *Ar-*
gentorati, 1670, in-4. — Eliæ Vecellii exercitatio
historico-theologica de ecclesia Græcanica hodier-
na. *Argentorati,* 1666, in-4. — Mich. Van Op-
penbusch. Exercitatio historico-theol. de religione
Moscovitorum. *Argentorati,* 1667, in-4. — Balt.
Bebelii Antiquitates germanicæ primæ et in hac
Argentoratensis ecclesiæ Evangelicæ. *Argentorati,*
1669, in-4, fig.

3073. Histoire de l'Arianisme, par le P. Maimbourg.
Paris, 1686, 2 vol. in-12, v. br.

3074. Histoire de Manichée et du manichéisme,
par Is. de Beausobre (publiée par Sam. Formey).

Amsterdam, J.-Fréd. Bernard, 1734-39, 2 vol. in-4, v. m.

Ouvrage très-estimé.

3075. Arn. Moshovii historiæ Anabaptisticæ libri VII. *Coloniæ,* 1617, in-4, vél.

3076. Henr. Ottii annales Anabaptistici, hoc est historia universalis anabaptistarum adornata a J. H. Ottio. *Basileæ,* 1672, in-4, v. m.

3077. Thomæ Ittigii opuscula varia, cum catalogo Ittigianorum mss. latin. Edita cura et studio Christ. Ludovici. *Lipsiæ,* 1714, in-8.

3078. Historia Flagellantium, de recto et perverso flagrorum usu apud Christianos (auct. J. Boileau). *Parisiis,* 1700, in-12, v. br.

3079. Trias scriptorum adversus Waldensium sectam : Ebrardus Bethuniensis, Bernardus abbas Fontis-calidi, Ermengardus; Jac. Gretserus nunc primum edidit et prolegomenis notisque illustravit. *Ingolstadii,* 1614, in-4, v. br.

3080. JEAN CHASSANION DE MONISTROL. Histoire des Albigeois, touchant leur doctrine et religion, concernant les faux bruits qui ont été semés d'eux... tirée de deux vieux exemplaires, l'un languedocien et l'autre françois, réduits en quatre livres. *Genève, chez Pierre de Saint-André,* 1595, pet. in-8.

Livre rare.

3081. HISTOIRE MÉMORABLE de la persécution et saccagement du peuple de Mérindol et Cabrières, et autres circonvoisins, appelés Vaudois. *S. l. (Genève),* 1556, pet. in-8, v. m.

Un exempl. de cette édit. a été vendu 85 fr. en 1856.

3082. HISTOIRE DE L'EXÉCUTION de Cabrières et de Mérindol et d'autres lieux de Provence, particulièrement déduite dans le plaidoyer qu'en fit l'an 1551.,... Jacq. Aubery (publiée par L. Au-

bery, sieur de Maurier). *Paris, Sébast. Cramoisy,*
1645, in-4, vél.

Ouvrage recherché et peu commun.

3083. Joan. Sleidani de statu religionis et reipublicæ, Carolo V Cæsare, commentarii. *S. l., ex*
offic. Sim. a Bosco, 1556, in-8, vél.

Personne, dit Feller, n'a su mieux que Sleidan donner un air de vraisem-
blance aux mensonges les plus révoltants.

3085. Commentaires de J. Sleidan de l'état tant de
la religion que de la république sous l'empereur
Charles V, traduits en français par Robert Le
Prévost. *Jean Crespin,* 1556, in-8, v. br.

Le titre manque.

3086. L'Estat de l'Église avec le discours des temps,
depuis les apôtres sous Néron, jusqu'à présent
sous Charles V, par Jean de Hainault, ministre à
Saumur (publié par Jean Crespin, avec sa marque
typogr., à Genève). *L'an* 1556, in-8, vél.

Livre rare.

3087. V. Lud. a Seckendorf Commentarius historicus et apologeticus de lutheranismo. *Francofurti*
et Lipsiæ, 1688, in-4, cart.

3088. Aug. Chytræi Historia Augustanæ confessionis,
continens seriem variarum deliberationum et actorum in causa religionis, etc., contexta a D. Dav.
Chytræo. *Francof. ad Mœn.,* 1578, in-4, vél.

Livre impartial où l'auteur tient un égal compte des fautes des princes et
théologiens luthériens et de celles de Charles V et des autres princes catholiques.

3089. L'Histoire de la naissance, progrès et décadence de l'hérésie de ce siècle, contenant l'histoire du luthéranisme et du calvinisme, par Florimond de Ræmond, conseiller au parlement d
Bordeaux (publiée par son fils et attribuée au P.
L. Richomme, jésuite). *Rouen,* 1629, in-4, v. f.
fil.

3090. De Ortu et progressu calvinianæ reformatio-nis in Belgio, auct. C. L. S. V. V. (Corn. Loots). *Coloniæ*, 1673, in-8, vél.

3091. Histoire des martyrs persécutés et mis à mort pour la vérité de l'Évangile, depuis les temps des apôtres jusqu'à présent (1608), comprise en XII livres (par J. Crespin). *S. l.*, 1608, in-fol. v. br.

3092. Histoire des variations des Églises protestantes, par Bossuet. *Paris*, 1688, 2 vol. in-4, v. br.
Édition originale et rare.

3093. Lettres pastorales adressées aux fidèles de France qui gémissent sous la captivité de Babylone, où sont dissipées les illusions que Monsieur de Meaux et les autres convertisseurs emploient pour séduire, et où l'on trouvera les principaux événements de la présente persécution (par Pierre Jurieu), seconde edition. *Rotterdam*, 1686, in-12, v. br.

3095. Critique du neuvième livre de l'Histoire de Varillas, où il est traité des révolutions arrivées en Angleterre en matière de religion, trad. de l'anglois de Burnet (par Leclerc). *Amsterd.*, 1686, in-12, v. br.

3096. Supplément aux deux ouvrages faits pour la défense de la validité des ordinations anglicanes, pour servir de dernière réponse au nouvel organe du P. Lequien sur cette matière, par le P. Lecourrayer. *Amsterdam*, 1732, in-8.

3097. Jac. Usserii gravissimæ quæstionis de christianarum ecclesiarum in Occidentis præsertím partibus ab apostolicis temporibus ad nostram usque ætatem, continua successione et statu, historica explicatio. *Londini*, 1613, in-4. — Christiana ac modesta declaratio eorum quæ in formula quadam concordiæ edita, in Ecclesis Belgicis recepta, consentiunt, vel ab iisdem dissentiunt. *S. l.*, 1615, in-4, vél.

3098. Histoire du Socinianisme (par le père L.-Anastase Guichard). *Paris, Barrois,* 1723, 2 part. en 1 vol. in-4, v. br.

3099. G. Georg. Zeltneri Historia arcana crypto-socinismi altdorfinæ academiæ quondam infesti. *Lipsiæ,* 1729, 2 vol. in-4, vél.

Ouvrage curieux.

3100. And. Wengarseii Slavonia reformata. *Amstelodami,* 1679, in-4, v. br.

3101. Steph. de Champs de Hæresi Janseniana a sede apostolica merito proscripta libri tres. *Lutetiæ-Paris.,* 1728, in-fol. v. m.

3102. Journal de Saint-Amour, docteur de Sorbonne, de ce qui s'est fait à Rome dans l'affaire des cinq propositions. 1662, in-fol. v. m.

Vol. rare, ayant été supprimé et brûlé par arrêt du conseil du 4 janvier 1664.

3103. Vie du bienheureux François de Paris, diacre du diocèse de Paris, avec un recueil de pièces intéressantes (par Barth. Doyen, prêtre) ; nouv. édit. augmentée (d'après les manuscrits de l'abbé Goujet). *Utrecht,* 1743, in-12, v. m.

IV. HISTOIRE ANCIENNE.

1. *Origine des nations.*

3104. Joan. Annii Vitterbiensis antiquitatum variarum auctores. *Apud Sebast. Gryphium, Lugduni,* 1552, pet. in-12, v. f. anc. rel.

3104 *bis.* Berosi sacerdotis chaldaïci antiquitatum libri V. *Antverpiæ,* 1545, in-fol. v. f. fil.

3105. De l'Origine des loix, des arts et des sciences, et de leurs progrès chez les différents peuples

(par Goguet et Fugère). *Paris*, 1759, 6 vol. in-12,
v. f.

Bonne édit. de cet ouvrage encore estimé.

2. *Histoire de plusieurs peuples anciens.*

3106. Trogi Pompeii externæ Historiæ in compendium ab Justino redactæ. Externorum imperatorum vitæ, authore Æmilio Probo. *Venetiis, in*
æd. Aldi et Andreæ Asulani soceri, 1522, in-8.
Édition fort rare.

— Polybii Historiarum libri quinque in latinam
conversi linguam, Nicolao Perotto interprete. *Ve-*
netiis, in ædib. Aldi et Andreæ soceri, 1521, in-8,
p. de tr.

3107. Justini ex Trogi Pompeii historiis externis
libri, veteris exemplaris beneficio expurgati. *Pa-*
risiis, ex offic. Rob. Stephani, 1543, in-8, v. m.

3108. Justini in Historias Trogi Pompeii epitome,
accurante Mat. Bernetiero. *Argentorati*, 1653,
in-8, vél.

3109. Justini Historiæ Philippicæ, cum notis variorum, curante Abr. Gronovio. *Lugd.-Bat., S. et J.*
Luchtmans, 1760, 2 part. en 2 vol. in-8, tit. gr.
v. m.

Bonne édit. pour la collection *variorum*.

3110. Giustino historico nelle historie di Trogo
Pompeio poste diligentemente in materna lingua
et stampate. *In Vinegia, per Pietro de' Nicolai da*
Sabio, 1535, in-8, v. br. fil.

3111. Pauli Orosii Historiarum libri VII. *Parisiis,*
apud Petrum Vedovocum, impensis J. Parvi, 1524,
in-fol.

Cette histoire finit à l'année 316.

3112. Pauli Orosii adversus paganos historiarum
libri VII, opera et studio Franc. Fabricii Marco-

durani; ejusd. apologeticus contra Pelagium de
arbitrii libertate. *Coloniæ*, 1574, in-8, v. br.

3113. Rollin. Histoire ancienne des Égyptiens, des
Carthaginois, des Assyriens, des Babyloniens, etc.
Paris, 1737, 11 tom. en 12 vol. in-12, v. br.

3. *Histoire des Juifs.*

3114. Josephus de Antiquitatibus ac de bello judaï-
co, latine. *Impressum Venetiis, per diligentissi-
mum virum Albertinum Vercellensem. Expensis
domini Octauiani Scoti et fratris ejus*, 1499, in-
fol. v. br. fil. (*Armes.*)

3115. Histoire des Juifs, écrite par Flavius Josèphe,
sous le titre de Antiquitez Judaïques, traduite sur
l'original grec reveu sur divers manuscrits, par
Arnauld d'Andilly. *Paris, Louis Roulland*, 1696,
5 vol. in-12. v. br.

3116. Los Veynte Libros de Flavio Josepho, de las
Antigüedades Judaïcas, y su vida por el mismo es-
cripta, con otro libro suyo del imperio de la Razon en el qual trata del martyrio de los Machabeos.
En Anvers, 1554, in-fol. anc. rel.

3117. Histoire des Juifs depuis J.-C. jusqu'à pré-
sent, pour servir de supplément à l'histoire de
Josèphe (par Basnage, revue par L. Ellies du Pin).
Paris, 1710, 7 vol. in-12, v. br.

3118. Les Cinq Livres de l'histoire d'Égésippe, con-
tenans plusieurs guerres des Juifs, et la ruine de
Hierusalem, mis en françois par J. Millet de Saint-
Amour. *Paris*, 1556, in-4, vél.
Édit. rare, dédiée à Philibert de la Baume, protecteur de Millet.

3119. Hecatæi Abderitæ Eclogæ, sive fragmenta in-
tegri olim libri, de historia et antiquitatibus sacris veterum Hebræorum, gr. et lat., cum notis
J. Scaligeri. *Altonæ*, 1730, in-8, fig.

3120. Les Mœurs des Israélites, par Fleury. *Paris,* 1682, in-12, v. br.

Édit. originale de cet excellent ouvrage.

4. *Histoire des Babyloniens, des Égyptiens, etc.*

3121. Jac. Perizonii Origines babylonicæ et ægyptiacæ. *Lugd.–Batav., Van der Linden,* 1711, 2 vol. pet. in-8, v. br.

Ouvrage rempli de recherches curieuses et intéressantes sur la chronologie des Egyptiens.

3122. Histoire des Amazones anciennes et modernes, par l'abbé Guyon. *Paris,* 1740, 2 tom. en 1 vol. in-12, fig. bas.

3123. Dictys Cretensis et Dares de bello et excidio Trojæ, in usum Ser. Delphini, cum interpret. Annæ Daceriæ. *Amstelædami, G. Gallet,* 1702, in-4, fig. vél.

Bonne édition.

3124. Joan. de Gilley in laudem Annibalis e Livio expressam, a rebus ejus gestis et comparatione Imperatorum Romanorum, commentariolus; ejusdem elegiæ duæ. *Basileæ, Jac. Parvus,* 1550, in-16, v. br.

Une de ces élégies contient la description du village de Pagnol, que l'auteur habitait.

5. *Histoire de la Grèce.*

3125. Pausaniæ accurata Græciæ Descriptio (gr. et lat.) edente G. Xilandro. *Hanoviæ, typis Wechelianis,* 1613, in-fol. v. br.

Bonne édition.

3126. Pausanias, ou Voyage historique de la Grèce, trad. en françois par Nic. Gédoyn. *Amsterdam,* 1733, 4 vol. in-12, fig. v. f.

Jolie édition, rare et recherchée.

3128. Herodoti Historiarum libri IX et de vita Homeri libellus, illi ex interpret. Laurentio Vallæ adscriptus. *Francofurti*, 1595, in-8, vél.

3129. Herodoti Historiarum libri IX, gr. et lat., ex L. Vallæ interpret., cum annotat. Th. Galæi et Jac. Gronovii, editionem curavit et suas itemque L. C. Valkenarii notas adjecit P. Vesselingius. *Amstelod.*, 1763, gr. in-fol. fig. v. m.

Édit. fort bien imprimée et l'une des meilleures que l'on ait de cet historien.

3130. Les Histoires d'Hérodote trad. en françois par du Ryer. *Paris*, 1677, 2 vol. in-12, v. br.

3131. Thucydides cum commentariis antiquis græce (edente Ant. Francino). *Florentiæ, apud Bern. Juntam*, 1526, in-fol. v. br. fil. (*Armes.*)

Édition rare.

3132. L'Histoire de Thucydide, de la guerre du Péloponèse, continuée par Xénophon, de la trad. de Nicolas Perrot d'Ablancourt. *Paris*, 1662, in-fol. v. br. fil. (*Aux armes du card. Mazarin.*)

3133. Xenophontis quæ exstant opera, græce, annotationes Henr. Stephani locupletatæ..... editio secunda. *Excudebat Henr. Stephanus*, 1581, in-fol. v. m.

Édition très-estimée.

3134. Xenophontis opera quæ exstant, latine....., 1596, in-fol. vél.

3135. Xenophontis de Cyri expeditione libri VII, gr. et lat., ex recensione et cum notis Ch. Hutchinson. *Oxonii, e theat. Sheldon.*, 1735, 2 tom. en 1 vol. in-4, tit. gr. carte, v. br.

Édition estimée.

3136. La Cyropédie, trad. du grec de Xénophon, par Charpentier. *Amsterdam*, 1641, in-8, tit. gr. vélin.

3137. La Cyropédie, ou Histoire de Cyrus, trad. du grec de Xénophon par Dacier. *Paris,* 1777, 2 vol. in-12, br.

3138. Diodori Siculi Bibliothecæ historicæ libri XV; gr. et lat., studio et labore L. Rhodomanni. *Hanoviæ, typis Wechelianis,* 1604, 2 tom. en 1 vol. in-fol. fil. v. br.

Première édition grecque et latine.

3142. Arriani de expeditione Alexandri magni historiarum libri VII; ejusdem Indica, gr. et lat.; Nic. Blancardus recensuit et animadvers. adjecit. *Amstelæd.,* 1668, 2 tom. en 1 vol. in-8, portr. front. gr. v. br.

De la collection *variorum.*

3143. Les Guerres d'Alexandre, par Arrian, de la traduct. de Nic. Perrot d'Ablancourt. *Paris,* 1661, in-8, tit. gr. v. br.

3144. Quintus Curtius (ex recensione F. Asulani). *Venetiis, in ædib. Aldi et Andreæ soceri,* 1520, in-8.

Vol. rare.

3145. Math. Raderi ad Q. Curtii de Alexandro magno historiam commentarius. *Coloniæ,* 1628, pet. in-fol. v. f. fleurdelisé, tr. dor. (*Aux armes du Roi.*)

3146. Jac. Palmerii (Le Paulmier) Græciæ antiquæ descriptio. *Lugd.-Batav.,* 1698, in-4, v. jasp.

Bel exemplaire.

3147. Observations sur les Grecs, par l'abbé de Mably. *Genève,* 1749, in-12, v. m.

3148. Joan. Meursii Atticarum lectionum libri VI, in quibus antiquitates plurimæ nunc primum in lucem erutæ proferuntur. *Lugd.-Batav., ex offic. Elsevir.,* 1617, in-4, vél.

3149. Joan. Meursii Pisistratus, sive de ejus vita et tyrannide liber singularis. *Lugd.-Batav., ex offic.*

Elsevir., 1619, in-4. — Joan. Meursii Panathenæa, sive de Minervæ illo gemino festo liber singularis. *Lugd.-Batav.*, 1619, in-4, vél.

3150. Erasmi Fræulich Specimen archontologiæ Carinthiæ. *Viennæ, Pragæ et Tergesti*, 1758, 2 part. in-4. — Ejusdem de familia Vaballothi numis illustrata. *Vindobonæ*, 1762, in-4, v. m.

Histoire des princes de Palmyre et description de leurs médailles.

6, *Histoire du peuple romain et de ses empereurs.*

3151. Polybii, Diodori Siculi, Nic. Damasceni, etc. excerpta ex collectaneis Const. Augusti Porphyrogenetæ, H. Valesius nunc primum græce edidit, latine vertit notisque illustravit. *Parisiis, Dupuis*, 1634, in-4, v. br. (*Armes*).

3152. Dionysii Halicarn. scripta quæ exstant omnia, et historica et rhetorica (gr.), cum lat. versione. Addita fragmenta, notæ et duo indices : opera et studio Fred. Sylburgii. *Lipsiæ*, 1691, in-fol. br. non rog.

3153. Dionysii Halicarn. Antiquitatum Romanarum libri VI, ab. Æmilio Probo latine redditi et notis illustrati, cum indice. (*Genevæ*, 1588). *Excudebat Eustachius Vignon sibi et Henrico Stephano*, in-fol. vél.

3154. Titi Livii Patavini Historiarum romanarum decades. *Michaël Manzolinus..... imprimi curavit anno M CCCC LXXX pridie calendas Novembris* (*Tarvisii*), in-fol.

Edition, rare.

3155. Titi Livii Patavini Historiarum libri, ex recensione J. F. Gronovii. *Lugd.-Batav., ex offic. Elsevir.*, 1653, 3 vol. pet. in-12 v. br.

3155 *bis*. Titi Livii Patavini Historiarum libri qui supersunt omnes, cum notis integris et excerptis

variorum, curante Arn. Drakenbroch, qui et suas
adnotationes adjecit. Acced. supplementa a Jon.
Freinshemio concinnata. *Amstelodami*, 1738-46,
7 vol. in-4, portr. et fig. v.

Cette édition, pour laquelle l'éditeur a consulté cinquante manuscrits et cent
treize textes imprimés, est, au jugement des savants, un chef-d'œuvre d'exactitude et d'érudition.

3156. Luc. Annæi Flori de gestis Romanorum
libri IV. *Parisiis, ex offic. Mich. Vascosani*, 1539,
in-4. — Sexti Rufi viri consularis de historia romana epitome : item Messalæ Corvini de progenie
Augusti. *Parisiis*, 1543, in-4.

3157. L. Annæi Flori rerum Romanarum libri IV,
cum annotationibus Joan. Minellii. *Roterodami*,
1670, in-12. tit. gr. v. br.

3158. Velleius Paterculus cum notis Gerardi Vossii.
Lugd.-Batav., ex offic. Elseviriana, 1639, pet.
in-12, tit. gr. d. mar. fil.

Édition belle et estimée.

3159. Henr. Dodwelli annales, seu Vell. Paterculi,
Quintiliani, Statii (obiterque Juvenalis), pro temporis ordine digestæ. *Oxonii, e theatro Sheldon.*,
1698, in-8, v. m.

3160. Eutropii Breviarium historiæ romanæ. *Picta-
viis*, 1554, in-8, anc. rel.

3161. Eutropii Breviarium historiæ romanæ, cum
metaphrasi græca Pæanii : C. Cellarius recensuit et
comment. locupletavit. *Jenæ*, 1726, in-8, cart.

3162. Polybii historiarum libri V, Nic. Perotto interprete. *Apud Sebast. Gryphium, Lugduni*, 1548,
in-16, v. br.

3163. Polybii Lycortæ historiarum libri qui supersunt, gr. et lat., interpr. Is. Casaubono, Jac. Gronovius recensuit. *Amstelædami, Jansson a Vaes-
berge*, 1670, 3 vol. in-8, vél.

Édition de l'ancienne collection *variorum*.

3164. Appiani Alexandrini romanarum historiarum

libri, gr., ex biblioth. regia. *Parisiis, typis reg.,* *cura ac diligentia Car. Stephani,* 1551, in-fol. vél.

Première édition, belle et rare.

3165. Appiani Alexandrini romanarum historiarum punica, parthica, etc., cum annotationibus Henr. Stephani. *Excudebat Henr. Stephanus* (*Genevæ*), 1592, in-fol. v. f. fil.

3166. Appian Alexandrin, des guerres des Romains, livres XI. Traduits en françoys par Claude de Seyssel. Plus y sont adjoutez deux livres traduits de grec en langue françoise, par le seigneur des Avenelles. *Paris,* 1569, in-fol. v. br. fil.

Exempl. de Thomas Nardin, de Besançon, traducteur de Conestaggio.

3167. Istoria delle guerre esterne e civili de' Romani di Appiano Alessandrino, trad. da Aless. Braccio. *Venetia,* 1543, 2 part. in-8, v. m.

3168. Caii Sallustii Crispi quæ exstant, ex recognitione Jani Gruteri, cum variorum notis ac scholiis. *Francofurti, e colleg. Paltheniano,* 1607, in-8, v. br. fil.

Exempl. de Colbert.

3169. Cæsaris Commentarii recogniti per Phil. Beroaldum. *Anno salutis Domini* 1512, *III kalendas octobris,* in-8, v. f.

Édition imprimée à Lyon et copiée sur celle imprimée en la même ville par *Balthazar* en 1508.

3170. CÆSAR. Hoc volumine continentur hæc : Commentariorum de bello Gallico libri VIII. De bello ciuili pompeiano libri IIII. De bello Alexandrino liber I. De bello Africano liber I. De bello Hispaniensi liber I. Pictura totius Galliæ, diuisæ in parteis treis, secundum C. Cæsaris Commentarios (edente Joan. Jocundo Veronensi). *Venetiis, in* *ædibus Aldi et Andreæ soceri,* 1513, in-8, cart. color. fig. vélin. (Les mots : *Massilia Uxellodunum* écrits au bas de deux cartes occupant le feuillet C, sont de la main d'Alde.)

Rare.

3171. C. Julii Cæsaris quæ exstant, cum selectis variorum commentariis, opera et studio Arn. Montani. Accedunt Notitia Galliæ et notæ auctiores ex
autographo J. Scaligeri. *Amstelæd., ex offic. Elzevir.*, 1661, in-8, vél.

Outre l'avantage d'être imprimée par les Elzeviers, cette édition *variorum*
est la plus estimée des cinq que Montanus a données de Jules César.

3172. Commentaires de Jules César, de la guerre de
Gaule, traduitz par feu Robert Gaguin. De la
guerre civile, Alexandrine, d'Afrique, d'Espagne,
traduitz par Estienne de Laigue, Beaunois. Reuuuz
et verifiez sur les vrais exemplaires latins, par Antoine du Moulin, Masconnois. *A Lyon, par Jean
de Tournes*, 1545, 2 vol. in-16, cartes, v. m.

Jolie édition.

3173. Corn. Taciti et V. Paterculi quæ exstant,
cum commentariis J. Lipsii et Cl. Puteani notis.
Parisiis, 1608, in-fol. v. br. fil. (*Armes*.)

Avec la signature de J. Boyvin.

3174. Corn. Taciti Opera quæ extant ex J. Lipsii editione ultima, et cum ejusdem commentariis et notis. *Antverpiæ, apud Christ. Plantinum*, 1585, in-
fol. v. br. fil.

3175. Annali e Historia di Corn. Tacito trad. nuovamente in volgare toscano. Publicate da Paolino
Arnolfini. *Roma*, 1603, 1 vol. en 2 tom. in-16,
v. m.

3176. Tibère, ou les six premiers livres des Annales
de Tacite, trad. par l'abbé de la Bletterie. *Paris,
I. R.*, 1768, 3 vol. in-12, fig. de Gravelot, br.
non rog.

3177. Scip. Ammirati Dissertationes politicæ seu discursus in Corn. Tacitum, accessit de regni et regis
institutione liber. *Helenopoli*, 1609, in-4, vél.

Exempl. de Cl. Bereur.

3178. H. Savilii in Taciti historias, Agricolæ vitam, et
commentarius de militia romana. *Amstelæd., apud*

Lud. Elsevir., 1649, pet. in-12, tit. gr. avec un tableau de la castramétation romaine, v. br.

3179. Discours politiques et militaires de Corn. Tacite, traduits, paraphrasés et augmentés par Jean Melliet, sieur de Montessuy en Bresse. *Lyon*, 1619, in-4, p. verte.

3180. Discours politiques et militaires de Corn. Tacite, traduits, paraphrasés et augmentés par Jean Melliet. *Lyon*, 1628, in-4, tit. gr. vél.

3181. C. Suetonii Tranquilli XII Cæsares. Sexti Aurelii Victoris a D. Cæsare Augusto usque ad Theodosium excerpta. Eutropii de gestis Romanorum libri X. Pauli Diaconi libri VIII ad Eutropii historiam additi. *Venetiis, in æd. Aldi et Andreæ soceri, mense augusto*, 1516, in-8, v. f.

Édition rare, dédiée par Egnatio à J. Grolier.

3182. Suetonii XII Cæsares, ex Erasmi recognitione. *Parisiis, apud Sim. Colinæum*, 1527, in-8, v. f.

Bel exemplaire d'une édition rare.

3182 *bis*. Suetonii Tranquilli de XII Cæsaribus libri VIII. *Apud Jac. Chouët*, 1595, in-4, vél.

3183. Suetonius, cum animadversionibus diversorum. *Amstelodami*, 1671, in-24, tit. gr. v. br.

3184. Suétone, des Vies des douze Césars, empereurs romains, traduction de Duteil. *Amsterdam, L. et Dan. Elsevir.*, 1663, pet. in-12, v. br.

3185. Dionis Cassii historiæ romanæ libri XLVI, (gr. et lat.). Fragmenta et notæ variorum. *Hanoviæ, typis Wechelianis*, 1606, in-fol. v. f. fil.

3186. Dio Cassius, Ælius Spartianus, Julius Capitolinus, etc., cum notis J. B. Egnatii et ejusdem de Principibus Romanorum libri III. *Parisiis, Rob. Stephanus*, 1544, 2 part. in-8, vél.

3187. Dionis Nicæi rerum romanarum a Pompeio magno ad Alexandrum Mammeæ filium epitome, auct. Joan. Xiphilino, gr. (cum latina interpret.

Guil. Blanci). *Lutetiæ, ex offic. Rob. Stephani, typis regiis,* 1551, 2 tom. en 1 vol. in-4, vél.

Première édition.

3189. Herodiani historiarum libri VIII, gr., cum Angeli Politiani interpret., ex emendatione Henr. Stephani. Zosimi historiæ novæ libri V, gr. et lat. *Excudebat Henr. Stephanus,* 1581, in-4, vél.

Bonne édition, la première de Zosime.

3190. Herodiani historiarum libri VIII, gr. et lat., cum notis et animadversionibus J. Henr. Bæcleri : tertia editio : accedit index græcus a Balthas. Scheidio. *Argentorati,* 1694, 1 vol. en 2 tom. in-8, vél.

3191. Zosimi Historia nova, gr., ex recensione Fred. Sylburgii, cum lat. interpret. L. Leunclavii, et notis varior., curante Christ. Cellario. *Jenæ,* 1729, 1 tom. en 2 vol. in-8, vél.

Édition estimée à cause des notes de Cellarius.

3192. Ammiani Marcellini rerum gestarum qui de XXXI supersunt libri XVIII. Ex mss. codicibus emendati ab Henr. Valesio, cum ejusdem annotationibus. Adjecta sunt excerpta de gestis Constantini nondum edita. *Parisiis,* 1636, in-4, vél.

3193. Historiæ Augustæ scriptores VI ; Cl. Salmasius recensuit et suas ac Is. Casauboni notas et emendationes adjecit. *Parisiis,* 1620, in-fol. v. br. fil. (*Armes.*)

Édition estimée à cause des notes.

3194. Fragmenta historicorum collecta ab Ant. Augustino, emendata a Fulvio Ursino. *Antverpiæ, ex offic. Plantin.,* 1595, in-8.

3195. Ezech. Spanhemii Orbis romanus. *Londini, Churchill,* 1703, in-4, v. br.

3196. Onuph. Panvinii reipublicæ romanæ commentariorum libri III. *Venetiis, ex offic. Erasmiana apud Vincent. Valgrisium,* 1558, in-8, vél.

3197. Onuph. Panvinii fastorum libri V a Romulo rege usque ad Cæsarem Carolum V. Ejusdem in fastorum libros commentarii. *Venetiis, ex offic. Erasmiana,Vinc Valgrisi,* 1558, in-fol.— Ejusdem in fastos consulares appendix. *Venetiis, ex offic. Erasm.Vinc. Valgrisi,* 1558, in-fol. fig. — Ejusdem de ludis sæcularibus et antiquis Romanorum nominibus. *Venetiis,* 1558, 2 part. in fol.

3198. Steph.Vinandi Pighii Annales Romanorum qui commentarii vicem supplent.... opera et studio And. Schotti. *Antverpiæ, ex offic. Plantin.,* 1615, 3 vol. in-fol. vél.

3199. Regum, consulum, dictatorum ac cens rum romanorum fasti una cum triumphis actis a Romulo rege usque ad Cæsarem, C. Sigonio auctore. Ejusdem de nominibus Romanorum liber, etc.*Venetiis,* 1555, *apud Paulum Manutium Aldi F.,* in-fol. tr. dor.

Première édition aldine, très·rare.

3200. Car. Sigonii Fasti consulares ac triumph . *Basileæ,* 1559, in-fol. v. br. fil.

3201. Wolf. Lozii Reipublicæ Romanæ in cæteris provinciis bello acquisitis constitutæ commentariorum libri X. Access. analecta lapidum vetust. et nonnullarum in Dacia antiquitatum (auct. Steph. Zamosio). *Francofurti,* 1598, in-fol. v. br,

3202. Histoire romaine, trad. de Laur. Echard (par l'abbé Desfontaines), continuée jusqu'en 1453 (par l'abbé Guyon). *Paris,* 1728-42, 16 vol. in-12, v. br.

3203. Joan. Cuspiniani de Consulibus romanorum commentarii. Præfertur Sextus Rufus et Aurelii Cassiodori chronicon, cum scholiis. *Basileæ, J. Oporinus,* 1552, in-fol. — Joan. Cuspiniani Austriæ,sive commentarius de rebus Austriæ a Leopoldo anno 933 ad Ferdinandum primum. *Basileæ, Oporinus,* 1553, in-fol. vél.

3204. Joan. Cuspiniani de Cæsaribus et imperatoribus romanis, cum annotat. Wolf. Hungeri. *Basileæ*, 1561, in-fol.

3205. Car. Sigonii de Antiquo jure civium Romanorum libri II. *Venetiis, apud Jord. Zilettum*, 1560, in-4, vél.

3206. Car. Sigonii de Antiquo jure civium romanorum, de antiquo jure Italiæ, etc. *Lugduni, Joan. Tornæsius,* 1576, in-fol. vél. fil.

3207. Ant. Pagi Dissertatio hypatica, seu de consulibus cæsareis, ex occasione inscriptionis Forojuliensis Aureliani Augusti. *Lugduni,* 1682, in-4, v. br.

3208. Pauli Merulæ de Romanorum comiciis et præmiis quæ militiam sequebantur, edente J. Boschio. *Lugd.-Batav., apud Gaesbequios,* 1675, 2 part. tit. gr. in-12. — Ott. Aicher de comiciis veterum Romanorum, quibus access. liber IV de comiciis imperii germanici. *Salisburgi,* 1678, in-12, vél.

3209. Ant. Augustini de Legibus et senatusconsultis, adjunctis legum antiquarum et senatusconsultorum fragmentis, cum notis F. Ursini. *Parisiis,* 1584, in-fol. v. f. fil.

Droit romain avant Justinien.

3210. M. Cour. Curtii Commentarii de Senatu romano post tempora reipublicæ liberæ, cum præfatione Christ. Adr. Klotzii. *Halæ*, 1768, in-8, br.

3211. Justi Lipsii Admiranda, seu de magnitudine romana libri IV, cum notis. *Antverpiæ, ex offic. Plantin.,* 1598, in-4. — Justi Lipsii de Cruce libri III, cum notis. *Antverpiæ, ex offic. Plantin.,* 1593, in-4, vél.

3212. Lud. Smitz Romanorum Imperatorum pinacotheca, sive duodecim imperatorum simulacra elogiis, numismatibus et historia suetoniana illustrata et exornata. *Amsterdam*, 1699, pet. in-4, fig. tit. gr. v. br.

3213. St. Ambr. Schiappalaria. La Vita di C. Julio Cesare. *Anversa*, 1578, 4 part. pet. in-fol. vél. tr. dor. fil.

3214. Histoire d'Auguste, contenant les principaux événements de sa vie, etc. (par de Larrey). *Rotterdam, R. Leers,* 1690, 2 part. in-12, v. br.

3215. Histoire du Triumvirat d'Auguste, Marc Antoine et Lépidus (par Citry de la Guette). *Paris,* 1694, 2 tom. en 1 vol. in-12, maroquin rouge, tr. dor. (*Armes.*)

3216. Gul. Bellendeni de tribus luminibus Romanorum libri XVI. *Parisiis*, 1634, in-fol. v. f. fil.
Ouvrage rare et recherché.

3217. Considérations sur les causes de la grandeur et de la décadence des Romains, par Montesquieu, nouv. édit. à laquelle on a joint un dialogue de Sylla et d'Eucrate, le Temple de Gnide, l'Essai sur le goût. *Amsterdam*, 1761, in-12, br.

3218. Histoire des empereurs et des autres princes qui ont régné durant les six premiers siècles de l'Eglise, par Sébast. Lenain de Tillemont. *Bruxelles*, 1732-40, 6 tom. en 3 vol. in-fol. v. m.

3219. Les Impératrices romaines, ou l'histoire de la vie et des intrigues secrètes des femmes des douze Césars, de celles des empereurs romains et des princesses de leur sang, par Jacques Bourgas de Serviez. *Paris*, 1744, 3 vol. in-12, v. br.

3220. Observations sur les Romains, par l'abbé de Mably. *Genève*, 1751, 2 part. in-12, v. f.

V. HISTOIRE DU BAS-EMPIRE.

3221. BYZANTINÆ HISTORIÆ scriptores varii. *Venetiis*, 1719-29, 34 tomes en 22 vol. in-fol. v. m.
Cette collection comprend : Procope, — Agathias, — Chronicon Pascale, —

G. Syncellus, — Theophanes,— Cedrenus,— Constantin Manassès,— Zonare, — Cinnamus, — Anne Comnène, — Pachymère, — Cantacuzène, — Nicéphore Grégoras, — Chronicon Orientale, — Codinus, — Constantin Porphyrogénète.

3221 *bis*. Ans. Banduri Imperium orientale. *Venetiis*, 1729, 2 vol. in-fol. v. m.

3221 *ter*. Car. Dufresne du Cange Historia byzantina. *Venetiis*, 1729, 2 part. in-fol. fig. v. m.

3221 *quater*. Histoire de l'empire de Constantinople, sous les empereurs françois, par Geoffroi de Villehardouin, avec les notes de Ch. Dufresne du Cange, et la suite de cette histoire jusqu'à l'an MCCXL, tirée de l'histoire de France, ms. de Philippes Mouskes. *Venise*, 1729, 2 part. in-fol. v. m.

3222. Les Histoires et Chroniques du monde, tirées tant du gros volume de Jean Zonaras, aucteur byzantin, que de plusieurs autres scripteurs, hébrieus et grecs, et mises de leurs primes et nayfves langues hébraïque et grecque en langage françois, avec annotations sur la marge pour les diverses lectures grecques, le tout par Jean de Maumont. *Paris*, 1561, in-fol. v. f. lav. réglé, tr. dor.

3223. Procopio Cesariense de la longa et aspra guerra de' Gothi libri III, trad. per Bon. Egio da Spoleti. *Venetia, per Michele Tramezino*, 1544, in-8. — Lionardo Aretino. Libri della guerra de' Ghotti, trad. da Lodovico Petroni. *Venetia, per Gabr. Giolito di Ferrari*, 1542, in-8.— Leon. Aretino. La prima guerra di Cartaginesi con Romani, nuovamente tradotta et stampata con la tavola delle cose digne di memoria. *Venegia, appresso Gabr. Giolito di Ferrari*, 1545, in-8, mar. v.

De la biblioth du card. de Granvelle.

3224. Notitia utraque (dignitatum) cum Orientis tum Occidentis ultra Arcadii Honoriique Cæsarum tempora. *Basileæ, apud Hier. Frobenium*, in-fol. fig. en bois, v. br.

Livre rare, publié par Sig. Gélenius, fig. en bois fort curieuses.

3225. Notitia dignitatum utriusque imperii Orientis et Occidentis, ultra Arcadii Honoriique tempora, et in ea G. Pinciroli commentarius. *Genevæ*, 1623, in-fol. fig. v. m.

3226. Jac. Gutherii (Gouthières) de Officiis domus Augustæ publicæ et privatæ; ejusd. Rupella rapta et Tiresias, seu de cæcitatis et sapientiæ cognatione. *Lipsiæ*, 1672, in-8.

3227. JAC. BONGARSII GESTA DEI PER FRANCOS, sive Orientalium expeditionum et regni Francorum hierosolymitani scriptores varii. *Hanoviæ*, 1611, 2 tom. en 1 vol. in-fol. fig. v. br. fil. (*Armes*.)

Recueil important des historiens des Croisades, où l'on trouve une ancienne mappemonde de *Janudo* et d'autres cartes intéressantes pour l'histoire de la géographie.

3228. D. Franc. de Moncada, conde de Osona, Espedicion de los Catalanos y Arragoneses contra Turcos y Griegos. *Barcelona*, 1623, pet. in-4. (*Ouvrage curieux*.) — Memorial por Martin de Saabedra Ladron de Guevara, conde de Tapalu, etc. *Madrid*, 1665, in-4. — Notitia universal de Cataluna. In-4, v. br.

Exempl. de Colbert.

3229. Petri Gyllii de Constantinopoleos topographia libri IV. *Lugd.-Batav., ex offic. Elsevier.*, 1632, in-24, v. f.

Édit. estimée pour son exactitude.

3230. Histoire des Révolutions de l'empire de Constantinople jusqu'en 1452, par de Burigny. *Paris*, 1750, 3 vol. in-12, v. m.

3231. Histoire du Bas-Empire, par Charles Lebeau, continuée par H.-P. Ameilhon. *Paris*, 1757-81, 22 vol. in-12, v. m.

3232. And. Alciati de Formula romani imperii. *Basileæ, Oporinus*, 1559, in-8.

3233. MARTINI CRUSII Turco-Græciæ libri VIII, qui-

bus Græcorum status sub imperio turcico descri-
bitur, gr. et lat. *Basileæ*, 1584, 2 part. en 1 vol.
in-fol. v. f.

Cet excellent recueil contient plusieurs petits ouvrages et des lettres qui
nous donnent une idée exacte de l'état civil et religieux de la Grèce dans les
XIVe, XVe et XVIo siècles.

3234. Petri d'Outremanni Constantinopolis Belgica,
sive de rebus gestis a Balduino et Henrico impe-
ratt. Constantinopp. ortu Valentionibus Belgis
libri V : quibus accessit de excidio Græcorum liber singularis. *Tornaci*, 1643, in-4, v. br.

Ouvrage tiré en grande partie de Villehardouin. Les exempl. en sont peu
communs.

VI. HISTOIRE MODERNE.

EUROPE.

1. *Histoire générale de l'Europe depuis la chute de
l'Empire d'Occident.*

3235. J. G. Eccardi Corpus historicum medii ævi,
sive scriptores res in orbe universo, præcipue in
Germania, enarrantes aut illustrantes a tempore
Caroli magni usque ad finem seculi xv. *Lipsiæ*,
1723, 2 vol. in-fol. v. br.

3236. Theod. de Niem Historiæ, qua res suo tempore gestæ (ann. 1378-1410) exponuntur, libri
IV (edidit Sim. Chardius). *Basileæ, Th. Guari-
nus*, 1566, in-fol. v. br.

3238. Pii II Commentarii rerum memorabilium, quæ
temporibus suis contigerunt. *Francofurti*, 1614,
in-fol. v. br.

3239. Paolo Giovio. La prima parte dell' Historie
del suo tempo, tradot. per M. Lod. Domenichi.
Fiorenza, per Lorenzo Torrentino, 1551, pet. in-
4, v. br.

3240. Girol. Ruscelli. Supplimento dell' Historie di
Paolo Giovio, *Vinegia*, 1572, in-4. — Tavola

nella quale se contengono i nomi antichi e moderni delle prouincie, città, castelli, popoli, etc., de'quali P. Giovio ha fatto nelle sue historie mentione. *Vinegia*, 1572, in-4. — La .Selva di varia historia di Carlo Passi, la quale auanti andaua attorno stampata sotto nome finto di Annotationi dell' infortunio nelle historie di Giovio. *Vinegia*, 1572, in-4, vél.

3241. J. B. Galli in J. Aug. Thuani Historiarum libros notationes. *Ingolstadii*, 1614, in-4, vél.

3242. Compendio d'Ant. Doria delle cose di sua notitia et memoria accorse al mondo nel tempo del imperatore Carlo V. *Genova*, 1571, in-4, v. br. fil. (*Aux armes de Colbert.*)

3243. HISTOIRE universelle de Théod.-Agrippa d'Aubigné (de l'an 1550 jusqu'à la fin du xv° siècle). *Maillé (Saint-Jean-d'Angély)*, *Jean Mousset, imprimeur dudit lieu*, 1616-20, 3 tom. en 1 vol. in-fol. v. br. fil. (*Armes.*) *In*

Édition rare, ayant été brûlée par les mains du bourreau, en vertu d'une sentence du lieutenant civil du 2 janvier 1620.

3244. Recueil historique contenant diverses pièces curieuses de ce temps. *Cologne, Christ. van Dyck (Hollande)*, 1666, pet. in-12, v. br.

Charmante édition pour la collection elzévirienne.

3245. Pauli Piasceii (Piaseseki) Chronica gestorum in Europa singularium usque ad annum 1648. *Cracoviæ* (1648), in-fol. br.

3246. Pierre Colins. Histoire des choses les plus mémorables advenues depuis l'an 1130 jusqu'à notre siècle, digérée selon le temps et ordre qu'ont dominé les seigneurs d'Enghien. *Tournay*, 1648, in-4, portr. v. br.

Ouvrage curieux, surtout pour les événements qui se sont passés du temps de l'auteur.

3247. Jac. Perizonii Rerum per Europam sæculo xvi maxime gestarum commentarii historici. *Lugd.-Batav.*, 1716, in-8, v. br.

3248. Abrégé de l'Histoire de ce siècle de fer, fait vers la fin de l'été 1653, par J.-N. de Parival. *Leyde*, 1659, in-8, vél.

3249. Gal. Gualdo Priorato. Historia delle guerre di Ferdinando II et III e del rey Philippo IV contra Gustavo Adolfo e Luigi XIII. *Venetia*, 1642, 2 part. in-8, vél.

3250. Histoire générale des guerres de Savoie, de Bohême, de Palatinat et Pays-Bas, depuis l'an 1616 jusqu'à 1627, par Louis du Haynin, seigneur du Cornet. *Douai*, 1628, in-8, vél.

3251. Le Soldat suédois, ou Histoire véritable de ce qui s'est passé depuis la venue du roi de Suède en Allemagne, en 1630, jusqu'à sa mort (par Spanheim). *S. l.*, 1634, in-8, vél.

Spanheim composa cet ouvrage à la prière de l'envoyé de Gustave à Genève.

3252. Histoire du traitté de la paix conclue sur la frontière d'Espagne et de France, entre les deux couronnes, en l'an 1659 (par Gal. Gualdo Priorato, trad. par Hon. Courtial), où l'on voit les conférences entre les deux premiers ministres, avec un journal de ce qui s'est passé de plus remarquable, aussi un recueil de diverses matières concernantes le sieur duc de Lorraine. *Cologne, Pierre de la Place*, 1665, pet. in-12, vél.

3253. Histoire du traitté de la paix entre la France et l'Espagne, en 1659 (par Gal. Gualdo Priorato, trad. par Hon. Courtial). *Cologne, Pierre de la Place*, 1667, pet. in-12, *avec le plan de l'île de la Conférence*, vél.

3254. Mémoires du chev. Temple, touchant ce qui s'est passé dans la chrétienté, de 1672 à 1679. *La Haye, Adrian Moëtjens*, 1673, in-12, v. br.

3255. Nouveaux Mémoires du chev. Temple, depuis la paix de Nimègue à la retraite de l'auteur (1680), publiés avec une préface par J. Swift, trad. en françois. *La Haye*, 1729, in-8, vél.

3256. Historia pacis Germano-gallo-suecicæ Monasterii et Osnaburgæ tractatæ, et anno MCXLIIX perfectæ (auct. T. Pfannero). *Irenopoli*, 1679, in-8, v. f. fil.

3257. Histoire des guerres et des négociations qui précédèrent et suivirent le traité de Westphalie, sous le règne de Louis XIII, par le P. Bougeant. *Paris*, 1727, 3 vol. in-4, v. m.

3258. T. Pfanneri Historia pacis Westphalicæ. *Gotha*, 1697, in-8, v. br.

3259. Recueil de la pluspart des portraits de ceux qui ont assisté au traité de paix de Munster et d'Osnabrug, en 1647, 1648, 1649. *S. l.*, in-fol. *fig. d'Aubry*, v. br. fil.

3260. Nouveaux Intérêts des princes de l'Europe (par Sandras de Courtilz). *Cologne*, 1689, 2 part. in-12, v. br.

3261. Nic. Beregani. Historia delle guerre d'Europa, dalla comparsa dell'armi ottomanne nell' Ungaria l'anno 1685. *Venetia*, 1698, 2 part. in-4, tit. gr. v. m.

3262. Portraits des papes, empereurs, rois et autres souverains, etc., contemporains de Louis XIV. *Paris*, 1686, in-fol. fig.

3263. Mémoires chronologiques pour servir à l'histoire profane de l'Europe, depuis 1600 à 1716 (par le P. d'Avrigny). *Amsterdam*, 1725, 4 vol. in-12, v. br.

3264. Les Soupirs de l'Europe à la vue du projet de paix contenu dans la harangue de la reine de la Grande-Bretagne à son parlement, du 6 juin 1712 (par Fr. Dumont). *S. l.*, 1712, in-12, v. br.

3265. Cartes et descriptions générales et particulières pour l'intelligence des affaires du tems au sujet de la succession de la couronne d'Espagne. *Paris, s. d.*, pet. in-fol. v. br.

3266 à 3285. Respublicæ variæ. *Lugd.-Bat., Elz.,* 1626 à 1674, 22 vol. in-24, vél. et v. br.

Cette collection comprend : l'Afrique, par Léon l'Africain ; la Description du Bosphore, l'Histoire de la Pologne, etc.

2. *Histoire de France.*

A. Géographie, topographie et statistique de la France.

3286. Phil. Labbe. Pharus Galliæ antiquæ ex Cæsare, Hirtio, Strabone, etc. 1644, in-12, vél.

Critique de *la Description de la Gaule,* par Nic. Sanson.

3287. Hadr. Valesii (de Valois) Notitia Galliarum, ordine alphabetico digesta. *Parisiis,* 1675, in-fol. v. br.

Ouvrage rare et estimé. C'est une description de la France sous les deux premières races.

3288. Description historique et géographique de la France ancienne et moderne (par l'abbé de Longuerue). *S. l. (Paris),* 1722, 2 part. in-fol. cartes, v. br.

3289. Itinéraire complet de la France, par M. L. D. M. *Paris,* 1788, 2 vol. in-8, br. n. rog.

3290. Joan. Papyrii Massonis Descriptio fluminum Galliæ quæ Francia est. *Parisiis, Quesnel,* 1618, in-8. — Ejusdem Elogia ducum Sabaudiæ. *Parisiis, Quesnel,* 1619, in-8.

3291. André Duchesne. Les Antiquités et recherches des villes, châteaux et places les plus remarquables de France..... (abrégé de Fr. de Belleforest), édition revue et augmentée par Fr. Duchesne fils. *Paris,* 1668, 2 vol. in-12, v. br.

Édition la plus estimée d'un livre qui conserve toujours de l'intérêt.

3294. Mémoires présentés au duc d'Orléans, régent de France, contenant les moyens de rendre ce royaume très-puissant et d'augmenter considérablement les revenus du roi et du peuple, par

Henri de Boulainvilliers. *La Haye*, 1727, 2 tom.
en 1 vol. in-12, v. f.

B. Histoire celtique et gauloise.

3295. LES ILLUSTRATIONS DE GAULE et singularités de
Troye, par Jean Le Maire de Belges, avec la Couronne marguaritique et plusieurs autres œuvres de
luy, non jamais encore imprimées, le tout revu
et fidèlement restitué par Antoine du Moulin Mas-
conois. *Lyon, de Tournes*, 1549, pet. in-fol. lettres
rondes, v. f.

Édition la plus belle et la plus complète de ce recueil. L'auteur fait des-
cendre les rois de France de Francus, fils d'Hector. La *Couronne marguaritique* contient l'éloge de Marguerite de Savoie.

3296. Gaudentii Merulæ de Gallorum cisalpinorum
antiquitate ac origine. *Bergomi*, 1593, in-8,
cart.

3297. Joan. Picardi Tourteriani de prisca celtopædia
libri V. *Parisiis, Mat. David*, 1556, pet. in-4.

Ouvrage paradoxal d'un auteur érudit.

3298. Ant. Gosselini Historia Gallorum veterum.
Cadomi, Poisson, 1636, in-8, vél.

Exempl. portant la signature de Fr. de Malherbe. Ouvrage rare que Sam.
Bochard a vivement critiqué dans une dissertation publiée après la mort d'A.
Gosselin.

3299. Steph. Forcatuli (Forcadel) de Gallorum imperio et philosophia libri VII. *Parisiis*, 1680,
in-4, v. br.

Vol. rare.

3300. EPITOME de l'Histoire de l'antiquité des Gaules
et de France, plus translation d'une oraison faite
en la faveur du roy Jean de Hongrie, de la guerre
contre les Turcs, d'une épître sur les querelles
d'entre Charles V et François Ier, par Guil. du
Bellay. *Paris, Vinc. Sertenas*, 1556, in-4.

Ouvrage rare.

—FR. DE ROZIÈRES. Six Livres des politiques, contenant l'origine et l'état des cités, condition des

personnes, économie, etc. *Reims*, 1574, in-4. —
Les Etats d'Espagne tenus à Tolède, l'an 1560,
sur le mandement du roi Philippe II, de ce nom,
trad. de l'espagnol en françois, par G. A. D. V.
(G.-A. de Villar). *Paris, Nic. Edouard*, 1562, in-4.
— De Officio pii ac publicæ tranquillitatis amantis
viri in hoc religionis dissidio (opus Georgii Cassandri a Franc. Balduino editum). *Parisiis*, 1562,
in-4.

Cet ouvrage, distribué pendant le colloque de Poissy par Baudouin, valut
à celui-ci d'être maltraité par Calvin, opposé au projet de réunion, et qui
croyait Baudouin auteur de l'ouvrage.

3300 *bis*. Essai sur l'établissement des Burgundes
dans la Gaule, par le baron de Ginginsla-Sarra.
Impr. roy., in-4, br.

Envoi d'auteur.

3301. Marci Zuerii Boxhornii Originum gallicarum
liber, cui acced. antiquæ linguæ britannicæ lexicon britannico-latinum. *Amstelæd.*, 1654, in-4,
v. br.

3302. Antiquité de la nation et de la langue des Cel-
tes, par Paul Pezron. *Paris*, 1703, in-12, v. f.
Ouvrage systématique, mais recherché et rare.

C. Origine, mœurs et usages des Français ; antiquités.

3303. J. Is. Pontani Originum Francicarum libri
VI. *Hardervici*, 1596, in-4, vél.
L'auteur veut prouver que les Français et les Germains ont une origine
commune.

3304. Histoire critique de l'établissement de la monarchie françoise dans les Gaules, par J.-B. Dubos. *Amsterdam*, 1735, 3 vol. in-12, v. br.

3307. J. J. Chiffletii Anastasis Childerici primi Francorum regis illustrata, sive thesaurus sepulchra-
lis Tornaci Nerviorum effossus, et commentario
illustratus. *Antverpiæ*, 1655, gr. in-4, fig. d'archéologie, v. br.
Ouvrage rare, curieux et l'un des plus recherchés de l'auteur.

D. Histoire générale sous les trois races des rois de France.

3308. La Mer des histoires et chroniques de France. *Paris, Galliot du Pré*, 1517 et 1518, 2 vol. in-fol. goth. (Tomes 1ᵉʳ et 3ᵉ.)

Il manque au premier volume le premier f. prélim. et le f. portant la mar-que de Galliot du Pré.

3309. Rob. Gaguin Compendium super Francorum gentis annales ab ipso recognitum et auctum. *Parisiis*, 1528, in-8, v. f. fil.

3310. DAVID CHAMBRE. Histoire abrégée de tous les rois de France, d'Angleterre et d'Escosse, mise en ordre par forme d'harmonie; plus l'épitome de l'histoire romaine des papes et empereurs; la re-cherche des singularités plus remarquables con-cernant l'Estat d'Escosse; discours de la légitime succession des femmes aux possessions de leurs parents, et du gouvernement des princesses aux empires et royaumes. *Paris, Robert Coulombel, à l'enseigne d'Alde*, 1579, in-8, vél.

Volume rare. L'auteur était attaché à Marie Stuart et lui a dédié son livre.

3311. Symph. Campegii (Champier) de Monarchia Gallorum campi aurei, ac triplici imperio, videli-cet romano, gallico, germanico, etc. *Lugduni, ex offic. Melch. et Gasp. Trechsel*, 1537, pet. in-fol. — Ejusdem Gallia celtica ac antiquitates civitatis Lugdunensis quæ caput est Celtarum, campus a Morino Pierghameo (Symph. Champier) editus: de politica reipublicæ Lugdunensis; de seditione Lugdunensi anno 1529, epitaphia lugdunaria. *Lugduni*, 1537, in-fol. vél.

Livres rares. V. Brunet, t. Iᵉʳ, col. 1769.

3312. Joan. Papirii Massonis annalium libri IV, qui-bus res gestæ Francorum explicantur. *Lutetiæ*, 1578, in-4, vél.

3313. Rerum Francicarum decades quatuor usque

ad annum MD, auctore J. R. (Joan. Rivio), Lovaniense. *Bruxellis,* 1651, in-4, v. br.

3314. Mémoires des Gaules depuis le déluge jusqu'à l'établissement de la Monarchie françoise, par Scipion Dupleix. *Paris,* 1619, in-4, v. br.

Le titre manque.

3315. Recueil des roys de France, leurs couronne et maison; ensemble le rang des Grands de France, par Jean du Tillet, dédié au roy Charles IX ; Chronique abrégée des faits et gestes politiques et militaires des rois de France (jusqu'en 1550), par Jean du Tillet, évêque de Meaux. — Recueil des guerres et traités d'entre les roys de France et d'Angleterre, par Jean du Tillet, sieur de la Bussière. *Paris, Dupuys,* 1580-88, 2 tom. en 1 vol. in-fol. v. br. fil.

Manquent le titre du t. Ier et la troisième page de l'épître dédicatoire.

3316. Recueil des roys de France, leurs couronne et maison, par les frères du Tillet. *Paris, P. Mettayer,* 1618, 2 tom. en 1 vol. in-4, v. m.

Dernière édition et la plus estimée de cet important recueil.

3317. L'Histoire des Histoires avec l'idée de l'histoire accomplie, plus le dessein de l'Histoire nouvelle des François, par Lancelot Voisin, sieur de la Popelinière. *Paris,* 1599, in-8, vél.

3318. Mélanges historiques et Recueil de diverses matières pour la pluspart parodoxales et néanmoins vraies... par Pierre de Saint-Julien de Baleure. *Lyon,* 1589, in-8, v. f. fil.

Recueil de dissertations curieuses relatives à l'histoire de France. Il renferme plusieurs généalogies de familles franc-comtoises.

3319. Inventaire général de l'Histoire de France de Pharamond à Henri IV, par J. de Serres. *Rouen,* 1623, 2 vol. in-8, vél.

De Serres s'est arrêté à la fin du règne de Charles VI. L'ouvrage fut continué jusqu'en 1606 par J. de Montlyard.

3320. Abrégé chronologique, ou Extrait de l'histoire

de France, par Franc.-Eudes de Mézeray. *Paris,*
1690, 3 vol. in-4, fig. v. br.

3321. Abrégé chronologique, ou Extrait de l'histoire
de France, par Franc.-Eudes de Mézeray. *Paris,*
1676, 8 vol. in-12, fig. v. br.

Bonne édition.

3322. Histoire de France depuis l'établissement de
la Monarchie françoise dans les Gaules, par le P.
Gabr. Daniel. *Paris,* 1713, 3 vol. in-fol. v. br.

3323. Histoire de France, par le P. Daniel. *Paris,*
1729, 10 vol. in-4, v. br.

3324. Nouvel Abrégé chronologique de l'histoire de
France, contenant les événements de notre histoire depuis Clovis jusqu'à la mort de Louis XIV,
par le président Hénault. *Paris,* 1749, 2 part. in-
8, v. m. fil.

3325. Nouvel Abrégé chronologique de l'histoire de
France, par le président Hénault. *Paris,* 1752,
in-8, vignettes et fleurons par Cochin, v. m.

3326. Histoire de France (par Claude Châlons). *Paris, Mariette,* 1720, 3 vol. in-12, v. m.

3327. Éléments de l'Histoire de France, par Millot.
Paris, 1768, 2 vol. in-12, v. m.

3328. Histoire de France, par L.-P. Anquetil, édition illustrée d'environ 260 gravures (sur bois),
publiée par Gabr. Roux. *Paris,* 1855, pet. in-fol.
d.-rel. v. non rog.

3329. Tableau de l'Histoire de France jusqu'à Louis
XVI (par Alletz). *Paris,* 1784, 2 vol. in-12, v. m.

3330. Anecdotes françoises depuis l'établissement
de la monarchie jusqu'au règne de Louis XV (par
l'abbé Bertoux). *Paris,* 1760, in-8, v. m.

Ouvrage estimé.

E. Collections d'ouvrages relatifs à l'histoire de France.

3331. HISTORIÆ FRANCORUM Scriptores coætanei, ab gentis origine usque ad Philippi IV tempora, auct. Andr. Duchesne. *Parisiis*, 1636-49, 5 vol. in-fol. v. br. fil.

Collection recherchée; elle contient des choses qui ne sont pas dans les historiens de D. Bouquet. Le premier volume va jusqu'à Pépin le Bref, le deuxième jusqu'à Hugues Capet, le troisième jusqu'à Robert, le quatrième et le cinquième (édités par Duchesne le fils) vont jusqu'à Philippe le Bel.

3332. D. MART. BOUQUET. Recueil des Historiens des Gaules et de France, etc., accompagné de sommaires, de tables et de notes. *Paris*, 1738, et ann. suiv., 13 vol. in-fol. v. m. (Tomes 1 à 13.)

3333. PIÈCES FUGITIVES pour servir à l'Histoire de France (1546-1653), avec des notes historiques et géographiques (publiées par de Braschi, marquis d'Aubais et Ménard). *Paris*, 1759, 3 vol. in-4, br.

Trois volumes recherchés et seuls parus, d'une collection qui devait être continuée.

3334. Dissertations sur différents sujets de l'Histoire de France, par J.-Bapt. Bullet. *Besançon*, 1759, pet. in-8, d.-rel. v. br. n. r.

3335. Ant. Dadini Alteferræ Notæ et observationes in X libros historiæ Francorum B. Gregorii Turonensis episc., et Supplementum Fredegarii. *Tolosæ*, 1679, in-4, v. br.

3336. Histoire des neuf rois Charles de France, par Fr. de Belleforest. *Paris*, 1570, in-fol. cart.

3337. JEHAN FROISSART. Le premier (le second, le troisième et le quart) volume des Chroniques de France, d'Angleterre, d'Ecoce, d'Espaigne, de Bretaigne, de Gascogne, de Flandres et lieux circonuoisins (de 1326 à 1400). *Imprimé à Paris*, 1518, *pour François Regnault,* 2 tom. en 4 vol. in-fol. goth. à 2 col. v. f.

Édit. imprimée pour le compte des libraires Ant. Verard (second), Françoys Regnault et Jehan Petit.

3338. Chroniques de Jehan Froissart. *Paris, pour Guil. Eustace, s. d.,* 2 vol. in-fol. goth. à 2 col. anc. rel. (Tomes 1 et 2.)

3339. Histoire et Chronique de Jehan Froissart, reueue et corrigée sur diuers exemplaires et suiuant les bons auteurs, par Den. Sauuage. *Lyon, J. de Tournes,* 1559-61, 4 tom. en 2 vol. in-fol. v. f. anc. rel.

Belle et rare édit., fort recherchée.

3340. Les Chroniques d'Enguerrand de Monstrelet, reuues et corrigées sur les exemplaires de la librairie du roy, et enrichies pour l'introduction d'icelle, et les annotations en marge. *Paris,* 1603, 3 tomes en 1 vol. in-fol. v. br. fil. (*Armes.*)

3341. Les Fastes des rois de la maison d'Orléans et de celle de Bourbon, de 1497 à 1697 (par l'abbé du Londel). *Paris,* 1697, in-8, mar. ro. tr. dor.

3342. Recueil de divers mémoires, harangues, remontrances, etc., depuis 1453 jusqu'à Louis XIII (par de Lannel). *Paris, Pierre Chevalier,* 1623, in-4, vél.

C'est Auger de Mauléon, sieur de Granier, qui paraît être l'auteur de ce recueil. On y trouve l'arrêt contre J. Cœur, du 19 mai 1453.

3343. Éclaircissements sur plusieurs points de l'histoire ancienne de France et de Bourgogne, ou Lettres critiques à M*** (par dom Jourdain). *Liége (Paris),* 1774, in-8, d.-rel. v. br. non rog.

F. **Histoire particulière de la France sous chaque règne,** jusqu'en 1789.

3344. Instructions de S. Louis à sa famille royale, aux personnes de sa cour et autres, par l'abbé de Villiers. *Paris,* 1766, in-12, v. m.

3345. Blanche, infante de Castille, mère de saint Louis, reyne et régente de France (par le baron d'Auteuil). *Paris,* 1644, 3 part. in-4, fr. gr. v. f.

3346. Histoire de Charles VI, en latin, par un auteur contemporain, trad. par J. le Laboureur, et illustrée de plusieurs commentaires. *Paris, Billaine*, 1663, 2 vol. in-fol. v. br.

3347. Histoire de Bertrand du Guesclin, connétable de France, par P. H. seign. D. C. (Paul Hay, seigneur du Chastelet). *Paris*, 1666, in-fol. v. br.

3348. JOAN. HORDAL. Heroinæ nobilissimæ Joannæ Darc, vulgo Aurelianensis Puellæ historia; ejusdem mavortiæ virginis innocentia a calumniis vindicata. *Ponti-Mussi*, 1612, pet. in-4, front. gr. et fig. de Léonard Gaultier.

Volume rare.

3349. Histoire de Charles VII, roi de France (par Baudot de Juilly). *Lyon*, 1697, 2 vol. in-12, v. br.

3350. Histoire de Louis XI, roi de France (par P. Mathieu). *Paris*, 1610, in-fol. v. br. fil.

Exempl. du marquis d'Aubais.

3351. Histoire de Louis XI, roi de France (par P. Mathieu). *Paris, Mettayer*, 1620, in-4, vél.

3352. Les Mémoires de messire Philippe de Commines, sur les principaux faits de Louis onziesme et de Charles huitiesme son fils, reueuz et corrigés par Den. Sauvage. *Imprimé à Paris, par Guil. Morel pour Galiot du Pré*, 1561, pet. in-fol.

3353. Mémoires de Phil. de Commines, sieur d'Argenton, contenant les histoires des rois Louis XI et Charles VIII, depuis l'an 1464 jusqu'en 1498, revus et corrigés par Denys Godefroy. *Paris, Impr. roy.*, 1649, in-fol. G. P. v. br.

Édition belle et rare.

3354. Les Mémoires de Philippe de Commines, enrichis de notes par Den. Godefroy. *Bruxelles*, 1723, 5 vol. pet. in-8, fig. v. f.

Bonne édition.

3355. Histoire de Charles VIII (par Guil. de Jaligny, André de la Vigne et autres historiens de ce tems-là), mise en lumière par Den. Godefroy. *Paris,* 1617, in.4. — Histoire de Louis XII, roi de France, par J. de Saint-Gelais, seigneur de Monlieu, mise en lumière avec d'autres pièces qui y ont rapport, par Théod. Godefroy. *Paris, Pacard,* 1622, in-4, v br.

Aux armes et avec la signature de Ch. d'Hozier, généalogiste du roy.

3356. Histoire de Louis XII, roi de France, par Jean d'Auton, mise en lumière par Den. Godefroy. *Paris, Pacard,* 1620, in-4, v. br.

Aux armes et avec la signature de Ch. d'Hozier.

3357. Histoire du chevalier Bayard, recueillie de Jean d'Auton (par Théod. Godefroy). *Paris, Pacard,* 1619, in-4, portr. vél.

3358. Les Mémoires de Martin du Bellay, seigneur de Langey, contenant le discours de plusieurs choses advenues en France depuis l'an MDXIII jusqu'au trépas du roy François premier, auquel l'autheur a inséré trois livres et quelques fragments des Ogdoades de Guil. du Bellay, son frère..... œuvre mis nouvellement en lumière, etc. ..... par René du Bellay ..... baron de la Lande. *Pour J. Chevet,* 1594, in-8, vél.

Exempl. du président Boyvin.

3359. Guil. Paradin de Cuiseaulx : Continuation de l'histoire de notre temps, depuis 1550 jusqu'en 1556. *Lyon, G. Rouillé,* 1556, in-fol. v. br. fil. (*Armes.*)

3360. Guil. Paradini memoriæ nostræ libri IV. *Luguni,* 1548, in-fol. vél.

Sur ces deux vol. consult. Brunet, t. IV, col. 359.

3361. Histoire des choses mémorables avenues en France, depuis l'an 1547, jusqu'au commencement de l'an 1597, sous le règne de Henri II, François II, Charles IX, Henri III et Henri IV,

contenant les infinies merveilles de notre siècle
(par Jean de Serres), dernière édition. *S. l.*,
1599, in-8, vél. *[annotation]*

V. la note de Brunet, t. IV, col. 1161.

3362. Mémoire du sieur Fr. de Boyvin, chevalier,
baron de Villars, sur les guerres démêlées tant
en Piedmont qu'au Montferrat et duché de Milan, depuis 1550 jusqu'en 1559, et ce qui s'est
passé aux années suivantes jusqu'en 1561. *Lyon*,
1610, in-8, v. m.

Manque le dernier f. de la table.

3363. Commentaires de Blaise de Montluc, maréchal de France, où sont descripts les combats, etc.,
esquels ce grand et renommé guerrier s'est trouvé
durant cinquante ou soixante ans qu'il a porté
les armes (1521-1572), ensemble diverses instructions qui ne doivent être ignorées de ceux qui
veulent parvenir par les armes à quelque honneur
et sagement conduire tous exploits de guerre;
avec différents poëmes sur sa mort. *Bourdeaux*,
Simon Millanges, 1562, 3 part. en 3 tom. pet.
in-8, v. br.

Edition originale et une des plus belles que l'on ait de ces curieux mémoires.

3364. La Vraye et entière Histoire des troubles et
choses mémorables advenues tant en France qu'en
Flandre et pays circonvoisins depuis 1562, comprise en quatorze livres : les trois premiers et
dernier desquels sont nouveaux ; les autres revus, enrichis et augmentés en plusieurs choses
notables (par Jean Le Frère, de Laval) (par Lancelot Voisin, sieur de la Popelinière). *Basle*,
1572, in-8, vél.

3365. Mémoires de Michel de Castelnau, sieur de
Mauvissière, illustrés et augmentés de plusieurs
commentaires, etc., par J. le Laboureur, nouvelle
édition revue (par Jean Godefroy). *Bruxelles*,
1731, 3 vol. in-fol. fig. v. br.

La meilleure édition de ces mémoires, qui s'étendent de 1559 à 1570.

3366. Mémoires de Louis de Bourbon, premier du nom, prince de Condé, servant d'éclaircissements et de preuves à l'histoire de de Thou, enrichis d'un grand nombre de pièces (par D. Fr. Secousse); augmentés d'un supplément (par Langlet Dufresnoy). *Londres et Paris*, 1743, 6 vol. in-4, fig. v. mar.

V. Brunet pour sa note sur cet art., 5e édit., t. II, col. 215.

3367. H. Cat. Davila. Storia delle guerre civili di Francia (dopo l'anno 1559 al 1598). *Roano*, 1646, in-fol. v. br. fil.

3368. Histoire des guerres civiles de France, trad. de l'italien de Davila par J. Baudoin. *Paris*, 1666, 4 vol. in-12, v. br.

3369. Mémoires de l'état de France sous Charles neufiesme, contenant les choses plus notables faites et publiées tant par les catholiques que par ceux de la religion, depuis le troisième édit de pacification fait au mois d'aoust 1570, jusqu'au règne d'Henri troisième; seconde édition, reueue, corrigée et augmentée de plusieurs particularitez et traitez notables. *A Meidelbourg, par Henrich Wolf*, 1578, in-8, vél.

Recueil curieux.

3370. Mémoires de la troisième guerre civile et des derniers troubles de France, Charles IX régnant (par Jean de Serres). *S. l.*, 1571, in-8, v. br.

3371. Histoire de notre temps, contenant un recueil de choses mémorables passées en France, depuis l'édit de 1568, jusques au jour présent (août 1570), (par C. Landrin et C. Martel). *S. l.*, 1580, in-8, vél.

3372. Histoire des derniers troubles de France sous les règnes d'Henri III et d'Henri IV, depuis les premiers mouvements de la Ligue (en 1576) jusqu'à la clôture des Estats de Blois, le seiziesme de

janvier 1589 (par P. Mathieu). *Lyon, Pierre Es-
tiart*, 1597, in-8, vél.

Signature de J. Boyvin et de J. Grivel, et trois distiques mss. de celui-ci sur
l'auteur.

3373. Journal des choses mémorables advenues
durant le règne d'Henri III (par Pierre de l'Estoile) ; nouv. édit., augmentée de plusieurs pièces, notes et remarques (par Jacob Le Duchat et
Den. Godefroy). *Cologne, P. Marteau (Bruxelles)*, 1720, 4 vol. in-8, fig. v. br.

Édition augmentée de la réimpression de plusieurs pièces curieuses du
temps.

3374. Panégirique de l'Hénoticon, ou l'Edit de
Henri III, roi de France et de Pologne, du mois
de juillet 1585, sur la réunion de ses sujets à l'é-
glise catholique, par Hon. du Laurens. *S. l.*,
1588, in-8, vél.

3375. Le Grand Thrésor des thrésors de France.....
qui est un préparatif propre et nécessaire pour
payer les dettes du roy, décharger ses subjets, etc.
(par Nic. Froumenteau ou Nic. Barnaud). *(Paris)*,
1581, 3 tom. en 1 vol. in-8, vél.

V. Brunet, t. Ier, col. 1441, et t. II, col. 1413.

3376. Moyens d'abus, entreprises et nullitez du
rescrit et bulle du pape Sixte V^e du nom en date
du mois de septembre 1585 contre Henry de
Bourbon, roy de Navarre, et Henry de Bourbon
..... prince de Condé, par un catholique apostolique romain, mais bon François et très-fidèle
subjet de la couronne de France (Pierre de Belloy). *A Embrun, par Pierre Chaubert*, 1586, pet.
in-8. (*Pièce rare. Éd. orig.*) — Ad assertionem
seu famosum libellum contra clericos, præsertim
episcopos, qui participaverunt in divinis, scien-
ter et sponte, cum Henrico Valesio Rege, post
Cardinalicidium, responsio (auctoribus J. Prévost, J. Lommede et R. Benoist). *S. l.*, 1590,
in-8.

Ces auteurs sont indiqués dans une note manuscrite trouvée sur un exemplaire possédé par Secousse. Exempl. de Colbert.

3377. Advertissement (premier et second) des catholiques anglois aux François catholiques et à la
noblesse qui suit à présent le roi de Navarre (par
Louis Dorléans). *Lyon, Jehan Pill hotte*, 1592,
in-8, v. mar. fil.

Le titre et les deux premiers ff. manquent. V. au sujet de ce vol. la note de
Brunet, t. Ier, col. 583.

3378. L'Isle des Hermaphrodites, nouvellement découverte (par Arthus Thomas). *S. l. n. d.* (vers
1605), pet. in-12, front. gr. vél.

Satire fort piquante contre les désordres de la cour de Henri III.

3379. De justa Henrici III abdicatione e Francorum regno libri quatuor (auct. J. Boucher). *Lugduni, apud Johannem Pillehotte*, 1591, pet. in-8.

3380. Journal du règne de Henri IV, par Pierre de
l'Estoile (publié par l'abbé d'Olivet). *Paris*, 1732,
2 tom. en 1 vol. in-8, fig. v. mar.

3381. Histoire du roy Henry le Grand, par Hardouin
de Péréfixe, évêque de Rhodez. *Amsterdam, J. et
Dan. Elsevier*, 1661, pet. in-12, v. br.

Volume rare et très-recherché.

3382. Histoire de Henri IV, par de Bury. *Paris*,
1766, 4 vol. in-12, portr. v. br.

3383. Satyre Ménippée de la vertu du catholicom
d'Espagne et de la tenue des Etats de Paris (par
P. Leroy, Gillot, Passerat, Rapin, Florent Chrestien et P. Pithou), édit. enrichie de figures, augmentée de nouvelles remarques (par Le Duchat),
et de plusieurs pièces qui servent à prouver et à
éclaircir les endroits les plus difficiles. *Ratisbonne,
les héritiers de Mathias Kerner*, 1714, 3 vol. in-8,
fig. v. br.

3384. Satyre Ménippée. *Ratisbonne, les héritiers de
Mathias Kerner (Bruxelles, Foppens)*, 1726, 3 vol.
in-8, portr. et fig. v. mar.

3385. Sermons de la simulée conversion et nullité
de la prétendue absolution de Henry de Bour-

bon, prince de Béarn, à Saint-Denis en France, le dimanche 25 juillet 1595, sur le sujet de l'évangile du jour. Prononcez en l'église de S. Merry à Paris, depuis le 1ᵉʳ jour d'aoust prochainement suivant, jusqu'au neufiesme dudit mois, par Mᵉ Jean Boucher. *Paris, chez G. Chaudière, R. Nivelle et R. Thiéry*, 1594, in-8, vél.

Édition originale et rare.

3386. Le Banquet et Après-dînée du conte d'Arête, où il se traicte de la dissimulation du roy de Nauarre et des mœurs de ses partisans, par Louis Dorléans. *Jouxte la copie imprimée à Paris, chez G. Bichon*, 1594, in-8, v. br.

L'auteur de cette satire est nommé J. Bourgeois dans d'autres éditions.

3387. Conférence des édits de pacification des troubles émus au royaume de France pour le fait de la religion, et Trettez ou Règlements faits par les rois Charles IX et Henri III, et de la déclaration d'iceux du roi Henri IV. Publiée en parlement le 25 février 1599, par P. du Belloy. *Paris*, 1600, in-8, vél.

3388. Les Parallèles de César et de Henri IV, par Ant. de Bandole, avec les Commentaires de César et les annotations de Blaise de Vigenère, de nouveau illustrez de maximes politiques, par ledit de Bandole. *Paris*, 1609, in-4, fig. vél.

3389. Lettres d'Henri IV et de Messieurs de Villeroy et de Puisieux à M. Ant. Lefèvre de La Borderie, ambassadeur de France en Angleterre depuis 1606 jusqu'en 1611. *Amsterdam*, 1733, 2 tom. en 1 vol. in-8, v. m.

3390. Les Ambassades et Négociations du cardinal Duperron, recueillies et accompagnées de sommaires et advertissements, par César de Ligny, son secrétaire. *Paris, Ant. Estienne*, 1629, in-fol. p. v.

3391. Mémoires du duc d'Angoulême pour servir

à l'histoire d'Henri III et d'Henri IV. *Paris*, 1696, in-12, v. br.

3392. Mémoires de L. de Gonzague, duc de Nevers (de 1574 à 1595, par Le Roy de Gomberville). *Paris*, 1666, 2 vol. in-fol. portr. v. br.

3393. Mémoires des sages et royales œconomies d'Estat domestiques, politiques et militaires de Henry le Grand, par Maximilien de Béthune (duc de Sully). *Amstelredam, chez Aletinosgraphe de Clearetimelée et Graphexechon de Pistariste (au château de Sully, par un imprimeur d'Angers)*, s. d. (1638), 2 tom. en 1 vol. in-fol. v. f. fil.

Édition originale rare. Signature de Guichenon. Sur le titre le chiffre de la maison de Sully (les VVV) est colorié.

3394. MÉMOIRES de Max. de Béthune, duc de Sully, mis en ordre, avec des remarques par L. D. L. (l'abbé de Lécluze des Loges). *Londres (Paris)*, 1765, 3 vol. in-4, portr. d'Odieuvre au nombre de 70, et 2 fig. représentant le massacre de la Saint-Barthelemy et l'assassinat d'Henry IV.

3395. Mémoires de Phil. de Mornay, 1572-89 (99) (mis en ordre et publiés par Jean Dœillet (La Forest). 1624-25, in-4, vél. (*Tome II.*)

3396. Autres Mémoires de Phil. de Mornay (1600-23). *Amsterdam, L. Elsevier*, 1651-52, 2 vol. in-4, v. f. fil.

3397. Les Aventures du baron de Fœneste, par Théod.-Agrippa d'Aubigné, nouvelle édition, augmentée de plusieurs remarques historiques, de l'histoire secrète de l'auteur, écrite par lui-même, et de la bibliothèque de M. Guillaume, enrichie de notes par M. *** (Le Duchat). *Amsterdam (Paris, Jacques Guérin)*, 1731, 2 vol. in-12, front. gr. v. m.

Cette édition est la meilleure que l'on ait de cet ouvrage curieux, satirique et fort piquant.

3398. Chronologie novennaire, contenant l'histoire de la guerre depuis l'an 1589, jusqu'à la paix de

Vervins, en juin 1598 (par Victor Palma Cayet), *Paris, J. Richer,* 1608, 3 vol. in-8, v, br.

Signature de J. Boyvin.

3399. Chronologie septenaire de l'histoire de la paix entre les rois de France et d'Espagne, 1598-1604. *Paris, J. Richer,* 1605, in-8, v. br.

3400. Le Mercure françois, ou Suite de l'histoire de la paix, commençant à l'année 1605, pour suite du Septenaire de Cayet (continué jusqu'en 1635, par J. et Est. Richer, de 1635-43, par E. Renaudot). *Paris,* 1611-43, 25 vol. in-8, vél.

Les années 1635 et 1636 contiennent des détails curieux sur les guerres de la Franche-Comté. Les vingt-deux et vingt-troisième volumes manquent. V. la note de Brunet, t. Ier, col. 1891.

3401. Histoire véritable de la réduction de la ville de Marseille à l'obéissance du Roi, ou la Royale liberté de Marseille (par de Deimier). *Anvers,* 1616, in-8, tit. gr. vél.

3402. Mémoires d'Estat de Nic. de Neuville, seigneur de Villeroy (1567 à 1604) et suite jusqu'à 1621 (par Duménil-Basire, publ. par de Mauléon). *Paris,* 1636, 5 vol. pet. in-8, vél.

3403. Histoire du règne de Louis XIII, par H. Griffet. *Paris,* 1758, 3 vol. in-4, v. m.

Ouvrage très-estimé et rare.

3404. Tableau votif offert à Dieu pour le roi Louis XIII sur les guerres faites par lui, et victoires gaignées en ses pays d'Anjou, Poitou, Gascongne et Béarn ces ans derniers, 1620 et 1621, par Louis Richeomme. *Bordeaux,* 1622, in-8, vél.

3405. LE SOLEIL AU SIGNE DU LYON, d'où quelques parallèles sont tirés avec le très-chrestien, très-juste et très-victorieux monarque Louis XIII, en son entrée triomphante dans sa ville de Lyon. *Lyon, Jean Jullieron,* 1623, pet. in-fol. fig. mar. n. fil. tr. dor. (*Armes.*)

Volume rare.

3406. Gabr. Barth. Gramondi Historia prostratæ a Ludovico XIII sectariorum in Gallia rebellionis. *Tolosæ*, 1623, in-4, vél.

3407. Gabr. Barth. Gramondi Historiarum Galliæ ab excessu Henrici IV (ad annum 1629) libri XVIII. *Tolosæ*, 1643, in-fol. v. br. fil.

Suite de l'histoire de De Thou.

3408. Recueil des pièces les plus curieuses qui ont été faites pendant le règne du connétable de Luynes. *S. l. (Paris)*, 1623, in-8, vél.

V. la note de Brunet, t. IV, col. 1165.

3409. Mémoires du duc de Rohan sur les choses advenues en France depuis la mort de Henry le Grand, jusques à la paix faite avec les réformez au mois de juin 1629 (publiés par les soins de Samuel Sorbière); dernière (seconde) édition, augmentée d'un quatrième livre, et de divers discours politiques du même auteur, cy devant non imprimés. *S. l. (Hollande, Elsevier, à la Sphère)*, 1646, 4 part. in-4, vél.

3410. Histoire de Henri, duc de Rohan, pair de France (par Ant. Fauvelot du Toc). *Jouxte la copie imprimée à Paris*, 1669, pet. in-12, vél.

3411. Mémoires du maréchal de Bassompierre, contenant l'histoire de sa vie, etc. *Cologne, Jean Sambix*, 1721, 4 tom. en 2 vol. in-12, v. br.

Cl. de Malleville passe pour avoir édité ces mémoires, ou du moins coopéré à leur rédaction.

3412. Le Chant du Coq françois au Roy, où sont rapportées les prophéties d'un hermite allemand (par Jacques Baret de la Galandière). *Paris*, 1623, pet. in-8. (*Rare*.) — Bullæ tres romanorum pontificum pro reformatione et observantia regulari monachorum S. Benedicti : omnia cum antiquis mss. exemplaribus collata et accurate emendata. *Parisiis*, 1616, pet. in-8, v. mar.

3413. Mémoires de plusieurs choses considérables avenues en France, avec quelque récit touchant les affaires des pays voisins depuis 1607, où finit l'histoire de J.-Aug. de Thou (par d'Espesses). *Paris, Théod. Blaise*, 1634, in-8, vél.

Signature de Pierre de Montmaur, profess. roy.

3414. Histoire du ministère du cardinal de Richelieu (par Charles Vialart, dit S.-Paul). *Paris (Hollande, Elsevier)*, 1650, 2 vol. pet. in-12, vél.

Jolie édit. V. la note de Brunet, t. III, col. 198.

3415. Histoire du cardinal de Richelieu, par Ant. Aubery. *Cologne, Pierre du Marteau (Hollande, Elsevier)*, 1666, 2 tom. en 1 vol. pet. in-12, portr. vél.

3416. Mémoires pour l'histoire du cardinal de Richelieu, recueillis par Aubery (et Ant. Bertier). *Cologne, P. Marteau*, 1667, 2 vol. pet. in-12.

3417. La Vertu ressuscitée, ou la Vie du cardinal Albornoz, histoire parallèle dédiée au card. de Richelieu, par de Lescale. *Paris*, 1629, in-8, tit. gr.

3418. Mémoires de Michel de Marolles (de 1600 à 1655). *Paris*, 1656. — Suite des Mémoires de Michel de Marolles. *Paris, Sommaville*, 1657, 2 part. in-fol. v. jasp. fil. (*Armes.*)

Édition rare d'un ouvrage curieux. Elle renferme la généalogie de l'abbé de Marolles, etc.

3419. Histoire de France sous le régime de Louis XIV, par Isaac de Larrey. *Rotterdam et Nancy*, 1719-22, 9 vol. in-12, v. br.

3420. Histoire du règne de Louis XIV, par S. Reboulet. *Avignon, Gérard*, 1744, 3 vol. in-4, v. mar.

3421. Le Siècle de Louis XIV (par Voltaire), publié par M. Dufresne de Francheville. *Dresde, Walther*, 1753, 2 vol. in-12, v. br.

3422. Histoire du roi Louis le Grand, par les médailles, emblèmes, inscriptions et armoiries recueillies et expliquées par le P. Ménétrier; 2ᵉ édit. augmentée d'un discours sur la vie du roi. *Paris*, 1700, in-fol. fig. v. f. fil.

Portrait et nombreuses figures de médailles héraldiques, etc.

3423. L'Histoire du tems, ou le Véritable Récit de ce qui s'est passé dans le parlement depuis le mois d'août 1647 jusqu'au mois de novembre 1648 (par Nic. Joannis, sieur du Portail). *Paris*, 1649, in-4, vél.

3424. Suite du Vray Journal des assemblées du parlement, contenant ce qui s'y est fait depuis la S.-Martin 1649 jusqu'à Pasques 1651. *Paris*, 1651, in-4, vél.

3425. Relation contenant la suite et conclusion du journal de tout ce qui s'est passé en parlement depuis Pasques 1652 jusqu'en janvier 1653. *Paris*, 1653, in-4, vél.

3426. Recueil de Mazarinades, ou diverses pièces pour servir à l'histoire du temps (1642-1653). 11 vol. in-4, v. et vél.

3427. Mémoires de Jacques de Chastenet, seign. de Puységur (1621-77), publiés par Duchesne. *Paris*, 1690, 2 vol. in 12, portr. v. f.

3428. Mémoires de François de Paule de Clermont, marquis de Montglat, contenant l'histoire de la guerre entre la France et la maison d'Autriche, 1635-1660 (publiés par le P. Bougeant). *Amsterdam (Rouen)*, 1727, 4 vol. in-12, v. m. fil.

3429. Lettres du cardinal Mazarin, où l'on voit le secret de la négociation de la paix des Pirennées, et la relation des conférences qu'il a eues pour ce sujet avec Don Louis de Haro. *Amsterdam*, 1692, 2 vol. in-12, v. br.

3430. Mémoires de Mʳ D. L. R. (de la Rochefoucauld) sur les brigues à la mort de Louis XIII, les guerres de Paris, etc. — Mémoires de M. de la Chastres, Articles, etc. *Cologne (Amsterdam), P. van Dich (Hollande, Elsevier)*, 1662, pet. in-12, vél.

Édition originale. V. Brunet, t. III, col. 818.

3431. Mémoires du cardinal de Retz, contenant ce qui s'est passé de remarquable en France pendant les premières années du règne de Louis XIV. *Amsterdam, Bernard,* 1731, 4 vol. pet. in-8, portr. v. mar.

3432. Mémoires de Guy Joly. *Amsterdam, Bernard,* 1738, 2 vol. pet. in-8, v. mar.

3433. Mémoires de Mme la duchesse de Nemours. *Amsterdam, Bernard,* 1738, pet. in-8, v. mar.

Jolies éditions, les plus recherchées de ces mémoires intéressants. On en trouverait difficilement d'aussi beaux exemplaires. — Les n°s 3431 et 3433 seront réunis.

3434. Le Politique désintéressé, ou ses Raisonnements justes sur les affaires présentes de l'Europe. *Cologne, à la Sphère, Henri Mathieu,* 1671, pet. in-12, v. br.

Exempl. de Fr.-Paul Lefèvre de Caumartin, de l'Acad. franç., évêque de Vannes, puis de Blois.

3435. Le Politique du temps, avec les remarques nécessaires à sa parfaite intelligence, et une dissertation historique et politique sur l'état présent de la chrétienté, 1674, in-8.

Voir, sur ce livre et son auteur présumé, la note de Barbier : *Dictionn. des anonymes,* t. III, p. 56.

3436. Histoire du maréchal de Fabert (par Sandraz de Courtilz). *Amsterdam,* 1697, in-12, portr. — Essai sur l'homme, de Pope, trad. de l'anglois par M. D. S*** (de Silhouette), 1636, in-12, v. m.

3437. Mémoires du comte de Forbin, chef d'escadre (rédigés par Reboulet et le P. Lecomte). *Amsterdam,* 1748, 2 vol. in-12, portr. v. mar.

3438. Mémoires pour servir à l'histoire de Mme de Maintenon, et à celle du siècle passé (recueillis

par d'Angliviel de la Baumelle). *Hambourg*, 1756,
5 vol. pet. in-12, portr. v. jasp. fil.

3439. Lettres de Mme de Maintenon pour servir d'é-
claircissements aux Mémoires précédents (recueillies et retouchées par de la Baumelle). *Glascow*,
1756, 7 vol. pet. in-12, v. jasp. fil.

Les n°s 3438 et 3439 seront réunis.

3440. Mémoires de la cour de France pour les années 1688 et 1689, par Mme la comtesse de la
Fayette. *Amsterdam, J.-Fr. Bernard*, 1742, in-12,
v. m.

Édition originale de ces curieux mémoires.

3441. Mémoires pour servir à l'histoire de Louis XIV,
par feu l'abbé de Choisy (publiés par Camusat).
Utrecht, 1727, 2 tom. en 1 vol. in-12, v. br.

V. sur cet art. la curieuse note de Barbier : *Dictionn. des anonymes*, t. II,
p. 395.

3443. Recueil de pièces imprimées et manuscrites
pour servir à l'histoire du régime de Louis XV,
3 vol. in-4.

3445. Recueil de lettres et mémoires écrits par l'abbé
de Montgon, concernant les négociations dont il
a été chargé. *Liége*, 1732, in-12, vél.

3446. Vie de Philippe d'Orléans, régent sous la mi-
norité de Louis XV, par M. L. M. D. M. (La Mothe,
dit de la Hode, ancien jésuite). *Londres*, 1736,
2 vol. in-12, v. mar.

3447. Siècle de Louis XV (par Voltaire). *S. l.*, 1769,
2 vol. in-12, br.

3448. Représentation des fêtes données par la ville
de Strasbourg pour la convalescence du roi
(Louis XV), à l'arrivée et pendant le séjour de
S. M. dans cette ville, par J.-M. Weiss, gr. in-fol.
fig. br.

Beau volume entièrement gravé, texte et vignettes, par J.-M. Weiss, gra-
veur de la ville de Strasbourg.

3449. Mémoire historique sur la négociation de la

France et de l'Angleterre, depuis le 26 mai 1761 jusqu'au 20 septembre de la même année (avec un avant-propos par de Bastide). *Paris, Imprim. roy.*, 1761, in-8, br.

3450. Vie du Dauphin, père de Louis XVI, par l'abbé Proyart. *Paris, Méquignon*, 1819, in-12, portr. v. br.

3451. Histoire de Maurice, comte de Saxe (par Niel). *Dresde*, 1752, 2 vol. in-12, portr. br.

3452. Recueil de pièces concernant l'affaire du Collier. *Paris*, 1786, in-4, v. mar.

Ce recueil se compose de 25 pièces.

G. Révolution de 1789, et ses suites.

3453. Mémoires pour servir à l'histoire des événements de la fin du xviiie siècle, depuis 1760 jusqu'en 1806-1810, par l'abbé Jean-Fr. Georgel. *Paris, Al. Eymery*, 1820, 6 vol. in-8, br.

Avec la gravure du Collier.

3457. Histoire de l'événement de Varennes le 21 juin 1791, par le comte de Sèze. *Paris*, 1843, in-8, br.

3458. Louis XVI peint par lui-même, ou Correspondance et autres écrits de ce monarque (composé par MM. Babié et de la Platière), précédés d'une notice sur la vie de ce prince, avec des notes historiques (par Pajoulx). *Paris, Gide fils*, 1817, d.-rel. mar. in-8.

3460. Journal de ce qui s'est passé à la tour du Temple pendant la captivité de Louis XVI, par Cléry (rédigé par la comtesse de Schomberg). *Lyon*, 1814, in-8, portr. d.-rel. v. br.

3461. Recueil factice de pièces sur le procès de Louis XVI. *Paris*, 1792 et ann. suiv., 3 vol. in-8, bas. dent. gauf.

3462. Histoire de Marie-Antoinette, par F.-Chr. Galart de Montjoie. *Paris*, 1814, 2 vol. in-8, fig. d.-rel. v. br.

3463. Conversations recueillies à Londres pour servir à l'histoire d'une grande Reine, par M***. *Paris*, 1797, in-8, br.

3464. Procès criminel de Marie-Antoinette de Lorraine, archiduchesse d'Autriche, veuve de Louis Capet. *Paris*, an II, in-8, fig. — Confession dernière et Testament de Marie-Antoinette, précédés de ses dernières réflexions, mis au jour par un sans-culotte. *An II*, in-8. — Observations et précis sur le caractère et la conduite de Marie-Antoinette, par la citoyenne Marie-Thérèse. *Paris*, 1793, in-8, cart. à la Bradel, non rog.

Trois pièces rares, la dernière surtout.

3465. Mémoires de Marie-Thérèse-Louise de Carignan, princesse de Lamballe, publiés par Mme Guénard, baronne de Miré. *Paris*, 1801, 4 tom. en 2 vol. in-12, d.-rel. v. f.

3467. Histoire de la révolution de France (jusqu'en 1797), par Bertrand de Molleville. *Paris, Giguet*, 1801, 10 vol. in-8, cart.

3468. La République en vaudevilles. *Paris*, 1793, in-18. — Almanach des gens de bien (par Montjoie) pour l'année 1795. *Paris*, in-12. — Tableau des prisons de Paris sous le règne de Robespierre. *Paris, s. d.*, in-12. — Liste des représentants du peuple à la Convention nationale. *Paris, s. d.*, in-12.

3469. Les Souvenirs d'un jeune prisonnier, ou Mémoires sur les prisons de la Force et de Duplessis, pour servir à l'histoire de la révolution. *Paris, an III de la République*, in-18. — Tableau des prisons de Paris sous le règne de Robespierre, pour faire suite à l'Almanach des prisons; 2e édit. *Paris, an III de la République*, in-18. — Almanach des prisons, ou Anecdotes sur le régime intérieur de la Conciergerie, du Luxembourg, etc. *Paris, l'an III de la République,* in-18.

3470. Dictionnaire des individus envoyés à la mort pendant la révolution, par Prudhomme. *Paris,* 1796, 2 vol. in-8, v. br. (*Rare.*)

3471. Mémoires historiques sur la catastrophe du duc d'Enghien. *Paris, Baudouin frères,* 1824, in-8, d.-rel.

3472. Mémoires pour servir à l'histoire du Jacobinisme, par Barruel. *Hambourg (Lyon),* 1798, 5 vol. in-8, br. non rog.

3473. Relation du voyage de S. M. Charles X en Alsace, par Fargès-Méricourt. *Strasbourg,* 1829, pet. in-fol. fig. portr. sur chine, Brad.

3474. La Faction orléaniste. Philippe-Égalité. Louis-Philippe Ier. La Régence. La Fusion, par Alex. Remy. *Paris, Desloges,* 1852, in-8. — Monseigneur le Duc de Bourbon. Notices historiques sur la vie et la mort de S. A. R., par le comte A.-H. de Villemur. *Paris, Devarenne,* 1852, in-8. — Histoire et politique de la famille d'Orléans. Révélations sur la mort du prince de Condé, par Alex. de Lassalle. *Paris, Dentu,* 1853, in-8, fac-sim. d.-rel. C. de R. dor. en tête, non rog.

H. Histoire royale et princière ; cérémonial français.

3475. Regalium Franciæ Jura omnia, auct. Car. de Grassalio. *Lugduni, J. Crispinus,* 1538, in-8, fig. en bois, v. br. fil. tr. dor. à compart.
Édition originale.

3476. Divers Traités sur les droits et les prérogatives des roys de France, tirés des mémoires historiques et politiques de M. C. S. S. D. S. (Charles Sorel). *Paris,* 1666, in-12, vél.

3477. Les Antiquités et Recherches de la grandeur

S.-Y.

28

et majorité des rois de France, où il est traité de
leur autorité, foi, vaillance, prérogatives, etc., par
A. D. C. T .(André Duchesne, Tourangeau). *Paris,
Petitpas,* 1609, pet. in-8, v. br.

Avec un frontispice gravé, où est représenté Henri IV avec sa famille.
Traité rare et curieux.

3478. La Défense de la monarchie françoise et autres monarchies contre les maximes des ministres
calvinistes, par eux mises en lumière en l'an 1581,
sous le nom d'Estienne Junius-Brutus, et de nouveau publiées en l'an 1611 par Louis de Meyerne-
Tarquet, par Jean Baricave. *Toulouse,* 1614, in-4, vél.

V. Brunet, t. III, col. 1558.

3479. Censure de la réplique de Savaron sur l'examen fait de son Traité de la souveraineté du Roi,
par J. Le Coq (le cardinal Duperron). *Paris,* 1617,
in-4, vél.

3480. J. Jac. Chiffletii Vindiciæ Hispanicæ. *Antverpiæ, ex offic. Plantin. Balth. Moreti,* 1645, in-4,
vél.

Exempl. donné par l'auteur à J. Bereur. Chifflet prétend établir que la
race d'Hugues Capet ne descend pas en ligne masculine de Charlemagne, et
que du côté des femmes la maison d'Autriche précède celle de Hugues
Capet.

3481. J. J. Chiffletii ad Vindicias Hispanicas lam-
pades historicæ, contra novas M. A. Dominicy
cavillationes in Rediviva Ansberti familia... *Antverpiæ, ex offic. Plantin.,* 1649, in-fol. vél.

3482. Dav. Blondelli Genealogiæ francicæ plenior
assertio, et commentorum libellis J. J. Chiffletii
omnimoda eversio. *Amstelædami, Blaeu,* 1654,
2 vol. in-fol. v. f. fil..

Blondel était aveugle quand il composa cette réfutation de J.-J. Chifflet.

3483. Alex. Patritii Armacani (Corn. Jansenii) Mars
Gallicus, seu de justitia armorum et fœderum regis
Galliæ. 1627, in-12, v. f. fil.

Réponse au livre intitulé : *Questions décidées sur la justice des armes des
rois de France,* etc., par Bescan-Arroy.

3484. Le Mars françois, ou la Guerre de France, en

laquelle sont examinées les raisons de la justice prétendue des armes et des alliances du roi de France, mise au jour par Alexandre Patritius Armacanus (Corn. Jansenius), et traduite en françois de la 3ᵉ édit. par C. H. D. P. D. E. T. B. (Ch. Hersent, de Paris, docteur en théologie, bénéficier). *S. l.*, 1637, in-8, vél.

V. Brunet, t. 1ᵉʳ, col. 483.

3485. Mémoires et instructions pour servir dans les négociations et affaires concernant les droits du Roy de France (par D. Godefroy). *Paris*, 1665, in-12, v. br.

3486. Traité de la majorité de nos rois et des régences du royaume, avec les preuves : ensemble un traité des prééminences du parlement de Paris (recueilli par R. Du Puys, et donné au public par J. Du Puys, son frère). *Amsterdam*, 1722, 2 vol. in-8, v. br.

L'ouvrage a été publié par le prieur de Saint-Sauveur.

3487. Mémoires et requêtes présentés au Roi pour et contre les princes légitimes. *La Haye*, 1717, in-4, v. br.

3488. Dissertation de M. de Puffendorf sur les alliances entre la France et la Suède, trad. du latin. *La Haye*, 1709, in-12, v. br.

3489. Le Cérémonial de France, par Th. Godefroy. *Paris*, 1619, in-4.

Première édition.

3490. Recueil des pièces historiques concernant le sacre des rois de France, et nommément celui de Louis XVI. *Avignon*, 1775, 2 vol. in-8, v. mar.

3491. Histoire du sacre et couronnement des rois et reines de France, par Alex. Le Noble. *Paris*, 1825, in-8, br.

3491 *bis*. Le Cérémonial officiel, ou les Honneurs les puissances et rangs civils, militaires, etc. *Paris*, P. Dupont, 1865, in-8, br.

I. Mélanges d'histoire politique et civile de France, États-Généraux,
ancienne Pairie, magistrature, offices, population, etc.

3492. Franc. Hotomanni Franco-Gallia, sive tracta-
lus isagogicus de regimine regum Galliæ et de jure
successionis. *Genevæ*, 1573, in-4.

Édit. originale. Cet ouvrage, dont le but était de faire revivre l'autorité et
le pouvoir de la nation et des états généraux au détriment de l'autorité
royale, fit beaucoup de bruit lorsqu'il parut.

3494. J. Ferrandi Epinicion secundum pro liliis, sive
pro aureis Franciæ liliis, adversus J. J. Chiffletium.
Lugduni, 1671, in-4, vél.

Sur la page du titre est écrit : *Domino Thomassin dono authoris.*

3495. Degli Stati di Francia e della lor possenza di
M. Mat. Zampini da Recaneti (avec la trad. latine). *Parigi*, 1598, in-8. — Diète impériale, ou
Ordonnances de l'Empereur et des États de l'empire arrêtées à Spire en 1570..... le tout trad. de
l'allemand en langue françoise par Nic. Jacob.
Paris, 1571, in-8.

3496. Lettres historiques sur les parlements, les
pairs et les lois fondamentales du royaume (par
Le Paige). *Amsterdam*, 1753, 2 vol. in-12, br.

3497. Recueil général des États tenus en France
sous Charles VI, Charles VIII, Charles IX, Henri III
et Louis XIII, avec l'ordre et la cérémonie des
États de Blois sous Henri III. *Paris*, 1651, in-4, vél.

3498. Recherches sur les Communes. *S. l. n. d.*,
in-fol. g. p. cart.

3499. Procès-verbal des séances de l'Assemblée pro-
vinciale des Trois-Évêchés et du Clermontois, tenue
à Metz dans les mois de novembre et décembre
1787. *Metz*, 1787, in-4, cart.

3500. Réflexions d'un citoyen de Besançon (Lécurel
de Villemont) sur les priviléges et immunités de
la noblesse. *S. l. n. d.*, in-8, d.-rel.

3501. L'État de la France, contenant tous les princes, ducs et pairs, et maréchaux de France, etc..... suivant les états portés à la cour des Aides (revu par L. Trabouillet). *Paris, veuve Le Geay,* 1699, 2 vol. in-12, v. br.

3502. Barth. Chassanæi Catalogus gloriæ mundi. *Francof. ad Mœnum,* 1612, in-4, v. f. fil.

C'est un traité sur les préséances. Exempl. de J. Boyvin.

3503. Histoire du gouvernement de la France et de l'origine et de l'autorité des pairs du royaume et du parlement, par M. Le Laboureur, avec un traité des pairies d'Angleterre, etc. *La Haye et Francfort,* 1743, in-12, tit. gr. v. mar.

3504. Treize Livres des Parlements de France, esquels est amplement traité de leur origine et institution, et des présidents, conseillers, gens du roi, secrétaires et huissiers et autres officiers, etc., par Bern. de la Roche-Flavin. *Bordeaux,* 1617, in-fol. v. br. fil.

Livre peu commun, renfermant une foule de détails curieux sur l'histoire, le cérémonial et les usages des Parlements du royaume.

3505. Traité des Parlements de France, de leur établissement et pouvoir. *Manuscrit in-fol. du* XVIIIᵉ *siècle,* v. jasp. fil. (*Armes.*)

Copie d'un manuscrit de la biblioth. de la ville de Paris, cité dans le P. Le Long, t. III, sous le n° 32832.

3506. Recherches du Conseil d'État et souverain, contenant un recueil des assemblées tenues pour les affaires publiques chez les Germains et Gaulois, aussi bien que chez les Francs ou François, depuis leur établissement dans les Gaules. *Manuscrit in-fol. du* XVIIIᵉ *siècle, d'une belle exécution, ouvrage inédit,* vél.

De la biblioth. du baron d'Auteuil. Aux armes de Secousse.

3507. Les Ouvertures des Parlements faites par les Rois de France tenant leur lit de justice, par Louis Dorléans. *Lyon,* 1617, in-8, vél.

3508. Lettres sur les anciens Parlements de France
que l'on nomme États-généraux, par le Cte de
Boulainvilliers. *Londres (Rouen)*, 1753, 2 vol. in-
12, v. br.

3509. Les Remontrances de Jacques de La Guesle.
Paris, 1611, in-4, front. gr. par L. Gaultier; v.
br.

3510. Harangues prononcées au Parlement, au
Grand-Conseil et à la Cour des Aides, sur la pré-
sentation des lettres de M. Séguier, chancelier de
France. *Paris*, 1656, 3 part. pet. in-4, vél.

3511. Arrêt du Parlement pour le duc de Mantoue
contre la Reine de Pologne et la Princesse Pala-
tine, avec les Plaidoyers de l'Avocat-général Bignon et des avocats des parties. (*Paris, veuve
Guillemot*, 1652), in-fol. portr. vél.

3512. Défense des Avocats consistoriaux du Parlement de Dauphiné, pour la noblesse et les priviléges de leur profession, sur l'assignation qui leur
a été donnée en conséquence de la déclaration de
S. M. du 25 mars 1666, contre les usurpations
de noblesse. *Paris*, 1668, in-fol. v. br.

Exempl. de Colbert.

3513. Les Efforts de la liberté et du patriotisme
contre le despotisme du sieur de Maupeou, chancel.
de France, ou Recueil des écrits patriotiques publiés pour maintenir l'ancien gouvernement françois. *Londres*, 1776, 4 vol. in-8, fig. v. br.

3514. Les Présidents au mortier du Parlement de
Paris, leurs emplois, armes, etc.; ensemble un catalogue de tous les conseillers....., par Fr. Blanchard. *Paris*, 1647, in-fol. armoiries, v. br.

3515. Livre des Offices de France, par J. Chenu.
Paris, 1620, in-4, vél.

3516. Histoire de la milice françoise, par Gabr. Daniel. *Paris*, 1721, 2 vol. in-4, fig. v. br.

C'est la meilleure édit. d'un ouvrage rempli de recherches curieuses.

3517. TRAITÉ HISTORIQUE des monnaies de France, avec leurs figures, depuis le commencement de la monarchie jusqu'à présent, par F. Le Blanc. *Paris*, 1690, in-4, fig. v. br.

Titre imprimé et front. gravé. Avec une note manuscrite sur la valeur des monnaies anciennes d'or et d'argent, ayant cours au comté de Bourgogne en 1481. Ouvrage estimé et rare. V. Brunet, t. III, col. 904.

J. Histoire particulière des anciennes provinces et villes de France.

3518. ANTIQUITÉS, chroniques et singularités de Paris, par Gilles Corrozet. *Paris, Gilles Corrozet,* 1561, in-8, vél.

Exempl. de Guy Coquille, sieur de Romenay, signé de sa main, avec la devise: *Nul ne le sait.* C'est l'édition la plus complète et à ce qu'il paraît la dernière qu'ait donnée Corrozet, qui ne mourut cependant qu'en 1568.

3519. Les Antiquités de la ville de Paris (par Dubreuil et Malingre). *Paris, P. Rocolet,* 1640, in-fol. v. mar.

3520. Supplementum Antiquitatum urbis Parisiacæ quoad SS. Germani a Pratis et Mauri-Fossatensis cœnobia, auct. J. Dubreul. *Parisiis*, 1614, in-4, vél.

Ouvrage recherché qui fait suite au précédent.

3521. Dissertations sur l'histoire ecclésiastique et civile de Paris, suivies de plusieurs éclaircissements sur l'histoire de France, par l'abbé J. Lebeuf. *Paris*, 1739, in-12, fig. (Tome Ier.)

3522. Essais historiques sur Paris (par Saint-Foix). *Londres*, 1759, 3 vol. in-12, fig. v. mar.

3523. Essais historiques sur Paris, par M. de Saint-Foix. *Londres,* 1757, 5 vol. in-12, v. br.

3524. Description de Paris, Versailles, Marly, etc., par Piganiol de la Force. *Paris*, 1742, 8 vol. in-12, v. mar.

3525. TABLEAU DE PARIS, par Edmond Texier, ouvrage illustré de quinze cents gravures d'après les dessins de Ph. Blanchard, Cham, Champin, Eug.

Forest, etc. *Paris, Paulin et Le Chevalier*, 1852-53, 2 vol. in-fol. d.-rel.

3526. Le Tour de la vallée, histoire et description de Montmorency, Enghien-les-Bains, Saint-Leu-Taverny, etc., par Lefeuve. *Paris*, 1856, in-8, d.-rel. C. de R.

3527. Statistique du département de Seine-et-Marne, d'après des documents inédits et authentiques, par E. Dubarle. *Paris*, 1836, in-8, cart. d.-rel. v. v. non rog.

3528. Le Valois royal, extrait des mémoires de Nic. Bergeron. *Paris, G. Beys*, 1583, in-8.

3529. Mémoires des pays, ville, comté et comtes et personnes de renom, etc., de Beauvais et Beauvaisis, par Ant. Loisel. *Paris*, 1617, in-4, v. f. fil.

3530. Histoire généalogique des comtes de Ponthieu et majeurs d'Abbeville, où sont rapportés les priviléges que les rois leur ont donnés, leurs actions héroïques, leurs armoiries, et ce qui s'est passé de plus remarquable dans le pays de Ponthieu et de Vimeux..... depuis l'an 1083 jusqu'en 1657....., par J. D. J. M. C. D. (Jacques Sanson, carme déchaussé, connu sous le nom de Ignace de Jésus-Marie). *Paris, Fr. Clousier*, 1657, in-fol. fig. v.

Ouvrage rare et recherché, orné de nombreuses figures de blasons.

3531. Histoire de Calais et du Calaisis, par Le Febvre. *Paris, de Bure*, 1766, 2 vol. in-4, v. br.

3532. Histoire de la ville et comté de Valenciennes, par H. d'Outremann, illustrée et augmentée par le P. Pierre d'Outremann, *Douai, Marc Wyon*, 1639, in-fol. v. br. fil. (*Armes.*)

Exempl. de Cl. Bereur.

3533. Tableau chronologique extrait sur l'histoire de l'église, ville et province de Reims, par P. Cocquault. *Reims*, 1650, in-4, v. br.

3534. L'Anastase de Langres, tirée du tombeau de son antiquité, par D. Gaulterot. *Langres, Bordrot*, 1649, pet. in-4, vél.

Ce volume, devenu très-rare, est divisé en deux parties : *Langres payenne, Langres chrétienne.*

3535. AND. DUCHESNE. Historiæ Normannorum scriptores antiqui, res ab illis gestas explicantes, ab anno 838 ad annum 1220. *Lutetiæ-Paris.*, 1619, in-fol. v. br. fil.

Ouvrage rare, curieux et fort recherché.

3536. Abrégé de l'histoire de Normandie (par Jean Eustache, sieur de Anneville). *Rouen*, 1665, in-12, v. br. carte sur bois.

3537. Histoire du Comté d'Athis (Orne) et de ses communes, par le comte H. de La Ferrière-Percy. *Paris*, 1858, in-8, vignettes, sceaux et blasons gravés dans le texte, d.-rel. C. de R. dor. en haut.

3538. Histoire de Flers, ses seigneurs, son industrie, par le comte H. de la Ferrière. *Paris et Caen*, 1855, in-8, fig. cart.

3539. Histoire des pays et comté du Perche et duché d'Alençon, par Gilles Bry de la Clergerie. *Paris*, 1620, et additions, 1621, in-4, vél.

3540. Discours historique sur la châtellenie et le château de Chenonceaux, publ. par le prince A. Galitzin. *Tours, Ladevèze*, 1858, in-4, d.-rel. mar. br.

Tiré à 50 exempl. sur papier vergé.

3541. Histoire des comtes du Poictou et ducs de Guienne, contenant ce qui s'est passé de plus mémorable en France depuis l'an 811 jusqu'au roy Louis le Jeune.....; ensemble divers traités historiques, par Jean Besly (revue par P. Du Puys, et publiée par le fils de l'auteur). *Paris*, 1647, in-fol. v. br. fil.

3542. F. Samsonis Haii de veritate vitæ et ordinis

D. Gulielmi quondam Aquitonum et Pictonum principis. *Lutetiæ*, 1587, in-8, fig. en bois, vél.

3543. Histoire du Berry, contenant l'origine, antiquité, gestes, prouesses, priviléges et libertés des Berruyers, avec particulière descript. dudit pays, par Jean Chaumeau, seigneur de Lassay. *Lyon, Gryphius*, 1566, pet. in-fol. fig. carte et blasons.

La grande vue de Bourges porte les monogrammes IO. AR. FA. 1566. Ouvrage rare et recherché.

3544. Histoire du Berry abrégée dans l'éloge panégyrique de la ville de Bourges, par Phil. Labbe. *Paris*, 1647, in-12, vél.

3545. Histoire de la ville de Sancerre, par l'abbé Poupard. *Paris*, 1777, in-12, br.

3546. L'Histoire de Bretagne, des rois, ducs, comtes et princes d'icelle : l'establissement du royaume, mutation de ce titre en duché, continuée jusqu'au tems de Madame Anne, dernière duchesse....., mise en écrit par Messire Bertrand d'Argentré. *Paris, G. Du Puys*, 1588, in-fol. tit. gr. en bois, v. f. fil.

V. Brunet, t. Ier, col. 419.

3547. Traité historique de la mouvance de Bretagne..... pour servir de réponse à ce qu'en a écrit le R. P. Lobineau dans son histoire moderne de Bretagne (par l'abbé de Vertot.) *Paris*, 1710, in-12, v. br.

3548. Histoire d'Arthus III, duc de Bretagne et connestable de France, contenant ses memorables faictz depuis l'an 1413 jusqu'à l'an 1457 (par Guil. Gruel), de nouveau mise en lumière par Théod. Godefroy.*Paris, Abr. Pacard*, 1622, in-4.—Recueil d'advis et conseils sur les affaires d'Estat, tiré des Vies de Plutarque, par Bern. de Girard, seigneur du Haillan. *Paris*, 1578, in-4. — Ant. Augustini et Fulvii Ursini de Romanorum gentibus et familiis, *Genevæ*, 1592, in-4.

3549. Les Côtes-du-Nord : histoire et géographie de toutes les villes et communes du département, par B. Jollivet. *Guingamp*, 1854, 5 tom. en 2 vol. in-8, fig. d.-rel. C. de R. dor. en t.

3551. Histoire et Antiquitez de la ville et duché d'Orléans... augmentée des antiquitez des villes dépendantes du chastelet et bailliage d'Orléans ; plus les généalogies des nobles et illustres Orléanois ; la fondation des églises, etc., par Fr. Le Maire. *Paris*, 1646, 2 tom. en 1 vol. in-4, vél.

Manquent les frontispices des Ier et IIe tomes, et le premier feuillet de l'épître dédicatoire du deuxième. Première édition, recherchée parce qu'elle contient bien des choses que l'auteur a volontairement omises dans la deuxième.

3552. Gilb. Cognati brevis ac dilucida Burgundiæ superioris, quæ comitatus nomine censetur, descriptio; item brevis Galliæ descriptio per eumdem. *Basileæ, Jo. Oporinus* (1552), 2 t. en 1 v. p. in-8.

Volume peu commun.

3553. Gul. Paradini de Antiquo Statu Burgundiæ. *Lugduni, Steph. Doletus*, 1542, in-4.

3554. De Antiquo Statu Burgundiæ, per Guil. Paradinum. *Basileæ* (1550), in-8.

3555. Description générale et particulière du duché de Bourgogne, par Béguillet et Courtépée, deuxième édit. augm. de divers mémoires et pièces. *Dijon, V. Lagier*, 1847-48, 4 vol. gr. in-8, cartes et plans, mar. n. (*Armes.*)

3556. De l'Origine des Bourguignons et antiquité des Estats de Bourgogne, onze livres ; des Antiquités d'Autun, un livre; de Chalon, trois livres ; de Mascon, trois livres ; de l'abbaye et ville de Tournus, un livre, par Pierre de Saint-Julien de Baleure. *Paris, Nic. Cheneau*, 1581-82, 4 part. en 1 vol. in-fol. vél.

3557. Annales de Bourgogne (de l'an 378 à 1482), par Guil. Paradin de Cuyseaulx. *Lyon, A. Gryphius*, 1566, in-fol.

3558. Histoire générale et particulière de Bourgogne, avec des notes, des dissertations et des preuves (par dom Urbain Plancher et dom Merle) *Dijon,* 1739-48-81, 4 vol. in-fol. demi-rel. bas.

Ouvrage estimé. Au tome III de cet exemplaire il y a les pages 385 à 416 manuscrites d'une bonne écriture.

3559. Nic. Vignerii rerum Burgundionum chronicon (ab anno 468 ad annum 1482). *Basileæ,* 1575, in-4. — La Chronologie de Gaut de Frégeville, contenant la générale durée du monde démontrée par la parole de Dieu. *Paris,* 1582, in-4.

3560. Ponti Heuteri Delphii rerum Burgundicarum libri sex. *Hagæ-Comitis, Maire,* 1639, in-8. — Ejusdem genealogiæ præcipuarum aliquot e Gallia Francica ac Belgica familiarum quibus in præcedenti historia maxime agitur. *Hagæ-Comitis,* 1639, in-8, v. br.

3561. Dunod de Charnage : Histoire des Séquanais, des Bourguignons, etc. (sous le titre d'Histoire du comté de Bourgogne). *Dijon,* 1735-37. — Mémoires pour servir à l'histoire des comtes de Bourgogne. *Besançon et Dijon,* 1740, en tout 3 vol. in-4, v. mar. (*Aux armes du collége Mazarin.*)

3562. Recueil de plusieurs pièces curieuses, servant à l'histoire de Bourgogne, par Est. Pérard. *Paris, Cramoisy,* 1664, in-fol. fig. v. br.

Vol. rare.

3563. Histoire des rois, ducs et comtes de Bourgogne et d'Arles, extraite des diverses chartes et chroniques anciennes, avec l'histoire généalogique des ducs de Bourgogne de la Maison de France, par And. Duchesne. *Paris,* 1619-28, 2 vol. in-4, v. m.

3564. Genethliaque, autrement Triomphe sur la naissance de Monseigneur le Dauphin, par l'infanterie dijonnoise, le 27 décembre 1601. *Cisteaux,*

pour Pierre Grangier de Dijon, 1602, in-8, v. fil.
(*Armes.*)

Vol. rare, sur lequel deux choses sont à remarquer : la première qu'il est
en partie écrit en patois bourguignon, et qu'il sort d'une presse établie à Ci-
teaux, dont n'ont parlé ni Colton ni M. Ternaux.

3565. LES ARMES TRIOMPHANTES de S. A. Monseigneur le duc d'Epernon, pour le sujet de son entrée dans la ville de Dijon, faite le 8 mai 1656
(par B. Griguette). *Dijon, Chavance,* in-fol. fig.
mar. br. fil. tr. dor. (*Armes.*)

Rare. Titre gravé et 16 pl. à l'eau-forte, par Mathieu, d'après Godran.

3566. Histoire de la ville et de l'ancien comté de
Bar-sur-Seine, par L. Coutant. *Bar-sur-Seine,*
1854 et années suivantes, gr. in-8, fig. v. fil.
Armes.)

3569. Histoire de la ville de Beaune et de ses antiquités, par l'abbé Gandelot. *Dijon,* 1772, in-4,
fig. d. mar. planches.

L'auteur combat l'opinion de ceux qui ont voulu placer à Beaune l'ancienne
Bibracte.

3569 *bis.* Essai historique sur la ville de Nuits, par
H. Vienne. *Dijon,* 1845, in-8, pl. br.

3570. L'Illustre Orbandale, ou Histoire de la ville
de Chalon-sur-Saône (par Léon Bertaut et P. Cus-
set). *Lyon et Chalon,* 1662, 2 vol. in-4, fig. v.
br.

3571. Discours en forme de lettre, touchant Béa-
trix, comtesse de Chalon, laquelle déclare quel
fut son mari, quels ses ancêtres, etc., par le R. P.
Fr. Chifflet. *Dijon, Chavance,* 1656, in-4, fig.

Édition originale et rare.

3572. Histoire de l'antique cité d'Autun, par Edme
Thomas, nouv. édit. illustrée et annotée (par M.
l'abbé Devoucoux). *Autun, Dejussieu,* 1846, in-4,
fig. mar. n.

3573. Histoire de la ville d'Autun, par Jos. Rosny.
Autun, 1802, in-4, fig. et cartes, br.

3574. La Très-ancienne et très-auguste ville d'Autun, couronnée de joye, d'honneur et de félicité, sur la promotion de Mgr Louis Dony d'Attichy dans son siége épiscopal (par Léon Berthauld). *Chalon-sur-Saône, Tan,* 1653, in-4, vél.

3576. Recherches sur les anciennes monnaies, poids et mesures du comté de Bourgogne (par dom Grappin). *Besançon, Couché; Paris, Nyon,* 1782, in-8, cart.

3577. Mémoires pour servir à l'histoire du droit public en Franche-Comté (par M. Droz). *Besançon,* 1789, in-8, br. non rog.

3580. Etat par ordre alphabétique des villes, bourgs et villages du comté de Bourgogne, dressé au sujet de la nouvelle carte, par Jean Querret. *Paris,* 1748, in-8, br.

3580 *bis.* Mémoire du département du Doubs, adressé au ministre de l'intérieur par Jean Debry. *Paris, Impr. impér.*, *an XII,* gr. in-fol. br.

3581. Mémoires historiques de la république séquanaise et des princes de la Franche-Comté de Bourgogne, par Louis Gollut. *Dôle, Dominique,* 1592, in-fol. v. br.

3582. Mémoires historiques sur les guerres du XVIe siècle dans le comté de Bourgogne (par dom Grappin). *Besançon,* 1788, in-8, br.

3582 *bis.* Journal de Jean Grivel, seigneur de Perrigny, contenant ce qui s'est passé dans le comté de Bourgogne pendant l'invasion française et lorraine de l'année 1595, publié d'après le manuscrit original et accompagné de notes, éclaircissements, etc., par le Dr Chereau. *Lons-le-Saulnier,* 1865, in-8, br.

3585. Vesontii civitas imperialis libera, Sequanorum metropolis, illustrata. *Lugduni, Cl. Cayne,* 1618, in-4. v. mar. fig.

Avec envoi autogr. de l'auteur.

3586. Histoire de l'église, ville et diocèse de Besançon, par Dunod. *Besançon, Daclin et Charmet,* 1750, 2 vol. in-4, v. mar.

3591. Recueil de diverses pièces relatives à l'histoire du parlement de Besançon. In-12, v. br.

3592. Recueil de pièces pour servir à l'histoire du parlement de Besançon, aux années 1758, 1759, 1760 et 1761, 2 vol. in-12, v. jasp. fil.

3593. Arrêts et remontrances itératives du parlement de Franche-Comté au roi au sujet de l'exil du marquis de Grammont, chevalier d'honneur de cette compagnie. 1758, in-12, br.

3594. Réflexions sur l'ouvrage intitulé : *Relation des troubles actuels du parlement de Franche-Comté.* 1759, in-12, br.

3595. Journal intéressant de ce qui s'est passé au parlement de Besançon en juillet et août 1771, 1772, in-8, cart.

3596. Traité fait entre Castel-Rodrigo, plénipotentiaire de S. M., et la cité de Besançon. *Besançon,* 1702, in-4, br.

3599. Recherches historiques sur la ville de Gray, au comté de Bourgogne, par Crestin. *Besançon,* 1788, in-8, dem.-chagr. noir.

3600. Inventaire des titres trouvés au château de Crimont-sur-Poligny, en 1510. Manuscr. du XVIe siècle, in-fol. vél.

3601. Mémoires historiques sur la ville et seigneurie de Poligny, avec des recherches relatives à l'histoire du comté de Bourgogne et de ses anciens souverains, et une collection de chartes intéressantes, par Franc. Félix Chevalier. *Lons-le-Saunier,* 1767-69, 2 vol. in-4, dem. v.

3602. Dissertation sur une mosaïque trouvée près

de la ville de Poligny, par J. Bruand. *Paris*, 1826, in-8, Bradel non rog. fig.

3607. Histoire de Gigny au département du Jura, de son abbaye et de Saint-Taurin...., par J. Gaspard. *Lons-le-Saunier, Fréd. Gauthier*, 1843, in-8, d.-rel. chagr.

Ouvrage mentionné très-honorablement, le 15 août 1844, à l'Académie des inscriptions et belles-lettres.

3608. Mémoires sur l'abbaye de Faverney, qui contiennent en abrégé l'histoire de la ville (par dom Grappin). *Besançon, Daclin*, 1771, in-8. Bradel.

3609. Mémoire et consultation pour servir à l'Histoire de l'abbaye de Château-Châlons (par Le Riche). *Lons-le-Saunier, Delhorme*, 1765, in-fol. d.-rel. C. de R.

3610. Mémoire et consultation pour servir à l'Histoire de l'abbaye de Château-Châlons (par Le Riche). Deuxième édition, corrigée et augmentée. *Besançon*, 1766, in-8, br.

3610 *bis*. Recherches historiques sur la ville de Salius, par M. Béchet. *Besançon*, 1830, 2 tom. en 1 vol. in-12, plan et fig. d.-rel. C. de R. dor. en tête.

3611. Dissertation sur l'établissement de l'abbaye de Saint-Claude, ses chroniques, ses légendes, ses chartes, ses usurpations, et sur les droits des habitants de cette terre (par Christin). *Neufchâtel*, 1772, in-8, br.

3612. Histoire de l'abbaye de Saint-Claude depuis sa fondation jusqu'à son érection en évêché, par M. l'abbé de Ferroul-Montgaillard. *Lons-le-Saunier*, 1854-55, 2 tom. en 1 vol. in-8, fig. d.-rel. C. de R. non rog. doré en tête.

3614. Lettres sur l'histoire ancienne de Lyon (par Aimé de Penhouët, colonel de gendarmerie). *Besançon, Vacheran-Tissot*, 1818, in-4, fig. dem.-mar.

A la fin de cet ouvrage il est question de la source d'Arcier, qui, sous les Romains comme de nos jours, fournissait l'eau à Besançon.

3615. Mémoires de l'histoire de Lyon, par Guil. Paradin de Cuyseaulx. *Lyon, Ant. Gryphius,* 1573, in-fol. vél. — Les Priviléges, franchises et immunitez octroyées par les roys très-chrétiens aux consuls, échevins, manans et habitans de la ville de Lyon, et à leur postérité, par Cl. de Rubis. *Lyon, Antoine Gryphius,* 1574, in-fol. vél.

3616. Les Divers Caractères des ouvrages historiques avec le plan d'une nouvelle histoire de la ville de Lyon, le jugement de tous les auteurs qui en ont écrit, etc., par le P. Ménétrier. *Lyon,* 1694, in-12, pl. v. br.

3617. Discours des premiers troubles advenus à Lyon (en 1562), avec l'apologie pour la ville de Lyon contre le libelle faussement intitulé : *La juste et sainte défense de la ville de Lyon,* par Gabr. de Saconay. *Lyon, Mich. Jove,* 1569, in-8. (*Rare.*) — Antiquitez de la ville de Lyon, avec quelques singularités remarquables par le P. Dom. de Colonia. *Lyon,* 1701, in-8, fig. v. br.

3618. Les Masures de l'abbaye de l'Isle-Barbe-les-Lyon, ou l'Histoire de cette abbaye, etc., par Cl. Le Laboureur. *Paris,* 1681, 2 vol. in-4, v.

Ouvrage recherché relativement aux anciens titres qu'il renferme ; on y trouve une généalogie fort curieuse du fameux chevalier Roland, et des principales familles du Lyonnais, Forez, Dauphiné, etc. Les exempl. en sont rares. V. la note de Brunet, t. III, col. 955.

3619. Supplément aux Masures de l'abbaye de l'Isle-Barbe. *Lyon,* 1846, in-4, br.

3620. Histoire universelle, civile et ecclésiastique du pays de Forez, par J.-M. de la Mure. *Lyon,* 1674, in-4, v. m. fil.

Ouvrage recherché et peu commun.

3620 *bis.* Histoire des ducs de Bourbon et des comtes de Forez, en forme d'Annales, sur preuves authentiques, servant d'augmentation à l'Histoire du pays de Forez, et d'illustration à celle des pays de Lyonnais, Beaujolais, Bourbonnais, Dauphiné

et Auvergne, et aux généalogies de la maison
royale et des plus illustres maisons du royaume,
par J. Mar. de La Mure. Publiée pour la première
fois, et ornée de vues, portraits, sceaux, monnaies, fac-simile et autres fig., dessinés d'après des
monuments authentiques. *Lyon, impr. de Perrin,
Paris, Potier,* 1860, in-4, 1ᵉʳ vol. br.

Tiré à 5oo exempl.

3621. Histoire de Bresse et de Bugey, Gex et Val-
romey, avec les preuves par Sam. Guichenon.
Lyon, 1650, 4 part. en 1 vol. in-fol. v. mar.

Ouvrage estimé et rare.

3622. Bibliotheca Sebusiana, sive variarum char-
tarum, diplomatum, fundationum, privilegiorum,
donationum et immunitatum a summis pontificibus, imperatoribus, regibus, etc., ecclesiis, mo-
nasteriis et aliis locis aut personis concessarum,
nusquam antea editarum, miscellæ centuriæ II;
ex archivis regiis, etc., ad historiæ lucem collegit
et notis illustravit S. Guichenon. *Lugduni, apud
Guil. Barbier,* 1660, in-4, v. br.

Envoi de l'auteur. Livre peu commun, recueil de chartes et de titres qui
servent de preuves à l'ouvrage précédent.

3623. Les Communes du département de l'Ain, par
arrondissements et par cantons; ouvrage contenant
des annotations artistiques et archéologiques, etc.,
par Alex. Serand. *Bourg-en-Bresse,* 1856, in-8,
cart. d.-rel.

3624. Almanach de la ville de Nevers pour 1782.
Nevers, pet. in-12, br.

3625. Le Morvand, ou Essai géographique, topographique et historique sur cette contrée, par
l'abbé J.-F. Baudiau. *Nevers,* 1854, 2 tom. en 1
vol. in-8, d.-rel. C. de R.

3625 *bis.* Dictionnaire géographique de la Nièvre,
nomenclature des villes, villages, hameaux, etc.,
précédée de la statistique générale de ce département, par Paulin Fay. *Nevers,* 1860, in-8, br.

3626. Notes et réflexions sur l'Auvergne. Manuscrit in-fol. du xviii° siècle, v. mar. fil.

Copie du manuscrit de la Biblioth. impériale, désigné au n° 37440 de la *Biblioth. de France*, sous ce titre : *Histoire d'Auvergne, par Audusier, chanoine de Clermont.*

3627. HISTOIRE ET PARTICULARITÉS de la ville de Clermont, en Auvergne, divisée en quatre livres. Manuscrit in-fol. du xviii° siècle, v. mar. fil.

Intéressant pour l'histoire d'Auvergne. V. la note manuscrite en tête du volume.

3628. LES ORIGINES DE LA VILLE DE CLERMONT, et les généalogies de la maison de Senecterre, par Jean Savaron et P. Durand, conseiller à la cour des Aides de Clermont. *Paris*, 1662, in-fol. fig. v. mar. fil.

Seconde édition rare et recherchée, augmentée de différentes parties, et enrichie des portraits de quelques hommes illustres d'Auvergne.

3629. Dictionnaire statistique, ou histoire, description et statistique du département du Cantal, par Deribier-du-Chaletet, ouvrage revu et augmenté par les soins de l'Association Cantalienne. *Aurillac*, 1852 et ann. suiv., 5 vol. gr. in-8, d.-rel. v. br.

3630. Arn. Oïhenarti Notitia utriusque Vasconiæ tum Ibericæ, tum Aquitanicæ. *Parisiis, Cramoisy*, 1638, in-4, v. f. fil.

Ouvrage rare et recherché d'un des historiens les plus éclairés et les plus judicieux de son temps.

3631. S. Baluzii Historiæ Tutelensis libri III. *Parisiis, ex Typogr. regia*, 1717, in-4, fig. v. m. (*Aux armes de France.*)

Avec une lettre autographe de Baluze annonçant au président de Brosses l'envoi d'un exempl. de l'ouvrage.

3632. HISTOIRE DE BÉARN, par Pierre de Marca. *Paris*, 1640, in-fol. p. v.

Ouvrage rare et très-recherché.

3633. L'Histoire du royaume de Navarre (par Gabr. Chappuis), contenant de roy en roy tout ce qui y est advenu de remarquable dès son origine, et depuis que les rois d'Espagne l'ont usurpé. *Paris, N. Gilles*, 1596, in-8, v. br. fil.

3634. Le Château de Pau (souvenirs historiques), son histoire et sa description, par G. Bascle-de-Lagreze. *Paris, Didier*, 1854, in-8, fig. d.-rel. C. de R.

3635. Bertr. Helii Historia Fuxensium Comitum; ejusdem de regni Navarræ origine et regibus qui in ea regnaverunt (liber). *Tolosæ, Nic. Vieillard*, 1540, pet. in-4, v. br.

Vol. peu commun.

3636. ANNALES D'AQUITAINE, par J. Bouchet. *Poictiers, Jehan et Enguilbert de Marnef*, 1545, in-fol. front. gr. sur bois, v. m.

3637. LES ANNALES D'AQUITAINE, faicts et gestes des rois de France et d'Angleterre, pays de Naples et de Milan, augmentées de plusieurs pièces rares et historiques recueillies par A. Mounin. *Poitiers, Mounin*, 1644, in-fol. front. gr. v. m.

3638. Le Périgord illustré, guide monumental, statistique et historique de la Dordogne, par l'abbé Audierne. *Périgueux*, 1851, in-8, d.-rel. C. de R. nombreuses fig. dans le texte.

3641. HISTOIRE GÉNÉRALE DE LANGUEDOC, avec des notes et des pièces justificatives, par D.-J. Vaissette et D. de Vic. *Paris*, 1730-45, 5 vol. in-fol. fig. v.

C'est une des meilleures histoires particulières de nos provinces. Les PP. Marchand et Boyer ont donné les premiers soins à cet ouvrage ; mais, leur âge et leurs emplois ne leur ayant pas permis de le continuer, on leur a substitué D. de Vic et J. Vaissette.

3642. Histoire tolosaine, par Ant. Noguier. *Tolose, Bondeville*, 1650, pet. in-fol. fig. en bois, vél.

3643. Histoire des comtes de Toulouse, avec quelques traités et chroniques anciennes. *Tolose*, 1623, in-fol. fig. p. v. fil.

3644. Discours historial de l'antique cité de Nismes en la Gaule narbonnoise, par Jean Poldo d'Albenas. *Lyon, G. Rouillé*, 1560, in-fol. fig. en bois.

Ouvrage curieux.

3645. La Catalogne françoise, où il est traité des droits du roy sur les comtés de Barcelone, du Roussillon, etc. (par P. de Caseneuve). *Toulouse*, 1644, in-4, vél.

3645 bis. Préoccupations statistiques, géographiques, pittoresques et synoptiques du département des Hautes-Alpes, par B. Chaix. *Grenoble*, 1845, in-8, br.

3646. L'HISTOIRE ET CHRONIQUE DE PROVENCE, où passent de tems en tems et en bel ordre les anciens poëtes, personnages et familles illustres qui y ont fleury depuis 600 ans ; oultre plusieurs races de France, Italie, Hespaigne, etc., comme aussi les plus signalés combats et faits d'armes qui s'y sont passes, par César de Notre-Dame. *Lyon, S. Rigaud*, 1614, in-fol. portr. front. gr. v. f. fil.

L'auteur de ce livre fut récompensé de son travail par un brevet de gentilhomme ordinaire de la chambre du roi Louis XIII.

3647. Histoire de Provence, par J.-Fr. de Gaufridi. *Paris*, 1723, in-fol. portr. v. br.

3648. La Royale Couronne d'Arles, ou l'Histoire de l'ancien royaume d'Arles, par J.-Po. Bouys. *Avignon, Bramereau*, 1641, pet. in-4, v. mar.

3649. Les Antiquités de la ville de Marseille, où il est traité de l'ancienne république des Marseillais, par J.-R. de Solier, translatée de latin en françois, par Ch. Annibal Fabrot (et publiée par H. de Solier, fils de l'auteur). *Lyon, et se vendent à Marseille par Ant. de Bussi*, 1632, pet. in-8, v. br.

3650. Les Antiquités de la ville et cité d'Orange (par Ant. Raban). *Orange, Raban*, 1674, in-8. — Le Voyage de Rheims avec l'entière et très-exacte description des cérémonies du sacre de Louis XIII, par D. L. R. *Paris*, 1610, in-8, br.

Pièces rares.

3651. Tableau de l'histoire des princes et principauté d'Orange, par Jean de la Pise. *La Haye*, 1639, 4 part. en 1 vol. in-fol. front. gr. portr. v. br.

3652. Ulr. Obreckti alsaticarum rerum Prodromus. *Argentorati, apud S. Paulli*, 1681, in-4, vél.

Essai d'un grand ouvrage sur l'Alsace.

3653. Description nouvelle de la cathédrale de Strasbourg et de sa fameuse tour, contenant ce qui s'y est passé depuis sa construction, etc. (trad. de l'allemand), par Fr. Meier, 5e édit. *Strasbourg*, 1788, in-12, fig. cart.

3654. Histoire ecclésiastique et politique de la ville et du diocèse de Toul, par le P. Benoît-Picart, de Toul. *Toul*, 1707, in-4, portr. cartes, v. br.

3655. Histoire ecclésiastique et civile de la Lorraine, par D. Calmet. *Nancy, Cusson*, 1728, 3 tom. en 4 vol. in-fol. v. mar.

3656. Question historique : Si les provinces de l'ancien royaume de Lorraine doivent être appelées terres de l'empire (par Chantereau Le Fèvre). *Paris*, 1644, in-8.

3657. Discours des histoires de Lorraine et de Flandres au roy très-chrétien Henri II (par Charles Estienne). *Paris, chez Ch. Estienne*, 1552, in-4.

Cet ouvrage, précédé d'une dédicace ou préface de l'imprimeur à Henri II, est écrit en justification des droits de la France sur la Flandre et la Lorraine, où Henri II venait de porter ses armes.

— Orationi di Messer Speron Speroni. *In Venetia*, 1596, in-4.

Cité par *la Crusca*.

3658. Histoire de la vie de S. Sigisbert, roy d'Austrasie (trad. du latin de Sigebert de Gemblours), comprenant plusieurs singularités du duché et de la ville de Nancy, par Georges Aulbery. *Nancy,* 1616, pet. in-8, vél.

V., sur ce livre rare, M. Beaupré, *Imprimerie de Lorraine*, p. 309-10.

3659. Discours des choses advenues en Lorraine depuis la mort du duc Nicolas jusqu'à celle du duc René (par Nic. Remy). *Épinal,* 1617, in-4, portr. front. gr. — Les Rois et les Ducs d'Austrasie, depuis Théodoric Ier jusqu'à Henri II, trad. en vers françois de Nicolas Clément (de Treille), par Franç. Guibaudet. *Épinal,* 1617, in-4, vél.

Livre très-rare. V. Brunet, t. II, col. 98.

3660. Mémoires du marquis de Beauvau pour servir à l'histoire de Charles IV, duc de Lorraine et de Bar. *Cologne, Pierre Marteau,* 1688, in-12.

3661. Suite des Mémoires du marquis de Beauvau pour servir à l'histoire de Charles V, neveu de Charles IV, duc de Lorraine et de Bar. *Cologne, Pierre Marteau,* 1689, in-12.

V. sur ces deux art. Brunet, t. Ier, col. 725.

3. *Histoire de Belgique et de Hollande.*

3662. Adr. Sericekii originum rerumque Celticarum et Belgicarum libri XXIII. *Ypris,* 1614, in-fol. — Adr. Sericekii monitorum secundorum libri V. *Ipris, Franc. Belletus,* 1615, in-fol. front. gr. v. br.

V. sur ces deux curieux vol. la note de Brunet, t. V, col. 241.

3663. Jac. Meyeri Commentarii sive Annales rerum Flandricarum. *Antverpiæ,* 1561, in-fol. front. gr.

3664. Cronique de Flandres (792 à 1384), anciennement composée par auteur incertain, avec la continuation (jusqu'en 1435), et les mémoires d'Olivier de la Marche, le tout mis en lumière par Den. Sauvage. *Lyon, Guil. Rouillé,* 1561, 3 tom. en 1 vol. in-fol. v. br.

3665. Aub. Miræi (Le Mire) rerum Belgicarum annales, chronicon a Julii Cæsaris in Galliam adventu. *Bruxellis*, 1624, in-8, v. br.

3666. Fr. Locrii (Ferry de Locres) Chronicon Bel-
gicum ab anno CCLVIII ad annum MDC. *Atrebati*,
1616, 2 tom. en 1 vol. in-4, vél.

Ces chroniques sont estimées.

3667. Rerum Belgicarum annales chronici et historici ; de bellis, urbibus, etc., antiqui et recentiores
scriptores, opera F. Svertii. *Francofurti*, 1620,
in-fol. v. br.

3668. Aub. Miræi Fasti Belgici et Burgundici. *Bruxellis*, 1622, in-8, vél.

Éphémérides curieuses.

3669. Ev. Reidani Belgarum aliarumque gentium
annales, D. Vassio interprete. *Lugd.-Bat.*, 1633,
in-fol. vé

Bel exemplaire.

3670. Hub. Loyens Brevis Synopsis rerum gestarum
a Lotharingiæ, Brabantiæ et Limburgi 'ducibus (ab
anno 1607 ad annum 1633).*Bruxellis*, 1672, in-4,
portr. v. br.

3671. Aub. Miræi Opera diplomatica et historica,
in quibus continentur chartæ fundationum ac donationum piarum, etc., a Pontificibus, Imperatoribus, etc., editæ, ex recensione J. Fr. Foppens.
Lovanii, 1723-48, 3 vol. in-fol. v. br. (tom. 1 à 3.)

3672. Mémoires d'Olivier de la Marche (1435-92),
édition augmentée d'un état de la maison du duc
Charles le Hardy. *Bruxelles*, 1616, in-4.

Mémoires curieux et très-importants pour l'histoire du temps.

3673. Famiani Stradæ de bello Belgico decas secunda, ab anno 1578 ad 1590. *Antverpiæ*, 1648,
in-8, portr. front. gr. vél.

3674. Specimen controversiarum Belgicarum, seu
confessio Ecclesiarum reformatarum in Belgio, la-

tine edidit et collegit Festus Hommius. Accedit Harmonia synodorum Belgicarum. *Lugd.-Bat., ex offic. Elzevir.*, 1618, in-4, vél.

3675. EL FELICISSIMO VIAJE del principe don Philippe hijo del imper. D. Carlos V, desde España a sus tierras de la baxa Allemana, con la descripcion de todos los estados de Brabante y Flandes, por Juan Christoval Calvete de Estrella. *Anvers, Mart. Nutio,* 1552, in-fol. v. br.

Ouvrage rare et curieux.

3676. Ern. Eremundi Origo et historia Belgicorum tumultuum, continens præter hispanor. regum sanguinaria diplomata, et S. Inquisitionis arcana, tyrannides ipsorum cædesque et crudelitates per universam Belgicam et Westphaliam patratas : acced. historia tragica de furoribus Gallicis et cæde Admiralii. *Amstelæd.*,1641, pet. in-12, front. gr. v. br. fil.

Une note curieuse sur ce vol. et ses auteurs présumés. Brunet, tome II, col. 1046.

3677. Jeron. Franchi de Conestaggio. Historia delle guerre della Germania inferiore, divisa in dieci libri. *S. l. (Leida, Elzevier)*, 1634, in-8, v. br. fil.

Histoire très-intéressante des troubles et des guerres des Pays-Bas dans le XVIe siècle.

3678. Pompeo Giustiniano. Della guerra di Fiandra libri VI. *Anversa,* 1609, in-4, cartes, vél.

3679. Card. Guido Bentivoglio. Della guerra di Fiandra parte terza. *Venetia, Giunti,* 1645, in-4, vél.

3680. Card. Guido Bentivoglio. Memorie overo diario. *Amsterdamo,* 1648, in-8, v. f. fil.

3681. Card. Guido Bentivoglio. Relationi in tempo delle sue nunziature di Fiandra e di Francia. *Colonia,* 1646, in-8, vél.

3682. Hug. Grotii Annales et Historiæ de rebus belgicis. *Amstelædami, Blaeu,* 1658, pet in-12, vél.

3683. Viage del Infante D. Fernando de Austria, desde 12 de abril 1632, que salio de Madrid con S. M. D. Filippo IV, para la ciudad de Barcelona, hasta 21 de setiembre 1636, por D. Diego Aedo y Gallart. *Madrid,* 1637, in-4, vél. (*Armes.*)

3684. Caroli a Mansfeldt Magisterium militare, sive de jurisdictione et jure militum Belgicæ. *Antverpiæ,* 1649, in-4, v. f. fil. tr. dor.

Exempl. de Cl. Bercur.

3685. Julii Chiffletii Aula sacra principum Belgii, sive commentarius de Capellæ Regiæ in Belgio principiis, ministris, ritibus, etc.; acced. pro eadem capella constitutiones et diarium officii divini, ed. Joan. Chiffletio. *Antverpiæ, ex offic. Plantin.,* 1650, in-4, vél.

3686. Defensio Belgarum contra evocationes et peregrina judicia. *Leodii,* 1665, pet. in-12, v. br.

3687. Justi Lipsii Lovanium, sive oppidi et academiæ ejus descriptio. *Antverpiæ, ex offic. Plantin.,* 1605, in-4, vél.

3688. Car. Scribani Antverpia, origines Antverpiensium. *Antverpiæ, ex offic. Plantin., Balth. Moreti,* 1610, in-4, fig. vél.

Ouvrage intéressant.

3689. Baldericus. Chronicon Cameracense et Atrebatense, sive historia utriusque ecclesiæ, III libris abhinc DC fere annis conscripta a Balderico Noviomensi et Tornacensi episcopo, nunc primum in lucem edita et notis illustrata per G. Colvenerium. *Duaci, G. Bogard,* 1615, in-8, avec trois tableaux, gr. vél.

Ouvrage curieux.

3690. Chronica Balduini, sive historia genealogica Comitum Hannoniæ, cum notis Jac. Le Roy. *Antverpiæ,* 1693, in-fol. cartes, blas. v. f.

3691. M. Querii Boxhornii Theatrum, sive Hollandiæ comitatus nova descriptio, cum urbium iconismis. *Amstelodami*, 1632, in-4 obl. fig. front. gr. vél.
Livre estimé.

3692. Hadr. Junii Batavia. *Dordrechti*, 1652, pet. in-12, portr. v. mar.

3693. Batavorum cum Romanis bellum, a Corn. Tacito libris IV et V hist. olim descriptum, nunc fig. æneis expressum, auct. Othone Venio. *Antverpiæ*, 1612, In-4 obl. fig. vél.

3694. Remarques sur l'état des Provinces-Unies des Pays-Bas, faites en 1672 par le chev. Temple (trad. en françois par Le Vasseur). *Sur la copie, à la Haye*, 1680, pet. in-12, v. br.

3695. Inferioris Germaniæ Provinciarum Unitarum antiquitates. *Lugd.-Batav., apud Lud. Elzevirium*, 1611, 2 tom. en 1 vol. in-4, fig. d.-rel. v. br.

3697. Hug. Grotii ordinum Hollandiæ ac Westfrisiæ pietas a Sebrandi Luberti præsertim epistola nupera calumniosa vindicata. *Lugd.-Bat., Joan. Patius*, 1613, in-4, vél.

Grotius a composé cet ouvrage par l'ordre des états de Hollande, dont il était alors avocat général, pour réfuter Sibrand Lubhert dans son écrit contre l'ordonnance des états de Hollande et de Westfrise, au sujet des disputes des Gomaristes et des Arminiens. Exempl. de Christ. Justel.

3698. Pierre de touche des véritables intérêts des Provinces-Unies des Pays-Bas et des intentions des deux couronnes (de France et d'Espagne) sur le traité de paix (par Antoine Brun, de Dôle), 2ᵉ édit. *Conformément à la 1ᵉ impression de Dordrecht*, 1647, in-8, vél.

3699. Arnoldi Montani Auriaco-Nassovia Domus. *Amstelædami*, 1633, pet. in-12, fig. — Mémoires concernant la vie de Jacques II, trad. de l'anglois. *Amsterdam*, 1691, in-12, v. f.

3700. Le Tableau de Frédéric-Henri, prince d'Orange, par le sʳ de Gaillard. *Genève*, 1641, in-4, v. br. fil.

3701. Le Hollandois, ou Lettres sur la Hollande

ancienne et moderne, par Ant. de la Barre de
Beaumarchais. *Francfort*, 1738, 3 part. in-8,
v. m.

3702. Ubbonis Emmii rerum Frisicarum historia et
de Frisia et republ. Frisiorum inter Flevum et
Visurgim. *Lugd.-Batav.*, *apud Lud. Elzevirium*,
1616, 2 tom. en 1 vol. in-fol. vél.

Planches gravées: costumes et plans de villes.

3703. Joan. Smith Oppidum Batavorum, seu No-
viomagum. *Amstelædami, J. Blaeu*, 1645, in-4. —
Luigi Contarino. Dell'antiquità, site, chiese, corpi
santi, reliquie et statue di Roma, con l'origine e
Nobiltà di Napoli. *In Napoli*, 1569, in-4, v. m.

3704. Histoire métallique de la république de Hollande, par Pierre Bizot. *Paris*, 1686, in-fol. fig. v. br.

3705. Consultationes petitæ per Status generales
provinciarum unitarum et Leopoldum Guiliel-
mum a tribus consiliariis secreti consilii regii.....
respectu quæstionis motæ quoad dominium de
Gemert, etc. *S. l. n. d.*, in-4, vél.

4. *Histoire d'Italie.*

A. Géographie, antiquités, mœurs et usages.

3706. Flavii Blondi forliviensis de Roma trium-
phante libri X ; Romæ instauratæ libri III, Italia
illustrata, Historicorum ab inclinato rom. imperio decades III. *Basileæ, ex offic. Frobeniana*,
1531, 2 tom. en 1 vol. in-fol. — Car. Sigonii de
regno Italiæ libri XV. *Francofurti*, 1575, in-4, vél.

3707. Descrittione di tutta Italia di F. Leandro Alberti ; aggiunt. la descrittione di tutte l'isole pertinenti ad essa Italia. *Venetia*, 1568, in-4, vél.

3708. Bern. Sacci de Italicarum rerum varietate et
elegantia libri X : ejusd. de Papiensis ecclesiæ dignitate. *Ticini*, 1587, in-4, vél.

3709. Thomæ Bozii de Italiæ Statu antiquo et novo libri IV, adversus Machiavellum. *Coloniæ· Agripp.*, 1595, in-8.

3710. Description historique et critique de l'Italie, par l'abbé Richard. *Dijon*, 1766, 6 vol. in-12, v. mar.

3711. L'Italia regnante, overo descrittione dello stato presente di tutti principati et republiche d'Italia, di Greg. Leti. *Genova*, 1675, 4 vol. in-12, v. mar.

3712. Itinerario, overo nova descrittione di viaggi principali d'Italia, di Fr. Scoto. *Venetia*, 1675, pet. in-12, fig. vél.

3713. La Guida secura del viaggio d'Italia, di G. A. Sabelli. *Genevra*, 1680, pet. in-12, v. br.

3714. Car. Sigonii de antiquo jure Italiæ libri III. *Venetiis, Jordanus Ziletus*, 1562, in-4. — Joan. Sarii Zamosici de senatu romano libri II. *Venetiis, apud Jordanum Ziletum*, 1563, in-4, vél.

3715. Di una riforma d'Italia ossia dei mezzi di riformare i più cattivi costumi, e le più perniciose leggi d'Italia. *Villafranca*, 1767, in-8, br.

Ce volume, corrigé de la main de l'auteur, semblerait ainsi avoir été préparé pour une seconde édition.

3717. Lud. Ant. Muratori. Delle Antichità Estensi ed Italiane. *Modena*, 1717, in-fol. v. br. (*Tome Ier*)

3718. In dissertationem Italiæ medii ævi censuræ tres cum responsis tribus pro anonyma Mediol. belli diplomatica historia, etc. (studio P. Argelati). *Mediolani*, 1729, in-4. — Jos. Augusti Orsi dissertatio historica qua ostenditur catholicam ecclesiam tribus prioribus sæculis capitalium criminum reis pacem et absolutionem neutiquam denegasse et plures aliæ incidentes quæstiones ad eorumdem temporum chronologiam ecclesiasticam pertinentes. *Mediolani*, 1730, in-4, v. f.

3719. Lud. Ant. Muratori Antiquitates Italiæ medii ævi post declinationem romani imperii ad annum 1500. *Mediolani*, 1738-42, 6 vol. in-fol. fig. Gr. papier.

Recueil de chartes, diplômes, chroniques, extraits par Muratori des bibliothèques et des archives des principales villes d'Italie.

B. Histoire générale et particulière de l'Italie et de ses provinces.

3720. Lud. Ant. Muratori rerum italicarum scriptores præcipui ab anno æræ christianæ D ad MD, quorum potissima pars nunc primum in lucem prodit ; ex codicibus Muratorius collegit, ordinavit et præfationibus auxit. *Mediolani*, 1723-51, 24 tom. en 27 vol. in-fol. v. mar.

Collection importante dont les exempl. ne sont pas communs.

3721. Jos. Ricci rerum italicarum sui temporis narrationes, ab anno 1613 ad annum 1653. *Venetiis*, 1655, in-4, vél.

3722. J. Cochlæi vita Theodorici regis Ostrogothorum et Italiæ; cum Joan. Peringskioldi additamentis et adnotationibus. *Stockolmiæ*, 1699, in-4, br.

Seconde édition, très-rare et la plus estimée, à cause des additions de Péringskiold.

3723. La Historia d'Italia di Franc. Guicciardini, con le considerazioni di G. B. Leoni. *Geneva*, 1636, 2 tom. en 1 vol. in-4, v. br. fil.

3724. Chronique de Savoie, par Guil. Paradin. *Lyon, Jean de Tournes*, 1552, in-4. — Jul. Taboetii Sabaudiæ principum genealogia, romanis versibus et latiali dialecto in historicam syntaxim digesta. *Lugduni*, 1560, in-4. — Quatrains manuscrits des ducs de Savoie (attribués à J.-B. Gollut). Manuscrit in-4 du xviie siècle.

Exempl. d'Ant. Garnier, secrétaire de Granvelle et de Charles V. Il le tenait de J.-B. Gollut, auteur présumé du livre et fils de l'historien.

3725. Amedeus pacificus, seu de Eugenii IV et Amedei Sabaudiæ ducis, in sua obedientia Felicis papæ V nuncupati, controversiis commentarius (auct. J. Monod). *Taurini,* 1624, in-4, v. f. fil.

3726. Traité historique de la Chambre des comptes de Savoie, justifié par titres, etc. *Lyon,* 1662, gr. in-4, v. mar. fil.

Exempl. de Colbert.

3727. Erici Puteani Historiæ Insubricæ libri VI, qui irruptiones Barbarorum in Italiam continent; rerum ab origine gentis ad Otthonem Magnum imperat. epitome. *Lovanii, typis Jo. Christ. Flavii apud Lud. Elsevirium,* 1614, in-8, vél.

3728. L'Historia di Milano di Bern. Corio. *Vinegia,* 1554, in-4, vél.

Bonne édition.

3729. SFORTIADE fatta italiana de li gesti del generoso Francesco Sforza, ove s'ha l'intera cognitione de li fatti in Italia da gl'anni MCCCCXXIIII al MCCCCXLIIII, scritta in lat. da Giov. Simonetta (trad. da Seb. Fausto). *Venetia, Curtio Trajano di Navo,* 1543, in-8, pap. bleu, vél.

Exempl. unique, tiré sur papier bleu.

3730. Gal. Capellæ Commentarii de rebus gestis pro restitutione Francisci II Mediolanensium ducis. *Parisiis,* 1537, pet. in-12. — Discours sur les Etats de France, par J. L. P. J. C. D. *Anvers,* 1589, pet. in-12, v. br.

3731. Compendio delle chroniche della città di Como, da Fr. Ballarini. *Como,* 1619, in-4, cart.

Rare.

3732. Ant. Possevini junioris Gonzaga. *Mantuæ,* 1628, in-fol. v. br. fil.

3733. Henr. Palladii de Olivis rerum Forojuliensium ab orbe condito ad annum Christi 452 libri XI, necnon de oppugnatione Gradiscana libri V. *Utini,* 1650-1658, in-fol. v. br.

3734. Venetia descritta in XIV libri, da Franc. Sansovino, corretta, emendata ed ampliata dal Giov. Stringa. *Venetia,* 1604, in-4, vél.

3735. J. Bapt. Veri rerum Venetarum libri IV (ab anno Christi 536 ad annum 1615). *Patavii,* 1638, in-4. — Venetia trionfante et sempre libera, da G. N. Doglioni. *Venetia,* 1613, in-4. — L'Emprese et espeditioni di terra santa, et l'acquisto fatto dell'imperio di Constantinopoli della serenissima republica di Venetia, da And. Morevini. *Venetia,* 1627, 2 part. in-4.

Récit des armements des Vénitiens pour la conquête et la défense des lieux saints et de l'occupation de l'empire de Constantinople par leurs forces combinées avec celles des Français.

— Dignità procuratoria di Santo-Marco di Venetia, da fra Fulg. Manfredi. *Venetia,* 1602, in-4, v. mar. fil.

3736. Petri Justiniani rerum Venetarum historia, ab urbe condita ad annum MDLV. *Venetiis,* 1676, in-fol. vél.

Ouvrage rare.

3737. LE HISTORIE VENETIANE di M. Ant. Sabellici, divise en tre deche, con tre libri della quarta decha, da Lod. Dolce in volgare tradot. *Per Curtio Trajano di Favo,* 1544, in-4, mar. vert fil.

Exempl. du card. de Granvelle.

3738. Petri Bembi historiæ Venetæ libri XII. *Parisiis, Vascosanus,* 1551, in-4.

Cette histoire commence en 1480 et finit à la mort de Jules II en 1513.

3739. Historia della republica Veneta di Bat. Nani (dal 1613 al 1671). *Bologna,* 1680, 2 tom. en 1 vol. in-4, v. br.

Histoire estimée pour son exactitude.

3740. Della republica Veneta et Magistrati di Venetia libri V di M. Gasparo Contarini, che fù poi cardinale. *In Venetia, presso di Aldo,* 1591, in-8.

Édit. la plus estimée.

3741. Petri Marcelli, Sylvestri Girelli, Heinrici Kelneri de vita, moribus et rebus gestis omnium ducum Venetorum. *Francofurti ad Mænum, P. Reffeler*, 1574, in-8, fig. en bois, v. br.

3742. J. Bapt. Egnazii de exemplis illustrium virorum Venetæ civitatis atque aliarum gentium. *Parisiis, apud P. Turisanum, sub Aldina biblioth.*, 1554, pet. in-12, vél.

V. Brunet, t. II, col. 953.

3743. Histoire du gouvernement de Venise, par Amelot de la Houssaye. *Paris*, 1677, in-8, v. br.

On prétend que l'auteur fut enfermé à la Bastille par suite d'une plainte motivée par les traits satiriques de ce livre, adressée par le sénat de Venise à la Cour de France.

3744. Histoire des Uscoques (par l'archevêque de Zara et Fra Paolo), de la traduction de Amelot de la Houssaye. *Paris,* 1682, in-12, v. br.

3745. Examen de la liberté originaire de Venise (attribué à D. Alph. de la Cueva, ou plutôt à Marcus Velserus), trad. de l'italien (par Amelot de la Houssaye), avec une harangue de Louis Hélian, ambassadeur de France, contre les Vénitiens, trad. du latin. *Rouen,* 1677, in-12, v. br.

3746. Guerini Pisonis Soacci de Romanorum et Venetorum magistratuum inter se comparatione libellus. *Patavii,* 1543, in-4, vél.

3747. Onuphrii Panvinii antiquitatum Veronensium libri VIII. *Typ. Petri Frambotti,* 1647, in-fol. v. br. fil.

3748. Julii a Puteo, Collegii Veronensis judicum, advocatorum elogia. *Veronæ,* 1653, in-fol. tit. gr. v. br.

3749. Delle historie Bresciane libri XIV, da Elia Cavriolo, con diverse aggiunte. *Brescia,* 1630, in-4, v. br. (*Armes.*)

V. Brunet, 5ᵉ édit., t. Iᵉʳ, col. 1703.

3750. J. Bapt. Pignæ de Principibus Atestinis historiarum libri VIII, ab inclinatione romani imperii ad annum MCCCCLXXVI, J. Barone interpr. *Ferraræ*, 1585, in-fol. v. br. fil. tr. dor. (*Armes.*)

3751. Ristretto delle ragioni che la Sereniss. Casa d'Este ha colla camera apostolica, con le riposte di Roma, et contrariposte per parte del Sereniss. duca di Modena. In-fol. cart.

Exempl. de Colbert.

3751 *bis*. Questio è il castello de Este il quale anti-camente si chiamava Ateste, era città grande assai e popolosa, per P. Hieronimo Atestina. *S. n.* (*sec. XVI*), pet. in-4, goth. *Fig. sur le titre.*

Exempl. de Colbert.

3752. Coriolani Cepionis Dalmatæ de Petri Mocenici imperatoris gestis libri III, Coar. Wingeri de bello inter Sigismundum et Venetos; Mich. Coc-cinei de bellis Italicis. *Basileæ, R. Winter*, 1544, in-8, vél.

Signature de Garnier, secrétaire du card. de Granvelle.

3753. Helmoldi et Arnoldi Chronica Slavorum, H. Bangestus e mnss. codicibus recensuit et notis illustravit. *Lubecæ*, 1659, in-4, vél.

3754. Copioso Ristretto de gli annali di Rausa, li-bri XV, di Giacomo di Pietro Luccari. *In Vene-tia*, 1605, in-4, v. br.

3755. Joan. Lucii de regno Dalmatiæ et Croatiæ libri sex. *Amstelæd., Blaeu*, 1672, in-fol. v. br.

3756. Le Antichità d'Aquileia profane e sacre, rac-colte, dissegnate ed illustrate da Gian. Dom. Baer-toli. *Vinegia, G.-B. Albrizzi*, 1729, in-fol. front. gr. fig. v. mar.

3757. Discorsi dell' origine di Fiorenza, Fiesola, Toscana, etc., di D. Vincenzio Borghini. *Fiorenza, Fel. et Jac. Giunti*, 1584-85, 2 tom. en 1 vol. in-4, fig. en bois. — Del medesimo, Trattato della chiesa e vescovi Fiorentini. *Fiorenza, Giunti*, 1585, in-4.— D. Vinc. Borghini. Discorso intorno al modo del fare gli alberi delle famiglie nobili fiorentini. *Fiorenze, Giunti*, 1602, in-4, v. br.

Ouvrages estimés et très-recherchés.

3758. Le Brillant de la Royne, ou les Vies des hommes illustres du nom de Médicis, par P. de Boissat. *Lyon*, 1613, pet. in-8, v. mar. fil. front. grav.

3759. Franc. Mariani de Etruria metropoli, quæ Turrhenia, Tursenia, Tuscania atque etiam Peterbon dicta est. *Romæ*, 1728, in-4. fig. v. br.

3760. Histoire de Florence, de Nic. Machiavelli, trad. en françois par le sieur de Brinon. *Paris*, 1615, in-8, vél.

3761. Eryci Puteani Historiæ Mediceæ libri II; acced. Galeati Capellæ de bello Mutiano liber singularis. *Antverpiæ*, 1634, in-16. — Er. Puteani historiæ barbaricæ libri VI. *Antverpiæ*, 1634, in-16, vél.

3762. Memorie di Mathilda la gran contessa d'Italia. *Lucca*, 1642, in-4, tit. gr. v. jasp.

Monographie estimée et louée par Leibnitz.

3763. Antonii Massæ Gallesii de Origine et rebus Faliscorum liber, et alia aliorum opuscula, Probæ Falconiæ carmina (et Julii Capilapi), Damiani Granæ opera in lucem edita. *Romæ, ex typogr. Sanctii et soc.*, 1588, in-16, v. br.

Petite édition rare d'une dissertation curieuse, à laquelle une lettre d'Alde le Jeune, *Julio Roseeo Hortino*, accompagnant l'envoi de trois inscriptions anciennes concernant Proba Falconia, ajoute un grand intérêt. V. sur ce livre l'art. de Ch. Nodier : *Mélanges d'une pet. biblioth.*

3764. Georg. Fabricii Roma, ejusdem itinerum liber unus, antiquitatis monumenta insignia ære, marmoribus, etc., collecta. *Basileæ, Oporinus*, 1550, 3 part. in-8. *Fig.* — Jos. Simleri de Helvetiorum republica, pagis, oppidis, etc., libri duo. *Parisiis*, 1577, in-8, fig. v. br.

3765. Alex. Donati Roma vetus ac recens utriusque ædificiis illustrata. *Romæ*, 1639, in-4, fig. vél.

3766. L'Antichità della città di Roma di Bern. Gamuci da San Gemignano. *Vinegia*, 1588, in-8, fig. — Le Cose maravigliose della città di Roma, et una lettera pastorale del Cardin. Borromeo del giubileo dell' anno santo. Aggiunt. di nuovo le poste d'Italia. *Venetia*, 1587, 2 part. in-8, vél.

3767. L'Antichità di Roma, dal Andr. Fulvio. *Venetia*, 1588, in-8, fig. vél.

3768. Le Cose maravigliose della città di Roma. *Roma*, 1595, in-8, fig. — Stationi delle chiese di Roma per tutta la quaresima di Fra Santi. *Roma*, 1595, in-8, fig. vél.

3769. Relation de la cour de Rome faite, l'an 1661, au conseil des Pregadi (Venise), par l'excell. seigneur Angelo Corraro (Charles de Ferrare du Tot). *Leyde* (*Amsterdam, Elzevier*), 1663, pet. in-12, vél.

3770. Legatio marchionis Lavardini Romam, ejusque cum Romano Pontifice Innocentio XI dissidium (auct. Cœlestino card. Sfondrato). 1688-1705, in-12, v. br.

Pour prouver que les quartiers des ambassadeurs à Rome ne doivent pas jouir de franchises.

3771. Historie Tiburtine, libri tre, di Franc. Martii. *In Tivoli*, 1646, in-8, vél.

3772. Bologna perlustrata, d'Ant. di Paolo Masini. *Bologna*, 1650, in-12. vél.

Almanach.

3773. Sim. Bartel. Historia et chronologica præsulum Regiensis Ecclesiæ nomenclatura. *Aquis-Sextiis*, 1636, in-8. — Ejusdem S. Fausti episcopi Regiensis apologia. *Aquis-Sextiis*, 1636, in-8.

3774. Hier. Rubei historiarum Ravennatum libri X, hac altera editione libro XI aucti. *Venetiis*, 1590, in-fol. v. br. fil.

Histoire fort estimée. On y trouve beaucoup d'éclaircissements sur l'invasion des Goths et des Lombards, et sur leur établissement en Italie.

3775. Les Droits de l'Empire sur l'État ecclésiastique, recherchés et pleinement éclaircis, à l'occasion de la dispute de Comacchio, et des droits particuliers de la maison d'Este sur cette ville, trad. de l'italien (par Bruzen de la Martinière). *Utrecht*, 1713, in-4, v. br.

3776. Guis. Mormile. Descrittione della città di Napoli, e dell' antichità della città di Pozzuolo. *Napoli*, 1670, in-8, cart. non rog.

3777. Guida di Forestiere in Napoli.... in questa nuova editione da Ant. Bulifon di vaghissime figure abbellita. *Napoli*, 1692, pet. in-12, fig. v. br.

3778. Scip. Mazzella. Descrittione del regno di Napoli. *Napoli*, 1601, in-4, fig. vél. (*Armes.*)

3779. Th. Costo. Raggionamenti intorno alla descrizzione del regno di Napoli, e all' antichità di Pozzuolo di Scip. Mazzella. *Napoli*, 1595, in-8, cart.

3780. Ott. Beltrano. Breve descrittione del regno di Napoli. *Napoli*, 1644, in-4. — Fed. Federici. Lettera nella quale se narrano alcune memorie della republica Genovese. *Genova*, 1641, in-4. — Osservazzione sopra l'istorico politico indifferente. *S. l. n. d.*, in-4. — Flandria generosa ex manus. monasterii S. Gisleni collecta, studio D. G. G. (D.Georgii Galopin, ejusdem monasterii religiosi). *Montibus*, 1643, in-4, v. br.

3783. Gio. Ant. Summonte. Istoria della città e regno di Napoli. *Napoli*, 1601-34-43, 4 vol. in-4, fig. vél.

Le premier volume est très-rare ; les deux derniers ont paru après la mort de l'auteur, par les soins de Domenico Montanaro.

3784. Pietro Giannone. Dell' Istoria civile del regno di Napoli libri XL, con accrescimento di note, rifflessioni, medaglie, etc. *Palmyra*, 1762-63, 4 vol. in-4, v. mar.

Ouvrage estimé. L'auteur s'y est principalement attaché à tout ce qui a rapport à la constitution civile, ecclésiastique, aux lois et aux coutumes du royaume.

3785. Opere postume di Pietro Giannone, en diffesa della sua Storia civile del regno di Napoli, con la di lui professione di fide. *Lausanna,* 1760, in-4, v. m.

Ce vol. fait suite à l'ouvrage précédent.

3786. Historia, overo narrazione giornale dell' ultime revoluzioni della città e regno di Napoli. *Amsterdamo,* 1660, in-12, v. br.

3787. De regni Neapolitani jure, pro Tremollio duce. *Parisiis,* 1648, in-fol. vél.

3788. Epistola pro Hispaniarum monarcha Philippo V, qua et jus ei assertum successionis universæ Monarchiæ, et omnia confutantur quæ pro investitura regni Neapolitani et pro cæteris regnis a Germanis scripta sunt. *Neapoli,* 1703, in-4, v. br.

3789. Gio. Ant. Castagnola. Philippo V monarcha legitimo della Spagna, overo dimostrazzione delle sue diritti per la successione della Monarchia di Spagna e de tutti i regni e domini a quella uniti. *Napoli,* 1704, in-4, vél.

3790. Fr. de Magistris. Status rerum memorabilium tam ecclesiasticarum quam politicarum, ac etiam ædificiorum civitatis Neapolitanæ, cum addition. Jos. de Magistris. *Neapoli, de Fusco,* 1678, in-fol., v. br.

3791. Nic. Topii. De Origine omnium tribunalium nunc in castro Canuano fidelissimæ civitatis Neapolis existentium, deque eorum viris illustribus. *Neapoli,* 1666. 3 vol. in-4.

3792. Camello Tutini. Dell' origine e fondazione de' Seggi di Napoli, del tempo in cui furono instituti, della separazione de' nobili dal popolo, etc. *Napoli,* 1644, in-4, til. gr. — Supplimento all' apologia del Terminio, discorso di D. Cam. Tutini.

Napoli, 1643, in-4. — Della varietà della fortuna, discorso di Cam. Tutini. *Napoli*, 1643, in-4.

3793. Luca Contile. La Historia de' fatti di Cesare Maggi da Napoli, dove se contengono tutte le guerre succedute nel suo tempo in Lombardia ed in altre parti d'Italia. *Pavia*, 1564, in-8. — Marco Guazzo. Historia delle guerre di Maometto, imper. di Turchi, con la signoria di Venezia. *Venetia*, 1545, in-8.

3795. Girol. Marafioti. Croniche ed antichità di Calabria, conformi all' ordine de' testi greco e latino, raccolta da più famosi scrittori. *Padova*, 1601, in-4, v. br. fil.

3796. Sito e antichità di Pozzuolo e suo distretto, da Scip. Mazzella. *Napoli*, 1606, in-8, fig. vél.

3797. Cam. Pellegrino. Apparato all' antichità di Capua, overo discorsi della Campania felice. *Napoli*, 1651, in-4, fig. vél.

2798. Phil. Cluverii Sicilia antiqua, Sardinia et Corsica. *Guelferbyti*, 1659, in-4, fig. br. non rogn.

3799. Alb. Piccoli de antiquo jure Ecclesiæ siculæ. *Messanæ*, 1623, in-4, v. f.

3800. Historia siciliana, nella quale si contiene la descrittione antica e moderna della Sicilia, le guerre ed altri fatti notabili della sua origine per sino alla morte del re D. Philippo II, divisa in XX libr. e due parti, raccolta per Giusep. Buonfiglio Costanzo. *Venetia*, 1604, 2 part. in-4, vél.

3801. Felini Sandei de regibus Siciliæ et Apuliæ; acced. Barthol. Faceii de humanæ vitæ felicitate liber. *Hanoviæ*, 1611, in-4.

3803. D. Franc. Baronii ac Manfredis de majestate Panormitana libri IV. *Panormi*, 1630, in-fol. vél.

3804. Messina descritta in VIII libri da Gius. Buonfiglio e Costanzo. *Venetia*, 1606, in-4. — D. Vinc.

Auria. Dell'origine ed antichità di Cefalu. *Paler-mo*, 1656, in-4, v. br.

Ouvrage rempli d'érudition. Aux armes de Colbert.

5. *Histoire de la Suisse.*

3805. Lettres de Will. Coxe à M. W. Malmoth sur l'état politique, civil et naturel de la Suisse, trad. de l'anglois par Ramond de Carbonnières. *Paris*, 1782, 2 vol. in-8, cart.

3806. Description des Alpes pennines et rhétiennes, par M. Théod. Bourrit. *Genève*, 1781, 2 vol. in-8, fig. cart.

3807. Scriptores Historiæ Helveticæ qui latino ser-mone scripserunt clarissimi (cura J. C. Fustini editi). *Tiguri*, 1735, in-fol. v. mar.

3808. Jos. Simleri de Helvetiorum republica, pagi, etc. *Parisiis*, 1577, in-8, fig. v.

3809. La République des Suisses, trad. en françois de J. Simler (par Inn. Gentillet). *S. l.*, 1597, in-8, vél.

3810. Abrégé de l'histoire générale des Suisses, par J.-B. Plantin. *Genève*, 1666, in-8, v. br.

3811. Franc. Guillimanni (Vuillemain) Helvetia, sive de rebus Helveticis libri V. *Amiterni*, 1623, in-4, vél.

3812. Le Mercure suisse, contenant les mouvements de ces derniers temps, jusqu'en 1634 (par Fréd. Spanheim, le père). *Jouxte la copie imprimée à Genève par P. Aubert*). *Paris*, 1634, in-8, vél.

3813. Dominici Cardin. Passionei Acta legationis Helveticæ ab anno 1723 ad annum 1729. *Romæ*, 1738, in-4. — J. Aug. Orsi dissertatio de Spiritus-Sancti invocatione in liturgiis Græcorum et Orien-talium. *Mediolani*, 1731, in-4, v. f.

3814. Joan. Toniolæ Basilæa sepulta, retecta, continuata, hoc est tam urbis quam agri Basiliensis monumenta sepulchralia, curiæ, academiæ, etc., olim à Joan. Grossio collecta : access. totius orbis monumentorum et inscriptionum, Italiæ præsertim, modernorum appendix. *Basileæ*, 1661, in-4, v. f.

3814 *bis*. Simon de Blonay, ou le Combat des mariés et des non mariés, chronique du xvᵉ siècle. *Paris, Didot frères,* 1836, in-8, car. goth.

3815. Découvertes, faites sur le Rhin, d'Amagétobrie et d'Augusta-Rauracorum, anciennes villes gauloises dans la Séquanie rauracienne, par A*** (le P. Dunod), avec des digressions sur l'histoire des Rauraques, le Mont-Terrible et la Pierre-Pertuis, par C. D*** (J.-C. Verneur). *Porentrui,* 1796, pet. in-12, br.

3816. Apologie pour la vieille cité d'Avenches en Suisse, opposée à un traité de la découverte de la ville d'Antre (par Marquart Wilde). *Berne,* 1710, pet. in-8, fig. v. br.

3817. Chroniques, ou Histoire curieuse composée de diverses pièces des choses plus considérables arrivées au pays de Vaud. *Lausanne,* 1700, in-12, v. f.

3818. Mémoire justificatif pour Jean Tremblay, syndic de la garde de la république de Genève en 1734. *S. l.,* 1735, in-4, br.

3819. Fort. Sprecheri Pallas Rhætica, armata et togata, ubi primæ ac priscæ inalpinæ Rhætiæ verus situs, bella et politia, etc., adumbrantur. *Basileæ,* 1617, in-4, vél.

Ce livre fut mis à l'index en 1621.

3820. Gabr. Bucelini Rhætia Etrusca, Romana, Gallica, Germanica, sacra et profana, topochronostemmato-graphica. *August. Vindel.,* 1666, in-4, front. gr. v. br.

Description topographique des environs du lac de Constance, avec une carte.

3821. Fort. Sprecheri Historia motuum et bellorum postremis hisce annis in Rhætia exercitatorum et gestorum. *Genevæ*, 1629, in-4, vél.

3822. De la Valteline et de la république des Grisons. In-8, vél.

Le titre manque.

6. *Histoire d'Espagne.*

3823. G. Em. de Frankenau. Bibliotheca hispanica historico-genealogico-heraldica. *Lipsiæ*, 1724, in-4, v. br.

3824. Hispaniæ et Lusitaniæ Itinerarium. *Amstelodami, apud Ægid. Janssonium Valckenier,* 1646, in-24, v. br. fil.

De la biblioth. et aux armes de Gabr. de Glatigny.

3825. Kalendario manual y guia de forasteros en Madrid para el año 1779. *En la imprenta real de la gazeta,* pet. in-12, fig. riche reliure en mar. ro. avec petits fers, tr. d. *Aux armes du roi d'Espagne.*

3826. ANDR. SCHOTT. Hispaniæ illustratæ, seu rerum urbiumque Hispaniæ, Lusitaniæ, Æthiopiæ et Indiæ scriptores varii in unum collecti. *Francofurti, Marnius,* 1603-1608, 4 vol. in-fol. rel. en 3, v. br.

Collection fort importante dont il est difficile de trouver des exemplaires complets. Le P. Schott n'en a donné que les deux premiers volumes ; le quatrième a été publié par son frère François, et le troisième par J. Pistorius.

3827. Cronica generale d'Hispania e del regno di Valenza, trad. del spanuolo di M. Ant. Beutor in italiano dal S. Alf. d'Ulloa. *Venegia, Gabr. Giolito de' Ferrari,* 1556, in-8, vél.

3828. ESTEVAN GARIBAY Y ZAMALLOA. Los XL libros del compendio historial de las cronicas y universal historia de todos los reynos de España. *Barcelona,* 1628, 4 tom. en 3 vol. in-fol.

3829. Histoire générale d'Espagne (jusqu'en 1598), trad. de l'espagnol de D. Juan de Ferreras, avec des notes historiques et critiques, par d'Hermilly. *Paris*, 1752, 10 vol. in-4, cartes, v. mar.

Excellente traduction du plus important des ouvrages de Ferreras.

3830. Dan. Papebrochii Acta vitæ S. Ferdinandi III, regis Castillæ et Leonis. *Antverpiæ*, 1684, in-8, fig. p. v. tr. dor.

3831. Cronicas de los reyes de Castilla, D. Pedro, D. Enrique II, D. Juan I, D. Enrique III, por P. Lopez Ayala, con las enmiendas del Zurita, y las correcciones y notas añadidas por D. E. de Liaguno Amirola. *Madrid*, 1779, in-4, br. (Tome Ier.)

3832. Barth. Facii (Fazio) de rebus gestis ab Alphonso I, Neapolit. rege, commentariorum libri X. *Lugduni*, 1560, in-4. — Des États et Maisons plus illustres de la chrétienté. *Paris, Jehan Longis*, 1549, in-4.

3833. La Parfaite Héroïne, ou Histoire d'Isabelle de Castille, reine d'Espagne, par le P. Hilarion de Coste. *Paris*, 1661, in-8. — Relation du voyage du P. Joseph Tissanier depuis la France jusqu'au royaume de Tunquin, avec ce qui s'est passé de plus mémorable dans cette mission durant les années 1658, 1659 et 1660, in-8, vél.

Le titre du dernier ouvrage manque.

3834. La Vida y hechos del emperador Carlos V, por Fr. Prudencio de Sandoval. *Barcelona*, 1625, 2 vol. in-fol. v. jasp. fil.

Bonne édition d'un ouvrage curieux, mais singulièrement partial. Sandoval y donne hardiment la généalogie de Charles V depuis Adam de père en fils, sans lacune. Exempl. du maréchal Fabert.

3835. Vita del imperator Carlos V, da Alf. de Ulloa. *Venetia*, 1566, in-4, vél.

Bonne édition.

3836. Gul. Snouckaert Zenocari de republica, moribus, gestis, etc., imperatoris Caroli V, libri VII. *Gandavi*, 1559, in-fol. vél.

Vol. très-rare.

3837. Histoire du règne de l'Empereur Charles V, trad. de W. Robertson (par Suard). *Paris et Amsterdam*, 1771, 6 vol. in-12, v. m.

Traduction qui fit beaucoup de bruit à l'époque où elle parut. Le second volume a été traduit par l'abbé Royer, ancien jésuite, les troisième et quatrième par Le Tourneur. La table a été faite par l'abbé Royer.

3838. SOMMAIRE des voyages de l'Empereur Charles V et du roi Philippe II son fils, par Jean de Vandenesse. Manuscr. in-fol. de la fin du XVIᵉ siècle, vél.

Cette copie, d'un manuscrit inédit dont la biblioth. de Tournay possède l'original, s'arrête au 15 mai 1551, et pour être complète devrait être continuée jusqu'au 14 mars 1560. Cet ouvrage est intéressant par une foule de détails curieux qu'on ne trouve pas dans les meilleurs historiens.

3839. Los Dichos y echos del rey Felipe II, llamado con justa razon *el Prudente* (por el licenciado Porreno). Al fin deste libreto se pone una breve descripcion del Pays-Baxo. *Brussellas*, 1666, pet. in-12, vél.

Un des plus rares volumes de la collection Elsevier.

3840. Recebimiento que hizo la muy noble..... ciudad de Sevilla al rey D. Phelipe, con una breve descripcion de la ciudad y su tierra. *Sevilla*, 1570, in-8, fig. vél.

Très-rare.

3841. ORAISON FUNÈBRE de Philippe II, roi d'Espaigne, prononcée aux obsèques de S. M. en l'église de Notre-Dame de Tournay, le 26 octobre 1598, par Jean Boucher; 2° édit. revue et enrichie. *Anvers, en l'imprimerie Plantinienne de Jean Moretus*, 1600, in-8, vél.

Pièce rare. Exempl. de Colbert.

3842. Histoire du cardinal de Granvelle (par Courchetet d'Esnans). *Paris*, 1761, in-12, portr. v. m.

3843. Virgilio Malvezzi. Successi principali della Monarchia di Spagna, nell'anno 1639. *Anversa, nell'offic. Plantin.*, 1641, pet. in-12, vél.

3844. Relation de ce qui s'est passé en Espagne à la

disgrâce du duc d'Olivarez (trad. de l'italien par A. Félibien). *Paris*, 1658, in-8, v. br.

3845. Petr. de Marca. Marca Hispanica, sive limes hispanicus, hoc est descriptio Cataloniæ, Ruscionis, etc., ab anno 817 ad annum 1258; acced. varia chronica et appendix actorum veterum..... ad hujus historiæ illustrationem : ex edit. Stephani Baluzii. *Parisiis, Muguet*, 1688, in-fol. v. br.

Description savante et curieuse des provinces limitrophes de la France et de l'Espagne. La mort de Marca ayant interrompu l'impression de l'ouvrage, Baluze, par reconnaissance pour son premier bienfaiteur, s'engagea à achever l'édition, et y ajouta un quatrième livre qui contient des choses fort curieuses.

3846. Geron. Curita ou Zurita. Annales de la Corona de Aragon (desde el año 714-1516). *Zaragoça*, 1610-21, 7 vol. in-fol. v.

Ouvrage très-estimé, et la meilleure édition. On trouve à la fin du sixième volume la défense des annales de Zurita par Ambr. Morales contre la critique d'Alf. de Santa Cruz. Le septième contient l'index.

3847. Progresos de la historia en el reyno de Aragon, y elogios de Geron. de Zurita, contienen varios succesos desde el año de 1512 hasta el de 1580. Idea esta obra, y la dispuso el doctor Juan-Francisco-Andres de Diego Josef Dormer. *Zaragoça*, 1580, in-fol. v. br.

L'ouvrage est précédé d'un éloge de l'auteur. Brunet, t. II, col. 446.

3848. Ant. Ramquez. Cataluña defendida de sus emulos, ilustrada con sus echos, fidelidad y servicios á sus reyes. *Lerida*, 1641, in-4, vél.

Exempl. de Colbert.

3849. Descripcion de la provincia de Madrid, por D. Th. Lopez. *Madrid*, 1763, in-12, v. br.

3850. Las Guerras civiles de Granada, avec les additions françaises en marge. *Fortan*, 1603, in-8, vél.

3851. Dam. Fonseca. Del Giusto Scacciamento de' Moreschi da Spagna, libri VI. *Roma*, 1611, in-4, tit. gr. vél.

Édition originale.

3852. Rodriguez Caro. Antigüedades y principado de la ciudad de Sevilla. *Sevilla*, 1634, in-fol. vel.

3853. Molina. Descripcion del reyno de Galicia, *Madrid*, 1675, in-4, vél. (*Rare.*)

3854. Bern. Moreno de Vargas. Historia de la ciudad de Merida. *Madrid,* 1633, in-4, portr. front. gr. vél.

3855. Pedro de Rojas, conde de Mora. Historia de Toledo. *Madrid*, 1654, 2 vol. in-fol. vél. (*Rare.*)

3856. Pedro de Salazar y Mendoça. Crónica de la casa de los Ponces de Leon. *Toledo*, 1620, in-4, fig. v. f. fil.

7. *Histoire de Portugal.*

3857. Gasp. Estaço. Varias Antigüedades de Portugal. *Lisboa*, *Gaesbeck*, 1625, in-fol. — Trattado da linhagen dos Estaços, naturaes da citade d'Evora, da Gasp. Estaço, in-fol. v. f.

A la fin du dernier ouvrage se trouve un traité intéressant sur l'origine des armoiries.

3858. D. Jos. Pellizer de Tobar. Succesion de los reynos de Portugal y el Algarve, feudos antiquos de la corona de Castilla. *Logrono*, 1640, in-4. — Marcelino de Campo Claro. Defensivo contra el frenesi que le ha dado a Portugal, en las ultimas boqueadas dell' anno 1640 ; y desingaño de la vanidad Lusitana. *Alcala de Henares*, 1641, in-4, vél.

3859. Dialogos de varia historia, emque summariamente se referem muitas causas antiguas de España, e todas as notaveis, que em Portugal accontecerão em suas gloriosas conquistas, antes e despois de ser levantado a dignidade real; com os retratos de todas os reys de Portugal, per Pedro de Mariz. *Na officina de Antonio de Mariz,* 1599, tit. gr. et portr. v. br. *[handwritten annotation]*

Premier ouvrage dans lequel se trouve la réunion des portraits des rois de Portugal.

3860. L'Union du royaume de Portugal à la couronne d'Espagne, trad. de l'italien de Jer. Conestaggio (Jean de Sylva, comte de Portalègre), par Th. Nardin, 2° édit. *Besançon, Nicolas de Moingesse,* 1601, in-8. *[handwritten]*

Traduit d'un ouvrage curieux qui eut beaucoup de succès dans le temps. J. de Sylva accompagna D. Sébastien en Afrique en qualité d'ambassadeur d'Espagne.

3861. Garcia de Resende. Chronica dos valerosos e insignes faitos del rey D. Joao II, con cetras obras, que adiante se seguem. *Lisboa,* 1622, infol. (*Ouvrage important.*) — Car. Bovilli (de Bouelles) Tractatus varii, scilicet : liber de intellectu, de sensu, de nihilo, ars oppositorum, de generatione, de sapiente, de duodecim numeris, epistolæ complures super mathematicum opus quadripartitum et de numeris perfusis, de mathematicis rosis, de geometricis corporibus, de geometricis supplementis. *Parisiis, ex offic. Henr. Stephani, impensis ejusdem et Joan. Parvi,* 1510, infol. fig. en bois. (*Armes de l'Université sur le titre.*)

Recueil très-rare et très-curieux.

3863. Le Mercure portugais, ou Relations politiques de la fameuse révolution d'Etat arrivée en Portugal depuis la mort de D. Sébastien jusqu'au couronnement de D. Jean IV (par François de Châtonnière de Grenaille). *Paris,* 1643, in-8, vél.

3864. Catastrophe de Portugal, na deposição del rey D. Alfonso II et subrogação do principe D. Pedro o unico, justificado nas calamidades publicas, escrita para justificação dos Portugueses por Leandro Dorea Caceres e Faria (Fern. Correa de Lacorda). *Lisboa,* 1669, in-4, vél.

Cet ouvrage, devenu rare, est fort recherché.

3864 *bis.* Relation de la cour de Portugal sous D. Pèdre II. *Amsterdam*, 1702, 2 tom. en 1 vol. in-12, v. br.

8. *Histoire d'Allemagne.*

A. Antiquités, origines, mœurs et usages.

3865. Phil. Cluverii Germania antiqua, opera J. Bunonis. *Guelferbyti*, 1668, in-4, br. non rog.

3866. Nic. Reusneri Germania, sive Majestas, gloria, et potentia S. Imperii romani. *Ursellis*, 1605, in-8. — Ejusdem Symbola imperatoria. *Francofurti*, 1602, 3 part. in-8, vél.

3867. GABR. BUCELINI Germania topo-chrono-stemmato-graphica, sacra et profana, tomus I in IV partes. *Juxta exemplar Augustanum anni* 1655, *Ulmæ et Augustæ-Vendelic.*, 1699; tomus II in V partes. *Ulmæ*, 1662; tomus III in III partes. *Francofurti ad Mœnum*, 1672; tomus IV, *Ulmæ*, 1678, en tout 4 vol. in-fol. v. br.

Cette rare collection, dont chaque partie a un titre séparé, se trouve difficilement complète.

3868. Germanicæ Exegeseos volumina XII a Franc. Irenico Ettelengiacensi exarata; acced. Conradi Celtis descriptio urbis Norimbergæ. *Haganoæ, typis et formulis Thomæ Anthelmi,* 1518, in-fol. anc. rel. (*Rare.*)

3869. Severini de Mozambano (Sam. Puffendorfii) de Statu imperii Germanici ad Lælium fratrem dominum Trezolani liber unus. *Genevæ*, 1667, in-16, v. br.

Puffendorf, prévoyant que cet ouvrage ferait du bruit, n'y voulut pas mettre son nom. Il fut en effet condamné et interdit en plusieurs endroits de l'Allemagne.

3870. P. Hachembergi Germania media; edit. secunda. *Jenæ*, 1686, in-4. — C. Cornelius Tacitus de Moribus Germanorum, cum notis criticis. Col-

lectio monumentorum veterum de antiquo statu
Germaniæ, omnia N.'Conringii cura. *Helmestadii,*
1688, in-4. — Herm. Conringii de habitus corporum germanicorum antiqui ac novi causis liber.
Helmestadii, 1666, in-4. — Exercitatio de imperatore romano-germanico quam ex discursibus
præcipue Herm. Conringii, eodem præside, examini publico submittit Bogislaus Otho ab Huym,
eques Pomeranus ad diem IX Maii in novo
Julco majori. *Helmestadii,* 1641, in-4, vél. —
Dissertatio de Officialibus imperii romano-germanici, quam præside Herm. Conringio exponit
Conr. Fred. a Burgstorff ad diem XXIII octobris.
Helmestadii, 1669, in-4, vél.

3871. Joan. Limnæi in Auream Bullam Caroli IV
Observationes. *Argentorati,* 1667, in-4, vél.

3872. Jac. Wenkeri Collecta archivi et cancellaria
jura, acced. de archicancellariis, vicecancellariis,
cancellariis ac secretariis virorum clarissimorum
commentationes. *Argentorati,* 1715, in-4, br.
non rog.

3873. Joan. Limnæi Jus publicum romano-germa-
nicum. *Argentorati,* 1629, 3 tom. en 1 vol. in-4.
— Jac. Borniti de instrumentis sive documentis
litterariis. *Impensis Wolf. Sufferti, bibliop. Dres-
densis,* 1626, 2 part. in-4, vél.

3874. R. Phil. Vetrarii Institutiones juris publici
romano-germanici. *Norimbergæ,* 1727, 2 vol. in-
8, vél.

3875. Dissertatio de ratione status in Imperio nostro romano-germanico, auct. Hippol. a Lapide
(Philippo Bogislao a Chemnitz). *Freistadii,* 1647,
in-16, front. gr. vél.

3876. R. Herm. Schelii de Jure Imperii liber posthumus, cura Theoph. Egersii. *Amstelædami, Dan.
Elsevier,* 1671, pet. in-12, vél.

3877. Herm. Conringii de Imperii romano-germanici republica acromata VI historico-politica. *Ebro-duni*, 1654, in-4, vél. (*Aux armes de Fréd. Fal-lot.*)

3878. Herm. Conringii Exercitationes academicæ de republica imperii Germanici in unum volumen redactæ. *Helmestadii*, 1674, in-4, v. br. (*Armes.*)

3879. Cæsarini Furstenerii (G. G. Leibnitii) de jure suprematus ac legationis principum Germaniæ. *S. L.*, 1677, in-8, v. br.

3880. Petri de Andlo de Imperio romano, regis et augusti creatione, inauguratione, administratione et officio, etc. *Argentorati*, 1612, in-4. — Lup. de Rebenburg tractatus de Juribus regni et impe-rii Romanorum, cum notis Marquardi Freheri. *Ar-gentorati*, 1624, in-4. — Hier. Balbi de Corona-tione liber. *Argentorati*, 1624, in-4, vél.

3881. Inauguratio, coronatio electioque aliquot im-peratorum; item de investitura electorum, nec-non dissertatio O. Panvinii ac M. Beuteri de sep-temviratu principum electorum. *Hanoviæ*, 1613, in-8, vél.

Exempl. de Colbert.

3882. Aug. Vescheri tractatus de electione regis sive Imperatoris Romanorum. *Parisiis*, 1633, in-4, vél.

3883. Christ. Gewoldi de S. Romani Imperii sep-temviratu Commentarius. *Ingolstadii*, 1621, in-4, v. f.

3884. Georgii Orsubard Tractatus methodicus de austregis S. Romani Imperii. *Coburgi, excusa ty-pis ducalibus*, 1631, in-8. — Josiæ Nolden de statu nobilium civili. *Gissæ-Hessorum*, 1623, 2 part. in-8. — J. Wil. Rowestrunck Meditationes ædilitiæ, de judicio equestri. *Marpurgi-Cattor.*, 1629, in-8, vél.

3885. Joan. Wolf. Rosenfeldi de summa principum

Germanorum potestate. *S. l.*, 1669, pet. in-12,
v. br. (*Armes.*)

3886. G. Christ. Stirmii Nomothesia romano-ger-
manica, seu diatriba historico-politica-juridica de
constitutionibus principum. *Argentorati*, 1665,
in-4, vél.

3887. Bern. a Mallinkrot de Archicancellariis et
cancellariis S. Romani Imperii. *Jenæ*, 1666, in-4,
vél.

Ouvrage très-estimé.

3888. Phil. Andr. Bulgoldensis (Oldenburger) Notitia rerum illustrium Imperii Romani-Germanici,
sive discursus politico-juridico-historici ad ins-
trumentum pacis Osnabrugo-monasteriensis. *Freistadii*, 1668, 2 part. in-8, vél.

3889. S. Rom. Imperii procerum tam ecclesiasticorum quam secularium notitia historico-heraldico-
genealogica (auct. Nic. Rittershusio). *Tubingæ*,
1684, 2 vol. in-8, v. br.

3890. Commentatio de S. Rom. Imperii summis officialibus et eorumdem subofficialibus...... quam
publico examini subjicit C. G. Welser a Neunhof,
die 23 junii 1686. *Altdorfi-Noric.*, in-4, vél.

3891. J. Nic. Hertii Commentationes et Opuscula
de selectis et rarioribus argumentis, ex jurisprudentia universali, publica feudali et romana necnon historia germanica. *Francofurti*, 1737, 2 vol.
in-4, d.-rel.

3892. Relation de la Cour impériale faite au doge
de Venise, par le Sr Sacrédo après son retour
d'Allemagne à Venise. *Paris*, 1670, in-12, v. br.

3893. Herm. Conringii de Finibus imperii germanici libri II, editio altera, libro tertio auctior.
Francofurti et Lipsiæ, 1680, in-4, v. br.

3894. Herm. Conringii de Germanicorum corporum
habitus antiqui ac novi causis dissertatio, editio
secunda aucta. *Helmestadii*, 1652, in-4. Ejusdem

de electione Urbani VIII et Innocentii X pontificum Max. Commentarii historici II. *Helmestadii*,
1651, in-4. Ejusdem Dissertatio ad legem I codicis Theodosiani de studiis liberalibus urbis Romæ et Constantinopolis. *Helmestadii*, 1655, in-4,
3 part. — Aug. Vischeri tractatus de electione
regis sive Imperatoris Romanor. *Parisiis*, 1633,
in-4, v. br.

3895. J. Georg. Eccardi de Origine Romanorum
eorumque coloniis, migrationibus ac rebus gestis libri II, edidit et præfatus est Ch. Lud. Scheidius. *Gottingæ*, 1750, in-4, fig. v. jasp. fil.

Bel exemplaire.

P. Histoire générale.

3896. Justi Reuberi Veterum Scriptorum qui Cæsarum et imperatorum germanicorum res per aliquot sæcula gestas litteris mandarunt, tomus unus.
Francofurti, 1584, in-fol. vél. fil.

Édition originale.

3897. Christ. Urlisii Germaniæ illustr. historicorum tomi duo ab Henrico IV ad annum 1400.
Francofurti, 1585, in-fol. v. f. fil.

Exempl. de Colbert.

3898. Schardius Redivivus, sive rerum germanic.
scriptores varii..... Opus nunc primum varietate
temporum..... distinctum, adj. in fine index ad
IV tomos universalis, opera Hier. Thomæ. *Giessæ*, 1673, 4 part. en 2 vol. in-fol. v. br. (*Aux armes du duc de Mortemart.*)

3899. JOAN. PISTORII Rerum germanicarum scriptores aliquot insignes. *Hanoviæ*, 1613; *Francofurti*,
1607, 3 vol. in-fol. v. br. filets.

3900. Marquardi Freheri Rerum germanicarum
scriptores aliquot insignes hactenus incogniti.
Francofurti, 1600-1611, 3 tom. en 1 vol. in-fol.

Exempl. de Colbert.

3901. Melch. Goldast ab Haiminsfeld rerum alama-
nicarum scriptores aliquot vetusti. *Francofurti,*
1606, 2 tom. en 1 vol. in-fol. v. br. fil.

Important surtout pour l'hist. ecclésiast. d'Allemagne.

3902. B. Got. Struvii corpus historicum Germaniæ,
præmittitur Ch. G. Buderi bibliotheca scriptorum rerum germanicar. *Ienæ,* 1720, 2 vol.
in-fol, v. mar.

3903. H. Meibomii rerum germanicarum scriptores. *Helmestadii,* 1688, 3 tom. en 2 vol. in-fol.
v. mar.

Collection curieuse.

3904. Car. Sigonii historiarum de occidentali imperio libri XX. *Basileæ,* 1579, in-4, vél.

3905. Jac. Wimphelingi rerum germanicar. epitome; Bilibaldi Perckeymeri Germaniæ ex variis
scriptoribus perbrevis explicatio ; Ger. Noviomagi
Germaniæ inferioris historia. *Hanoviæ,* 1594,
pet. in-12, vél.

3906. Christ. Gewoldi monachi in Rebdorff annales rerum ab anno MCCXCV ad annum MCCCLXII
gestarum. *Ingolstadii,* 1618, in-4, vél.

3907. G. G. Leibnitzii accessiones historicæ, *Hanoviæ,* 1700, 2 vol. in-4, v. br.

3908. Mat. Wackeri et J. R. Hagenmulleri vota au-
lica super Ducum Saxoniæ controversia de jure
præcedentiæ in dignitate et successione. *Francofurti,* 1619, in-4, v. m.

Exempl. aux armes de Colbert.

3909. Traicté historique et politique du droit public d'Allemagne (par Le Coq de Villeroy). *Paris,*
1748, in-4, br. non rog.

3910. Abrégé chronologique de l'histoire et du
droit public d'Allemagne, par Pfeffel, nouv. édit.
dirigée par le P. Barre, génovéfain. *Paris,* 1766,
2 vol. in-4, v. mar.

Ouvrage recherché.

3911. Histoire des révolutions de la Haute-Alle-
magne (par Philibert). *Zurich et Paris*, 1766,
2 vol. in-12, v. m.

3912. J. Jac. Mascov. De' Fatti de' Tedeschi, fino al
principio della monarchia dei Franchi, libri X,
in ital. trad. (d'Et. Pallavicini). *Vinegia*, 1731,
in-4, v. br.

C. Histoire d'Allemagne à différentes époques et de ses provinces.

3913. J. Trithemii opera historica, ex biblioth.
Marq. Freheri. *Francofurti*, 1601, 2 tom. en 1 vol.
in-fol. v. f. fil.

Exempl. de Colbert. Indépendamment des ouvrages histor. de Trithème, ce
recueil renferme des *Epistolæ familiares*.

3915. Tacitus germano-belgicus, sive flosculi histo-
rico-genealogici de origine ac rebus gestis Carolo-
rum (auct. Joach. Pastorio). *Coloniæ-Agripp.*,
1658, in-8, v. br.

3916. Ad. Brachelii historiarum sui temporis ab anno 1618 usque ad annum 1654. *Amstel.*, 1655,
3 part in-12, front. gr. v. br.

3917. Compendium belli germanici ab anno
MDCXVII ad annum MDCXLIII. *Helvetia*, 1643,
in-24, front. gr. vél.

Intéressant pour l'histoire politique de Louis XIII.

3918. J. Riccii de bellis germanicis ab anno
MDCXVIII ad annum MDCXLVIII, libri X. *Venetiis*, 1648, in-4, vél.

3919. La Vie et les Faits mémorables de Christ.-
Bernard de Galen, évêque de Munster, par M. G ***.
Leide, Jean Mortier (Elsevier), 1681, in-12, portr.
fig. v. br.

3920. Herm. Conringii censura diplomatis quod Ludovico imperatore fert acceptum cœnobium Lin-
daviense..... cum appendice et littera St. Baluzii.
Helmestadii, 1672, in-4, v. br.

3921. Joan. Cuspiniani Austria. *Basileæ*, 1533, in-fol.
— Reccardi Bartholini de bello Norico Austriados libri XII, cum scholiis J. Spiegellii. *Argentorati, J. Schottus*, 1531, in-fol. — Assertio juris Caroli V in Geldriæ ducatu et Zutphaniæ unitate, ædita in comiciis Ratisbonensibus anni MDXLI. *Nurimbergiæ, J. Petreius*, in-fol. — Lamb. Hortensii Montfortii secessionum civilium Ultrajectinarum et bellorum ab anno MDXXIV ad translationem episcopatus ad Burgundos libri VII. *Basileæ*, 1546, in-fol.

3922. Hier. et Bern. Pezii scriptores rerum austriacarum veteres ac genuini. *Lipsiæ*, 1721-25, 2 vol. in-fol. v· f.

3923. Ger. de Roo annales rerum austriacarum a Rodolpho I ad Carolum V. *Æniponti, Agricola*, 1592, in-fol. v. br.

Brunet, t. IV, col. 1387.

3924. C. Jac. Merstratii oratio triumphalis Leopoldo Gulielmo Arched. Austriæ, etc., post gloriosam in Belgio expeditionem bellicam anni MDCLII. *Bruxellæ*, 1652, gr. in-fol. portr. vél.

3925. Mémoires historiques et politiques de la Maison d'Autriche, avec un Traité de l'intérêt des princes et Estats de la chrétienté (par Dubosc-Montandré. *Paris*, 1670, 2 tom. en 1 vol. in-8, front. gr. v. br.

L'auteur avait été banni de France à cause de ses mazarinades.

3926. Wolf. Lazii Vienna Austriæ, seu rerum Viennensium commentarii. *Basileæ*, 1546, in-fol. vél.

3927. Ad. Franc. Kollarii analecta monumentorum omnis ævi Vindobonensia. *Vindobonæ*, 1761, 2 vol. in-fol., planches d'antiquités très-bien gravées, v. mar.

3928. Rob. Papafavæ de situ Carniolæ, Styriæ, atque Epeiri, etc. *Romæ*, 1655, pet. in-fol. cart. (*Armes.*)

3929. Rerum Bohemicarum antiqui scriptores aliquot insignes, acced. J. Dubravii historiæ Bohemi-
cæ commentarii. *Hanoviæ*, 1602, 2 tom. en 1 vol.
in-fol. (*Ce recueil contient aussi les ouvrages d'Æ-
neas Sylvius.*) — Cosmæ chronicæ Bohemorum
libri III : item vita et martyrium S. Adalberti episcopi Pragensis ab eodem Cosma descripta. *Hanoviæ*, 1607, in-fol. — G. Bartholdi Pontani Bohe-
mia pia. *Francofurti*, 1608, in-fol.

Exempl. de Colbert.

3930. Æneæ Sylvii (Piccolomini) Pii II Pont. Max.
historia Bohemica. *Helmestadii*, 1699, in-4. —
Ejusdem epitome decadum Blondi ab inclinat. imperii ad Joannem XXIII Papam. *Helmestadii*,
1700, in-4. — Ejusdem historia rerum Frede-
rici III imperatoris. *Helmest.*, 1700, in-4. — Ejusdem libri III de concilio Basiliensi. *Hemelstadii*,
1700, in-4, vél.

3931. Melch. Goldasti ab Haiminsfeld de Bohemiæ
regno incorporatarumque provinciarum juribus
ac privilegiis commentarii. *Francofurti*, 1627,
in-4. — Ejusdem appendix commentariorum de
juribus ac privilegiis regni Bohemiæ, etc. *Francofurti*, 1627, in-4, v. br. fil.

3932. Histoire de la rébellion de Bohème, contenant la vie et les exploits de guerre du comte de
Bucquoy, la guerre menée en Hongrie contre
Betléem Gabor, prince de Transylvanie, la san-
glante bataille gaignée devant Prague, etc. (par
Claude Malingre). *Paris*, *J. Petitpas*, 1623,
5 part. in-8, vél.

3933. Laur. Toppeltini origines et occasus Transyl-
vanorum, etc. *Lugduni, Boisset*, 1667, pet. in-12,
fig. v. br.

Figures de costumes.

3934. Rerum hungaricarum Scriptores varii (edid.
Jac. Bongarsius). *Francofurti*, 1600, in-fol. vél.

3935. Ant. Bonfinii rerum hungaricarum decades quatuor et dimidia : access. J. Sambuci aliquot appendices. *Hanoviæ*, 1606, in-fol. — Decretorum seu articulorum aliquot priscorum Ungariæ regum ad contextum Bonfinii illustrandum liber (auct. Zach. Monotzy). *Honoviæ*, 1605, in-fol. v. br.

Exempl. de Caumartin.

3936. Bidonzo-Mepriz. Compendiose notizie dello stato presente e passato dell' Ungaria, Transilvania, e regno di Croatia. *Milano*, 1685, in-12, v. m.

3937. G. Bas. Comazzi notizie historiche dell'Ungaria. *Venetia*, 1688, in-8. — Ceremoniali asservati nella coronatione dell' imperatrice Eleonora Madalena Teresa il 19 gennaro 1690 ; nella elettione del re d'Hungaria Giuseppe il 24 gennaro et nella coronatione dello stesso il 26 gennaro 1690. *In Venetia*, 1690, in-8, vél.

3938. Ach. Tarduci. Il Turco vincibile in Ungaria. *Ferrara*, 1600, in-8, vél.

3939. Histoire d'Emeric, comte de Tékély, ou Mémoires pour servir à sa vie (par Jean Le Clerc.) *Cologne*, 1693, in-12, br.

3940. Lettre d'un ministre de Pologne à un seigneur de l'Empire sur les affaires de Hongrie (règne de François-Léopold Rogotzky). *S. l. n. d.*, in-4.

Cette lettre a dû être écrite en 1706.

3941. Histoire intéressante, ou Relation des guerres du Nord et de Hongrie au commencement de ce siècle (1700-1710). *Hambourg*, 1756, 2 vol. in-12, v. mar.

3942. Petri de Rewa de monarchia et S. Corona regni Ungariæ centuriæ VII. Franc. de Nadasd (Nadasti) emendav. et publicav. *Francofurti*, 1659, in-fol. v. br. fil.

Exempl. de Colbert.

3943. W. Kyriandri Augustæ Trevirorum annales, sive commentarii historici. *Biponti,* 1619, in-fol.

Édit. rare d'un ouvrage intéressant.

— Joach. Camerarii de rebus Turcicis commentarii. *Francofurti,* 1598, in-fol. — Gul. Brassii de Tartaris Diarium. *Francofurti,* 1598, in-fol. v. br. fil.

3944. Nic. Serrarii Moguntinarum rerum libri V. *Moguntiæ,* 1624, in-4, fig. v. br. fil.

3945. Joan. Aventini annalium Boiorum libri VII. *Basileæ,* 1615, in-fol. v. f. fil.

3946. Matt. Raderi Bavaria sancta. *Monaci,* 1615-27, 3 vol. in-fol. fig. de Raphaël Sadeler, m. r. tr. dor. (*Ancienne reliure.*)

Très-bel exempl. Ouvrage recherché.

3947. Mausoleum virtutis et honoris piis manibus Gulielmi V Boiariæ Ducis, inter quatuor pyramides a collegio societ. Jesu Monacensi erectum. *Monachii,* 1626, in-4 mar. n.

3948. Andreæ presbyteri ratisbonensis chronicon de ducibus Bavariæ, ex biblioth. Marquardi Freheri. *Ambergæ,* 1602, in-4, vél.

3949. Dan. Parei historia Bavarico-Palatina. *Francofurti,* 1717, in-4, cart.

3950. Melch. Goldasti ab Haiminsfeld Suevicarum rerum scriptores aliquot veteres. *Francofurti,* 1605, in-4, v. f.

3951. Mart. Crusii Annales suevici, dodecas 1-3, cum paraleipomenon libro de bello turcico ann. 1590-96. *Francorfurti,* 1595-96, 2 vol. in-fol. p. de tr.

3952. Marth. Christ. Laurentii Origines Doringicæ, sive monumenta Suevorum in Doringia. *Numburgi,* 1706, in-4. — Memoriæ rerum Silesiacarum. *Lipsiæ,* 1714, in-4. — Johan. Newaldi de antiquis Westphaliæ coloniis commentarius. *Osnabrugi,* 1674, in-4, v. br.

3953. Georg. Fabricii Saxoniæ illustratæ libri IX, adject. duobus posterioribus libris a M. Jac. Fabricio auctoris filio. *Lipsiæ*, 1607, in-fol. v. br.

3954. Herm. Hamelmanni Opera genealogico-historica de Westphalia et Saxonia inferiori, congesta ab Erm. Cas. Wasserburg. *Limgoviæ*, 1711, in-4, portr. cart.

3955. Georg. Fabricii rerum Misnicarum libri VII. *Lipsiæ*, 1586, in-4, cartes, v. br.

3956. G. G. Leibnitzii Scriptores rerum Brunswicensium illustrationi inservientes, antiqui omnes et religionis reformatione priores. *Hanoveræ*, 1707-11, 3 vol. in-fol.

Collection importante.

3957. G. Chr. Joannis miscella historiæ Palatinæ, cum maxime vero Bipuntinæ inservientia. *Francofurti*, 1725, in-4, v. br.

3958. Ægid. Gelonii de admiranda Coloniæ Agripp. magnitudine libri IV. *Coloniæ-Agripp.*, 1645, in-4, front. gr. v. f. fil. (*Armes.*)

3959. Car. Stengelii rerum August. Vindelicar. commentarius. *Ingolstadii*, 1647, 2 part. in-4, vél.

3960. Gabr. Bucelini Constantia–Rhenana, lacus Mæsii olim, hodie Acronii et Potamici metropolis sacra et profana. *Francofurti*, 1667, in-4, front. gr. v. f. (*Aux armes de B. H. de Fourcy.*)

3961. Erpoldi Lindenbrogii scriptores rerum germanicarum septentrionalium, nempe Saxonum, Slavorum, Vandalorum, Danorum, Norwegiorum, Suedorum. *Hamburgi*, 1706, in-fol. — P. Lambecii originum Hamburgensium libri II. *Hamburgi*, 1706, in-fol. 2 tom. en 1 vol. in-fol. fig. v. m.

3962. Petri de Dusburg Chronicon Prussiæ, cum anonymi cujusdam continuatione, et dissertationibus XIX, Christ. Hartknochii antiquitates Prussicas complexis. *Francofurti et Lipsiæ*, 1679, in-4, fig. v. br.

3962 *bis.* Mémoires pour servir à l'histoire de la maison de Brandebourg (par Frédéric II). *Berlin et La Haye,* 1751, 2 part. in-4, cartes, v. mar.

De la biblioth. de Mirabeau.

3963. Wil. de Sommersberg. Silesiacarum rerum scriptores. *Lipsiæ,* 1729-32, 3 vol. in-fol. v. m.

9. *Histoire de la Grande-Bretagne et de l'Irlande.*

A. Histoire générale.

3964. Gul. Camdeni Britannia, sive regnorum Angliæ, Scotiæ, Hiberniæ, et insularum adjacentium ex intima antiquitate chorographica descriptio : nunc postremo recognita, plurimis locis magna accessione adaucta. *Londini, G. Bishop,* 1600, in-4, fig. p. verte.

Ouvrage fort estimé.

3965. Dan. Langhornii Elenchus antiquitatum Albionensium. *Londini,* 1673, in-8. — Jac. Varæi de Hibernia et antiquitatibus disquisitiones. *Londini,* 1658, in-8, vél.

3966. Henr. Savilii rerum anglicarum scriptores, post Bedam præcipue, in lucem editi (ab H. Savilio); scilicet Vilhelmus Monachus Malmesburiensis, etc. *Francofurti,* 1601, in-fol. v. br. fil.

Incomplet des deux dern. pp. de l'index.

3967. Guil. Neubrigensis de rebus anglicis sui temporis libri V. *Parisiis,* 1610, in-8, vél.

3968. Matthæus Westmonasteriensis. Flores historiarum, maxime de rebus britannicis, ab exordio mundi usque ad annum Christi 1607, et chronicon ex chronicis ab initio mundi ad annum Christi 1118 deductum, auct. Florentio Wigorniensi, monacho : cui access. continuatio usque ad annum 1141. *Francofurti,* 1601, in-fol. vél.

Cet écrivain a été publié par l'archev. Parker, et cette édition, faite d'après d'après celle de 1570, contient de plus le *Chronicon ex chronicis,* etc.

3969. Matt. Paris. Historia major (Angliæ), juxta exemplar Londinense 1571 verbatim recusa. Huic edit. accesserunt regum et XX abbatum S. Albani vitæ, editore W Wats, qui vocum barbar. glossarium adjecit. *Londini, Mearne,* 1634, in-fol. v. br. fil.

3970. Joan. Prisci Historiæ britannicæ Defensio. Access. de Mona Druidum insula antiquitati suæ restituta, epistola Humfredi Lhuyd. *Londini,* 1578, in-4.

3971. A new History of England, in English and French, by question and answer. *London,* 1720, in-12, v. m. fil.

3972. N. Tindal. Remarques historiques et critiques sur l'histoire d'Angleterre de Rapin Thoiras, avec un abrégé des actes publics d'Angleterre de Th. Rymer. *La Haye,* 1733, 2 vol. in-4, v. mar. (*Armes.*)

3973. David Hume. Histoire d'Angleterre depuis l'invasion de César jusqu'à l'avénement de Henry VII, trad. de l'anglois par Mme B*** (Belot). *Amsterdam (Paris),* 1765, 6 vol. in-12, v. m.

3974. David Hume. Histoire de la maison de Tudor, trad. de l'anglois par Mme B*** (Belot). *Amsterd. (Paris),* 1763, 6 vol. in-12, v. mar.

3975. David Hume. Histoire de la maison de Stuart sur le trône d'Angleterre jusqu'au détrônement de Jacques II, trad. de l'anglois (par l'abbé Prévost). *Londres (Paris),* 1761, 6 vol. in-12, v. m.

3976. Éléments de l'histoire d'Angleterre, par l'abbé Millot. *Paris,* 1769, 3 vol. in-12, v. mar.

3977. John Lingard. Histoire d'Angleterre, trad. par Léon de Wailly, avec la continuation jusqu'à nos jours. *Paris, Charpentier,* 1845, 8 vol. in-12, d.-rel. bas.

3978. Joan. Lelandi Genethliacon illustr. Edwardi principis Cambriæ, ducis Coriniæ, comitis Pala-

tini, etc. *Londini*, 1543, in-4. (*Avec le glossaire.*)
— Ejusdem cygnea cantio, et in eam commentarii antiquitatis Britannicæ locupletissimi. *Londini*, 1545, in-4. (*Poëme à la louange de Henri VIII.*)
— Ejusdem assertio inclyt. Arturi regis Britanniæ. *Londini*, 1544, in-4. — Ejusdem Næniæ in mortem Th. Viati, equitis. *Londini*, 1542, in-4, vél.

V. sur ces pièces en vers et prose la note de Brunet, t. III, col. 956. Un recueil de ces pièces a été vendu 275 fr. en 1860.

3979. Histoire des révolutions d'Angleterre, par Jos.-Pierre Dorléans. *Paris*, 1744, 4 vol. in-12, portr. v. mar.

3980. Histoire des troubles de la Grande-Bretagne, contenant ce qui s'est passé depuis 1633 à 1646, et de 1646 à 1649, par R.-A. Montet de Salmonet. *Paris*, 1661, 2 part. in-fol. port. — Relation des véritables causes et des conjonctures favorables qui ont contribué au rétablissement du roi de la Grande-Bretagne (par D. Riordan de Musery). *Paris*, 1661, in-fol. v. br.

3981. G. Fr. Biondi. Historie delle guerre civili d'Inghilterra. *Bolonia*, 1647, 3 tom. en 1 vol. in-4, cart.

3982. Joan. Seldeni Analectum anglo-britannicum libri duo, de civili administratione Britanniæ Magnæ usque ad Normanni adventum. *Francofurti*, 1615, in-4, vél. (*Armes.*)

E. Histoires spéciales.

3983. ASSERII regis Ælfredi res gestæ. *S. l. n. d.*, caract. saxons, in-fol. front. gr. — TH. WALSINGHAM Historia brevis ab Eduardo I ad Henricum V. *Londini*, apud H. Binneman, 1574, in-fol. (*Cette histoire commence où finit celle de Mathieu Paris en 1273, et finit aux funérailles de Henri V et à la régence du duc de Glocester.*) — Ejusdem Ypodigma Neustriæ vel Normanniæ ab irruptione usque ad annum VI regni Henrici quinti. *Londini, in æd. Joannis Dayi*, 1574, in-fol. v. br.

<small>Histoire de Normandie et d'Angleterre du commencement du xe siècle à l'an 1418. Ouvrages rares et recherchés.</small>

3984. Fr. Baconis de Verulamio Historia regni Henrici VII *Lugd.-Batav., apud F. Hackium*, 1647, pet. in-12, vél.

3985. Rerum Anglicarum Annales Henrico VIII, Edwardo VI, et Maria regnantibus (auct. Fr. Godwino, episc. Herfordiensi). *Typis Nortonianis*, 1616, in-fol. v. br.

3986. Historia de la vita e de la morte di Giovanna Graja già regina eletta e publicata d'Inghilterra, e de le cose accadute in quel regno dopo la morte del re Edoardo VI, nelle quale secondo le divine scritture se tratta de i principali articoli della religione christiana. *Apresso R. Pittori*, 1607, pet. in-8, vél.

<small>Cette histoire de Jeanne Gray est très-rare.</small>

3987. Gul. Camdeni rerum anglicarum et hibernicarum annales, regnante Elisabetha. *Lugd.-Batav., typis Elsevir.*, 1639, in-8, v. f. (*Armes.*)

3988. Discours de la vie abominable, ruses, trahisons, meurtres, impostures, empoisonnements, paillardises, etc., desquels a usé et use journellement le milord de Lecestre, machiavéliste, contre l'honneur de Dieu, la majesté de la reine d'Angleterre, etc., trad. d'anglois en françois. *S. l.*, 1595, in-8, vél. (*Rare.*)

3989. Tortura Torti : sive ad Torti (Rob. Bellarmini) librum contra apologiam Jacobi magnæ Britanniæ regis, pro juramento fidelitatis, responsio (auct. Lancelotto Andrews). *Londini*, 1609, in-4, vél.

3990. Apologia pro juramento fidelitatis primum quidem ἀνώνυμος; nunc vero ab ipso auctore Jacobo magnæ Britanniæ rege denuo edita. *Amstelrod.*, 1609, in-12. — Triplici Nodo triplex Cuneus, sive apologia pro juramento fidelitatis adversus duo Pauli V brevia, et epistolam Cardin. Bellarmini ad G. Blackvellum (auct. Jacobo I). *Amstelrod.*, 1609, in-12, vél.

3991. In G. Blacwellum Angliæ archipresb. quæstio bipartita : jusjurandum de fidelitate præstitum, ejusdem jusjurandi assertio contra Bellarmini litteras. *Londini*, 1609, in-4, vél.

3992. And. Eudemon. Johannis ad actionem proditoriam Edouardi Coqui apologia pro Henrico Garneto. *Coloniæ-Agripp.*, 1610, in-8, v. br. fil.

<small>Ouvrage devenu très-rare. C'est l'apothéose du martyre de H. Garnet condamné à mort en 1606 pour n'avoir pas révélé le secret de la conspiration des poudres dont il avait eu connaissance par la confession.</small>

3993. *Eikon-Basilike.* Le pourtraict du Roy de la Grand'Bretagne, fait de sa propre main durant sa solitude et ses souffrances (composé par le docteur Gauden, év. d'Exeter); revu, corrigé et augmenté de nouveau. *Paris, L. Vendosme*, 1649, pet. in-12, front. gr. v. f. fil.

<small>V. sur ce livre la note de Barbier, t. Ier, p. 363.</small>

3994. Cl. Salmasii Defensio regia pro Carolo I, ad Sereniss. Magnæ Britanniæ regem Carolum II natu majorem, hæredem et successorem legitimum. *Sumptibus regiis*, anno 1649, pet. in-12, vél.

<small>Édition elsévirienne faite à Leyde.</small>

3995. Joan. Miltoni pro populo anglicano defensio contra Claudii anonymi, alias Salmasii, defensionem regiam. *Londini, typis de Guardianis*, 1652, in-12, v. br.

<small>Vol. peu commun, publié en réponse à l'ouvrage précédent.</small>

3996. Samuel Johnson's Works. *London*, 1713, in-fol. vél.

<small>Satire contre le roi Jacques II, par un théologien.</small>

3997. Geor. Batii Elenchus motuum nuperorum in Anglia, simul ac juris regii et parlementarii brevis narratio. *Juxta exemplar Londinense. Amstelodami*, 1663, in-16, br. non rog.

3998. Histoire véritable et secrète des vies et des règnes de tous les rois et reines d'Angleterre depuis Guillaume Ier jusqu'à la fin du règne de la reine Anne. *Amsterdam*, 1729, 3 vol. in-12, v. f.

3999. Histoire des dernières révolutions d'Angleterre, trad. de l'anglois de Gilb. Burnet (par Fr. de la Pillionnière). *La Haye (Trévoux)*, 1727, 4 vol. in-12, v. br.fig.

4000. Mémoires pour servir à l'histoire de la Grande-Bretagne sous les règnes de Guillaume et Marie, de Guillaume III et d'Anne I, trad. de l'anglois de Gilb. Burnet. *La Haye, Jean Neaume*, 1735, 3 vol. in-12, fig. v. mar.

4001. Histoire métallique de Guillaume III, roi de la Grande-Bretagne, par N. Chevalier. *Amsterdam*, 1692, in-fol. fig. fr. gr. v. br.

4002. Histoire du droit héréditaire de la couronne de la Grande-Bretagne (par le sieur Bedfort), réfutée par des remarques. *La Haye*, 1714, 2 vol. in-8, v. br.

4003. Jacques Abbadie. Défense de la nation britannique, où les droits de Dieu, de la nature et de la société sont établis au sujet de la révolution d'Angleterre, contre l'auteur de l'avis important aux réfugiés (Bayle). *La Haye*, 1693, pet. in-12, vél.

4004. Mémoires de la vie de milord duc d'Ormond, trad. de l'anglois (de Thomas Carte). *La Haye*, 1737, 2 vol. in-8, v. mar.

4005. Mémoires de J. Graham, marquis de Montrose, contenant l'histoire de la rébellion de son temps, trad. de l'anglois (par l'abbé Gaudin). *Paris*, 1767, 2 tom. en 1 vol. in-12, v. mar.

4006. Etat politique actuel de l'Angleterre (par Genest). 1757-59, 10 vol. in-12, br. et rel.

4007. Etat présent de l'Angleterre, trad. de l'an-

glois d'Ed. Chamberlayne (par de Neuville). *Paris,*
1661, in-12, v. br.

4008. Reges, Reginæ, Nobiles et alii in ecclesia
Westminst. sepulti, usque ad annum 1600 (Gul.
Camdeno auct.). *Londini,* 1600, in-4, vél. (*Rare.*)

C. Histoire particulière de l'Écosse et de l'Irlande.

4009. Joan. Leslæi de origine, moribus et rebus
gestis Scotorum libri decem ; access. nova et ac-
currata regionum et insularum Scotiæ, cum ejusd.
tabula geograph., descriptio. *Romæ, in ædibus
Populi Romani,* 1578, pet. in-4, vél. fil. (*Aux
armes d'un cardinal.*)
Édition originale, carte et portr., 9 plans généalogiques.

4010. G. Buchanani rerum scoticarum historia,
access. ejusdem de jure regni apud Scotos dialogus. *Amsterodami, L. Elzevirius,* 1643, in-8, v.
f. fil.
Cette histoire commence à Fergus Ier, roi d'Ecosse, 300 ans avant J.-C.,
et finit en 1553. L'auteur s'y fait remarquer par sa haine contre Marie
Stuart.

4011. Martyre de la royne d'Escosse, douarière de
France, contenant le vray discours des trahisons
à elle faictes, à la suscitation d'Elisabet Angloise,
etc., par lequel les mensonges, calomnies et fausses
accusations dressés contre cette très-vertueuse,
très-catholique et très-illustre princesse, sont
esclaircies, et son innocence auerée (par Adam
Blackwood), avec deux oraisons funèbres, l'une
françoise prononcée en l'église Nostre-Dame de
Paris, et l'autre latine; et plusieurs poëmes latins
et françois sur le même subject. *Edimbourg, Jean
Nafeild,* 1589, pet. in-8, v. br. fil.
Rare et recherché.

4012. Jac. Waræi de Hibernia et antiquitatibus ejus
disquisitiones; access. ejusd. hibernicarum rerum regnante Henrico VII annales. *Londini,* 1658,
in-8, front. gr., p. verte.

4013. Histoire de la Révolution d'Irlande arrivée sous Guillaume III. *Amsterdam*, 1692, in-12, v. br.

4014. Carve. Lyra, sive Anacephaleosis hibernica, in qua de exordio seu origine, nomine, moribus, viribusque gentis hibernicæ tractatur, cui access. ejusdem annales Hiberniæ, ab anno 1148 ad 1666; editio secunda, emendata et locupletata. *Sultzbaci*, 1666, in-4, avec les fig. v. br.

Ouvrage rare et très-recherché. V. Brunet, t. Ier, col. 1608.

10. *Histoire générale des peuples septentrionaux.*

4015. Regnorum Sueciæ, Gotheæ magnique ducatus Finlandiæ descriptio nova (auct. M. Zeilero). *Amstelædami*, 1656, pet. in-12, cart. front. gr. v. m.

4016. Daniæ, Norvegiæ ut et ducatuum Slesvici et Holsatiæ regionumque ad ea spectantium nova descriptio (auct. M. Zeillero). *Amstelæd.*, 1655, pet. in-12, fig. v. mar.

4017. Alb. Krantzii regnorum aquiloniorum Daniæ, Sueciæ, Norvegiæ chronica, acced. P. Cilicii Dithmarsici belli historia et J. Ziegleri Scondia. *Francofurti*, 1583, in-fol. vél. fil.

Édition originale.

4018. Storia de' costumi de' popoli septentrionali, trad. di Magno Olao per M. Remigio Fiorentino. *Vinegia*, 1561, in-8, vél.

4019. Joan. Magni historia de omnibus Gothorum Sueonumque regibus. *Romæ, de Viottis*, 1554, in-fol. fig. v. f. fil. le dos fleurdel.

Édition la plus recherchée.

4020. Jornandes episcopus Ravennas. de Getarum sive Gothorum origine et rebus gestis, gr. et lat.; access. Jornandes de regnorum et temporum successione, omnia ex recognit. et cum notis Bon.

Vulcanii. *Lugd.-Batav.*, *ex offic. Plantin. Raphel.*,
1597, in-8. — De litteris et lingua Getarum sive
Gothorum, item de notis Lombardicis, edente
Bon. Vulcanio. *Lugd.-Batav.*, *ex offic. Plantin.
Raphelengii*, 1597, in-8, v. jasp. fil. tr. dor.

Ces deux ouvrages sont peu communs. V. Brunet, t. III, col. 568, et t. V,
col. 1389.

4021. Hug. Grotii historia Gottorum, Vandalorum
et Longobardorum. *Amstelæd.*, *Elzevier*, 1655,
in-8, front. gr. vél.

4022. La Relation de trois ambassades du comte
(Ch. Howard), de Carlisle, de la part de Charles II
vers Alexey Michaelovitz, czar de Moscovie, Charles, roi de Suède, et Frédéric III, roi de Danne-
mark. de 1663 à la fin de 1664 (trad. par Guy
Miége). *Amsterdam*, 1669, pet. in-12, v. br.

Relations intéressantes.

11. *Histoire de Pologne.*

4023. Math. Cromeri Polonia, sive de statu, populis, moribus, magistratibus et republica regni
Poloniæ, libri duo. *Coloniæ*, 1578, in-4, vél.
2ᵉ édit.

4024. J. Theod. Sprengeri Polonia novantiqua.
Francofurti, 1656, in-8, mar. r.

4025. M. Christ. Hartkoroeh reipublicæ poloniæ
libri II, access. dissertatio historica de originibus
polmerianicis. *Francofurti et Lipsiæ*, 1678, in-8,
front. gr. v. br.

4026. État de la Pologne, avec un abrégé de son
droit public, et les nouvelles constitutions (par
Pfeffel, avec une préface par L.-T. Hérissant). *Amsterdam et Paris*, *Hérissant fils*, 1770, in-12, v.
jasp.

4027. Gotf. Lengnich jus publicum regni Poloniæ.
Gedani, 1765-66, 2 vol. in-8, v. m.

4028. D. Ern. Jablonski historia consensus sando-
miriensis anno 1570 initi. *Berolini*, 1731, in-4,
cart.

4029. JOAN. PISTORII historiæ polonicæ corpus, hoc
est polonicarum rerum latini scriptores quotquot
exstant, ex biblioth. J. Pistorii. *Basileæ*, 1582,
3 tom. en 1 vol. in-fol. v. f. fil.

Recueil rare et estimé. Aux armes du comte d'HOYM.

4030. Histoire générale de la Pologne (jusqu'en
1580, par P.-Jos. de la Pimpie, chevalier de Solignac). *Paris*, 1750, 5 vol. in-12, v. m.

4031. Histoire des Révolutions de Pologne, depuis
le commencement de cette monarchie, jusqu'à la
dernière élection de Stanislas Leckzinski (par
Georgon et Paulin, revue par l'abbé Desfontaines).
Amsterdam (Paris), 1735, 2 vol. in-12, v. br.

4032. Histoire des rois et princes de Pologne, depuis Lech jusqu'au roy Sigismond-Auguste, composée en latin par Jean Herburt de Fulstin, trad.
en françois (par Fr. Balduin). *Paris, P. L'Huillier*, 1573, in-4, vél. (*Aux armes de Charles Feb-
vrot*.)

4034. Lettres de Stanislas Ier, roi de Pologne, où il
raconte la manière dont il est sorti de Dantzic
durant le siége de cette ville. *La Haye, s. d.*, in-
12. — Histoire du Prétendant (par Durey de
Morsan). *S. l.*, 1756, in-12. — Lettre de H. G. G.,
écuyer, un des gentilshommes de la chambre du
jeune chevalier de Saint-Georges, et la seule personne de sa cour qui l'ait accompagné d'*Avignon*
en son voyage d'*Allemagne* et autres lieux, contenant plusieurs adventures arrivées à ce prince
pendant le cours de son voyage secret. *Londres*,
1756, in-12, v. jasp. fil.

4035. Guil. Le Vasseur, sieur de Beauplan. Description d'Ukranie, qui sont plusieurs provinces du
royaume de Pologne, contenues depuis les con-

fins de la Moscovie jusqu'aux limites de la Transylvanie, ensemble leurs mœurs, façons de vivre
et de faire la guerre. *Rouen, Cailloué*, 1660, in-4,
fig. v. br. fil.

Ouvrage curieux, que les descriptions plus récentes n'ont point fait oublier.
Rare.

12. *Histoire du Danemarck et de la Norvége.*

4037. Saxonis Grammatici historiæ Danicæ libri XVI.
Ex recensione Steph. Joan. Stephanii cum prole-
gomenis et lectionis varietate, edid. Christ. Ad.
Klotzius. *Lipsiæ,* 1771, in-4, br.

4038. Jo. Is. Pontani rerum danicarum historiæ
libri X; acced. chorographia Daniæ tractusque
universi borealis. *Amstelodami,* 1631, in-fol. front.
gr., v. br.

4039. Joan. Loccenii rerum suecicarum historia a
rege Berone III ad Ericum XIV; accedunt anti-
tiquitates sueo-gothicæ. *Holmiæ,* 1654, in-8, v. br.

4040. Joan. Loccenii historiæ Suecanæ, a primo
rege Sueciæ usque ad Carolum XI deductæ libri IX; acced. antiquitatum sueo-gothicarum cum
hodiernis institutis comparatarum libri III. *Francofurti et Lipsiæ, Wildius,* 1676, in-4, portr.
v. br.

4041. Israel Erlandi vita S. Erici Sueciæ regis, primus edidit notisque illustravit J. Schefferus. *Holmiæ,* 1675, in-12, cart.

4042. Histoire de Charles XII, roi de Suède, par
M. de V*** (Voltaire). *Bâle,* 1756, 2 tom. en 1 vol.
in-12, v. mar.

14. *Histoire de l'Islande.*

4043. Arngrimi Jonæ specimen historicum Islan-
diæ et magna in parte chorographicum. *Amstelodami,* 1643, in-4, v. br.

15. *Histoire de l'empire des Russies.*

4044. Ant. Possevini Moscovia, seu de rebus moscoviticis. *In offic. Birchmannica*, 1587, in-fol. vél.

Un des premiers livres qui aient paru sur l'histoire de Russie. Relation curieuse et recherchée.

4045. Estat de l'empire de Russie et grand-duché de Moscovie, avec ce qui s'est passé de plus mémorable et tragicque, depuis l'an 1590 jusqu'en 1606, par le capitaine Margeret. *Paris, Guillemot*, 1607, in-8, vél.

Livre excessivement rare. V. Brunet, t. III, col. 1412.

4046. Relation curieuse de l'état présent de la Russie, trad. d'un auteur anglois qui a été neuf ans à la cour du grand Czar (par Foy de la Neuville), avec l'Histoire des révolutions arrivées sous l'usurpation de Boris, et l'imposture de Démétrius. *Paris*, 1699, in-8, v. br.

4047. Description historique de l'empire Russien, trad. de l'allemand de Strahlenberg (par Borleau de la Bruyère). *Amsterdam et Paris*, 1757, 2 vol. in-12, v. mar. fil.

4048. Saggio di lettere sopra la Russia (per il conte Algarotti). *Parigi*, 1760, in-8, v. mar.

4049. De Rebus Moschoviticis (auct. J. Reulenfels). *Patavii*, 1680, in-8, v. br.

4050. Histoire de Moscovie (par John Perry, trad. en françois, par Hugony). *Amsterdam*, 1718, 2 vel. in-12, fig. cartes, v. br.

4051. Pauli Oderbornii Joannis Basilidis magni, Moscoviæ ducis, vita. *Vitebergæ*, 1585, in-8, vél.

Signature de Balesdens, de l'Académie française.

4052. Iwan Nestesuranoë (Jean Rousset). Mémoires du règne de Pierre le Grand. *Amsterdam*, 1730, 4 vol. in-12, v. f.

4053. Histoire de Pierre 1er, surnommé le Grand,

empereur de toutes les Russies (par de Mauvil-
lon). *Amsterdam, Arskée et Merkus*, 1742, 3 vol.
in-12, cartes et plans, v. mar.

16. *Histoire de l'empire ottoman.*

4054. Phil. Loniceri Chronicorum turcicorum tomi
tres in quibus Turcorum principes, imperatorum
res gestæ continentur. *Francofurti*, 1578, 3 tom.
en 1 vol. in-fol. fig. v. br.

4056. Guil. Postel. De la République des Turcs, et
là où l'occasion s'offrira des mœurs et loys de tous
Mahomédistes. *Poitiers, Enguilb. de Marnef, s. d.*
(1560), 3 part. in-4, vél. fil. tr. dor.

4057. Histoire de l'état présent de l'Empire ottoman, trad. de l'anglois de Paul Ricault, par Briot.
Paris, 1670, pet. in-fol. fig. de Séb. Leclerc, mar.
ro. fil. tr. dor.

4058. Istoria dello stato presente dell'Imperio Otto-
mano, trad. da francese dal Sr Briot, per Const.
Belli. *Venetia*, 1672, in-4, fig. vél.

4059. Mémoires du Bon de Tott sur les Turcs et les
Tartares. *Amsterdam*, 1784, 4 part. en 2 vol. in-
8, d.-rel.

4060. Chronica dell' origine e progressi della casa
Ottomana, composta da Saïdin Turco, trad. da
Vinc. Bratutti, parte prima. *In Vienna*, 1649, in-
4, vél.

4061. Annales Sultanorum othmanidarum, a Turcis
sua lingua scripti, Joan. Leunclavius latine red-
ditos illustr. et auxit. *Francofurti*, 1588, in-4.
Cet ouvrage est la traduction de l'historien turc Saadeddin.

4063. Giov. Sagredo. Memorie istoriche de' monar-
chi ottomanni. *Venetia*, 1673, in-4, v. br.

4064. Syndromus rerum turcico-pannonicarum
historiam centum quinquaginta annorum com-

plectens (curante M. Adelavio Cravelio Leibingensi), partes 2. *Francofurti*, 1627, in-4, v. f. fil.

4065. Bened. Accolti de Bello contra Barbaros a Christianis gesto pro Christi sepulchro et Judæa recuperanda, libri IV. *Basileæ*, 1544, pet. in-12, v. br.

4066. Cæsarea Legatio quam mandante Leopoldo I ad Portam Ottomannicam suscepit D. Walterius S. R. J. Comes de Leslie, etc. *Viennæ*, 1668, in-12, vél.

4067. Aug. Gisl. Busbequii legationis turcicæ epistolæ IV. *Parisiis*, 1587, in-8, vél.

4068. Marin. Barletius. Histoire de Georges Castriot, surnommé Scanderbeg, roy d'Albanie, recueillie par J. de Lavardin, avec une histoire chronologique des Ottomans depuis Mahomet II à Ottoman II. *Paris*, 1597, in-4, v. mar.

4069. Jean Coppin. Le Bouclier de l'Europe, ou la Guerre sainte, contenant des avis politiques et chrétiens qui peuvent servir de lumière aux roys et aux souverains de la chrétienté pour garantir leurs Etats des incursions des Turks, et de reprendre ceux qu'ils ont usurpés sur eux; avec une relation des voyages faicts dans la Turquie, la Barbarie et l'Egypte. *Le Puy et Lyon*, 1686, in-4, v. br.

4070. L. Goricii Descriptio belli Yvoniæ, voivodæ Valachiæ, quod anno 1573 cum Solymo II gessit. *Francofurti*, 1598, in-8. — Joan. Lasecii Clades Mantiscanorum anno 1577, 27 aprilis, access. satyra J. Bielseii in quemdam maledicum Dantiscanum. *Francofurti*, 1578, in-8, vél.

17. Histoire de la Grèce.

4071. Histoire nouvelle des anciens ducs et autres souverains de l'Archipel, avec la description des principales îles, etc. *Paris*, 1699, in-12, v. br.
Par le P. Saulger, jésuite, missionnaire en Grèce.

4072. Christ. Angeli de Statu hodiernorum Græcorum enchiridion, gr., cum versione latina et notis ; cura Georg. Felavii. *Lipsiæ* (1676), in-4, v. br.
Ouvrage estimé.

4073. L'Etat présent de l'Archipel (par Ant. Des Barres). *Cologne*, 1678, 2 part. in-12, v. br.

ASIE.

4074. Bibliothèque orientale, ou Dictionnaire universel, contenant généralement tout ce qui regarde la connaissance des peuples de l'Orient, par d'Herbelot (et A. Galland, auteur de la préface). *Paris*, 1697, in-fol. v. br. (*Armoiries.*) — Supplément par Visdeloup et Galland. 1789, 2 vol. in-fol. v. br. fil. (*Armoiries.*)

4075. J. Henr. Hottingeri Historia Orientalis, ex variis oriental. monumentis collecta. *Tiguri*, 1657, in-4, vél.
Exempl. de la biblioth. Caumartin.

4076. J. B. Gramaye Asia, sive historia universalis asiaticarum gentium. *Antverpiæ*, 1604, in-4, v. br. fil.

4077. J. B. Gramaii Hypomnemata, sive illustria facta gentium asiaticarum. *Francofurti*, 1611, in-4, v. br.
Reproduction de l'ouvrage précédent.

4079. Vie du roi Almansor, écrite par le vertueux capitaine Aly-Abençuficen, vice-roi et gouvern. des provinces de Deuque en Arabie (trad. de l'espagnol en françois par Fr. d'Obeïlh). *Amsterdam, chez Dan. Elzevier*, 1671, pet. in-12, v. br.
Ouvrage apocryphe mais recherché.

4080. Cœlii August. Curionis Historiæ Saracenicæ libri III. *Basileæ, Oporinus* (1567), in-fol. (*A la fin de cette histoire se trouve une description du royaume de Maroc.*) — Joan. Indaginis Introduc-

tiones Apotelesmaticæ elegantes in chyroman-
ciam, physiognomiam, astrologiam naturalem, etc.
Argentorati, 1524, in-fol. fig. — Catalogus bibliothecæ J. Spizelii. *Augustæ Vendelic.*, 1705,
in-fol. — P. Anchersen Oratio die natali Frede-
rigi V regis Daniæ. *Havniæ*, 1652, in-fol.—Ejusd.
consecratio D. Lovisæ reginæ Norvegiæ. *Hafniæ*,
1752, in-fol. v. mar.

4081. Acta Mehmeti I Saracenorum principis; genealogia successorum ejusdem usque ad Mechme-
tum III, cum iconibus æneis. *Per G. T. et J. Is.
de Bry*, 1597, in-4, fig. front. gr. vél.

4082. Ism. Abulfedæ de vita et rebus gestis Moha-
medis, arab. et lat., cum præfatione et notis J.
Gagnier. *Oxonii, e theatro Sheldon.*, 1723, in-fol.
v. br. (Rel. angl.)

Ouvrage estimé.

4083. Pierre Vattier. L'Histoire Mahométane, ou les
XLIX Califes du Macène. *Paris*, 1657, in-4, v.
br. — Histoire de Tamerlan, trad. de l'arabe d'A-
chamed, fils de Guerapsé, par P. Vattier. *Paris,*
1658, in-4, v. br.

4084. Eugène Royer. La Terre-Sainte, ou Description topographique des saints lieux et de la
terre de promission, avec un traité de quatorze
nations différentes qui l'habitent, leurs mœurs,
croyances, cérémonies et police. *Paris*, 1666, in-
4, fig. v. f. fil.

4085. Rerum Persicarum historiæ, auct. P. Bizaro,
access. H. Portii de Bello inter Marathem III turcarum et Mohametem Hodabende Persarum regem
gesto narratio.... In ea J. Barbari et Ambr. Contareni itineraria persica; J. Th. Minadoi belli
turco-persici historia. *Francofurti*, 1601, in-fol.
v. f., les plats fleurdel., tr. dor.

4086. Guliel. Schickardi Tarich, hoc est regum Per-
siæ ab Ardschin-Babekan ad Jazdigerdem a cali-

phis expulsum series, cum prooemio. *Tubingæ*,
1628, in-4. — Jo. Jac. Huldrici de Ecclesiæ electorum Dei inter medium præteritorum sæculorum
Papatum, ὑπάρξει seu existentia et conservatione
perpetua. *Tiguri*, 1627, in-4. — Fred. Habersack
Disputatio apologetica de omni præsentia Christi
secundum humanam naturam. *Rostochii*, 1645,
in-4, vél.

4087. Le Couronnement de Soleiman, 3e roi de
Perse, et ce qui s'est passé de plus remarquable
dans les deux premières années de son règne (par
Chardin). *Paris*, 1671, in-12, fig. v. br.

4088. L'Ambassade de D. Garcias de Silva Figueroa en Perse, contenant la politique de ce grand
empire, les mœurs du roi Scach-Abbas, et une
relation exacte de tous les lieux de Perse et des
Indes, où cet ambassadeur a été l'espace de huit
années qu'il y a demeuré, trad. de l'espagnol par
de Wicquefort. *Paris*, 1667, in-4, v. br.

4089. Palladius, de Gentibus Indiæ et Bragmanibus,
gr. et lat.; J. Ambrosius de Moribus Brachmano-
rum; Anonymus de Brachmanibus, gr. et lat.;
quorum priorem et postremum nunc primum in
lucem protulit Eduardus Bissæus. *Londini*, 1665,
in-fol. v. br.

4090. Histoire des choses plus mémorables advenues tant ès Indes orientales, que autres pays de
la découverte des Portugais, en l'établissement et
progrès de la foi chrestienne et catholique, et principalement de ce que les jésuites y ont fait et en-
duré pour la même foy. Le tout recueilli et mis en
ordre par le P. Pierre du Jarric. *Bourdeaus*, 1608-
10-14, 2 vol. in-4, v. br. (Tomes 1 et 3.)

4091. J. P. Maffæi Historiarum indicarum libri XIII;
selectarum item ex India epistolarum libri IV,
eod. interpr. *Antverpiæ*, 1605, in-8. — Ejusdem
Ignatii Loyolæ vita postremo recognita. *Antverpiæ*, 1605, in-8, vél.

4092. Histoire des guerres de l'Inde, depuis l'année 1745, trad. de l'anglois (de M. Orme), par M. T*** (Targe). *Paris, Panckoucke*, 1765, in-12, v. mar.

4093. Histoire généalogique des Tatars, trad. du manuscrit tartare (sic) d'Abulgasi-Bayadour-Chan (en allemand par plusieurs officiers suédois, et de l'allemand en françois), avec un grand nombre de remarques, par D*** (publiée par Bentinck). *Leyde*, 1726, pet. in-8, cartes, vél.

4094. Description géographique et historique des royaumes et des provinces qui composent l'Empire des Chérifs (par l'abbé Boulet). *Paris*, 1733, in-12, v. f.

4095. Histoire de Gentchiscan et de toute la dynastie des Mongous, ses successeurs, conquérants de la Chine, tirée de l'histoire chinoise, par le P. Ant. Gaubil. *Paris*, 1739, in-4, v. f.

4096. Histoire du Tunquin et des grands progrès que la prédication de l'Evangile y a faits, depuis l'année 1627 jusqu'en 1646; trad. du latin d'Alexandre de Rhodes, par H. Alby. *Lyon*, 1651, in-4, cart. vél.

4097. Anciennes relations des Indes et de la Chine, par deux voyageurs mahométans qui y allèrent dans le ix° siècle, trad. de l'arabe, avec des remarques (par l'abbé Renaudot). *Paris, Coignard*, 1718, in-8, v. br.

4098. Anecdotes sur l'état présent de la religion dans la Chine (par l'abbé Villermaules, ou plutôt Villers). *Paris*, 1733, 5 vol. in-12, v. br.

4099. Nouveaux Mémoires sur l'état présent de la Chine, par le P. Louis Le Comte. *Paris*, 1697, 2 vol. in-12, portr. v. br.

4100. Histoire de l'Edit de l'empereur de la Chine en faveur de la religion chrétienne, avec un éclaircissement sur les honneurs que les Chinois

rendent à Confucius et aux morts, par le P. Charles Le Gobien. *Paris*, 1698, in-12, v. br.

4101. Description géographique, historique, etc.,
de l'empire de la Chine et de la Tartarie chinoise, par le P. J.-B. du Halde. *Paris*, 1735,
4 vol. gr. in-fol. fig. v. mar.

4102. Gonzales de Mendoza. Historia de las cosas
mas notables, ritos y costumbres del gran regno de
la China, etc. *Anvers*, 1596, in-8. — Historia del
nobile et valoroso cavalier Felice (di Camillo Camilli), trad. di spanuolo in lingua italiana. *Verona*, 1587, in-8, cart.

4103. Histoire du grand royaume de la Chine de
J. Gonzalès de Mendoza, mise en françois par
Luc de la Porte. *Paris*, 1589, in-8. v. br.

Jolie édition.

4104. Mart. Martinii Senecæ historiæ libri X. *Amstelæd.*, *Blaeu*, 1659, in-8, v. br.

4105. Nouvelle Relation de la Chine, contenant la
description des particularités les plus remarquables de ce grand empire, composée en l'année
1668, par le R. P. Gabr. de Magaillans, et traduite du portugais en français, par le Sr B. (Ber-
nout). *Paris*, 1690, in-4, v. br.

**Avec un plan de Pékin composé d'après les renseignements fournis par Ma-
galhaens.**

4106. Histoire des deux conquérans tartares qui
ont subjugué la Chine, par P.-J. Dorléans. *Paris*,
1688, in-8, v. br.

4107. Histoire de Timurbec, sous le nom de Tamerlan, écrite en persan par Cherefleddin-Ali,
trad. en françois par Petis de la Croix. *Paris*,
1722, 4 vol. in-12, cartes, v. f.

4107 *bis*. Eng. Kæmpfer. Histoire naturelle, civile
et ecclésiastique du Japon. *La Haie*, 1729, 2 vol.
in-fol. v. br. fig.

4108. Historie dei re Lusignani publicate da Henr. Gillet, cavalier (J. Fr. Loredano), libri undici. *In Bologna*, 1647, in-4, vél.

4109. Relations des missions et des voyages des évêques vicaires apostoliques, et de leurs ecclésiastiques, ès années 1672-73-74 et 75 (publiées par les directeurs du séminaire des missions étrangères). *Paris,* 1676, 4 part. in-8, vél.,

Le f. du titre manque.

4110. Lettres édifiantes et curieuses, écrites des missions étrangères par quelques missionnaires jésuites (recueillies par les PP. Le Galien, du Halde, Ingoult, La Neuville, Patouillet et autres). *Paris, Leclère,* 1707 et ann. suiv. 34 recueils en 32 vol. in-12, fig. v. br.

AFRIQUE.

4111. Relation universelle de l'Afrique ancienne et moderne, par de la Croix. *Lyon,* 1688, 3 vol. in-12, cartes et fig. v. br. (*Tomes* 1 *à* 3.)

4112. Mémoire sur l'Egypte ancienne et moderne, suivi d'une description du golfe Arabique, par J.-B. Bourguignon d'Anville. *Paris, Impr. roy.,* 1766, in-4 avec 5 cartes, br. non rog.

4113. L'Egypte de Murtadi, fils du Gaphiphe....., trad. de P. Vattier sur le manuscr. arabe. *Paris,* 1766, pet. in-12, vél.

4114. Relazione dello stato presente dell'Egitto, di G. Mich. Vanslebeo. *Parigi,* 1671, in-12, v. br.

4115. Etat présent de l'empire de Maroc (par Pidou de Saint-Olon). *Paris,* 1694, in-12, v. br.

4116. HISTORIALE DESCRIPTION de l'Ethiopie, contenant une vraye relation des terres et pays du grand roy et empereur Prêtre-Jean... (et au commencement les voyages d'André Corsal : ouvrage écrit premièrement en espagnol, par Fr. Alvarez, et trad. en françois). *Anvers, chez Jehan Bellère, au Faucon*, 1558, pet. in-8, fig. v. mar.

L'épitre dédicatoire est signée Jehan Bellère, qui est probablement le traducteur.

4117. Histoire de ce qui s'est passé en Ethiopie, Malabar, Brésil et les Indes Orientales, tirée des lettres écrites ès années 1620 jusqu'à 1624; adressées au R. P. Mutio Vitelleschi, général de la Compagnie de Jésus, trad. de l'italien en françois par un Père de la même Compagnie (le P. Jean Darde). *Paris, Cramoisy*, 1628, in-8, vél.

4118. Relation historique de l'Ethiopie occidentale, contenant la description du Congo, Angola et Matamba, trad. de l'italien du P. Cavazzi, et augmentée de plusieurs relations portugaises des meilleurs auteurs, avec des notes par J.-B. Labat. *Paris*, 1732, 5 vol. in-12, cart. et fig. v. f. (*Armoiries.*)

Bonne traduction d'un ouvrage estimé.

4119. Histoire de la grande île de Madagascar, par de Flacourt. *Paris*, 1658, in-4, fig. vél.

AMÉRIQUE.

4120. Découverte de l'Amérique, par J.-Henri Campe. *Paris, an XII* (1804), 3 vol. in-12, fig. v. f.

4121. Geor. Hornii de originibus Americanis, libri IV. *Hemipoli*, 1669, in-12, fr. gr., br. non rog.

4122. L'Histoire du Nouveau-Monde, par Jean de Laet, ou Description des Indes Occidentales, trad. en françois et enrichie de nouvelles tables géographiques et de figures. *Leyde, Bon et Abr. Elsevier*, 1640, in-fol. fig. v. br. fil.

Aux armes de Villars, archev. et comte de Vienne.

4123. Petri martyris ab Angleria de rebus oceanicis et novo orbe decades III; ejusdem de Babylonica

legatione libri III; Damiani a Goes de rebus
Æthiopicis, Indicis, Lusitaniis et Hispanicis. *Coloniæ*, 1574, in-8, vél.

4124. De Insulis nuper inventis Ferdinandi Cortesii
narrationes : P. Savorgnanus latine vertit. *Coloniæ, Berkman*, 1532, in-fol.

V. Brunet, t. II, col. 312, qui indique l'année 1532 comme date de
cette édition.

4125. Tyrannies et cruautés des Espagnols commises ès Indes Occidentales, qu'on dit le Nouveau-
Monde, briefvement descrites en espagnol par
don Franc. Barthel. de Las Casas..... trad. fidellement en françois par Jacques de Miggrode sur
la copie espagnolle, etc. *Rouen, Jac. Cailloue*, 1630, in-4, v. br.

4126. Ant. de Herrera. Historia general de las
Indias occidentales o de los echos de los Castellanos en las islas y tierra firma del mar Oceano.
Amberes, 1728, 4 vol. in-fol. fig. v.

4127. André Thevet. Les Singularités de la France
antarctique, autrement nommée Amérique, et de
plusieurs terres et isles découvertes de nostre
temps. *Paris, Maurice de la Porte*, 1558, pet.
in-4, *fig. en bois.*

A la tête du livre se trouvent deux odes à la louange de Thevet, l'une de
Jodelle, l'autre plus longue de Belleforest.

4128. Histoire de la découverte et de la conquête
du Pérou, trad. de l'espagnol d'Aug. de Zarate,
par D. C. (Citry de la Guette). *Amsterdam*, 1700,
2 vol. in-12, fig. v. br.

Historien judicieux, concis et impartial, dont le récit s'arrête en 1548,
époque du départ de la Gasca.

4129. Historica relatione del regno di Cile, e delle
missioni e ministerii che esercita in quelle la Compagnia di Giesù, per il P. Al. d'Ovaglie. *Roma,
Cavalli*, 1646, pet. in-fol. fig. vél.

Ouvrage rare et recherché.

4130. Histoire de la conquête du Mexique, ou de la Nouvelle-Espagne, trad. de l'espagnol d'Ant. de Solis, par l'auteur du Triumvirat (Citry de la Guette). *Paris*, 1704, 2 vol. in-12, v. br.

4131. Histoire de la conquête de la Floride, par F. de Soto (composée en espagnol par l'inca Garcilasso de la Vega), trad. en franç. par Richelet. *Paris*, 1711, 2 tom. en 1 vol. in-12, v. br.

4132. Histoire générale des îles de Saint-Christophe, de la Guadeloupe, de la Martinique, etc., par le P. J.-B. Dutertre. *Paris*, 1654, 5 part. en 1 vol. in-4, cart. vél.

4133. HISTOIRE DE LA NOUVELLE-FRANCE, par Marc Lescarbot, contenant les navigations, découvertes et habitations faites par les François ès Indes occidentales et Nouvelle-France, depuis cent ans jusqu'à lui (1615), avec les Muses de la Nouvelle-France. *Paris, Jean Milot*, 1609, in-8, cart. vél.

Rare et curieux ; édition très-recherchée. V. Brunet, t. III, col. 1010.

4134. Relation de ce qui s'est passé à la Nouvelle-France en 1634 dans les missions des PP. de la Compagnie de Jésus, par le P. Paul Lejeune. *Paris, Cramoisy*, 1635, in-8, vél.

VII. PARALIPOMÈNES HISTORIQUES.

1. *Histoire de la Chevalerie et de la Noblesse.*

A. Chevalerie au moyen âge. Ordres de chevalerie.

4136. Aub. Miræi (Le Mire) originum equestrium sive militarium ordinum libri duo. *Antverpiæ*, 1609, in-4, demi-rel. v. br.

Exempl. de Franc. d'Orival.

4137. Aub. Miræi originum equestrium libri duo. *Coloniæ-Agripp.*, 1638, pet. in-12, v. f. fil.

4138. Blaise Vauxelle et Honoré de Sainte-Marie. Dissertations historiques et critiques sur la chevalerie ancienne et moderne, séculière et régulière, avec des notes. *Paris*, 1718, in-4, fig. v. br.

Jolies planches en taille-douce, costumes, ordres, etc.

4139. Mémoires sur l'ancienne chevalerie, considérée comme un établissement politique et militaire, par de la Curne de Sainte-Palaye. *Paris*, 1759-81, 2 vol. in-12, v. br.

4140. Girol. Mutio Justinopolitano. Il Duello del Mutio Justinopolitano, con le riposte cavalleresche. *Venezia, Giolito,* 1551, 2 tom. en 1 vol. in-8, vél.

4141. G. Batt. Susio. I tre libri della ingiustitia del duello e di coloro che lo permettono. *Vinegia, Gabr. Giolito,* 1556, in-4, v. f.

Imparfait des pages 11 à 14, à la place desquelles l'épître dédicatoire se trouve intercalée.

4142. LE COMBAT DE SEUL A SEUL en champ clos, ensemble, le Moyen au gentilhomme d'éviter les querelles et d'en sortir avec son honneur, par Marc de la Béraudière, seigneur de Mauvoisin. *Paris, Abel l'Angelier,* 1608, 4 part. in-4, vél.

Livre très-rare. Exempl. de J. Boyvin.

4143. And. Alciati de singulari certamine. *Lugduni,* 1543, in-8, bas. fil.

4144. Le Mausolée de la Toison d'Or, ou les Tombeaux des chefs et des chevaliers du noble ordre de la Toison d'Or. *Amsterdam,* 1689, in-8, v. br.

4145. Les Statuts de l'ordre du Saint-Esprit, établi par Henri III en 1578. *Paris, Impr. roy.,* 1788, gr. in-4, mar. r. tr. dor.

Bel exemplaire aux armes de l'ordre du Saint.-Esprit.

4146. ETAT DE L'ILLUSTRE CONFRÉRIE de Saint-Georges, autrement dite de Rougemont, en la Franche-Comté de Bourgogne, avec les armes, bla-

sons et réceptions des confrères vivants, gravé
par Pierre de Loisy (et publié par Th. Varin).
Besançon, 1663, in-fol. fig. v. mar.

4147. D. Ped. de la Escalera Guevara. Origen de
los Monteros de Espinosa, su calidad, exercicios,
preeminencias, assenciones. *Madrid*, 1632, in-4,
front. gr.

B. Histoire de la noblesse. Art du blason. Histoire héraldique.

4148. And. Tiraquelli de Nobilitate, et jure primi-
geniorum. *Parisiis*, 1549, in-fol. v. br. fil. (*Armes.*)

Le plus considérable et le plus savant des ouvrages de Tiraqueau.

4149. Lettres sur l'origine de la noblesse françoise
(par l'abbé Mignot de Bussy). *Lyon*, *Jean de
Ville*, 1763, in-8, v. jasp.

4150. Beemanni Syntagma dignitatum. *Francof. et
Lipsiæ*, 1696, in-4, vél.

4151. Traité des nobles et des vertus dont ils sont
formés, avec une histoire généalogique ancienne
de la maison de Coucy, par Franç. de l'Alouëte,
bailli de la comté de Vertu. *Paris, C. de la Noue*,
1577, in-4, vél.

4152. Traité de la noblesse, de ses différentes espèces, etc., par Gilles-André de la Roque. *Paris*,
1678, in-4, v.

Ouvrage complet et savant, entrepris à la demande du duc de Mon-
tausier.

4153. Traité du ban et de l'arrière-ban, de son origine et de ses convocations anciennes et nouvelles, par Gilles-André de la Roque. *Paris*, 1676,
in-12, v. br.

Livre curieux.

4154. Les Diverses Espèces de noblesse et la manière
d'en faire les preuves, par F. Menestrier. *Paris*,

J.-B. *de la Caille*, 1684, in-12, front. gravé, v. br.

V. Brunet. t. III, col. 1625.

4155. Joan. Hollanderi de nobilitate liber prodromus, ex schedis Dyon. Harduini collectus. *Antverpiæ*, 1621, in-4, v. f. fil.

4156. D. Pedro Pacheco. Discursos ilustres, históricos e genealógicos. *Toledo*, 1636, in-4, v. br. fil.

4157. OBSERVATIONES eugenialogicæ et heroicæ, sive materiem nobilitatis gentilitiæ, jus insignium et heraldicum complectentes (auct. P. Stockmann). *Coloniæ-Agripp. (Bruxelles)*, 1678, in-4, mar. r. fil.

Aux armes de Colbert.

4158. Phil. Knipschilti Tractatus politico-historico-juridicus de juribus et privilegiis nobilitatis et ordinis equestris S. R. I. *Campoduni*, 1693, in-fol. front. gr. v. br.

4159. Ant. Matthæi de Nobilitate, de principibus, de ducibus, de comitibus, etc., de comitatu Hollandiæ et diœcesi Ultrajectina libri IV. *Franequeræ*, 1698, 2 part. in-4, fig. vél.

4160. Fr. de Vieri. Il primo libro della Nobiltà. *Fiorenza*, 1774, in-8, v. br. fil.

4161. Giov. Batt. Nenna. Il Nennio, nel quale si ragiona di Nobiltà. *Venetia*, 1542, in-8, front. gr. en bois vél.

Exempl. de Nicot, l'introducteur du tabac en France.

4162. Gius. Campanile. Notizie di Nobiltà, lettere. *Napoli*, 1672, in-4, front. gr. vél.

Lettres injurieuses pour quelques familles napolit. nobles,

4163. Theod. Hæpingi de insignium sive armorum prisco et novo jure tractatus. *Noribergæ*, 1642, in-fol. tit. gr. v. br.

Vol. rare. Exempl. de Colbert.

4164. Joan. Seldeni Tituli honorum, ex Sim. J. Arlow. lat. interpret. *Francofurti*, 1696, in-4, portr. vél.

    ‡ L'original anglais est regardé comme le meilleur ouvrage que l'on ait sur ce sujet.

4166. Jean. Scohier, chanoine de Berges. L'Estat et comportement des armes. *Paris*, 1630, in-fol. — Le Tableau des armoiries de France, par Phil. Moreau. *Paris*, 1630, in-fol. vél.

    Exempl. de Guichenon.

4167. Abrégé méthodique de la science héraldique, par J.-Cl. Favre, *Chambéry*, 1647, in-4, fig. v. br.

4168. La Méthode royale, facile et historique du blason (par Cl. Oronce Finé de Brianville). *Paris*, 1671, in-12, v. br.

4169. La Méthode du blason, par Cl.-Fr. Menestrier. *Lyon*, 1689, in-12, fig. v. br.

    C'est la plus ancienne édition.

4170. Nouvelle Méthode raisonnée du blason, réduite en leçons... par Cl.-Fr. Menestrier. *Lyon*, 1716, in-12, fig. v. br.

    Le f. du titre manque.

4171. L'Art du blason justifié, ou les Preuves du véritable art du blason établies par diverses autorités, avec la méthode abrégée des principes héraldiques. *Lyon, Benoît Coral*, 1661, in-12, fig. v. br. fil.

4172. Principum Christianorum Stemmata ab Ant. Albizio collecta, cum ejusdem annotationibus; adj. stemmate Othomanico, opera et impensis Dominici Custodis ære incisa. *August.-Vendelic.*, 1612, gr. in-fol. fig. tit. gr. v.

4173. Le Blason de France, ou notes curieuses sur l'édit concernant la police des armoiries, suivi du dictionnaire ou table par alphabet et explication des termes, figures et pièces de blason les plus

usitez en France (par Thibaut Cadot). *Paris*,
1697, in-8, tit. gr., nombreux blasons gravés au
burin, v. br.

Volume extrêmement rare.

4174. Abrégé de l'histoire généalogique de France,
par J. Mézeray. *Paris*, 1807, in-12, br.

4175. LE BLASON des célestes et très-chrestiennes
armes de France, contenant le devis des trois
fleurs de sapience, justice et bon conseil assises
au champ de vertu, par S. de la Mothe, sieur
de Huppigny. *Rouen, Du Gord*, 1549, in-16,
v. br.

Petit livre rare.

4176. ARMORIAL des principales maisons et familles
du royaume, particulièrement de celles de Paris
et de l'Ile-de-France, par P.-P. Dubuisson (et
Gastelier de la Tour). *Paris, Guérin et de la
Tour*, 1757, 2 vol. in-12, v. blasons gr.

Ouvrage recherché et peu commun ; il présente près de 4,000 écussons
gravés sur cuivre.

4177. Phil. Jac. Speneri Insignia SS. Familiæ Saxo-
nicæ. *Francofurti*, 1668, in-4, v. br.

Exempl. de Colbert.

4178. Recueil héraldique des bourgmestres de la
noble cité de Liége (par N. Loyens). *Liége*, 1720,
in-fol. fig. v. br.

4179. Tob. Wagneri Limina genealogica in præci-
puas Magnatum Europæ familias. *Ulmæ*, 1653,
in-8, tit. gr. — Ejusdem Breviarium totius orbis
terrarum geographicum. *Ulmæ*, 1653, pet. in-8,
tit. gr. vél.

4180. Ph. Jac. Speneri Jus heraldicum. *Francofurti*, 1717, 2 vol. in-fol. fig. v. br.

4182. Le Palais de l'honneur, ou les Généalogies
historiques des illustres maisons de France et de
plusieurs nobles familles de l'Europe, par P. de

Guibours, P. Anselme de Sainte-Marie. *Paris,* 1668, in-4, fig. tit. gr. v. br.

4183. Les Généalogies historiques des anciens patriarches, rois, empereurs, et de toutes les maisons souveraines qui ont subsisté jusqu'à présent, tirées de Hübner, etc. (par Chasot de Nantigny). *Paris,* 1734-38, 4 vol. in-4, v. f.

4184. Tablettes historiques, généalogiques et chronologiques, par Chasot de Nantigny. *Paris,* 1749-58, 6 vol. in-24, v. jasp.

4185. Tablettes de Thémis (par Chasot de Nantigny). *Paris,* 1755, 3 part. en 2 vol. in-24, v. m.

4187. La Toscane françoise, contenant les éloges historiques et généalogiques des seigneurs de la Toscane, lesquels ont été affectionnés à la couronne de France, par le chevalier J.-Bapt. Tristan l'Hermite, seigneur de Souliers. *Paris, Piot,* 1661, in-4, blas. v.

4188. Histoire généalogique de la maison de France, par Scévole et Louis de Sainte-Marthe. *Paris, Cramoisy,* 1628, 2 vol. in-fol. fig. v. br. fil.
Cette seconde édition est augmentée de l'histoire des deux premières races, et des familles qui sortent des reines et des princesses du sang.

4189. Généalogie de la maison royale de Bourbon, par Ch. Bernard, édition de Ch. Sorel. *Paris,* 1646, in-fol. fig. v. tr. dor. *Armoiries.*

4190. P. ANSELME de Sainte-Marie. Histoire généalogique de la maison royale de France, des pairs, etc. (continuée par H. Caille, sieur de Fourny, augmentée par les PP. Ange de Sainte-Rosalie et Simplicien). *Paris,* 1726-33, 9 vol. in-fol. v.

4192. Matt. Zampini de origine et atavis Hug. Capeti, illorumque cum Carolo Magno, Clodovæo atque antiquis Francorum regibus agnatione et gente tractatus. *Parisiis,* 1581, in-8. — Raisons et causes de préséance entre la France et l'Espagne, par Nicolas Viguier. *Paris*, 1608, in-8, v. br.

4193. Discours historique concernant le mariage d'Ansbert et de Blitilde, prétendue fille de Clotaire Iᵉʳ ou II, par Louis Chantereau le Fèvre. *Paris*, 1647, 2 part. in-4, v. br.

4194. La Critique de l'origine de la maison de France, par Adrien Jourdin. *Paris,* 1683, in-12, v. br.

4195. L'Origine de la très-illustre maison de Lorraine (par le P. Benoît). *Toul*, 1704, in-8, mar. vert fil.

4196. Généalogie des comtes et ducs de Bar jusqu'à Henri, duc de Lorraine et de Bar, l'an 1608 (par Théod. Godefroy). *Paris, Edme Martin,* 1627, in-4, d.-rel.

4197. Histoire généalogique de la maison de Beauvau, certifiée par des titres... par Scévole et Louis de Sainte-Marthe. *Paris*, 1626, in-fol. vél.

4198. Histoire généalogique de la maison de Vergy, justifiée par chartes, titres, arrêts et autres bonnes et certaines preuves, par André Duchesne. *Paris*, 1625. — Preuves de l'histoire de la maison de Vergy, par le même. *Paris, Cramoisy,* 1625, 2 tom. en 1 vol. in-fol.

4200. De Stirpe et Origine domus de Courtenay quæ cœpit a Ludovico Crasso hujus nominis sexto Francorum rege, sermocinatio : cui inserti sunt supplices libelli regi ad hanc rem oblati, etc. *Parisiis*, 1607, pet. in-8, vél.

V. sur ce livre rare, dont il n'y a que quelques exemplaires connus, la note de Brunet, t. V, col. 543.

4201. Histoire généalogique de la maison du Châtelet, branche puînée de la maison de Lorraine, par dom Calmet. *Nancy, Cusson,* 1741, in-fol. fig. v. mar.

Fig. de tombeaux, blasons, sceaux, monnaies, etc.

4202. Histoire généalogique des sires de Salins au comté de Bourgogne, avec des notes historiques et généalogiques sur l'ancienne noblesse de cette province, par J.-B. Guillaume. *Besançon, Vieille et Daclin,* 1751-58, 2 tom. en 1 vol. in-4 (avec les preuves), v. mar.

4203. Histoire de la maison de Luxembourg où sont plusieurs occurrences de guerres et affaires tant d'Afrique et d'Asie que d'Europe, par Nic. Viguier, continuée jusqu'en 1616 (par And. Duchêne et Nic.-G. Pavillon) (Poullain). *Paris,* 1619, in-4, v. br. fil. (*Armes.*)

4204. Recherches historiques sur la noblesse des citoyens honorés de Perpignan et de Barcelone, par Xaupi. *Paris,* 1763, in-12, v. mar.

4205. Preuves de l'histoire de la maison de Coligny, par Du Bouchet. *Paris,* 1662, in-fol. v. br.

Livre rare.

4205 *bis.* Catalogue et armoiries des gentilshommes qui ont assisté à la tenue des états-généraux du duché de Bourgogne. *Dijon,* 1760, in-fol. d.-rel. mar. r. (*Blasons.*)

4206. Extraits des Registres du parlement de Franche-Comté, concernant les lettres de noblesse, de chevalerie et de nationalités, les érections de marquisats, comtés, baronnies, les permissions de tenir en fief. *Manuscrit in-fol. du* xviii° *siècle.*

4207. Armorial de la Franche-Comté, par Adr. Bonvallet. *Besançon,* 1863, in-8, br.

4208. Explication de l'épitaphe de Claude le Roux de Cambremont, vidame d'Enneval, où sont justifiées sa descente et ses alliances généalogiques (par Bulteau de Préville). 1689, in-4, v. br.

4209. Histoire de Sablé, par Gilles Ménage, première partie (généalogie des maisons de Sablé et

de Craon, avec des remarques et des preuves).
Paris, P. Le Petit, 1683, pet. in-fol. v. f.

Rare et recherché à cause des détails curieux sur l'histoire d'Anjou. L'auteur n'a donné que cette première partie.

4211. OLIVARII VREDII Genealogia comitum Flandriæ a Balduino Ferreo ad Philippum IV Hispan. regem. *Brugis,* 1642-3, 2 vol. in-fol. fig. vél. fil.

V. Brunet, t. V, col. 1385.

4212. Recherches des antiquités et noblesse de Flandre, contenant l'histoire généalogique des comtes de Flandre, une description curieuse dudit pays, etc., par Phil. de l'Espinoy, viscomte de Thérouanne, etc. *Douai, Vve Marc Wyon,* 1631, in-fol. blas. cartes, v. f. fil.

Ouvrage estimé et peu commun. V. Brunet, t. III, col. 1015.

4213. LES CHATELAINS DE LILLE, leur ancien état, office et famille : ensemble l'état des anciens comtes de la république et empire romain, des Goths, Lombards, Bourguignons...., des forestiers et comtes anciens de Flandre, avec une particulière description de l'ancien estat de la ville de Lille en Flandre, etc., par Floris van der Haër (Harius). *Lille, Chr. de Beys et P. de Rache,* 1611, pet. in-4, vél.

Cet ouvrage, la plus ancienne production bien connue des presses lilloises, est fort estimé. Au deuxième livre sont jointes plusieurs cartes généalogiques, entre autres celle de la maison de Bourbon.

4214. Dissertation pour servir à l'histoire de Romée de Villeneuve, ministre de Raymond Bérenger, comte de Provence, par dom Joseph Vaissete. *Paris,* 1751, in-8, portr. v. br.

4215. Joan. Seifredi Arbor Aniciana, seu genealogia Austriæ domus principum, ab Anicia urbis Romæ familia deducta. *Viennæ,* 1613, in-fol. front. gr.

4216. Arboretum genealogicum exhibens omnes fere Imperii principes qui linea recta a Rodolfo I imperatore austriaco descendunt, auct. Joan. Gans.

Coloniæ-Agripp., 1638, in-fol. fig. front. gr. vél. fil.

4217. J. N. Schœnleben. Dissertatio polemica de prima origine domus Habspurgo-Austriacæ, etc. *Labaci*, 1680, in-fol. front. gr. v. br.

4218. J. G. Eccardi Origines familiæ Habsburgo-Austriacæ. *Lipsiæ*, 1721, in-fol. v. f.

4219. Nic. Mamerani Catalogus familiæ totius Aulæ Cæsareæ, per expeditionem adversus inobedientes usque Augustam Rheticam, et in comitiis anno 1547-1548. *Coloniæ*, 1550, in-8. — Ejusdem Iter Cæs. Caroli V ex inferiore Germania, ab anno 1545, usque Augustam Rheticam. *Augustæ-Vindelic.*, 1547, in-8, vél.

4220. Colin de Marienberg. De Origine et rebus gestis gentis Dietrichstainianæ. *Olmucii*, 1621, in-4, vél.

Le titre est manuscrit.

4221. Dell' Origine e fatti delle famiglie illustri d'Italia, di Franc. Sansovino. *Vinegia*, 1582, in-4, vél.

4222. Della Nobiltà dell' Italia, di Fr. Zazzoni. *Napoli*, 1615-18, 2 part. in-fol. mar. ro. fil. tr. dor.

4223. Corona della nobiltà d'Italia, di G. P. de Crescenzi. *Bologna*, 1639, 2 vol. in-4, tit. gr. v. br. fil. (*Armes*.)

Rare et recherché.

4224. Fr. Agost. della Chiesa. Corona reale di Savoia, o sia relatione delle provincie e titoli ad esse appartenenti. *Cuneo*, 1655-57, 2 vol. in-4, v. br.

Exempl. de Baluze.

4225. HISTOIRE GÉNÉALOGIQUE de la royale maison de Savoie, par Samuel Guichenon, avec les preuves. *Turin, J.-Mich. Briolo*, 1778-80, 5 vol. in-fol. fig. portr. d.-rel.

Deuxième édition d'un ouvrage rare et curieux.

4226. Paolo Morigi. La Nobiltà di Milano. *Milano,* 1619, in-8, vél.

4227. Istoria di casa Orsina, di Fr. Sansovino. *Venetia,* 1565, in-fol. fig. portr. v. mar. (*Aux armes de Caumont-Laforce.*)

4228. Albero e historia della famiglia dei Conti di Guidi, di Scip. Ammirato. *Firenze,* 1640, in-fol. v. br.

4229. Car. de Venasque. Genealogica et historica Grimaldæ gentis arbor. *Parisiis,* 1647, in-fol. fig. v. br.

4230. Albero, overo genealogia dei signori Lazzara, di Giov. Rassino da Belforte. *Padova,* 1615, in-fol. v. br.

De la biblioth. Caumartin.

4231. Albero e historia della famiglia dei Conti di Marsciano, da Ferdin. Ughelli. *Roma,* 1667, in-fol. fig. vél.

4232. Scip. Ammirato. Delle famiglie nobili di Napoli, parte prima. *Firenze,* 1580; parte seconda, 1651, 2 vol. in-fol. fig. v. jasp. fil.

4233. Felib. Campanile. Armi overo insegni dei nobili. *Napoli, Longo,* 1618, in-fol. blas. — Carlo de Lellis. Discorsi delle famiglie nobili di Napoli. *Napoli,* 1654, in-fol. fig. v. m. fil. (Tome 1er.)

4234. Notizie di famiglie nobili neapolitane da Gius. Reccho, duca d'Acquadia. *Napoli,* 1717, in-4, cart.

4235. Discorsi delle famiglie estinte, forestieri, o non comprese nel seggio di Napoli, imparentate colla casa della Marra, còmpuesta del D. Ferrante della Marra. *Napoli,* 1641, in-fol. vél.

4236. Vindex neapolitanæ nobilitatis, seu animadversio in Fr. Ælii Marchesii librum de Neapolitanis familiis, auct. Fr. Ughello (Carlo Borello Neapolitano). *Neapoli,* 1655, in-4, vél.

4237. Cam. Tutini. Dell' origine e fondazione de' Seggi di Napoli del tempo in che furono instituti, e della separation dei nobili del popolo. *Napoli,* 1644, in-4, vél.

4238. Historia della famiglia Gennara o Janara. *Napoli,* 1620, in-fol. cart. (*Aux armes d'Alex. Petaut, conseil. au parlement.*)

4239. Cam. Tutini. Historia della famiglia Blanch. *Napoli,* 1641, in-4, vél.

4240. AL. LOPEZ DE HARO. Nobiliario genealogico de los reyes y titulos de España. *Madrid,* 1622, 2 tom. en 1 vol. in-fol. blas. gr. en bois, mar. rouge, tr. dor. fil.

4241. B. Moreno de Vargas. Discursos de la nobleza de España. *Madrid,* 1636, in-4, vél. (*Armes.*)

4242. Hier. de la Cruz. Defensa de los Estatutos y noblezas Españolas. *Zaragoça,* 1637, in-fol. front. gr. vél.

4243. Catalogo real genealógico de España, por el Rodr. Mendez-Silva, segunda impresion. *En Madrid,* 1639, in-8, v. br. fil.

4244. Gonz. Argote de Molina. Nobleza dell' Andalusia. *Sevilla, por Ferdin. Diaz,* 1588, in-fol. blas. gr. sur bois. — Geron. Gudiel. Compendio de algunas historias de España, donde se tratan muchas antigüedades..... y especialmente se da noticia della familia de los Girones, etc. *Alcala,* 1677, in-fol. vél.

Beaux exempl., avec autogr. des frères Sainte-Marthe.

4245. J. BAT. LAVANA. Nobiliario de D. Pedro, conde de Barcelos, hijo del rey Dionis de Portugal ; traduz. castigado, y con nuevas ilustraciones de varias notas por Manuel de Faria y Souza. *Madrid, Al. de Paredes,* 1646, in-fol. vél.

Cet ouvrage, dont l'auteur vivait au commencement du XIVᵉ siècle, est le premier qu'on ait écrit sur cette matière, en Espagne.

4246. F. Fel. de la Gandara. Nobiliario, armas y triunfos de Galicia. *Madrid*, 1677, in-fol. vél.

Note et lettre autogr. de Gaucher de Sainte-Marthe.

4247. Jos. Pellizer de Ossan y Tovar. Informe del origen, antigüedad, calidad, y succesion de la casa de Sarmiento de Villamayor, y las unidas á ella por casamiento. *Madrid*, 1663, in-4, vél.

Exempl. de Baluze.

4248. Th. Milles. Nobilitas politica vel civilis, præsertim qui sint apud Anglos nobilium gradus, et quæ ad nobilitatem evehendi ratio. *Londini*, 1610, in-fol. fig. vél.

Avec des notes manuscr. curieuses.

2. *Histoire des solennités, pompes et cérémonies publiques.*

4249. Franc. Modii Pandeclæ triumphales, sive pomparum, festorum ac solemnium apparatuum, etc., tomi II. *Francofurti*, 1586, 2 tom. en 1 vol. in-fol. fig. v. br. fil.

Édition recherchée à cause des fig. de Josse Amman, dont elle est ornée. Exempl. de Colbert.

3. *Archéologie.*

A. Collections. Mélanges.

4250. D. Bern. de Montfaucon. L'Antiquité expliquée (en françois et en latin), et représentée en figures. *Paris*, 1722, 10 vol. gr. in-fol. fig. v. br.

4251. Joan. Hover de Polymathia tractatu. *Basileæ*, ex biblioth. Froben., 1603, in-4, vél.

4252. Jos. Laurentii Polymathia, sive variæ antiquæ eruditionis libri VI. *Lugduni, L. Anisson*, in-fol. v. br.

4253. Josue Aensii Lexicon antiquitatum ecclesiasticarum. *Guiswaldiæ*, 1669, in-4, v. br.

4254. Nouveau Recueil d'antiquités grecques et romaines, par Nicol. Furgault. *Paris*, 1768, gr. in-8, v. mar.

4255. Phil. Rubeni Electorum libri II, in quibus antiqui ritus, emendationes, censuræ. Ejusdem ad F. Lipsium poematia. *Antverpiæ, ex offic. Plantin.*, 1608, pet. in-fol. cart.

Rare.

4256. Ant. van Dale Dissertationes de origine et progressu idololatriæ et superstitionum; de vera et falsa prophetia, etc. *Amstelædami*, 1696, in-4, v. br.

4257. Ant. van Dale Dissertationes IX antiquitatibus, quin et marmoribus, cum romanis, tum potissimum græcis illustrandis inservientes. *Amstelædami*, 1708, in-4, fig. v. f.

4258. Th. Sigif. Bayeri Opuscula ad historiam, antiquitatem, chronologiam, etc., spectantia, edente C. A. Klotzio. *Halæ*, 1770, in-8, v. mar.

4259. Th. Lud. Münteri Parerga historico-philologica. *Gottingæ*, 1749, in-8, fig. cart.

B. Mœurs et usages.

a. Usages religieux, civils et militaires des anciens en général.

4260. Palæphati de Incredibilibus, gr. et lat., cum notis Corn. Tellii. *Amstelædami, apud Elsevirios*, 1649, pet. in-12, vél.

Jolie édition, recherchée. Exempl. de D. Camusat.

4261. Hygini Fabularum liber, Poëticon astronomicon libri IV : Palæphatus, Fulgentius, Aratus, etc. *Parisiis, J. Parant*, 1578, in-8.

4262. Giov. Boccaccio. La Genealogia de gli Dei de

Gentili, trad. per M. Gios. Bat. da Bassano. *In Venetia,* 1574, in-4.

Très-belle reliure en maroq. rouge fleurdel. aux armes du roi Henri III, France et Pologne ; les ornements de cette reliure sont argentés et très-bien conservés.

4263. Lilii Gregorii Gyraldi de Diis gentium varia et multiplex historia. *Basileæ, per Joan. Oporinum,* 1548, in-fol. rel.

4264. Natalis Comitis mythologiæ, sive explicatio-num fabularum libri X. *Venetiis,* 1581, in-4, fig. vél.

Le volume contient le poëme *de Venatione*, du même auteur. Première édit. d'un ouvrage qui eut beaucoup de succès.

4265. Le Imagini degli Dei degli Antichi, del sign. Vincenzo Cartari Reggiano. *In Venetia,* 1625, in-4, fig. vél.

Belle édition. Curieuses figures en taille-douce.

4266. Mutii Pansæ de osculo, seu consensu ethnicæ et christianæ theologicæ philosophiæ. *Marpurgi,* 1605, in-8, vél.

Seconde édition, la meilleure.

4267. Gisb. Cuperi Harpocrates, sive explicatio ima-gunculæ argenteæ perantiquæ, quæ in figuram Harpocratis formata repræsentat Solem ; ejusdem monumenta antiqua inedita. *Trajecti ad Rhenum,* 1687, in-4, fig. tit. gr. vél.

A la suite de cet ouvrage une lettre d'Est. Lemoine à Cuper, qui l'avait consulté sur les Mélanophores, ou Egyptiens habillés de noir. Ouvrage curieux.

4268. J.-G. Stuckii sacrorum sacrificiorumque Gen tilium descriptio : access. varia ejusdem. *Tiguri,* 1598, in-fol. v. br. fil.

4269. Gul. Outrami de Sacrificiis libri II, quorum altero explicantur omnia Judæorum, nonnulla gentium profanarum sacrificia, altero sacrificium Christi. *Londini,* 1677, in-4, v. br.

4270. Georg. d'Arnaud : de Diis adsessoribus et con-junctis commentarius. *Hagæ-Comitum,* 1732, in-8, vél.

S.-Y. 34

4271. Joan. Lomeieri Epimenides, sive de veterum gentilium lustrationibus syntagma. *Zutphaniæ*, 1700, in-4, fig. tit. gr. v. br.

Deuxième édit. d'un ouvrage plein de recherches curieuses.

4273. Sibyllina Oracula ex vett. codd. aucta, renovata et notis illustrata a J. Obsopœo. *Parisiis*, 1599, in-8, fig. — Oracula Magica Zoroastris, cum scholiis Plethonis et Pselli nunc primum editis, e biblioth. regia, studio J. Obsopœi. *Parisiis*, 1599, in-8. — Oracula metrica Jovis, Apollinis, Hecates, Serapidis et aliorum Deorum ac vatum tam virorum quam fœminarum, a J. Obsopœo collecta, gr. et lat. *Parisiis*, 1599, in-8, vél. *Figures*.

4274. Ant. Van Dale de Oraculis Ethnicorum dissertationes duæ; acced. schediasma de consecrationibus ethnicis. *Amstelædami, apud Henr. et vid. Theod. Boom*, 1683, in-8, v. br.

Le plus curieux et le plus estimé de tous les ouvrages de Van Dale.

4275. Rod. Hospiniani de festis Judæorum et ethnicorum, hoc est de origine, progressu, ceremoniis et ritibus festorum dierum Judæorum, Græcorum, Romanorum, Turcarum et Indianorum libri III. *Tiguri*, 1611, in-fol. — Ejusdem Festa Christianorum, hoc est de origine, progressu, incrementis et ritibus festorum dierum christianorum liber unus. *Tiguri*, 1612, in-fol. v. br. fil.

4276. Joh. Jonstoni de festis Hebræorum et Græcorum. *Uratislaviæ*, 1660, pet. in-12, vél.

4277. Recherches sur les initiations anciennes et modernes, par l'abbé R*** (Robin). *Amsterdam et Paris, Valleyre*, 1779, in-12. — Franc. Redi Bacco in Toscana, ditirambo. *Lucca*, 1745, in-8, v. m.

4278. Joan. Nicolai Diatriba de juramentis Hebræorum, Græcorum, Romanorum aliorumque populorum. *Francofurti*, 1700, in-12, cart.

4279. Barn. Brissonii de veteri ritu nuptiarum et jure connubiorum; Ant. Hotmani de veteri ritu

nuptiarum observatio ; Fr. Hotmannus de sponsalibus, de veteri ritu nuptiarum, et jure matri-
moniorum. Item de spuriis et legitimatione. *Amstelædami*, 1662, 3 part. in-12, front. gr. vél.

4280. Funérailles et diverses manières d'ensevelir
des Romains, des Grecs et des autres nations tant
anciennes que modernes, par Claude Guichard.
Lyon, 1581, in-4, fig. v. br.

Le titre manque.

4281. Jac. Guterii (Gouthières) de jure manium,
seu de ritu, more et legibus prisci funeris libri
tres. *Parisiis*, 1615, in-4, fig. vél.

On trouve, à la suite, un discours de consolation que Gouthières adressa à
Anne Robert, sur la mort de son fils, jeune avocat d'une grande espérance.

4282. Joan. Gretseri de Funere christiano libri III.
Ingolstadii, 1611, in-4, vél.

4283. Laur. Pignorii de servis, et eorum apud veteres ministeriis. *Patavii*, 1656, in-4, fig. vél.

4284. Prosp. Stellartii de coronis et tonsuris paga-
norum, Judæorum, christianorum libri III. *Duaci*,
1625, in-8, fig. vél.

Livre peu commun.

4285. Car. Paschalii Coronæ, opus decem libris
distinctum, quibus res omnis coronaria e priscorum eruta et collecta monumentis continetur.
Lugd.-Batav., 1671, in-8, front. gr. v. br.

Bonne édition.

4286. Mart. Kempii Opus polyhistoricum de osculis,
etc. *Francofurti*, 1680, in-4, portr. vél.

4287. J.-G. Stuckii Antiquitatum convivalium libri III. *Tiguri*, 1582, in-fol. v. f. fil.

4288. Jul. Cæs. Bulengeri de conviviis libri IV; ejusdem de ludis privatis ac domesticis veterum. *Lugduni*, 1627, 2 part. in-8, vél.

De la biblioth. de Colbert.

4289. Oct. Ferrarii de re vestiaria libri VII. *Patavii,*
1654, 2 part. in-4, fig. tit. gr. vél.

4290. Oct. Ferrarii Analecta de re vestiaria et lato-
clavo, ad Alb. Rubenii commentarium de re vestiaria; access. dissertatio de veterum lucernis
sepulchralibus. *Patavii,* 1670, in-4, fig. vél.

Le Traité des lampes sépulcrales est écrit principalement pour réfuter l'o-
pinion que les païens avaient le secret d'une huile qui ne se consumait point.

4291. B. Balduini Calceus antiquus et mysticus.
Parisiis, 1615, in-8, vél.

4293. Thomæ Bartholini de Armillis Veterum, fig.
Amstelodami, sumpt. Henr. Wetstenii, 1676, in-
12, tit. gr. — Caspari Bartholini de inauribus
veterum Syntagma. *Amstelodami, sumpt. H.Wet-
stenii,* 1676, in-12, fig. — Th. Bartholini Antiquitatum veteris puerperii synopsis. *Amstelæd.*,
1676, in-12, fig. vél.

4294. Franc. Junii de Pictura veterum libri tres;
acced. Catalogus veterum artificum. *Roterodami,*
1694, in-fol. tit. gr., beau portrait de Junius
par P. Van Gustst, v. br.

Bonne édition d'un ouvrage recherché. Grævius y a ajouté une préface et
la vie de l'auteur.

4295. Hier. Mercurialis de Arte gymnastica libri VI,
Venetiis, Juntæ, 1573, in-4, fig. vél.

Ouvrage savant.

4296. Onuphrii Panvinii de Ludis circensibus libri
II, de triumphis liber unus, cum notis J. Ar-
goli, etc. *Patavii,* 1642, in-fol. fig. tit. gr. v. br.
fil.

4297. Petri Fabri Agonisticon, sive de re athletica,
ludisque veterum gymnicis, musicis et circensibus tractatus. *Lugduni, Th. Soubron,* 1595, in-4,
fig. vél.

4298. Justi Lipsii Poliorceticon, sive de machinis,
tormentis, telis, libri V. *Antverpiæ, ex offic.
Plant.*, 1596, in-4, fig. vél.

4299. Joan. Schefferi de Militia navali veterum libri IV. *Upsaliæ*, 1654, in-4, fig. front. gr. v. jasp.

b. *Poids, mesures et monnaies des anciens.*

4300. Mich. Neandri medici synopsis mensurarum et ponderum, ponderationisque mensurabilium, secundum Romanos, Athenienses, Georgos et Hippoïatros. *Basileæ*, 1555, in-4, vél.

4301. Gul. Budæi libri V de Asse et partibus ejus. *Lugduni, Gryphius*, 1542, in-8, rel.

4302. SOMMAIRE, ou Epitome du livre *De Asse* de G. Budé. *Paris, en la rue neufve nostre dame, a l'enseigne de sainct Nicolas, s. d.*, in-16, anc. rel.

4303. Jo. Fred. Gronovii de sestertiis libri IV. *Lugd. Batav.*, 1691, in-4, front. gr. v. br.

Ouvrage savant et estimé.

4304. Roberti Cenalis de vera mensurarum ponderumque ratione. *Parisiis*, 1547, in-8.

Exempl. du présid. Boyvin.

4305. Georg. Agricolæ de mensuris et ponderibus Romanorum et Græcorum. *Basileæ*, 1550, in-fol. v. m.

4306. Franc. Hotomanni de Re nummaria populi Romani liber. *Apud Joan. Darentium*, 1585, in-8, vél.

c. *Usages religieux, civils et militaires des anciens Orientaux.*

4307. Herman. Witsii Ægyptiaca, sive de ægyptiacorum sacrorum cum hebraicis collatione libri III, et de decem tribubus Israelis liber, etc. *Herbornæ*, 1717, in-4, titr. gr. v. br.

4308. P. Nic. Caussini symbolica Ægyptiorum sapientia, cum polyhistore symbolico. *Parisiis*, 1647, 2 part. in-4, v. br.

4309. (H)ORI APOLLINIS de sacris apud Ægyptios notis et sculpturis libri duo, gr., quibus access. versio recens per Joh. Mercerum concinnata et observationes non infrugiferæ. *Parisiis, Jac. Kerver (excud. J. Morellius)*, 1551, pet. in-8, fig. v. br. fil. (*Armes.*)

Cette édition, qui se trouve difficilement, est ornée de jolies gravures sur bois.

4310. J. Pierii Valeriani hieroglyphica, seu de sacris Ægyptiorum aliarumque gentium literis (*sic*), commentarii. *Lugduni*, 1602, in-fol. fig. v. br. fil.

Bonne édition, contenant de plus que les précédentes : *Declamatio pro sacerdotum barbis* et *Poemata*. Exemplaire de Claude Grivel de Perrigny.

4311. Hier. Aleandri junioris explicatio antiquæ tabulæ marmoreæ Solis effigie symbolisque exsculptæ, etc. *Lutetiæ-Paris.*, 1617, in-4, fig. vél.

4312. Th. Hyde. Historia religionis veterum Persarum eorumque Magorum ; Zoroastris vita, etc. *Oxonii, Th. Sheldon*, 1700, in-4, fig. v. br.

d. *Usages religieux, civils et militaires des Grecs.*

4313. J. Potteri Archæologia græca, sive veterum Græcorum, præcipue vero Atheniensium, ritus civiles, religiosi, etc., explicati. *Lugd. Batav.*, 1702, in-fol. fig. v. br.

Ouvrage estimé.

4314. Leon. Allatii de templis græcorum recentioribus ; de Græcorum hodie quorumdam opinationibus. *Coloniæ-Agripp.*, 1645, in-8. — Ejusdem confutatio fabulæ de Joanna Papissa, ex monumentis græcis. *Coloniæ-Agripp.*, 1645, in-8. — Ejusdem de mensura temporum antiquorum et præcipue Græcorum exercitatio. *Coloniæ*, 1645, in-8, v. f. fil.

Exempl. de Colbert.

e. *Usages religieux, civils et militaires des Romains.*

4315. Sam. Pitisci Lexicon antiquitatum romanarum. *Hagæ-Comitum*, 1737, 3 vol. in-fol. fig. portr. tit. gr. d.-rel. vél. (*Aux armes de Georges Altmann.*)

4316. Joan. Rosini Antiquitatum romanarum libri X. *Lugduni*, 1585, in-fol. v. br.

4317. Joan. Rosini romanarum Antiquitatum libri X. *Lugduni*, 1609, in-4, vél.

4318. Le Thrésor des antiquités romaines, par César Egasse du Boulay. *Paris*, 1650, in-fol. fig. v. mar.

4319. Antiquitatum romanarum corpus absolutissimum, in quo præter ea quæ J. Rosinus delineaverat, infinita supplentur..... Thoma Dempstero auctore. *Genevæ*, 1559 (1659), in-4. v. br.

4320. Sabine, ou Matinée d'une dame romaine à sa toilette, à la fin du premier siècle de l'ère chrétienne, trad. de l'allemand de C.-A. Bœttiger, par A. de Clapier. *Paris*, 1813, in-8, v. rac. fig. gr.

Livre curieux devenu rare.

4321. Pauli Manutii antiquitatum romanarum liber de Senatu. *Coloniæ*, 1572, in-8, vél.

4322. J. Bapt. Casali de urbis ac romani olim imperii splendore. *Romæ*, 1650, in-fol. fig. tit. gr. v. br.

De la biblioth. de Colbert.

4323. Burk. Gott. Struvii antiquitatum romanarum syntagma, sive de ritibus sacris. *Ienæ*, 1702, in-4, fig. v. f.

4324. Jul. Cæs. Bulengeri opusculorum systema, scilicet de instrumento templorum libri III ; de triumpho, de circo romano, etc. *Lugduni*, 1621, 2 tom. en 1 vol. in-fol. v.

4325. Marc. Zuer. Boxhornii quæstiones romanæ, access. Plutarchi quæstiones romanæ, gr. et lat., cum Boxhornii comment. *Lug. Batav.*, 1637, in-4, vél.

4326. Just. Lipsii de Vesta et Vestalibus syntagma. *Antverpiæ*, 1609, in-4, vél.

Exempl. de J. Boyvin.

4327. Fort. Liceti de pietate Aristotelis erga Deum et homines libri II. *Utini*, 1645, in-4.— Ejusdem de annulis antiquis. *Utini*, 1645, 2 part. in-4, — Ejusdem pyronarcha, sive de fulminum natura, deque febrium origine libri II. *Patavii*, 1634, in-4. — Ejusdem ad Syringam a Theocrito Syracusano contractam et inflatam, encyclopædia. *Utini*, 1645, in-4. — Ejusdem ad alas amoris divini a Simmia Rhodio compactas, encyclopædia. *Patavii*, 1640, in-4.

4328. Franc. Robertelli de vita et victu populi romani, sub imperatoribus Cæs. Augustis. *Bononiæ*, 1559, in-fol. vél.

4329. Jac. Perizonii descriptio de Prætorio, cum alibi, tum maxime in urbe romana; ejusdem de Augustea orbis terrarum descriptione. *Lugd. Batav.*, 1696, in-8. — Jac. Gronovii epistola ad J. G. Grævium de Pallacopa, ubi descriptio ejus ab Arriano facta liberatur ab Is. Vossii frustrationibus. *Lugd. Batav.*, 1686, in-8, br.

4330. Justi Ricqui de Capitolio romano commentarius. *Gandavi*, 1617, in-4, vél. fil.

Ouvrage savant et estimé.

4331. Justi Lipsii de Amphitheatro, cum æneis figuris. *Lugd. Batav.*, 1589, in-4, fig. vél.

4332. Justi Lipsii Saturnalium, sive de Gladiatoribus, libri II. *Antuerpiæ*, 1585, in-4, fig. vél.

4333. Petri Burmanni de vectigalibus populi romani. *Traj. ad Rhenum*, 1614, in-8, v. f.

4334. HISTOIRE des grands chemins de l'empire romain, par Nic. Bergier, nouvelle édition, augmentée de remarques historiques. *Bruxelles,
Jean Léonard*, 1728, 2 vol. in-4, fig. cartes, v.
br.

Ouvrage estimé ; cette édition est la plus belle.

4335. Hygini et Polybii de castris romanis quæ exstant, gr. et lat., cum notis et observationibus;
item de re militari dissertationes R. H. S. (Rha-
bodi Hermanni Schelii). *Amstelædami*, 1660,
in-4, front. gr. v. br.

4336. Justi Lipsii de Militia romana. *Antverpiæ*,
1596, gr. in-4, fig. vél.

4337. Alber. Gentilis de armis romanis libri II.
Hanoviæ, 1612, in-8, vél.

4338. Cl. Salmasii de re militari Romanorum. *Lugd.
Batav.*, 1657, in-4, v. br.

4339. Gugl. du Choul. Discorso sopra la castrame-
tatione e bagni antichi de i Greci e Romani (trad.
da G. Simeoni). *Padova*, 1558, in-8, fig. sur
bois, v. mar.

Jolies figures représentant les anciennes machines, etc. G. du Choul était
bailli des montagnes du Dauphiné.

4340. Dominici Aulisi opuscula de gymnasii con
structione, mausolæi architectura, harmonia Ti-
mæea et numeris medicis. *Neapoli*, 1694, in-4,
fig.

f. *Usages religieux, civils et militaires des Gaulois, etc.*

4341. Le Réveil de Chyndonax, prince des Vacies,
druydes celtiques, dijonnois, avec les cérémonies
des anciennes sépultures, par J. Guénebauld.
Dijon, 1623, in-4, fig. (*Livre peu commun*). —
Franc. Junii Academia, libellus hoc tempore ju-
ventuti studiosæ necessarius, etc.; adjec. Acade-
miarum totius Europæ seu orbis Christiani cata-

logus. *Heidelbergæ,* 1677, in-4. — P. Lentuli historia de prodigiosa inedia Apolloniæ Schregeræ.
Bernæ, 1604, in-4, fig. v. mar.

4342. J. G. Keisler. Antiquitates selectæ, septentrio-
nales et celticæ. *Hanoveræ,* 1720, in-8, fig. tit. gr.
vél.

4. *Archéographie.*

A. Recueils de monuments antiques en tous genres.

4343. Ant. Agostini dialoghi intorno alle medaglie,
inscrittioni et altre antichità, trad. di lengua
spagnuola da D. Ott. Sada. *Roma,* 1625, in-fol.
fig. tit. gr. v. br. fil. (*Armes.*)

4344. Recherches curieuses d'antiquités, contenues
en plusieurs dissertations sur des médailles, bas-
reliefs, etc., par Jacob Spon. *Lyon,* 1683, in-4,
fig. tit. gr. v. br.

31 dissertations. Nombreuses figures de médailles et d'antiquités dans le
texte.

4345. Jac. Spon. Miscellanea eruditæ antiquitatis in
quibus marmora, statuæ, etc., hac usque inedita
referuntur ac illustrantur. *Lugduni,* 1685, in-fol.
fig. v. br.

B. Description des cabinets de monuments antiques.

4346. Jac. Strada de Rosberg. Epitome Thesauri antiquitatum, hoc est Imperat. roman. oriental. et
occident. iconum ex antiquis numismatibus deli-
neatorum. *Tiguri,* 1557, in-8, fig. vél.

4347. P. M. Terzago. Museo e galeria di M. Settala,
tradot. da P. Fr. Scarabelli. *Tortona,* 1664, pet.
in-4, cart.

4348. Barth. Rossi. Ornamenti antichi e moderni
di Roma. 1600, pet. in-fol. fig. de Joan. Maii,
vél.

C. Monuments antiques de tous genres qui se trouvent en différents pays.

4349. Le Antichita di Ercolano, esposte con qualche spiegazione (da Ott. Ant. Bayardi). *Napoli, regia Stamp.*, 1757-92 (pitture, 4 vol. ; bronzi, etc., 2 vol.), 7 vol. in-fol. fig. d.-rel. v. br.

4350. Catalogo de gli antichi monumenti di Ec olano (da Ott. Ant. Bayardi), tomo primo. *Napoli,* 1754, gr. in-fol. d.-rel.

4351. James Stuart and Nic. Revett's Antiquities of Athens. *London,* 1762 (vol. the first), gr. in-fol., cart. non rog.

4352. P. M. Paciaudi Monumenta Peloponnesiaca commentariis explicata. *Romæ,* 1761, 2 vol. gr. in-4, fig. cart. non rog.

Excellent ouvrage. C'est la description des monuments du Péloponnèse transportés à Venise.

4353. M. Figrelii de statuis illustrium Romanorum liber singularis. Access. J. Schefferi de antiquorum torquibus syntagma. *Holmiæ,* 1656, in-8, vél.

4354. Lucio Mauro. Le Antichità di Roma. *Venetia,* 1562, in-8, vél.

Défectueux des deux derniers ff.

4355. Fr. Ficcoroni. Osservazioni sopra l'antichità di Roma, descritte nel diario italico publicato in Parigi l'anno 1702, dal P. D. Bern. de Montfaucon. *Roma,* 1709, in-4. (*Curieux et estimé.*) — Apologia del diario italico del P. Dom. Bern. de Montfaucon contra le osservazioni del Sr Fr. Ficcoroni, composta dal P. D. Rem. Riccobaldi (P. Aless. Maffei). *Venetia,* 1710, in-4, cart.

Exempl. de Dom de Montfaucon.

4356. Raph. Fabretti de aquis et aquæductibus Romæ dissertationes tres. *Romæ,* 1680, in-4, fig. et cartes, v. br.

De la biblioth. Caumartin.

3457. Curtii Inghiramii etruscarum antiquitatum fragmenta, quibus urbis Romæ aliarumque gentium primordia, mores et res gestæ indicantur (a Prospero Fesulano olim abscondita), a Curtio Inghiramio reperta Scornelli, prope Vulterram. *Francofurti* (*Florentiæ*), 1637, in-fol. fig. cart.

Il paraît que cette dissertation repose en grande partie sur une imposture ; les savants sont généralement convaincus aujourd'hui que Prosper Fesulanus, prétendu contemporain de Cicéron, est un nom imaginaire.

4358. Leon. Allatii Animadversiones in antiquitatum etruscarum fragmenta Inghiramii. *Parisiis*, 1648, in-4, vél.

4359. Curzio Inghirami. Discorso sopra l'opposizioni fatte all' antichità Toscane. *Firenze*, 1645, 2 vol. in-4, v. f.

D. Instruments, meubles, lampes, etc.

4360. Georg. Longi tractatus de annulis signatoriis antiquorum. *Mediolani*, 1676, in-8. — J.-C. Bulengeri eclogarum ad Arnobium liber. *Tolosæ*, 1612, in-8, v. m.

4361. Fort. Liceti Hieroglyphica, sive antiqua schemata gemmarum annularium. *Patavii*, 1653, in-fol. fig. vél.

4362. Theod. Hæpingi tractatus de prisco et novo jure sigillorum. *Noribergæ*, 1642, in-4, tit. gr. vél.

Savant et curieux.

E. Numismatique.

4363. Adr. Rochenbergii Historiæ rei nummariæ scriptores aliquot insigniores simul collecti, cum bibliotheca nummaria. *Lipsiæ*, 1692, 2 tom. en 1 vol. in-4, portr. — Ed. Breverood de ponderibus et pretiis veterum nummorum, eorumque cum recentioribus collatione. *Londini*, 1614, in-4, tit. gr. sur bois, v. br.

4364. Andr. Morellii Specimen universæ rei nummariæ antiquæ. *Parisiis*, 1683, in-8, fig. v. br.

C'est le projet d'un grand ouvrage que Morell avait entrepris et qui devait
contenir en dix volumes toutes les médailles anciennes.

4365. And. Morellii Specimen universæ rei nummariæ antiquæ, editio 2ª, cui accedunt E. Spanhemii ad Morellium epistolæ V. *Lipsiæ*, 1695, 2 tom.
en 1 vol. in-8, fig. v. f.

4366. Hub. Goltzii romanæ et græcæ antiquitatis
Monumenta e priscis numismatibus erecta, et
L. Nonnii commentario illustrata. *Antverpiæ, ex
offic. Plantin.*, 1644, 5 tom. en 6 vol. in-fol. fig.
v. mar.

Édition peu commune.

4367. Electa rei nummariæ, sive dissertationes de
rarioribus nummis antiquis, tam græcis quam latinis, ex gallico maximam partem translatæ (auct.
Christ. Wolterick). *Hamburgi*, 1709, in-4, v.
br.

4368. Jos. Monterchii rariora maximi moduli numismata ex biblioth. Card. C. Carpegnæ selecta.
Amstelod., 1685, in-12, tit. gr. v. br.

4369. Polic. Tentzelii selecta numismata aurea, ar-
gentea et ænea maximi moduli, ex nummophy-
lacio A. Guntheri, comit. Schwarzburgi. *Jenæ*,
1693, in-4, v. br.

4370. Selectiora Numismata ex musæo Abbatis Fr.
de Camps, interpretationibus per D. Vaillant illustrata. *Parisiis*, 1694, in-4, fig. tit. gr. v. br.

Édition originale et recherchée. Elle contient un frontispice et 59 pl. gr.
par Fr. Ertinguer.

4371. N. Fr. Haym Thesauri Britannici pars prima,
seu museum nummarium, interpr. Aloysio co-
mite Christiano. *Vindobonæ*, 1763. — Thesauri
Britannici pars secunda, interpr. J. Khell. *Vindobonæ*, 1763, 2 vol. in-4, fig. tit. gr. v. m.
fil.

4372. Fr. Perezii Bayerii de numis hebræo-samaritanis (dissertatio). *Valentiæ-Edetanorum, Montfort*, 1781, pet. in-fol. fig. tit. gr. br. non rog.

Ouvrage fort estimé et dont l'exécution typographique est magnifique.

4373. (Jac. de Bie.) Regum et Imperatorum romanorum a Romulo et Julio Cæsare ad Justinianum numismata, cura Caroli ducis Croyaci et Archotani. *Antverpiæ*, 1654, in-fol. v. br.

4374. J. Foy Vaillant. Numismata ærea impp. Augustorum et Cæsarum, in Coloniis, Municipiis et Urbibus.... ex omni modulo percussa. *Parisiis*, 1688, 2 vol. in-fol. portr. v. m.

4375. J. Foy. Vaillant Numismata imperatorum Augustorum et Cæsarum, a populis romanæ ditionis, græce loquentibus, ex omni modulo percussa, edit. altera. *Amstelod.*, 1700, in-fol. fig. v. f.

4376. Joan. Harduini Antirrheticus de nummis antiquis coloniarum et municipiorum ad J. Foy Vaillant. *Parisiis*, 1689, in-4, fig. v. br.

Livre très-rare, l'auteur ayant cherché à le supprimer comme contenant, sur le jour de la naissance de Jésus-Christ, une opinion contraire à celle de l'Eglise.

4377. Adol. Occonis imperatorum romanorum Numismata a Pompeio Magno ad Heraclium. *Antverpiæ*, 1579, in-4, fig. vél.

4378. Oth. Sperlingii Dissertatio de nummis non cusis, tam veterum quam recentiorum. *Amstelod.*, 1700, in-4, v. br.

4379. Triplex Nummus antiquus Christi Domini, Perperenæ civitatis, Hanniballiceni regis (auct. J. Sirmondo). *Parisiis*, 1650, in-8. — J. Tristani a S. Amante ad J. Sirmondum epistola. *Parisiis*, 1650, in-8. (*Refutation de l'ouvrage précédent.*) — J. Sirmondi Antitristanus. *Parisiis*, 1650, in-8. — J. Tristani a S. Amante Antidotum, sive æqua et justa adversus querelam J. Sirmondi responsionem. *Parisiis*, 1650, in-8. — J. Sirmondi An-

titristanus secundus. *Parisiis*, 1650, in-8. ——
J. Tristani a S. Amante Antisophisticum, sive defensio secunda adversus malignum et sophisticum
J. Sirmondi Antitristanum secundum. *Parisiis,*
1651, in-8, v. br. fil.

4380. Réflexions sur les deux plus anciennes médailles d'or des Romains qui se trouvent dans le
cabinet de S. A. R. Madame (par Baudelot). *Paris,* 1720, in-4, br.

4381. Th. Sigefr. Bayeri Historia Osrhoëna et Edessena ex nummis illustrata. *Petropoli,* 1734, in-4,
fig. v. m.

Ouvrage estimé.

4382. Chr. Adr. Klotzii Opuscula nummaria. *Halæ-Magdeburg.*, 1772, in-8, portr. br. non rog.

F. Inscriptions et marbres.

4383. J.-B. Ferretii Musæ lapidariæ antiquorum in
marmoribus. *Veron.*, 1672, pet. in-fol. tit. gr. v.
mar.

4384. Joan. Nicolai de Siglis veterum liber. *Lugd.
Batav.,* 1703, in-4, v. br.

Livre curieux sur les abréviations dont se servaient les anciens.

4385. Sertorii Ursati de notis Romanorum Commentarius, in quo earum interpret. quotquot reperiri potuerunt, observationibus illustrantur.
Patavii, typis P. Mariæ Frambetti, 1672, in-fol.,
v. br.

Ouvrage rare, traitant des abréviations que l'on trouve sur les médailles et
les monuments romains.

4386. Jani Gruteri Inscriptiones antiquæ totius orbis
romani in absolutissimum corpus redactæ : acced.
notæ Tyronis ac Senecæ. *Ex offic.Commel.,* 1600,
in-fol., tit. gr. v. f. fil.

Exempl. du président Boyvin. Première édition.

4387. Th. Reinesii Syntagma inscriptionum an-

tiquarum, imprimis Romæ veteris, quorum
omissa est recensio in Gruteri opere, cum commentariis. *Lips.*, 1682, in-fol. fig. tit. gr. v.
mar.

4388. Lud. Ant. Muratori Novus Thesaurus veterum inscriptionum. *Mediolani*, 1739-42, 4 vol.
in-fol. v. mar.

Recueil le plus complet qu'on possède en ce genre.

4390. Jo. Gasp. Hagenbuchii Epistolæ epigraphicæ.
Turici, 1763, in-4, v. mar.

Ouvrage très-estimé.

5. *Histoire littéraire.*

A. Introduction. Histoire générale de la littérature.

4391. P. Lambecii prodromus Historiæ litterariæ ;
accessit Langii Catalogus mss. Bibliothecæ Mediceæ, curante J. Sel. Fabricio. *Lips. et Francof.*,
1710, in-fol. v. mar.

4392. D. Georg. Morhofii Polyhistor litterarius, editio tertia, cui præfationem notitiamque diariorum litterariorum Europæ præmisit Jo. Alb. Fabricius. *Lubec.*, 1732, 2 vol. in-4, portr. v. br.

4393. Petri Alcyonii Medices legatus, seu de exilio ;
P. Valerianus (Jos. P. Bolzani) et C. Tollius de infelicitate litteratorum; Jos. Barberius de miseria
poetarum græcorum, cum præfatione J. B. Men-
kenii, *Lips.*, 1707, in-12. v. m.

4394. Histoire d'un voyage littéraire fait en 1733 en
France, en Angleterre et en Hollande, etc. (par Ch.-
Estienne Jordan), avec un discours préliminaire
de La Croze, 2ᵉ édit. *La Haye, Moetjens*, 1736,
in-12, v. m.

4395. Giac. Gimma. Idea dell' Istoria dell' Italia lette-
rata. *Napoli*, 1723, 2 vol. in-4, vél.

C'est la première histoire littéraire de l'Italie.

4396. Joan. Alb. Fabricii conspectus Thesauri litterarii in Italia, præmissam habens, præter alia, notitiam diariorum Italiæ litterariorum, thesaurorumque ac corporum historicorum et academicorum. *Hamburgi*, 1738, in-8, br. non rog.

B. Histoire des langues. Diplomatique.

4397. Th. Bangii Cœlum orientis et prisci mundi, triade exercitationum litterar. repræsentatum, seu exercitationes de litteris antiquis. *Hauniæ*, 1657, in-4, fig. v. br.

Ouvrage curieux et singulier.

4398. Barth. Germonii de veteribus hæreticis ecclesiasticorum codicum corruptoribus. *Parisiis*, 1713, in-8, v. br.

4399. Justi Fontanini Vindiciæ antiquorum diplomatum, adv. Barth. Germonii disceptationem, libri II. *Rom.*, 1705, in-4, vél.

4400. Petri Constant Vindiciæ veterum codicum confirmatæ. *Lut.-Paris.*, 1715, in-8, v. br.

4401. Fr. Scip. Maffei. Istoria diplomatica che sirve d'introduzione all' arte critica in tal materia, con documenti che rimangono in papiro egizio, e ragionamento sopra gli Itali primitivi. *Mantova*, 1727, in-4, portr. v. f.

Ouvrage savant et estimé.

4402. D. E. Baringii Clavis diplomatica, tabulis æneis expressa, cui accedit bibliotheca scriptorum rei diplomaticæ. *Hanoveræ*, 1754, in-4, 73 pl. v. mar. fil.

Édition la plus complète d'un livre estimé et rare.

4403. D. BERN. DE MONFAUCON. Palæographia græca, sive de ortu et progressu litterarum græcarum, etc. *Parisiis*, *Guérin*, 1708, in-fol. fig. tit. gr. v. br.

4404. Naturæ et scripturæ Concordia, commentario
de litteris ac numeris primævis illustrata, et tabulis æneis depicta (auctore J. Georgio Wachtero).
Lipsiæ et Hafniæ, 1752, in-4, br. n. rog.

C. Histoire des sciences et des arts, des découvertes, etc.

4405. Polydori Vergilii de inventoribus rerum lib.
VIII; access. pars altera auctorum qui a Polydoro
relecta pertractant. *Coloniæ-Agripp.,* 1626, 2 part.
in-8, vél.

4406. Georgii Paschii Tractatus de novis inventis.
Lipsiæ, 1700, in-4, tit. gr. vél.

4408. Vincenzo Bruno. Teatro degl' inventori di
tutte le cose. *Napoli,* 1603, pet. in-fol.

Livre rare et curieux, d'après Cicognara, n° 1665.

4409. Histoire des principales découvertes faites
dans les arts et les sciences, trad. de l'anglais par
M. E. (Eidous). *Lyon,* 1767, in-12, br. n. rog.

D. Histoire des universités et sociétés savantes.

4411. Cæs. Egassei Bulæi Historia universitatis parisiensis, a Carolo Magno ad nostra tempora
(1600) ordine chronol. complectens. *Parisiis,
F. Noel et P. de Bresche,* 1665, in-fol. v. br.
(*Tom.* 1 *et* 2.)

4412. D. Leidhresseri super doctrinæ capitibus inter
academiam parisiensem et societatis Jesu patres
controversis dissertatio politica duobus libris
comprehensa. *Coloniæ,* 1612, in-8, vél.

4415. B. Christ. Richardi de vita et scriptis professorum hodie in academia lenensi publice docen-
tium. *Ienæ,* 1710, in-8, br. n. rog.

4416. Joan. Meursii Athenæ-Batavæ, sive de urbe
Leidensi et academia virisque claris qui utramque ingenio suo atque scriptis illustraverunt,

libri duo. *Lugd.-Batav., apud And. Cloacquium et Elsevir.*, 1625, in-4, 56 *portr.*, d.-rel. vél.

Édition la plus complète.

4417. Privilegia academiæ Lovaniensis. *Lovanii*, 1597, in-4. — Andreæ Valerii Desselii linguæ hebraïcæ encomium. *Lovanii*, 1614, in-4, vél.

4418. Ant. Wood Historia et antiquitates universitatis Oxoniensis (J. Fell latine vertit). *Oxonii, e th. Sheldon.*, 1674, 2 tom. en 1 vol. in-fol. v. br.

4419. Herm. Conringii de antiquitatibus academicis dissertationes septem. *Gottingæ*, 1739, gr. in-4, cart.

4420. G. Bat. Alberti. Discorso dell' origine delle Academie publiche e private, e sopra l'impresa degli affidati di Pavia. *Genova*, 1639, pet. in-8, v. f.

4421. Relation contenant l'histoire de l'Académie françoise (par P. Pélisson). *Paris*, 1672, in-12, v. br.

4423. Salvino Salvini. Fasti consolari dell'Academia Fiorentina. *Firenze*, 1717, in-4, v. br.

Ouvrage très-estimé.

4424. Choix de mémoires et abrégé de l'histoire de l'Académie de Berlin (par Formey). *Berlin, Haude*, 1761, 4 vol. in-12, v. m.

4425. Histoire de la Société royale de Londres, establie pour l'enrichissement de la science naturelle, escrite en anglois, par Thomas Sprat, et trad. en françois. *Genève,* 1669, in-12, fig. v. m.

6. *Bibliographie.*

A. Traités généraux sur les livres et les bibliothèques.

4426. J. H. Hottingeri Bibliothecarius quadripartitus. *Tiguri*, 1664, in-4. — Ejusdem Enneas dis-

sertationum philologico-theologicarum Heidel-
bergensium. *Tiguri*, 1662, in-4. — Ejusdem dissertationum theologico-philosophicarum fasciculus. *Heidelbergæ,* 1660, in-4, d.-rel.

4427. Traité des plus belles bibliothèques de l'Europe, par Pierre le Gallois. *Paris*, 1680, in-12,
v. br.

4428. Maderus. De Bibliothecis atque archivis virorum clariss. libelli et commentationes, cum præfationibus de scriptis et bibliothecis antedilu-
vianis; antehac edidit Joach. J. Maderus, secundam editionem curavit J. A. S. D. (J. A. Schmidt).
Helmestadii, 1702-5, 3 tom. en 1 vol. pet. in-4,
v. f. (*Armes.*)

4429. Theoph. Spizelii sacra bibliothecarum arcana
retecta, seu manusc. theologicorum in præcipuis
Europæ bibliothecis exstantium designatio. *Augustæ-Vindelic.,* 1668, in-8, v. mar.

4430. Systema bibliothecæ collegii parisiensis socie-
talis Jesu (auct. J. Garnerio). *Parisiis, Seb. Mabr.
Cramoisy*, 1678, in-4, cart.

4431. P. Cl. Clementis Musæi, sive bibliothecæ ex-
tructio, instructio, cura, usus, libri IV; access.
descriptio bibliothecæ S. Laurentii Escurialis, etc.
Lugduni, 1635, in-4, v. br. (*Aux armes de la ville
de Besançon.*)

A la fin de l'ouvrage un discours latin sur l'amour des lettres, que l'auteur
prononça à Dôle en 1627.

4432. Ang. Rocca. Bibliotheca apostolica vaticana.
Romæ, 1591, in-4, v. f.

Avec un nouvel appendice de l'éditeur, sur les augmentations qui se sont
faites depuis Rocca à la biblioth. du Vatican.

4433. Jo. Jac. Leibnitzii inclitæ bibliothecæ Novim-
bergensis memorabilia; acced. Ch. Arnoldi de
hydriotaphia, id est urnis sepulchralibus in agro
Anglorum Nortfolciensi repertis, epistola gratulat.
Norimbergæ, 1674, in-4, tit. gr. — Ant. Reiseri
index manuscriptorum bibliothecæ Augustanæ.

1675, in-4. — Holmia litterata (auct. Richardo von der Hardt). *Holmiæ*, 1701, in-4.

B. Histoire de l'imprimerie.

4434. Jo. Dan. Schœpflini Vindiciæ typographicæ. *Argentorati, apud J. Gotofredum*, 1760, in-4, pl. fac-simile, br. n. rog.

Pièces curieuses sur l'origine de l'imprimerie et notamment sur les travaux de Guttemberg.

4435. Annales de l'imprimerie elzévirienne, ou Histoire de la famille des Elzeviers et de ses éditions, par Charles Pieters. *Gand, Annoot-Brackmann*, 1851, gr. in-8, d.-rel. v. br. *Armoiries coloriées.*

4436. Annales de l'imprimerie des Alde, ou Histoire des trois Manuce et de leurs éditions, par Ant.-Aug. Renouard, 3ᵉ édition. *Paris, Jules Renouard*, 1834, in-8 à 2 col., portr. et fac-simile, d.-rel. C. de R. dor. en tête, n. rog.

Avec lettre autographe de l'auteur. Cette édition, tirée à un petit nombre d'exemplaires, contient, entre autres améliorations, une notice sur la famille des Juntes.

4437. Annales de l'imprimerie des Estienne, ou Histoire de la famille des Estienne et de ses éditions, par Ant.-Aug. Renouard; 2ᵉ édition, suivie d'une note sur Laurent Coster, à l'occasion d'un ancien livre imprimé dans les Pays-Bas. *Paris*, 1843, in-8, d.-rel. C. de R., dor. en tête, non rog.

C. Bibliographes généraux.

4438. Photii Myriobiblon, sive bibliotheca librorum quos legit et censuit Photius, gr. et lat., cum notis D. Hœrschelii, interpr. Andr. Schotto. *Rothomagi*, 1653, in-fol. v. br.

Édition la plus recherchée de cet ouvrage intéressant. Exemplaire de Renaudot.

4439. Josiæ Simleri Epitome bibliothecæ Conradi

Gesneri, cum ipsius Gesneri præfatione. *Tiguri,* 1655, in-fol.

4440. Christiani Liberii (Gulielmi Saldeni) Biblio-philia, sive de scribendis, legendis et æstimandis libris exercitatio parænetica. *Ultrajecti,* 1681, in-16, vél.

4441. B. Got. Struvii Bibliotheca librorum rario-rum. *Ienæ,* 1719, 2 part. in-4. — Dissertatio historica de apotheosi sive consecratione impera-torum romanorum die 27 octobris 1729, in uni-versitate Argentor., J. D. Schœpflino præside et G. And. Hey respondente, proposita. *Argentorati,* 1729, in-4, v. f.

4442. F. Got. Freytag. Apparatus litterarius, ubi libri partim antiqui, partim rari recensentur. *Lipsiæ,* 1752, 2 vol. pet. in-8, br. non rog.

4442 *bis.* Anti-Baillet, ou Critique du livre de M. Bail-let, intitulé : Jugements des savants, par M. Ménage. *La Haye,* 1699, 2 vol. in-12, v. br.

4443. BIBLIOGRAPHIE instructive, ou Traité de la connaissance des livres rares et singuliers, par G.-Franç. de Bure. *Paris,* 1763-68, 7 vol. in-8, mar. bl. fil. tr. dor. *Derome.*

4444. Catalogue des livres du cabinet de L.-J. Gai-gnat, par G.-Fr. de Bure. *Paris,* 1769, 2 vol. in-8, mar. bl. fil. tr. dor. *Derome.*

Les numéros 4443 et 4444 seront réunis.

4445. Dictionnaire typographique, historique et critique, des livres rares, singuliers, estimés et re-cherchés, par J.-B.-L. Osmond. *Paris,* 1768, 2 vol. in-8, v. m.

4446. Dictionnaire portatif de bibliographie, par Fournier (Mauger, Jardé, etc.). *Paris,* 1805, in-8, v. f.

4447. Manuel du libraire et de l'amateur de livres, par Jacques-Charles Brunet, 4e édition. *Paris,*

1842-44, 5 vol. gr. in-8, d.-rel. v. bl. (*Marques de libraires, gr. en bois.*)

4448. Bulletin du bouquiniste, publié par Aug. Aubry. *Paris, A. Aubry,* 1857 et ann. suiv., plus. vol. in-8, cart.

En cours de publication.

D. Bibliographie des ouvrages anonymes et des ouvrages condamnés.

4449. Vinc. Placcii Theatrum anonymorum et pseudonymorum, cum præf. J. Alb. Fabricii. *Hamburgi,* 1708, 2 tom. en 1 vol. in-fol. v. mar.

4450. Dictionnaire des ouvrages anonymes et pseudonymes, composés, traduits et publiés en français et en latin, avec les noms des auteurs, traducteurs et éditeurs, accompagné de notes historiques et critiques, par Ant.-Alex. Barbier; 2e édition, revue, corrigée et augmentée. *Paris, Barrois l'aîné,* 1822-27, 4 vol. in-8, portr. de l'auteur, cart. Brad.

4451. Bern. de Sandoval. Index librorum prohibitorum et expurgatorum, juxta exemplar excusum Madriti apud L. Sanchez anno 1612, et cum appendice anni 1614. *Coloniæ,* 1620, in-4.

Exempl. du président Boyvin.

4452. Leo. Allatii de Symeonum scriptis diatribæ; Originum rerumque Constantinopolitarum ex variis auctoribus manipulus: Fr. Combefisius ex vetustis mss. codd. partim eruit, cuncta reddidit ac notis illustr. *Parisiis,* 1644, in-4.

Dissertation sur la vie et les ouvrages des grands hommes du nom de Siméon. Exempl. du médecin L. Morin.

E. Bibliographes nationaux.

4453. Giusto Fontanini. Della eloquenza italiana ragionamento steso in una lettera al marchese Giuseppe Orsi. *Roma,* 1706, in-4, v. br.

4454. Prosp. Mandosii Bibliotheca romana, seu romanorum scriptorum centuriæ X. *Romæ*, 1692, in-4, vél. fil.

4455. Jul. Bartoloccii Bibliotheca magna rabbinica de scriptoribus et scriptis hebraicis ordine alphabetico hebr. et lat. digestis. *Romæ*, 1675, in-fol. (*Tome I*er.)

4456. J. Chr. Wolfii bibliotheca hebræa. *Hamburgi ,et Lipsiæ*, 1715-33, in-4, v. f. (*Tome I*er.)

4457. Ebed-Jesu, vel Abd ies choua. Catalogus librorum chaldæorum tam ecclesiast. quam profan., chaldaice : Abrahamus Ecchellensis latine vertit et notis illustravit. *Romæ*, 1653, in-8, vél.

Ce catalogue contient l'indication sommaire des ouvrages de près de deux cents écrivains, tous inédits, à l'exception de ceux de S. Ephrem, et des actes des martyrs de Perse, écrits vers la fin du ive siècle, par S. Marouta, évêque.

4458. Hispaniæ Bibliotheca, seu de academiis ac bibliothecis : item elogia clarorum Hispaniæ scriptorum qui latine disciplinas omnes illustraverunt (auct. A. S. Peregrino, id est And. Schotto). *Francofurti*, 1608, 3 tom. en 1 vol. in-4, v. br. fil.

Éloges des écrivains d'Espagne. Volume rare et recherché. V. Catalogue Bearzi.

4459. Joan. Molleri Bibliotheca septentrionis eruditi. *Lipsiæ*, 1699, in-8, v. br.

F. Bibliographie des ordres religieux.

4460. Bern. Pez. Bibliotheca benedictino-mauriana. *Augustæ-Vendelic.*, 1716, in-8, br. n. rog.

L'ouvrage commence à Dom Hugues Ménard et finit à l'année 1711.

4461. SCRIPTORES ORDINIS PRÆDICATORUM recensiti, notisque historicis et criticis illustrati ; opus inchoavit J. Quétif, absolvit J. Echard. *Lutet.-Paris.*, 1719-21, 2 vol. in-fol. v. m.

Excellent recueil. V. Brunet, t. IV, col. 1016.

4462. Bibliotheca scriptorum societatis Jesu, opus

inchoatum a P. Ribadeneira, continuatum a Phil. Alegambo usque ad annum 1642. *Antverp.*, 1643, in-fol. v. br.

Peu commun.

4463. Domin. Ant. Gondolfi dissertatio historica de ducentis celeberrimis Augustinianis scriptoribus, qui obierunt post magnam unionem ordinis eremitici, usque ad finem Tridentini concilii. *Rom.*, 1704, in-4, vél.

G. Bibliographes professionnels.

4464. Cæs. Oudin commentarius de scriptoribus Ecclesiæ antiquis illorumque scriptis adhuc exstantibus in celebrioribus Europæ bibliothecis, etc. *Francofurti et Lips.*, 1722, 3 vol. in-fol. v. br.

Ouvrage utile et recherché.

4465. J. Alb. Fabricii Bibliotheca ecclesiastica, sive collectio variorum auctorum de scriptoribus ecclesiasticis. *Hamburgi, apud Chr. Liebezect et Th. Chr. Felginer*, 1718, in-fol. v. br.

Recueil estimé.

4466. Dom Cellier. Histoire générale des auteurs sacrés et ecclésiastiques. *Paris*, 1729-63, 23 vol. in-4, v. fauve.

Bel exemplaire.

4467. Bibliothèque janséniste, ou Catalogue alphabétique des livres jansénistes, quenellistes, baïanistes, etc., avec des notes critiques (par le P. de Colonia), 4ᵉ édit. revue, corrigée et augmentée de plus de moitié. *Bruxelles*, 1744, 2 vol. in-12, v. f.

4468. Nouvelle Bibliothèque historique et chronologique des principaux auteurs de droit, depuis Irnerius, par Denis Simon. *Paris*, 1692, 2 vol. in-12, v. br.

4469. Georgii Draudii Bibliotheca classica. *Franco-furti*, 1611, in-4, vél.

Exempl. de Cl. Bereur.

4470. G. J. Vossii de veterum poetarum tempori-bus libri duo, qui sunt de poetis græcis et latinis. *Amstelod.*, 1654, in-4, v. m.

Exempl. de Colbert.

4471. G. J. Vossii de historicis latinis libri duo. *Lug-duni Batav.*, 1651, in-4, vél.

4472. Chr. Gryphii apparatus sive dissertatio isa-gogica de scriptoribus historiam sæculi XVII il-lustrantibus. *Lips.*, 1700, in-8, br. non rog.

4473. Bibliothèque historique de la France, conte-nant le Catalogue des ouvrages imprimés et ma-nuscrits qui traitent de l'histoire de ce royaume, par J. Lelong. *Paris, Lelong,* 1719, gr. in-fol. v. m.

4474. J. Alb. Fabricii Bibliographia antiquaria. *Hamburgi et Lips.*, 1713, in-4, tit. gr. br. n. rog.

4475. J. Fred. Reimanni historiæ litterario-genealo-gicæ sectio prima, de libris genealogicis, exote-ricis et acroamaticis, etc. *Quedlinburgi, s. d.* (1702), in-8. — Ejusdem historiæ litterariæ exo-tericæ et aocromaticæ particula, sive de libris ge-nealogicis..... commentatio. *Lips. et Quedlinbur-gi, s. d.*, (1710), in-8. vél.

H. Journaux.

4476. Henri Basnage de Beauval. Histoire des ou-vrages des savants, de septembre 1687 à août 1697; reprise en janvier 1698, jusques et y com-pris 1706, et depuis 1708 jusqu'en juin 1709. *Rot-terdam,* 24 vol. in-12, v. f.

Manque l'année 1709. Cet ouvrage fait suite aux Nouvelles de la république des lettres, de Bayle.

4477. Histoire critique de la république des lettres

tant ancienne que moderne (par Masson). *Utrecht et Amsterdam*, 1712, 5 vol. in-12, v. f. fil.

4480. Giornale de' litterati, dal vero principio nel anno 1771 sino 1778. *Pisa*, 31 vol. in-12.

4481. Bibliothèque italique, 1728-34 (par L. Bourguet, Cramer, Calendrini, de Ruchat, etc.) *Genève*, 18 tom. en 9 vol. in-8, v. br.

4482. Estratto della letteratura Europea, 1758-62. *Berna*, 17 tom. en 7 vol. in-8, v. m.

4483. ACTA ERUDITORUM (publicata Lipsiæ per Othonem Joan. Burchardum, Fred. Othonem, etc.), ab anno 1682 ad annum 1731, 50 vol. — Nova acta, 1732 ad 1776 (les années 1764 et 1765, 1766 et 1767 sont reliées 2 en 1 vol.), 43 vol. — Supplementa, 1692-1734, 10 vol. — Nova supplementa, 1735-57, 8 vol. — Indices (ab initio ad 1743), 6 vol. En tout 117 vol. in-4, v. br. et vél.
Collection curieuse et rarement complète.

4484. Excerptum Italicæ et Helveticæ litteraturæ, 1758-62. *Bern.*, 15 tom. en 9 vol. in-8, v. m. et br.

4485. Acta litteraria Sueciæ anno 1720. *Upsal.*, in-4, v. br.

4486. Bibliothèque angloise (par Michel de la Roche et Arm. de la Chapelle). *Amsterdam*, 1717-28, 13 tom. en 15 vol. in-12, v. br.

4487. Mémoires littéraires de la Grande-Bretagne pour 1767 et 1768 (par Deyverdun et Gibbon). *Londres*, 1768-69, 2 vol. in-8. br.

Ce sont les deux premiers volumes d'un journal publié par Gibbon et son ami Deyverdun, mais qui ne se trouve que très-difficilement. Il n'a pas été continué.

I. Catalogues des livres manuscrits et imprimés des bibliothèques publiques et particulières.

4488. Phil. Labbe Nova. Bibliotheca manuscript. librorum, sive specimen antiquarum lectionum. *Parisiis*, 1653, in-4, v. br.

4489. Catalogus manuscript. codicum collegii Claromontani, quem excipit catalogus manuscriptorum domus professæ parisiensis, uterque digestus et notis ornatus (a Fr. Clément et Lud. Geor. Oudard Feudrix de Bréquigny). *Parisiis*, 1764, in-8, br.

4490. Catalogue des manuscrits de la bibliothèque du séminaire d'Autun, rédigé par M. Libri et publié sous la direction de la commission du catalogue général des manuscrits. *Paris, Imprimerie royale,* 1846, gr. in-4, demi-rel. v. br.

4491. Ant. Sanderi Bibliotheca belgica manuscripta. *Insulis*, 1641-42, 2 part. in-4, vél.

Ouvrage rare.

4493. Dan. de Nessel. Catalogus sive recensio specialis omnium codd. mss. græcorum, necnon linguarum orientalium biblioth. Cæsareæ Vindobonensis. *Vindob.*, 1690, 6 part. en 2 vol. in-fol. v. m.

Supplément aux commentaires de Lambecius sur la bibliothèque de Vienne. Rare.

4494. Dav. Hæschelii catalogus græcorum codicum qui sunt in bibliotheca reipublicæ Augustanæ-Vindelicæ. *August.-Vindelic.*, 1595, in-4, vel. (*Aux armes de J. Bigot.*)

4495. Catalogi librorum manuscriptorum Angliæ et Hyberniæ in unum collecti (ab Edoardo Bernard dispositi, ... cum tabulis quibusdam alphabeticis, ab Humfredo Wanley confictis). *Oxon., e theatro Sheldon,* 1697, 2 tom. en 1 vol. in-fol. — Catalogus librorum manuscriptorum bibliothecæ Cottonianæ, etc., opera Th. Smithi. *Oxonii,* 1696, in-fol. v. br.

4497. Gabr. Naudæi bibliothecæ Cordesianæ catalogus. *Parisiis,* 1648, in-4, portr. vél.

Ce catalogue est fort recherché.

4498. Bibliothèque de M. Fleutelot, conseiller au

parlement de Dijon, avec une préface. *Paris*, 1693, in-12, vél.

4499. Gabr. Martin. Bibliotheca Bultelliana. *Parisiis*, 1711, 2 vol. in-12, v. mar.

4500. Gabr. Martin. Bibliotheca Baluziana. *Parisiis*, 1719, 2 vol. in-12, v. br.

4501. Catalogus librorum G. Boissier, regi a consiliis, etc. (auct. Gabr. Martin). *Parisiis*, 1725, 3 vol. in-12, v. m.

4502. Catalogue des livres du cabinet de M*** (de Cangis, premier valet de chambre du roi). *Paris*, 1733, in-12, v. m.

Cette biblioth. a été achetée par l'abbé Bignon pour le roi.

4503. Catalogus librorum omnium facultatum apud Fratres de Tournes, Genevæ et Lugduni venales præstantium. 1733, in-8, v. br.

4504. Catalogue de la bibliothèque de feu M. Bouret, ancien intendant de la principauté de Neufchâtel et Valengin. *Paris*, 1735, in-12, v. br.

4505. Catalogue de la bibliothèque du Grand-Conseil, disposé par l'abbé Boudot. *Cl.-Fr. Simon fils*, 1739, in-8, v. mar.

4506. Catalogue de la bibliothèque de feu M. Boulanger, avocat au parlement. *Paris, J. Barrois*, 1741, in-12, v. m.

4507. P.-J. Mariette. Description sommaire des dessins des grands maîtres du cabinet de feu M. Crozat (avec les prix). *Paris*, 1741, in-8. (*Exempl. de l'abbé Duresnel.*) — Catalogue des livres de la bibliothèque de feu M. Larchevêque, médecin. 1749, in-8, cart.

4508. Gabr. Martin. Catalogue des livres de feu M. Lancelot, de l'Académie des belles-lettres (avec les prix). *Paris*, 1741, in-8, v. m.

4509. Catalogue des livres de feu Mr G.-L. de Chauvelin, ministre d'Etat (avec les prix). *Paris, Lottin et Musier*, 1742, in-8, v. m.

4510. Catalogue des livres de Gluc de Saint-Paur, disposé par F. Boudot (avec les prix). *Paris*, 1749, in-8, v. m.

4511. Catalogue des livres de M. le président Crozat de Tuguy (avec les prix), *Paris*, *Thibaut*, 1751, in-8. — Catalogue des livres de feu M. Dugué Bagnols, conseiller d'Etat (avec les prix). *Paris*, *Bauché*, 1753, in-8, v. m. (*Aux armes de Mignot de Montigny.*)

4512. Catalogue des livres et estampes de feu M. le comte de Pontchartrain, disposé par J. Boudot (avec les prix). *Paris*, 1747, in-8. — Catalogue des livres de feu M. l'abbé F.-Phil. Mésenguy (précédé d'un mémoire sur sa vie, par Claude Lequeux). *Paris*, 1763, in-8, v. m.

4513. Catalogue des livres de Parisot (avec les prix). *Gabr. Martin*, 1753. (*Curieux et rare.*) — Catalogue des livres de feu M. Bonneau, secrétaire du roi (avec les prix). *Paris*, 1754, in-8. — Catalogue des livres de feu M. Bernard, conseiller d'Etat (avec les prix). *Paris*, 1754, in-8, v. m.

4514. Catalogue des livres de la bibliothèque de feu M. Couvay, chevalier des ordres du roi de Portugal (avec les prix). *Paris*, *G. Desprez*, 1755, in-8, cart.

4515. Catalogue des livres de feu M*** (avec les prix). *Paris*, *Gabr. Martin*, 1760, in-8, v. m.

4516. Catalogue des livres de feu M. Thomas, docteur en théologie (avec les prix). 1752, in-8. — Catalogue des livres de feu M. Ligier, ancien avocat (avec les prix). 1759, in-8. — Catalogue des livres de feu M. de Lovigné (avec les prix). *Paris*, *Gabr. Martin*, 1759, in-8. — Catalogue des livres et estampes de feu M. Simpson, écuyer (rédigé par Musier fils). *Paris*, *Musier*, 1759, in-8. — Catalogue des livres de feu M. Verdier (avec les prix). In-8.

4517. Catalogue raisonné des tableaux, dessins et
estampes de feu M. de Jullienne, par P. Remy.
Paris, 1667, in-12, front. gr. v. jasp. fil. (*Ar-moiries.*)

4518. Catalogues de curiosités provenant des cabinets de MM. de Mortemart, Augran Vte de Font-
pertuis, le Bon de Baucheim, Bomare de Valmont,
etc., publiés par E.-F. Gersaint (avec les prix).
Paris, 1736-57, 2 vol. in-12, front. gr. v. m.

Curieux.

4519. Recueil de Catalogues. *Paris*, 1731-67, 23
vol. in-8, v. mar.

4520. P. Fr. Xav. Laire. Index librorum ab inventa
typographia ad annum 1500, chronologice dispo-
situs, cum notis. *Senonis*, 1791, 2 vol. in-8, v.
f. fil.

Catalogue des éditions du xve sicle de la bibliothèque du cardinal de
Brienne.

4521. Catalogus librorum officinæ Elsevirianæ de-
signans libros qui tum eorum typis et impensis
prodierunt, quam quorum alias copia ipsis sup-
petit. *Lugd.-Batav.*, 1644, in-12, 24 pp., papier
porcelaine, tiré à 8 exempl. dans un étui en mar.
ro. fil.

Jolie réimpression à cent exemplaires numérotés (8 en papier porcelaine,
celui-ci porte le n° 7), faite à Gand en 1854 par les soins de l'auteur des *Annales des Elseviers* (Charles Pieters), sur le seul exemplaire connu.

4521 *bis*. J. Ph. Opicelli Monumenta Bibliothecæ
Ambrosianæ. *Mediolani*, 1618, in-8, cart.

4522. Bibliotheca Aprosiana (auct. Corn. Aspasio
Antivigilmo, id est Angelico Aprosio de Vintimi-
glia). Liber rarissimus et a nonnullis inter anec-
dotos numeratus, jam ex lingua italica latine conversus, cum notis et præfatione Joan. Wolfii.
Hamburgi, 1734, in-8, v. br.

V. Brunet, t. Ier, col. 325.

4523. Jo. Christ. Becmanni Catalogus bibliothecæ
publicæ universitatis Francofurtanæ. In-4, v. br.

4524. Catalogus impressorum librorum bibliothecæ Bodlejanæ in Academia Oxoniensi (opera Th. Hyde). *Oxonii*, 1674, in-fol. v. br.

Bibliographie importante et curiense.

7. *Biographie*.

A. Biographie générale ancienne et moderne.

4525. LE GRAND DICTIONNAIRE HISTORIQUE de Louis Moréri, nouvelle édition dans laquelle on a refondu les suppléments de l'abbé Goujet, revue et augmentée par Drouet. *Paris*, 1759, 10 vol. in-fol. tit. gr. portr. v. mar.

Dernière édition d'un ouvrage qui reste encore fort utile, surtout pour la partie généalogique. Dans cette édition on a refondu les suppléments de l'abbé Goujet, le tout revu et augmenté par Drouet.

4526. Dictionnaire historique et critique de Pierre Bayle, cinquième édition, corrigée et augmentée par Des Maizeaux. *Amsterdam*, 1734, 5 vol. in-fol. v. br.

4527. Remarques critiques sur le dictionnaire de Bayle (par Jolly). *Paris*, 1748, 2 tom. en 1 vol. in-fol. v. mar.

Ouvrage savant et très-utile aux lecteurs de Bayle.

4528. Nouveau Dictionnaire historique et critique de J.-Georges de Chaufepié, pour servir de suite à celui de Bayle. *La Haye*, 1750-56, 4 vol. in-fol. d.-rel.

4529. Dictionnaire historique de Prosper Marchand, ou Mémoires critiques et littéraires concernant la vie et les ouvrages de divers personnages distingués dans la république des lettres (publié par Jos.-Nic.-Sébast. Allemand). *La Haye*, 1758, 2 tom. en 1 vol. in-fol. v. mar.

Ouvrage savant.

4530. Dictionnaire historique portatif des grands

hommes, par J.-Bapt. Ladvocat. *Paris*, 1755, 2 vol. in-8, v. m.

Abrégé de Morén.

4531. Dictionnaire historique, littéraire et critique (rédigé et publié par l'abbé Barral, aidé des pères Guibaud et Valla, oratoriens). *Soissons et Troyes*, 1758, 6 vol. in-8, v. mar.

4533. Dictionnaire des portraits historiques (par Lacombe et autres). *Paris*, 1768, 3 vol. pet. in-8, v. mar.

4534. JOAN. BOCCACII Certaldi de casibus illustrium virorum libri IX. = In fine : *Finis novem librorum Johannis Boccacii Certaldi e variis rerü scriptoribus cura diligentiaque sollertiore collectorum. Qui nunquam antea apud Gallos impressi tandem stancis characteribus excusi sunt Parrhisiis ab Joanne Gormontio bibliopola de bonis litteris optime merito. S. d.*, in-fol. v. br. fil. (*Armoiries*.)

Le titre porte la marque de Jehan Petit.

4535. Dictionnaire historique portatif des femmes célèbres (par J.-F. de La Croix). *Paris*, 1769, 2 vol. in-12, br.

4536. Ægidii Menagii Historia mulierum philosopharum. *Lugduni*, 1690, in-12, v. br.

Notice de soixante-quinze femmes savantes dans la philosophie, dédiée à Mᵐᵉ Dacier. A la fin un commentaire italien sur un sonnet de Pétrarque.

B. Biographie ancienne.

4537. Plutarchi Vitæ parallelæ, recens. Aug. Bryanus. *Londini, Tonson et Watts*, 1729, 5 vol. gr. in-4, portr. tit. gr. v. br.

Belle édition.

4538. Les Vies des hommes illustres grecs et romains, et les œuvres morales et mêlées de Plutarque, translatées de grec en françois par J. Amyot. *Paris*, 1606, 4 vol. in-fol. fig. vél.

4539. Cornelius Nepos (Æmilius Probus), de Vita excellentium Imperatorum, cum commentariis Dion. Lambini et variorum notis. *Francofurti*, 1608, in-fol. v. br.

Exemplaire de Colbert. Voir la note manuscrite en regard du frontispice.

4540. Cornelius Nepos (Æmilius Probus), ex editione Oxoniensi. *Glasguæ*, 1749, pet. in-12, v. jasp. fil. (*Aux armes d'Alex. Mich. de Pomereux.*)

4541. Diogenis Laërtii de Vitis philosophorum libri X (gr.), et cum versione latina (Ambr. Traversarii). *Anno* 1570, *excud. Henr. Stephanus*, pet. in-8, vél.

Incomplet du feuillet du titre. Cette édition est estimée et peu commune.

4543. Diogenis Laërtii de Vitis philosophorum libri X, gr. et lat. *Excudebat Henr. Stephanus*, 1593, in-8, v. jasp. fil. tr. dor.

Réimpression de l'édit. précédente, avec de nouvelles corrections et des annotations.

4544. Diogenis Laertii de Vitis philosophorum libri X (gr. et lat.), cum uberrimis Æg. Menagii observationibus (cura Jo. Pearson). *Londini*, 1664, in-fol. v. br.

4545. Diogenis Laërtii de Vitis philosophorum libri X, gr. et lat., versionem complevit et emendavit Meibomius. Acced. observationes Æg. Menagii et Kuhnii notæ. *Amstelædami*, 1692, 2 vol. in-4, fig. vél.

4547. VITÆ VIRORUM ILLUSTRIUM, auctt. Æmilio Probo, G. Cassandro, Plinio II, Suetonio Tranquillo, Fr. Petrarcha, Lobardo Sirichio, Fl. Philostrato, etc. *Basileæ, per Henricum Petri*, 1563, in-fol. m. tr. d.

Reliure aux armes de Mazarin.

4548. Les Comparaisons des grands hommes de l'antiquité qui ont le plus excellé dans les belles-lettres, par le P. René Rapin. *Paris*, 1684, in-4, v. br.

4549. P. Stevartii Insignes Auctores tam græci quam latini. *Ingolst.*, 1666, in-4, v. br. fil.

Exempl. de Colbert.

4550. Ant. Mariæ Gratiani de Casibus virorum illustrium, opera D. Flecherii. *Lutetiæ-Paris.*, 1680, in-4, v. m.

4551. Joan. Meursii Solon. *Hafniæ*, 1632, in-4, vél.

4552. Petri Gassendi de Vita et moribus Epicuri libri VIII. *Lugduni*, 1647, in-4, vél.

Exempl. de D. Camusat.

4553. Jac. Rondelli de Vita et moribus Epicuri. *Amstelæd.*, 1693, pet. in-12. — Nouveaux Mémoires pour servir à l'histoire du Cartésianisme, par M. G. (Huet, évêque d'Avranches). *Amsterdam*, 1698, pet. in-12, br.

Exempl. de D. Camusat.

4554. Philostrati de Vita Apollonii Thyanei libri VIII, Alemano Rinuccino interpr.; Eusebius contra Hieroclem, Zenobio Acciolo interpr. *Coloniæ*, 1532, in-8, anc. rel.

4555. Philostrate, de la Vie d'Apollonius Thyanéen, de la traduction de Blaise de Vigenère; revue et corrigée sur l'original grec, par Fréd. Morel, et enrichie d'amples commentaires d'Arthus Thomas, sieur d'Embry. *Paris*, *Vve l'Angelier*, 1611, 2 tom. en 1 vol. in-4, portr. vél.

4556. Histoire de Cicéron, tirée de ses écrits et des monuments de son siècle, avec des preuves et des éclaircissements (trad. de l'anglais de Middleton, par l'abbé Prévost). *Paris, Didot*, 1749, 4 vol. in-12, front. gr. v. mar.

4557. Lettres de Cicéron à Brutus et de Brutus à Cicéron, avec une préface critique, des notes (par Middleton), (trad. en français par l'abbé Prévost). *Paris, Didot*, 1744, in-12, v. mar.

4558. J. Henr. Meibonii Mæcenas, sive de C. Celnii Mæcenatis vita, moribus et rebus gestis liber singularis: access. Caii Pedonis Albinovani Mæcenati scriptum epicedium notis illustratum. *Lugd.-Batav.*, *apud J. et D. Elsevirios*, 1653, in-4, v. br. Ouvrage curieux.

C. Biographie moderne.

4559. Valerii Andreæ Desselii Imagines doctorum virorum e variis gentibus. *Antverpiæ*, 1611, pet. in-12, fig. v. br.

4560. Silv. Rozzi. Vite di cinque huomini illustri, M. Farinata degl' Uberti duca d' Athene, M. Salvestro Medici, Cosimo Medici il più vecchio, Fr. Valori. *Firenze*, 1602, in-4, v. br. (*Armes*.)

4561. Jac. Phil. Thomasini illustrium virorum elogia iconibus exornata. *Patavii*, 1630, in-4, fig. tit. gr. v. br.

4562. Petri Castellani (Duchâtel) Vitæ illustrium medicorum qui toto orbe ad hæc usque tempora floruerunt. *Antverpiæ*, 1618, in-8, vél.
Une centaine d'articles, dont le premier est celui de Démocède et le dernier celui de Haly-Abbas, médecin du ixᵉ siècle. Edit. rare.

4563. Vinc. Paravicini Singularia de viris eruditione claris. *Basileæ*, 1713, in-8. — La Vie de Nic. Machiavel, par Gohorry. In-8, v. mar.

4564. OEuvres de Pierre de Bourdeilles, sieur de Brantôme: les Hommes illustres et les Grands Capitaines français et étrangers, 6 vol. *Leyde, Jean Sambix, le jeune, à la Sphère*, 1722: les Duels, 1 v. ibid.; les Dames illustres, 1 vol. ibid.; les Dames galantes, 2 vol. *Leyde, Jean Sambix, à la Sphère*, 1722, 2 vol., en tout 10 vol. in-12, v. br.

4565. LES ÉLOGES ET LES VIES des reines, princesses, dames et demoiselles illustres en piété, courage, doctrine, etc., par le P. Hilarion de Coste. *Paris, Séb. Cramoisy*, 1630, in-4, mar. rou. plats fleurdel. tr. dor. (*Aux armes de la reine Marie de Mé-dicis.*)

Magnifique exemplaire.

4566. Les Éloges des hommes savants, tirés de l'his-toire de De Thou, etc., par Ant. Teissier. *Leyde*, 1715, 4 vol. in-12, v. br.

4567. J. Papirii Massonis elogia. *Parisiis*, 1656, 2 part. in-8, v. br.

J. Balesdens a réuni les pièces de ce recueil qui avaient déjà paru séparé-ment : il y a joint une vie de Masson extraite de l'histoire de De Thou ; la vie de Calvin, par Gillot, et l'éloge de Simon Pietra, attribué à Guy-Patin.

4568. Les Vies des hommes illustres de la France, par Jean du Castre d'Auvigny, avec la continua-tion par l'abbé Pérau et Turpin. *Amsterdam*, 1758-67, 25 vol. in-12, v. mar.

4569. Vies des grands capitaines français du moyen âge, pour servir de complément à l'histoire gé-nérale de la France aux xiie, xiiie, xive et xve siè-cles, par Alex. Mazas. *Lyon et Paris*, 1838, 4 vol. in-8, br.

4570. HERⲱOLOGIA ANGLICA, hoc est clarissimorum et doctissimorum aliquot Anglorum qui floriue-runt ab anno Cristi (*sic*) MD usque ad MCXX vi-væ effigies, vitæ et elogia duobus tomis, auct. H. H. (Holland.) Anglo-Britanno. *Impensis Crispini Passæi et Janssonii, London* (1620), 2 part. en 1 vol. pet. in-fol. fig. v. br.

C'est le plus ancien recueil de portraits anglais qui ait été formé d'une ma-nière régulière : ce qui lui donne surtout du prix, c'est que plusieurs des plan-ches qu'il renferme ont été gravées par la famille de Pas. Les exemplaires complets et bien conservés comme celui-ci sont rares et recherchés. Arnold Buchelius a revu cet ouvrage et mis en tête quelques vers. V. Brunet, t. III, col. 129.

D. Vies et éloges des hommes illustres dans les lettres, les sciences et les arts.

4571. MÉMOIRES pour servir à l'histoire des hommes illustres dans la république des lettres (par le P. Niceron, avec quelques notices par le P. Oudin,

J.-B. Michault et l'abbé Goujet). *Paris*, 1729-45, 43 tom. en 44 vol. in-12, v.

Ouvrage recherché et très-rarement complet. Le dixième volume a deux parties. Celui-ci et le vingtième contiennent des corrections et des additions pour les vies déjà publiées.

4572. La Croix du Maine et Ant. du Verdier, Bibliothèques françoises; nouv. édition augmentée des remarques de B. de la Monnoye, du président Bouhier et de Falconet, par Rigoley de Juvigny. *Paris*, 1772-73, 6 vol. in-4, v. mar.

Cette édition est précédée d'un discours sur les progrès des lettres en France.

4573. Scév. de Sainte-Marthe. Virorum doctrina illustrium qui hoc sæculo in Gallia floruerunt elogia. *Augustoriti Pictonum*, 1598, in-8, vél.

4574. Les Trois Siècles de la littérature française, ou Tableau de l'esprit de nos écrivains, depuis François Ier jusqu'en 1772 (par Sabatier de Castres). *Amsterdam et Paris*, 1772, 3 vol. in-8, br.

4575. Les Grands Hommes vengés, ou Examen des jugements portés par Voltaire et autres philosophes, avec des remarques critiques par M. des Sablons (masque de Chaudon et de plusieurs auteurs). *Amsterdam et Rouen*, 1769, 2 vol. in-12, br.

4576. Bibliothèque des auteurs de Bourgogne, par l'abbé Ph. Papillon (publiée par Joly). *Dijon, Marteret*, 1742, 2 vol. in-fol. rel. en un, portr. v. br.

4576 *bis*. Essais historiques sur quelques gens de lettres nés dans le comté de Bourgogne, avec une notice sur leurs écrits (par Girod-Novilars). *Besançon, Félix Charmet*, 1806, in-8, v. rac.

4577. Julien Brodeau. La Vie de Ch. du Moulin, avocat au parlement de Paris. *Paris*, 1654, in-4, portr. vél.

4578. Petri Gallandii Vita P. Castellani ; Steph. Baluzius edidit et notis illustravit. == Le trépas, obsèques et enterrement de François 1er (trad. en français par Joseph Martin), et les deux sermons prononcés à ce sujet par le même P. du Chastel. *Paris,* 1674, in-8, mar. rouge tr. dor. fil., avec un autogr. de Baluze à l'abbé de Saint-Romain, ambassadeur en Suisse.

Très-bel exempl. d'un ouvrage curieux.

4579. Mémoires de la vie de Jacques-Auguste de Thou, ouvrage mêlé de prose et de vers, avec la traduction de la préface de sa grande histoire, le tout traduit du latin en françois (par Le Petit et d'Ifs). *Rotterdam, Leers (Rouen),* 1711, in-4, v. f.

4580. Vie de Descartes (par Adr. Baillet). *Paris,* 1691, 2 tom. en 1 vol. in-4, portr. v. mar.

4581. Æg. Menagii Vitæ P. Ærodii et Guil. Menagii. *Parisiis,* 1675, in-4, v. br. (*Armes.*)

Rare et curieux pour l'histoire de l'Anjou. C'est un monument de famille consacré au père de l'auteur et à Pierre Ayrault, son oncle maternel, jurisconsultes célèbres.

4582. Éloge historique de Vernage, par P.-L. Maloët. *Paris,* 1776, in-8, br.

4584. Fr. Sweertii Athenæ Belgicæ, sive nomenclator inferioris Germaniæ scriptorum. *Antverpiæ,* 1628, in-fol. vél.

4585. Erasmi Vita partim ab ipsomet Erasmo, partim ab amicis æqualibus fideliter descripta; acced. epistolæ illustres, etc., Petri Scriverii. *Lugdun.-Batav.,*1642, pet. in-12, tit. gr. vél.

4586. Jo. Clerici Vita et opera ad annum 1711. Amici ejus opusculum philosophicis Clerici operibus subjiciendum. *Amstelæd.,* 1711, in-12, portr. v. br.

4587. Ch. Ad. Klotzii Funus P. Burmanni secundi. *Altenburgi,* 1762, in-8, br.

4588. Pauli Colomesii Italia et Hispania orientalis cum notis J. Chr. Wolfii. *Hamburgi*, 1730, in-4, v. m.

4589. Jer. Ruscelli. Indice degl' Uomini illustri. *Venetia*, 1572, in-4, vél.

4590. Jani Nicii Erythræi Pinacotheca imaginum illustrium virorum qui auctore superstite diem suum obierunt. *Coloniæ - Agripp.*, 1645, 3 part. in-12, vél.

Un des bons ouvrages de Rossi.

4591. Girol. Ghilini. Teatro d'Uomini litterati. *Venetia,* 1647, in-4, vél.

Bonne édition.

4592. August. Oldoini Athenæum romanum in quo pontificum, cardinalium, etc., scripta exponuntur. *Perusiæ*, 1696, in-4, v. mar.

4593. Aug. Oldoini Athenæum Ligusticum, seu syllabus scriptorum Ligurum necnon Sarzanensium ac Cyrnensium reipublicæ Genuensis subditorum. *Perusiæ*, 1680, in-4, v. br.

Ouvrage recherché.

4594. Hub. Fogliettæ clarorum Ligurum elogia. *Romæ*, 1574, in-4. — Ejusdem Opuscula nonnulla. *Romæ*, 1574, in-4, vél.

Ces deux volumes forment un recueil rare et qui mérite d'être recherché.

4595. Aug. Oldoini Athenæum augustum in quo Perusinorum scripta publice exponuntur. *Perusiæ*, 1678, in-4, v. br.

4596. Dom. de Angelis. Le Vite de' letterati Salentini. *Firenze (Napoli)*, 1710, 2 vol. in-4, fig. vél.

4597. Fred. Ott. Menckenii Historia vitæ Angeli Politiani. *Lipsiæ*, 1736, in-4, br. non rog.

Recherché et peu commun.

4598. Gasp. Scioppii (Schopp) Scaliger hypobolimæus, hoc est elenchus epistolæ Joan. Burdonis pseudo-Scaligeri, de vetustate et splendore gentis Scaligeræ. *Moguntiæ*, 1607, in-4, vél.

4599. Ant. Benivieni. Vita di Pietro Vettori l'antico. *Fiorenza, nella stamperia de' Giunti,* 1583, in-4, vél.

4600. Car. Sigonii de Vita et rebus gestis Andreæ Auriæ Melphiæ Principis. *Genuæ*, 1586, in-4, vél.

4601. La Vie du Tasse (par l'abbé de Charnes). *Paris*, 1690, in-12, v. m.

4602. Fr. M. Viglioni. Le Azioni illustri del marchese Gio. Franc. Serra. *S. l. n. d.*, in-4, cart.

4603. Leonis Allatii Apes Urbanæ. *Romæ*, 1633, in-8, v. br.

Exempl. avec autographe de Lancelot. Dans ce livre, dont le titre est emprunté des abeilles (armoiries d'Urbain VIII), Allacci fait l'énumération de tous les savants qui fleurirent à Rome depuis 1620 jusqu'à la fin de 1632, et y a joint le catalogue de leurs ouvrages.

4604. Lettres historiques et philologiques sur la vie et les ouvrages de Swift, trad. de l'anglais de J. Boyle, comte de Corke et d'Orreri (par Lacombe). *Londres et Paris,* 1753, in-12, br.

4605. Joan. Molleri Cimbria litterata, sive Scriptorum ducatus utriusque Slesvicensis et Holsatici, quibus et alii vicini quidam accensentur, historia litteraria tripartita (cum præfat. P. Grammii). *Hauniæ, G. Friedr. Kisel,* 1744, 3 vol. in-fol. br.

Ouvrage rare, rempli d'érudition.

4606. P. Gassendi Vitæ Tychonis Brahei, Nic. Copernici, Georg. Peurbachii et Joan. Regiomontani. *Parisiis,* 1654, in-4, v. f. fil.

4607. Commentaire historique de la vie et de la mort de Christophe Vte de Dohna (par Fréd. Spanheim). (*Genève*) *chez J. Chouet,* 1639, in-4, vél. tit. gr.

Ce livre renferme beaucoup de détails sur d'autres personnages de la même famille.

4608. Georg. Vasari. Vite de' più eccellenti pittori, scultori ed architetti. *Firenze, Torrentino,* 1550, 3 part. en 2 vol. in-4, fig. mar. rouge à riches compartiments à petits fers.

Édition originale, belle et recherchée. Magnifique exempl. du cardinal de Granvelle.

4609. Entretiens sur les vies et sur les ouvrages des plus excellents peintres anciens et modernes, par Andr. Félibien. *Trévoux,* 1725, 6 vol. in-12, fig. v. br.

C'est la meilleure édition. La *Description des Invalides,* par le fils de l'auteur (Jean-François), y est ajoutée.

4610. Abrégé de la vie des plus fameux peintres, par Argenville (Dezallier). *Paris, de Bure,* 2 vol. in-4, fig. tit. gr. v. mar.

Ouvrage estimé et devenu rare.

8. *Mélanges et extraits historiques.*

4611. Cl. Æliani Variæ Historiæ libri XIV, gr. (edente Camillo Perusco). *Romæ,* 1545, in-4, p. verte.

Édition originale.

4612. Cl. Æliani Variæ Historiæ, et ex Heraclide de politiis, J. Vulteio interpr. *Basileæ,* 1548, in-8.

4613. Æliani Historiæ, gr., cum versione Vulteii et perpetuo commentario J. Perizonii. *Lugd. in Batav., apud Joh. du Vivier,* 1701, 2 vol. in-8, vél.

4614. Æliani Variæ Historiæ libri XIV, gr., curante J. H. Lederlino. *Argentorati,* 1713, pet. in-8, tit. gr. v. f.

4615. Valerius Maximus. *Parisiis, Sim. Colinæus,* 1543, pet. in-12, v. f.

4616. Valerii Maximi Dictorum factorumque memorabilium exempla, cum indice et variis lectionibus. *Lutetiæ, ex offic. Rob. Stephani,* 1544, in-8, anc. rel.

Exempl. du président Boivin.

4617. Valerii Maximi Dictorum factorumque memorabilium libri IX, cum Justi Lipsii notis et indice. *Lugd.-Batav., Franc. Hegerus*, 1640, pet. in-12, v. f. fil.

4618. Valerii Maximi Dictorum factorumque memorabilium libri IX. *Amstelodami, typis Lud. Elzevirii*, 1650, pet. in-16, v. f. fil.

4619. Valerii Maximi Dictorum factorumque memorabilium libri IX, cum notis integris variorum; recensuit et notas adjecit Abr. Torrenius. *Leidæ, Luchtmans*, 1726, gr. in-4, fig. vél. gauf. tit. gr.
Bonne édition.

4620. Bapt. Fulgosii Dictorum factorumque memorabilium libri IX (a C. Gilino latini facti). *Parisiis*, 158 (*sic*) (1508), in-8, vél.
Édition originale.

4621. J. Jac. Hofmanni Lexicon universale, historiam, chronologiam, etc., explanans. *Basileæ*, 1677, 4 vol. in-fol. v. br.
Ouvrage racherché.

4622. Opus historiarum nostro sæculo convenientissimum. *Coloniæ*, 1540, in-8, anc. rel.

4623. Les Histoires tragiques, extraites des OEuvres italiennes de Bandel, et mises en langue françoise, les six premières par Boaisteau, et les suivantes par Belleforest. *Lyon*, 1579, 2 vol. in-16, vélin. (Tomes 1 et 2.)

4624. Histoire des plus illustres favoris anciens et modernes, recueillie par P. D. P. (Pierre Dupuy); avec un journal de ce qui s'est passé à la mort du maréchal d'Ancre. *Leyde, J. Elsevier*, 1659, in-4, v. f. fil.

4625. Histoire des favorites sous plusieurs règnes (par Mlle de la Rocheguilhem). *Amsterdam*, 1697, in-12, fig. de Harrewyn. — Les OEuvres posthumes de la Fontaine. *Paris, Guil. de Luyne*, 1696, in-12, vél.
Édition originale.

XII. MÉLANGES ENCYCLOPÉDIQUES.

4626. Le Spectacle de la Nature, ou Entretiens sur les particularités de l'histoire naturelle, etc., par Noël Pluche. *Paris*, 1749-56, 8 tom. en 9 vol. in-12, fig. v. m.

4627. Encyclopédie ou Dictionnaire raisonné des sciences, des arts et des métiers, par une société de gens de lettres, mis en ordre par Diderot, et quant à la partie mathématique, par Dalembert. *Paris*, 1751-72, 28 vol. in-fol. dont 11 vol. de planches. = Supplément. *Amsterdam (Paris)*, 1776-77, 5 vol. in-fol. v. mar.

Bel exemplaire.

FIN

TABLE DES DIVISIONS.

THÉOLOGIE.

Pages.

I. ÉCRITURE SAINTE.
1. *Textes et Versions* 1
2. *Interprètes de l'Ecriture sainte* 8
3. *Philologie sacrée* 13

II. LITURGIE.
1. *Traités sur les rites et cérémonies de l'Eglise* 17
2. *Liturgies des différentes Eglises et liturgies particulières.* . 18

III. CONCILES ET SYNODES 24

IV. SAINTS-PÈRES.
1. *Collections, extraits et fragments d'ouvrages des Saints-
   Pères* 27
2. *Ouvrages des Saints-Pères grecs* 29
3. *Ouvrages des Saints-Pères latins et de quelques autres écrivains ecclésiastiques* 33

V. THÉOLOGIENS.
1. *Théologie dogmatique et scolastique.*
   A. Introduction 38
   B. Théologiens dogmatiques et scolastiques 39
   C. Traités particuliers de théologie scolastique.. 41
2. *Théologie morale.*
   A. Traités généraux 48
   B. Traités moraux sur les sacrements 49
   C. Traités moraux sur les vertus et les vices, sur les actions
      humaines, sur les divertissements permis ou défen-
      dus, etc. 51
   D. Mélanges de théologie morale 52
3. *Théologie catéchétique* 53
4. *Théologie parénétique, ou Sermons, Oraisons funèbres, etc.* 54
5. *Théologie ascétique ou mystique.*
   A. Traités généraux et particuliers de théologie mystique.. 57
   B. Pratiques et exercices de piété, méditations, pensées et
      instructions chrétiennes, etc. 59

	Pages.
C. Règles et devoirs religieux de différents états	60
6. *Théologie polémique.*	
A. Vérité de la religion chrétienne	62
B. Défense de la religion catholique contre les hérétiques, les incrédules, etc.	63
7. *Théologiens séparés de l'Eglise*	69
VI. Opinions singulières	73
VII. Religion judaïque	74
VIII. Mahométans, idolatres, etc.	78

JURISPRUDENCE.

	Pages.
Introduction	78
I. Droit de la nature et des gens	79
II. Droit civil et criminel	
1. *Généralités*	81
2. *Droit romain.*	
A. Dictionnaire pour l'intelligence du droit romain, Droit avant Justinien	82
B. Droit de Justinien avec ses commentateurs	83
C. Droit romain appliqué au droit français	90
D. Droit romain après Justinien	90
3. *Droit français.*	
A. Droit civil français ancien jusqu'à 1789.	
a. *Histoire*	91
b. *Recueils, ordonnances, etc.*	91
c. *Coutumes*	94
d. *Arrêts, plaidoyers et mémoires*	97
e. *Traités généraux et spéciaux*	100
f. *Procédure civile*	102
B. Droit civil français nouveau	104
C. Droit criminel français ancien et nouveau	106
4. *Droit étranger*	107
III. Droit ecclésiastique ou canonique.	
1. *Histoire, introduction*	109
2. *Canons, Décrétales, Bulles*	110
3. *Traités généraux et particuliers sur le droit ecclésiastique*	111
4. *Eglise gallicane*	120
5. *Statuts des ordres religieux*	123

SCIENCES ET ARTS.

	Pages.
Introduction	124
I. Sciences philosophiques.	
1. *Histoire de la philosophie*	125

Pages.

2. *Philosophes anciens et modernes*...................... 125
3. *Logique*........................ 132
4. *Métaphysique*........................ 133
5. *Morale*........................ 136
6. *Economie*........................ 140
7. *Politique*........................ 142
8. *Economie politique*........................ 150

II. SCIENCES PHYSIQUES ET CHIMIQUES 151

III. SCIENCES NATURELLES.
  1. *Ouvrages embrassant différentes parties de l'histoire naturelle*........................ 154
  2. *Géologie.*
    A. Minéralogie........................ 156
    B. Agriculture et botanique........................ 156
  3. *Zoologie*........................ 161
  4. *Mélanges d'histoire naturelle*........................ 162

IV. SCIENCES MÉDICALES.
  1. *Introduction*........................ 163
  2. *Médecins anciens et modernes*........................ 164
  3. *Physiologie*........................ 166
  4. *Hygiène et diététique*........................ 168
  5. *Thérapeutique, médecine légale, matière médicale*....... 170
  6. *Médecine vétérinaire*........................ 173

V. SCIENCES MATHÉMATIQUES.
  1. *Mathématiciens anciens et modernes*........................ 173
  2. *Astronomie et gnomonique, etc.*........................ 175
  3. *Art militaire*........................ 177
  4. *Génie et ponts-et-chaussées*........................ 181

VI. APPENDICE AUX SCIENCES.
  1. *Philosophie occulte*........................ 182
  2. *Alchimie*........................ 184
  3. *Astrologie*........................ 186

VII. ARTS.
  1. *Mnémonique*........................ 187
  2. *Ecritures et autres moyens de représenter la parole* 188
  3. *Beaux-arts*........................ 189

VIII. ARTS MÉCANIQUES ET MÉTIERS........................ 191

IX. EXERCICES GYMNASTIQUES.
  Equitation, Chasse........................ 191

X. JEUX DIVERS........................ 193

BELLES-LETTRES.

I. LINGUISTIQUE.
  1. *Introduction.*

Pages.

A. Traités sur l'origine des langues et la grammaire en gé-
néral... 194
B. Comparaison des langues, grammaires et vocabulaires
polyglottes....................................... 195
2. *Langues orientales*............................... 195
3. *Langues européennes anciennes et modernes.*
A. Langue grecque ancienne et moderne................ 197
B. Langue latine.................................... 201
C. Langue française................................. 204
D. Langue italienne................................. 207
E. Langues espagnole et portugaise................... 208
F. Langues teutoniques... 209
G. Langue anglaise..... 209

II. Rhétorique.
1. *Rhéteurs.*
A. Rhéteurs grecs..... 210
B. Rhéteurs latins anciens et modernes................ 211
C. Rhéteurs français, italiens, etc.................. 212
2. *Orateurs.*
A. Orateurs grecs................................... 213
B. Orateurs latins anciens et modernes................ 213
C. Orateurs français, italiens, etc.................. 216

III. Poésie.
1. *Traités généraux sur la poésie*..................... 216
2. *Poëtes orientaux....* 217
3. *Poëtes grecs*.................................... 217
4. *Poëtes latins.*
A. Collections et extraits des poëtes latins............ 224
B. Poëtes latins anciens............................. 224
C. Poëtes latins modernes........................... 233
5. *Poëtes français*................................. 242
6. *Poëtes italiens* 248
7. *Poëtes espagnols*................................ 253
8. *Poëtes anglais* 254

IV. Art dramatique.
1. *Traités généraux sur l'art dramatique*.............. 255
2. *Auteurs dramatiques grecs* 255
3. *Auteurs dramatiques latins*...................... 257
4. *Auteurs dramatiques français.* 259
5. *Auteurs dramatiques italiens*.................... 264
6. *Auteurs dramatiques espagnols*.................... 266

V. Fictions en prose.
1. *Apologues ou fables*............................. 267
2. *Romans, contes et nouvelles.*
A. Romans grecs......................... 268

Pages.

    B. Romans latins anciens et modernes...... 269
    C. Romans français................................... 271
    D. Romans italiens 276
    E. Romans espagnols................................. 278
    F. Romans allemands................................. 280
    G. Romans anglais.................................. 280
  3. *Facéties et pièces burlesques.*
    A. Facéties en différentes langues...................... 281
    B. Dissertations singulières, plaisantes, etc............... 281
VI. Philologie.
  1. *Philologie proprement dite.*
    A. Introduction..................................... 285
    B. Critiques anciens et modernes 286
  2. *Satires générales et satires personnelles.* 296
  3. *Gnomiques, sentences, apophthegmes, adages, proverbes,*
    bons mots, ana, pensées, esprits........................ 298
  4. *Symboles, emblèmes et devises*........................ 300
VII. Polygraphes.
  1. *Polygraphes grecs*................................. 303
  2. *Polygraphes latins anciens et modernes*............... 303
  3. *Polygraphes français*............................... 308
  4. *Polygraphes italiens*............................... 309
  5. *Polygraphes espagnols*.............................. 310
  6. *Polygraphes anglais*............................... 310
VIII. Collections, recueils de pièces, mélanges............ 310
IX. Dialogues et entretiens 312
X. Épistolaires.
  1. *Épistolaires grecs*................................. 314
  2. *Épistolaires latins anciens*.......................... 315
  3. *Épistolaires modernes qui ont écrit en latin*............ . 316
  4. *Épistolaires français*............................... 325
  5. *Épistolaires italiens et espagnols*...................... 328

HISTOIRE.

I. Prolégomènes historiques.
  1. *Introduction*...................................... 330
  2. *Géographie.*
    A. Introduction et dictionnaires. Description du globe..... 331
    B. Géographie ancienne, sacrée et orientale............. 333
    C. Géographie moderne et mélanges.................... 335
    D. Atlas généraux et cartes particulières................ 335
  3. *Voyages.*
    A. Histoires et collections................... 336
    B. Voyages autour du monde et dans ses différentes parties. 337

Pages.
    4. *Chronologie.*
      A. Systèmes et traités de chronologie générale................. 346
      B. Systèmes et traités de chronologie particuliers à certains
         peuples et à certaines époques. Histoire du calendrier.... 348
      C. Chronologie historique, ou histoire réduite en tables.... 349
II. HISTOIRE UNIVERSELLE ANCIENNE ET MODERNE.............. 349
III. HISTOIRE DES RELIGIONS.
    1. *Histoire des cultes antérieurs au christianisme*.......... 352
    2. *Histoire de l'Église chrétienne.*
      A. Introduction à l'histoire de l'Église................... 353
      B. Histoire générale de l'Eglise...................... 354
      C. Histoire ecclésiastique de différents pays............. 356
      D. Histoire des conciles............................ 365
      E. Histoire des papes, des cardinaux, des conclaves, des évê-
         ques, de l'inquisition, etc...................... 366
      F. Histoire des ordres religieux et des chanoines.......... 369
      G. Histoire des ordres de chevalerie institués pour la défense
         de l'Église........................... 377
      H. Hagiographes.............................. 378
      I. Histoire des lieux saints, des reliques, des miracles, etc.. 383
    3. *Histoire des hérésies et des schismes*................... 384
IV. HISTOIRE ANCIENNE.
    1. *Origine des nations*.............................. 388
    2. *Histoire de plusieurs peuples anciens*................. 389
    3. *Histoire des Juifs*............................... 390
    4. *Histoire des Babyloniens, des Égyptiens, etc*........... 391
    5. *Histoire de la Grèce*.......................... 391
    6. *Histoire du peuple romain et de ses empereurs*.......... 394
V. HISTOIRE DU BAS-EMPIRE........................... 402
VI. HISTOIRE MODERNE. — EUROPE.
    1. *Histoire générale de l'Europe depuis la chute de l'empire
      d'Occident*.................................... 405
    2. *Histoire de France.*
      A. Géographie, topographie et statistique de la France..... 409
      B. Histoire celtique et gauloise...................... 410
      C. Origine, mœurs et usages des Français ; antiquités...... 411
      D. Histoire générale sous les trois races des rois de France.. 412
      E. Collections d'ouvrages relatifs à l'histoire de France..... 415
      F. Histoire particulière de la France sous chaque règne jus-
         qu'en 1789................................. 416
      G. Révolution de 1789, et ses suites................... 431
      H. Histoire royale et princière, cérémonial français........ 433
      I. Mélanges d'histoire politique et civile de France. États gé-
         néraux, ancienne Pairie, magistrature, offices, popula-
         tions, etc.................................. 436

J. Histoire particulière des anciennes provinces et villes de France.. 439

3. *Histoire de Belgique et de Hollande*..................... 455

4. *Histoire d'Italie.*

   A. Géographie, antiquités, mœurs et usages............. 460

   B. Histoire générale et particulière de l'Italie et de ses provinces.. 462

5. *Histoire de la Suisse*.................................. 472

6. *Histoire d'Espagne*.................................... 474

7. *Histoire de Portugal*.................................. 478

8. *Histoire d'Allemagne.*

   A. Antiquités, origines, mœurs et usages................ 480

   B. Histoire générale................................... 484

   C. Histoire d'Allemagne à différentes époques et de ses provinces.. 486

9. *Histoire de la Grande-Bretagne et de l'Irlande.*

   A. Histoire générale................................... 492

   B. Histoires spéciales................................. 494

   C. Histoire particulière de l'Écosse et de l'Irlande........ 498

10. *Histoire générale des peuples septentrionaux*........... 499

11. *Histoire de Pologne*................................. 500

12. *Histoire du Danemarck et de la Norvége*............. 502

13. *Histoire de l'Islande*................................ 502

14. *Histoire de l'empire des Russies*..................... 503

15 *Histoire de l'empire ottoman*....................... 504

16. *Histoire de la Grèce*................................ 505

   ASIE... 506

   AFRIQUE.. 511

   AMÉRIQUE... 512

VII. PARALIPOMÈNES HISTORIQUES.

1. *Histoire de la Chevalerie et de la Noblesse.*

   A. Chevalerie au moyen âge. Ordres de chevalerie......... 514

   B. Histoire de la noblesse. Art du blason. Art héraldique.... 516

2. *Histoire des solennités, pompes et cérémonies publiques*... 527

3. *Archéologie.*

   A. Collections. Mélanges............................. 527

   B. Mœurs et usages.

      a. *Usages religieux, civils et militaires des anciens en général.* 528

      b. *Poids, mesures et monnaies des anciens* 533

      c. *Usages religieux, civils et militaires des anciens Orientaux.* 533

      d. *Usages religieux, civils et militaires des Grecs*.......... 534

      e. *Usages religieux, civils et militaires des Romains*......... 535

      f. *Usages religieux, civils et militaires des Gaulois, etc*...... 537

4. *Archéographie.*

   A. Recueils de monuments antiques en tous genres........ 538

Pages.

B. Description des cabinets des monuments antiques....... 538

C. Monuments antiques de tous genres qui se trouvent en différents pays.................................... 539

D. Instruments, meubles, lampes, etc..................... 540

E. Numismatique.. 540

F. Inscriptions et marbres............................... 543

5. *Histoire littéraire.*

A. Introduction. Histoire générale de la littérature.......... 544

B. Histoire des langues. Diplomatique.................... 545

C. Histoire des sciences et des arts, des découvertes, etc..... 546

D. Histoire des universités et sociétés savantes............. 546

6. *Bibliographie.*

A. Traités généraux sur les livres et les bibliothèques 547

B. Histoire de l'imprimerie............................. 549

C. Bibliographes généraux.............................. 549

D. Bibliographies des ouvrages anonymes et des ouvrages condamnés...................................... 551

E. Bibliographes nationaux............................. 551

F. Bibliographie des ordres religieux.................... 552

G. Bibliographes professionaux......................... 553

H. Journaux 554

I. Catalogues des livres manuscrits et imprimés des bibliothèques publiques et particulières................... 555

7. *Biographie.*

A. Biographie ancienne et moderne...................... 560

B. Biographie ancienne................................ 561

C. Biographie moderne................................. 564

D. Vies et éloges des hommes illustres dans les lettres, les sciences et les arts............................. 565

8. *Mélanges et extraits historiques* 570

FIN DE LA TABLE DES DIVISIONS.

Paris. — Imprimerie Ad. Lainé, rue des Saints-Pères, 19.

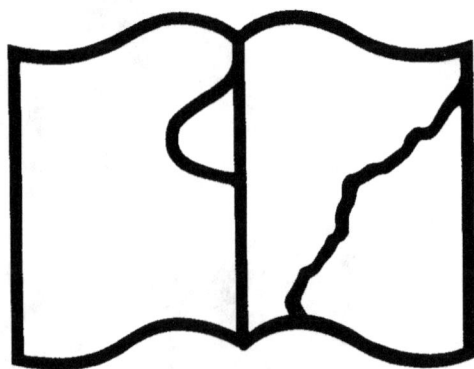

Texte détérioré — reliure défectueuse

NF Z 43-120-11

Contraste insuffisant

NF Z 43-120-14